불기 2545년 뇌허학술상 수상도서 쌍윳따니까야

오늘 부처님께 묻는다면

संयुत्तनिकाय

쌍윳따니까야 앤솔로지 개정증보판

전 재 성 역주

한국빠알리성전협회
Korea Pāli Text Society

한 권으로 읽는 쌍윳따니까야 —
오늘 부처님께 묻는다면

값 35,000원

발행일 2002년 3월 20일 초판
       2005년 4월 25일 개정증보판
       2012년 12월 25일 재판
       2017년 4월 15일 재교정판

발행인 도 법
역주자 전재성
편집위원 김광하 최훈동 수지행

발행처 한국빠알리성전협회
1999년 5월 31일 등록(신고번호:제318-1999-000052호)
120-090 서울 서대문구 모래내로430 #102-102(성원@)
전화 02-2631-1381 팩스 02-2219-3748
전자우편 kptsoc@kptsoc.org
홈페이지 www.kptsoc.org

Korea Pali Text Society
Moraenaero 430 #Seongwon102-102
Seoul 120-090 Korea
TEL 82-2-2631-1381 FAX 82-2-735-8832

전자우편 kpts@naver.com
홈페이지 www.kptsoc.org

ⓒ Cheon, Jae Seong, 2005, *Printed in Korea*
ISBN 89-89966-27-2 04220

· 이 책은 출판저작권법의 보호를 받고 있습니다.
· 잘못된 책은 바꾸어 드립니다.

오늘 부처님께 묻는다면

ॐ सत्यमेव जयते ॐ

발 간 사

　이번에 출간하는 '한 권으로 읽는 쌍윳따니까야' - 『오늘 부처님께 묻는다면』 개정 증보판은 2002년에 발간했던 내용을 더 다듬고 보완하여 내놓은 것입니다.
　다행스럽게도 『쌍윳따니까야』 완간 이후 많은 분들이 빠알리성전협회의 번역사업에 물심양면으로 참여하면서 전재성 박사의 외로운 작업과 그로 인한 오역과 탈역의 가능성이 많이 줄었습니다. 이 개정 증보판 또한 그러한 변화의 결과입니다.
　이 엔솔로지는 오늘의 시각으로 문제가 되는 화두를 질문의 형식으로 제시하고 있습니다. 그것은 쌍윳따니까야가 부처님과 제자와의 대화를 담은 역사적 기록으로만 머물게 하지 않고 경전 전체를 활구로 만들어야 한다는 염원 때문입니다.
　그러나 여기 이 책에서 제기하는 문제들은 모두 포스트모더니즘적인 욕망의 시대에 우리가 새롭게 묻고 있는 것 같지만 부처님 자신이 늘 고민하고 다루었던 문제들입니다. 아주 오래되었지만 여전히 가장 새로운 의문들인 것입니다.
　독자들께서 이 책의 각 경전을 읽을 때에, 제목에 주어진 질문, 이를테면 "삶이 덧없고 목숨은 짧은데 우리는 어떻게 할까?"라고 잠시 명상을 한 뒤에 해당 경전을 읽는다면 부처님께서 하신 그 답변의 심오함에 탄복하고 말 것입니다. 누구나 일상생활에서 두려움과 공포가 닥치면 그 두려움과 공포로부터 도망치고 싶을 것입니다. 그러나 무작정 도망칠 것이 아니라 우리도 부처님처럼 "두려움은 어디서 올까 어떻게 버릴 수 있을까"라고 물어야 합니다.

이와 같이 질문에 관해 숙고하면서 경전을 읽는다면 여러분의 정신적인 성숙에 크나큰 도움이 될 것입니다. 온 몸과 마음을 다 바친 명상만이 우리가 부처님의 가르침에 다가서는 길이고, 부처님께서 설하신 단순명쾌한 진리가 우리 가슴 속으로 들어오는 길이기 때문입니다.

이 책을 주의 깊게 읽어가는 동안 독자들께서는 불교서적이나 불교교리서들에 간략하게 소개되는 교리들이 얼마나 풍부하고 구체적으로 우리 삶의 문제들을 다룬 결과들인지 놀라게 될 것입니다.

그리고 또한 이 책에서 생애 처음으로 읽어보는 그러한 놀라운 경전들과 접하게 될 것입니다. 여러분은 부처님께서 '딸이 태어나면 어떻게 생각해야 할까'라는 페미니즘의 문제에 대하여 부처님께서 대답을 하신 것을 아십니까? '욕망을 충족시키는 것이 올바른 정치의 길일까', '적을 죽이는 성스러운 전쟁은 정당한 것일까'라는 사회적이고 정치적인 문제들에 대하여 부처님께서 대답하신 것을 아십니까? '스승과 제자는 서로의 속박에서 어떻게 벗어나야 할까', '학문적 지식과 종교적 지혜의 차이는 어디에 있는가' 등 교육학의 중대한 문제들에 대하여 부처님께서 대답하신 것을 아십니까? 이외에도 백여 개의 진지한 질문에 대한 부처님의 놀랄만한 답변이 사건의 형식으로 전개되고 있습니다.

이 쌍윳따니까야 개정증보판을 기쁜 마음으로 내보내며, 여러분의 진지한 성찰과 담론을 통해 앎과 봄을 통한 지혜와 자비가 완성되길 기도합니다.

불기 2549(2005)년 4월 15일

생명평화 탁발순례의 길 위에서

순례자 **도 법** 합장

개정증보판 머리말

 <쌍윳따니까야 전집>을 발간한 뒤 쌍윳따니까야를 한 권으로 묶어서 발간했으면 좋겠다는 많은 분들의 요청으로 그 작업을 하고 있다. 원래 열한 권으로 구성된 우리말 쌍윳따니까야 전집은 교정진이 없는 상태에서 역자가 혼자 번역하고 교정하여 발간하였기 때문에 상당수 잘못된 번역된 부분과 누락된 부분과 오탈자가 있었다. 초창기에는 재정적인 어려움마저 워낙 커서 중간 부분의 몇 권은 한글 교정조차 제대로 하지 못하고 성급하게 출판된 점도 있다. 그럼에도 불구하고 쌍윳따니까야 전집이 뇌허학술상을 받았다. 이러한 점에 대하여 부처님과 독자 여러분 앞에 뼈아픈 참회를 한다. 지금 한편으로는 이러한 모든 결점을 보완하여 그 뇌허학술상에 걸맞게 올바른 번역본인 쌍윳따니까야를 출간하게 된다는 것에 보람을 느끼고 있다.
 고맙게도 쌍윳따니까야 전집의 완간 이후 빠알리어 경전에 대해 사람들의 관심이 높아졌고, 맛지마니까야부터는 몇몇 분들의 헌신적인 도움으로 역경에 비교적 완벽성을 기할 수 있게 되었다. 그 결과 맛지마니까야는 대한민국학술원의 우수학술도서로 선정될 수 있었다.
 그러나 한 번 출간된 것이라고 해도 쌍윳따니까야 전집을 한권으로 묶는 작업은 여전히 험난한 길이다. 전집의 분량이 방대하고 문장의 반복적인 변용이 심하다 보니 잘못 번역된 부분이나 누락된 부분을 찾아내고 문맥을 통일시키고, 수정하고 보완하는 데 일 년 가까운 세월이 흘렀다. 마치 광부가 깊은 갱도 안에서 광석을 찾아 보석으로 갈고 닦으면서 환희하듯, 때로는 그 갱도 안에 갇혀 한 줄기 빛을 갈구하는 듯, 그렇게 한 해를 보냈다. 그 동안 초간본 쌍윳따니까야 엔솔로지가

절판되었다. 그래서 이 엔솔로지에 묶인 경전을 중심으로 먼저 번역에 완벽성을 기하고 그것을 근간으로 삼기로 했는데, 이 작업에만 반년이 넘게 소요되었다.

원래 초간본 엔솔로지는 쌍윳따니까야 2889개 경에서 사회와 문화에 관련된 122개의 경을 엄선하여 엮었는데, 개정증보판에서는 수행과 교리와 관련된 58개 경전을 추가하여 180개의 경으로 엮었다.

이 책을 준비하는 동안 역자는 부모님을 차례로 잃었다. 어머님께서 2004년 8월, 향년 76세에 노환으로 가신 지 6개월 만에 아버님께서도 향년 84세로 어머님을 따라 가셨다. 일제 암흑기에 태어나 전쟁과 분단의 소용돌이 속에서 고난의 삶을 살면서도 애오라지 자식을 뒷바라지해주신 부모님을 위하여 지면으로나마 극락왕생을 빈다.

이 자리를 빌려 본 협회의 역경사업에 물심양면으로 함께 해주는 여운 김광하 선생과 운강 최훈동 선생에게 깊은 감사를 드린다. 사업으로 바쁜 가운데도 진지하게 자신을 성찰하는 뛰어난 안목으로 경전을 선정하고 교열과 교정에 참여하면서 역경사업에 큰 힘을 보태주었다. 그리고 지리산생명평화결사의 수지행 국장에게도 고마운 마음을 바친다. 그는 탁월한 경안(經眼)으로 초판본에서 오역이거나 누락되었거나 난해한 부분을 꼼꼼하게 찾아내서 경전의 완성도를 높여주었고, 역경자가 외로운 작업 속에서도 독자를 어떻게 배려해야하는지에 대해 많은 깨우침을 주었다. 그럼에도 불구하고 혹시라도 잘못된 부분이 있다면 그것은 순전히 역자의 몫이다.

그리고 이 책의 출간비용은 여러 후원자들과 초간본 『오늘 부처님께 묻는다면』의 판매 수익금으로 이루어졌다. 감사하는 마음을 바치면서 부처님의 가피가 항상 함께 하길 기원한다.

불기 2549(2005)년 4월 15일
홍제동 연구실에서 퇴현 **전재성** 합장

초판 머리말

　이 한 권으로 읽는 쌍윳따니까야의 제목은 나의 벗, 여운 김광하와 오랜 논의 끝에 『오늘 부처님께 묻는다면』이라고 결정했다. 혹한 추위 속에 찬바람을 맞으며 어두운 밤 한강 둔치를 산책하며 거듭 숙고한 결과이다. 한밤중 바지선이 정박하고 있는 여의도 둔치에 널따랗게 우거진, 차갑지만 따뜻한 갈대밭에 누웠다. 하늘에는 찬바람에 보름달이 나부끼고 있었다. 이 쌍윳따니까야 앤솔로지는 포스트모던적인 욕망의 시대에 살고 있는 우리에게 짙푸른 하늘에 떠있는 보름달처럼 그 어둠을 밝혀줄 것이다.
　다음날 초기 경전에 깊은 관심을 두어온 여운과 함께 생생한 붓다의 메시지를 어떻게 독자에게 전할 것인가를 이야기하면서 강변을 따라 걸었다. 여운은 "붓다의 가르침은 쌍윳따니까야에 나와 있듯이, 현실 가운데 바로 구체적인 상황과 사건 속에서 인간에게 어떻게 해야 하는가를 말하고 있는데, 유감스럽게도 불교계의 현실은 그것을 우리가 직면한 현실과 직결시켜 이해하려고 하거나 설명하려고 하지 않고 있다."
　나는 낡은 바지선 앞에 서서 그에게 말했다. "맞네. 욕망은 사건이며, 그 사건은 인간과 사회, 자연을 포함한 그물망을 갖고 있지. 붓다는 수행자에게 바로 그 사건에 대한 '멈춤과 관찰'을 통해 자신의 욕망을 버리라고 했다. 수행이란 구체적인 사건 속에서 그 사건의 생성과 소멸, 즉 그 원인에 대한 관찰을 통해서 가능한 것이라고 했지."
　우리는 흘러가는 강물을 보며 다음과 같이 의견의 일치를 보았다. 쌍윳따니까야에는 역사적인 붓다와 제자의 담론이 다른 어떤 경전보다도 구체적인 사건 속에서 기술되고 있다. 형이상학적인 불교이론은 닫혀져 있지만 붓다의 대화가 남긴 가르침은 현실적인 사건 자체가 그렇듯이 인과적이고 시대를 뛰어넘어 열려져 있다. 우리가 현실 속에서 어떻게 살아야하는 것인가는 바로 이러한 사건의 거울에 우리를 비추어 봄으로 가능한 것이다.

그리고 나서 여운은 "붓다고싸는"하고 말을 꺼냈다. 여운은 이 책의 교정을 보면서 역자가 달아놓은 붓다고싸의 주석을 상세히 읽었다. 찬 겨울바람에 나부끼는 갈대밭 우리의 시야에 들어왔다. 여운은 "붓다고싸는 관념론자로서 위대한 학승일지 모르지만 붓다의 가르침을 박제화하고 신화화하여 모든 것의 원인을 전생설화에서만 찾아 해석함으로서 가르침을 몰역사화하고 현실적인 삶과는 무관한 수행제일주의로 돌아가게 만드네."라고 말했다.

길섶의 이미 박제화된 쐐기풀들을 바라보며 나는 대답했다. "맞네. 예를 들어 탐욕, 성냄, 어리석음의 문제는 단지 붓다고싸가 설명하듯 형이상학적이고 관념적인 단위가 아니라 상황에 따라 달리 설명되어야하고 또한 치유되어야하는 생명의 문제로서 파악되어야 하지."

이 한겨울에 한 외로운 강태공이 한강 물에 낚싯대를 드리우고 있었다. 여운은 말했다. "그리고 대승의 교리에 대한 후대의 관념적인 해석도 사건에 대한 해석보다는 붓다고싸가 전개한 것과 같은 아비달마적인 소승에 대한 이념 투쟁에서 전개되었기 때문에 대부분 대승경전의 본래 뜻과는 무관하게 관념적인 성격을 짙게 드리우고 있다."

멀리 유람선이 철새들의 도래지인 밤섬을 가로질러 미끄러져 가고 있었다. 여운은 말을 계속했다. "아비달마 뿐만 아니라 대승불교에서 부처님의 가르침을 본래 취지와 맞지 않게 형이상학적이고 이론적인 완결주의를 향해 해석하려한 시도는 불행한 일이네."라고 말을 꺼냈다.

나는 그의 주장에 동의했다. "아비달마적인 완결주의의 추구는" 하고 나는 말을 꺼냈다. "거꾸로 완전히 닫힌 불교를 지향했다는 것이 되네. 붓다의 언어를 빌자면 '갑옷 같이 둘러싼 자아'를 만들어 나간 것이지. 자아라는 것은 욕망의 한 형태, 편협한 완결주의의 한 형태에 불과한 걸세. 이론은 완벽해 질수록 현실과 무관하게 우리를 형이상학의 감옥, 동어 반복적 언어의 감옥에 가두어버리지. 불교의 역사에서 이 감옥, 갇힌 자아에 희생된 자들이 얼마나 많을까?"

우리는 차가운 벤치 위에 앉았다. 나는 짙푸르게 흐르는 강물을 응시하며 말을 이었다. "붓다의 연기법에 따르면, 진리는 사건 속에서 항상 열려있는 것이어서 새로운 상황이 닥쳐올 때에, 새롭게 재해석되지 않으면 안 되네. 근본불교의 성전인 쌍윳따니까야를 읽으면 우리는 비로소 붓다의 가르침을 인간의 사건 속에서 열려진 진리로 온전히 바라보고 이해할 수 있네."

여운은 찬바람에 옷깃을 여미면서 오늘 나눈 담론의 핵심을 집어 말했다. "붓다는 쌍윳따니까야에서 존재를 뛰어넘어 사건의 원인을 물을 것을 주장했지. 붓다의 수제자 싸리뿟따와 목갈라나는 단지 존재를 뛰어넘는 그 원인이라는 말을 듣고 붓다의 가르침에서 영원한 안식처를 구했다." 잠시 하늘을 나는 물새떼를 쳐다보던 그는 "나는 오랫동안 그 '원인'이란 말이 지향하는 바를 깨닫지 못했네. 아마도 너무나도 당연한 일상용어라는 사실 때문이었겠지."

나는 무언가 발견한 듯 큰 소리로 말했다. "그렇지. 우리 시대의 화두는 에릭 프롬이 말하는 소유냐 존재냐의 문제보다는 존재냐 원인이냐의 문제로 돌아가지 않으면 안 되네." 잠시 숨을 고르며 나는 말을 이었다. "존재란 무엇인가? 욕망에 의해 인식된 존재는 언어와 깊이 결합되어 있다. 그것은 영원한 배타적 가치를 주장하기 때문에 우리로 하여금 전투적인 방어에 돌입하게 만들고, 그 가치는 우리의 욕망에 의해서 창출되고 그것이 침해당하면 분노라는 사건을 일으키지. 그런 의미에서 존재와 언어는 본질적으로 탐욕적이고 폭력적이고 무자비하고 고통에 가득 찬 것이지. 이 존재와 언어의 '갑옷 같은 자아'를 열어제끼는 길은 자네가 말했듯이 그것을 사건으로 이해해서 그 원인을 묻는 것이네."

나는 조금은 흥분하여 말했다. "그런 의미에서 붓다의 가르침은 단지 존재와 언어로 구성된 관념론이 아니라 '현실을 두드리는 문'이다." 여운은 '현실을 두드리는 문'이란 말에 깊이 공감하며 대단히 만족해 했다. 나는 말을 계속이었다. "그 문을 열어 사건 속에 전개되는 인간의 욕망과 그 형태를 관찰하여 해명하는 과정이 멈춤과 관찰이라는 불교의 수행이지. 멈춤과 관찰의 수행을 통하여, 우리는 인간과 사회에 대한 자비나 배려에 도달할 수 있다는 것이 불교의 가르침인 것이네."

여운은 대답했다. "우리가 욕망에 사로잡혀, 절대적 배타적 가치를 주장하는 존재에 관하여 말한다면 자기방어적이고 공격적이 되며, 그 공격이 좌절되면 배타적인 허무주의에 빠지게 되네. 그리하여 폭력과 슬픔과 비탄의 괴로움에 젖게 되지. 그러나 사건 속에서 원인을 이해하게 되면, 우리가 욕망을 버리고 상대에 대한 자비와 배려로 가득 차게 되지 않겠나."

우리는 누가 먼저라 할 것 없이 벤치에서 일어났다. 오래 앉아 있기에는 서북풍이 너무 차가웠다. 방파제의 계단을 내려서서 찰랑이는 물가를 산책했다. 푸른 한강이 바다처럼 넓어 보였다. 여운은 이 시대의 수행풍토에 관하여 말을 꺼냈다. "연기법의 세계관에 대한 이해 없이 개인적인 수행에만 치중하는 사람들은 부처님의 가르침을 단지 현실을 벗어나 다른 무엇인가를 추구하는 것으로 이해하고 있다. 그래서 그들은 연기법을 사물의 물리적 형성법칙으로 이해하고 깨침에 대한 기계적인 이해 속에서 편협한 몰역사적 완벽성을 구하게 되지. 그들은 존재 속으로 더욱 침몰하게 되며 편협한 개인의 완벽성, 수행의 완벽성을 기할수록 교리에 대하여 자기 방어적이고 타인에 대하여 공격적이 되기 쉽네. 그들은 수행의 문제를 깨침을 달성하기 위한 기법정도로 이해하는데, 그렇게 한다면 그들은 동시대적인 문제에 대하여 그것을 객관적으로 공유할 수 있는 소양을 잃어버리게 되네."

여운은 "한편"하고 말을 이었다. "수행과 관계없이 사회적인 문제에만 치중하는 정치지향적인 사람들은 모든 문제를 사회적인 또는 계급적인 문제로 환원시켜버리네."

나는 여운의 말을 이었다. "지나온 세기를 돌아보면, 인류 최대의 실험인 자유와 평등에 관한 한, 인류는 자신 속에 악마처럼 침투하는 욕망의 문제를 간과함으로서 자유를 부자유로 평등을 불평등으로 귀결시키고 말았다. 그것은 자유가 쾌락에 대한 욕망에 의해서, 평등이 권력에 대한 욕망에 의해서 왜곡되어 버렸기 때문이지."

여운이 다시 진지하게 말을 이었다. "맞아. 잘사는 나라가 GNP의 1%만을 내어놓아도 세계에서 빈곤의 문제는 사라질 수 있다고 들었다. 빈곤의 문제는 자유나 평등과 같은 거창한 이념에 의해 해결되기보다는 우리의 욕망에 대한 깊은 성찰 속에서만 해결될 수 있다."

"부처님의 가르침에 따르면"하고 나는 말을 꺼냈다. "자네도 알다시피, 이 세상은 시각의 바다와 형상의 바다가 욕망의 줄에 묶여있는 것과 같네. 우리는 욕망을 줄여나가고 나눔을 실천하는 것으로 이 욕망의 줄을 끊으며 바다를 항해하지 않으면 안 되네."

한강하류의 조수간만의 차로 한강 물이 조그마한 호수로 드나드는 곳에 개울이 흐르고 있었다. 그 개울의 징검다리를 건너며 여운이 내 말을 받아 말했다. "우리가 주의 깊게 욕망의 끈을 늦출 수만 있다면, 아니 완전히 끊어 버릴 수 만 있다면, 시각과 형상의 바다는 있는 그대로의 모습을 드러낼 것이고, 그렇게 여섯 가지 감각과 그 대상의 바다가 있는 그대로 자태를 드러낼 것이다. 있는 그대로 자태가 드러날 때에 우리의 명상이 무르익고 기쁨이 함께 할 것이다."

산책로가 끝나는 지점에 도달했을 때에 우리의 대화도 거의 막바지에 이르렀다. 강물처럼 쪽빛으로 물든 하늘을 바라보며 우리는 긴 산책의 여로를 되돌아 일상으로 발걸음을 옮겼다. 우리는 우리의 대화를 이렇게 마무리지었다. 여기 쌍윳따니까야 엔솔로지에서 제기하는 욕망의 문제들과 그 문제에 대한 역사적인 붓다의 가르침은 하나 하나가 모두 새로운 세계를 열 수 있는 영감을 제공하는 인문사회과학의 중요한 테마들이다. 우리가 경전 하나하나에 주의 깊게 질문을 제기하고 그 대화를 사건으로 환원하여 세밀히 분석하고 오늘의 시대에 비추어 보아 새로운 담론을 형성해나간다면, 이 쌍윳따니까야 엔솔로지야말로 새로운 세계의 지평을 여는 무한한 가르침의 보고가 될 것이다. 붓다의 가르침은 현실을 두드리는 문이다. 우리는 그 문을 열고 들어가야 한다.

불기 2546(2002)년 3월 15일
여의도 한강공원을 산책하며
如雲 김광하 退玄 전재성 합장

일 러 두 기

1. 이 앤솔로지는 한국빠알리성전협회의 쌍윳따니까야 전집의 2889개 경에서 발췌한 180개 경전을 모은 것이다.
2. 각 경전의 제목은 원제목을 주석으로 달고 그 대신 제목만으로 각 경전의 내용을 쉽게 알아볼 수 있도록 제목을 질문으로 제시했다. 어떤 주제에 대해 부처님께서 어떻게 말씀하셨는지 쉽게 찾을 수 있고, 오늘의 시각으로 문제가 되는 화두를 질문의 형식으로 제시함으로서 경전에 대한 인식도 새롭게 하기 위함이다.
3. 이 빠알리 경전은 한글세대를 위해 가능한 한 쉬운 우리말을 사용했으며, 연결사나 부사를 가감하여 번역했다. 또한 우리말 쌍윳따니까야에 삽입된 학술적인 전문 주석은 배제하고 일반인들이 책을 읽으면서 이해하기 쉽도록 순전히 한글로 주석을 달고 한문이 필요할 경우는 괄호에 넣었다.
4. 대화의 흐름을 분명히 하기 위하여 원전에는 없으나 화자를 괄호 안에 삽입하였다.
5. 일부 용어가 우리말 쌍윳따니까야 전집과 다를 수도 있는데 그것은 좀 더 독자들이 알기 쉬운 번역용어를 선택해 다시 번역했기 때문이다.
6. 여기 수록된 번역은 이미 출간된 쌍윳따니까야 전집의 해당 경전을 개역하여 완전히 교정한 것이다. 독자들은 이들 경전을 통해 전집을 어떻게 고쳐 읽어야 하는가를 알 수 있을 것이다.
7. 학문적인 이해를 돕기 위해 한글, 한문, 빠알리어 색인으로 주요번역술어를 권말에 첨부하였다.

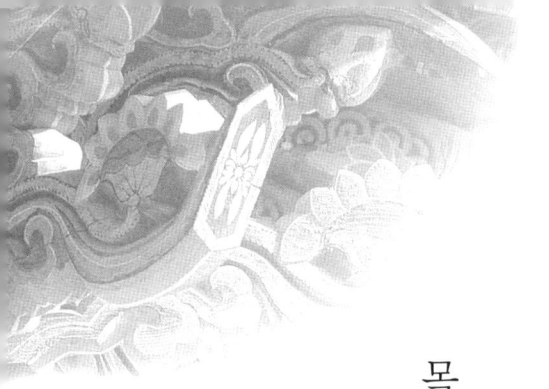

목 차

발간사 / 4
개정판 머리말 / 6
초판 머리말 / 8
일러두기 / 19

제1권 시와 함께 모아엮음 Sagāthavagga

1. 어떻게 험난한 세상의 거센 물결을 건널 것인가 ·················· 25
2. 삶은 덧없고 목숨은 짧은데 우리는 어떻게 해야 할까 ·················· 26
3. 깨달은 이는 특별한 말을 사용할까 일상용어를 사용할까 ·················· 27
4. 참다운 보시를 하기 위해 무엇을 이겨내야 할까 ·················· 29
5. 두려움은 어디서 오며, 어떻게 버릴 수 있을까 ·················· 32
6. 사회적인 부와 감각적 쾌락의 욕망을 어떻게 보아야 할까 ·················· 34
7. 사람의 됨됨이를 어떻게 알아볼 수 있을까 ·················· 35
8. 딸이 태어나면 실망해야 할까 어떻게 생각해야 할까 ·················· 39
9. 권력에 도취한 삶과 바른 인간의 삶은 어떻게 다를까 ·················· 40
10. 완전한 자유를 얻은 부처님의 전도선언은 어떠했는가 ·················· 45
11. 욕망을 충족시키는 것이 올바른 정치의 길일까 ·················· 46
12. 수행을 닦는 데 성적 차별이 장애일 수 있을까 ·················· 48
13. 지옥으로 이끌지 않는 천국은 있을까 ·················· 50
14. 이 세계는 누가 만든 것인가 ·················· 51
15. 깨달음을 이룬 뒤 말씀하시길 주저한 까닭은 무엇일까 ·················· 53
16. 무엇을 없애면 편안히 잠자고 슬프지 않은가 ·················· 58
17. 누가 그대를 비난한다면 어떻게 할 것인가 ·················· 61
18. 무례한 말로 모욕을 당했을 때에 어떻게 해야 할까 ·················· 64

19. 심우도의 원형 - 마음의 밭은 어떻게 갈아야 할까 ·················· 66
20. 스승만을 공경하고 다른 사람은 존경하지 말아야 할까 ·············· 70
21. 신을 믿는 종교와 불교는 어떻게 차이가 날까 ······················ 73
22. 수행자가 욕정으로 불타면 어떻게 극복해야 하는가 ················ 75
23. 훌륭하게 건네는 말은 어떤 특징을 지녀야 할까 ···················· 77
24. 스승과 제자는 서로의 속박에서 어떻게 벗어나야 할까 ·············· 79
25. 탐욕과 미움은 어디서 일어날까 ·································· 80
26. 약자를 폭력으로 다스리는 정치는 옳은 길일까 ····················· 82

제2권 인연 모아엮음 Nidānavagga

1. 왜 존재를 뛰어 넘어서 원인을 물어야 할까 ························ 89
2. 올바른 수행자가 되려면 무엇을 두루 알아야 할까 ···················· 93
3. 있다 또는 없다는 생각은 왜 극단적인 생각일까 ······················ 96
4. 행위하는 자와 경험하는 자는 동일인인가 ··························· 98
5. 불교적 인과원리인 연기의 일반법칙이란 어떠한 것일까 ············· 104
6. 연기를 보는 자는 어떻게 윤회의 주체에 관해 생각할까 ············· 107
7. 괴로움은 스스로 만든 것일까 남이 만든 것일까 ···················· 115
8. 어떻게 생로병사의 세계를 소멸시킬 수 있을까 ····················· 117
9. 이 몸은 신이 창조한 것일까 어떻게 만들어졌을까 ·················· 124
10. 이 세계는 어떻게 발생하고 소멸하는가 ··························· 125
11. 연기의 심오한 진리를 이해하지 못하면 어떻게 될까 ··············· 129
12. 물질적·정신적인 자양분에 대하여 어떻게 생각해야 하는가 ········ 132
13. 아름다움과 즐거움에 대한 성찰은 어떻게 해야 하는가 ············· 137
14. 다양한 세계란 무엇을 두고 하는 말일까 ·························· 145
15. 다양한 세계란 무엇을 두고 하는 말일까 ·························· 161
16. 세계에 대한 경험은 어떻게 이루어지는 것일까 ···················· 162
17. 무지한 자가 깨달은 자라고 자칭하는 이유는 무엇일까 ············· 163
18. 깨닫기 전에 부처님의 궁극적인 의문은 무엇이었을까 ············· 165
19. 사물에 대한 향락은 무엇을 초래할까 ···························· 167
20. 바다보다 많이 우리가 흘린 눈물의 의미는 무엇일까 ··············· 168
21. 불행하고 가난한 사람을 보면 어떻게 생각해야 할까 ··············· 171

22. 부유하고 행복한 사람을 보면 어떻게 생각해야 할까 ················· 172
23. 윤회는 얼마나 깊고 참회의 깊이는 얼마만 해야 할까 ············ 173
24. 타인을 방문할 때 상대에 대한 배려는 어떻게 해야 할까 ········ 177
25. 수행자가 바른 고행을 닦는 것은 무엇을 위한 것일까 ············ 180
26. 논쟁을 위한 논쟁은 어떻게 무의미한 것일까 ·························· 183
27. 이득과 환대와 명성에 눈이 멀면 어떻게 될까 ························ 186
28. 데바닷따가 교단을 분열시킨 이유는 무엇일까 ························ 187
29. 해탈한 수행승에게도 이득과 환대와 명성이 장애일까 ············ 187
30. 존재의 다발은 어떠한 성격을 지녔을까 ·································· 189
31. 수행자가 여인을 방문할 때 몸가짐을 어떻게 취해야 할까 ······ 191
32. 나와 내 것이라는 교만을 어떻게 없앨 수 있을까 ··················· 193
33. 겉멋이 든 수행자를 부처님께서 어떻게 가르치셨나 ··············· 194
34. 상냥한 말을 하려면 어떠한 것들을 극복해야 할까 ················· 196
35. 수행자가 바른 고행을 닦는 것은 무엇을 위한 것일까 ············ 197

제3권 존재의 다발 모아엮음 Khandhavagga

1. 몸은 병들어도 어떻게 하면 마음은 병들지 않을까 ················· 203
2. 누가 묻는다면 부처님께서 무엇을 가르쳤다고 해야 할까 ········· 210
3. 시간의 악마성에서 벗어나는 방법은 무엇일까 ························ 217
4. 삶의 무거운 짐을 어떻게 내려놓을 수 있을까 ························ 219
5. 버린다는 것(방하착)의 참뜻은 무엇일까 ·································· 220
6. 끝없는 추론과 헤아림은 어디에서 올까 ·································· 221
7. 어떻게 궁극적으로 환락을 소멸시킬 수 있는가 ······················· 224
8. 우리는 인간의 삶에서 과연 인과를 믿어야 하는가 ················· 225
9. 교만이나 고집을 어떻게 극복할 수 있을까 ····························· 230
10. 수행승들이 말썽을 부리면 부처님께서 어떻게 하셨을까 ········ 232
11. 여래는 사후에 존재하는가, 존재하지 않는가? ······················· 237
12. 이원성의 희론을 물리치고 무엇에 관심을 가져야 할까 ·········· 253
13. 제자의 죽음 앞에서 부처님께서 어떻게 설법하셨을까 ··········· 259
14. 꽃향기와 같은 나는 무엇을 의미하는가 ································ 264
15. 무명과 무명에 빠진 자의 참뜻은 무엇일까 ···························· 273

16. 이 시대를 진지하게 성찰할 때 악마란 무엇일까 ·················· 274
17. 수행자에게 떳떳하지 못한 삶이란 어떠한 것일까 ·················· 277
18. 정신적으로 높은 경지에 들더라도 어떻게 생각해야 할까 ········· 279

제4권 여섯 가지 감역 모아엮음 Saḷāyatanavagga

1. 젊은 싯다르타의 명상적 사유는 어떠한 것이었는가 ················ 285
2. 일체의 세계란 무엇이며, 경험 밖의 것을 말할 수 있을까 ········· 287
3. 번뇌를 없애려면 무엇을 어떻게 알고 또한 보아야 할까 ············ 288
4. 수행자는 어떻게 자신의 죽음을 맞이해야 할까 ····················· 290
5. 부처님의 가르침이 현세에서 유익한 까닭은 무엇일까 ·············· 292
6. 부처님께서 새내기 수행승에게 병문안 가서 어떻게 하셨을까 ····· 297
7. 수행자가 청정한 삶을 사는 이유는 무엇인가 ······················ 300
8. 장애를 부순 부처님을 묘사할 수 있는 인식능력이 있을까 ········· 303
9. 어떠한 가르침을 받들고 어떻게 가르침을 전해야 할까 ············ 305
10. 사물이 감각되고 인식될 때에 나는 어디에 있을까 ··············· 312
11. 베다[天啓書]에 정통한 자의 참다운 뜻은 무엇일까 ·············· 326
12. 수행자는 사소한 이익을 버리고 무엇을 수호해야 할까 ··········· 329
13. 귀부인의 오만한 초대에 수행승은 어떻게 응했을까 ·············· 337
14. 우리가 청정한 삶을 지향한다면 그 목적은 무엇인가 ············· 341
15. 학문적 지식과 종교적 지혜의 차이는 어디에 있는가 ············· 344
16. 감각능력을 성취한 자의 의미란 무엇일까 ························ 349
17. 거센 파도와 소용돌이가 있는 인간의 바다란 무엇일까 ··········· 351
18. 우리는 어떻게 악마의 낚싯바늘에 걸려들고 있을까 ·············· 353
19. 주관과 객관 그리고 욕망의 관계는 어떠한 것일까 ··············· 357
20. 우리의 영혼이나 의식은 실체가 있는 것일까 ····················· 363
21. 우리가 진지하게 삶을 성찰하려면 어떻게 해야 할까 ············· 367
22. 열반의 바다로 안전하게 도달할 수 있는가 ······················· 372
23. 부처님께서 피곤하셨을 때에 어떻게 법문을 하셨을까 ············ 375
24. 비파 소리와 같은 나를 몸 안에서 발견할 수 있을까 ············· 385
25. 어떻게 우리가 신들의 밧줄과 악마의 밧줄에 묶일까 ············· 390
26. 두 번째 화살을 맞지 않으려면 어떻게 해야 할까 ················ 394

27. 명상을 통해서 도달하는 여섯 가지 고요함이란 무엇인가 ········· 399
28. 여성의 고통을 부처님께서는 어떻게 이해하셨을까 ············ 401
29. 여성이 지닌 힘 가운데 가장 위대한 힘은 무엇인가 ············ 402
30. 열반은 무엇이며 어떻게 성취되는가 ························· 404
31. 검은 소가 흰 소에 묶여있는가 흰 소가 검은 소에 묶여있는가 ·· 405
32. 마음에 의한 해탈의 종류란 어떠한 것인가 ··················· 409
33. 궁극적인 명상과 죽음과의 차이는 어떠한 것인가 ············· 413
34. 재가생활에서도 탁월한 앎과 봄을 성취할 수 있을까 ·········· 418
35. 포악한 자가 온화한 자가 되려면 어떻게 해야 하는가 ········· 421
36. 적을 죽이는 성스러운 전쟁은 정당한 것일까 ················· 423
37. 기도만으로 하늘나라에 태어날 수 있을까 ···················· 426
38. 숙명론의 잘못은 무엇이고, 어떻게 극복할 수 있는가 ········· 429
39. 수행자가 보석과 황금을 수용해도 좋을까 ···················· 437
40. 삿된 이론을 듣고도 어떻게 가르침의 삼매에 들 수 있을까 ···· 440
41. 참다운 무위는 무엇인가 ····································· 461
42. 윤회에 대해 이교의 스승과 부처님은 어떻게 달리 말할까 ····· 464

제5권 광대한 모아엮음 Mahāvagga

1. 훌륭한 친구를 사귀는 것은 얼마나 중요할까 ················· 473
2. 청정한 삶을 살아야하는 이유와 방도는 무엇일까 ············· 475
3. 불사(不死)의 참뜻은 무엇이며 어떻게 성취될 수 있을까 ······· 476
4. 팔정도, 팔정도라고 하는데 그 안에는 무엇이 들어있을까 ······ 477
5. 학인의 올바른 뜻은 무엇일까 ································ 481
6. 청정한 삶이란 어떠한 삶을 두고 하는 말일까 ················· 482
7. 모든 수행의 근본은 어디에 있고 그것은 무엇을 지향할까 ······ 483
8. 일곱 가지 깨달음 고리를 어떻게 닦을 수 있을까 ·············· 488
9. 땅에 의지하여 일어난다는 것은 무엇을 의미하는가 ··········· 493
10. 부처님께서는 자신이 병드셨을 때에 어떻게 치유하셨을까 ······ 495
11. 참선은 절대적인가 마음의 조건에 따라 달려져야 되는가 ······ 496
12. 앎과 봄을 방해하는 원인과 조건은 무엇일까 ················· 502
13. '나는 우월하다.'는 자만 이외에 또 다른 자만은 무엇인가 ······ 506

14. 세속적인 유혹에서 벗어날 수 있는 길은 무엇일까 ·················· 508
15. 슬픔과 비탄을 뛰어넘는 하나의 길은 무엇일까 ··················· 510
16. 가르침에 입문한 자나 깨달은 자나 무엇을 닦아야 할까 ············ 512
17. 우리에게 가장 건전한 재산이란 무엇인가 ························ 514
18. 우리의 고향인 자신의 영역, 아버지의 경계란 어디인가 ············ 516
19. 현명하고 유능하고 숙련된 수행승은 어떠한 사람인가 ·············· 519
20. 부처님께서 열반에 드실 때 최후의 유훈은 무엇이었을까 ··········· 524
21. 사랑하는 제자의 죽음에 접하여 무엇을 말씀하셨을까 ·············· 527
22. 한 쌍의 제자를 그리워하며 부처님께서 어떻게 말씀하셨나 ········· 531
23. 자신을 수호하고 남을 수호한다는 것은 무엇인가 ················· 533
24. 춤추는 미녀들 사이에서 몸에 대한 새김을 할 수 있는가 ··········· 536
25. 부처님 돌아가신 후 정법의 흥망성쇠는 어디에 달려 있을까 ······· 537
26. 부처님께서 깨달음을 얻은 후 어떠한 명상을 하셨을까 ············ 539
27. 다섯 가지 정신적인 능력을 어떻게 키울 수 있을까 ··············· 541
28. 다섯 가지의 작용에는 어떤 것이 있을까 ························ 542
29. 부처님께서 자신의 늙음에 대하여 어떻게 생각하셨을까 ············ 544
30. 보리수 아래서 부처님께서는 또한 무엇을 깨달으셨을까 ············ 545
31. 어떠한 사람이 여래의 가르침에 최상의 예경을 표할까 ············ 547
32. 신통을 얻는 방법은 무엇이고, 그 목표는 무엇일까 ··············· 549
33. 부처님께서 드신 최후의 열반의 순간은 어떠했을까 ··············· 550
34. 성취의욕도 욕망인데 의욕으로 욕망을 끊을 수가 있을까 ··········· 557
35. 네 가지 신통의 기초를 닦는 방법은 어떠한 것일까 ··············· 560
36. 신통이란 무엇이고, 신통에 이르는 길은 어떠한 것일까 ············ 572
37. 몸에 병이 들었을 때에 마음을 다잡는 방법은 무엇일까 ············ 573
38. 네 가지 선정에 어떻게 들며 그것은 무엇을 지향할까 ············· 574
39. 호흡새김에 집중을 어떻게 닦을 것인가 ························· 576
40. 현세에서 행복하게 사는 길은 무엇일까 ························· 579
41. 세속의 재가신자를 부처님께서 어떻게 위로하셨을까 ··············· 586
42. 술 마시는 불자도 수기를 받을 수 있을까 ······················· 588
43. 부처님을 따르는 재가신도가 되려면 어떻게 해야 할까 ············ 597
44. 세상을 뛰어넘는 가르침의 특징은 어떠한 것인가 ················· 599
45. 재가신자의 해탈과 수행승의 해탈 사이에는 차이가 있을까 ········ 602
46. 지혜의 성장에 도움이 되는 네 가지 원리는 무엇일까 ············· 607

47. 위없는 깨달음을 전하는 초전법륜의 내용은 무엇인가 ·············· 608
48. 괴로움을 보는 자는 괴로움의 소멸도 보는가. ···················· 615
49. 부처님께서 설한 가르침의 특징은 무엇일까 ····················· 616
50. 네 가지 거룩한 진리의 통찰에 전조가 되는 것은 무엇인가 ······· 618
51. 술을 마신다면, 그 이유는 무엇인가 ····························· 619
52. 어머니를 섬기지 않는다면, 그 이유는 무엇인가 ················· 620
53. 아버지를 섬기지 않는다면, 그 이유는 무엇인가 ················· 621
54. 연장자를 존중하지 않는다면, 그 이유는 무엇인가 ··············· 623
55. 생명을 죽인다면, 그 이유는 무엇인가 ··························· 624
56. 종자와 초목을 훼손하는 이유는 무엇일까 ······················· 625
57. 향수를 뿌리고 크림으로 화장한다면, 그 이유는 무엇인가 ········ 627
58. 저울을 속인다면, 그 이유는 무엇인가 ··························· 628
59. 폭행을 일삼는다면, 그 이유는 무엇인가 ························· 629
60. 죽어서 축생이 되는 자가 많은 까닭은 무엇인가 ················· 631

참 고 문 헌 / 634
빠알리어 한글표기법 / 640
불교의 세계관 / 642
주요번역술어 / 647
고유명사색인 / 662
빠알리대장경 구성 / 666

제1권 시와 함께 모아엮음
Sagāthavagga

1. 어떻게 험난한 세상의 거센 물결을 건널 것인가[1]

1. 이와 같이 나는 들었다. 한 때 세존께서 싸밧티[2] 시의 제따바나 숲[3]에 있는 아나타삔디까 승원에[4] 계셨다.

2. 그 때 어떤 하늘사람[5]이 깊은 밤중에 아름다운 빛으로 제따바나 숲을 두루 밝히며 세존께서 계신 곳으로 찾아 왔다. 가까이 다가와서 세존께 예배를 올리고 한 쪽으로 물러섰다.

3. 한 쪽으로 물러서서 그 하늘사람은 세존께 이와 같이 여쭈었다.
[하늘사람] "존자여, 당신은 어떻게 거센 물결을[6] 건너셨습니까?"
[세존] "벗이여, 나는 참으로 머무르지 않고, 애쓰지도 않고,[7] 거센

---

1) 거센 물결을 건넘의 경[Oghataraṇasutta] : SN. I. 1 ; 잡아함 48권 1(大正 2. 348b, 잡126 7) 참조
2) 싸밧티는 부처님 당시 꼬쌀라국의 수도로 사위성(舍衛城)이라 한역한다. 현재 네팔 국경지역에 놓여 있는 고락뿌르의 북서쪽이다. 이 도시의 이름은 성자 싸밧타가 살았던 데서 유래한다고도 하고, 상업도시이므로 캐러밴들이 만나서 '킴 반단 앗티(어떤 상품이 있는가)'라고 물으면 '싸밤 앗티(모든 것이 있다)'라고 대답한 데서 유래한다고도 한다. 부처님께서는 승원생활의 대부분을 이곳에서 보내셨다.
3) 제따바나 숲은 기타림(祇陀林) 혹은 기수(祇樹)라고 한역하며, 이 숲의 원래 소유자였던 제따 태자의 이름을 딴 것이다.
4) '아나타삔디까라마'를 말하는데, 한역에서 급고독원(給孤獨園)이라고 한다. 아나타삔디까는 재가신자로서 그 숲을 기증한 부호의 이름이다. 율장에 따르면, 아나타삔디까는 백만장자 쑤닷따(須達多)의 별명으로 '외로운 이를 부양하는 자'라는 뜻을 지니고 있다. 그는 부처님께서 깨달음을 이룬 지 일 년이 안 되었을 때 라자가하에서 처음 만나 감화되었다. 그는 부처님께 약속한 대로 정사를 짓기 위해 싸밧티에 있는 제따 태자의 동산을 전 재산을 들여서라도 사려고 했다. 그러나 그의 열성에 감동한 태자는 그 동산을 무상으로 기증했고, 그래서 그는 그 돈으로 정사를 지어 부처님께 기증했다.
5) 데바따를 말한다. 원래 데바따는 인도의 민간신앙에 따르면, 사람들이 거처하는 곳의 주변에 사는 나무나 샘의 님프, 숲과 밭과 들과 가축과 가옥의 수호신을 의미하는 정신적 존재이다. 불교에서는 하늘사람도 인간이나 짐승처럼 육도윤회하는 존재로 파악한다.
6) 윤회의 바다에서 생사가 거듭되는 것을 거센 물결[暴流]이라고 한다. 열반은 그러한 거듭되는 윤회가 끝나 파도가 미치지 않는 해안을 뜻한다. 붓다고싸에 따르면, 존재를 존재의 영역에 가라앉게 하고 보다 높은 상태나 열반으로 향하는 것을 용납하지 않기 때문에 거센 물결이라고 한다. 거센 물결에는 감각적 쾌락에 대한 욕망의 거센 물결[欲流], 존재의 거센 물결[有流], 견해의 거센 물결[見流], 무명의 거센 물결[無明流]이 있다.
7) 거센 물결을 헤쳐 나가는 데는 머물고 애쓰는 것이 필요한데, 여기서 머물지 않고 애쓰지도

물결을 건넜습니다. 벗이여, 내가 머무를 때에는 가라앉으며 내가 애쓸 때에는 휘말려 들었습니다.8) 그래서 나는 이처럼 머무르지 않고 애쓰지도 않으면서 거센 물결을 건넜던 것입니다."

4. [하늘사람] "참으로 오랜만에 친견하였다.
완전한 열반을 성취한 거룩한 님을!9)
머물지도 않고 애쓰지도 않으면서
그는 세상의 집착을10) 뛰어넘었다."

5. 이와 같이 하늘사람이 말했다. 스승께서는 가상히 여기셨다. 그 때 그 하늘사람은 '나의 스승이 가상히 여기신다.'고 알고11) 세존께 예배를 올리고 오른쪽으로 돌고 나서 바로 그곳에서 사라졌다.

2. 삶은 덧없고 목숨은 짧은데 우리는 어떻게 해야 할까12)

1. 이와 같이 나는 들었다. 한 때 세존께서 싸밧티 시의 제따바나 숲에 있는 아나타삔디까 승원에 계셨다.

2. 그 때 어떤 하늘사람이 깊은 밤중에 아름다운 빛으로 제따바나

않는다는 것은 잘못 인도된 의지와 노력은 운명적 파탄을 초래한다는 것을 암시하고 있다. 올바른 귀의와 올바른 수행을 통하면 힘들이지 않고 윤회의 바다를 건너갈 수 있다.
8) 붓다고싸에 따르면, ① 번뇌 때문에 머무르고 가라앉게 되고, 조건적인 발생과 의도적 형성 때문에 애쓰게 되고 휩쓸리게 된다. ② 갈애 때문에 머무르고 가라앉게 되고, 견해 때문에 애쓰게 되고 휩쓸리게 된다. ④ 영원주의 때문에 머무르고 가라앉게 되고, 허무주의 때문에 애쓰게 되고 휩쓸리게 된다. ⑤ 해태 때문에 머무르고 가라앉게 되고, 혼침 때문에 애쓰게 되고 휩쓸리게 된다. ⑥ 감각적 쾌락에 대한 몰두 때문에 머무르고 가라앉게 되고, 자기학대에 대한 몰두 때문에 애쓰게 되고 휩쓸리게 된다. ⑦ 모든 악하고 불건전한 의도적 형성 때문에 머무르고 가라앉게 되고, 모든 세속적인 선하고 건전한 의도적 형성 때문에 애쓰게 되고 휩쓸리게 된다.
9) 바라문을 뜻하며 여기서는 거룩한 님으로 번역한다.
10) 갈애를 뜻하는데 주석서에 따라서는 탐욕과 분노와 어리석음을 뜻하기도 한다.
11) 붓다고싸에 따르면, 이 때 하늘사람은 진리의 흐름에 든 님[豫流者]이 되었다.
12) 덧없음의 경[Upanīyatisutta] : SN. I. 2 ; 잡아함 36권 9(大正 2. 262b, 잡1001) 참조

숲을 두루 밝히며 세존께서 계신 곳으로 찾아 왔다. 가까이 다가와서 세존께 예배를 올리고 한 쪽으로 물러섰다.

3. 한쪽으로 물러서서 그 하늘사람은 세존의 앞에서 이와 같은 시를 읊었다.

4. [하늘사람] "삶은 덧없고 목숨은 짧다.
늙음을 피하지 못하는 자는 조용히 쉴 곳이 없다.
죽음의 두려움을 꿰뚫어보는 사람은
행복을 가져오는 공덕을 쌓아가리."

5. [세존] "삶은 덧없고 목숨은 짧다.
늙음을 피하지 못하는 자는 조용히 쉴 곳이 없다.
죽음의 두려움을 꿰뚫어보는 사람은
세상의 자양분을 버리고 고요함을 원하리.13)"

3. 깨달은 이는 특별한 말을 사용할까 일상용어를 사용할까14)

1. 이와 같이 나는 들었다. 한 때 세존께서 싸밧티 시의 제따바나 숲에 있는 아나타삔디까 승원에 계셨다.

2. 그 때 어떤 하늘사람이 깊은 밤중에 아름다운 빛으로 제따바나 숲을 두루 밝히며 세존께서 계신 곳으로 찾아 왔다. 가까이 다가와

---

13) 세상의 자양분은 ① 상징적으로는 삼계[욕계, 색계, 무색계]의 모든 존재, 즉 집착의 대상적 세계, 세계의 자양분을 말하고 ② 실제적으로는 생존을 위한 물질적인 기초, 즉 네 가지 필수품(옷, 음식, 깔개, 필수약품)을 지칭한다. 그리고 여기서 고요함은 궁극적 고요함을 뜻하며, 열반을 말한다. 참고로 이 외에도 네 가지 자양분이라는 것이 있는데, 이때는 아미싸라는 말 대신 '아하라'라는 말을 쓴다. 즉 ① 거칠거나 미세한 물질적 자양분 ② 접촉의 자양분 ③ 의도의 자양분 ④ 의식의 자양분이다. 여섯 가지 감각적인 대상[색성향미촉법]은 자양분이라기보다 미끼가 달린 낚시 바늘이다.
14) 거룩한 님의 경[Arahantasutta] : SN. I. 14 ; 잡아함 22권 6~7(大正 2. 154b, 잡581~582) 참조

서 세존께 예배를 올리고 한 쪽으로 물러섰다.

3. 한쪽으로 물러서서 그 하늘사람이 세존의 앞에서 이와 같은 시를 읊었다.

4. [하늘사람] "해야 할 것을 다 마치고 번뇌를 떠나
 궁극의 몸을 이룬 성자인 수행승이
 '나는 말한다.'라고 하든가
 '사람들이 나에 관해 말한다.'라고 할 수 있을까"15)

5. [세존] "해야 할 것을 다 마치고 번뇌를 떠나
 궁극의 몸을 이룬 성자인 수행승이
 '나는 말한다.'거나
 '사람들이 나에 관해 말한다.'고 하더라도
 그것은 세상에서 불리는 명칭을 알아서
 단지 관례에 따라 말하는 것뿐이다."

6. [하늘사람] "해야 할 것을 다 마치고 번뇌를 떠나
 궁극의 몸을 이룬 성자인 수행승이
 실제로는 망상에 사로잡혀
 '나는 말한다.'거나
 '사람들이 나에 관해 말한다.'고 할 수 있을까"

7. [세존] "망상을 버린 자에게는 속박이 없으니
 망상의 모든 속박은 남김없이 부서졌다.
 개념 지어진 것을16) 넘어서는 현자가

---

15) 이 시는 하늘사람이 숲 속에 사는 깨달은 수행승들이 '나, 나의, 나에게' 등의 표현을 사용하는 것을 듣고, 부처님의 가르침이 자아가 없음, 즉 무아에 바탕을 두고 있는데 그렇게 말해도 되는 것인지 묻는 것이다. 부처님은 대답하는 시에서 그러한 사용은 다만 관습적인 표현 방법에 불과함을 밝히고 있다. 불교에서 자아는 다섯 가지 존재의 다발, 즉 오온에 붙여진 이름일 뿐이다.

'나는 말한다.'거나
'사람들이 나에 관해 말한다.'고 하더라도
세상에서 불리는 명칭을 알아서
오로지 관례에 따라17) 말하는 것뿐이다."

4. 참다운 보시를 하기 위해 무엇을 이겨내야 할까18)

1. 이와 같이 나는 들었다. 한 때 세존께서 싸밧티 시의 제따바나 숲에 있는 아나타삔디까 승원에 계셨다.

2. 그때 많은 싸뚤라빠19) 무리의 하늘사람들이 깊은 밤중에 아름다운 빛으로 제따바나 숲을 두루 밝히며 세존께서 계신 곳으로 찾아왔다. 가까이 다가와서 세존께 예배를 올리고 한쪽으로 물러섰다.

3. 한쪽으로 물러서서 한 하늘사람이 세존의 앞에서 이와 같은 시를 읊었다.20)

---

16) 원래의 이 말에 관해서는 여러 이설이 있다. 가이거는 글자 그대로 죽음의 신인 야마의 상태로 보아 '죽음의 상태'로 번역했고, 우드워드는 '자만'이라고 번역했으나 필자는 '개념 지어진 것', 즉 사물에 일체성을 부여하는 사유작용의 결과를 의미한다고 본다.
17) 아라한은 비록 '나, 나의 것'이라는 믿음을 암시하는 말을 버렸으나 '존재의 다발이 먹고 존재의 다발이 앉고, 존재의 다발이 탁발하고, 존재의 다발이 옷을 입는다.'고 표현하면 아무도 이해할 수 없으므로 관례적인 담론을 어기지는 않는다는 뜻이다.
18) 인색함의 경[Maccharisutta] : SN. I. 18 ; 잡아함 48권 22(大正 2. 354c, 잡1288) 참조
19) 싸뚤라빠는 '백 명의 외치는 자'라는 뜻이다. 붓다고싸에 따르면, 상인들이 바다를 건널 때 폭풍우가 몰아쳐서 배가 가라앉게 되었다. 그래서 그들은 각각 자신의 수호신을 외쳐대며 도움을 청했다. 그런데 오직 한 사람만이 결가부좌한 채 동요하지 않고 조용히 앉아 있었다. 다른 사람이 그에게 태연자약한 이유를 묻자, 그는 여행을 떠나기 전에 불교의 승단에 공양을 올리고 귀의했으므로 아무런 두려움이 없다고 말했다. 부처님의 가르침을 알려달라는 다른 사람의 부탁을 받고, 그는 사람들을 백 명을 다섯 그룹으로 나누어 차례로 부처님의 오계를 가르치고 오계의 가르침에 확실히 귀의하도록 했다. 그러나 배는 점점 깊이 가라앉아 모두 죽게 되었고, 그들은 서른셋 신들의 하늘나라[忉利天]에 다시 태어나 제석천궁에서 살게 되었다. 싸뚤라빠 무리들은 이들이며, 지금 그들은 위대한 스승인 부처님을 찬양하기 위해 부처님을 방문한 것이다
20) 이하 이 경에 등장하는 모든 시는 자따까(Jāt. IV. 62)에 동일하게 등장한다. 이 전생담은 한 인색한 수전노에 대한 이야기이다. 그의 조상들은 보시를 많이 해서 이미 하늘사람으로

4. [하늘사람] "인색하고 게을러서
　　 이와 같이 보시를 행하지 않는다.21)
　　 공덕을 바라는 현명한 자라면
　　 반드시 보시를 해야 한다."

5. 그때 다른 하늘사람이 세존의 앞에서 이와 같은 시를 읊었다.

6. [다른 하늘사람] "인색한 자는 보시하지 않으면서
　　 보시하지 않는 자에게 닥쳐올 위험을 두려워한다.
　　 인색한 자가 두려워하는 굶주림과 목마름이
　　 이 세상과 저 세상에서 어리석은 자를 괴롭게 한다.

7. 그러므로 반드시 인색함을 제거해서
　　 마음의 티끌을 극복한 자는 보시를 해야 한다.
　　 이러한 공덕들은 저 세상에서
　　 뭇삶들을 위한 의지처가 된다."

8. 그때 다른 하늘사람이 세존의 앞에서 이와 같은 시를 읊었다.

9. [다른 하늘사람] "조금 가졌어도 나누어주면서
　　 험한 길을 함께 가는 좋은 벗처럼
　　 그들은 죽은 자22) 가운데서도 죽지 않다.

　　태어났지만 그 수전노는 조상들의 행위를 무가치하게 보았다. 하늘사람들이 그를 교화하기 위해 바라문의 형상을 하고 하강해서 동일한 시들을 인용하면서 수전노에게 구걸하였으나 수전노는 가축의 사료를 대접했다. 바라문들이 공양을 받고 죽은 체하자 수전노는 바라문을 살해했다는 공포로 두려워했다. 그때 하늘사람들이 본래의 모습을 드러내 절망에 빠진 수전노를 감화시켰다. 가이거에 의하면 이것을 통해 그때까지 구전되어오던 게송들이 경전에서 어떻게 상이하게 이용되고 있는가를 알 수 있다.

21) 붓다고싸에 따르면, '이와 같은'은 ① 명예를 주는 보시 ② 성취를 주는 보시 ③ 행복을 주는 보시를 말한다.
22) 여기서 '죽은 자'는 감각적 쾌락의 욕망에 탐닉하여 나누지 않는 자를 말한다. 보시는 단순히 공덕을 쌓아나가는데 있지 않고, 나눔의 공덕이 바로 자신과 뭇삶의 의지처가 된다는 것을 가르치고 있다.

이것이 예전부터 내려온 가르침이다.

10. 어떤 사람은 조금 가졌어도 베풀고
어떤 사람은 많이 가졌어도 베풀지 않다.
조금 가졌어도 나누어주는 보시는
천 배의 보시와 동일한 가치가 있다."

11. 그때 다른 하늘사람이 세존의 앞에서 이와 같은 시를 읊었다.

12. [다른 하늘사람] "주기 어려운 것을 베풀고
하기 어려운 일을 행하는 참사람을
참답지 않은 사람은 흉내조차 낼 수 없다.
참사람의 가르침은 따르기 어렵다.

13. 그러므로 참사람과 참답지 않은 사람은
사후의 운명이 다르니
참답지 않은 사람은 지옥으로 가고
참사람은 하늘나라로 간다."

14. 그때 다른 하늘사람이 세존께 이와 같이 여쭈어보았다.
[다른 하늘사람] "세존이시여, 누가 시를 참으로 잘 읊었습니까?"
[세존] "차례로 모두 잘 읊었는데 내 것도 또한 들어보게."

15. [세존] "가르침을 실천하는 사람은
비록 벼이삭을 모아 살더라도
아내를 부양하며 살면서
조금만 있어도 보시를 한다.

천 사람을 희생하여 바치는
십만의 제물조차도
그러한 보시에 비해

십육 분의 일의23) 가치도 없다."

16. 그때 다른 하늘사람이 세존께 시로 여쭈어보았다.

17. [다른 하늘사람] "왜 그 굉장히 거대한 제사가
올바른 보시로서 가치가 없을까?24)
천 사람을 희생하여 바치는 십만의 제물조차도
그러한 보시에 비해 가치가 없을까?"

18. 그때 세존께서는 그 하늘사람에게 시로 대답하셨다.

19. [세존]
"어떤 사람은 부정하게 살면서 보시하니
상처 내고 죽이고 또한 괴롭힌다.
그 보시는 눈물과 상처로 얼룩진 것이니
올바른 보시로서 가치가 없다.

천 사람을 희생하여 바친
십만의 제물조차도
그러한 보시에 비해
십육 분의 일의 가치도 없다."

5. 두려움은 어디서 오며, 어떻게 버릴 수 있을까25)

1. 이와 같이 나는 들었다. 한 때 세존께서 싸밧티 시의 제따바나 숲

---

23) '십육'이라는 숫자는 원래 베다시대의 제사장을 포함한 16제관과 관계된 말이다. 16제관 가운데 한 사람이라도 빠지면 제사를 지낼 수 없었으므로, 이런 표현이 사용되었다. '십육 분의 일'은 후대에 와서 '조금'이라는 뜻으로 쓰이게 되었다.
24) 붓다고싸에 의하면, 바르지 못한 보시를 말하는 것이다. 바르지 못한 신체적·언어적·정신적 행위에 입각한 보시를 말한다.
25) 쑤브라흐만의 경[Subrahmasutta] : SN. I. 53 ; 잡아함 22권 21(大正 2. 159c, 잡596) 참조

에 있는 아나타삔디까 승원에 계셨다.

2. 그때 많은 싸뚤라빠 무리의 하늘사람들이 깊은 밤중에 아름다운 빛으로 제따바나 숲을 두루 밝히며 세존께서 계신 곳으로 찾아왔다. 가까이 다가와서 세존께 예배를 올리고 한쪽으로 물러섰다.

3. 하늘아들 쑤브라흐만26)이 한쪽으로 물러서 세존께 시로 말했다.
   [쑤브라흐만] "일어나지 않은 일이나
   일어난 일에 대해
   이 마음이 늘 두려워하고
   이 정신이 늘 근심하는데
   만약 두려움을 없앨 수 있다면
   청컨대 가르쳐 주소서."

4. [세존] "깨달음 고리를 닦고,27)
   감관을 잘 다스리는 것,
   모든 것을 버리는 것 외에
   뭇삶의 안녕을 나는 보지 못한다."

5. 이와 같이 세존께서 말씀하시자 그 하늘아들이 거기서 사라졌다.

---

26) 이 경전에서 부처님은 감각적 쾌락에 대한 애착과 더욱 많이 소유하고자 하는 욕망이 인간의 일상적인 두려움과 근심의 원인임을 명확히 밝히고 있다. 붓다고싸는 주석에서 이러한 실제적인 상황을 희석시켜 논점을 흐리게 하고 삶을 신화화내지 희화화하고 있지만 그대로 소개한다. 하늘아들 쑤브라흐만은 승원의 빠리짯따 나무 아래에서 천신인 요정들과 함께 즐기며 지냈다. 그런데 요정들이 나무에 올라 꽃봉오리를 꺾고 꽃다발을 망쳐버렸다. 그 순간 그 요정들의 업보가 성숙해서 숨을 거두고 모두 아비지옥에 태어났다. 하늘사람들은 요정들의 운명을 알고 크게 슬퍼했는데, 자신들도 머지않아 동일한 운명에 처할 것임을 알게 되었다. 이런 상황에서 쑤브라흐만이 부처님을 찾아뵙고 여쭙는다는 것이다.

27) 붓다고싸는 '깨달음 고리[七覺支 : 이 책 488쪽 참조]와 고행을 닦는 것을 떠나지 않고'라고 병렬복합어로 별도로 해석하고 있는데, 초기불교에서 고행은 다음 시행에 나오는 감관의 수호와 관련되므로 역자는 이 문장을 격한정복합어로 해석하여 '깨달음 고리를 닦고'라고 번역했다.

6. 사회적인 부와 감각적 쾌락의 욕망을 어떻게 보아야 할까[28]

1. 이와 같이 나는 들었다. 한 때 세존께서 싸밧티 시의 제따바나 숲에 있는 아나타삔디까 승원에 계셨다.

2. 그때 꼬쌀라 국의 빠쎄나디왕이 세존께서 계신 곳으로 찾아왔다.[29] 가까이 다가와서 세존과 인사를 하고 안부를 주고 받은 뒤에 한쪽으로 물러앉았다.

3. 한쪽으로 물러앉아서 꼬쌀라 국의 빠쎄나디왕이 세존께 이와 같이 말했다.

[빠쎄나디] "세존이시여, 제가 홀로 앉아 명상하는데 이와 같은 생각이 일어났습니다. '이 세상에 막대한 재화를 획득하고도 거기에 취하지 않고 방일하지 않고 감각적 욕망에 빠지지 않고 뭇삶에게 죄를 짓지 않는 사람은 적다. 이 세상에 막대한 재화를 획득하고서는 거기에 취하고 방일하고 감각적 쾌락의 욕망에 빠지고 뭇삶에게 죄를 짓는 사람은 많다.'라고"

---

28) 적음의 경[Appakāsutta] : SN. I. 73 ; 잡아함 46권 9(大正 2. 336b, 잡1230) 참조
29) 마가다국의 북서쪽에 위치하고 까씨 국에 인접해 있던 국가였다. 그 수도는 부처님이 가장 오랫동안 머물던 싸밧티 시였다. 부처님 당시에 16대국 가운데 마가다국과 더불어 가장 강력한 국가의 하나로 빠쎄나디왕이 통치했고 비두바다바왕에 의해 계승되었다. 당시에 까씨 국은 꼬쌀라 국의 속국이었는데, 빠쎄나디왕의 누이가 마가다국왕인 빔비싸라와 결혼하자, 빠쎄나디왕은 까씨국의 한 마을을 지참금으로 내어주었다. 그러나 당시에 꼬쌀라 국과 마가다국은 철기시대의 강력한 무기로 영토를 확장해나가고 있었기 때문에 두 국가의 충돌은 피할 수가 없었다. 빔비싸라왕이 죽은 후에는 그의 아들 아자따쌋뚜와의 대결이 불가피해 졌으며 빠쎄나디왕이 한번은 전투에서 아자따쌋뚜를 사로잡았으나 자신의 딸과 결혼시켜 돌려보낸 뒤에 평화를 회복할 수 있었다. 그러나 마침내 꼬쌀라 국은 부처님의 멸후에 마가다국에 병합되고 만다. 그리고 부처님이 태어난 싸끼야 국도 꼬쌀라 국의 속국이었다. 빠쎄나디왕은 부처님을 존경한 나머지 싸끼야 족에게 싸끼야 족의 처녀와 결혼할 것을 청했는데, 그들은 회의를 통해서 부처님의 조카가 되는 마하나마라는 왕족의 딸인 바싸바캇띠야라는 처녀를 보냈는데, 그녀가 하녀와의 사이에서 난 딸이라는 사실은 비밀에 부쳐졌다. 그녀가 빠쎄나디의 후궁이 되었고 그녀에게서 난 비두바다가 청년이 되어 싸끼야 국을 방문했다가 그 사실을 우연히 알게 되어 분노하였는데, 비두바다가 나중에 왕위에 오르자 싸끼야 국을 멸망시켰다.

4. [세존] "대왕이여, 그렇습니다. 대왕이여, 그렇습니다. 이 세상에서 막대한 재화를 획득하고서도 거기에 취하지 않고 방일하지 않고 감각적 쾌락의 욕망에 빠지지 않고 뭇삶에게 죄를 짓지 않는 사람은 적습니다. 이 세상에서 막대한 재화를 획득하고서는 거기에 취하고 방일하고 감각적 쾌락의 욕망에 빠지고 뭇삶에게 죄를 짓는 사람은 많습니다."

5. [세존] "쾌락과 재화에 집착하고,
감각적 쾌락의 욕망에 현혹되어,
자신의 과오를 깨닫지 못하니.
사슴이 쳐진 덫에 걸려드는 것과 같다.
과오는 나중에 쓴 맛이 되니
그 결과가 악하기 때문이다."

7. 사람의 됨됨이를 어떻게 알아볼 수 있을까[30]

1. 한 때 세존께서 싸밧티 시의 뿝바승원[31]의 미가라마뚜[32] 중각강당에 계셨다.

2. 그때 세존께서는 홀로 선정에 들었다가 일어나 문밖의 낭하에 앉아 계셨다. 때마침 꼬쌀라 국의 빠쎄나디왕이 세존을 찾아왔다. 가까이 다가와서 세존께 예배를 올리고 한쪽으로 물러앉았다.

3. 그때 일곱 명의 결발 수행자와 일곱 명의 자이나교도, 일곱 명의

---

30) 일곱 명의 상투를 튼 자의 경[Sattajaṭilasutta] : SN. I. 77 : 잡아함 42권 4(大正 2. 305c, 잡1148) 참조. 이와 유사한 경전이 Ud. 64-66에도 있다.
31) 뿝바승원은 싸밧티 시의 동문 밖의 승원이었다. 세존께서는 아나타삔디까의 집에서 식사하면 여기서 오후의 시간을 보내곤 했다.
32) 미가라마뚜는 녹자모라고 한역되며 불교승단의 시주자로 유명한 청신녀 비싸카의 이름이다. 미가라마뚜 강당은 그녀가 세우고 기증한 것이다.

벌거벗은 수행자, 일곱 명의 한 벌 옷만 입는 수행자, 일곱 명의 편력 수행자가33) 겨드랑이 아래의 털이나 손톱이나 몸의 털을 깎지 않고 길게 기른 채34) 여행 도구를35) 지니고 세존으로부터 멀리 떨어지지 않은 곳을 지나고 있었다.

4. 그때 꼬쌀라 국의 빠쎄나디왕이 자리에서 일어나 윗옷을 한쪽 어깨에 걸치고 오른쪽 무릎을 땅에 대고 일곱 명의 결발 수행자와 일곱 명의 자이나교도, 일곱 명의 벌거벗은 수행자, 일곱 명의 한 벌 옷만 입는 수행자, 일곱 명의 편력 수행자에게 합장하며 세 번 이름을 불렀다.

[빠쎄나디] "거룩한 이들이여, 나는 꼬쌀라 국의 왕입니다. 거룩한 이들이여, 나는 꼬쌀라 국의 왕입니다."

5. 그리고 나서 꼬쌀라 국의 빠쎄나디왕은 이들 일곱 명의 결발 수행자와 일곱 명의 자이나교도, 일곱 명의 벌거벗은 수행자, 일곱 명의 한 벌 옷만 입는 수행자, 일곱 명의 편력 수행자가 떠난 뒤 곧 세존께서 계신 곳으로 찾아갔다. 다가와서 세존께 예배를 올리고 한쪽으로 물러앉았다.

6. 한쪽으로 물러앉아서 꼬쌀라 국의 빠쎄나디왕은 세존께 이와 같이 말했다.

[빠쎄나디] "세존이시여, 저들은 세상에서 거룩한 이와 거룩한 길에 도달한 이 가운데 어떤 쪽입니까?"

---

33) 여기에 언급되고 있는 이교도들은 모두 고행주의자들이다. ① 자띨라는 머리를 땋아 늘어뜨린 수행자들을 지칭하고, ② 니간타는 자이나교도를 의미하며, ③ 아쩰라까는 옷을 걸치지 않은 나체의 수행자이고 ④ 에까싸따까는 오직 단 한 벌의 옷을 소유하는 고행자들이며, ⑤ 빠리바자까는 정처 없이 떠돌면서 걸식 수행하는 고행자들을 뜻한다.
34) 털 속의 생명체를 죽이지 않기 위해서 털을 깎지 않았다.
35) 수행자가 가지고 다니는 지팡이와 발우 및 기타의 소지품을 말한다.

7. [세존] "대왕이여, 당신은 세속인으로서 감각적 쾌락을 즐기고 북적거리는 수많은 아이들과 함께 살고 있으며 까시국에서 나는 전단을 쓰고, 화환과 향수와 크림을 사용하며, 금과 은을 향유하고 있습니다. 그러므로 당신은 '그들이 거룩한 님인가 또는 거룩한 길에 도달한 이인가'를 알기가 어렵습니다.

8. 대왕이여, 그들이 계율을 지니고 있는가 하는 것은 함께 살아보아야 알 수 있습니다. 그것도 오랫동안 같이 살아보아야 알 수 있고, 짧은 동안에는 알 수가 없습니다. 주의 깊어야 알 수 있고, 주의가 깊지 않으면 알 수 없습니다. 지혜로워야 알 수 있고, 우둔하면 알 수가 없습니다.

9. 대왕이여, 그들이 청정한가 하는 것은 같이 대화를 해보아야 알 수 있습니다. 그것도 오랫동안 대화를 해야 알 수 있고, 짧은 동안에는 알 수가 없습니다. 주의 깊어야 알 수 있고, 주의가 깊지 않으면 알 수 없습니다. 지혜로워야 알지 우둔하면 알 수가 없습니다.

10. 대왕이여, 그들이 견고한가,36) 하는 것은 재난을 만났을 때 알 수가 있습니다. 그것도 오랫동안 재난을 만났을 때 알 수 있고, 짧은 동안에는 알 수가 없습니다. 주의 깊어야 알 수 있고, 주의가 깊지 않으면 알 수 없습니다. 지혜로워야 알지 우둔하면 알 수가 없습니다.

11. 대왕이여, 그들이 지혜가 있는가 하는 것은 논의를 통해서 알 수가 있습니다. 그것도 오랫동안 논의함으로써 알 수 있고, 짧은 동안에는 알 수가 없습니다. 주의 깊어야 알 수 있고, 주의가 깊지 않으면 알 수 없습니다. 지혜로워야 알 수 있고, 우둔하면 알 수가 없

---

36) 붓다고싸에 의하면 지혜의 견고함을 뜻한다.

습니다."

12. [빠쎄나디] "세존이시여, 놀라운 일입니다. 세존이시여, 일찍이 들어본 적이 없던 일입니다. 세존께서는 이와 같이 가르치셨습니다. '대왕이여, 당신은 세속인으로서 감각적 쾌락을 즐기고 북적거리는 수많은 아이들과 함께 살고 있으며 까시국에서 나는 전단을 쓰고 화환과 향수와 크림을 사용하며 금과 은을 향유하고 있습니다. 그러므로 당신은 그들이 거룩한 님인가 또는 거룩한 길에 도달한 이인가를 알기가 어렵습니다. 대왕이여, 그들이 계율을 지니고 있는가 하는 것은 함께 살아보아야 알 수 있습니다. 그것도 오랫동안 같이 살아보아야 알 수 있고, 짧은 동안에는 알 수가 없습니다. 주의 깊어야 알 수 있고, 주의가 깊지 않으면 알 수 없습니다. 지혜로워야 알지 우둔하면 알 수가 없습니다. 대왕이여, 그들이 청정한가 하는 것은 같이 대화를 해보아야 알 수 있습니다. 그것도 오랫동안 대화를 해야 알 수 있고, 짧은 동안에는 알 수가 없습니다. 주의 깊어야 알지 주의가 깊지 않으면 알 수 없습니다. 지혜로워야 알 수 있고, 우둔하면 알 수가 없습니다. 대왕이여, 그들이 견고한가 하는 것은 재난을 만났을 때 알 수가 있습니다. 그것도 오랫동안 재난을 만났을 때 알 수 있고, 짧은 동안에는 알 수가 없습니다. 주의 깊어야 알 수 있고, 주의가 깊지 않으면 알 수 없습니다. 지혜로워야 알 수 있고, 우둔하면 알 수가 없습니다. 대왕이여, 그들이 지혜가 있는가 하는 것은 논의를 통해서 알 수가 있습니다. 그것도 오랫동안 논의함으로써 알 수 있고, 짧은 동안에는 알 수가 없습니다. 주의 깊어야 알 수 있고, 주의가 깊지 않으면 알 수 없습니다. 지혜로워야 알 수 있고, 우둔하면 알 수가 없습니다.'

13. 세존이시여, 나의 신하와 밀사와 정탐꾼들은 나라를 살피고

돌아옵니다. 그들이 먼저 살핀 것에 대해 내가 나중에 결론을 내립니다.

14. 세존이시여, 지금 그들은 티끌을 제거하고 몸을 잘 씻고 향유를 바르고 머리와 수염을 가지런히 하고 흰 옷을 걸쳤는데, 자신들에게 주어진 다섯 가지 감각적 쾌락을37) 즐길 것입니다."

15. 그때 세존께서는 그 뜻을 아시고 곧 이와 같은 시를 읊으셨다.

16. [세존] "사람은 색깔과 형상으로 알 수 없고
잠시 보아서는 믿을 수가 없다.
몸을 잘 삼가는 사람의 모습을 하고
삼가지 않는 자들이 세상을 돌아다닌다.

17. 흙으로 빚은 가짜 귀걸이처럼
금박을 입힌 반달 모양의 동전처럼38)
어떤 이들은 화려히 치장하고 돌아다니니
안으로는 더럽고 밖으로만 아름답다."

8. 딸이 태어나면 실망해야 할까 어떻게 생각해야 할까39)

1. 이와 같이 나는 들었다. 한 때 세존께서 싸밧티 시의 제따바나 숲에 있는 아나타삔디까 승원에 계셨다.

2. 그때 꼬쌀라 국의 빠쎄나디왕이 세존께서 계신 곳으로 찾아왔다. 가까이 다가와서 세존께 예배를 올리고 한쪽으로 물러앉았다.

3. 그때 마침 한 부하가 꼬쌀라 국의 빠쎄나디왕의 귀에 대고 보고

---

37) 다섯 가지의 감각대상, 즉 형상, 소리, 냄새, 맛, 감촉에 대한 쾌락을 뜻한다.
38) 동전 반 조각을 뜻하며, 그 동전의 반액에 해당하는 가치를 지닌다.
39) 딸의 경[Dhītusutta] : SN. I. 86

했다.

[부하] "대왕이시여, 말리까40) 왕비께서 공주를 출산했습니다."

4. 이렇게 말했을 때 꼬쌀라 국의 빠쎄나디왕은 기뻐하지 않았다.

5. 그때 세존께서는 꼬쌀라 국의 빠쎄나디왕이 즐거워하지 않는 것을 알고 곧 이와 같은 시를 읊었다.

6. [세존] "백성의 왕이여, 여인이라도
어떤 이는 실로 남자보다 훌륭하니
총명하고 계행을 지키며
시부모를 공경하고 지아비를 섬긴다.

7. 그런 여인에게서 태어난 남자는
세계의 영웅이 되니
그러한 훌륭한 여인의 아들이야말로
왕국을 지배할 수 있다."

9. 권력에 도취한 삶과 바른 인간의 삶은 어떻게 다를까41)

1. 이와 같이 나는 들었다. 한 때 세존께서 싸밧티 시의 제따바나 숲에 있는 아나타삔디까 승원에 계셨다.

2. 그때 꼬쌀라 국의 빠쎄나디왕은 세존께서 계신 곳으로 찾아왔다. 가까이 다가와서 세존께 예배를 올리고 한쪽으로 물러앉았다.

3. 한쪽으로 물러앉은 꼬쌀라 국의 빠쎄나디왕에게 세존께서 이와

---

40) 꼬쌀라국의 빠쎄나디왕의 정비였다. 그녀는 꼬쌀라 국의 화환을 만드는 꽃집의 딸이었다. 그녀는 미모가 출중하고 영특하여 부처님의 가르침을 이해하는데 빠쎄나디왕보다도 뛰어났다. 그러나 그녀가 왕자를 출산하지 못하자 빠쎄나디왕은 대단히 실망했다.
41) 산에 대한 비유의 경[Pabbatūpamasutta] : SN. I. 100 ; 잡아함 42권 3(大正 2. 305b, 잡11 47) 참조

같이 말씀하셨다.
[세존] "대왕이여, 당신은 이 대낮에 어디에서 오는 중입니까?"

4. [빠쎄나디] "세존이시여, 권력의 도취에 몰두하고, 감각적 쾌락의 욕망에 전념하고, 나라에서 안정된 지배를 확보하고, 광대한 영토를 정복하여 통치하는 왕족 출신의 왕에게는 마땅히 해야 할 일이 있습니다.42) 방금 나는 그 일에 열중하였습니다."43)

5. [세존] "대왕이여, 당신은 어떻게 생각하십니까?
1) 여기에 믿을 만하고 의지할 수 있는 사람이 동쪽으로부터 당신을 찾아와서 이와 같이 말했다고 합시다. '대왕이시여, 잘 아셔야 합니다. 저는 동쪽에서 왔습니다. 그리고 거기에서 구름과 같은 큰 산이 모든 뭇삶들을 부수면서 이곳으로 다가오는 것을 보았습니다. 대왕이여, 당신이 해야 할 일을 해주십시오.'
2) 또한 두 번째 믿을 만하고 의지할 수 있는 사람이 서쪽으로부터 당신을 찾아와서 이와 같이 말했다고 합시다. '대왕이시여, 잘 아셔야 합니다. 저는 서쪽에서 왔습니다. 그리고 거기에서 구름과 같은 큰 산이 모든 뭇삶들을 부수면서 이곳으로 다가오는 것을 보았습니다. 대왕이시여, 당신이 해야 할 일을 해주십시오.'
3) 또한 세 번째 믿을 만하고 의지할 수 있는 사람이 북쪽으로부터 당신을 찾아와서 이와 같이 말했다고 합시다. '대왕이시여, 잘 아셔야 합니다. 저는 북쪽에서 왔습니다. 그리고 거기에서 구름과

---

42) 이러한 진술에는 이러한 생활이 당연한 것으로 받아들여지고 아무런 비난이나 반성이 개입되어 있지 않다. 그러나 인도 힌두교에서의 삶의 세 가지 목표가 '현세이익적인' ① 의무 ② 사랑(감각적 쾌락) ③ 이익인 것을 고려한다면, 이해될 수 있는 것이다.
43) 이 경은 영토를 정복하고 감각적 쾌락에 몰두하는 삶의 허망함을 말하고 있다. 붓다고싸는 이 이야기의 동기를 다음과 같이 말하고 있다. '빠쎄나디왕이 부처님을 방문하는 중에 반란군들에게 위협을 받게 되었다. 그러나 왕은 그들을 정복해서 잔인하게 살해했다. 부처님은 간접적으로 왕의 잔인함이 잘못된 것임을 꾸짖었다.'

같은 큰 산이 모든 뭇삶들을 부수면서 이곳으로 다가오는 것을 보았습니다. 대왕이시여, 당신이 해야 할 일을 해주십시오.'

4) 또한 네 번째 믿을 만하고 의지할 수 있는 사람이 남쪽으로부터 당신을 찾아와서 이와 같이 말했다고 합시다. '대왕이시여, 잘 아셔야 합니다. 저는 남쪽에서 왔습니다. 그리고 거기에서 구름과 같은 큰 산이 모든 뭇삶들을 부수면서 이곳으로 다가오는 것을 보았습니다. 대왕이시여, 당신이 해야 할 일을 해주십시오.'

6. 대왕이여, 이와 같은 커다란 위협이 일어나서 모든 사람에게 죽음의 공포가 다가오고 사람이 살아남기조차 어렵다면 무엇을 해야 하겠습니까?"

7. [빠쎄나디] "세존이시여, 그와 같은 커다란 위협이 일어나서 모든 사람에게 죽음의 공포가 다가오고 사람이 살아남기조차 어렵다면 무엇을 해야 하겠습니까? 오로지 법대로 살고 올바로 살고 착한 일을 하고 공덕을 쌓는 것 이외에 다른 무엇이 있겠습니까?"

8. [세존] "대왕이여, 나는 당신에게 말합니다. 대왕이여, 나는 당신에게 알립니다. 대왕이여, 늙음과 죽음이 당신을 덮치고 있습니다. 대왕이여, 늙음과 죽음이 당신을 덮치고 있는데 무엇을 해야 하겠습니까?"

9. [빠쎄나디] "세존이시여, 늙음과 죽음이 덮치는데 무엇을 해야 하겠습니까? 오로지 법답게 살고 올바로 살고 착한 일을 하고 공덕을 쌓는 것 이외에 다른 무엇이 있겠습니까?

1) 세존이시여, 권력의 도취에 몰두하고, 감각적 쾌락의 욕망에 전념하고, 나라에서 안정된 지배를 확보하고, 광대한 영토를 정복하여 통치하는 왕족 출신의 왕에게는 코끼리 전투부대가 있습니다.

그러나 그 코끼리 부대로 싸우더라도 늙음과 죽음이 덮쳐오는 데는 아무 방도나 대책이 없습니다.

2) 세존이시여, 권력의 도취에 몰두하고, 감각적 쾌락의 욕망에 전념하고, 나라에서 안정된 지배를 확보하고, 광대한 영토를 정복하여 통치하는 왕족 출신의 왕에게는 기마 전투부대가 있습니다. 그러나 그 기마 부대로 싸우더라도 늙음과 죽음이 덮쳐오는 데는 아무 방도나 대책이 없습니다.

3) 세존이시여, 권력의 도취에 몰두하고, 감각적 쾌락의 욕망에 전념하고, 나라에서 안정된 지배를 확보하고, 광대한 영토를 정복하여 통치하는 왕족 출신의 왕에게는 전차 전투부대가 있습니다. 그러나 그 전차 부대로 싸우더라도 늙음과 죽음이 덮쳐오는 데는 아무 방도나 대책이 없습니다.

4) 세존이시여, 권력의 도취에 몰두하고, 감각적 쾌락의 욕망에 전념하고, 나라에서 안정된 지배를 확보하고, 광대한 영토를 정복하여 통치하는 왕족 출신의 왕에게는 보병 전투부대가 있습니다. 그러나 그 보병 부대로 싸우더라도 늙음과 죽음이 덮쳐오는 데는 아무 방도나 대책이 없습니다.

5) 그리고 세존이시여, 이 왕가에는 고문관과 대신들이 있습니다. 그들은 다가오는 적군을 책략으로 쳐부술 수 있습니다. 그러나 그 책략으로 싸우더라도 늙음과 죽음이 덮쳐오는 데는 아무 방도나 대책이 없습니다.

6) 또한 세존이시여, 이 왕가에는 땅속에 저장하여 두고 높은 천정에 숨겨둔 막대한 황금이 있어서 그 재물로 다가오는 적군을 설득할 수 있습니다. 그러나 그 재물로도 늙음과 죽음이 덮쳐오는 데는 아무 방도나 대책이 없습니다.

10. 세존이시여, 늙음과 죽음이 덮쳐올 때 무엇을 해야 하겠습니까? 오로지 법답게 살고 올바로 살고 착한 일을 하고 공덕을 쌓는 것 이외에 다른 무엇이 있겠습니까?"

11. [세존] "대왕이여, 그렇습니다. 대왕이여, 그렇습니다. 늙음과 죽음이 당신을 덮쳐올 때 무엇을 해야 하겠습니까? 오로지 법답게 살고 올바로 살고 착한 일을 하고 공덕을 쌓는 것 이외에 무엇이 있겠습니까?"

12. 세존께서는 이와 같이 말씀하셨다. 이처럼 말씀하시고 올바른 길로 잘 가신 님, 스승께서는 이와 같이 시로써 말씀하셨다.

13. [세존] "하늘을 찌를 듯한
커다란 바위산이
사방에서 짓이기며 완전히 둘러싸듯
늙음과 죽음은 뭇삶들을 덮친다.

14. 왕족과 바라문과 평민과
노예와 천민과 청소부
누구도 예외로 하지 않고
모든 것을 쳐부숴버린다.

15. 코끼리 부대도 전차 부대도
보병 부대도 어쩔 수 없다.
또한 전략으로 싸우더라도
재력으로 싸우더라도 승리는 없다.

16. 지혜롭고 현명한 사람은
스스로를 위한 일을 살핀다.
슬기로운 님으로 부처님과 가르침과

참모임에 믿음을 세운다.

17. 신체와 언어와 정신으로
여법한 삶을 살면,
이 세상에서 사람들은 그를 칭찬하며
나중에 하늘나라에서 기쁨을 누린다."

10. 완전한 자유를 얻은 부처님의 전도선언은 어떠했는가[44]

1. 한 때 세존께서는 바라나씨[45] 시의 이씨빠따나[46] 지역에 있는 미가다야 공원[47]에 계셨다.

2. 그 때 세존께서는 수행승들에게 '수행승들이여'라고 말했다. 그 수행승들은 '세존이시여'라고 대답했다.

3. 세존께서는 이와 같이 말씀하셨다.
[세존] "나는 하늘나라의 올가미와 인간세계의 올가미, 그 모든 올가미에서 벗어났다. 수행승들이여, 그대들도 하늘나라의 올가미와 인간세계의 올가미, 그 모든 올가미에서 벗어났다. 많은 사람들의 이익을 위하여, 많은 사람들의 안락을 위하여, 세상을 불쌍히 여겨 하늘사람과 인간의 이익과 안락을 위하여 길을 떠나라. 둘이서 같은 길로 가지 마라. 수행승들이여, 처음도 훌륭하고, 중간도 훌륭하고, 끝도 훌륭하고, 의미와 표현이 일치하는 가르침을 설하고, 완전

---

44) 악마의 올가미의 경②[Dutiyamārapāsasutta] : SN. I. 105 : 잡아함 39권 16(大正 2. 288 a, 잡1096) 참조
45) 까씨 국의 수도였다. 지금의 베나레스를 말한다.
46) '이씨빠따나'는 선인이 떨어진 곳[仙人墮處]이라는 이름의 지역으로 우루벨라에서 부처님이 완전한 깨달음을 얻은 이후에 이곳에서 도착해서 최초로 다섯 수행승에게 가르침을 폈다. 우루벨라에서 이곳까지는 86km 정도가 된다.
47) 미가다야 공원는 한역에서 녹야원(鹿野園)이라고 한다. 실제는 동물원과 같은 곳이었다.

히 원만하고 청정한 거룩한 삶을 드러내라. 본래부터 눈에 티끌이 거의 없는 사람들도 있는데 그들은 가르침을 듣지 못했기 때문에 쇠퇴하고 있다. 그들이 가르침을 들으면 알 수 있을 것이다. 수행승들이여, 나도 역시 가르침을 펴기 위해서 우루벨라의 쎄나니 마을로 가겠다."48)

4. 그 때 악마 빠삐만이 세존께 다가왔다. 다가와서 세존께 시로 말했다.

5. [빠삐만] "그대는 모든 올가미들에 묶여 있다.
하늘의 것이든 인간의 것이든
그대는 거대한 올가미에 묶여 있다.
수행자여, 그대는 내게서 벗어날 수 없으리."

6. [세존] "나는 모든 올가미들에서 벗어났다.
하늘의 것이든 인간의 것이든
나는 거대한 올가미에서 벗어났으니
죽음의 신이여, 그대가 패했다."

11. 욕망을 충족시키는 것이 올바른 정치의 길일까49)

1. 한 때 세존께서 꼬쌀라 국의 히말라야 산기슭에 있는 조그마한 초암에 계셨다.

2. 그때 세존께서 홀로 앉아 고요히 명상하는데 이와 같은 생각이

---

48) 육십 명의 아라한을 각지에 파견하는 유명한 부처님의 전도선언문이다. 율장에도 그대로 실려 있다. 붓다고싸에 따르면, '처음도 훌륭하고 가운데도 훌륭하고 마지막도 훌륭한'에서 처음은 계행을 말하고 가운데는 멈춤과 통찰의 길을 말하고, 마지막은 경지와 열반을 말한다. 또는 처음은 계행과 삼매이고 가운데가 통찰의 길이고, 마지막이 경지와 열반이다. 또는 처음은 계행과 삼매와 통찰이고 가운데가 길이고, 마지막이 경지와 열반이다.
49) 통치의 경[Rajjasutta] : SN. I. 116 ; 잡아함 39권 18(大正 2. 288c, 잡1098) 참조

떠올랐다. '죽이지 않고, 죽이게 만들지 않고, 정복하지 않고, 정복하게 만들지 않고, 슬프지 않고, 슬프게 만들지 않고, 올바르게 통치하는 것은 불가능한가.'

3. 그때 세존의 생각을 알아챈 악마 빠삐만은 세존께서 계신 곳으로 찾아왔다. 가까이 다가와서 세존께 이와 같이 말했다.
[빠삐만] "세존이시여, 세상에 존경받는 님께서는 직접 통치하십시오. 올바른 길로 잘 가신 님께서는 죽이지 않고, 죽이게 만들지 않고, 정복하지 않고, 정복하게 만들지 않고, 슬픔을 주지 않고, 슬픔을 주게 만들지 않고, 올바르게 통치하십시오."50)

4. [세존] "그런데 빠삐만이여, 너는 무엇을 보고 나에게 '세존이시여, 세상에 존경받는 님께서는 직접 통치하십시오. 올바른 길로 잘 가신 님께서는 죽이지 않고, 죽이게 만들지 않고, 정복하지 않고, 정복하게 만들지 않고, 슬픔을 주지 않고, 슬픔을 주게 만들지 않고, 올바르게 통치하십시오.'라고 이와 같이 말하는가?"

5. [빠삐만] "세존이시여, 세존께서는 네 가지 신통력의 기초를51) 닦고, 익히고, 그것을 수레로 삼고, 토대로 만들고, 다지고, 체화시키고, 완전하게 성취하셨습니다. 이제 세존이시여, 세존께서 산들의 왕인 히말라야 산이 황금이 되길 원한다면 그 산은 황금으로 변할 것입니다."

6. [세존] "황금으로 이루어진 산이 있어
그 모든 황금이 두 배가 되어도
한 사람에게도 충분하지 않다.

---

50) 악마는 부처님을 유혹해서 세속적인 권력을 지향하도록 유도하고 있다.
51) 사신족(四神足), 또는 사여의족(四如意足)이라고 한역한다. 그것은 ① 의욕 ② 정진 ③ 마음 ④ 사유에 의도적인 노력을 기울여 집중하는 것이다.

이렇게 알고 올바로 살아야 하리.

7. 괴로움과 그 원인을 본 사람이
어떻게 감각적 쾌락에 빠지겠는가.
애착을 세상의 결박으로 알고
사람은 그것을 끊기 위해 힘써야 하리."

8. 그때 악마 빠삐만은 '세존께서는 나에 대해 알고 계신다. 부처님께서는 나에 대해 알고 계신다.'라고 괴로워하며 우울한 마음으로 그곳에서 사라졌다.

12. 수행을 닦는 데 성적 차별이 장애일 수 있을까[52]

1. 이와 같이 나는 들었다. 한 때 세존께서 싸밧티 시의 제따바나 숲에 있는 아나타삔디까 승원에 계셨다.

2. 그때 수행녀 쏘마[53]가 아침 일찍 옷을 입고 발우와 가사를 들고 탁발을 하기 위해 싸밧티 시로 들어갔다.

3. 싸밧티 시에서 탁발을 하고 식사를 마친 뒤 탁발에서 돌아와 대낮을 보내려고[54] 안다숲으로 갔다. 안다숲 깊은 곳으로 들어가 대낮을 보내려고 한 나무 밑에 앉았다.

4. 그때 악마 빠삐만이 수행녀 쏘마에게 몸에 털이 곤두서는 두려운 공포를 불러일으키고 선정에 드는 것을 방해하려고 수행녀 쏘마가 있는 곳으로 찾아왔다. 가까이 다가와서 수행녀 쏘마에게 시로써 이야기했다.

---

52) 쏘마 경[Somāsutta] : SN. I. 129 ; 잡아함 45권 2(大正 2. 326a 잡1199) 참조
53) 쏘마는 붓다고싸에 따르면, 빔비싸라왕의 제사장의 딸이다.
54) 붓다고싸에 따르면, '대낮의 식후 좌선에 들기 위해'란 뜻이다.

5. [빠삐만] "성자만이 도달할 수 있을 뿐,
그 경지는 성취하기 어렵다.
손가락 두 마디 만큼의55) 지혜를 지닌
여자로서는 그것을 얻을 수가 없다."

6. 그때 수행녀 쏘마에게 이와 같은 생각이 떠올랐다. '지금 누가 이 시를 읊조리는가? 인간인가, 인간이 아닌 존재인가?'

7. 그때 수행녀 쏘마에게 이와 같이 생각이 떠올랐다. '이는 나에게 소름끼치는 두려운 공포를 불러일으키고 선정에 드는 것을 방해하기 위해 시를 읊조리는 악마 빠삐만이다.'

8. 그때 수행녀 쏘마는 '이는 악마 빠삐만이다.'라고 알아채고 악마 빠삐만에게 시로써 이야기했다.

9. [쏘마] "마음이 잘 집중되고
지혜가 항상 나타나고 있다면
누구나 최상의 법을 통찰할 수 있으니,
여성이라는 것이 무슨 상관이랴.

10. '나는 남자다.' 또는 '나는 여자다.'
또는 '나는 무엇이다.'
이렇게 생각하는 사람에게
악마가 말을 걸기에 적당한다."

11. 그러자 '수행녀 쏘마는 나에 대해 알고 있다.'라고 알아챈 악마 빠삐만은 괴로워하고 슬퍼하며 바로 그곳에서 사라졌다.

---

55) 엄지손가락과 집게손가락으로 잴 수 있는 만큼의 크기로, 아주 작은 양을 의미한다.

13. 지옥으로 이끌지 않는 천국은 있을까[56]

1. 이와 같이 나는 들었다. 한 때 세존께서 싸밧티 시의 제따바나 숲에 있는 아나타삔디까 승원에 계셨다.

2. 그때 수행녀 우빠짤라[57]가 아침 일찍 옷을 입고 발우와 가사를 들고 탁발을 하기 위해 싸밧티 시로 들어갔다.

3. 싸밧티 시에서 탁발을 하고 식사를 마친 뒤 탁발에서 돌아와 대낮을 보내려고 안다숲으로 갔다. 그녀는 안다숲 깊은 곳으로 들어가 한 나무 밑에 앉았다.

4. 그때 악마 빠삐만이 수행녀 우빠짤라에게 소름끼치는 두려운 공포를 불러일으키고 선정에 드는 것을 방해하려고 수행녀 우빠짤라가 있는 곳으로 찾아왔다. 가까이 다가와서 수행녀 우빠짤라에게 말했다.

[빠삐만] "수행녀여, 그대는 어디에 다시 태어나길 바라는가?"

5. [우빠짤라] "벗이여, 나는 어디에도 태어나고 싶지 않다."

6. [빠삐만] "서른셋 하늘나라의 신들,
축복 받는 하늘나라 신들, 만족을 아는 하늘나라 신들,
창조하고 기뻐하는 하늘나라의 신들,
다른 신들이 만든 존재를 향유하는 하늘나라의 신들[58]
그곳으로 마음을 향하면
그대는 즐거움을 경험하리."

---

56) 우빠짤라의 경[Upacālāsutta] : SN. I. 133 : 잡아함 45권 9(大正 2. 328b, 잡1208) 참조
57) 싸리뿟따의 세 명의 누이 가운데 한 사람이었다. 싸리뿟따에 대한 주석 참조.
58) 각각, 서른셋 신들의 하늘나라[三十三天], 축복 받는 신들의 하늘나라[夜摩天], 만족을 아는 신들의 하늘나라[兜率天], 창조하고 기뻐하는 신들의 하늘나라[化樂天], 다른 신들이 만든 존재를 향유하는 신들의 하늘나라[他化自在天]를 말한다.

7. [우빠짤라] "서른 셋 하늘나라의 신들,
축복 받는 하늘나라의 신들, 만족을 아는 하늘나라의 신들,
창조하고 기뻐하는 하늘나라의 신들,
다른 신들이 만든 존재를 향유하는 하늘나라의 신들,
그들은 여전히 감각적 쾌락의 속박에 묶여 있고
다시 악마의 지배 아래 들어간다.59)

8. 세상은 모두 불이 붙었고
세상은 온통 불꽃을 내뿜는다.
세상은 모두 화염으로 이글거리고
세상은 온통 뒤흔들린다.

9. 뒤흔들리거나 불타지 않는 곳
범상한 사람은 도달하지 못하는 곳
악마가 설 자리가 없다.
그곳에서 내 마음이 즐거우리."

10. 그러자 '수행녀 우빠짤라는 나에 대해 알고 있다.'라고 알아챈 악마 빠삐만은 괴로워하고 슬퍼하며 바로 그곳에서 사라졌다.

14. 이 세계는 누가 만든 것인가60)

1. 이와 같이 나는 들었다. 한 때 세존께서 싸밧티 시의 제따바나 숲에 있는 아나타삔디까 승원에 계셨다.

2. 그때 수행녀 쎌라61)가 아침 일찍 옷을 입고 발우와 가사를 들고

---

59) 위의 하늘사람들은 감각적 쾌락의 세계[欲界]보다 상위 단계의 신들을 뜻한다. 그러나 천상계에서의 공덕이 다하면 다시 윤회하여 감각적 쾌락에 태어나므로 죽음의 신인 악마의 영토에 귀속된다고 본 것이다.
60) 쎌라 경[Selāsutta] : SN. I. 134 ; 잡아함 45권 6(大正 2. 327b, 잡1203) 참조

탁발을 하기 위해 싸밧티 시로 들어갔다. 싸밧티 시에서 탁발을 하고 식사를 마친 뒤 탁발에서 돌아와 대낮을 보내려고 안다숲으로 갔다. 안다숲 속 깊숙이 들어가 대낮을 보내려고 한 나무 밑에 앉았다.

3. 그때 악마 빠삐만이 수행녀 쎌라에게 소름끼치는 두려운 공포를 불러일으키고 선정에 드는 것을 방해하려고 수행녀 쎌라가 있는 곳으로 찾아왔다. 가까이 다가와서 수행녀 쎌라에게 시로써 이야기했다.

4. [빠삐만] "누가 이 환영을[62] 만들었는가?
환영을 만든 자는 어디에 있는가?
환영은 어디에서 생겨났는가?
이 환영은 어디에서 소멸되는가?"

5. 그때 수행녀 쎌라에게 이와 같은 생각이 떠올랐다. '지금 누가 이 시를 읊조리는가? 인간인가, 인간이 아닌 존재인가?'

6. 그리고 수행녀 쎌라에게 이와 같은 생각이 떠올랐다. '이것은 악마 빠삐만이 나에게 소름끼치는 두려운 공포를 불러일으키고 선정에 드는 것을 방해하기 위해 시를 읊조리는 것이다.'

7. 그때 수행녀 쎌라는 '이것은 악마 빠삐만이다.'라고 알아채고 악마 빠삐만에게 시로써 대답했다.

8. [쎌라] "이 환영은 내가 만든 것이 아니며

---

61) 수행녀 쎌라는 공주로 알라비 왕국에서 태어났으므로 알라비까라고도 불린다. 그녀가 아직 처녀였을 때에 부처님께서 알라비를 방문했다. 그때 쎌라는 아버지와 함께 부처님의 설법을 듣고 재가신도가 되었으나 나중에 발심하여 출가해서 아라한이 되었고 주로 싸밧티에 살았다.
62) 붓다고싸에 따르면, '자신의 존재'를 뜻한다. 자신의 존재는 곧 다섯 가지 존재의 다발[五蘊]을 말한다. 따라서 이 세계 또는 일체가 환영이다.

이 재난은63) 남이 만든 것도 아니니
원인을 조건으로 생겨났다가
원인이 소멸하면 사라져버린다.

9. 어떤 씨앗이 밭에 뿌려지면,
흙의 자양분을 조건으로
습기의 공급을 조건으로
이 한 쌍을 조건으로 성장하듯이.

10. 이와 같이 존재의 다발과64) 인식의 세계65)
그리고 이들 감각영역들은66)
원인을 조건으로 생겨났다가
원인이 소멸하면 사라져버린다."

11. 그러자 '수행녀 쎌라는 나에 대해 알고 있다.'라고 알아챈 악마 빠삐만은 괴로워하고 슬퍼하면서 바로 그곳에서 사라졌다.

15. 깨달음을 이룬 뒤 말씀하시길 주저한 까닭은 무엇일까67)

1. 이와 같이 나는 들었다. 한 때 세존께서는 완전한 깨달음을 얻은 직후 우루벨라68) 지역의 네란자라69) 강 언덕에 있는 아자빨라 보

---

63) 자신이 괴로움의 장소이므로 자신의 존재에 관하여 이렇게 말한 것이다.
64) 존재의 다발은 물질, 느낌, 지각, 형성, 의식[色受想行識]의 다발을 말한다.
65) 인식의 세계는 시각의 세계, 형상의 세계, 시각의식의 세계 등 감각과 감각대상과 감각의식의 열여덟 가지 세계[十八界]를 말한다.
66) 감각영역은 여섯 가지 감각영역[六入處]을 말한다.
67) 하느님의 청원에 대한 경[Brahmāyācanasutta] : SN. I. 136 ; 增壹阿含 10권 1(大正 2. 593a) 참조
68) 우루벨라는 '커다란 모래언덕'이라는 뜻으로 부다가야 근처의 네란자라 강 언덕의 한 지명의 이름이다. 부처님은 이곳에서 완전한 깨달음을 얻기 전에 6년 동안 고행을 닦았고 여기서 깨달음을 이루었다.
69) 네란자라는 '푸른 물'이라는 뜻으로 마가다국에 있는 갠지스강의 지류로 북쪽으로 흘러 갠

리수 아래에70) 계셨다.

2. 그때 세존께서 홀로 고요히 앉아 명상하는데 마음에 이와 같은 생각이 일어났다.

3. '내가 깨달은 이 진리는 심원하고, 보기 어렵고, 깨닫기 어렵고, 고요하고, 탁월하고,71) 사념의 영역을 초월하고, 극히 미묘하기 때문에 지혜로운 자들에게만 알려지는 것이다. 그러나 사람들은 욕망의 경향을72) 즐기고 ,욕망의 경향에 기뻐하고, 욕망의 경향에 만족해한다. 그러나 욕망의 경향을 즐기고, 욕망의 경향에 기뻐하고, 욕망의 경향에 만족해하는 사람들은 이와 같은 도리, 즉 조건적 발생의 법칙인 연기를 보기 어렵다. 또한 이와 같은 도리, 즉 모든 형성의 그침, 모든 집착의 버림, 갈애의 부숨, 사라짐, 소멸, 열반을73) 보기 어렵다. 더구나 내가 이 진리를 가르쳐서 다른 사람들이 나의 가르침을 이해하지 못한다면, 그것은 내게 피곤한 일이 되고, 그것은 내게 성가신 일이 될 것이다.'74)

4. 그러자 이와 같이 예전에 들어보지 못한 놀라운 시들이 세존께 떠올랐다.

지스 강에 합류한다.
70) 아자빨라니그로다 나무는 염소를 치는 자의 니그로다 나무(무화과나무의 일종. 벵골보리수)라는 뜻이다.
71) 붓다고싸에 따르면, 세속을 초월하는 진리를 나타낸 것이다.
72) 원어 알라야는 한역에서는 음사하여 아뢰야(阿賴耶)라고도 하나 여기서는 욕망 또는 경향을 말한다. 다섯 가지의 욕망, 즉 오욕락에 집착하는 경향을 의미한다.
73) 여기서는 세속으로부터의 점차적인 해탈의 모습을 보여주고 있다. ① 모든 형성의 그침, ② 모든 집착의 완전히 버림, ③ 갈애의 소멸, ④ 사라짐, ⑤ 소멸, ⑥ 열반. 여기서 ③의 갈애의 소멸은 존재에 대한 갈애의 소멸을 뜻하며, ④의 사라짐이라고 번역한 비라가라는 말은 원래 색깔이 바래서 없어지는 것을 뜻한다. 따라서 부수어 없어지는 소멸을 뜻하는 '니로다'와 구별하였음에 주의해야 한다. 그리고 ⑥의 열반은 궁극적인 해탈을 의미한다. 이 모든 과정에서 모든 번뇌의 경향이 사라지고 모든 고통이 소멸된다.
74) 붓다고싸는 주석서에는 '신체적인 피로와 신체적인 상처'라고 해석하고 있다.

5. [세존] '참으로 힘들게 성취한 진리를
이제 가르치려 할 필요가 없다.
탐욕과 미움에 사로잡힌 자들은
이 진리를 쉽게 이해할 수 없으리.

6. 흐름을 거슬러가는
오묘하고 심오하고 미묘한 진리를
무지의 맹목에 뒤덮이고
탐욕에 물든 자들은 볼 수가 없으리.'

7. 이와 같이 세존께서는 숙고해서 주저하며 진리를 설하지 않는 쪽으로 마음을 정하셨다.

8. 그때 하느님 싸함빠띠[75]가 세존께서 마음속으로 생각하시는 바를 알아차리고 이와 같이 생각했다. '이렇게 오신 님, 거룩한 님, 올바로 원만히 깨달은 님[76]께서 주저하며 진리를 설하지 않기로 마음을 정하신다면, 참으로 세계는 멸망할 것이다. 참으로 세계는 파멸할 것이다.'

9. 그래서 하느님 싸함빠띠는 마치 힘센 사람이 굽혀진 팔을 펴고 펴진 팔을 굽히는 듯한 사이에 범천의 세계에서 모습을 감추고 세존의 앞에 모습을 나타내었다.

10. 그리고 하느님 싸함빠띠는 왼쪽 어깨에 가사를 걸치고 오른쪽 무릎을 땅에 꿇은 채 세존께서 계신 곳을 향해 합장하고 세존께 이

---

75) 붓다고싸의 주석서에 따르면, '하느님 싸함빠띠는 깟싸빠 붓다 시대에 싸하까라는 장로였다. 그는 첫 번째 선정[初禪]에서 열반에 들어 '한 우주기(劫 : 56억 7천만년)를 사는 범천'이 되었다.'라고 기술하고 있다.
76) 한역으로 여래, 응공, 정등각자[正遍知]라고 한다. 역자는 여래를 '이렇게 오신 님', 아라한은 '거룩한 님', 정등각자는 '올바로 원만히 깨달은 님'으로 번역하였다. 단, 부처님께서 스스로 여래로 말씀하셨을 경우에는 '여래'로 그냥 두었다.

와 같이 말했다.
[싸함빠띠] "세존이시여, 세상에서 존경받는 님께서는 진리를 가르쳐주십시오. 올바른 길로 잘 가신 님께서는 진리를 가르쳐주십시오 본래부터 눈에 티끌이 거의 없는 사람들도 있는데 그들은 가르침을 듣지 못했기 때문에 쇠퇴하고 있습니다. 그들이 가르침을 들으면 알 수 있을 것입니다. 진리를 이해하는 자도 있을 것입니다."

11. 이와 같이 하느님 싸함빠띠는 말했다. 말하고 나서 이와 같은 시를 읊었다.

12. [싸함빠띠] "일찍이 오염된 자들이 생각해낸
불순한 가르침이 마가다77) 사람들 사이에 퍼져있으니
불사(不死)의 문을 열어젖히소서.
청정한 분께서 깨달은 진리를 그들이 듣게 하소서.

13. 산꼭대기의 바위 위에 선 사람이
사방으로 사람들을 굽어보는 것처럼
그와 같이 현자여, 모든 것을 보는 눈을 지닌 님이시여,
진리로 이루어진 전당에 오르소서.
슬픔을 여읜 님께서는
슬픔에 빠지고, 생사에 고통 받는 뭇삶을 보소서.

14. 일어서소서. 영웅이여, 전투에서 승리한 이여,
허물없는 캐러밴의 지도자여, 세상을 거니소서.
세존이시여, 진리를 설하소서.

---

77) 마가다국은 부처님 당시의 인도의 사대 왕국 가운데 하나였다. 당시 마가다국은 8만 마을과 둘레가 1,260km에 달하는 넓이를 갖고 있었다. 빔비싸라와 아자따쌋뚜 왕으로부터 300년 후 아소카왕에 이르기까지 마가다는 북인도의 역사를 장식했다. 빠알리어도 마가다 어로 알려져 있다. 싸리뿟따와 목갈라나도 마가다 출신이다. 이 마가다 지역은 오늘날의 남 비하르에 해당한다.

알아듣는 자가 있을 것이니."

15. 그러자 세존께서는 하느님의 요청을 알고 뭇삶에 대한 자비심에서 깨달은 이의 눈으로 세상을 바라보았다.

16. 그때 세존께서는 깨달은 이의 눈으로 세상을 관찰하면서 조금밖에 오염되지 않은 뭇삶, 많이 오염된 뭇삶, 예리한 감각능력을 지닌 뭇삶, 둔한 감각능력을 지닌 뭇삶, 아름다운 모습의 뭇삶, 추한 모습의 뭇삶, 가르치기 쉬운 뭇삶, 가르치기 어려운 뭇삶, 그리고 내세와 죄악을 두려워하는 무리의 뭇삶들을 보았다.

17. 마치 청련화, 홍련화, 백련화의 연못에서 어떤 무리의 청련화, 홍련화, 백련화는 물속에서 생겨나 물속에서 자라서 물속에서 나오지 않고 수중에 잠겨 자라고, 어떤 무리의 청련화, 홍련화, 백련화는 물속에서 생겨나 물속에서 자라서 수면에까지 나와 있고, 어떤 무리의 청련화, 홍련화, 백련화는 물속에서 생겨나 물속에서 자라서 수면을 벗어나 물에 젖지 않는 것처럼, 이와 같이 세존께서는 깨달은 이의 눈으로 세상을 관찰하면서 조금밖에 오염되지 않은 뭇삶, 많이 오염된 뭇삶, 예리한 감각능력을 지닌 뭇삶, 둔한 감각능력을 지닌 뭇삶, 아름다운 모습의 뭇삶, 추한 모습의 뭇삶, 가르치기 쉬운 뭇삶, 가르치기 어려운 뭇삶, 그리고 내세와 죄악을 두려워하는 무리의 뭇삶들을 보았다.

18. 보고 나서 하느님 싸함빠띠에게 시로써 대답하셨다.
　[세존] "그들에게 불사의 문은 열렸다.
　듣는 자들은 자신의 신앙을 버려라.78)
　싸함빠띠여, 나는 성가시다는 생각으로

---

78) '예전의 잘못된 자기 자신의 신앙을 버려라'라는 뜻이다.

사람들에게 미묘한 진리를 설하지 않았는다."79)

19. 그때야 비로소 하느님 싸함빠띠는 생각했다. '세존께서는 진리를 설하는 것에 동의하셨다.' 그는 세존께 인사를 드리고 오른 쪽으로 돌고 나서 그곳에서 사라졌다.

16. 무엇을 없애면 편안히 잠자고 슬프지 않은가80)

1. 이와 같이 나는 들었다. 한 때 세존께서 라자가하81)시의 벨루바나 숲82)에 있는 깔란다까니바빠 공원83)에 계셨다.

2. 그런데 그때 바라드와자 가문의 바라문녀인 다난자니84)는 부처님과 가르침과 참모임을 신뢰하고 있었다.

3. 그래서 바라문녀 다난자니는 바라드와자 가문의 바라문들에게 식사를 들고 가서 세 번이나 기쁜 목소리로 말했다.

---

79) 붓다고싸는 주석서에서 이 시에 대하여 '나는 내가 잘 만들어낸 승묘한 최상의 진리를 설하지 않았다. 왜냐하면 내가 신체적으로 피곤하고 상처받으리라고 생각해서였다. 그러나 나는 이제 모든 인류가 그들의 요구를 충족하게 될 믿음의 그릇을 제공할 것이다.'
80) 다난자니 경[Dhanañjānīsutta] : SN. I. 160 ; 잡아함 42권 14(大正 2. 308b, 잡1158) 참조
81) 라자가하는 왕사성(王舍城)으로 한역되며 부처님 당시 빔비싸라왕이 통치하는 마가다국의 수도였다. 지금은 라즈기르라고 불리며 비하르 주의 남쪽에 위치하고 있다.
82) 벨루바나 숲은 한역으로 죽림(竹林)이다. 이것은 빔비싸라왕이 부처님과 승단에 선물한 것이다.
83) 깔란다까니바빠 공원은 벨루바나 숲의 승원 가운데 한 부분의 지명으로 '다람쥐를 키우는 곳'이란 뜻을 지니고 있다. 한역에서는 율서사양처(栗鼠飼養處)라고 한다.
84) 붓다고싸는 주석서에서 이 경의 바탕이 되는 이야기가 실려 있다. 다난자니는 다른 성직자들처럼 범천의 입에서 태어난 것이 아니라 범천의 두개골에서 태어난 특별히 고귀한 바라문 가문의 출신이었다. 그녀의 남편은 아주 독실한 바라문 가문의 성직자였으므로 정기적으로 가난한 바라문들에게 공양을 올렸는데 그때 그녀는 부처님을 믿었기 때문에 삼귀의를 읊조리곤 했다. 그래서 하루는 남편이 그녀가 삼귀의를 읊어서 잔치를 방해하지 않는다는 약속을 반강제적으로 요구했다. 그러나 그녀가 말을 듣지 않자 모든 것을 그녀에게 맡겨둘 수밖에 없었다. 마침내 잔치가 벌어져 향응이 무르익자 다난자니에게 우연히 부처님 생각이 떠올랐다. 그래서 그녀는 합장하고 삼귀의를 읊조렸다. 그러자 그때까지 침묵했던 바라문들은 분노하여 집을 떠났다. 주인인 남편은 아내에게 욕설을 퍼부으며 부처님께 따지러 갔다.

[다난자니] "세상에 존경받는 님, 거룩한 님, 올바로 원만히 깨달은 님께 귀의합니다. 세상에 존경받는 님, 거룩한 님, 올바로 원만히 깨달은 님께 귀의합니다. 세상에 존경받는 님, 거룩한 님, 올바로 원만히 깨달은 님께 귀의합니다."

4. 이와 같이 말했을 때 바라드와자 가문의 바라문은 다난자니에게 이와 같이 말했다.
[바라문] "이 가엾은 여인은 언제나 머리를 빡빡 깎은 수행자들을 칭찬해댄다. 가엾은 여인아, 이제 내가 당신의 스승 입을 닥치게 만들겠다."

5. [다난자니] "바라문이여, 안 될 것입니다. 저는 하늘사람과 사람들, 악마들과 성직자들과 수행자들, 수행승의 세계, 즉 인천계의 무리 가운데에서 세상에 존경받는 님, 거룩한 님, 올바로 원만히 깨달은 님을 논파할 수 있는 자를 보지 못했습니다. 그러나 그대 바라문이여, 가보십시오. 가보시면 스스로 알게 될 것입니다."

6. 그러자 바라드와자 가문의 바라문은 분노하고 불쾌한 마음으로 세존께서 계신 곳으로 찾아왔다. 가까이 다가와서 세존과 인사를 하고 안부를 주고 받은 뒤에85) 한쪽으로 물러앉았다.

7. 한쪽으로 물러앉아 바라드와자 가문의 바라문은 세존께 시로써 말했다.
　[바라문] "무엇을 없애면 편안히 잠자며
　무엇을 없애면 슬프지 않은가.
　고따마여, 당신이 죽이는데 동의하는
　하나의 원리는 무엇인가"

---

85) 붓다고싸에 따르면, '그는 자신이 얼마나 화가 났는지 알지 못하게 했다.'

8. [세존] "분노를 없애면 편안히 잠자고
분노를 없애면 슬프지 않다.
참으로 바라문이여,
뿌리에는 독이 있지만 꼭지에 꿀이 있는
분노를 죽이는 것을 성자들은 찬양하니
그것을 없애면 슬프지 않다.86)"

9. 이렇게 말씀하셨을 때 바라드와자 가문의 바라문은 세존께 이와 같이 말했다.

[바라문] "존자 고따마여, 훌륭하십니다. 존자 고따마여, 훌륭하십니다. 존자 고따마여, 넘어진 것을 일으켜 세우듯, 가려진 것을 열어 보이듯, 어리석은 자에게 길을 가리켜주듯, 눈 있는 자는 형상을 보라고 어둠 속에 등불을 들어 올리듯, 존자 고따마께서는 이와 같이 여러 가지 방법으로 진리를 밝혀주셨습니다. 그러므로 이제 세존이신 고따마께 귀의합니다. 그리고 그 가르침에 귀의합니다. 그리고 그 수행승의 모임에 귀의합니다. 저는 세존이신 고따마에게 출가하여 구족계를 받겠습니다."

10. 바라드와자 가문의 바라문은 세존께 출가하여 구족계를 받았다. 존자 바라드와자는 구족계를 받은 지 얼마 되지 않아 홀로 떨어져서 게으르지 않고 열심히 정진하였다. 그는 오래지 않아 스스로 곧바로 알고 깨달아서 양가의 자제들이 집에서 집 없는 곳으로 출가하게 된 당연한 이유인 위없는 청정한 삶의 목표를 현세에서 성취했다. 그는 '태어남은 부서졌고, 청정한 삶은 이루어졌고, 해야 할

---

86) 부처님은 논쟁을 피하고 상대방에게 자신의 분노를 직시할 것을 충고하고 있다. 부처님은 바라문의 배타적인 독선주의 속에 분노와 미움이 숨어있는 것을 지적함으로써 대화를 통해 상대방을 치유하고 있다.

일은 다 마쳤으니, 더 이상 윤회하지 않는다.'라고 분명히 알았다. 그래서 존자 바라드와자는 거룩한 님 가운데 한 분이 되었다.

17. 누가 그대를 비난한다면 어떻게 할 것인가[87]

1. 이와 같이 나는 들었다. 한 때 세존께서는 라자가하 시의 벨루바나 숲에 있는 깔란다까니바빠 공원에 계셨다.

2. 그 때 바라문 악꼬싸까 바라드와자가 바라드와자 가문의 한 바라문이 집에서 집 없는 곳으로 수행자 고따마에게 출가했다는 말을 들었다.

3. 그는 화가 나고 불쾌해서 세존께서 계신 곳으로 찾아 왔다. 가까이 다가와서 무례하고 추악한 말로 세존을 비난하고 모욕했다.

4. 이와 같이 말했을 때 세존께서는 바라문 악꼬싸까 바라드와자에게 이와 같이 말씀하셨다.
[세존] "바라문이여, 그대는 어떻게 생각합니까? 그대에게 친구나 동료 또는 친지나 친족 또는 손님들이 옵니까?"
[악꼬싸까] "그대 고따마여, 나에게 때때로 친구나 동료 또는 친지나 친족 또는 손님들이 찾아옵니다."

5. [세존] "어떻게 생각합니까, 바라문이여. 그들에게 그대는 단단하거나 연한 먹을 것과 마실 것을 제공합니까?"
[악꼬싸까] "그대 고따마여, 나는 그들에게 단단하거나 연한 먹을 것과 마실 것을 제공합니다."

6. [세존] "바라문이여, 그런데 만약에 그들이 그것들을 받지 않는다

---

87) 악꼬싸까 경[Akkosakasutta] : SN. I. 161 ; 잡아함 42권 8~9(大正 2. 307a, 잡1152~1153) 참조

면, 그것은 누구에게 돌아갑니까?"
[악꼬싸까] "그대 고따마여, 만약에 그들이 그것을 받지 않는다면, 그것은 나에게 돌아옵니다."

7. [세존] "바라문이여, 그와 마찬가지로 그대는 비난하지 않는 우리를 비난하고, 화내지 않는 우리에게 화를 내고, 욕지거리하지 않는 우리에게 욕지거리를 합니다. 그러나 우리는 그것을 받아들이지 않습니다. 바라문이여, 그것은 그대의 것이 됩니다. 바라문이여, 비난하는 사람을 다시 비난하고, 화를 내는 사람에게 다시 화를 내고, 욕지거리하는 자에게 다시 욕지거리를 한다면, 바라문이여, 그것은 함께 즐기고 서로 교환하는 것이라고 부를 수 있습니다. 나는 그대와 그것을 함께 즐기고 서로 교환하지 않습니다. 바라문이여, 그것은 그대의 것입니다. 바라문이여, 그것은 그대의 것입니다."

8. [악꼬싸까] "왕과 왕의 신하도 당신에 관해 '수행자 고따마는 거룩한 님이다.'라고 알고 있습니다. 그런데 존자 고따마는 여전히 화를 내고 있습니다."88)

9. [세존] "분노하지 않는 님,
올바른 삶으로 길들여진 님, 바른 앎으로 해탈한 님,
고요하게 사는 적멸의 님에게
어떻게 분노가 생겨나겠는가.

10. 분노하는 자에게 다시 분노하는 자는
더욱 악한 자가 될 뿐,

---

88) 붓다고싸에 따르면, 바라드와자는 예전의 현자들처럼 세존의 말을 무엇인가 저주하는 것으로 착각하고 부처님께서 분노에 지배당하고 있다고 믿었다. 왕은 빔비싸라왕을 말한다. 왕도 세존께서 반복해서 '그것은 그대의 것이다.'라고 말하는 것을 모욕을 받은 선인들이 자업자득이라고 상대방을 저주하는 것과 같다고 생각한다고 말한 것이다.

분노하는 자에게 더 이상 화내지 않는 것은
이기기 어려운 싸움에 승리하는 것이다.

11. 다른 사람이 분노하는 것을 알고도
새김이 있어 마음을 고요히 하는 자는
자신만이 아니라 남을 위하고
그 둘 다를 위하는 것이리.

12. 자기 자신과 다른 사람
모두를 유익하게 하는 사람을
가르침을 모르는 자들은
어리석은 사람이라고 생각한다."

13. 이와 같이 말씀하셨을 때 바라문 악꼬싸까 바라드와자는 세존께 이와 같이 말했다.

[악꼬싸까] "존자 고따마여, 훌륭하십니다. 존자 고따마여, 훌륭하십니다. 존자 고따마여, 넘어진 것을 일으켜 세우듯, 가려진 것을 열어 보이듯, 어리석은 자에게 길을 가리켜 주듯, 눈 있는 자는 형상을 보고 어둠 속에 등불을 들어 올리듯, 존자 고따마께서는 이와 같이 여러 가지 방법으로 진리를 밝혀 주셨습니다. 그러므로 이제 세존이신 고따마께 귀의합니다. 그리고 그 가르침에 귀의합니다. 그리고 그 수행승의 참모임에 귀의합니다. 저는 세존이신 고따마에게 출가하여 구족계를 받겠습니다."

14. 바라문 악꼬싸까 바라드와자는 세존께 출가하여 구족계를 받았다.

15. 존자 악꼬싸까 바라드와자는 구족계를 받은 지 얼마 되지 않아 홀로 떨어져서 게으르지 않고 열심히 정진하였다. 그는 오래지 않

아 스스로 곧바로 알고 깨달아서 양가의 자제들이 집에서 집 없는 곳으로 출가하게 된 당연한 이유인 위없는 청정한 삶의 목표를 현세에서 성취했다. 그는 '태어남은 부서졌고, 청정한 삶은 이루어졌고, 해야 할 일은 다 마쳤으니, 더 이상 윤회하지 않는다.'라고 분명히 알았다. 그래서 존자 악꼬싸까 바라드와자는 거룩한 님 가운데 한 분이 되었다.

18. 무례한 말로 모욕을 당했을 때에 어떻게 해야 할까[89]

1. 이와 같이 나는 들었다. 한 때 세존께서 라자가하 시의 벨루바나 숲에 있는 깔란다까니바빠 공원에 계셨다.

2. 그때 바라문 아쑤린다까 바라드와자[90]가 이와 같이 들었다. '바라드와자 가문의 한 바라문이 집에서 집 없는 곳으로 수행자 고따마의 앞에 출가했다.'

3. 그는 화가 나고 불쾌해서 세존께서 계신 곳으로 찾아왔다. 가까이 다가와서 무례하고 추악한 말로 세존을 비난하고 모욕했다.

4. 이와 같이 말했을 때 세존께서는 침묵하셨다.

5. 그러자 바라문 아쑤린다까 바라드와자는 세존께 이와 같이 말했다. [아쑤린다까] "수행자여, 그대가 졌다. 수행자여, 그대가 졌다."

6. [세존] "말로 거칠게 꾸짖으면서
 어리석은 자는 이겼다고 생각한다.
 그러나 인내가 무엇인가 아는 자에게

---

89) 아쑤린다까 경[Asurindakasutta] : SN. I. 163 ; 잡아함 42권 7(大正 2. 306c, 잡1151) 참조
90) 붓다고싸에 따르면, 악꼬싸까 바라드와자의 동생이다. 아쑤린다까는 '아수라의 제왕'이란 뜻이다.

승리는 돌아가리.

7. 분노하는 자에게 다시 분노하는 자는
   더욱 악한 자가 될 뿐,
   분노하는 자에게 더 이상 화내지 않는 것은
   이기기 어려운 싸움에 승리하는 것이다.

8. 다른 사람이 분노하는 것을 알고도
   새김이 있어 마음을 고요히 하는 자는
   자신만이 아니라 남을 위하고
   그 둘 다를 위하는 것이리.

9. 자기 자신과 다른 사람
   모두를 치료하는 사람을
   가르침을 모르는 자들은
   어리석은 사람이라고 생각한다."

10. 이와 같이 말씀하시자 바라문 아쑤린다까 바라드와자는 세존께 이와 같이 말했다.
    [아쑤린다까] "존자 고따마여, 훌륭하십니다. 존자 고따마여, 훌륭하십니다. 존자 고따마여, 넘어진 것을 일으켜 세우듯, 가려진 것을 열어 보이듯, 어리석은 자에게 길을 가리켜주듯, 눈 있는 자는 형상을 보라고 어둠 속에 등불을 들어 올리듯, 존자 고따마께서는 이와 같이 여러 가지 방법으로 진리를 밝혀주셨습니다. 그러므로 이제 세존이신 고따마께 귀의합니다. 그리고 그 가르침에 귀의합니다. 그리고 그 수행승의 모임에 귀의합니다. 저는 세존이신 고따마에게 출가하여 구족계를 받겠습니다."

11. 바라문 아쑤린다까 바라드와자는 세존께 출가하여 구족계를 받

앉다. 존자 아쑤린다까 바라드와자는 구족계를 받은 지 얼마 되지 않아 홀로 떨어져서 게으르지 않고 열심히 정진하였다. 그는 오래지 않아 스스로 곧바로 알고 깨달아서 양가의 자제들이 집에서 집 없는 곳으로 출가하게 된 당연한 이유인 위없는 청정한 삶의 목표를 현세에서 성취했다. 그는 '태어남은 부서졌고, 청정한 삶은 이루어졌고, 해야 할 일은 다 마쳤으니, 더 이상 윤회하지 않는다.'라고 분명히 알았다. 그래서 존자 아쑤린다까 바라드와자는 거룩한 님 가운데 한 분이 되었다.

19. 심우도의 원형 - 마음의 밭은 어떻게 갈아야 할까[91]

1. 이와 같이 나는 들었다. 한 때 세존께서 닥끼나기리[92]에 있는 에까날라라는 바라문 마을에서 마가다 사람들과 함께 계셨다.

2. 그 때 바라문 까씨 바라드와자[93]가 파종할 때가 되어 오백 개 가량의 쟁기를 멍에에 묶고 있었다.

3. 마침 세존께서는 아침 일찍 옷을 입고 발우와 가사를 들고 탁발을 하기 위해 바라문 까씨 바라드와자가 일하는 곳으로 찾아갔다. 바라문 까씨 바라드와자는 음식을 나누어 주고[94] 있었다. 그래서 세존께서는 바라문 까씨 바라드와자가 음식을 나누어 주고 있는 곳

---

91) 까씨 경[Kasīsutta] : SN. I. 172 ; 잡아함 4권 11(대정 2. 27a, 집98), 별역잡아함 264(대정 2. 466b)와 대지도론 22(대정 25. 225a) 참조.
92) 닥끼나기리는 마가다국 라자가하 시의 남쪽에 산으로 둘러싸여 있던 지방이다.
93) 까씨 바라드와자는 바라드와자의 가문에서 태어나서 밭농사를 지었기 때문에 지어진 이름이다. 이 까씨 바라드와자에 대한 이야기는 숫타니파타와 완전히 일치한다. 부처님은 정각을 이룬 후 대략 십일 년 뒤에 그를 방문한 것이다. 붓다고싸에 따르면, 이 경은 여러 가지 의식을 벌이는 농경축제 가운데 파종축제를 취급하고 있다. 파종에는 습윤한 진흙에 파종하는 것과 건조한 흙먼지에 파종하는 것, 두 가지가 있다. 여기서는 두 번째의 파종을 말한 것이다.
94) 바라문의 농토에서 파종에 종사하는 500명의 인부들에 대한 음식의 분배를 말한다.

으로 가서 한 쪽에 서 계셨다.

4. 마침내 바라문 까씨 바라드와자는 세존께서 탁발을 하려고 서 계신 것을 보았다. 보고 나서 세존께 이와 같이 말했다.
[까씨] "수행자여, 나는 밭을 갈고 씨를 뿌립니다. 밭을 갈고 씨를 뿌린 뒤에 먹습니다. 그대도 밭을 갈고 씨를 뿌려야 합니다. 밭을 갈고 씨를 뿌린 뒤에 드십시오."

5. [세존] "바라문이여, 나도 밭을 갈고 씨를 뿌립니다. 밭을 갈고 씨를 뿌린 뒤에 먹습니다."
[까씨] "그러나 저는 수행자 고따마의 멍에도, 쟁기도, 쟁기날도, 몰이 막대도, 황소도 보지 못했습니다. 그런데 고따마여, 그대는 이렇게 '바라문이여, 나도 밭을 갈고 씨를 뿌립니다. 밭을 갈고 씨를 뿌린 뒤에 먹습니다.'라고 말했습니다."

6. 그러자 바라문 까씨 바라드와자는 세존께 시로써 말했다.
[까씨] "그대는 밭을 가는 자라고 주장하지만,
나는 그대가 밭을 가는 것을 보지 못했다.
그대가 밭을 가는 자라면 묻건대 대답하시오.
어떻게 우리는 그대가 경작하는 것을 알 수 있는가?"

7. [세존] "믿음이95) 씨앗이고, 감관의 수호가96) 빗물이며,
지혜가 나의 멍에와 쟁기이다.97)
부끄러움이98) 자루이고99) 삼매가100) 끈이고101)

---

95) 거의 모든 종교는 맹목적인 신앙으로 보이는 믿음에 바탕을 두고 있다. 그러나 불교에서는 '보고, 알고, 깨닫는' 데 바탕을 두고 있다. '믿음' 또는 '신심'으로 번역되는 '쌋다(Saddha)'라는 말은 '믿음'보다는 '확신'에 가까운 말이다.
96) 원래 '고행'이다. 붓다고싸에 따르면, '감각능력의 수호'를 뜻한다.
97) 지혜의 내용은 올바른 견해[正見]와 올바른 사유[正思惟]를 말한다. 올바른 견해는 괴로움의 발생과 소멸에 대한 통찰을 뜻하고 올바른 사유는 자비에 충만한 사유를 말한다. 그러나 붓다고싸에 따르면, 통찰의 지혜[觀智]와 길에 대한 지혜[道智]를 의미한다.

새김이102) 나의 쟁깃날과 몰이막대103)이다."

8. [세존] "몸을 수호하고 말을 수호하고
배에 맞는 음식의 양을 알고
나는 진리를104) 잡초를 제거하는 낫으로 삼고,
나에게는 온화함이 멍에를 내려놓는 것이다.

---

98) 여기서 붓다고싸에 따르면, 부끄러움은 부끄러움[慙]과 창피함[愧]을 아울러 말하는 것이다. 법구경에 따르면, '부끄러움이 없이 철면피하고 무례하고 대담하고 죄악에 오염된 사람의 생활은 쉽다. 부끄러움이 있고 항상 청정을 구하고 집착 없이 겸손하여 청정한 생활을 영위하는 식견 있는 사람의 생활은 어렵다.'
99) 붓다고싸에 따르면, 부끄러움은 세간적 출세간적인 지혜를 구성하는 멍에와 쟁기를 지탱한다. 부끄러움이 없으면, 지혜도 없다.
100) 마음을 뜻하지만 붓다고싸에 따르면, 삼매를 뜻한다. 부처님에게 고유한 삼매 가운데 제일 중요한 것은 네 가지 선정이다.
101) 붓다고싸에 따르면, 세 가지가 있다. ① 쟁기를 멍에에 연결하는 끈 ② 멍에를 소에 연결하는 끈 ③ 수레를 소에 연결하는 끈이다.
102) 올바른 새김[正念]을 말한다. 올바른 정진은 올바른 새김의 기반이 되는 것으로 거기에 필요한 힘을 제공하며 올바른 새김은 주의력을 위한 안정된 기반을 제공하고 올바른 集中을 가능하게 한다. 이러한 삼매의 갈래 사이의 수반적 관계에 관해서는 붓다고싸의 재미있는 비유가 있다. "세 소년이 놀이하러 정원에 갔다. 걸으면서 꼭대기에 꽃이 활짝 핀 나무를 보았다. 그래서 그 꽃을 따 모으기로 했다. 꽃은 제일 큰 사람의 키를 넘는 것이었으므로 친구가 엎드리고 키 큰 친구가 그 위에 올라갔으나 떨어질까 두려워했다. 그 때 또 다른 친구가 그 옆에 서서 어깨를 빌려 주어 키 큰 친구는 그 어깨에 기대어 꽃을 따 모을 수 있었다." 여기서 꽃을 따 모으는 키 큰 친구는 올바른 집중을 의미하고, 등을 제공한 친구는 올바른 정진을 의미하며, 어깨를 빌려준 친구는 올바른 새김을 뜻한다. 올바른 집중은 이와 같이 올바른 정진과 올바른 새김의 지원을 받아 그것들을 수반하여 이루어질 수 있는 것이다. 따라서 새김을 실천하는 것은 마음이 활동을 일으키지 않고 평정하게 되는 것이다. 모든 의도나 사유는 직접적인 체험을 방해하는 장애로써 작용한다. 이러한 것이 소멸됨으로써 새김 속에서 대상은 있는 그대로 나타난다. 그렇다고 해서 새김은 그냥 수동적인 관찰로 머무는 것이 아니다. 오히려 새김은 강력한 기능을 발휘한다. 그것은 우리를 현실 속에 닻을 내리게 하며, 사유작용과 더불어 존재하지 않는 시간 속에 방황하게 두지 않는다. 새김이 없는 마음은 호박에 비유되고 새김을 수반하는 마음은 돌에 비유된다. 호박은 수면 위를 떠다니지만, 돌은 바닥에 이를 때까지 가라앉는다. 이처럼 강한 새김을 수반하는 마음은 대상의 겉모습 속에서 떠돌지 않고, 대상에 머물러 대상의 속성 속으로 깊이 침투해서, 있는 그대로의 대상을 통찰하는 기반을 제공한다.
103) 붓다고싸에 따르면, 통찰[觀:vipassanā]과 연결된 새김이 쟁깃날이고, 길[道:magga]과 연결된 새김이 몰이막대이다.
104) 붓다의 가르침의 핵심은 그가 베나레스 근처 이씨빠따나에서 옛 동료인 다섯 명의 수행자들에게 행한 최초의 설법인 초전법륜경에서 설한 네 가지 거룩한 진리[四聖諦]에 있다

9. 속박에서 벗어난 안온으로 이끄는 정진이105)
   내게는 짐을 싣는 황소이고
   슬픔이 없는 곳에서 도달해서106)
   거기에 가서 되돌아오지 않는다.

10. 이와 같이 밭을 갈면
    불사의107) 열매를 거두며,
    이렇게 밭을 갈고 나면
    모든 고통에서 해탈한다."

11. 이 때 바라문 까씨 바라드와자는 커다란 청동 그릇에 유미죽을 하나 가득 담아 스승에게 올렸다.
    [까씨] "고따마께서는 유미죽을 드십시오. 왜냐하면 당신은 진실로 밭을 가는 분이시옵니다. 당신 고따마께서는 불사의 과보를 가져다주는 밭을 갈기 때문입니다."

12. [세존] "시를 읊은 대가로 주어진 음식은108) 내게 적절치 않다.
    바라문이여, 이것은 올바로 보는 이의 원칙이 아니다.
    깨달은 님은 시를 읊은 대가로 주는 것을 물리친다.

---

105) 올바른 정진[正精進]과 관계된 것이다.
106) 붓다고싸에 따르면, 모든 슬픔과 화살이 제거된 열반의 상태를 말한다.
107) 불사(不死)는 죽지 않음인데, 죽음은 중생들의 '존재의 다발이 파괴되는 것'인데, 그것은 '나의 소유, 나의 존재, 나의 자아'로 여겨지는 존재의 다발[五取蘊]이 파괴되는 것을 의미한다. 우리는 자신의 죽음을 결코 실재하는 사건으로 체험할 수 없다. 우리는 남의 죽음을 보고 자신의 죽음을 사유할 뿐이다. 그래서 키에르케고르(Kierkegaard)는 '죽음은 존재하지 않을 때만 죽음이라는 결론에 이른다.'고 했다. 그러나 우리는 유위법적 사유의 근본구조 속에서 죽음을 사유하면서 그것을 '나의 소유, 나의 존재, 나의 자아'로 동일시하여 실재하는 것으로 여긴다. 그렇게 해서 사유하는 자아와 동일시되는 존재의 다발은 다시 죽음과 동일시된다. 그러나 이러한 진리를 깨달아 더 이상 자아를 갖고 있지 않은 아라한의 체험 속에는 변화와 소멸이 지각되지만 늙음과 죽음은 지각되지 않는다. 그래서 아라한에게서의 존재의 다발이 파괴되는 것은 죽음이 아니라 '생명의 내려놓음'이라고 불린다. 아라한의 체험에는 구조적으로 불사가 수반된다.
108) 이 표현은 불교 이전의 바라문교의 제의서의 영향을 받은 것이다.

바라문이여, 이러한 원리가 있으니 이것이 행동의 법칙.

13. 번뇌가 부서지고 의심이 소멸된
완전하고 위대한 성자에게는
다른 음식과 음료수로 달리 제공하라.
공덕을 바라는 자에게 그는 복밭이 된다."

14. 이와 같이 말씀하셨을 때 까씨 바라드와자는 세존께 이와 같이 말했다.
[까씨] "존자 고따마여, 훌륭하십니다. 존자 고따마여, 훌륭하십니다. 존자 고따마여, 넘어진 것을 일으켜 세우듯, 가려진 것을 열어 보이듯, 어리석은 자에게 길을 가리켜 주듯, 눈 있는 자는 형상을 보라고 어둠 속에 등불을 들어 올리듯, 존자 고따마께서는 이와 같이 여러 가지 방법으로 진리를 밝혀 주셨습니다. 그러므로 이제 세존이신 고따마께 귀의합니다. 그리고 그 가르침에 귀의합니다. 그리고 그 수행승의 참모임에 귀의합니다. 존자 고따마께서는 재가신자로서 저를 받아 주십시오. 오늘부터 목숨 바쳐 귀의하겠습니다."

20. 스승만을 공경하고 다른 사람은 존경하지 말아야 할까[109]

1. 이와 같이 나는 들었다. 한 때 세존께서 싸밧티 시에 계셨다.

2. 그 때 바라문 마낫탓다[110]가 싸밧티 시에 살고 있었다. 그는 어머니를 공경하지 않고 아버지도 공경하지 않았다. 스승도 공경하지 않고 나이든 현자도 공경하지 않았다.

---

109) 마낫탓다 경[Mānatthaddhasutta] : SN. I. 177 ; 잡아함 4권 5(大正 2. 23c, 잡92) 참조
110) 마낫탓다는 인명이지만 그 뜻을 풀이하면 '교만으로 똘똘 뭉친 자'란 뜻이다. 그는 꼬쌀라국의 제사장의 아들이었다. 젊었을 때에 교만했으나 부처님의 교화를 받고 진리의 흐름에 든 님[豫流者]이 되었다.

3. 그런데 마침 세존께서 많은 무리에 둘러싸여 가르침을 설하고 계셨다.

4. 그 때 바라문 마낫탓다에게 '수행자 고따마는 많은 사람에게 둘러싸여 가르침을 설하고 있다. 수행자 고따마가 있는 곳으로 가보면 어떨까? 만약 수행자 고따마가 나에게 말을 건네면, 나도 또한 그에게 말을 건넬 것이다. 만약 수행자 고따마가 나에게 말을 건네지 않는다면, 나도 또한 그에게 말을 건네지 않을 것이다.'라는 생각이 떠올랐다.

5. 그래서 바라문 마낫탓다는 세존께서 계신 곳으로 찾아 왔다. 가까이 다가와서 침묵하고 한 쪽으로 물러섰다. 그 때 세존께서는 그에게 말을 건네지 않았다. 그래서 바라문 마낫탓다는 '이 수행자 고따마는 아무것도 모른다.'라고 생각하고는 되돌아가려고 했다.111)

6. 마침 세존께서는 마음으로 바라문 마낫탓다의 생각을 알아차리고, 바라문 마낫탓다에게 시로써 말을 건넸다.
[세존] "이 세상에서 이익에 밝은 자라면
바라문이여, 교만을 키우는 것은 옳지 않다.
그 대신 어떠한 목적으로 왔는지
그대는 참으로 그것을 밝혀야 한다."

7. 그러자 바라문 마낫탓다는 '수행자 고따마는 내 마음을 알고 있다.'라고 생각했다. 그래서 세존의 두 발에 머리를 조아리고 세존의 두 발에 입을 맞춘 뒤 두 손으로 합장한 채 이름을 말했다.
[마낫탓디] "존자 고따마여, 저는 마낫탓다라고 합니다. 존자 고따

---

111) 붓다고싸에 따르면, 그는 '높은 지위의 나와 같은 바라문이 왔는데도 이 수행자는 특별한 예우를 하지 않는다. 그러므로 그는 아무것도 모른다.'라고 생각했다.

마여, 저는 마낫탓다라고 합니다."

8. 그 때 무리들은 깜짝 놀라서 말했다.
[무리들] '세존이시여, 참으로 놀라운 일입니다. 세존이시여, 예전에 없었던 일입니다. 이 바라문 마낫탓다는 결코 어머니에게도 인사하지 않고, 아버지에게도 인사하지 않고, 스승에게도 인사하지 않고, 나이든 현자에게도 인사하지 않습니다. 그러나 이와 같이 수행자 고따마에게 엎드려 최상의 존경을 표하고 있습니다.'

9. 그러자 세존께서는 바라문 마낫탓다에게 이와 같이 말씀하셨다.
[세존] "바라문이여, 그만 일어나 자리에 앉으십시오. 그대의 마음은 내게 믿음을 갖고 있습니다."

10. 그러자 바라문 마낫탓다는 자신의 자리에 앉아서 세존께 시로써 말했다.
[마낫탓다] "누구에게 교만을 부리면 안 될까?
누구에게 경의를 표해야 할까?
누구에게 존경심을 품어야 할까?
누가 잘 공양받는 것이 옳을까?"

11. [세존] "먼저 어머니와 아버지,
그리고 나이든 형제,
그리고 네 번째로는 스승이다.
이들에게 교만을 부리면 안 되며
이들에게 경의를 표해야 하며
이들에게 존경심을 품어야 하며
이들이 잘 공양받는 것이 옳다.

12. 교만을 누르고 겸손함을 갖고

마음이 청량해진 분들, 할 일을 다 마친 분들
번뇌 없는 분들, 위없는 분들인
거룩한 님들을 공경해야만 하리.”

13. 이와 같이 말씀하시자 바라문 마낫땃다는 세존께 이와 같이 말했다.

[마낫땃다] "존자 고따마여, 훌륭하십니다. 존자 고따마여, 훌륭하십니다. 존자 고따마여, 넘어진 것을 일으켜 세우듯, 가려진 것을 열어 보이듯, 어리석은 자에게 길을 가리켜 주듯, 눈 있는 자는 형상을 보라고 어둠 속에 등불을 들어 올리듯, 존자 고따마께서는 이와 같이 여러 가지 방법으로 진리를 밝혀 주셨습니다. 그러므로 이제 세존이신 고따마께 귀의합니다. 그 가르침에 귀의합니다. 그 수행승의 참모임에 귀의합니다. 존자 고따마께서는 재가신자로서 저를 받아 주십시오. 오늘부터 목숨 바쳐 귀의하겠습니다.”

21. 신을 믿는 종교와 불교는 어떻게 차이가 날까[112]

1. 이와 같이 나는 들었다. 한 때 세존께서 꼬쌀라 국에 있는 어느 우거진 숲에 계셨다.

2. 그런데 그때 바라드와자 가문의 바라문의 많은 젊은 제자들이 땔감을 가지러 그 우거진 숲으로 찾아왔다.

3. 가까이 다가와서 세존께서 그 우거진 숲에서 결가부좌를 한 채 몸을 곧게 세우고 주의를 기울여 마음을 새기고 앉아 계신 것을 보았다. 보고 나서 바라드와자 가문의 바라문이 있는 곳으로 돌아갔다.

---

112) 나무꾼의 경[Kaṭṭhahārasutta] : SN. I. 180 : 잡아함 44권 6(大正 2. 319c, 집283) 참조

4. 돌아가서 바라드와자 가문의 바라문에게 이와 같이 말했다.
 [제자들] "아무쪼록 스승께서는 한 수행자가 우거진 숲에서 결가부좌를 한 채 몸을 곧게 세우고 주의를 기울여 마음을 새기고 앉아 있는 것을 아셔야 합니다."

5. 그래서 바라드와자 가문의 바라문은 그 젊은 제자들과 함께 우거진 숲으로 찾아왔다. 그는 세존께서 우거진 숲에서 결가부좌를 한 채 몸을 곧게 세우고 주의를 기울여 마음을 새기고 앉아 계신 것을 보았다. 보고 나서 세존께서 계신 곳으로 다가왔다. 가까이 다가와서 세존께 시로써 여쭈었다.

6. [바라문] "깊숙해서 많은 위험이 도사린
 텅 빈 숲 속에 홀로 들어
 동요하지 않고 확고하고 아름답고 단정하게
 수행자여, 명상에 들었다.

7. 노래도 없고 음악도 없는 곳에
 홀로 숲 속에서 사는구나. 현자여,
 홀로 기꺼이 숲 속에 살다니
 나로서는 참으로 놀라운 일이다.

8. 나는 위없는 세 하늘의113) 하느님과
 참으로 하나가 되길 원하는데
 그대는 무엇 때문에 숲 속에서 홀로 지내길 원하는가?
 여기서 절대자가 되려고 고행을 닦는가?"

9. [세존] "사람에게 소망이나 기쁨인 것은 무엇이나
 여러 가지 대상에 항상 집착되어 있다.

---

113) 범천계를 말한다. 범천계는 범천, 범중천, 범보천의 세 하늘로 구성되어 있다.

무지의 뿌리에서 생겨난 갈망들,
그 모든 것은 내게서 뿌리째 제거되었다.

10. 소망도 없고, 갈망도 없고, 집착도 없으니,
모든 존재에게 청정한 시선을 보낸다.
위없는 깨달음이라는 지복을 얻었으니
바라문이여, 나는 두려움 없이 홀로 명상한다.114)"

11. 이와 같이 말씀하시자 바라드와자 가문의 바라문은 세존께 이와 같이 말했다.

[바라문] "존자 고따마여, 훌륭하십니다. 존자 고따마여, 훌륭하십니다. 존자 고따마여, 넘어진 것을 일으켜 세우듯, 가려진 것을 열어 보이듯, 어리석은 자에게 길을 가리켜주듯, 눈 있는 자는 형상을 보라고 어둠 속에 등불을 들어 올리듯, 존자 고따마께서는 이와 같이 여러 가지 방법으로 진리를 밝혀주셨습니다. 그러므로 이제 세존이신 고따마께 귀의합니다. 또한 그 가르침에 귀의합니다. 또한 그 수행승의 모임에 귀의합니다. 존자 고따마께서는 재가신자로서 저를 받아 주십시오. 오늘부터 목숨 바쳐 귀의하겠습니다."

22. 수행자가 욕정으로 불타면 어떻게 극복해야 하는가115)

1. 이와 같이 나는 들었다. 한 때 존자 아난다가 싸밧티 시의 제따바나 숲에 있는 아나타삔디까 승원에 있었다.

2. 그 때 존자 아난다가 아침 일찍 옷을 입고 발우와 가사를 들고 탁발을 하기 위해 존자 방기싸를 동료 수행자로116) 삼아 싸밧티 시

---

114) 바라문은 절대자와의 합일을 열망하고 있으나 부처님은 그 마음에 있는 대상에 대한 집착을 지적했다.
115) 아난다의 경[Ānandasutta] : SN. I. 188 ; 잡아함 45권 17(大正 2. 331c, 잡1214) 참조

로 들어갔다.

3. 그런데 그 때 존자 방기싸에게 좋지 않은 생각이 일어났고, 탐욕이 그의 마음에 가득했다.

4. 그래서 존자 방기싸는 존자 아난다에게 시로써 이야기했다.
[방기싸] "나는 감각적인 탐욕으로 불타고 있고,
내 마음은 그 불에 삼켜졌다.
자, 고따마의 제자여, 연민을 베푸셔서
그 불을 끄는 방법을 말해주소서."

5. [아난다] "지각의 전도에117) 의해서
그대의 마음이 불에 삼켜지니,
감각적 탐욕을 자극하는
아름다움의 인상을118) 피하라.

6. 지어진 것을 남의 것으로 보고
괴로운 것으로 보고 자기로 보지 말라.
커다란 탐욕의 불을 꺼서
결코 다시 타오르지 않도록 하라.

---

116) 수행승들은 탁발할 때 두 사람이 함께 다녔다. 붓다고싸에 따르면, 존자 아난다는 왕궁으로 여인들의 초대를 받아 전법을 하러갈 때에 새로 승단에 들어온 방기싸를 데리고 갔다. 방기싸는 치장한 아름다운 여인들을 보고서 욕정을 일으켰다.
117) 논서에서는 전도를 지각에 의한 전도, 마음에 의한 전도, 견해에 의한 전도로 구분하고 있다. 맛지마니까야에 의하면, 불[火]에 닿으면 우리는 고통스럽지만, 감관의 조건이 달라진 문둥병 환자에게는 즐겁게 느껴진다. : 문둥병 환자는 '즐겁다.'라고 전도된 지각을 얻는다. 우리는 '괴롭고 무상하고 실체가 없는 것'을 '즐겁고 영원하고 실체가 있는 것'으로 여기는 지각의 전도를 일으키고 있다.
118) 인상은 본래 '사유의 대상'을 말한다. 선정의 준비단계에서 마음을 특정한 대상에 집중할 때의 그 대상을 말한다. 호감이 가는 대상은 욕정을 불러일으킨다. 그 욕정으로 인해 사유가 불붙는다. 마지막 목표는 네 번째 시에서처럼 사유의 대상이 없는 상태로 인상을 뛰어넘는 삼매에 들어가야 한다.

7. 부정관을 닦고,
   마음을 통일하고 잘 집중하라.
   몸에 대한 새김을 확립하고
   싫어하여 떠남에 전념하라.

8. 인상을 뛰어 넘는 명상을 닦고119)
   망상의 잠재적 경향을 버려라.
   그렇게 망상을 부셔버리면
   그대는 고요함에 머무는 자가 되리."

23. 훌륭하게 건네는 말은 어떤 특징을 지녀야 할까120)

1. 이와 같이 나는 들었다. 한 때 세존께서 싸밧티 시의 제따바나 숲에 있는 아나타삔디까 승원에 계셨다.

2. 그때 세존께서는 '수행승들이여'라고 수행승들을 부르셨다. 수행승들은 세존께 '세존이시여'라고 대답했다.

3. 세존께서는 이와 같이 말씀하셨다.
[세존] "수행승들이여, 네 가지 특징을 갖춘 말은 훌륭하게 설해지고, 나쁘게 설해지지 않으며, 슬기로운 사람에 의해 비난받지 않고, 질책 당하지 않는다. 어떠한 것이 그 네 가지인가.121)

4. 수행승들이여, 여기서 수행승이 훌륭하게 설해진 것만을 말하고,

---

119) 붓다고싸에 따르면, '즐겁고, 영원하고, 실체가 있는 것'으로 보이는 인상을 제거하는 통찰을 말한다.
120) 좋은 가르침의 경[Subhāsitasutta] : SN. I. 188 : Stn. p. 78에도 등장한다. 한역의 잡아함 1218(大正 2 332a), 별역잡아함 252(大正 2. 462 b) 참조
121) 앙굿따라니까야에서는 '잘 설해진 말씀'은 ① 적절한 때에 설해진 것 ② 진실한 것 ③ 친절하게 설해진 것 ④ 유익한 것 ⑤ 자애로운 것을 말한다.

나쁘게 설해진 것은 말하지 않으며, 가르침만을 말하고, 가르침이 아닌 것은 말하지 않으며, 자애로운 것만을 말하고, 자애롭지 않은 것은 말하지 않으며, 진실만을 말하고, 거짓은 말하지 않으면, 수행승들이여, 그 네 가지 특징을 갖추고 있는 말은 훌륭하게 설해지고, 나쁘게 설해지지 않으며, 슬기로운 사람에 의해 비난받지 않고, 질책 당하지 않는다. 어떠한 것이 네 가지인가?"

5. 세존께서는 이와 같이 말씀하셨다. 그리고 올바른 길로 잘 가신 님, 스승께서는 이와 같이 시로써 말씀하셨다.
 [세존] "훌륭한 사람은 첫째, 잘 설해진 것을 말하고,
 둘째, 가르침만을 말하고, 가르침이 아닌 것은 말하지 않고,
 셋째, 자애로운 것만 말하고, 자애롭지 않은 것은 말하지 않고
 넷째, 진실만을 말하고, 거짓은 말하지 않는다.

6. 그때 존자 방기싸가 자리에서 일어서서 왼쪽 어깨에 가사를 걸치고 세존께서 계신 곳을 향해 합장하고 세존께 이와 같이 말했다.
 [방기싸] "세상에 존경받는 님이시여, 영감이 떠오릅니다. 올바로 잘 가신 님이시여, 영감이 떠오릅니다."

7. 세존께서 '방기싸여, 그 영감을 표현해보라'고 말씀하셨다. 그러자 존자 방기싸는 세존의 앞에서 아름다운 시로 스승을 찬탄했다.

8. [방기싸] "스스로를 괴롭히지 않고
 다른 사람에게 해롭지 않은
 그러한 말을 해야 한다.
 그것이 정말 잘 설해진 말이다.

9. 오직 자애로운 말을 해야 하니,
 그 말은 기꺼이 환영 받는다.

사람들에게 악함을 초래하지 않으니
그 말은 다른 사람에게 기쁨이 된다.

10. 진리는 참으로 불사의 말이니
그것이야말로 태고의 원리이다.
목표와 가르침은 진리 위에 서있다고
참사람들은 말한다.

11. 열반의 성취를 위하여
괴로움의 종식을 위하여
부처님께서 말씀하신 평안의 말씀은
참으로 말씀 가운데 최상이다."

24. 스승과 제자는 서로의 속박에서 어떻게 벗어나야 할까[122)

1. 이와 같이 나는 들었다. 한 때 세존께서 라자가하 시의 깃자꾸따 산에 계셨다.

2. 그때 싹까라고 하는 야차가 세존께서 계신 곳으로 찾아왔다. 가까이 다가와서 세존께 시로 이야기했다.
 [싹까] "그대는 모든 얽매임에서 벗어나
완전히 해탈한 수행자이니
다른 사람을 가르치는 것은
그대에게 옳은 일이 아니다."

3. [세존] "싹까여, 어떠한 이유로든지
다른 사람과 친교가 생겨날 때,
그의 마음을 동정하여 자극하는 것은

---

122) 싹까 경[Sakkasutta] : SN. I. 206 : 잡아함 22권 2(大正 2. 153c, 577) 참조

지혜로운 자에게 옳지 않다.123)

4. 그러나 청정하고 기쁜 마음으로
다른 사람들을 가르친다면,
그는 연민과 동정을 하더라도
얽매임에 묶이지는 않는다."124)

25. 탐욕과 미움은 어디서 일어날까125)

1. 이와 같이 나는 들었다. 한 때 세존께서 가야의 땅끼따만짜126)에 있는 쑤찔로마라는 야차의 소굴에 계셨다.

2. 그런데 그때 카라라는 야차와 쑤찔로마라는 야차가 세존께서 계신 곳에서 멀지 않은 곳을 지나고 있었다.

3. 그때 카라라는 야차는 쑤찔로마 야차에게 이와 같이 말했다.
[카라] "이분은 수행자이다."

4. [쑤찔로마] "그가 수행자인지 아니면 거짓 수행자인지 내가 밝혀낼 때까지는, 그는 수행자가 아니라 거짓 수행자이다."

5. 그리고 쑤찔로마 야차는 세존께서 계신 곳으로 찾아왔다. 가까이 다가와서 세존께 몸을 구부렸다.

---

123) 원래 빠알리어 시에는 '싹까여, 어떠한 이유로든지 친교가 생겨날 때, 마음으로 동정하는 것은 지혜로운 자에게 옳지 않다.'라고 되어있으나 내용을 보완하였다.
124) 야차는 부처님과 같이 해탈의 상태에 있는 수행승은 다른 사람을 가르쳐서는 안 된다고 생각했다. 다른 사람과 관계를 맺게 되면 다시 세상에 묶이게 되기 때문이다. 부처님은 현자가 다른 사람을 가르치는 것은 그와 밀접한 관계를 갖는 것이 아님을 말하고 있다. 현자는 오직 자비스러운 마음으로 그에게 해탈의 길을 열어줄 뿐이기 때문이다.
125) 쑤찔로마 경[Sūcilomasutta] : SN. I. 207 ; 잡아함 49권 31(大正 2. 363b, 잡1324) 별역 잡아함 323, 324(大正 2. 479b, 481c) 참조
126) 붓다고싸에 따르면, 땅끼따만짜에는 네 개의 바위가 서 있고 다섯 번째 바위가 그 위에 걸쳐져 있다. 원시적인 제단으로 사람들이 야차에게 제사지내던 곳일 것이다.

6. 그래서 세존께서는 몸을 젖혔다.

7. 그때 야차 쑤찔로마는 세존께 이와 같이 말했다.
[쑤찔로마] "수행자여, 당신은 나를 두려워하는가?"

8. [세존] "벗이여, 나는 결코 당신을 두려워하지 않는다. 단지 그대의 접촉이 사악할 뿐이다."

9. [쑤찔로마] "수행자여, 내가 당신에게 물어보겠다. 만약 당신이 나에게 대답하지 못하면 나는 당신의 마음을 미치게 만들거나 심장을 찢어버리거나 또는 두 발을 붙잡아 당신을 갠지스 강 저쪽으로 던져버리겠다."

10. [세존] "벗이여, 나는 이 신들의 세계, 악마들의 세계, 하느님들의 세계, 성직자들과 수행자들, 그리고 왕들과 백성들과 그들의 후예들의 세계에서 나의 마음을 미치게 하거나 나의 심장을 찢어버리거나 나의 두 발을 붙잡아 갠지스 강으로 던질 수 있는 사람을 보지 못했다. 그렇지만 벗이여, 네가 원하는 것을 한 번 질문해 보라."

11. [쑤찔로마] "탐욕과 분노는 어디에서 일어나는가?
불쾌함, 즐거움, 소름끼치는 전율은[127] 어디에서 일어나는가?
어린 아이들이 다리를 묶어 까마귀를 놓아준 것처럼[128]
마음의 생각이 일어나는 곳은 어디인가?"

12. [세존] "탐욕과 분노는 여기에서[129] 일어난다.
불쾌함과 즐거움도 소름끼치는 전율도 여기에서 일어난다.

---

127) '몸에 털이 곤두섬'의 뜻으로, 기쁨이나 공포에 전율하는 것을 말한다.
128) 붓다고싸에 따르면, 이 이야기는 어린아이들의 놀이에서 나온 것이다. 아이들이 까마귀를 잡아서 한 다리를 실로 묶은 다음에 놓아주면 까마귀는 멀리 가지 못하고 다시 돌아온다. 우리의 생각이나 사유도 마찬가지로 묶여있어서 자유롭지 못하다.
129) 붓다고싸에 따르면, '자기의 존재'를 말한다.

어린아이들이 다리를 묶어 까마귀를 놓아준 것처럼
마음의 생각이 일어나는 곳도 여기이다.
13. 애욕에서 일어나며 자신에게서 생겨난다.
벵골 보리수의 줄기에 생겨난 싹들처럼.
많은 사람들이 감각적 쾌락에 얽매어 있다.
칡이130) 숲 속에 온통 퍼져있는 것처럼.
14. 근본을 밝게 아는 사람들은
그 원인을 없애버린다.131) 야차여, 들어라.
그들은 다시는 태어나지 않기 위해
건넌 적이 없는, 건너기 어려운 거센 물결을 건넌다."

26. 약자를 폭력으로 다스리는 정치는 옳은 길일까132)

1. 이와 같이 나는 들었다. 한 때 세존께서 싸밧티 시의 제따바나 숲에 있는 아나타삔디까 승원에 계셨다.

2. 그때 세존께서는 '수행승들이여'라고 수행승들을 부르셨다. 수행승들은 세존께 '세존이시여'라고 대답했다.

3. 세존께서는 이와 같이 말씀하셨다.
[세존] "수행승들이여, 오랜 옛날에 하늘사람과 아수라 사이에 전쟁이 일어났다.

---

130) '칡'은 빨리 성장하는 것의 상징물이다. 붓다고싸에 따르면, 칡은 나무를 뿌리에서부터 꼭대기까지 감아서 파괴한다. 이와 마찬가지로 욕망은 인간의 사유를 감싸서 파괴시킨다.
131) 붓다고싸에 따르면, 길에 대한 진리[道諦]를 통해서 원인에 대한 진리[集諦=渴愛]를 제거하면 다시 태어남이 없게 된다.
132) 잘 읊어진 시에 의한 승리의 경[Subhāsitajayasutta] : SN. I. 222 ; 잡아함 40권 6(大正 2. 291c, 잡1109) 참조.

4. 그 때 수행승들이여, 아수라의 제왕 베빠찟띠가 하늘사람의 제왕인 제석천에게 이와 같이 말했다.

[베빠찟띠] '하늘사람의 제왕이여, 잘 읊어진 시로 겨루자.'

[제석천] '베빠찟띠여, 잘 읊어진 시로 겨루자.'

5. 그래서 수행승들이여, 하늘사람과 아수라들은 심판관들을 세웠다. '이들이 잘 읊었는지 못 읊었는지 판단하라.'

6. 그러자 수행승들이여, 아수라의 제왕 베빠찟띠는 하늘사람의 제왕 제석천에게 이와 같이 말했다.

[베빠찟띠] '하늘사람들의 제왕이여, 시를 읊어라.'

7. 이와 같이 말하자, 수행승들이여, 하늘사람들의 제왕 제석천은 아수라의 제왕 베빠찟띠에게 이와 같이 말했다.

[제석천] '베빠찟띠여, 그대는 예전의 하늘사람, 베빠찟띠여, 그대가 먼저 시를 읊어라.'

8. 이렇게 말하자 수행승들이여, 아수라의 제왕 베빠찟띠는 이와 같은 시를 읊었다.

[베빠찟띠] '제어하는 자가 아무도 없으면,
어리석은 자들은 전보다 더 화를 낸다.
그러므로 공포의 처벌로
현자는 어리석은 자를 눌러야 하리.'

9. 그 때 수행승들이여, 아수라의 제왕 베빠찟띠가 그 시를 읊자, 아수라들은 기뻐했으나 하늘사람들은 침묵을 지켰다.

10. 그러자 수행승들이여, 아수라의 제왕 베빠찟띠는 하늘사람들의 제왕 제석천에게 이와 같이 말했다.

[베빠찟띠] '하늘사람의 제왕이여, 그대가 읊어 보라.'

11. 이렇게 말하자 수행승들이여, 하늘사람의 제왕 제석천은 이와 같은 시를 읊었다.
[제석천] '남이 화내는 것을 알고
  새김을 확립하여 마음을 고요히 하면,
  내가 생각하건대, 그것이야말로
  어리석은 자를 누르는 것이다.'

12. 그러나 수행승들이여, 하늘사람의 제왕 제석천이 그 시를 읊자, 하늘사람들은 기뻐했으나 아수라들은 침묵을 지켰다.

13. 그래서 수행승들이여, 하늘사람들의 제왕 제석천은 아수라의 제왕 베빠찟띠에게 이와 같이 말했다.
[제석천] '베빠찟띠여, 시를 읊어라.'

14. [베빠찟띠] '그와 같이 인내하는 데서
  나는 허물을 본다. 바싸바여.
  어리석은 자가 그대를 두고
  '그는 나를 두려워하여 인내한다.'고 생각하면
  소가 도망가는 자에게 더욱 맹렬히 달려들듯,
  어리석은 자는 더욱 그대를 쫓으리.'

15. 그 때 수행승들이여, 아수라의 제왕 베빠찟띠가 그 시를 읊자, 아수라들은 기뻐했으나 하늘사람들은 침묵을 지켰다.

16. 그러자 수행승들이여, 아수라의 제왕 베빠찟띠는 하늘사람들의 제왕 제석천에게 이와 같이 말했다.
[베빠찟띠] '하늘사람의 제왕이여, 그대가 읊어 보라.'

17. 이렇게 말하자 수행승들이여, 하늘사람의 제왕 제석천은 이와 같은 시를 읊었다.

[제석천] "내가 두려워하여 그것을 참는다고
제 맘대로 생각하든 말든
참사람이 최상의 이익을 성취하려면,
인내보다 더 좋은 것이 없다.

18. 참으로 힘 있는 사람이라면,
    힘없는 자에게 인내한다.
    그것을 최상의 인내라 부른다.
    힘 있는 자는 항상 참아낸다.

19. 어리석은 자의 힘은
    힘없는 자의 힘이다.
    진리를 수호하는 힘 있는 자에게
    대적할 사람은 없다.

20. 분노하는 자에게 분노하는 사람
    그 때문에 그는 더욱 악해지리.
    분노하는 자에게 분노하지 않는 것이
    이기기 어려운 전쟁에서 승리하는 것이다.

21. 다른 사람이 화내는 것을 알고
    새김을 확립하여 마음을 고요히 하면
    자신을 위하고 또 남을 위하는
    둘 다의 이익을 위한 것이다.

22. 자기 자신과 다른 사람
    모두를 치료하는 사람을
    가르침을 모르는 자들은
    어리석은 사람이라고 생각한다.'

23. 그러나 수행승들이여, 하늘사람의 제왕 제석천이 그 시를 읊자, 하늘사람들은 기뻐했으나 아수라들은 침묵을 지켰다.

24. 그 때 수행승들이여, 하늘사람과 아수라들이 세운 심판관들이 이와 같이 말했다.

[심판관들] '아수라의 제왕 베빠찟띠가 읊은 시들은 폭력에 속하고, 무기에 속하고, 싸움에 속하고, 불화와 전쟁에 속하는 것들이다.

25. 하늘사람의 제왕 제석천이 읊은 시들은 폭력에 속하지 않고, 무기에 속하지 않고, 싸움에 속하지 않고, 불화와 전쟁에 속하지 않는 것들이다.'

26. 그래서 수행승들이여, 하늘사람의 제왕 제석천이 잘 읊은 시에 승리가 돌아갔다."

제2권 인연 모아엮음
Nidānavagga

1. 왜 존재를 뛰어 넘어서 원인을 물어야 할까[133]

1. 이와 같이 나는 들었다. 한 때 세존께서 싸밧티 시의 제따바나 숲에 있는 아나타삔디까 승원에 계셨다.

2. 그때 세존께서 '수행승들이여'라고 수행승들을 부르셨다. 수행승들은 '세존이시여'라고 세존께 대답했다. 세존께서는 이와 같이 말씀하셨다.

[세존] "수행승들이여, 이미 태어난 뭇삶의 섭생을 위하거나 혹은 다시 태어남을 원하는 뭇삶의 보양을 위한 네 가지 자양분이 있다. 그 네 가지 자양분이란 무엇인가? 첫째 거칠거나 미세한 물질적 자양분, 둘째 접촉의 자양분, 셋째 의도의 자양분, 넷째 의식의 자양분이다. 수행승들이여, 이들 네 가지 자양분은 이미 태어난 뭇삶의 섭생을 위하거나 혹은 다시 태어남을 원하는 뭇삶의 보양을 위해 존재한다."

3. 이와 같이 말씀하셨을 때 존자 몰리야 팍구나가[134] 세존께 이와 같이 말했다.

[팍구나] "세존이시여, 누가 의식의 자양분을 먹습니까?"

세존께서 말씀하셨다.

[세존] "그러한 질문은 적당하지 않다. 나는 '사람이 먹는다.'고 말하지 않는다.[135] 만약 내가 '사람이 먹는다.'고 말했다면 '세존이시여, 누가 먹습니까.'라는 말은 옳은 것이다. 그러나 나는 그렇게 말

---

133) 몰리야 팍구나 경[Moliyaphaggunasutta] : SN. II. 12 ; 잡아함 15권 8(大正2. 102c, 잡3 72) 참조
134) 몰리야 팍구나는 수행승의 이름이다. 몰리야는 길게 자란 머리를 머리 위까지 따올려 보석으로 장식한 계발을 뜻한다. 그는 언제나 수행녀들에게 친절했고, 수행승과의 토론에서 수행녀의 편을 들었다. 다른 주석서에서는 그가 환속했다고 전한다.
135) 팍구나가 네 가지 자양분을 섭취하는 자아를 상정하고 있는 것에 대해 질문 자체가 잘못된 것임을 언급하고 있는 것이다.

하지 않았다. 그러므로 그와 같이 말하지 않은 나에게는 오로지 '세존이시여, 무엇 때문에 자양분의 섭취가 생겨납니까.'라고 물어야 한다. 그것이 올바른 질문이다. 그것에 대한 올바른 대답은 이와 같다. 의식의 자양분은 장차 태어나는 것의 생성을 위한 조건이다. 그러한 존재가 있을 때 여섯 감역이 생겨나고 여섯 감역을 조건으로 접촉이 생겨난다."

4. [팍구나] "세존이시여, 누가 접촉을 만듭니까?"
세존께서 말씀하셨다.
[세존] "그와 같은 질문은 적당하지 않다. 나는 '사람이 접촉을 만든다.'고 말하지 않았다. 만약 내가 '사람이 접촉을 만든다.'고 말했다면 '세존이시여, 누가 접촉을 만듭니까.'라는 질문은 옳은 것이다. 그러나 나는 그렇게 말하지 않았다. 그러므로 그와 같이 말하지 않은 나에게는 오로지 '세존이시여, 무엇 때문에 접촉이 생겨납니까.'라고 물어야 한다. 그것이 올바른 질문이다. 그것에 대한 올바른 대답은 이와 같다. 여섯 감역을 조건으로 접촉이 생겨나고 접촉을 조건으로 느낌이 생겨난다."

5. [팍구나] "세존이시여, 누가 느낍니까?"
세존께서 말씀하셨다.
[세존] "그와 같은 질문은 적당하지 않다. 나는 '사람이 느낀다.'고 말하지 않았다. 만약 내가 '사람이 느낀다.'고 말했다면 '세존이시여, 누가 느낍니까.'라는 질문은 옳은 것이다. 그러나 나는 그렇게 말하지 않았다. 그러므로 그와 같이 말하지 않은 나에게는 오로지 '세존이시여, 무엇 때문에 느낌이 생겨납니까.'라고 물어야 한다. 그것이 올바른 질문이다. 그것에 대한 올바른 대답은 이와 같다. 여섯 접촉을 조건으로 느낌이 생겨나고 느낌을 조건으로 갈애가 생겨난다."

6. [팍구나] "세존이시여, 누가 갈애를 만듭니까?"

세존께서 말씀하셨다.

[세존] "그와 같은 질문은 적당하지 않다. 나는 '사람이 갈애를 만든다.'고 말하지 않았다. 만약 내가 '사람이 갈애를 만든다.'고 말했다면 '세존이시여, 누가 갈애를 만듭니까.'라는 질문은 옳은 것이다. 그러나 나는 그렇게 말하지 않았다. 그러므로 그와 같이 말하지 않은 나에게는 오로지 '세존이시여, 무엇 때문에 갈애가 생겨납니까.'라고 물어야 한다. 그것이 올바른 질문이다. 그것에 대한 올바른 대답은 이와 같다. 느낌을 조건으로 갈애가 생겨나고 갈애를 조건으로 집착이 생겨난다."

7. [팍구나] "세존이시여, 누가 집착합니까?"

세존께서 말씀하셨다.

[세존] "그와 같은 질문은 적당하지 않다. 나는 '사람이 집착한다.'고 말하지 않았다. 만약 내가 '사람이 집착한다.'고 말했다면 '세존이시여, 누가 집착합니까'라는 질문은 옳은 것이다. 그러나 나는 그렇게 말하지 않았다. 그러므로 그와 같이 말하지 않은 나에게는 오로지 '세존이시여, 무엇 때문에 집착이 생겨납니까'라고 물어야 한다. 그것이 올바른 질문이다. 그것에 대한 올바른 대답은 이와 같다. 갈애를 조건으로 집착이 생겨나고 집착을 조건으로 존재가 생겨난다."

[팍구나] "세존이시여, 누가 존재합니까?"

세존께서 말씀하셨다.

[세존] "그와 같은 질문은 적당하지 않다. 나는 '사람이 존재한다.'고 말하지 않았다. 만약 내가 '사람이 존재한다.'고 말했다면 '세존이시여, 누가 존재합니까.'라는 질문은 옳은 것이다. 그러나 나는 그

렇게 말하지 않았다. 그러므로 그와 같이 말하지 않은 나에게는 오로지 '세존이시여, 무엇 때문에 존재가 생겨납니까.'라고 물어야 한다. 그것이 올바른 질문이다. 그것에 대한 올바른 대답은 이와 같다. 집착을 조건으로 존재가 생겨나고 존재를 조건으로 태어남이 생겨난다."

[팍구나] "세존이시여, 누가 태어납니까?"
세존께서 말씀하셨다.
[세존] "그와 같은 질문은 적당하지 않다. 나는 '사람이 태어난다.'고 말하지 않았다. 만약 내가 '사람이 태어난다.'고 말했다면 '세존이시여, 누가 태어납니까.'라는 질문은 옳은 것이다. 그러나 나는 그렇게 말하지 않았다. 그러므로 그와 같이 말하지 않은 나에게는 오로지 '세존이시여, 무엇 때문에 태어남이 생겨납니까.'라고 물어야 한다. 그것이 올바른 질문이다. 그것에 대한 올바른 대답은 이와 같다. 존재를 조건으로 태어남이 생겨나고 태어남을 조건으로 늙고 죽음이 생겨난다. 이와 같이 해서 모든 괴로움의 다발들이 함께 생겨난다.

8. 그러나 팍구나여, 여섯 가지 접촉의 감역이 남김없이 사라져 소멸하면 접촉이 소멸하고, 접촉이 소멸하면 느낌이 소멸하며, 느낌이 소멸하면 갈애가 소멸하고, 갈애가 소멸하면 집착이 소멸하며, 집착이 소멸하면 존재가 소멸하고, 존재가 소멸하면 태어남이 소멸하며, 태어남이 소멸하면 늙고 죽음, 슬픔, 고통, 근심, 절망이 소멸한다. 이와 같이 모든 괴로움의 다발들이 소멸하는 것이다."

2. 올바른 수행자가 되려면 무엇을 두루 알아야 할까[136]

1. 이와 같이 나는 들었다. 한 때 세존께서 싸밧티 시의 제따바나 숲에 있는 아나타삔디까 승원에 계셨다.

2. 그 때 세존께서 '수행승들이여'라고 수행승들을 부르셨다. 수행승들은 '세존이시여'라고 세존께 대답했다. 세존께서는 이와 같이 말씀하셨다.
[세존] "어떤 수행자들이나 성직자들은[137]
1) 늙음과 죽음을 분명히 알지 못하고 늙음과 죽음의 원인을 분명히 알지 못하고 늙음과 죽음의 소멸을 분명히 알지 못하고 늙음과 죽음의 소멸에 이르는 길을 분명히 알지 못하고,[138]
2) 태어남을 분명히 알지 못하고 태어남의 원인을 분명히 알지 못하고 태어남의 소멸을 분명히 알지 못하고 태어남의 소멸에 이르는 길을 분명히 알지 못하고,
3) 존재를 분명히 알지 못하고 존재의 원인을 분명히 알지 못하고 존재의 소멸을 분명히 알지 못하고 존재의 소멸에 이르는 길을 분명히 알지 못하고,
4) 집착을 분명히 알지 못하고 집착의 원인을 분명히 알지 못하고 집착의 소멸을 분명히 알지 못하고 집착의 소멸에 이르는 길을 분명히 알지 못하고,

---

136) 수행자와 성직자의 경①[Paṭhamasamaṇabrāhmaṇasutta] : SN. II. 14 ; 잡아함 14권 10 (大正 2. 99a, 잡352) 참조
137) 사문은 불교교단의 출가자뿐만 아니라 다른 이교의 출가자들도 함께 말하므로 수행자라고 번역한다. 그리고 바라문은 직업적인 성직자를 말한다. 사문과 바라문이 여기서 함께 언급된 것은 세속적인 삶을 버린 사상가, 고행자, 철학자들로서 부처님의 가르침을 따르거나 다른 바라문의 종파를 따르는 무리를 함께 포함하기 때문이다.
138) 여기서 언급된 늙음과 죽음은 네 가지의 거룩한 진리[四聖諦]의 관점에서 고찰된다. 십이연기의 모든 지분이 사성제적인 관찰의 대상이 됨을 유의해야 한다.

5) 갈애를 분명히 알지 못하고 갈애의 원인을 분명히 알지 못하고 갈애의 소멸을 분명히 알지 못하고 갈애의 소멸에 이르는 길을 분명히 알지 못하고,
6) 느낌을 분명히 알지 못하고 느낌의 원인을 분명히 알지 못하고 느낌의 소멸을 분명히 알지 못하고 느낌의 소멸에 이르는 길을 분명히 알지 못하고,
7) 접촉을 분명히 알지 못하고 접촉의 원인을 분명히 알지 못하고 접촉의 소멸을 분명히 알지 못하고 접촉의 소멸에 이르는 길을 분명히 알지 못하고,
8) 여섯 감역을 분명히 알지 못하고 여섯 감역의 원인을 분명히 알지 못하고 여섯 감역의 소멸을 분명히 알지 못하고 여섯 감역의 소멸에 이르는 길을 분명히 알지 못하고,
9) 명색을 분명히 알지 못하고 명색의 원인을 분명히 알지 못하고 명색의 소멸을 분명히 알지 못하고 명색의 소멸에 이르는 길을 분명히 알지 못하고,
10) 의식을 분명히 알지 못하고 의식의 원인을 분명히 알지 못하고 의식의 소멸을 분명히 알지 못하고 의식의 소멸에 이르는 길을 분명히 알지 못하고,
11) 형성을 분명히 알지 못하고 형성의 원인을 분명히 알지 못하고 형성의 소멸을 분명히 알지 못하고 형성의 소멸에 이르는 길을 분명히 알지 못한다.

3. 수행승들이여, 그 수행자들이나 성직자들은 수행자로서 올바른 수행자들이 아니며 성직자로서 올바른 성직자들이 아니다. 또한 그들은 수행자의 의미나 성직자의 의미를 현세에서 스스로 알고 깨달아 성취하지 못한다.

4. 수행승들이여, 어떤 수행자들이나 성직자들은
 1) 늙음과 죽음을 분명히 알고 늙음과 죽음의 원인을 분명히 알고 늙음과 죽음의 소멸을 분명히 알고 늙음과 죽음의 소멸에 이르는 길을 분명히 알고,
 2) 태어남을 분명히 알고 태어남의 원인을 분명히 알고 태어남의 소멸을 분명히 알고 태어남의 소멸에 이르는 길을 분명히 알고,
 3) 존재를 분명히 알고 존재의 원인을 분명히 알고 존재의 소멸을 분명히 알고 존재의 소멸에 이르는 길을 분명히 알고,
 4) 집착을 분명히 알고 집착의 원인을 분명히 알고 집착의 소멸을 분명히 알고 집착의 소멸에 이르는 길을 분명히 알고,
 5) 갈애를 분명히 알고 갈애의 원인을 분명히 알고 갈애의 소멸을 분명히 알고 갈애의 소멸에 이르는 길을 분명히 알고,
 6) 느낌을 분명히 알고 느낌의 원인을 분명히 알고 느낌의 소멸을 분명히 알고 느낌의 소멸에 이르는 길을 분명히 알고,
 7) 접촉을 분명히 알고 접촉의 원인을 분명히 알고 접촉의 소멸을 분명히 알고 접촉의 소멸에 이르는 길을 분명히 알고,
 8) 여섯 감역을 분명히 알고 여섯 감역의 원인을 분명히 알고 여섯 감역의 소멸을 분명히 알고 여섯 감역의 소멸에 이르는 길을 분명히 알고,
 9) 명색을 분명히 알고 명색의 원인을 분명히 알고 명색의 소멸을 분명히 알고 명색의 소멸에 이르는 길을 분명히 알고,
 10) 의식을 분명히 알고 의식의 원인을 분명히 알고 의식의 소멸을 분명히 알고 의식의 소멸에 이르는 길을 분명히 알고,
 11) 형성을 분명히 알고 형성의 원인을 분명히 알고 형성의 소멸을 분명히 알고 형성의 소멸에 이르는 길을 밝게 안다.

5. 수행승들이여, 그 수행자들이나 성직자들은 수행자로서 올바른 수행자들이고 성직자들로서 올바른 성직자들이다. 또한 그들은 수행자의 의미나 성직자의 의미를 현세에서 스스로 알고 깨달아 성취한다."

3. 있다 또는 없다는 생각은 왜 극단적인 생각일까[139]

1. 이와 같이 나는 들었다. 한 때 세존께서 싸밧티 시의 제따바나 숲에 있는 아나타삔디까 승원에 계셨다.

2. 그때 존자 깟짜야나 곳따[140]가 세존께서 계신 곳으로 찾아왔다. 가까이 다가와서 세존께 인사를 드리고 한쪽으로 물러앉았다.

3. 한쪽으로 물러앉은 존자 깟짜야나 곳따는 세존께 이와 같이 말했다.
[깟짜야나] "올바른 견해, 올바른 견해 하는데 세존이시여, 올바른 견해란 어떤 것입니까?"

4. [세존] "깟짜야나여, 이 세상 사람들은 대부분 존재(有)나[141] 비존재(無)의[142] 두 가지에 의존한다.

5. 깟짜야나여, 참으로 올바른 지혜로 있는 그대로 세상의 발생을 관찰하면 세상에 비존재라는 것은 사라진다. 깟짜야나여, 참으로 올

---

139) 깟짜야나곳따의 경[Kaccāyanagottasutta] : SN. II. 16 ; 잡아함 12권 19(大正2. 85c, 잡301) 참조
140) 깟짜야나 곳따는 단순히 '깟짜야나란 성씨를 지닌 자'란 뜻이다. 그에 관해 주석서에는 특별한 언급이 없으나 장로게 142와 238에 언급되어 있다.
141) 존재는 빠알리어로 '앗티따'인데, 한역에서는 '유(有)'로 번역한다. '유'는 존재의 영원성을 뜻한다. 그것은 존재의 영원성에 바탕을 둔 철학적 이론, 즉 영원주의를 대변한다.
142) 비존재는 빠알리어로 '낫티따'인데, 한역에서는 '무'로 번역한다. '무'는 존재의 불연속적인 허무성을 뜻한다. 비존재에 대한 견해란 내세가 없다는 허무주의, 즉 단견을 말한다.

바른 지혜로써 있는 그대로 세상의 소멸을 관찰하면 세상에 존재라는 것은 사라진다.143)

6. 깟짜야나여, 세상 사람들은 대부분 접근, 집착, 주착을 통해 얽매여 있다. 깟짜야나여, 이와 같이 접근하고, 집착하고, 마음에 자리잡아 똬리를 틀고 잠재되는 것에 다다르지 않고, 붙잡지 않고, 머물지 않는 사람은, 의심하지 않고, 혼란되지 않고, '그것은 나의 자아가 아니다.'라고 보고, 괴로움이 일어나면 '일어난다.'라고 보고, 괴로움이 사라지면 '사라진다.'고 본다. 여기서 그에게 다른 사람에 의존하지 않고 지혜가 생겨난다. 깟짜야나여, 이와 같이 하면 올바른 견해가 생겨난다.

7. 깟짜야나여, '모든 것은 존재한다.'고 하는 것은 하나의 극단이다. '모든 것은 존재하지 않는다.'고 하는 것도 또 하나의 극단이다. 깟짜야나여, 여래는 그러한 양극단을 떠나서 중도로 가르침을 설한다.

8. 무명을 조건으로 형성이 생겨나고, 형성을 조건으로 의식이 생겨나며, 의식을 조건으로 명색이 생겨나고, 명색을 조건으로 여섯 감역이 생겨나며, 여섯 감역을 조건으로 접촉이 생겨나고, 접촉을 조건으로 느낌이 생겨나며, 느낌을 조건으로 갈애가 생겨나고, 갈애를 조건으로 집착이 생겨나며, 집착을 조건으로 존재가 생겨나고, 존재를 조건으로 태어남이 생겨나며, 태어남을 조건으로 늙고 죽음, 우울, 슬픔, 고통, 근심, 절망이 생겨난다. 이와 같이 해서 모든 괴로움의 다발들이 생겨난다. 그러나 무명이 남김없이 사라져 소멸하면 형성이 소멸하고, 형성이 소멸하면 의식이 소멸하며, 의식이 소멸하면

---

143) 올바른 지혜, 즉 올바른 관찰의 지혜와 올바른 길의 지혜로 모든 형성되어진 존재들이 끊임없이 연기법에 따라 무상하게 소멸해가는 것을 관찰한다면 모든 존재가 영원하다는 생각은 사라진다. 영원주의는 배타적인 독선과 자기방어, 공격성 등의 고통을 키울 뿐이다.

명색이 소멸하고, 명색이 소멸하면 여섯 감역이 소멸하며, 여섯 감역이 소멸하면 접촉이 소멸하고, 접촉이 소멸하면 느낌이 소멸하며, 느낌이 소멸하면 갈애가 소멸하고, 갈애가 소멸하면 집착이 소멸하며, 집착이 소멸하면 존재가 소멸하고, 존재가 소멸하면 태어남이 소멸하며, 태어남이 소멸하면 늙고 죽음, 우울, 슬픔, 고통, 근심, 절망이 소멸한다. 이와 같이 해서 모든 괴로움의 다발들이 소멸한다."

4. 행위하는 자와 경험하는 자는 동일인인가?[144]

1. 이와 같이 나는 들었다. 한 때 세존께서 라자가하 시의 벨루바나 숲에 있는 깔란다까니바빠 공원에 계셨다.

2. 그 때 세존께서는 아침 일찍 옷을 입고 발우와 가사를 들고 탁발을 하기 위해 라자가하 시로 들어가셨다.

3. 그 때 아젤라 깟싸빠[145]가 세존께서 멀리서 오시는 것을 보았다. 보고 나서 세존께 다가왔다. 가까이 다가와서 세존과 인사를 하고 안부를 주고 받은 뒤에 한 쪽으로 물러섰다.

4. 한 쪽으로 물러서서 아젤라 깟싸빠는 세존께 이와 같이 말했다. [깟싸빠] "저는 존자 고따마께 기꺼이 어떤 점에 관해서 질문하고 싶습니다. 만약 사정이 허락하신다면 존자 고따마께서는 질문에 대답해 주십시오."

[세존] "깟싸빠여, 지금은 질문할 때가 아닙니다. 우리는 이미 마을

---

144) 아젤라 깟싸빠 경[Acelakassapasutta] : SN. II. 18 ; 잡아함 12권 20(大正 2. 86a, 잡302) 참조

145) '아젤라'는 '완전히 벌거벗은 고행주의자', 즉 '나형외도'를 뜻하는데, ① 결발외도(結髮外道) ② 자이나교도 ③ 나형외도(裸形外道) ④ 일의외도(一衣外道) ⑤ 편력외도(遍歷外道)의 다섯 가지 고행주의자 가운데 하나이다. 맛지마니까야에 따르면 아젤라 깟싸빠는 박꿀라 장로의 오랜 친구로 그와의 대화를 통해 승단에 입단한다.

안으로 들어섰습니다."

5. 두 번째로 아쩰라 깟싸빠는 세존께 이와 같이 말했다.
[깟싸빠] "저는 존자 고따마께 기꺼이 어떤 점에 관해서 질문하고 싶습니다. 만약 사정이 허락하신다면 존자 고따마께서는 질문에 대답해 주십시오."
[세존] "깟싸빠여, 지금은 질문할 때가 아닙니다. 우리는 이미 마을 안으로 들어섰습니다."

6. 세 번째로 아쩰라 깟싸빠는 세존께 이와 같이 말했다.
[깟싸빠] "저는 존자 고따마께 기꺼이 어떤 점에 관해서 질문하고 싶습니다. 만약 사정이 허락하신다면 존자 고따마께서는 질문에 대답해 주십시오."
[세존] "깟싸빠여, 지금은 질문할 때가 아닙니다. 우리는 이미 마을 안으로 들어섰습니다."
이와 같이 말씀하셨을 때 아쩰라 깟싸빠는 세존께 이와 같이 말했다.
[깟싸빠] "그러면 존자 고따마께 결코 많은 질문을 하지는 않겠습니다."
[세존] "깟싸빠여, 원한다면 질문하십시오."

7. [깟싸빠] "존자 고따마여, 괴로움은 스스로가 만든 것입니까?"
[세존] "깟싸빠여, 그렇지 않습니다."146)

---

146) 한역 잡아함경에서는 '그렇지 않다.'는 대답 대신에 차시무기(此是無記)라고 되어 있다. 이하의 'X는 Y이다.' 'X는 -Y이다.' 'X는 Y이고 -Y이다.' 'X는 Y도 아니고 -Y도 아니다.'라는 네 가지 명제[四句分別]에 관해서도 모두 차시무기로 대답하고 있는 것으로 보아 북전 아함이 보다 체계적이고 아비달마적임을 알 수 있다. 무기(無記)는 유보 또는 폐기되어야 할 질문을 말한다. 앙굿따라니까야에 나오는 네 가지 질문 종류 가운데 하나이다. '수행승들이여, 만약 사람이 질문을 받았을 때 정언적으로 대답해야 할 질문을 정언적으로 대답하지 않고, 분석적으로 대답해야 할 질문을 분석적으로 대답하지 않고, 반대질문으로 대답해야

세존께서 말씀하셨다.

8. [깟싸빠] "그렇다면 존자 고따마여, 괴로움은 남이 만든 것입니까?"

[세존] "깟싸빠여, 그렇지 않습니다."

세존께서 말씀하셨다.

9. [깟싸빠] "그렇다면 존자 고따마여, 괴로움은 스스로 만들기도 하고 남이 만들기도 하는 것입니까?"

[세존] "깟싸빠여, 그렇지 않습니다."

세존께서 말씀하셨다.

10. [깟싸빠] "그렇다면 존자 고따마여, 괴로움은 스스로 만든 것도 아니고 남이 만든 것도 아닌 원인 없이 생겨난 것입니까?"

[세존] "깟싸빠여, 그렇지 않습니다."147)

세존께서 말씀하셨다.

11. [깟싸빠] "그렇다면 존자 고따마여, 괴로움은 없는 것입니까?"

[세존] "깟싸빠여, 괴로움은 없는 것이 아닙니다. 깟싸빠여, 괴로움은 있는 것입니다."

12. [깟싸빠] "그렇다면 세존 고따마께서는 괴로움을 알지 못하고 보지 못하는 것이 아닙니까?"

[세존] "깟싸빠여, 나는 괴로움을 알지 못하는 것이 결코 아니고, 보지 못하는 것이 결코 아닙니다. 깟싸빠여, 나는 참으로 괴로움을 압니다. 깟싸빠여, 나는 참으로 괴로움을 봅니다."148)

할 질문을 반대질문으로 대답하지 않고, 유보(또는 폐기)해야 할 질문을 유보(또는 폐기)하지 않는다면, 수행승들이여, 이러한 사람과는 더불어 대화할 수 없다.'

147) 이 네 가지 명제의 분별[四句分別] 가운데 첫 번째와 두 번째는 각각 영원주의[常論]와 허무주의[斷滅論]에 토대를 두고 있고, 세 번째는 부분적 영원주의[一分常住]를 토대로 하고 네 번째는 우연주의[偶然論]에 토대를 두고 있다.

13. [깟싸빠] "존자 고따마여, '괴로움은 스스로가 만든 것입니까'라는 질문에 대하여 수행자께서는 '깟싸빠여, 그렇지 않습니다.'라고 대답했습니다. '그렇다면 존자 고따마여, 괴로움은 남이 만든 것입니까'라는 질문에 대하여 수행자께서는 '깟싸빠여, 그렇지 않습니다.'라고 대답했습니다. '그렇다면 존자 고따마여, 괴로움은 스스로 만들기도 하고 남이 만들기도 하는 것입니까'라는 질문에 대하여 수행자께서는 '깟싸빠여, 그렇지 않습니다.'라고 대답했습니다. '그렇다면 존자 고따마여, 괴로움은 스스로 만든 것도 아니고 남이 만든 것도 아닌 원인 없이 생겨난 것입니까'라는 질문에 대하여 수행자께서는 '깟싸빠여, 그렇지 않습니다.'라고 대답했습니다. '그렇다면 존자 고따마여, 괴로움은 없는 것입니까'라는 질문에 대하여 수행자께서는 '깟싸빠여, 괴로움은 없는 것이 아닙니다. 깟싸빠여, 괴로움은 있는 것입니다.'라고 대답했습니다. '그렇다면 세존 고따마께서는 괴로움을 알지 못하고 보지 못하는 것이 아닙니까'라는 질문에 대하여 수행자께서는 '깟싸빠여, 나는 괴로움을 알지 못하는 것이 결코 아니고, 보지 못하는 것이 결코 아닙니다. 깟싸빠여, 나는 참으로 괴로움을 압니다. 깟싸빠여, 나는 참으로 괴로움을 봅니다.'고 대답했습니다. 존경하는 세존께서는[149] 저에게 괴로움을 보여 주십시오. 존경하는 세존께서는 저에게 괴로움을 가르쳐 주십시오."

14. [세존] "깟싸빠여, '행위하는 자와 경험하는 자가 동일하다.'면, 그것은 시작부터 존재하는 자와 관련하여 '괴로움은 스스로 만든

---

148) 여기서 '안다.'와 '본다.'의 뜻은 모든 정신적 통찰을 뜻한다. 그러나 보는 것과 아는 것의 섬세한 차이를 구분하지 않으면 안 된다.
149) 부처님에 대한 호칭이 '존자 고따마여'에서 '존경하는 세존'으로 바뀌었다.

것이다.'라는 것입니다. 그렇게 주장한다면, 그것은 영원주의에 해당합니다. 150) 그러나 깟싸빠여, '행위하는 자와 경험하는 자가 다르다.'면, 괴로움을 당한 자와 관련하여 '괴로움은 다른 사람이 만든 것이다.'라는 것입니다. 그렇게 주장한다면 그것은 허무주의에 해당합니다.151)

15. 깟싸빠여, 여래는 이러한 양극단을 떠나서 중도로 가르침을 설합니다. 무명을 조건으로 형성이 생겨나고, 형성을 조건으로 의식이 생겨나며, 의식을 조건으로 명색이 생겨나고, 명색을 조건으로 여섯 감역이 생겨나며, 여섯 감역을 조건으로 접촉이 생겨나고, 접촉을 조건으로 느낌이 생겨나며, 느낌을 조건으로 갈애가 생겨나고, 갈애를 조건으로 집착이 생겨나며, 집착을 조건으로 존재가 생겨나고, 존재를 조건으로 태어남이 생겨나며, 태어남을 조건으로 늙음과 죽음, 우울, 슬픔, 고통, 불쾌, 절망이 생겨납니다. 이와 같이 해서 모든 괴로움의 다발들이 생겨납니다. 그러나 무명이 남김없이 사라져 소멸하면 형성이 소멸하고, 형성이 소멸하면 의식이 소멸하며, 의식이 소멸하면 명색이 소멸하고, 명색이 소멸하면 여섯 감역이 소멸하며, 여섯 감역이 소멸하면 접촉이 소멸하고, 접촉이 소멸하면 느낌이 소멸하며, 느낌이 소멸하면 갈애가 소멸하고, 갈애가 소멸하면 집착이 소멸하며, 집착이 소멸하면 존재가 소멸하고, 존재가 소멸하면 태어남이 소멸하며, 태어남이 소멸하면 늙음과 죽음, 우울, 슬픔, 고통, 불쾌, 절망이 소멸합니다. 이와 같이 해서 모든 괴로움의 다발들이 소멸합니다."

---

150) 붓다고싸에 따르면, '괴로움은 자신에 의해서 만들어 진다.'라고 주장하면, 처음부터 영원주의를 주장하는 것이며, 영원주의에 집착하는 것이다. 영원주의는 행위자와 경험자를 하나이자 동일한 자라고 생각에서 유래하는 것이다.

151) 붓다고싸에 따르면, '괴로움은 타자에 의해 만들어진다.'라고 주장하면, 행위자는 파괴되어 버리고 처음부터 허무주의를 주장하여 허무주의에 집착하게 되는 것이다.

16. 이와 같이 말씀하셨을 때 아쩰라 깟싸빠는 세존께 이와 같이 말했다.152)

[깟싸빠] "세존이시여, 훌륭하십니다. 세존이시여, 훌륭하십니다. 넘어진 것을 일으켜 세우듯, 가려진 것을 열어 보이듯, 어리석은 자에게 길을 가리켜 주듯, 눈 있는 자는 형상을 보라고 어둠 속에 등불을 들어 올리듯, 세존께서는 이와 같이 여러 가지 방법으로 진리를 밝혀 주셨습니다. 그러므로 이제 세존께 귀의합니다. 그리고 그 가르침에 귀의합니다. 그리고 그 수행승의 참모임에 귀의합니다. 저는 세존 앞에 출가하여 구족계를 받겠습니다."

17. [세존] "깟싸빠여, 이전에 이교도였던 자로서 이러한 가르침과 계율 아래153) 출가를 원하고 구족계를 받고자 하는 사람은 사 개월을 견습하고, 사 개월이 지난 뒤, 수행승들이 받아들이기를 원하면, 그에게 구족계를 줍니다. 그러나 나는 개개인의 개성의 차이에 관해 잘 알고 있습니다."154)

18. [깟싸빠] "세존이시여, 만약 이전에 이교도였던 자로서 이러한 가르침과 계율 아래 출가를 원하고 구족계를 받고자 하는 사람은 사 개월을 견습하고, 사 개월이 지난 뒤, 수행승들이 받아들이기를

---

152) 해당 한역 잡아함 302에서는 이하의 내용을 달리한다. 나형외도 깟싸빠가 재가신자인 우바새가 되었다. 그는 부처님과의 대화를 마치고 얼마 안 되어 암소에 받쳐 죽었는데, 감관이 청정하고 얼굴빛이 맑았다. 이것을 안 부처님은 그가 완전한 열반에 들었음을 선언했다고 기록하고 있다. 이 내용은 옹기장이 움막에서 부처님과 대화를 나눈 후 암소에 받쳐 죽은 뿍꾸싸띠의 경우와 너무 흡사한데, 이는 경전의 재편집에서 착간된 것이 아닌가 생각된다.
153) '이러한 법과 율 아래'란 뜻이다. 법은 가르침의 이론적 측면이고, 율은 승단의 공동체적 삶의 규칙을 뜻한다.
154) 부처님께서는 각 개인의 정신적 수행의 단계를 잘 알고 있으므로 사 개월 간의 행자생활이 필요한지 필요하지 않은지를 알고 있어 예외적으로 깟싸빠에게 바로 구족계를 줄 수도 있다는 뜻으로 이렇게 말한 것이다. 그러나 깟싸빠는 자신을 위해 그것을 거절하고 어려운 행자 수업을 받고자 했다.

원할 때 그에게 구족계를 준다면, 저는 사 년을 견습하고 사 년이 지난 뒤, 수행승들이 받아들이기를 원할 때 저에게 구족계를 주도록 해주십시오."

19. 이렇게 아쩰라 깟싸빠는 세존 앞에서 허락을 얻어 출가하였고, 구족계를 받게 되었다.

20. 그런데 존자 깟싸빠는 구족계를 받은 지 얼마 되지 않아 홀로 떨어져서 게으르지 않고 열심히 정진하였다. 그는 오래지 않아 스스로 곧바로 알고 깨달아서 양가의 자제들이 집에서 집 없는 곳으로 출가하게 된 당연한 이유인 위없는 청정한 삶의 목표를 현세에서 성취했다. 그는 '태어남은 부서졌고, 청정한 삶은 이루어졌고, 해야 할 일은 다 마쳤으니, 더 이상 윤회하지 않는다.'라고 분명히 알았다. 그래서 존자 깟싸빠는 거룩한 님 가운데 한 분이 되었다.

5. 불교적 인과원리인 연기의 일반법칙이란 어떠한 것일까?[155]

1. 이와 같이 나는 들었다. 한 때 세존께서 싸밧티 시의 제따바나 숲에 있는 아나타삔디까 승원에 계셨다.

2. 그때 세존께서 '수행승들이여'라고 수행승들을 부르셨다. 수행승들은 '세존이시여'라고 세존께 대답했다. 세존께서는 이와 같이 말씀하셨다.

[세존] "수행승들이여, 여래는 열 가지 힘을[156] 모두 갖추고 네 가

---

155) 열 가지 힘의 경①[Paṭhamadasabalasutta] : SN. II. 27 ; 증일아함 42권 2(大正 2. 775c) 참조

156) 붓다고싸에 의하면 여래의 힘에는 신체적인 힘과 정신적인 힘의 두 가지가 있다. 여래의 신체적인 힘은 코끼리의 힘과 비교된다. 하품의 코끼리에서부터 상품의 코끼리에 이르기까지 열 가지 종류의 코끼리가 하품에서 상품으로 올라갈수록 각각 10배씩 힘이 강해지는데, 여래의 신체적인 힘은 최상품 코끼리의 10배에 해당한다. 한편 정신적인 힘에 관해서는 다

지 두려움 없음을[157] 함께 지니며 모우왕의 지위를[158] 차지하고 무리 가운데 사자후를 토하며 범륜(梵輪)을 굴린다. 물질은 이와 같고, 물질의 발생은 이와 같으며, 물질의 소멸은 이와 같다. 느낌은 이와 같고, 느낌의 원인은 이와 같으며, 느낌의 소멸은 이와 같다. 지각은 이와 같고, 지각의 원인은 이와 같으며, 지각의 소멸은 이와 같다. 형성은 이와 같고, 형성의 원인은 이와 같으며, 형성의 소멸은 이와 같다. 의식은 이와 같고, 의식의 원인은 이와 같으며, 의식의 소멸은 이와 같다. 이처럼 이것이 있을 때 저것이 있고, 이것이 생겨날 때에 저것이 생겨난다. 이것이 없을 때 저것이 없어지며, 이것이 사라질 때에 저것이 사라진다.[159]

음과 같이 기술하고 있다. ① 경우와 경우 아닌 것을 여실히 아는 것, 즉 경우를 경우로, 경우가 아닌 것을 경우가 아닌 것으로 아는 힘, ② 과거, 미래, 현재의 업의 수용에 관해 필연적으로 조건적으로 여실히 그 과보를 아는 힘, ③ 모든 곳으로 인도하는 길에 관해 아는 힘, ④ 많은 요소로 구성된 다양한 요소의 세계에 관해 아는 힘, ⑤ 다른 뭇삶들이 여러 가지 믿는 것에 관해 아는 힘, ⑥ 그들의 능력의 높고 낮음에 관해 아는 힘, ⑦ 선정, 해탈, 삼매, 등지에서 오염과 청정의 발생을 아는 힘, ⑧ 전생에 살던 것에 대한 기억을 아는 힘, ⑨ 뭇삶의 죽음과 삶에 관해 아는 힘, ⑩ 번뇌의 소멸에 관해 아는 힘. 위와 같은 열 가지 힘에 관해 구사론에서는 각각 다음과 같이 한역하고 있다. ① 처비처지력(處非處智力), ② 업이숙지력(業異熟智力), ③ 편취행지력(遍趣行智力), ④ 종종계지력(種種界智力), ⑤ 종종승해지력(種種勝解智力), ⑥ 근상하지력(根上下智力), ⑦ 정려해탈등지등지력(靜慮解脫等持等至智力), ⑧ 숙주수념지력(宿住隨念智力), ⑨ 사생지력(死生智力), ⑩ 누진지력(漏盡智力).

157) 한역에서는 사무소외라고 번역한다. 이 네 가지의 두려움 없음은 ① '올바로 깨달은 자라고 당신이 인정하더라도 그 法들은 올바로 깨달아진 것이 아니다.'라고 나에 대해 사문이나 바라문, 신, 악마, 범천이나 이 세상의 어떤 자라도 법에 따라 비난하려 해도 싸리뿟따여, 나는 그것을 근거로 간주하지 않는다. 싸리뿟따여, 그것을 근거로 간주하지 않음으로써 안온에 도달하고 포외하지 않음을 얻고 두려움 없음을 성취한다. ② '번뇌를 부순 자[漏盡者]라고 당신이 인정하더라도 그 번뇌들은 부수어진 것이 아니다.'라고 나에 대해 … 간주하지 않는다 … 성취한다. ③ '장애가 되는 법이라고 정의된 것들이라도 탐닉하는 자에게는 장애가 될 수 없다.'라고 나에 대해 … 간주하지 않는다 … 성취한다. ④ '그 목적을 위해서 법이 설해져도 그것은 그 법을 실천한 자를 올바른 괴로움의 소멸로 이끌지 못한다.'라고 나에 대해 … 간주하지 않는다 … 성취한다. 이것에 대해서 俱舍論 27券에서는 각각 ① 正等覺無畏, ② 漏永盡無畏, ③ 說障法無畏, ④ 說出道無畏라고 번역한다.
158) 모우왕(牡牛王)의 지위는 붓다고싸에 의하면 최상의 지위로 과거불들의 호칭이다.
159) 여기서 먼저 언급해야 할 것은 '이것'이라고 하는 것은 실체적이며, 자기동일적인 '이것'이 아니라 인과적으로 얽혀있는 '사건'을 말한다. 그래서 『잡아함경』에서는 '이것'을 시사(是

3. 말하자면 무명을 조건으로 형성이 생겨나고, 형성을 조건으로 의식이 생겨나며, 의식을 조건으로 명색이 생겨나고, 명색을 조건으로 여섯 감역이 생겨나며, 여섯 감역을 조건으로 접촉이 생겨나고, 접촉을 조건으로 느낌이 생겨나며, 느낌을 조건으로 갈애가 생겨나고, 갈애를 조건으로 집착이 생겨나며, 집착을 조건으로 존재가 생겨나고, 존재를 조건으로 태어남이 생겨나며, 태어남을 조건으로 늙고 죽음, 우울, 슬픔, 고통, 근심, 절망이 생겨난다. 이와 같이 해서 모든 괴로움의 다발들이 생겨난다.

4. 그러나 무명이 남김없이 사라져 소멸하면 형성이 소멸하고, 형성이 소멸하면 의식이 소멸하며, 의식이 소멸하면 명색이 소멸하고, 명색이 소멸하면 여섯 감역이 소멸하며, 여섯 감역이 소멸하면 접촉이 소멸하고, 접촉이 소멸하면 느낌이 소멸하며, 느낌이 소멸하면 갈애가 소멸하고, 갈애가 소멸하면 집착이 소멸하며, 집착이 소멸하면 존재가 소멸하고, 존재가 소멸하면 태어남이 소멸하며, 태어남이 소멸하면 늙고 죽음, 우울, 슬픔, 고통, 근심, 절망이 소멸한다. 이와 같이 해서 모든 괴로움의 다발들이 소멸한다."

事)로 번역하고 있는 곳이 발견된다. '이러한 사건이 있으므로 이러한 사건이 있다. 이러한 사건이 일어남으로 이러한 사건이 생겨난다.' 이러한 구나발다라(求那跋陀羅)의 해석은 '이것'이 어떤 실체라기보다는 사태나 사건임을 통찰한 예리한 해석이라고 할 수 있다. 러셀은 다음과 같이 말한다. "세상의 모든 것은 '사건들'로 구성되어 있다. 하나의 '사건'은 하나의 작은 시공적인 한계를 차지하고 있는 어떤 것이다.… 사건들은 물체가 존재한다고 가정하는 것처럼 불투과적인 것이 아니다. 반대로 시공적인 모든 사건은 다른 사건들에 의해서 겹쳐진다." 이 연기법의 일반적인 조건성의 원리에 관하여 가장 잘 번역한 것은 동진(東晋)의 승가제파(僧伽提婆)가 『중아함경』의 「설처경(說處經)」에서 한 번역이다. "만약 이것이 있으면 곧 저것이 있고, 만약 이것이 생겨나면 곧 저것이 생겨난다. 만약 이것이 없으면 곧 저것이 없으며, 만약 이것이 소멸하면 곧 저것이 소멸한다." 데이비드 흄의 경험철학은 "만약 이것이 있으면 곧 저것이 있다."에 대한 설명이고, 마리오 붕게의 과학철학은 "만약 이것이 생겨나면 곧 저것이 생겨난다."에 대한 설명이다. 자세한 것은 역자의 초기불교의 연기사상을 보라.

6. 연기를 보는 자는 어떻게 윤회의 주체에 관해 생각할까[160]

1. 이와 같이 나는 들었다. 한 때 세존께서 싸밧티 시의 제따바나 숲에 있는 아나타삔디까 승원에 계셨다.

2. 그때 세존께서 '수행승들이여'라고 수행승들을 부르셨다. 수행승들은 '세존이시여'라고 세존께 대답했다. 세존께서는 이와 같이 말씀하셨다.

[세존] "수행승들이여, 그대들에게 연기와 연생의[161] 법을 설하겠다. 그것을 잘 듣고 숙고해라. 내가 설명하겠다."

그러자 '세존이시여, 그렇게 하겠습니다.'라고 수행승들은 세존께 대답했다.

3. [세존] "수행승들이여, 연기란 무엇인가?

1) 수행승들이여, 태어남을 조건으로 늙음과 죽음이 생겨나는 것은 여래가 출현하거나 여래가 출현하지 않았거나, 그 원리가 정해진 것이며, 진리로써 확립된 것이며, 진리로써 결정된 것이며, 구체적인 것을 조건으로 하는 것이다.[162] 여래는 그것을 올바로 깨닫고 꿰뚫어 알았으며, 올바로 깨닫고 꿰뚫어 알고 나서, 설명하고, 교시하고, 시설하고, 확립하고, 개현하고, 분석하고, 명확하게 밝힌다. 그리고 여래는 '보라! 태어남을 조건으로 늙음과 죽음이 생겨난다.'고 말한다. 수행승들이여, 이와 같이 여실한 것, 허망하지 않은 것, 다른 것이 아닌 것, 구체적인 것을 조건으로 하는 것,[163]

---

160) 조건의 경[Paccayasutta] : SN. II. 25
161) 연기는 인과원리를 말하고 즉 연생은 연기된 것, 즉 연기소생을 뜻한다.
162) 붓다고싸는 각각 다음과 같이 논하고 있다. ① '그 원리가 정해진 것'은 그 조건의 속성이 정해진 것이며, 조건 없는 태어남과 늙음과 죽음은 결코 없다는 뜻이고 ② '진리로써 확립되어 있는 것'은 조건에 의해 발생한 현상이 존속한다는 뜻이고, ③ '진리로써 결정되어 있는 것'은 조건이 현상을 결정한다는 뜻이고, ④ '구체적인 것을 조건으로 하는 것'은 이와 같은 늙음과 죽음 등의 특수한 그러한 현상을 조건으로 한다는 말이다.

수행승들이여, 이것을 연기라고 부른다.

2) 수행승들이여, 존재를 조건으로 태어남이 생겨나는 것은 여래가 출현하거나 여래가 출현하지 않았거나 그 원리가 정해진 것이며, 진리로써 확립된 것이며, 진리로써 결정된 것이며, 구체적인 것을 조건으로 하는 것이다. 여래는 그것을 올바로 깨닫고 꿰뚫어 알았으며, 올바로 깨닫고 꿰뚫어 알고 나서, 설명하고, 교시하고, 시설하고, 확립하고, 개현하고, 분석하고, 명확하게 밝힌다. 그리고 여래는 '보라! 존재를 조건으로 태어남이 생겨난다.'고 말한다. 수행승들이여, 이와 같이 여실한 것, 허망하지 않은 것, 다른 것이 아닌 것, 구체적인 것을 조건으로 하는 것, 수행승들이여, 이것을 연기라고 부른다.

3) 수행승들이여, 집착을 조건으로 존재가 생겨나는 것은 여래가 출현하거나 여래가 출현하지 않았거나 그 원리가 정해진 것이며, 진리로써 확립된 것이며, 진리로써 결정된 것이며, 구체적인 것을 조건으로 하는 것이다. 여래는 그것을 올바로 깨닫고 꿰뚫어 알았으며, 올바로 깨닫고 꿰뚫어 알고 나서, 설명하고, 교시하고, 시설하고, 확립하고, 개현하고, 분석하고, 명확하게 밝힌다. 그리고 여래는 '보라! 집착을 조건으로 존재가 생겨난다.'고 말한다. 수행승들이여, 이와 같이 여실한 것, 허망하지 않은 것, 다른 것이 아닌 것, 구체적인 것을 조건으로 하는 것, 수행승들이여, 이것을 연

---

163) 이것은 깔루빠하나에 따르면, 각각 연기법의 ① 객관성, ② 필연성, ③ 불변성, ④ 조건성을 나타내는 것이다. 붓다고싸에 따르면, 각각 다음과 같이 정의하고 있다. ① 이러저러한 조건들에 의해 가감 없이 이러저러한 현상이 생성된다면 따타따(tathatā)라고 한다. ② 조건들이 함께 나타날 때 한순간이라도 현상에 관하여 원인이 아닌 것으로부터 생겨나지 않는다면, 아비따타따(avitathatā)이다. ③ 다른 현상의 조건에 의해서 다른 현상이 생겨나지 않는다면, 안냐냣따따(anaññattatā)라고 한다. ④ 이와 같이 언급된 늙음과 죽음 등의 구체적인 조건 또는 조건의 집합 때문에 이답빳짜야따(idappaccayatā)라고 불린다. 이런 연기의 네 가지 특성을 잡아함경 298에는 법여법이여(法如法爾), 법불이여(法不離如), 법불이여(法不異如), 시수순연기(是隨順緣起)라고 번역하고 있다.

기라고 부른다.

4) 수행승들이여, 갈애를 조건으로 집착이 생겨나는 것은 여래가 출현하거나 여래가 출현하지 않았거나 그 원리가 정해진 것이며, 진리로써 확립된 것이며, 진리로써 결정된 것이며, 구체적인 것을 조건으로 하는 것이다. 여래는 그것을 올바로 깨닫고, 꿰뚫어 알았으며, 올바로 깨닫고 꿰뚫어 알고 나서, 설명하고, 교시하고, 시설하고, 확립하고, 개현하고, 분석하고, 명확하게 밝힌다. 그리고 여래는 '보라! 갈애를 조건으로 집착이 생겨난다.'고 말한다. 수행승들이여, 이와 같이 여실한 것, 허망하지 않은 것, 다른 것이 아닌 것, 구체적인 것을 조건으로 하는 것, 수행승들이여, 이것을 연기라고 부른다.

5) 수행승들이여, 느낌을 조건으로 갈애가 생겨나는 것은 여래가 출현하거나 여래가 출현하지 않았거나 그 원리가 정해진 것이며, 진리로써 확립된 것이며, 진리로써 결정된 것이며, 구체적인 것을 조건으로 하는 것이다. 여래는 그것을 올바로 깨닫고 꿰뚫어 알았으며, 올바로 깨닫고 꿰뚫어 알고 나서, 설명하고, 교시하고, 시설하고, 확립하고, 개현하고, 분석하고, 명확하게 밝힌다. 그리고 여래는 '보라! 느낌을 조건으로 갈애가 생겨난다.'고 말한다. 수행승들이여, 이와 같이 여실한 것, 허망하지 않은 것, 다른 것이 아닌 것, 구체적인 것을 조건으로 하는 것, 수행승들이여, 이것을 연기라고 부른다.

6) 수행승들이여, 접촉을 조건으로 느낌이 생겨나는 것은 여래가 출현하거나 여래가 출현하지 않았거나 그 원리가 정해진 것이며, 진리로써 확립된 것이며, 진리로써 결정된 것이며, 구체적인 것을 조건으로 하는 것이다. 여래는 그것을 올바로 깨닫고 꿰뚫어 알

았으며, 올바로 깨닫고 꿰뚫어 알고 나서, 설명하고, 교시하고, 시설하고, 확립하고, 개현하고, 분석하고, 명확하게 밝힌다. 그리고 여래는 '보라! 접촉을 조건으로 느낌이 생겨난다.'고 말한다. 수행승들이여, 이와 같이 여실한 것, 허망하지 않은 것, 다른 것이 아닌 것, 구체적인 것을 조건으로 하는 것, 수행승들이여, 이것을 연기라고 부른다.

7) 수행승들이여, 여섯 감역을 조건으로 접촉이 생겨나는 것은 여래가 출현하거나 여래가 출현하지 않았거나 그 원리가 정해진 것이며, 진리로써 확립된 것이며, 진리로써 결정된 것이며, 구체적인 것을 조건으로 하는 것이다. 여래는 그것을 올바로 깨닫고, 꿰뚫어 알았으며, 올바로 깨닫고 꿰뚫어 알고 나서, 설명하고, 교시하고, 시설하고, 확립하고, 개현하고, 분석하고, 명확하게 밝힌다. 그리고 여래는 '보라! 여섯 감역을 조건으로 접촉이 생겨난다.'고 말한다. 수행승들이여, 이와 같이 여실한 것, 허망하지 않은 것, 다른 것이 아닌 것, 구체적인 것을 조건으로 하는 것, 수행승들이여, 이것을 연기라고 부른다.

8) 수행승들이여, 명색을 조건으로 여섯 감역이 생겨나는 것은 여래가 출현하거나 여래가 출현하지 않았거나 그 원리가 정해진 것이며, 진리로써 확립된 것이며, 진리로써 결정된 것이며, 구체적인 것을 조건으로 하는 것이다. 여래는 그것을 올바로 깨닫고, 꿰뚫어 알았으며, 올바로 깨닫고 꿰뚫어 알고 나서, 설명하고, 교시하고, 시설하고, 확립하고, 개현하고, 분석하고, 명확하게 밝힌다. 그리고 여래는 '보라! 명색을 조건으로 여섯 감역이 생겨난다.'고 말한다. 수행승들이여, 이와 같이 여실한 것, 허망하지 않은 것, 다른 것이 아닌 것, 구체적인 것을 조건으로 하는 것, 수행승들이여,

이것을 연기라고 부른다.

9) 수행승들이여, 의식을 조건으로 명색이 생겨나는 것은 여래가 출현하거나 여래가 출현하지 않았거나 그 원리가 정해진 것이며, 진리로써 확립된 것이며, 진리로써 결정된 것이며, 구체적인 것을 조건으로 하는 것이다. 여래는 그것을 올바로 깨닫고, 꿰뚫어 알았으며, 올바로 깨닫고 꿰뚫어 알고 나서, 설명하고, 교시하고, 시설하고, 확립하고, 개현하고, 분석하고, 명확하게 밝힌다. 그리고 여래는 '보라! 의식을 조건으로 명색이 생겨난다.'고 말한다. 수행승들이여, 이와 같이 여실한 것, 허망하지 않은 것, 다른 것이 아닌 것, 구체적인 것을 조건으로 하는 것, 수행승들이여, 이것을 연기라고 부른다.

10) 수행승들이여, 형성을 조건으로 의식이 생겨나는 것은 여래가 출현하거나 여래가 출현하지 않았거나 그 원리가 정해진 것이며, 진리로써 확립된 것이며, 진리로써 결정된 것이며, 구체적인 것을 조건으로 하는 것이다. 여래는 그것을 올바로 깨닫고, 꿰뚫어 알았으며, 올바로 깨닫고 꿰뚫어 알고 나서, 설명하고, 교시하고, 시설하고, 확립하고, 개현하고, 분석하고, 명확하게 밝힌다. 그리고 여래는 '보라! 형성을 조건으로 의식이 생겨난다.'고 말한다. 수행승들이여, 이와 같이 여실한 것, 허망하지 않은 것, 다른 것이 아닌 것, 구체적인 것을 조건으로 하는 것, 수행승들이여, 이것을 연기라고 부른다.

11) 수행승들이여, 무명을 조건으로 형성이 생겨나는 것은 여래가 출현하거나 여래가 출현하지 않았거나 그 원리가 정해진 것이며, 진리로써 확립된 것이며, 진리로써 결정된 것이며, 구체적인 것을 조건으로 하는 것이다. 여래는 그것을 올바로 깨닫고, 꿰뚫어 알

았으며, 올바로 깨닫고 꿰뚫어 알고 나서, 설명하고, 교시하고, 시설하고, 확립하고, 개현하고, 분석하고, 명확하게 밝힌다. 그리고 여래는 '보라! 무명을 조건으로 형성이 생겨난다.'고 말한다. 수행승들이여, 이와 같이 여실한 것, 허망하지 않은 것, 다른 것이 아닌 것, 구체적인 것을 조건으로 하는 것, 수행승들이여, 이것을 연기라고 부른다."

4. [세존] "수행승들이여, 연생의 법은 무엇인가?
 1) 수행승들이여, 늙음과 죽음은 덧없는 것이고, 유위적인 것이고, 조건적으로 발생된 것이고, 쇠망하는 현상이며, 사라지는 현상이며, 소멸하는 현상으로 연생이다."
 2) 수행승들이여, 태어남은 덧없는 것이고, 유위적인 것이고, 조건적으로 발생된 것이고, 쇠망하는 현상이며, 사라지는 현상이며, 소멸하는 현상으로 연생이다.
 3) 수행승들이여, 존재는 덧없는 것이고, 유위적인 것이고, 조건적으로 발생된 것이고, 쇠망하는 현상이며, 사라지는 현상이며, 소멸하는 현상으로 연생이다.
 4) 수행승들이여, 집착은 덧없는 것이고, 유위적인 것이고, 조건적으로 발생된 것이고, 쇠망하는 현상이며, 사라지는 현상이며, 소멸하는 현상으로 연생이다.
 5) 수행승들이여, 갈애는 덧없는 것이고, 유위적인 것이고, 조건적으로 발생된 것이고, 쇠망하는 현상이며, 사라지는 현상이며, 소멸하는 현상으로 연생이다.
 6) 수행승들이여, 느낌은 덧없는 것이고, 유위적인 것이고, 조건적으로 발생된 것이고, 쇠망하는 현상이며, 사라지는 현상이며, 소멸하는 현상으로 연생이다.

7) 수행승들이여, 접촉은 덧없는 것이고, 유위적인 것이고, 조건적으로 발생된 것이고, 쇠망하는 현상이며, 사라지는 현상이며, 소멸하는 현상으로 연생이다.
8) 수행승들이여, 여섯 감역은 덧없는 것이고, 유위적인 것이고, 조건적으로 발생된 것이고, 쇠망하는 현상이며, 사라지는 현상이며, 소멸하는 현상으로 연생이다.
9) 수행승들이여, 명색은 덧없는 것이고, 유위적인 것이고, 조건적으로 발생된 것이고, 쇠망하는 현상이며 사라지는 현상이며 소멸하는 현상으로 연생이다.
10) 수행승들이여, 의식은 덧없는 것이고, 유위적인 것이고, 조건적으로 발생된 것이고, 쇠망하는 현상이며 사라지는 현상이며, 소멸하는 현상으로 연생이다.
11) 수행승들이여, 형성은 덧없는 것이고, 유위적인 것이고, 조건적으로 발생된 것이고, 쇠망하는 현상이며, 사라지는 현상이며, 소멸하는 현상으로 연생이다.
12) 수행승들이여, 무명은 덧없는 것이고, 유위적인 것이고, 조건적으로 발생된 것이고, 쇠망하는 현상이며, 사라지는 현상이며, 소멸하는 현상으로 연생이다."

5. [세존] "수행승들이여, 고귀한 제자들은 이 연기와 연생의 법을 있는 그대로 올바른 지혜로써 잘 보기 때문에 이와 같은 일은 결코 일어나지 않는다. '나는 전생에 있었는지, 나는 전생에 없었는지, 나는 전생에 무엇으로 있었는지, 나는 전생에 어떻게 있었는지, 나는 전생에 무엇으로 있다가 무엇이 되었는지'[164] 숙세로 거슬러 올라

---

164) 여기에 나오는 네 가지 질문에 대하여 Srp. II. 41~42에서 붓다고싸는 아래와 같이 해설하고 있다. ① '내가 있었는지 없었는지'라고 하는 것을 영원주의나 허무주의에 의존해서 과거에 자아가 있었는지 없었는지 의심하는 것이다. ② '무엇이었는지'라고 하는 것은 태어

가거나

6. '나는 내세에 있을지, 나는 내세에 없을지, 나는 내세에 무엇으로 있을지, 나는 내세에 어떻게 있을지, 나는 내세에 무엇으로 있다가 무엇이 될 것인지' 내세로 달려가거나

7. '나는 현세에 있는지, 나는 현세에 없는지, 나는 현세에 무엇으로 있는지, 나는 현세에 어떻게 있는지, 나는 현세에 무엇으로 있다가 무엇이 되는지' 현세에 의혹을 갖게 되거나 하는 일은 결코 일어나지 않는다.165)

8. 그 이유는 무엇인가? 수행승들이여, 고귀한 제자는 있는 그대로 이 연기와 연생의 법을, 있는 그대로 올바른 지혜로써 잘 관찰하기 때문이다."

난 신분과 성을 의지해서 귀족이나 성직자, 평민, 노예, 재가자, 출가자, 신, 인간 가운데 어떤 자였는가를 의심하는 것이다. ③ '어떻게 있었는지'라고 하는 것은 외모의 형태에 의존해서 컸는지 작았는지, 희었는지 검었는지 하고 의심하는 것이다. ④ '무엇으로 있다가 무엇이 되었는가'라고 하는 것은 신분 등에 의존해서 귀족으로 있다가 성직자가 되었거나, 신으로 있다가 인간이 되었다고 하는 자신의 변천을 의심하는 것이다.

165) 여기서 언급하고 있는 열다섯 가지의 의문이 맛지마니까야에서도 등장한다. 거기에 따르면, '정신을 쓰지 말아야 할 것들에 정신을 쓰고, 정신을 써야 할 것들에 정신을 쓰지 않음으로써 생겨난 번뇌이다. 이러한 의심에서 여섯 가지 견해 가운데 하나의 견해가 생겨난다. '나의 자아는 있다.'라는 견해가 확고하게 생겨나거나, '나의 자아는 없다.'라는 견해가 확고하게 생겨나거나, '자아에 의해서 자아를 지각한다.'라는 견해가 확고하게 생겨나거나, '자아에 의해서 무아를 지각한다.'라는 견해가 확고하게 생겨난다든지, '무아에 의해서 자아를 지각한다.'라는 견해가 확고하게 생겨난다. 또는 '나의 이 자아는 말하고 느끼고 여기저기서 선악의 행위에 대한 과보를 체험하는데, 나의 자아는 항상하고, 항주하고, 항존하는 것으로 변화하지 않고, 영원히 존재할 것이다.'라는 견해가 생겨난다. 붓다꼬싸에 따르면, 이러한 여섯 가지 견해 가운데 첫 번째의 두 가지는 영원주의와 허무주의의 단순한 이율배반을 나타낸다. 여기서 '나의 자아는 없다.'는 견해는 불교적 무아사상에 기초한 진술이 아니라 개인을 신체와 일치시켜서 죽음을 넘어서는 개인의 연속성을 부정하는 유물론적인 견해를 말한다. 그 다음의 세 가지 견해는 체험이 반성적인 구조를 갖는, 마음이 스스로를 인식하는 마음의 능력, 몸과 연결된 마음의 인식 등 좀 더 철학적으로 복잡한 관찰에서 발생하는 것이다. 자신의 본성에 대하여 배우지 못한 일반사람은 세 번째 견해에서처럼 체험의 두 양상(영원주의와 허무주의)가운데 어느 하나와 일치시키거나, 네 번째 견해에서처럼 오로지 관찰자와 일치시키거나, 다섯 번째의 견해에서처럼 오로지 관찰된 대상과 일치시킨다. 여섯 번째의 견해는 모든 제약이 완전히 철폐된 영원주의의 완전한 전개라고 볼 수 있다.

7. 괴로움은 스스로 만든 것일까 남이 만든 것일까[166]

1. 이와 같이 나는 들었다. 한 때 세존께서 싸밧티 시의 제따바나 숲에 있는 아나타삔디까 승원에 계셨다.

2. 그때 존자 우빠바나[167]가 세존께서 계신 곳으로 찾아왔다. 가까이 다가와서 세존께 인사를 드리고 한쪽으로 물러앉았다. 한쪽으로 물러앉은 존자 우빠바나는 세존께 이와 같이 말했다.

3. [우빠바나] "세존이시여, 괴로움은 스스로가 만든 것이라고 주장하는 수행자나 성직자들이 있습니다. 세존이시여, 괴로움은 남이 만든 것이라고 주장하는 수행자나 성직자들이 있습니다. 세존이시여, 괴로움은 스스로 만들기도 하고 남이 만들기도 하는 것이라고 주장하는 수행자나 성직자들이 있습니다. 세존이시여, 괴로움은 스스로 만든 것도 아니고 남이 만든 것도 아닌 원인 없이 생겨나는 것이라고 주장하는 수행자나 성직자들이 있습니다.

4. 세존이시여, 이것에 관해 세존께서는 어떻게 말씀하시고 어떻게 설명하시겠습니까? 제가 어떻게 설명해야 세존께서 말한 대로 말한 것이고, 진실이 아닌 것으로 세존을 잘못 대변한 것이 아니며, 가르침에 일치하도록 설명한 것이고, 제 주장이 비판의 근거를 제공하는 것이 아닙니까?"

5. [세존] "우빠바나여, 괴로움은 연유가 있어 생겨나는 것이라고

---

166) 우빠바나 경[Upavāṇasutta] : SN. II. 41
167) 우빠바나는 원래 싸밧티 시의 부유한 바라문 가문에 속해 있었다. 제따바나 숲의 봉헌식에서 부처님의 위대함을 보고 승단에 들어와 아라한이 되었다. 한번은 부처님께서 한 부위에 경련을 일으켰을 때 재가신자 친구인 데바히따의 도움을 얻어 더운 물과 약으로 치료해드렸는데, 부처님은 거기에 감사를 표했다. 부처님이 또한 꾸씨나라에서 최후의 열반에 드실 때 부채를 부쳐드렸다. 우빠바나와 부처님 간에는 이 경에서처럼 괴로움의 발생과 가르침을 현세에서 어떻게 실천적으로 적용할까에 관한 담론이 있다. 싸리뿟따의 친한 도반이기도 했다.

나는 말했다. 무엇을 연유로 해서 생겨나는가? 접촉을 연유로 해서 생겨난다. 이와 같이 말하면 내가 말한 대로 설명하는 것이고, 진실이 아닌 것으로 나를 잘못 대변하는 것이 아니며, 가르침에 일치하도록 설명하는 것이고, 그대의 주장은 비판의 근거를 제공하는 것이 아니다.

6. 우빠바나여, 괴로움은 스스로가 만든 것이라고 주장하는 수행자나 성직자들이라도 그것은 접촉을 연유로 해서 생겨난다. 괴로움은 남이 만든 것이라고 주장하는 수행자나 성직자들이라도 역시 그것은 접촉을 연유로 해서 생겨난다. 괴로움은 스스로 만들기도 하고 남이 만들기도 하는 것이라고 주장하는 수행자나 성직자들이라도 역시 그것은 접촉을 연유로 해서 생겨난다. 괴로움은 스스로 만든 것도 아니고 남이 만든 것도 아닌 원인 없이 생겨나는 것이라고 주장하는 수행자나 성직자들이라도 역시 그것은 접촉을 연유로 해서 생겨난다.

7. 우빠바나여, 괴로움은 스스로가 만든 것이라고 주장하는 수행자나 성직자들이라도 접촉이 없이 경험할 수 있는 그러한 여지는 없다. 괴로움은 남이 만든 것이라고 주장하는 수행자나 성직자들이라도 역시 접촉이 없이 경험할 수 있는 그러한 여지는 없다. 괴로움은 스스로 만들기도 하고 남이 만들기도 하는 것이라고 주장하는 수행자나 성직자들이라도 역시 접촉이 없이 경험할 수 있는 그러한 여지는 없다. 괴로움은 스스로 만든 것도 아니고 남이 만든 것도 아닌 원인 없이 생겨나는 것이라고 주장하는 수행자나 성직자들이라도 역시 접촉이 없이 경험할 수 있는 그러한 여지는 없다."

8. 어떻게 생로병사의 세계를 소멸시킬 수 있을까[168]

1. 이와 같이 나는 들었다. 한 때 세존께서 싸밧티 시의 제따바나 숲에 있는 아나타삔디까 승원에 계셨다.

2. 그때 세존께서 '수행승들이여'라고 수행승들을 부르셨다. 수행승들은 '세존이시여'라고 세존께 대답했다. 세존께서는 이와 같이 말씀하셨다.

3. [세존]
  1) "수행승들이여, 여기서[169] 수행승은 늙음과 죽음을 분명히 알고, 늙음과 죽음의 원인을 분명히 알고, 늙음과 죽음의 소멸을 분명히 알고, 늙음과 죽음의 소멸에 이르는 길을 분명히 안다.
  2) 수행승들이여, 여기서 수행승은 태어남을 분명히 알고, 태어남의 원인을 분명히 알고, 태어남의 소멸을 분명히 알고, 태어남의 소멸에 이르는 길을 분명히 안다.
  3) 수행승들이여, 여기서 수행승은 존재를 분명히 알고, 존재의 원인을 분명히 알고, 존재의 소멸을 분명히 알고, 존재의 소멸에 이르는 길을 분명히 안다.
  4) 수행승들이여, 여기서 수행승은 집착을 분명히 알고, 집착의 원인을 분명히 알고, 집착의 소멸을 분명히 알고, 집착의 소멸에 이르는 길을 분명히 안다.
  5) 수행승들이여, 여기서 수행승은 갈애를 분명히 알고, 갈애의 원인을 분명히 알고, 갈애의 소멸을 분명히 알고, 갈애의 소멸에 이르는 길을 분명히 안다.

---

168) 수행승들의 경[Bhikkhusutta] : SN. II. 43 ; 잡아함 14권 13(大正 2. 99c, 잡355) 참조
169) '여기서'라는 뜻인데 자주 '이 가르침에서'란 뜻으로 해석되고 있다.

6) 수행승들이여, 여기서 수행승은 느낌을 분명히 알고, 느낌의 원인을 분명히 알고, 느낌의 소멸을 분명히 알고, 느낌의 소멸에 이르는 길을 분명히 안다.
7) 수행승들이여, 여기서 수행승은 접촉을 분명히 알고, 접촉의 원인을 분명히 알고, 접촉의 소멸을 분명히 알고, 접촉의 소멸에 이르는 길을 분명히 안다.
8) 수행승들이여, 여기서 수행승은 여섯 감역을 분명히 알고, 여섯 감역의 원인을 분명히 알고, 여섯 감역의 소멸을 분명히 알고, 여섯 감역의 소멸에 이르는 길을 분명히 안다.
9) 수행승들이여, 여기서 수행승은 명색을 분명히 알고, 명색의 원인을 분명히 알고, 명색의 소멸을 분명히 알고, 명색의 소멸에 이르는 길을 분명히 안다.
10) 수행승들이여, 여기서 수행승은 의식을 분명히 알고, 의식의 원인을 분명히 알고, 의식의 소멸을 분명히 알고, 의식의 소멸에 이르는 길을 분명히 안다.
11) 수행승들이여, 여기서 수행승은 형성을 분명히 알고, 형성의 원인을 분명히 알고, 형성의 소멸을 분명히 알고, 형성의 소멸에 이르는 길을 분명히 안다.

4. 수행승들이여, 늙음과 죽음이란 무엇인가? 낱낱의 뭇삶의 유형에 따라 낱낱의 뭇삶이 늙고, 노쇠하고, 쇠약해지고, 백발이 되고, 주름살이 지고, 목숨이 줄어들고, 감역이 노화되는데, 수행승들이여, 이것을 늙음이라고 부른다. 낱낱의 뭇삶의 유형에 따라 낱낱의 뭇삶이 죽고, 멸망하고, 파괴되고, 사멸하고, 목숨을 다하고, 모든 존재의 다발이 파괴되고, 유해가 내던져지는데, 수행승들이여, 이것을 죽음이라고 부른다. 이와 같은 늙음과 이와 같은 죽음을, 수행승들이여, 늙

음과 죽음이라고 부른다.

5. 태어남이 생겨남으로써 늙음과 죽음이 생겨나고, 태어남이 소멸함으로써 늙음과 죽음이 소멸한다. 이와 같은 여덟 가지 고귀한 길만이 늙음과 죽음의 소멸에 이르는 길이다. 그것은 곧 올바른 견해, 올바른 사유, 올바른 언어, 올바른 행위, 올바른 생활, 올바른 정진, 올바른 새김, 올바른 집중이다.

6. 또한 수행승들이여, 태어남이란 무엇인가? 낱낱의 뭇삶의 유형에 따라 낱낱의 뭇삶이 출생하고, 탄생하고, 강생하고, 전생하고, 모든 존재의 다발들이 나타나고, 감역을 얻는데, 수행승들이여, 이것을 태어남이라고 부른다. 존재가 생겨남으로써 태어남이 생겨나고, 존재가 소멸함으로써 태어남이 소멸한다. 여덟 가지 고귀한 길만이 태어남의 소멸에 이르는 길이다. 그것은 곧 올바른 견해, 올바른 사유, 올바른 언어, 올바른 행위, 올바른 생활, 올바른 정진, 올바른 새김, 올바른 집중이다.

7. 또한 수행승들이여, 존재란 무엇인가? 수행승들이여, 그것들 가운데는 세 가지 존재, 즉 감각적 쾌락에 대한 욕망의 존재, 미세한 물질계의 존재, 비물질계의 존재가 있으니, 수행승들이여, 이것을 존재라고 부른다. 집착이 생겨남으로써 존재가 생겨나고, 집착이 소멸함으로써 존재가 소멸한다. 여덟 가지 고귀한 길만이 존재의 소멸에 이르는 길이다. 그것은 곧 올바른 견해, 올바른 사유, 올바른 언어, 올바른 행위, 올바른 생활, 올바른 정진, 올바른 새김, 올바른 집중이다.

8. 또한 수행승들이여, 집착이란 무엇인가? 수행승들이여, 그것들 가운데는 네 가지 집착, 즉 감각적 쾌락에 대한 집착, 견해에 대한

집착, 규범과 금기에 대한 집착, 자아이론에 대한 집착이 있으니, 수행승들이여, 이것을 집착이라고 부른다. 갈애가 생겨남으로써 집착이 생겨나고, 갈애가 소멸함으로써 집착이 소멸한다. 여덟 가지 고귀한 길만이 집착의 소멸에 이르는 길이다. 그것은 곧 올바른 견해, 올바른 사유, 올바른 언어, 올바른 행위, 올바른 생활, 올바른 정진, 올바른 새김, 올바른 집중이다.

9. 또한 수행승들이여, 갈애란 무엇인가? 수행승들이여, 그것들 가운데는 여섯 가지 갈애의 무리, 즉 형상에 대한 갈애, 소리에 대한 갈애, 냄새에 대한 갈애, 맛에 대한 갈애, 감촉에 대한 갈애, 사실에 대한 갈애가 있으니, 수행승들이여, 이것을 갈애라고 부른다. 느낌이 생겨남으로써 갈애가 생겨나고, 느낌이 소멸함으로써 갈애가 소멸한다. 여덟 가지 고귀한 길만이 갈애의 소멸에 이르는 길이다. 그것은 곧 올바른 견해, 올바른 사유, 올바른 언어, 올바른 행위, 올바른 생활, 올바른 정진, 올바른 새김, 올바른 집중이다.

10. 또한 수행승들이여, 느낌이란 무엇인가? 수행승들이여, 그것들 가운데는 여섯 가지 느낌의 무리, 즉 시각의 접촉에서 생기는 느낌, 청각의 접촉에서 생기는 느낌, 후각의 접촉에서 생기는 느낌, 미각의 접촉에서 생기는 느낌, 촉각의 접촉에서 생기는 느낌, 정신의 접촉에서 생기는 느낌이 있으니, 수행승들이여, 이것을 느낌이라고 부른다. 접촉이 생겨남으로써 느낌이 생겨나고, 접촉이 소멸함으로써 느낌이 소멸한다. 여덟 가지 고귀한 길만이 느낌의 소멸에 이르는 길이다. 그것은 곧 올바른 견해, 올바른 사유, 올바른 언어, 올바른 행위, 올바른 생활, 올바른 정진, 올바른 새김, 올바른 집중이다.

11. 또한 수행승들이여, 접촉이란 무엇인가? 수행승들이여, 그것들 가운데는 여섯 가지 접촉의 무리, 즉 시각의 접촉, 청각의 접촉, 후

각의 접촉, 미각의 접촉, 촉각의 접촉, 정신의 접촉이 있으니, 수행승들이여, 이것을 접촉이라고 부른다. 여섯 감역이 생겨남으로써 접촉이 생겨나고, 여섯 감역이 소멸함으로써 접촉이 소멸한다. 여덟 가지 고귀한 길만이 접촉의 소멸에 이르는 길이다. 그것은 곧 올바른 견해, 올바른 사유, 올바른 언어, 올바른 행위, 올바른 생활, 올바른 정진, 올바른 새김, 올바른 집중이다.

12. 또한 수행승들이여, 여섯 감역이란 무엇인가? 그것들 가운데는 여섯 가지 감역의 무리, 즉 시각의 감역, 청각의 감역, 후각의 감역, 미각의 감역, 촉각의 감역, 정신의 감역이 있으니, 수행승들이여, 이것을 여섯 감역이라고 부른다. 명색이 생겨남으로써 여섯 감역이 생겨나고, 명색이 소멸함으로써 여섯 감역이 소멸한다. 여덟 가지 고귀한 길만이 여섯 감역의 소멸에 이르는 길이다. 그것은 곧 올바른 견해, 올바른 사유, 올바른 언어, 올바른 행위, 올바른 생활, 올바른 정진, 올바른 새김, 올바른 집중이다.

13. 또한 수행승들이여, 명색이란 무엇인가? 그것에는 느낌, 지각, 사유, 접촉, 숙고가 있으니, 이것을 명이라고 부르고, 네 가지 물질요소, 또는 네 가지 물질요소로 이루어진 형태를 색이라고 부른다. 의식이 생겨남으로써 명색이 생겨나고, 의식이 소멸함으로써 명색이 소멸한다. 여덟 가지 고귀한 길만이 명색의 소멸에 이르는 길이다. 그것은 곧 올바른 견해, 올바른 사유, 올바른 언어, 올바른 행위, 올바른 생활, 올바른 정진, 올바른 새김, 올바른 집중이다.

14. 또한 수행승들이여, 의식이란 무엇인가? 수행승들이여, 그것들 가운데는 여섯 가지 의식, 즉 시각의 의식, 청각의 의식, 후각의 의식, 미각의 의식, 촉각의 의식, 정신의 의식이 있으니, 수행승들이여, 이것을 의식이라고 부른다. 형성이 생겨남으로써 의식이 생겨

나고, 형성이 소멸함으로써 의식이 소멸한다. 여덟 가지 고귀한 길만이 의식의 소멸에 이르는 길이다. 그것은 곧 올바른 견해, 올바른 사유, 올바른 언어, 올바른 행위, 올바른 생활, 올바른 정진, 올바른 새김, 올바른 집중이다.

15. 또한 수행승들이여, 무엇을 형성이라고 하는가? 수행승들이여, 그것들 가운데는 세 가지 형성, 즉 신체의 형성, 언어의 형성, 정신의 형성이 있으니, 수행승들이여, 이것을 형성이라고 부른다. 무명이 생겨남으로써 형성이 생겨나고, 무명이 소멸함으로써 형성이 소멸한다. 여덟 가지 고귀한 길만이 형성의 소멸에 이르는 길이다. 그것은 곧 올바른 견해, 올바른 사유, 올바른 언어, 올바른 행위, 올바른 생활, 올바른 정진, 올바른 새김, 올바른 집중이다.

16. 그러므로
1) 수행승들이여, 수행승은 이와 같이 늙음과 죽음을 분명히 알고, 이와 같이 늙음과 죽음의 원인을 분명히 알고, 이와 같이 늙음과 죽음의 소멸을 분명히 알고, 이와 같이 늙음과 죽음의 소멸에 이르는 길을 분명히 안다.
2) 수행승들이여, 수행승은 이와 같이 태어남을 분명히 알고, 이와 같이 태어남의 원인을 분명히 알고, 이와 같이 태어남의 소멸을 분명히 알고, 이와 같이 태어남의 소멸에 이르는 길을 분명히 안다.
3) 수행승들이여, 수행승은 이와 같이 존재를 분명히 알고, 이와 같이 존재의 원인을 분명히 알고, 이와 같이 존재의 소멸을 분명히 알고, 이와 같이 존재의 소멸에 이르는 길을 분명히 안다.
4) 수행승들이여, 수행승은 이와 같이 집착을 분명히 알고, 이와 같이 집착의 원인을 분명히 알고, 이와 같이 집착의 소멸을 분명히

알고, 이와 같이 집착의 소멸에 이르는 길을 분명히 안다.
5) 수행승들이여, 수행승은 이와 같이 갈애를 분명히 알고, 이와 같이 갈애의 원인을 분명히 알고, 이와 같이 갈애의 소멸을 분명히 알고, 이와 같이 갈애의 소멸에 이르는 길을 분명히 안다.
6) 수행승들이여, 수행승은 이와 같이 느낌을 분명히 알고, 이와 같이 느낌의 원인을 분명히 알고, 이와 같이 느낌의 소멸을 분명히 알고, 이와 같이 느낌의 소멸에 이르는 길을 분명히 안다.
7) 수행승들이여, 수행승은 이와 같이 접촉을 분명히 알고, 이와 같이 접촉의 원인을 분명히 알고, 이와 같이 접촉의 소멸을 분명히 알고, 이와 같이 접촉의 소멸에 이르는 길을 분명히 안다.
8) 수행승들이여, 수행승은 이와 같이 여섯 감역을 분명히 알고, 이와 같이 여섯 감역의 원인을 분명히 알고, 이와 같이 여섯 감역의 소멸을 분명히 알고, 이와 같이 여섯 감역의 소멸에 이르는 길을 분명히 안다.
9) 수행승들이여, 수행승은 이와 같이 명색을 분명히 알고, 이와 같이 명색의 원인을 분명히 알고, 이와 같이 명색의 소멸을 분명히 알고, 이와 같이 명색의 소멸에 이르는 길을 분명히 안다.
10) 수행승들이여, 수행승은 이와 같이 의식을 분명히 알고, 이와 같이 의식의 원인을 분명히 알고, 이와 같이 의식의 소멸을 분명히 알고, 이와 같이 의식의 소멸에 이르는 길을 분명히 안다.
11) 수행승들이여, 수행승은 이와 같이 형성을 분명히 알고, 이와 같이 형성의 원인을 분명히 알고, 이와 같이 형성의 소멸을 분명히 알고, 이와 같이 형성의 소멸에 이르는 길을 분명히 안다.
17. 수행승들이여, 이 수행승은 세계관을 확립하고 지혜를 성취하고 올바로 진리를 성취하고 올바로 진리를 통찰하고 학인의 지혜를 구

족하고 학인의 지식을 성취하고 진리의 흐름에 들어 거룩한 님으로 궁극적 지혜를 갖추고 불사의 문을 두드리며 서 있는 자라고 일컬어진다."

9. 이 몸은 신이 창조한 것일까 어떻게 만들어졌을까[170]

1. 이와 같이 나는 들었다. 한 때 세존께서 싸밧티 시의 제따바나 숲에 있는 아나타삔디까 승원에 계셨다.

2. 그때 세존께서 '수행승들이여'라고 수행승들을 부르셨다. 수행승들은 '세존이시여'라고 세존께 대답했다. 세존께서는 이와 같이 말씀하셨다.

3. [세존] "수행승들이여, 이 몸은 그대들의 것이 아니다. 또한 다른 사람의 것도 아니다.[171]

4. 수행승들이여, 이것은 이전의 행위로 만들어진 것이며, 생각으로 만들어진 것이며, 느낌으로 만들어진 것이라고 보아야 한다.

5. 수행승들이여, 그래서 거룩한 제자는 연기의 법칙을 듣고 철저하게 잘 사념한다. 이것이 있을 때 저것이 있으며, 이것이 생겨남으로써 저것이 생겨난다. 이것이 없을 때 저것이 없으며, 이것이 사라짐으로써 저것이 사라진다.

6. 곧 무명을 조건으로 형성이 생겨나고, 형성을 조건으로 의식이 생겨나며, 의식을 조건으로 명색이 생겨나고, 명색을 조건으로 여섯 감역이 생겨나며, 여섯 감역을 조건으로 접촉이 생겨나고, 접촉을

---

170) 내 것 아님의 경[Natumhasutta] : SN. II. 64 ; 잡아함 12권 13(大正2. 84a, 잡295) 참조
171) 연기의 법칙을 깊이 이해하면 원인과 결과를 보게 되어 몸을 볼 때에 '나의 것'이라든가 '남의 것'이라든가하는 집착에서 벗어난다.

조건으로 느낌이 생겨나며, 느낌을 조건으로 갈애가 생겨나고, 갈애를 조건으로 집착이 생겨나며, 집착을 조건으로 존재가 생겨나고, 존재를 조건으로 태어남이 생겨나며, 태어남을 조건으로 늙고 죽음, 우울, 슬픔, 고통, 근심, 절망이 생겨난다. 이와 같이 해서 모든 괴로움의 다발들이 함께 생겨난다.

7. 그러나 무명이 남김없이 사라져 소멸하면 형성이 소멸하고, 형성이 소멸하면 의식이 소멸하며, 의식이 소멸하면 명색이 소멸하고, 명색이 소멸하면 여섯 감역이 소멸하며, 여섯 감역이 소멸하면 접촉이 소멸하고, 접촉이 소멸하면 느낌이 소멸하며, 느낌이 소멸하면 갈애가 소멸하고, 갈애가 소멸하면 집착이 소멸하며, 집착이 소멸하면 존재가 소멸하고, 존재가 소멸하면 태어남이 소멸하며, 태어남이 소멸하면 늙고 죽음, 우울, 슬픔, 고통, 근심, 절망이 소멸한다. 이와 같이 해서 모든 괴로움의 다발들이 소멸한다."

10. 이 세계는 어떻게 발생하고 소멸하는가172)

1. 이와 같이 나는 들었다. 한 때 세존께서 싸밧티 시의 제따바나 숲에 있는 아나타삔디까 승원에 계셨다.

2. 그때 세존께서 '수행승들이여'라고 수행승들을 부르셨다. 수행승들은 '세존이시여'라고 세존께 대답했다. 세존께서는 이와 같이 말씀하셨다.

3. [세존] "수행승들이여, 그대들에게 세계의 발생과 그 소멸에 관해 설하겠다. 그것을 잘 듣고 숙고해라. 내가 설명하겠다."
[수행승들] "세존이시여, 그렇게 하겠습니다.'

---

172) 세계의 경[Lokasutta] : SN. II. 73.

수행승들이 세존께 대답했다.

4. [세존] "수행승들이여, 무엇이 세계의 발생인가?
1) 시각과 형상을 조건으로 시각의식이 생겨난다. 이 세 가지가 화합하여 접촉이 생겨난다. 접촉을 조건으로 느낌이 생겨나고, 느낌을 조건으로 갈애가 생겨나며, 갈애를 조건으로 집착이 생겨나고, 집착을 조건으로 존재가 생겨나며, 존재를 조건으로 태어남이 생겨나고, 태어남을 조건으로 늙음과 죽음, 우울, 슬픔, 고통, 불쾌, 절망이 생겨난다. 수행승들이여, 이것이 이 세계의 발생이다.
2) 청각과 소리를 조건으로 청각의식이 생겨난다. 이 세 가지가 화합하여 접촉이 생겨난다. 접촉을 조건으로 느낌이 생겨나고, 느낌을 조건으로 갈애가 생겨나며, 갈애를 조건으로 집착이 생겨나고, 집착을 조건으로 존재가 생겨나며, 존재를 조건으로 태어남이 생겨나고, 태어남을 조건으로 늙음과 죽음, 우울, 슬픔, 고통, 불쾌, 절망이 생겨난다. 수행승들이여, 이것이 이 세계의 발생이다.
3) 후각과 냄새를 조건으로 후각의식이 생겨난다. 이 세 가지가 화합하여 접촉이 생겨난다. 접촉을 조건으로 느낌이 생겨나고, 느낌을 조건으로 갈애가 생겨나며, 갈애를 조건으로 집착이 생겨나고, 집착을 조건으로 존재가 생겨나며, 존재를 조건으로 태어남이 생겨나고, 태어남을 조건으로 늙음과 죽음, 우울, 슬픔, 고통, 불쾌, 절망이 생겨난다. 수행승들이여, 이것이 이 세계의 발생이다.
4) 미각과 맛을 조건으로 미각의식이 생겨난다. 이 세 가지가 화합하여 접촉이 생겨난다. 접촉을 조건으로 느낌이 생겨나고, 느낌을 조건으로 갈애가 생겨나며, 갈애를 조건으로 집착이 생겨나고, 집착을 조건으로 존재가 생겨나며, 존재를 조건으로 태어남이 생겨나고, 태어남을 조건으로 늙음과 죽음, 우울, 슬픔, 고통, 불쾌, 절

망이 생겨난다. 수행승들이여, 이것이 이 세계의 발생이다.
5) 촉각과 감촉을 조건으로 촉각의식이 생겨난다. 이 세 가지가 화합하여 접촉이 생겨난다. 접촉을 조건으로 느낌이 생겨나고, 느낌을 조건으로 갈애가 생겨나며, 갈애를 조건으로 집착이 생겨나고, 집착을 조건으로 존재가 생겨나며, 존재를 조건으로 태어남이 생겨나고, 태어남을 조건으로 늙음과 죽음, 우울, 슬픔, 고통, 불쾌, 절망이 생겨난다. 수행승들이여, 이것이 이 세계의 발생이다.
6) 정신과 사실을 조건으로 정신의식이 생겨난다. 이 세 가지가 화합하여 접촉이 생겨난다. 접촉을 조건으로 느낌이 생겨나고, 느낌을 조건으로 갈애가 생겨나며, 갈애를 조건으로 집착이 생겨나고, 집착을 조건으로 존재가 생겨나며, 존재를 조건으로 태어남이 생겨나고, 태어남을 조건으로 늙음과 죽음, 우울, 슬픔, 고통, 불쾌, 절망이 생겨난다. 수행승들이여, 이것이 이 세계의 발생이다.

5. 수행승들이여, 무엇이 세계의 소멸인가?
1) 시각과 형상을 조건으로 시각의식이 생겨난다. 이 세 가지가 화합하여 접촉이 생겨난다. 접촉을 조건으로 느낌이 생겨나고, 느낌을 조건으로 갈애가 생겨난다. 갈애가 남김없이 사라지고 소멸하면 집착이 소멸한다. 집착이 소멸하면 존재가 소멸한다. 존재가 소멸하면 태어남이 소멸한다. 태어남이 소멸하면 늙음과 죽음, 우울, 슬픔, 고통, 불쾌, 절망이 소멸한다. 이와 같이 해서 이 모든 괴로움의 소멸이 이루어진다. 수행승들이여, 이것이 이 세계의 소멸이다.
2) 청각과 소리를 조건으로 청각의식이 생겨난다. 이 세 가지가 화합하여 접촉이 생겨난다. 접촉을 조건으로 느낌이 생겨나고, 느낌을 조건으로 갈애가 생겨난다. 갈애가 남김없이 사라지고 소멸하

면 집착이 소멸한다. 집착이 소멸하면 존재가 소멸한다. 존재가 소멸하면 태어남이 소멸한다. 태어남이 소멸하면 늙음과 죽음, 우울, 슬픔, 고통, 불쾌, 절망이 소멸한다. 이와 같이 해서 이 모든 괴로움의 소멸이 이루어진다. 수행승들이여, 이것이 이 세계의 소멸이다.

3) 후각과 냄새를 조건으로 후각의식이 생겨난다. 이 세 가지가 화합하여 접촉이 생겨난다. 접촉을 조건으로 느낌이 생겨나고, 느낌을 조건으로 갈애가 생겨난다. 갈애가 남김없이 사라지고 소멸하면 집착이 소멸한다. 집착이 소멸하면 존재가 소멸한다. 존재가 소멸하면 태어남이 소멸한다. 태어남이 소멸하면 늙음과 죽음, 우울, 슬픔, 고통, 불쾌, 절망이 소멸한다. 이와 같이 해서 이 모든 괴로움의 소멸이 이루어진다. 수행승들이여, 이것이 이 세계의 소멸이다.

4) 미각과 맛을 조건으로 미각의식이 생겨난다. 이 세 가지가 화합하여 접촉이 생겨난다. 접촉을 조건으로 느낌이 생겨나고, 느낌을 조건으로 갈애가 생겨난다. 갈애가 남김없이 사라지고 소멸하면 집착이 소멸한다. 집착이 소멸하면 존재가 소멸한다. 존재가 소멸하면 태어남이 소멸한다. 태어남이 소멸하면 늙음과 죽음, 우울, 슬픔, 고통, 불쾌, 절망이 소멸한다. 이와 같이 해서 이 모든 괴로움의 소멸이 이루어진다. 수행승들이여, 이것이 이 세계의 소멸이다.

5) 촉각과 감촉을 조건으로 촉각의식이 생겨난다. 이 세 가지가 화합하여 접촉이 생겨난다. 접촉을 조건으로 느낌이 생겨나고, 느낌을 조건으로 갈애가 생겨난다. 갈애가 남김없이 사라지고 소멸하면 집착이 소멸한다. 집착이 소멸하면 존재가 소멸한다. 존재가

소멸하면 태어남이 소멸한다. 태어남이 소멸하면 늙음과 죽음, 우울, 슬픔, 고통, 불쾌, 절망이 소멸한다. 이와 같이 해서 이 모든 괴로움의 소멸이 이루어진다. 수행승들이여, 이것이 이 세계의 소멸이다.

6) 정신과 사실을 조건으로 정신의식이 생겨난다. 이 세 가지가 화합하여 접촉이 생겨난다. 접촉을 조건으로 느낌이 생겨나고, 느낌을 조건으로 갈애가 생겨난다. 갈애가 남김없이 사라지고 소멸하면 집착이 소멸한다. 집착이 소멸하면 존재가 소멸한다. 존재가 소멸하면 태어남이 소멸한다. 태어남이 소멸하면 늙음과 죽음, 우울, 슬픔, 고통, 불쾌, 절망이 소멸한다. 이와 같이 해서 이 모든 괴로움의 소멸이 이루어진다.

6. 수행승들이여, 이것이 이 세계의 소멸이다."

11. 연기의 심오한 진리를 이해하지 못하면 어떻게 될까[173)

1. 한 때 세존께서 꾸루[174) 지방에 있는 깜마싸담마[175)라는 꾸루족 마을에 계셨다.

2. 그때 존자 아난다[176)가 세존께서 계신 곳으로 찾아왔다. 가까이

---

173) 인연의 경[Nidānasutta] : SN. II. 92.
174) 꾸루 지방은 델리에서 멀지 않은 인드라쁘라스타 지역을 말한다. 동쪽으로는 꼬쌀라에서 남쪽으로는 마뜨씨아에 이르는 지역을 말한다.
175) 장로니게의 주석에 따르면, 이 마을은 두 수행녀 난둣따라와 밋따깔라의 고향이다.
176) 아난다는 부처님의 수제자 가운데 한 분으로 '많이 들은 자들 가운데 제일'이었다. 그는 부처님과 같은 나이의 사촌이었다. 그는 싸끼야무니 부처님의 사촌으로 같은 날에 태어났으며, 나중에 부처님의 시자가 되었다. 그의 아버지는 싸끼야 족의 쑷도다나 왕의 형제인 아미또다나였다. 아난다의 형제로는 이복형제인지 분명하지 않지만 마하나마, 아누룻다가 있었다. 그는 부처님이 법륜을 굴리기 시작한 이듬해에 싸끼야 족의 왕자 밧디야, 아누룻다, 바구, 낌빌라, 데바닷따와 함께 교단에 들어갔다. 그의 친교사는 벨랏타씨싸였고 뿐나 만따니뿟따의 설법을 듣고 흐름에 든 님[豫流果]의 경지에 이르렀다. 부처님이 나이가 드셨을 때 모든 위대한 제자들이 부처님을 시봉하길 원했으나, 부처님은 말없이 앉아 있던 아난다

다가와서 세존께 인사를 드리고 한쪽으로 물러앉았다.

3. 한쪽으로 물러앉은 존자 아난다는 세존께 이와 같이 말했다.
[아난다] "세존이시여, 놀라운 일입니다. 세존이시여, 예전에 없었던 일입니다. 이 연기의 법칙이 얼마나 깊고도 심원한 것인지. 세존이시여, 그렇지만 저에게는 너무도 분명한 것처럼 보입니다."

4. [세존] "아난다여, 그렇지 않다. 아난다여, 그렇지 않다. 아난다여, 이 연기의 법칙은 깊고도 심원하다. 아난다여, 이 법칙을 깨닫지 못하고, 이해하지 못하고, 파악하지 못함으로써 뭇삶들은 방치된 편물처럼 뒤죽박죽이 되고, 실타래처럼 헝클어지고177) 잘못 배열된 문사초나 등심초와 같아178) 괴로운 곳, 나쁜 곳, 비참한 곳으로의 윤회를 벗어나기 어렵다.

5. 아난다여, 집착의 대상이 되는 사물에서 즐거움을 보는 자에게는 갈애가 늘어난다. 갈애를 조건으로 집착이 생겨나고, 집착을 조건으로 존재가 생겨나며, 존재를 조건으로 태어남이 생겨나고, 태어남을 조건으로 늙고 죽음, 우울, 슬픔, 고통, 근심, 절망이 생겨난다. 이와 같이 해서 이 모든 괴로움의 다발들이 생겨난다.

를 시자로 택했다. 아난다는 가사나 필요한 일용품이나 잠자리를 마련하고 방문객을 맞거나 여행을 준비하는 등의 일을 맡기로 하고 마지막으로 자신의 부재중에 한 설법을 자신에게 반복해주길 요청해서 허락을 받았다. 그 후 25년간 아난다는 부처님을 그림자처럼 따라다니며 씻을 물을 준비하고 발을 씻어드리고 방청소를 하며 스승을 모셨다. 그는 언제나 스승의 손이 닿는 곳에 있다가 스승의 작은 소망까지도 미리 알아서 조치했다. 밤에는 단단한 지팡이와 커다란 등불을 들고 부처님의 향실 주변을 아홉 번 돌았다. 그 이유는 필요하면 부처님을 깨우고 때로는 주무시는 데 장애가 되는 요소를 제거하기 위해서였다. 그는 부처님이 열반에 드신 이후에 아라한의 경지를 얻어 칠엽굴에서 경전을 결집할 당시에 참여할 수 있었다. 그때 그가 대부분의 경을 송출하여 후대에 대장경으로 남게 되었다.

177) 붓다고싸에 의하면 이 상황은 길쌈하는 장면이나 돗자리를 짜는 장면에서 유래한다. '편물처럼 뒤엉켜서'는 '잘못 보관되어 쥐들에게 물어뜯긴 편물이 여기저기 얽힌 것처럼'이란 뜻이다. 그리고 실타래처럼 잘못 정돈하면 헝클어져버리는 것을 의미한다.

178) 문사초는 등심초처럼 돗자리를 만드는 데 쓰인다. 여기서는 돗자리를 짜는 풀을 잘못 배열하여 직조가 잘못된 것을 뜻한다.

6. 아난다여, 예를 들면 큰 나무가 한 그루 있는데, 그 뿌리들이 밑으로 향하고 옆으로 향하면서 그들 모두가 위로 수액을 빨아올린다고 하자. 이와 같이 아난다여, 그 큰 나무는 그러한 자양분과 양분으로 길고 긴 시간을 유지할 것이다.

7. 이와 같이 아난다여, 집착의 대상이 되는 사물에서 즐거움을 보는 자에게는 갈애가 늘어난다. 갈애를 조건으로 집착이 생겨나고, 집착을 조건으로 존재가 생겨나며, 존재를 조건으로 태어남이 생겨나고, 태어남을 조건으로 늙고 죽음, 우울, 슬픔, 고통, 근심, 절망이 생겨난다. 이와 같이 해서 이 모든 괴로움의 다발들이 생겨난다.

8. 아난다여, 집착의 대상이 되는 사물에서 해로움을 보는 자에게는 갈애가 소멸한다. 갈애가 소멸하면 집착이 소멸하고, 집착이 소멸하면 존재가 소멸하며, 존재가 소멸하면 태어남이 소멸하고, 태어남이 소멸하면 늙고 죽음, 우울, 슬픔, 고통, 근심, 절망이 소멸한다. 이와 같이 해서 이 모든 괴로움의 다발들이 소멸한다.

9. 아난다여, 예를 들어 큰 나무가 한 그루 있는데, 어떤 사람이 삽과 바구니를 가지고 와서 나무 밑동을 자르고, 밑동을 자른 뒤에 파내고, 파낸 뒤에 뿌리나 뿌리줄기를 뽑아내버리고, 그 나무를 토막토막 자르고, 토막토막 자른 뒤에 부수고, 부순 뒤에 조각내고, 조각낸 뒤에 바람이나 햇빛에 말리고, 바람이나 햇빛에 말린 뒤에 불에 태우고, 불에 태운 뒤에 재로 만들고, 재로 만든 뒤에 강한 바람에 날려 보내거나 강물의 거센 흐름에 씻어버린다고 하자. 이와 같이 하면 수행승들이여, 그 큰 나무는 밑동 잘린 종려나무처럼 되어 미래에 다시 생겨날 수 없을 것이다.

10. 이와 같이 아난다여, 집착의 대상이 되는 사물에서 해로움을 보

는 자에게는 갈애가 소멸한다. 갈애가 소멸하면 집착이 소멸하고, 집착이 소멸하면 존재가 소멸하며, 존재가 소멸하면 태어남이 소멸하고, 태어남이 소멸하면 늙음, 죽음, 우울, 슬픔, 고통, 근심, 절망이 소멸한다. 이와 같이 해서 모든 괴로움의 다발들이 소멸한다."

12. 물질적·정신적인 자양분에 대하여 어떻게 생각해야 하는가?[179]

1. 이와 같이 나는 들었다. 한 때 세존께서 싸밧티 시의 제따바나 숲에 있는 아나타삔디까 승원에 계셨다.

2. 그 때 세존께서 '수행승들이여'라고 수행승들을 부르셨다. 수행승들은 '세존이시여'라고 세존께 대답했다. 세존께서는 이와 같이 말씀하셨다.

3. [세존] "수행승들이여, 이미 태어난 뭇삶의 섭생을 위하거나 다시 태어남을 원하는 뭇삶의 보양을 위한 네 가지 자양분이 있다.[180]

4. 그 네 가지 자양분이란 무엇인가? 첫째, 거칠거나 미세한 물질적 자양분 둘째, 접촉의 자양분 셋째, 의도의 자양분 넷째, 의식의 자양분이다. 수행승들이여, 이들 네 가지 자양분은 이미 태어난 뭇삶의 섭생을 위하거나, 혹은 다시 태어남을 원하는 뭇삶의 보양을 위해 존재한다.

5. 수행승들이여, 물질적 자양분은 어떻게 여겨져야 되는가?

6. 수행승들이여, 예를 들어 두 사람의 부부가 적은 양식만을 가지

---

179) 아들의 고기에 대한 경[Puttamaṁsasutta] : SN. II. 97 : 잡아함 15권 9(大正 2. 102b, 집373) 참조.
180) 붓다고싸에 의하면, 부처님이 이 끔찍한 내용의 경을 설한 이유는 승단에서 너무 많은 음식과 생필품을 받아들이게 되었기 때문이다. 부처님은 미래의 수행승들에게 이 법문을 음미하면서 자신의 제어를 위한 가르침의 거울로 삼으라고 한 것이다.

고 황야의181) 길을 나섰는데, 그들에게는 사랑스럽고 귀한 아들이 있었다고 하자.

7. 그런데 수행승들이여, 그 두 사람의 부부가 황야를 지날 때 갖고 있던 적은 양식이 다 떨어져버렸는데도 그들은 아직 황야를 빠져나오지 못했다.

8. 그 때 수행승들이여, 그 두 사람의 부부는 이와 같이 생각했을 것이다. '우리들의 적은 양식이 다 떨어져버렸지만 아직 황야를 빠져나가지 못했다. 우리 모두가 죽지 않기 위해서는 귀한 아들을 죽여서 말린 고기나 꼬챙이에 펜 고기로 만들어 그 고기를 먹으면서 황야를 빠져나가는 것이 어떨까?'

9. 그래서 수행승들이여, 그 두 사람의 부부는 황야를 빠져나오기 위해 귀한 아들을 죽여서 말린 고기나 꼬챙이에 펜 고기로 만들어 그 고기를 먹으면서 '아들은 어디에 있는가, 아들은 어디에 있는가'라고 가슴을 쳤을 것이다.

10. 수행승들이여, 그대들은 이것을 어떻게 생각하는가? 그들은 놀이 삼아 자양분을 먹을 수 있겠는가? 그들은 취해서 자양분을 먹을 수 있겠는가? 그들은 진수성찬으로 자양분을 먹을 수 있겠는가? 그들은 영양을 위해 자양분을 먹을 수 있겠는가?"
[수행승] "세존이시여, 그렇지 않습니다."

11. [세존] "수행승들이여, 그들은 오로지 황야에서 빠져나오기 위해 그 자양분을 먹은 것이 아닌가?"
[수행승] "세존이시여, 그렇습니다."

---

181) 붓다고싸에 따르면, 다섯 가지의 황야가 있다. ① 도적이 출몰하는 황야 ② 맹수가 출몰하는 황야 ③ 귀신이 출몰하는 황야 ④ 물 없는 황야 ⑤ 먹을 것이 거의 없는 황야.

12. [세존] "수행승들이여, 물질적 자양분은 이와 같이 여겨져야 된다고 나는 말한다. 수행승들이여, 물질적 자양분이 완전히 알려질 때182) 다섯 가지 감각적 쾌락에 대한 욕망도183) 완전히 알려진다. 다섯 가지 감각적 쾌락에 대한 욕망이 완전히 알려질 때 그로 인해 고귀한 제자가 다시 이 세상으로 돌아오게 될 그 결박이 소멸된다.

13. 수행승들이여, 접촉의 자양분이란 어떻게 여겨져야 되는가?

14. 수행승들이여, 예를 들어 가죽이 찢겨진 소가 벽에 기대어 서 있으면 그 벽에 살고 있는 생물들이 그를 먹어 버릴 것이다. 나무 곁에 서 있으면 그 나무에 살고 있는 생물들이 그를 먹어 버릴 것이다. 물속에 서 있으면 그 물속에 살고 있는 생물들이 그를 먹어 버릴 것이다. 야외에 서 있으면 그 야외에 살고 있는 생물들이 그를 먹어 버릴 것이다. 수행승들이여, 그 가죽이 찢겨진 소가 의지해서 서 있는 곳마다 각기 거기에 살고 있는 생물들이 그를 먹어 버릴 것이다. 수행승들이여, 접촉의 자양분은 이와 같이 여겨져야 된다

---

182) 붓다고싸의 주석에 따르면, 여기에는 세 가지가 있다. ① 먼저 수행자는 주의 깊게 관찰해서 둘 다 물질인 음식과 혀 사이에서 일어나는 접촉을 살펴야 한다. 음식과 혀의 접촉과정을 관찰하면 그 관찰이 정신적인 현상임을 알게 된다. 나아가서 그는 육체적 정신적 현상이 의식 때문에 일어난다는 것을 알게 된다. 이러한 마음과 물질과 그 원인 사이의 분별을 '알려진 것을 통한 완전한 앎[知遍知]'이라고 부른다. ② 그 다음으로 자신 속에서 일어나는 정신과 물질의 발생과 소멸의 과정을 관찰하면 그것들이 무상하고 괴롭고 실체가 없다는 사실을 알게 된다. 이것을 '탐구를 통한 완전한 앎[度遍知]'이라고 부른다. ③ 그리고 음식의 맛의 본성에 관해 숙고하면 그것이 감각적 욕망 이외에 아무 것도 아님을 알고 그 욕망을 오염된 것을 알기 때문에 '끊음을 통한 완전한 앎[捨遍知]'에 도달한다. 이것이 돌아오지 않는 님[不還者]의 지혜에 해당한다.

183) 오욕락이라고 하며 다섯 감관의 대상을 말한다. 붓다고싸의 주석에 따르면, 이것은 세 가지 방식으로 완전히 알려진다. ① 한 가지에 대한 완전한 이해 : 미각의 기관에서 맛에 대하여 일어난 갈애는 다섯 감관에서 일어나 갈애와 같다. ② 모든 것에 대한 완전한 이해 : 다섯 가지 감각적 쾌락에 대한 욕망이 발우에 놓인 한 덩어리의 음식과 관련해서 일어난다. ③ 뿌리에 대한 완전한 이해 : 자양분은 사람들이 잘 먹으면 감각적 쾌락의 욕구가 증가하므로 다섯 가지 감각적 쾌락의 유형의 뿌리가 된다.

고 나는 말한다.

15. 수행승들이여, 접촉의 자양분이 완전히 알려지면 세 가지 종류의 느낌도184) 완전히 알려진다. 세 가지 종류의 느낌이 완전히 알려질 때 고귀한 제자는 더 이상 해야 할 일이 없어진다고 나는 말한다.

16. 수행승들이여, 의도의 자양분이란 어떻게 여겨져야 되는가?

17. 수행승들이여, 예를 들어 사람의 키보다 큰 숯불화로가 있어 연기가 나지 않으면서 작열하는 숯불로 가득 차 있는데, 삶을 바라고, 불사를 바라고, 행복을 바라고, 괴로움을 싫어하는 한 사람이 힘센 두 남자에 의해 두 손을 잡혀 숯불화로 가까이 끌려온다고 하자.185) 수행승들이여, 그것은 그 사람의 의지, 그 사람의 희망, 그 사람의 소원과는 거리가 먼 것일 것이다.

18. 그것은 무슨 까닭인가? 수행승들이여, 그 사람은 이와 같이 생각하기 때문이다. '내가 숯불화로에 떨어지게 되면, 그 때문에 나는 죽음에 이르거나 죽을 정도의 괴로움을 겪을 것이다.' 수행승들이여, 의도의 자양분은 이와 같이 여겨져야 된다고 나는 말한다.

19. 수행승들이여, 의도의 자양분이 완전히 알려지면 세 가지 종류의 갈애가186) 올바로 알려진다. 세 가지 종류의 갈애가 완전히 알

---

184) 세 가지 종류의 느낌은 괴로움[苦]과 즐거움[樂]과 괴롭지도 즐겁지도 않은[捨] 세 가지 감수작용을 말한다.
185) 붓다고싸에 따르면, 숯불 구덩이는 윤회하는 존재의 세계[三界]를 말하고, 살려고 발버둥치는 사람은 윤회에 집착하는 어리석은 일반 사람이고, 두 힘센 사람은 악하고 불건전한 행위와 선하고 건전한 행위를 말하고, 두 사람이 그를 붙잡아 숯불 구덩이에 빠뜨리는 것은 일반 사람의 행위가 성숙하여 다시 태어남으로 이끌어지는 것을 말한다. 숯불 구덩이에 떨어져 겪는 고통은 윤회의 고통을 말한다.
186) 세 가지 종류의 갈애[三愛]는 다음과 같다. ① 감각적 쾌락에 대한 욕망 ② 존재에 대한 욕망. ③ 비존재에 대한 욕망.

려질 때, 고귀한 제자는 더 이상 해야 할 일이 없어진다고 나는 말한다.

20. 수행승들이여, 의식의 자양분이란 어떻게 여겨져야 되는가?

21. 수행승들이여, 예를 들어 흉악한 도둑을 사로잡아 왕 앞에 데려왔다. '왕이시여, 흉악한 도둑을 잡아왔습니다. 원하시는 형벌을 그에게 내리십시오.' 그러자 왕은 이와 같이 말했다. '너희들은 가서 아침에 그 사람을 백 개의 창으로 찔러라.'187) 그래서 그들은 아침에 그 사람을 백 개의 창으로 찔렀다.

22. 그리고 점심 때 왕은 이와 같이 말했다. '그대들이여, 그 사람은 어떻게 되었는가?' '왕이시여, 그는 아직 살아 있습니다.' 그러자 왕은 이와 같이 말했다. '너희들은 가서 점심 때 그 사람을 백 개의 창으로 찔러라.' 그래서 그들은 점심 때 그 사람을 백 개의 창으로 찔렀다.

23. 그리고 저녁 때 왕은 이와 같이 말했다. '그대들이여, 그 사람은 어떻게 되었는가?' '왕이시여, 그는 아직 살아 있습니다.' 그러자 왕은 이와 같이 말했다. '너희들은 가서 저녁 때 그 사람을 백 개의 창으로 찔러라.' 그래서 그들은 저녁 때 그 사람을 백 개의 창으로 찔렀다.

24. 수행승들이여, 그대들은 이것을 어떻게 생각하는가? 삼백 개의 창에 찔린 그 사람은 그 때문에 얼마나 큰 괴로움과 고통을 느낄 것인가?"

---

187) 특히 잔인한 유형의 형벌 가운데 하나로, 서서히 죽게 하는 형벌이다. 붓다고싸에 따르면, 왕은 업을 말하고 도둑은 일반 사람을 뜻하고, 삼백 개의 창은 재생의식[結生識]을 말하고, 왕이 처벌하는 것은 일반 사람이 업에 의해서 다시 태어남으로 끌려가는 것을 말하고 창에 찔리는 것은 다시 태어나서 겪는 윤회의 고통이다.

[수행승] "세존이시여, 오직 한 개의 창에 찔려도 그 때문에 엄청난 고통을 느낄 것입니다. 그런데 하물며 삼백 개의 창에 찔리지 않았습니까?"

25. [세존] "수행승들이여, 의식의 자양분도 이와 같이 여겨져야 된다고 나는 말한다.

26. 수행승들이여, 의식의 자양분이 완전히 알려지면 명색도 완전히 알려진다.188) 명색이 완전히 알려질 때, 고귀한 제자는 더 이상 해야 할 일이 없어진다고 나는 말한다."

13. 아름다움과 즐거움에 대한 성찰은 어떻게 해야 하는가189)

1. 이와 같이 나는 들었다. 한 때 세존께서 꾸루 지방에 있는 깜마싸담마라는 꾸루족 마을에 계셨다.

2. 그 때 세존께서 '수행승들이여'라고 수행승들을 부르셨다. 수행승들은 '세존이시여'라고 세존께 대답했다. 세존께서는 이와 같이 말씀하셨다.
[세존] "수행승들이여, 그대들은 내적인 성찰을 하는가?"190)

3. 이와 같이 말씀하시자 한 수행승이 세존께 이와 같이 말했다.
[수행승] "세존이시여, 저는 내적인 성찰을 합니다."
[세존] "수행승이여, 그렇다면 그대는 어떻게 내적인 성찰을 하는가?"

---

188) 붓다고싸에 따르면, 명색은 의식에 뿌리를 두고 있고 그것과 더불어 일어나기 때문에 의식이 완전히 알려질 때에 명색도 완전히 알려진다.
189) 성찰의 경[Sammasasutta] : SN. II. 107 ; 잡아함 12권 9(大正 2. 82a, 잡291) 참조
190) 붓다고싸에 따르면, 연기적인 조건에 대한 내적인 관찰을 뜻한다.

4. 그래서 그 수행승은 설명했다.191) 그러나 그 수행승의 설명은 세존의 마음을 만족시키지 못했다. 그 때 존자 아난다가 세존께 이와 같이 말했다.

[아난다] "세존이시여, 지금이 바로 그 때입니다. 세존이시여, 지금이 바로 그 때입니다. 세존이시여, 내적인 성찰에 관하여 말씀해주십시오. 수행승들은 세존께서 말씀하시는 가르침을 듣고 받들겠습니다."

5. [세존] "수행승들이여, 그렇다면 그것을 듣고 잘 새겨라. 내가 설하겠다."

[수행승들] "세존이시여, 그렇게 하겠습니다."

수행승들은 세존께 대답했다.

6. 세존께서는 이와 같이 말씀하셨다.

[세존] "수행승들이여, 여기 한 수행승이 숙고하면서 내적인 성찰을 한다. '세상에 늙음과 죽음을 일으키는 많은 종류의 괴로움, 이러한 괴로움은 도대체 무엇을 조건으로 하고 무엇을 원인으로 하고 무엇을 발생으로 하고 무엇을 바탕으로 하는가? 무엇이 있으면 늙음과 죽음이 생겨나고, 무엇이 없으면 늙음과 죽음이 소멸하는가?' 그는 숙고하여 이와 같이 안다. '세상에 늙음과 죽음을 일으키는 많은 종류의 괴로움, 이러한 괴로움이야말로 집착의 대상을192) 조건으로 하고 집착의 대상을 원인으로 하고 집착의 대상을 발생으로 하고 집착의 대상을 바탕으로 한다. 집착의 대상이 있음으로 늙음과 죽음이 생겨나고, 집착의 대상이 소멸함으로써 늙음과 죽음이

---

191) 세존께서는 연기적 조건을 통해서 대답하길 원했으나 그 수행승은 그 의취를 파악하지 못하고 신체에 대한 서른두 가지의 부정(不淨)한 양상을 통해서 대답을 했다.
192) 잡아함 291은 음사해서 우파디(優波提)라고 하고 있다. 이 개념은 우리의 존재가 기원하고 우리를 사랑스럽고 가치 있게 하는 것으로 만드는 모든 것을 포함한다.

소멸한다.' 그는 이와 같이 늙음과 죽음을 알고 늙음과 죽음의 발생을 알고 늙음과 죽음의 소멸을 알고 늙음과 죽음의 소멸에 이르는 길을 안다. 그는 이와 같이 실천하여 법다운 수행자가 된다. 수행승들이여, 그를 완전하고 올바른 괴로움의 소멸, 늙음과 죽음의 소멸을 실천하는 수행승이라고 부른다.

7. 또한 그는 숙고하면서 내적인 성찰을 한다. '그런데 이러한 집착의 대상은 도대체 무엇을 조건으로 하고, 무엇을 원인으로 하고, 무엇을 발생으로 하고, 무엇을 바탕으로 하는가? 무엇이 있으면 집착의 대상이 생겨나고, 무엇이 없으면 집착의 대상이 소멸하는가?' 그는 숙고하여 이와 같이 안다. '집착의 대상은 갈애를 조건으로 하고, 갈애를 원인으로 하고, 갈애를 발생으로 하고, 갈애를 바탕으로 한다. 갈애가 있음으로 집착의 대상이 생겨나고, 갈애가 소멸함으로써 집착의 대상이 소멸한다.' 그는 이와 같이 집착의 대상을 알고, 집착의 대상의 원인을 알고, 집착의 대상의 소멸을 알고, 집착의 대상의 소멸에 이르는 길을 안다. 그는 이와 같이 실천하여 법다운 수행자가 된다. 수행승들이여, 그를 완전하고 올바른 괴로움의 소멸, 집착의 대상의 소멸을 실천하는 수행승이라고 부른다.

8. 또한 그는 숙고하면서 내적인 성찰을 한다. '그런데 이 갈애가 생겨나면 어디에서 생겨나고 들어가면 어디로 들어가는가?' 그는 숙고하여 이와 같이 안다. '세상에 사랑스럽고 즐거운 것마다 갈애가 언제나 거기에서 생겨나고 언제나 거기로 들어간다. 그런데 세상에서 사랑스럽고 즐거운 것은 무엇인가?

1) 시각은 세상에서 사랑스럽고 즐거운 것이다. 갈애는 언제나 여기에서 생겨나고 언제나 여기로 들어간다.'

2) 청각은 세상에서 사랑스럽고 즐거운 것이다. 갈애는 언제나 여기

에서 생겨나고 언제나 여기로 들어간다.

3) 후각은 세상에서 사랑스럽고 즐거운 것이다. 갈애는 언제나 여기에서 생겨나고 언제나 여기로 들어간다.

4) 미각은 세상에서 사랑스럽고 즐거운 것이다. 갈애는 언제나 여기에서 생겨나고 언제나 여기로 들어간다.

5) 촉각은 세상에서 사랑스럽고 즐거운 것이다. 갈애는 언제나 여기에서 생겨나고 언제나 여기로 들어간다.

6) 정신은 세상에서 사랑스럽고 즐거운 것이다. 갈애는 언제나 여기에서 생겨나고 언제나 여기로 들어간다.

9. 그런데 수행승들이여, 과거의 어떤 수행자나 성직자들이라도 세상에서 사랑스럽고 즐거운 것을 영원하다고 보았고 행복하다고 보았고 자기라고 보았고 건강하다고 보았고 안온하다고 보았다면, 그들은 갈애를 키운 것이다.

10. 갈애를 키운 사람은 집착을 키운 것이다. 집착을 키운 사람은 괴로움을 키운 것이다. 괴로움을 키운 사람은 태어남과 늙음과 죽음, 우울, 슬픔, 고통, 불쾌, 절망으로부터 해탈하지 못한 것이다. 그들은 괴로움에서 해탈하지 못했다고 나는 말한다.

11. 수행승들이여, 또한 미래의 어떤 수행자나 성직자들이라도 세상에서 사랑스럽고 즐거운 것을 영원하다고 보게 되고 행복하다고 보게 되고 자기라고 보게 되고 건강하다고 보게 되고 안온하다고 보게 된다면, 그들은 갈애를 키우게 될 것이다.

12. 갈애를 키우게 되는 사람은 집착을 키울 것이다. 집착을 키우게 되는 사람은 괴로움을 키울 것이다. 괴로움을 키우게 되는 사람은 태어남과 늙음과 죽음, 우울, 슬픔, 고통, 불쾌, 절망으로부터 해탈

하지 못할 것이다. 그들은 괴로움에서 해탈하지 못할 것이라고 나는 말한다.

13. 수행승들이여, 또한 현재의 어떤 수행자나 성직자들이라도 세상에서 사랑스럽고 즐거운 것을 영원하다고 보고 행복하다고 보고 자기라고 보고 건강하다고 보고 안온하다고 본다면, 그들은 갈애를 키우는 것이다.

14. 갈애를 키우는 사람은 집착을 키우는 것이다. 집착을 키우는 사람은 괴로움을 키우는 것이다. 괴로움을 키우는 사람은 태어남과 늙음과 죽음, 우울, 슬픔, 고통, 불쾌, 절망으로부터 해탈하지 못하는 것이다. 그들은 괴로움에서 해탈하지 못한다고 나는 말한다.

15. 수행승들이여, 예를 들어 음료를 담은 잔이 있는데, 빛깔이 아름답고 향기롭고 맛있는 음료가 담겨 있지만 독약이 섞여 있다고 하자. 그 때 더위에 시달리고 더위에 지쳐서 피곤하고 목마르고 갈증이 나는 어떤 사람이 왔다. 사람들이 그에게 이와 같이 말했다. '벗이여, 이 물그릇에는 빛깔이 아름답고 향기롭고 맛있는 음료가 담겨 있지만 독약이 섞여 있다. 원한다면 마셔라. 네가 마시면 아름다운 빛깔과 향기와 맛 때문에 입에 맞을 것이다. 그러나 그로 인해 죽음이나 죽음에 이르는 고통을 겪을 것이다.' 그가 물리치지 않고 허겁지겁 그 음료를 마셔 버린다면, 그는 그 때문에 죽음이나 죽음에 이르는 고통을 겪을 것이다.193)

---

193) 붓다고싸의 주석에 따르면, '음료를 담은 잔'은 사랑스럽고 즐길만한 세속적인 대상, '더위에 지친 사람'은 윤회에 결박된 일반 사람, 물을 제공하는 사람은 그에게 세속적인 대상을 즐기라고 권하는 사람들이다. 유혹과 위험을 경고하는 자는 스승이나 친교사이며, 그들은 다섯 가지 감각적 쾌락의 유혹과 위험을 설한다. 그러나 일반 사람들은 스승이나 친교사의 충고를 무시하고 '허겁지겁 그 음료를 마셔서 죽음이나 죽음에 이르는 고통을 겪는 자로서 그들은 수행을 포기하고 세속의 생활로 돌아가 범죄를 저질러 왕에게 처벌을 받기도 하고 내생에 비참한 곳에 태어나 고통을 겪는다.

16. 이와 같이 수행승들이여, 과거의 어떤 수행자나 성직자들이라도 세상에서 사랑스럽고 즐거운 것을 영원하다고 보았고 행복하다고 보았고 자기라고 보았고 건강하다고 보았고 안온하다고 보았다면, 그들은 갈애를 키운 것이다. 갈애를 키운 사람은 집착을 키운 것이다. 집착을 키운 사람은 괴로움을 키운 것이다. 괴로움을 키운 사람은 태어남과 늙음과 죽음, 우울, 슬픔, 고통, 불쾌, 절망으로부터 해탈하지 못한 것이다. 그들은 괴로움에서 해탈하지 못했다고 나는 말한다.

17. 수행승들이여, 또한 미래의 어떤 수행자나 성직자들이라도 세상에서 사랑스럽고 즐거운 것을 영원하다고 보게 되고 행복하다고 보게 되고 자기라고 보게 되고 건강하다고 보게 되고 안온하다고 보게 된다면, 그들은 갈애를 키우게 될 것이다. 갈애를 키우게 되는 사람은 집착을 키울 것이다. 집착을 키우게 되는 사람은 괴로움을 키울 것이다. 괴로움을 키우게 되는 사람은 태어남과 늙음과 죽음, 우울, 슬픔, 고통, 불쾌, 절망으로부터 해탈하지 못할 것이다. 그들은 괴로움에서 해탈하지 못할 것이라고 나는 말한다.

18. 수행승들이여, 또한 현재의 어떤 수행자나 성직자들이라도 세상에서 사랑스럽고 즐거운 것을 영원하다고 보고 행복하다고 보고 자기라고 보고 건강하다고 보고 안온하다고 본다면, 그들은 갈애를 키우는 것이다.

19. 갈애를 키우는 사람은 집착을 키우는 것이다. 집착을 키우는 사람은 괴로움을 키우는 것이다. 괴로움을 키우는 사람은 태어남과 늙음과 죽음, 우울, 슬픔, 고통, 불쾌, 절망으로부터 해탈하지 못하는 것이다. 그들은 괴로움에서 해탈하지 못한다고 나는 말한다.

20. 그러나 수행승들이여, 과거의 어떤 수행자나 성직자들이라도 세상에서 사랑스럽고 즐거운 것을 무상하다고 보았고, 불행하다고 보았고, 자기가 아니라고 보았고, 병든 것이라고 보았고, 위험하다고 보았다면, 그들은 갈애를 버린 것이다. 갈애를 버린 사람은 집착을 버린 것이다. 집착을 버린 사람은 괴로움을 버린 것이다. 괴로움을 버린 사람은 태어남과 늙음과 죽음, 우울, 슬픔, 고통, 불쾌, 절망으로부터 해탈한 것이다. 그들은 괴로움에서 해탈했다고 나는 말한다.

21. 수행승들이여, 또한 미래의 어떤 수행자나 성직자들이라도 세상에서 사랑스럽고 즐거운 것을 무상하다고 보게 되고, 불행하다고 보게 되고, 자기가 아니라고 보게 되고, 병든 것이라고 보게 되고, 위험하다고 보게 된다면, 그들은 갈애를 버릴 것이다.

22. 갈애를 버리게 되는 사람은 집착을 버릴 것이다. 집착을 버리게 되는 사람은 괴로움을 버릴 것이다. 괴로움을 버리게 되는 사람은 태어남과 늙음과 죽음, 우울, 슬픔, 고통, 불쾌, 절망으로부터 해탈할 것이다. 그들은 괴로움에서 해탈할 것이라고 나는 말한다.

23. 수행승들이여, 또한 현재의 어떤 수행자나 성직자들이라도 세상에서 사랑스럽고 즐거운 것을 무상하다고 보고 불행하다고 보고 자기가 아니라고 보고 병든 것이라고 보고 위험하다고 본다면, 그들은 갈애를 버리는 것이다.

24. 갈애를 버리는 사람은 집착을 버리는 것이다. 집착을 버리는 사람은 괴로움을 버리는 것이다. 괴로움을 버리는 사람은 태어남과 늙음과 죽음, 우울, 슬픔, 고통, 불쾌, 절망으로부터 해탈하는 것이다. 그들은 괴로움에서 해탈한다고 나는 말한다.

25. 수행승들이여, 예를 들어 음료를 담은 잔이 있는데, 빛깔이 아름

답고 향기롭고 맛있는 음료가 담겨 있지만 독약이 섞여 있다고 하자. 그 때 더위에 시달리고 더위에 지쳐서 피곤하고 목마르고 갈증이 나는 어떤 사람이 왔다. 사람들이 그에게 이와 같이 말했다. '벗이여, 이 물그릇에는 빛깔이 아름답고 향기롭고 맛있는 음료가 담겨 있지만 독약이 섞여 있다. 원한다면 마셔라. 네가 마시면 아름다운 빛깔과 향기와 맛 때문에 입에 맞을 것이다. 그러나 그로 인해 죽음이나 죽음에 이르는 고통을 겪을 것이다.' 그가 물리치지 않고 허겁지겁 그 음료를 마셔버린다면, 그는 그 때문에 죽음이나 죽음에 이르는 고통을 겪을 것이다.

26. 수행승들이여, 그때 그에게 이와 같은 생각이 떠올랐다. '음료에 대한 갈증은 찬물로 극복되거나 유장으로 극복되거나 소금기 있는 보리차로 극복되거나 소금기 있는 옥수수차로 극복될 수 있다. 나는 내게 오랫동안 피해와 고통을 주게 될 것을 마시지 않겠다.' 그가 숙고하여 잔에 담긴 음료를 마시지 않고 물리친다면, 그는 그 때문에 죽음이나 죽음에 이르는 고통을 겪지 않아도 될 것이다.

27. 이와 같이 수행승들이여, 과거의 어떤 수행자나 성직자들이라도 세상에서 사랑스럽고 즐거운 것을 무상하다고 보았고, 불행하다고 보았고 자기가 아니라고 보았고, 병든 것이라고 보았고, 위험하다고 보았다면, 그들은 갈애를 버린 것이다.

28. 갈애를 버린 사람은 집착을 버린 것이다. 집착을 버린 사람은 괴로움을 버린 것이다. 괴로움을 버린 사람은 태어남과 늙음과 죽음, 우울, 슬픔, 고통, 불쾌, 절망으로부터 해탈한 것이다. 그들은 괴로움에서 해탈했다고 나는 말한다.

29. 수행승들이여, 또한 미래의 어떤 수행자나 성직자들이라도 세상

에서 사랑스럽고 즐거운 것을 무상하다고 보게 되고 불행하다고 보게 되고 자기가 아니라고 보게 되고 병든 것이라고 보게 되고 위험하다고 보게 된다면, 그들은 갈애를 버릴 것이다.

30. 갈애를 버리게 되는 사람은 집착을 버릴 것이다. 집착을 버리게 되는 사람은 괴로움을 버릴 것이다. 괴로움을 버리게 되는 사람은 태어남과 늙음과 죽음, 우울, 슬픔, 고통, 불쾌, 절망으로부터 해탈할 것이다. 그들은 괴로움에서 해탈할 것이라고 나는 말한다.

31. 수행승들이여, 또한 현재의 어떤 수행자나 성직자들이라도 세상에서 사랑스럽고 즐거운 것을 무상하다고 보고 불행하다고 보고 자기가 아니라고 보고 병든 것이라고 보고 위험하다고 본다면, 그들은 갈애를 버리는 것이다.

32. 갈애를 버리는 사람은 집착을 버리는 것이다. 집착을 버리는 사람은 괴로움을 버리는 것이다. 괴로움을 버리는 사람은 태어남과 늙음과 죽음, 우울, 슬픔, 고통, 불쾌, 절망으로부터 해탈하는 것이다. 그들은 괴로움에서 해탈한다고 나는 말한다."

14. 다양한 세계란 무엇을 두고 하는 말일까[194]

1. 이와 같이 나는 들었다. 한 때 세존께서 라자가하 시의 벨루바나 숲에 있는 깔란다까니바빠 공원에 계셨다.

---

194) 유행자 쑤씨마 경[Susīmaparibbājakasutta] : SN. II. 119 ; 잡아함 14권 5(大正 2. 96b, 잡347) 참조. 이 경은 북전 아함경과 유사한 구조로 되어 있으나 내용에서는 차이가 있다. 이 경은 아라한의 곧바른 지혜[神通 : abhiññā]에 관해 쑤씨마가 수행승들에게 묻는 것인데, 북전에서는 초선에서 사선의 경지를 획득했는가를 묻고 있다. 디가니까야의 사문의 경지에 대한 경[沙門果經]에 따르면, 초월적인 지혜인 신통은 네 번째 선정의 결과이다. 거기에는 각각 초월적 능력[神足通], 하늘 귀[天耳通], 타인의 마음을 꿰뚫어 보는 능력[他心通], 하늘 눈[天眼通], 번뇌를 소멸하는 능력[漏盡通]이 있다. 이러한 초월적인 지혜는 지혜에 의한 해탈[慧解脫]이 아니라 마음에 의한 해탈[心解脫]에 의해 도달되는 것이라고 한다.

2. 그런데 그 때 세존께서는 환대받고, 존중받고, 존경받고, 공경받고, 숭배받으며,195) 의복과 발우와 깔개와 필수약품을 받으셨다. 수행승들의 모임도 역시 환대받고, 존중받고, 존경받고, 공경받고, 숭배받으며, 의복과 발우와 깔개와 필수약품을 받았다.

3. 그러나 외도의 유행자들은 환대받지 못하고, 존중받지 못하고, 존경받지 못하고, 공경받지 못하고, 숭배받지 못하며, 의복과 발우와 깔개와 필수약품을 받지 못했다.

4. 그 때 마침 유행자 쑤씨마196)가 많은 출가자의 무리와 함께 라자가하 시에 살고 있었다. 유행자 쑤씨마의 무리들이 유행자 쑤씨마에게 이와 같이 말했다.

[수행자] "벗이여 쑤씨마여, 가서 사문 고따마에게서 청정한 삶을 영위하시오. 당신이 그의 가르침을 우리에게 말해주시오. 우리는 그 가르침을 듣고 신도들에게 설하겠소. 그러면 우리도 환대받고, 존중받고, 숭배받고, 공양받고, 존경받으며, 의복과 발우와 깔개와 필수약품을 받게 될 것이오."

[쑤씨마] "벗이여, 잘 알겠소."

5. 유행자 쑤씨마는 유행자의 무리에게 대답하고, 존자 아난다가 있는 곳으로 찾아갔다. 가까이 다가가서 존자 아난다와 인사를 하고, 안부를 주고 받은 뒤 한 쪽으로 물러앉았다. 한 쪽으로 물러앉아 유행자 쑤씨마는 존자 아난다에게 이와 같이 말했다.

[쑤씨마] "벗이여, 아난다여, 나는 그대의 가르침과 계율 속에서 청

---

195) 붓다고싸는 부처님이 동시대인으로부터 존경받은 사실을 '사람들이 스승을 보면 코끼리 등에서 내려와 길을 비키고 어깨에서 겉옷을 내리고 자리에서 일어나 예의를 갖추고 인사했다.'라고 기록하고 있다.

196) 붓다고싸에 따르면, 베다에 관한 보조학문인 베당가(Sikṣā, Kalpa, Vyākaraṇā, Nirukta, Chandas, Jyotīsa)에 정통한 사람이었다.

정한 삶을 영위하고 싶습니다."

6. 그래서 존자 아난다는 유행자 쑤씨마를 데리고 세존께서 계신 곳으로 찾아왔다. 가까이 다가와서 세존께 인사를 드리고 한 쪽으로 물러앉았다. 한 쪽으로 물러앉은 존자 아난다는 이와 같이 말씀드렸다.

[아난다] "세존이시여, 이 유행자는 '벗이여, 아난다여, 나는 그대의 가르침과 계율 속에서 청정한 삶을 영위하고 싶습니다.'라고 말했습니다."

[세존] "아난다여, 그러면 쑤씨마를 출가시켜라."

7. 그래서 유행자 쑤씨마는 세존께 출가하여 구족계를 받았다.197)

8. 그런데 그 때 많은 수행승들이 세존 앞에 와서 "태어남은 부서졌고, 청정한 삶은 이루어졌고, 해야 할 일은 다 마쳤으니, 더 이상 윤회하지 않는다.'라고 우리는 분명히 압니다.'라고 궁극적인 앎에 도달한 것을 선언했다.

9. 존자 쑤씨마는 수행승들이 세존 앞에서 "태어남은 부서졌고, 청정한 삶은 이루어졌고, 해야 할 일은 다 마쳤으니, 더 이상 윤회하지 않는다.'고 우리는 분명히 압니다.'라고 궁극적인 앎에 도달한 것을 선언하는 것을 들었다.

10. 그 때 존자 쑤씨마는 수행승들이 있는 곳으로 찾아갔다. 가까이

---

197) 붓다고싸에 따르면, 쑤씨마는 싸리뿟따 등의 여러 제자를 물색하다가 '존자 아난다는 가장 많이 배운 제자이다. 또한 스승은 여러 가지 법문을 설할 것을 그에게 보고하고 있다. 아난다 밑에서 내가 가르침을 빨리 배울 수 있을 것이다.'라고 생각하여 존자 아난다에게 접근했다. 아난다는 그가 출가한 뒤에 가르침에 이견을 제시할지 모른다는 생각에서 그를 부처님에게 데리고 갔다. 부처님은 그가 가르침을 훔치러 온 그 불순한 동기를 알면서도, 그가 나중에 마음이 변하여 아라한의 경지를 성취할 수 있다는 것을 예견하고 아난다에게 그의 출가를 허락한 것이다.

다가가서 수행승들과 인사를 하고 안부를 주고 받은 뒤에 한 쪽으로 물러앉았다. 한 쪽으로 물러앉은 존자 쑤씨마는 수행승들에게 이와 같이 말했다.

[쑤씨마] "존자들은 진실로 세존 앞에서 "태어남은 부서졌고, 청정한 삶은 이루어졌고, 해야 할 일은 다 마쳤으니, 더 이상 윤회하지 않는다.'고 우리는 분명히 압니다.'라고 궁극적인 앎에 도달한 것을 선언했습니까?"198)

[수행승들] "벗이여, 그렇다오."

11. [쑤씨마] "존자들이 그와 같이 알고 그와 같이 본다면, 그대들은 여러 가지 초월적인 능력들을 즐깁니까? 그대들은 하나에서 여럿이 되고, 여럿에서 하나가 됩니까? 그대들은 나타나기도 하고 사라지기도 하고,199) 자유로운 공간처럼 장애 없이 담을 통과하고, 성벽을 통과하고, 산을 통과해 갑니까? 그대들은 물속처럼 땅속을 들어갑니까? 그대들은 땅 위에서처럼 물 위에서도 빠지지 않고 걷습니까? 그대들은 날개 달린 새처럼 공중에서 앉은 채 날아다닙니까? 그대들은 손으로 이처럼 큰 신통을 지니고 이처럼 큰 능력을 지닌 달과 해를 만지고 쓰다듬습니까? 그대들은 하느님의 세계에 이르기까지 육신으로 영향력을 미칩니까?"

[수행승들] "벗이여, 그렇지 않다오."

12. [쑤씨마] "존자들이 그와 같이 알고, 그와 같이 본다면, 존자들

---

198) 붓다고싸에 따르면, 이들 수행승들은 스승으로부터 명상 주제를 받아서 우기의 삼개월간 안거에 들어가, 열심히 방일하지 않고 수행하여 아라한의 경지를 성취한 것이다. 안거의 마지막 날에 스승을 찾아뵙고 자신이 성취한 것을 이야기한 것이다. 이 소식을 듣고 쑤씨마는 이 완전한 지혜가 위없는 가르침의 표지이자 스승의 감추어진 비밀[師拳]이라고 생각하여 그것을 밝혀 보고자 이들 수행승들에게 접근한 것이다.

199) 붓다고싸에 따르면, '현현의 상태를 취한 뒤에 은몰하거나 은몰의 상태를 취한 뒤에 현현할 수 있는가'의 뜻이다.

은 청정해서 인간을 뛰어넘는 하늘 귀로 하늘사람들과 인간 또는 멀고 가까운 두 가지 소리를 듣습니까?"
[수행승들] "벗이여, 그렇지 않다오."

13. [쑤씨마] "존자들이 그와 같이 알고 그와 같이 본다면, 존자들은 자신의 마음으로 미루어 다른 뭇삶이나 다른 사람들의 마음을 알 수 있습니까? 존자들은 탐욕으로 가득 찬 마음을 탐욕으로 가득 찬 마음이라고 알고, 탐욕에서 벗어난 마음을 탐욕에서 벗어난 마음이라고 압니까? 존자들은 화냄으로 가득 찬 마음을 화냄으로 가득 찬 마음이라고 알고, 화냄에서 벗어난 마음을 화냄에서 벗어난 마음이라고 압니까? 존자들은 어리석음에 가득 찬 마음을 어리석음에 가득 찬 마음이라고 알고, 어리석음에서 벗어난 마음을 어리석음에서 벗어난 마음이라고 압니까? 존자들은 통일된 마음을 통일된 마음이라고 알고, 흐트러진 마음을 흐트러진 마음이라고 압니까? 존자들은 최상으로 노력하는 마음을 최상으로 노력하는 마음이라고 알고, 최상으로 노력하지 않는 마음을 최상으로 노력하지 않는 마음이라고 압니까? 존자들은 보다 높은 목표를 지향하는 마음을 보다 높은 목표를 지향하는 마음이라고 알고, 보다 높은 목표를 지향하지 않는 마음을 보다 높은 목표를 지향하지 않는 마음이라고 압니까? 존자들은 삼매에 든 마음을 삼매에 든 마음이라고 알고, 삼매에 들지 못한 마음을 삼매에 들지 못한 마음이라고 압니까? 존자들은 해탈한 마음을 해탈한 마음이라고 알고, 해탈하지 못한 마음을 해탈하지 못한 마음으로 압니까?"
[수행승들] "벗이여, 그렇지 않다오."

14. [쑤씨마] "존자들이 그와 같이 알고 그와 같이 본다면, 존자들은 전생의 여러 가지 삶의 형태를 기억할 수 있습니까? 예를 들어 '한

번 태어나고, 두 번 태어나고, 세 번 태어나고, 네 번 태어나고, 다섯 번 태어나고, 열 번 태어나고, 스무 번 태어나고, 서른 번 태어나고, 마흔 번 태어나고, 쉰 번 태어나고, 백 번 태어나고, 천 번 태어나고, 십만 번 태어나고, 수많은 세계 파괴의 겁을 지나고, 수많은 세계 발생의 겁을 지나고, 수많은 세계 파괴와 세계 발생의 겁을200) 지나면서, 당시에 나는 이러한 이름과 이러한 성을 지니고 이러한 용모를 지니고, 이러한 음식을 먹고, 이러한 괴로움과 즐거움을 맛보고, 이러한 목숨을 지녔고, 나는 그 곳에서 죽은 뒤 다른 곳에 태어났는데, 거기서 나는 이러한 이름과 이러한 성을 지니고, 이러한 용모를 지니고, 이러한 음식을 먹고, 이러한 괴로움과 즐거움을 맛보고, 이러한 목숨을 지녔다. 그 곳에서 죽은 뒤에 여기에 태어났다.'라고 이와 같이 존자들의 전생의 여러 가지 삶의 형태를 구체적으로 상세히 기억할 수 있습니까?"
[수행승들] "벗이여, 그렇지 않다오."

15. [쑤씨마] "그런데, 존자들이 그와 같이 알고 그와 같이 본다면, 존자들은 청정해서 인간을 뛰어넘는 하늘 눈으로 그 뭇삶들이 죽고 다시 태어나며, 천하고 귀해지며, 아름답거나 추해지며, 행복하거나 불행해지는 것을 보고, 그 뭇삶들이 업에 따라서 어떻게 과보를 받는지를 압니까? 예를 들어 '이 뭇삶들은 신체적으로 악행을 갖추고, 언어적으로 악행을 갖추고, 정신적으로 악행을 갖추었다. 그들은 고귀한 님들을 비난하고, 잘못된 견해를 갖추고, 잘못된 견해에 따른 행동을 갖추었다. 그래서 이들은 육체가 파괴된 뒤 죽어서 괴로운 곳, 나쁜 곳, 즐거움 없는 곳, 지옥에 태어났다. 그러나 이 뭇삶

---

200) 네 가지 우주의 순환과정 가운데 두 단계를 나타낸 것이다. ① 우주소멸기[壞劫] ② 우주혼돈기[空劫] ③ 우주유지기[住劫] ④ 우주생성기[成劫].

들은 신체적으로 선행을 갖추고, 언어적으로 선행을 갖추고, 정신적으로 선행을 갖추었다. 그들은 고귀한 님들을 비난하지 않고, 올바른 견해를 지니고, 올바른 견해에 따른 행동을 갖추었다. 그래서 이들은 육체가 파괴된 뒤 죽어서 좋은 곳, 하늘나라에 태어났다.'라고, 이와 같이 존자들은 청정해서 인간을 뛰어넘는 하늘 눈으로 그 뭇삶들이 죽고 다시 태어나며, 천하고 귀해지며, 아름답거나 추해지며, 행복하거나 불행해지는 것을 보고, 그 뭇삶들이 업에 따라서 어떻게 과보를 받는지를 압니까?"

[수행승들] "벗이여, 그렇지 않다오."

16. [쑤씨마] "존자들이 그와 같이 알고 그와 같이 본다면, 존자들은 형상을 초월하여 형상이 없는 고요한 해탈을 몸으로 체득했습니까?"201)

[수행승들] "벗이여, 그렇지 않다오."

17. [쑤씨마] "그렇다면 존자들이여, 존자들의 선언과 지금 대답한 사실들은 모순되는 것입니다."

18. [수행승들] "벗이여, 그렇지 않다. 어떻게 해서 그러한가? 벗이여, 쑤씨마여, 우리들은 지혜에 의한 해탈을 한 것이다."202)

[쑤씨마] "나는 존자들이 간략하게 한 그 말의 뜻을 상세히 알지 못합니다. 존자들은 내가 존자들이 간략하게 한 그 말의 뜻을 상세히 알 수 있도록 설명해 주십시오."

---

201) 여기서 형상은 미세한 물질계[色界]를 말하고 형상이 없는 것은 비물질계[無色界]를 말하고, 이 문장 전체는 그러한 세계에 대한 지각에서 벗어나 해탈한 것을 묻는 것이다.
202) 지혜에 의한 해탈[慧解脫]을 이룬 자는 통찰자이며, 육체적 정신적 현상에 대한 통찰만으로 도달하는 아라한의 경지를 말한다. 그러한 아라한은 붓다고싸에 따르면, 선정에 드는 사마타행자(奢摩他行者)와는 달리, 선정에 들지 않는 건조한 통찰자(乾觀者)로서 초월적 능력이나 초월적 지혜를 지니고 있지 않지만 번뇌를 소멸시킨 자이다.

[수행승] "벗이여, 쑤씨마여, 그대가 그 뜻을 알든지 모르든지 여기 우리는 지혜에 의한 해탈을 한 것이다."

19. 그 때 존자 쑤씨마는 자리에서 일어나 세존께서 계신 곳으로 찾아왔다. 가까이 다가와서 세존께 인사를 드리고 한 쪽으로 물러앉았다. 한 쪽으로 물러앉은 존자 쑤씨마는 수행승들과 나눈 대화를 모두 세존께 말했다.

20. [세존] "쑤씨마여, 사실에 관한 지혜가 먼저이고, 열반에 관한 지혜는 나중이다."203)

[쑤씨마] "저는 세존께서 간략하게 하신 그 말씀의 뜻을 상세히 알지 못합니다. 세존께서는 제가 세존께서 간략하게 하신 그 말씀의 뜻을 상세히 알 수 있도록 설명해 주십시오."

[세존] "쑤씨마여, 그대가 그것을 알든지 모르든지, 사실에 관한 지혜가 먼저이고, 열반에 관한 지혜는 나중이다.

21. 쑤씨마여, 그대는 어떻게 생각하는가? 물질은 영원한가, 무상한가?"204)

[쑤씨마] "세존이시여, 무상합니다."

---

203) 사실에 대한 지혜는 한역에서 법주지[法住智]라고 하는데, 법의 상태, 즉 무상하고 괴롭고 실체가 없는 것[三法印]에 대한 지혜, 즉 연기법에서 사실에 관한 통찰의 지혜를 말한다. 붓다고싸에 따르면, 여기서 이것을 언급한 것은 삼매가 없이도 지혜가 일어난다는 사실, 즉 '쑤씨마여, 참사람의 길과 경지[四向四果]는 삼매의 산물도 아니고, 삼매의 공덕도 아니고, 삼매의 성취도 아니다. 그것들은 통찰의 산물이고, 통찰의 공덕이고, 통찰의 성취이다.'라는 것을 보여 주기 위한 것이다.

204) 여기서부터 다섯 가지 존재의 다발들[五蘊 : pañcakkhandha]에 대한 물음이다. 이것에 관해 붓다고싸는 다음과 같이 설명하고 있다. ① 물질의 다발[色蘊] : 네 가지 요소[四大 : 地水火風]와 거기에서 파생된 물질 ② 느낌의 다발[受蘊] : 여섯 가지의 감관을 통해 조건지어지는 느낌 ③ 지각의 다발[想蘊] : 여섯 가지의 감각대상을 통해 조건지어지는 인식 ④ 형성의 다발[行蘊] : 여섯 가지의 감각대상을 향한 의도 ⑤ 의식의 다발[識蘊] : 여섯 가지 감각기관의 의식. 그리고 여기서 물질은 자양분에 의해서 조건적으로 발생하고 소멸하며, 느낌과 지각과 형성은 접촉에 의해서 조건적으로 발생하고 소멸하며, 의식은 명색에 의해서 조건적으로 발생하고 소멸한다.

[세존] "그러면 무상한 것은 괴로운 것인가, 즐거운 것인가?"

[쑤씨마] "세존이시여, 괴로운 것입니다."

[세존] "그러면 무상하고 괴롭고 변화하는 것을 '이것은 나의 것이고, 이것은 나이며, 이것은 나의 자아이다.'라고 관찰하는 것은 옳은 것인가?"

[쑤씨마] "세존이시여, 옳지 않습니다."

22. [세존] "쑤씨마여, 그대는 어떻게 생각하느냐? 느낌은 영원한가, 무상한가?

[쑤씨마] "세존이시여, 무상합니다."

[세존] "그러면 무상한 것은 괴로운 것인가, 즐거운 것인가?"

[쑤씨마] "세존이시여, 괴로운 것입니다."

[세존] "그러면 무상하고 괴롭고 변화하는 것을 '이것은 나의 것이고, 이것은 나이며, 이것은 나의 자아이다.'라고 관찰하는 것은 옳은 것인가?"

[쑤씨마] "세존이시여, 옳지 않습니다."

23. [세존] "쑤씨마여, 그대는 어떻게 생각하느냐? 지각은 영원한가, 무상한가?

[쑤씨마] "세존이시여, 무상합니다."

[세존] "그러면 무상한 것은 괴로운 것인가, 즐거운 것인가?"

[쑤씨마] "세존이시여, 괴로운 것입니다."

[세존] "그러면 무상하고 괴롭고 변화하는 것을 '이것은 나의 것이고, 이것은 나이며, 이것은 나의 자아이다.'라고 관찰하는 것은 옳은 것인가?"

[쑤씨마] "세존이시여, 옳지 않습니다."

24. [세존] "쑤씨마여, 그대는 어떻게 생각하느냐? 형성은 영원한가,

무상한가?

[쑤씨마] "세존이시여, 무상합니다."

[세존] "그러면 무상한 것은 괴로운 것인가, 즐거운 것인가?"

[쑤씨마] "세존이시여, 괴로운 것입니다."

[세존] "그러면 무상하고 괴롭고 변화하는 것을 '이것은 나의 것이고, 이것은 나이며, 이것은 나의 자아이다.'라고 관찰하는 것은 옳은 것인가?"

[쑤씨마] "세존이시여, 옳지 않습니다."

25. [세존] "쑤씨마여, 그대는 어떻게 생각하느냐? 의식은 영원한가, 무상한가?

[쑤씨마] "세존이시여, 무상합니다."

[세존] "그러면 무상한 것은 괴로운 것인가, 즐거운 것인가?"

[쑤씨마] "세존이시여, 괴로운 것입니다."

[세존] "그렇다면 무상하고 괴롭고 변화하는 것을 '이것은 나의 것이고, 이것은 나이며, 이것은 나의 자아이다.'라고 관찰하는 것은 옳은 것인가?"

[쑤씨마] "세존이시여, 옳지 않습니다."

26. [세존] "그러므로

1) 쑤씨마여, 물질이라고 하는 것은 무엇이든 과거에 속하거나 미래에 속하거나 현재에 속하거나, 안에 있거나 밖에 있거나, 거칠거나 미세하거나, 천하거나 귀하거나, 멀거나 가깝건 간에, 모든 물질은 '이것은 나의 것이 아니고, 이것은 내가 아니고, 이것은 나의 자아가 아니다.'라고 있는 그대로 올바른 지혜로 관찰해야 한다.

2) 쑤씨마여, 느낌이라고 하는 것은 무엇이든 과거에 속하거나 미래에 속하거나 현재에 속하거나, 안에 있거나 밖에 있거나, 거칠거

나 미세하거나, 천하거나 귀하거나, 멀거나 가깝건 간에, 모든 느낌은 '이것은 나의 것이 아니고, 이것은 내가 아니고, 이것은 나의 자아가 아니다.'라고 있는 그대로 올바른 지혜로 관찰해야 한다.

3) 쑤씨마여, 지각이라고 하는 것은 무엇이든 과거에 속하거나 미래에 속하거나 현재에 속하거나, 안에 있거나 밖에 있거나, 거칠거나 미세하거나, 천하거나 귀하거나, 멀거나 가깝건 간에, 모든 지각은 '이것은 나의 것이 아니고, 이것은 내가 아니고, 이것은 나의 자아가 아니다.'라고 있는 그대로 올바른 지혜로 관찰해야 한다.

4) 쑤씨마여, 형성이라고 하는 것은 무엇이든 과거에 속하거나 미래에 속하거나 현재에 속하거나, 안에 있거나 밖에 있거나, 거칠거나 미세하거나, 천하거나 귀하거나, 멀거나 가깝건 간에, 모든 형성은 '이것은 나의 것이 아니고, 이것은 내가 아니고, 이것은 나의 자아가 아니다.'라고 있는 그대로 올바른 지혜로 관찰해야 한다.

5) 쑤씨마여, 의식이라고 하는 것은 무엇이든 과거에 속하거나 미래에 속하거나 현재에 속하거나, 안에 있거나 밖에 있거나, 거칠거나 미세하거나, 천하거나 귀하거나, 멀거나 가깝건 간에 모든 의식은 '이것은 나의 것이 아니고, 이것은 내가 아니고, 이것은 나의 자아가 아니다.'라고 있는 그대로 올바른 지혜로 관찰해야 한다.

27. 쑤씨마여, 이와 같이 관찰하면서 많이 배운 고귀한 제자는 물질도 싫어하여 떠나고, 느낌도 싫어하여 떠나고, 지각도 싫어하여 떠나고, 형성도 싫어하여 떠나고, 의식도 싫어하여 떠나고, 싫어하여 떠나서 사라지게 하고, 사라지게 해서 해탈한다. 그가 해탈할 때에, 그에게 '해탈되었다.'는 궁극적인 앎이 생겨나서, '태어남은 부서졌고, 청정한 삶은 이루어졌고, 해야 할 일은 다 마쳤으니, 더 이상 윤회하지 않는다.'라고 그는 분명히 안다.

28. 쑤씨마여, 그대는 태어남을 조건으로 늙음과 죽음이 생겨난다고 보는가?"

[쑤씨마] "세존이시여, 그렇습니다."

29. [세존] "쑤씨마여, 존재를 조건으로 태어남이 생겨난다고 보는가?"

[쑤씨마] "세존이시여, 그렇습니다."

30. [세존] "쑤씨마여, 집착을 조건으로 존재가 생겨난다고 보는가?"
[쑤씨마] "세존이시여, 그렇습니다."

31. [세존] "쑤씨마여, 갈애를 조건으로 집착이 생겨난다고 보는가?"
[쑤씨마] "세존이시여, 그렇습니다."

32. [세존] "쑤씨마여, 느낌을 조건으로 갈애가 생겨나고, 접촉을 조건으로 느낌이 생겨나며, 여섯 감역을 조건으로 접촉이 생겨나고, 명색을 조건으로 여섯 감역이 생겨나며, 의식을 조건으로 명색이 생겨나고, 형성을 조건으로 의식이 생겨나며, 무명을 조건으로 형성이 생겨난다고 보는가?"

[쑤씨마] "세존이시여, 그렇습니다."

33. [세존] "쑤씨마여, 태어남이 소멸하면 늙음과 죽음이 소멸한다고 보는가?"

[쑤씨마] "세존이시여, 그렇습니다."

34. [세존] "쑤씨마여, 존재가 소멸하면 태어남이 소멸한다고 보는가?"

[쑤씨마] "세존이시여, 그렇습니다."

35. [세존] "쑤씨마여, 집착이 소멸하면 존재가 소멸하고, 갈애가 소

멸하면 집착이 소멸하며, 느낌이 소멸하면 갈애가 소멸하고, 접촉이 소멸하면 느낌이 소멸하며, 여섯 감역이 소멸하면 접촉이 소멸하고, 명색이 소멸하면 여섯 감역이 소멸하며, 의식이 소멸하면 명색이 소멸하고, 형성이 소멸하면 의식이 소멸하며, 무명이 소멸하면 형성이 소멸한다고 보는가?"

[쑤씨마] "세존이시여, 그렇습니다."

36. [세존] "쑤씨마여, 그대가 그와 같이 알고 그와 같이 본다면, 그대는 여러 가지 초월적인 능력들을 즐기는가? 그대는 하나에서 여럿이 되고, 여럿에서 하나가 되는가? 그대는 나타나기도 하고 사라지기도 하고, 자유로운 공간처럼 장애 없이 담을 통과하고, 성벽을 통과하고, 산을 통과해 가는가? 그대는 물속처럼 땅속을 들어가는가? 그대는 땅 위에서처럼 물 위에서도 빠지지 않고 걷는가? 그대는 날개 달린 새처럼 공중에서 앉은 채 날아다니는가? 그대는 손으로 이처럼 큰 신통을 지니고 이처럼 큰 능력을 지닌 달과 해를 만지고 쓰다듬는가? 그대는 하느님의 세계에 이르기까지 육신으로 영향력을 미치는가?"

[쑤씨마] "세존이시여, 그렇지 않습니다."

37. [세존] "쑤씨마여, 그대가 그와 같이 알고, 그와 같이 본다면, 그대는 청정해서 인간을 뛰어넘는 하늘 귀로 하늘사람들과 인간 또는 멀고 가까운 두 가지 소리를 듣는가?"

[쑤씨마] "세존이시여, 그렇지 않습니다."

38. [세존] "쑤씨마여, 그대가 그와 같이 알고 그와 같이 본다면, 그대는 자신의 마음으로 미루어 다른 뭇삶이나 다른 사람들의 마음을 알 수 있는가? 그대는 탐욕으로 가득 찬 마음을 탐욕으로 가득 찬 마음이라고 알고, 탐욕에서 벗어난 마음을 탐욕에서 벗어난 마음이

라고 아는가? 그대는 화냄으로 가득 찬 마음을 화냄으로 가득 찬 마음이라고 알고, 화냄에서 벗어난 마음을 화냄에서 벗어난 마음이라고 아는가? 그대는 어리석음에 가득 찬 마음을 어리석음에 가득 찬 마음이라고 알고, 어리석음에서 벗어난 마음을 어리석음에서 벗어난 마음이라고 아는가? 그대는 통일된 마음을 통일된 마음이라고 알고, 흐트러진 마음을 흐트러진 마음이라고 아는가? 그대는 최상으로 노력하는 마음을 최상으로 노력하는 마음이라고 알고, 최상으로 노력하지 않는 마음을 최상으로 노력하지 않는 마음이라고 아는가? 그대는 보다 높은 목표를 지향하는 마음을 보다 높은 목표를 지향하는 마음이라고 알고, 보다 높은 목표를 지향하지 않는 마음을 보다 높은 목표를 지향하지 않는 마음이라고 아는가? 그대는 삼매에 든 마음을 삼매에 든 마음이라고 알고, 삼매에 들지 못한 마음을 삼매에 들지 못한 마음이라고 아는가? 그대는 해탈한 마음을 해탈한 마음이라고 알고, 해탈하지 못한 마음을 해탈하지 못한 마음으로 아는가?"

[쑤씨마] "세존이시여, 그렇지 않습니다."

39. [세존] "쑤씨마여, 그대가 그와 같이 알고 그와 같이 본다면, 그대는 전생의 여러 가지 삶의 형태를 기억할 수 있는가? 예를 들어 '한 번 태어나고, 두 번 태어나고, 세 번 태어나고, 네 번 태어나고, 다섯 번 태어나고, 열 번 태어나고, 스무 번 태어나고, 서른 번 태어나고, 마흔 번 태어나고, 쉰 번 태어나고, 백 번 태어나고, 천 번 태어나고, 십만 번 태어나고, 수많은 세계 파괴의 겁을 지나고, 수많은 세계 발생의 겁을 지나고, 수많은 세계 파괴와 세계 발생의 겁을 지나면서, 당시에 나는 이러한 이름과 이러한 성을 지니고 이러한 용모를 지니고, 이러한 음식을 먹고, 이러한 괴로움과 즐거움을 맛

보고, 이러한 목숨을 지녔고, 나는 그 곳에서 죽은 뒤 다른 곳에 태어났는데, 거기서 나는 이러한 이름과 이러한 성을 지니고, 이러한 용모를 지니고, 이러한 음식을 먹고, 이러한 괴로움과 즐거움을 맛보고, 이러한 목숨을 지녔다. 그 곳에서 죽은 뒤에 여기에 태어났다.'라고 이와 같이 그대는 전생의 여러 가지 삶의 형태를 구체적으로 상세히 기억할 수 있는가?"
[쑤씨마] "세존이시여, 그렇지 않습니다."

40. [세존] "쑤씨마여, 그대가 그와 같이 알고 그와 같이 본다면, 그대는 청정해서 인간을 뛰어넘는 하늘 눈으로 그 뭇삶들이 죽고 다시 태어나며, 천하고 귀해지며, 아름답거나 추해지며, 행복하거나 불행해지는 것을 보고, 그 뭇삶들이 업에 따라서 어떻게 과보를 받는지를 아는가? 예를 들어 '이 뭇삶들은 신체적으로 악행을 갖추고, 언어적으로 악행을 갖추고, 정신적으로 악행을 갖추었다. 그들은 고귀한 님들을 비난하고, 잘못된 견해를 갖추고, 잘못된 견해에 따른 행동을 갖추었다. 그래서 이들은 육체가 파괴된 뒤 죽어서 괴로운 곳, 나쁜 곳, 즐거움 없는 곳, 지옥에 태어났다. 그러나 이 뭇삶들은 신체적으로 선행을 갖추고, 언어적으로 선행을 갖추고, 정신적으로 선행을 갖추었다. 그들은 고귀한 님들을 비난하지 않고, 올바른 견해를 지니고, 올바른 견해에 따른 행동을 갖추었다. 그래서 이들은 육체가 파괴된 뒤 죽어서 좋은 곳, 하늘나라에 태어났다.'라고, 이와 같이 그대는 청정해서 인간을 뛰어넘는 하늘 눈으로 그 뭇삶들이 죽고 다시 태어나며, 천하고 귀해지며, 아름답거나 추해지며, 행복하거나 불행해지는 것을 보고, 그 뭇삶들이 업에 따라서 어떻게 과보를 받는지를 아는가?"
[쑤씨마] "세존이시여, 그렇지 않습니다."

41. [세존] "쑤씨마여, 그대가 그와 같이 알고 그와 같이 본다면, 그대는 형상을 초월하여 형상이 없는 고요한 해탈을 몸으로 체득했는가?"
[쑤씨마] "세존이시여, 그렇지 않습니다."

42. [세존] "쑤씨마여, 그렇다면 존자들의 선언과 지금 대답한 사실들은 모순되는 것이다."205)

43. 그 때 존자 쑤씨마는 세존의 발에 머리를 조아리고 세존께 말씀드렸다.
[쑤씨마] "세존이시여, 저는 바보처럼, 어리석은 사람처럼, 악한 사람처럼, 잘못을 저질렀습니다. 저는 이와 같이 잘 설해진 가르침과 계율 속에 가르침을 훔치는 자로 출가했습니다. 세존이시여, 세존께서는 제가 미래에 잘못을 다시 범하지 않도록 참회를 받아 주십시오."

44. 참으로 쑤씨마여, 그대는 바보처럼, 어리석은 사람처럼, 악한 사람처럼, 잘못을 저질렀다. 그대는 이와 같이 잘 설해진 가르침과 계율 속에 가르침을 훔치는 자로서 출가했다.

45. 쑤씨마여, 예를 들어 흉악한 도둑을 사로잡아 왕 앞에 데려왔다고 하자. '왕이시여, 흉악한 도둑을 끌어왔습니다. 원하시는 형벌을 그에게 내리십시오.' 왕은 이와 같이 말했다. '너희들은 가서 질긴 밧줄로 이 사람의 손을 뒤로 꽁꽁 묶은 뒤 머리를 빡빡 깎여서 크고 작은 북을 치며 이 거리 저 거리 이 장터 저 장터로 그를 끌고 다니면서 남문 밖으로 끌어내 도시의 남쪽에서 목을 자르라.' 그래서 왕

---

205) 원문의 쌈빠라야는 쌍바라야의 뜻이다. 쑤씨마는 부처님께서 제기하는 질문에 답변하면서 자신도 진리에 관한 인식을 갖고 있음을 말했다. 그러나 그럼에도 불구하고, 아라한의 초월적인 능력은 사용할 수 없었고 자신이 모순을 지적한 수행승과 동일한 상태에 있었다.

의 신하들은 질긴 밧줄로 그 사람의 손을 뒤로 꽁꽁 묶은 뒤 머리를 빡빡 깎여서 크고 작은 북을 치며 이 거리 저 거리 이 장터 저 장터로 그를 끌고 다니면서 남문 밖으로 끌어내 도시의 남쪽에서 목을 잘랐다.

46. 쑤씨마여, 어떻게 생각하느냐? 그 사람은 그 때문에 괴로움과 슬픔을 느끼는가?"

[쑤씨마] "세존이시여, 그렇습니다."

47. [세존] "쑤씨마여, 그 사람이 그 때문에 괴로움과 슬픔을 느끼는 것보다 이와 같이 잘 설해진 가르침과 계율 속에 가르침을 훔치는 자로서 출가한 자는 더욱 괴로운 과보와 더욱 매서운 과보를 받아서 지옥에 떨어진다.

48. 쑤씨마여, 그러나 이제 잘못을 잘못으로 보고, 가르침에 따라 참회하면, 우리는 그대의 참회를 받아들일 것이다. 왜냐하면 잘못을 잘못으로 보고, 가르침에 따라 그것을 고치고, 미래에도 그것을 지켜나가면, 그것이 고귀한 님의 계율 속에서 성장이기 때문이다."

15. 다양한 세계란 무엇을 두고 하는 말일까[206]

1. 이와 같이 나는 들었다. 한 때 세존께서 싸밧티 시의 제따바나 숲에 있는 아나타삔디까 승원에 계셨다.

2. 그때 세존께서 '수행승들이여'라고 수행승들을 부르셨다. 수행승들은 '세존이시여'라고 세존께 대답했다. 세존께서는 이와 같이 말씀하셨다.

---

206) 여러 가지 세계의 경[Dhātunānattasutta] : SN. II. 140 ; 잡아함 16권 45(大正 2. 115c, 잡451) 참조

3. [세존] "수행승들이여, 그대들에게 여러 가지의 세계에207) 관해 설하겠다. 그것을 잘 듣고 숙고해라. 내가 설명하겠다."
수행승들은 세존께 대답했다.
[수행승들] "세존이시여, 그렇게 하겠습니다."

4. 세존께서는 이와 같이 말씀하셨다.
[세존] "수행승들이여, 여러 가지의 세계란 무엇인가?

5. 시각의 세계, 형상의 세계, 시각의식의 세계, 청각의 세계, 소리의 세계, 청각의식의 세계, 후각의 세계, 냄새의 세계, 후각의식의 세계, 미각의 세계, 맛의 세계, 미각의식의 세계, 촉각의 세계, 감촉의 세계, 촉각의식의 세계, 정신의 세계, 사물의 세계, 정신의식의 세계, 수행승들이여, 이것을 여러 가지의 세계라고 부른다."

16. 세계에 대한 경험은 어떻게 이루어지는 것일까208)

1. 이와 같이 나는 들었다. 한 때 세존께서 싸밧티 시의 제따바나 숲에 있는 아나타삔디까 승원에 계셨다.

2. 그때 세존께서 '수행승들이여'라고 수행승들을 부르셨다. 수행승들은 '세존이시여'라고 세존께 대답했다. 세존께서는 이와 같이 말씀하셨다.

---

207) 원어 '다투'는 한역에서는 계(界), 서양에서는 일반적으로 요소(要所)라고 번역한다. 그러나 '다투'는 훨씬 넓은 의미를 갖고 있다. 따라서 역자는 보다 넓은 의미로 세계라고 번역한다. 일상적인 의미에서는 땅, 물, 불, 바람도 다투라고 하는데, 이 경우 요소라기보다 계라고 하는 것이 옳을 것이다. 한편 우리의 인식과 관련해서는 열여덟 가지의 다투가 있다. 그밖에 이 '다투'란 말은 '존재, 특징, 성격, 경향'의 뜻으로 쓰이며, '존재, 활동영역'과 교환되기도 한다. 일반적으로는 '영역, 범주, 공간'의 의미로 쓰인다. 열반을 아마타다투, 즉 '불사의 영역 또는 불사의 세계'라고도 한다. 그밖에 삼계를 나타낼 때도 이 다투를 쓴다.

208) 여러 가지 접촉의 경[Phassanānattasutta] : SN. II. 140 ; 잡아함 16권 46(大正 2. 116a, 잡452) 참조

3. [세존] "수행승들이여, 여러 가지의 세계를 조건으로 여러 가지의 접촉이 생겨난다. 수행승들이여, 여러 가지의 세계란 무엇인가?

4. 시각의 세계, 청각의 세계, 후각의 세계, 미각의 세계, 촉각의 세계, 정신의 세계이다. 수행승들이여, 이것을 여러 가지의 세계라고 부른다.

5. 그러면 수행승들이여, 어떻게 여러 가지의 세계를 조건으로 여러 가지의 접촉이 생겨나는가?

6. 수행승들이여, 시각의 세계를 조건으로 시각의 접촉이 생겨난다. 청각의 세계를 조건으로 청각의 접촉이, 후각의 세계를 조건으로 후각의 접촉이, 미각의 세계를 조건으로 미각의 접촉이, 촉각의 세계를 조건으로 촉각의 접촉이, 정신의 세계를 조건으로 정신의 접촉이 생겨난다.

7. 수행승들이여, 이와 같이 여러 가지의 세계를 조건으로 여러 가지의 접촉이 생겨난다."

17. 무지한 자가 깨달은 자라고 자칭하는 이유는 무엇일까[209]

1. 이와 같이 나는 들었다. 한 때 세존께서 냐띠까에 있는 옹기장이의 집에 계셨다.

2. 그때 세존께서 '수행승들이여'라고 수행승들을 부르셨다. 수행승들은 '세존이시여'라고 세존께 대답했다.

3. 세존께서는 이와 같이 말씀하셨다.

---

209) 옹기장이 집의 경[Giñjakāvasathasutta] : SN. II. 153 ; 잡아함 17권 2(大正 2. 117a, 잡4 57)의 참조

[세존] "수행승들이여, 세계를 조건으로 지각이 생겨나고 견해가 생겨나고 사념이 생겨난다."

4. 이와 같이 말씀하셨을 때 믿음이 깊은 깟짜야나가 세존께 이와 같이 말했다.

[깟짜야나] "세존이시여, 올바로 깨달은 자가 아니면서도 올바로 깨달은 자라고 하는 견해는 무엇을 조건으로 나타납니까?"

5. [세존] "깟짜야나여, 무명의 세계이다. 그 세계는 진실로 크다.

6. 깟짜야나여, 저열한 세계를 조건으로 저열한 사념, 저열한 의도, 저열한 소망, 저열한 욕구, 저열한 인격, 저열한 언어가 생겨난다. 그는 저열한 것을 보여주고 가르치고 시설하고 수립하고 드러내고 분별하고 설명한다. 그의 출생은 저열하다고 나는 말한다.

7. 깟짜야나여, 어중간한 세계를 조건으로 어중간한 사념, 어중간한 의도, 어중간한 소망, 어중간한 욕구, 어중간한 인격, 어중간한 언어가 생겨난다. 그는 어중간한 것을 보여주고 가르치고 시설하고 수립하고 드러내고 분별하고 설명한다. 그의 출생은 어중간하다고 나는 말한다.

8. 깟짜야나여, 탁월한 세계를 조건으로 탁월한 사념, 탁월한 의도, 탁월한 소망, 탁월한 욕구, 탁월한 인격, 탁월한 언어가 생겨난다. 그는 탁월한 것을 보여주고 가르치고 시설하고 수립하고 드러내고 분별하고 설명한다. 그의 출생은 탁월하다고 나는 말한다."

18. 깨닫기 전에 부처님의 궁극적인 의문은 무엇이었을까?210)

1. 이와 같이 나는 들었다. 한 때 세존께서 싸밧티 시의 제따바나 숲에 있는 아나타삔디까 승원에 계셨다.

2. 그때 세존께서 '수행승들이여'라고 수행승들을 부르셨다. 수행승들은 '세존이시여'라고 세존께 대답했다. 세존께서는 이와 같이 말씀하셨다.

3. [세존] "수행승들이여, 내가 완전한 깨달음을 얻기 이전 보살이었을 때 나에게 이와 같은 생각이 떠올랐다.211)

4. '땅의 세계에서 유혹은 무엇이고, 위험은 무엇이며, 여읨212)은 무엇인가? 물의 세계에서 유혹은 무엇이고, 위험은 무엇이며, 여읨은 무엇인가? 불의 세계에서 유혹은 무엇이고, 위험은 무엇이며, 여읨은 무엇인가? 바람의 세계에서 유혹은 무엇이고, 위험은 무엇이며, 여읨은 무엇인가?'213)

5. 수행승들이여, 그때 그것에 대해 이와 같은 생각이 떠올랐다.

6. '땅의 세계를 조건으로 즐거움과 기쁨이 생겨나는데, 그것이 땅의 세계에서 유혹이다. 땅의 세계는 무상하고 괴롭고 변화하여 부서지기 마련인데, 그것이 땅의 세계에서 위험이다. 땅의 세계에 대한 탐욕을 다스리고 탐욕을 버린다면 그것이 땅의 세계에서 여읨이다.

---

210) 깨닫기 전에의 경[Pubbesambodhasutta] : SN. II. 169.
211) 여기서 부처님의 깨달음에 대한 다양한 이해를 엿볼 수 있다. 이 경은 깨달음에 대한 좀 더 실천적인 수행의 의미를 보여주고 있다.
212) 여읨[出離]이란 '떠난다, 벗어난다.'는 뜻이다.
213) 우리 육체는 지수화풍의 네 가지의 세계로 구성되어 있고 유혹(assāda), 위험(ādīna), 여읨(nissaraṇa)과 관계가 있다. 붓다고싸에 따르면, 여읨은 그것들에 대한 욕망과 탐욕이 제거되고 버려진 것을 말하며, 따라서 여읨은 열반을 말한다.

7. 물의 세계를 조건으로 즐거움과 기쁨이 생겨나는데, 그것이 물의 세계에서 유혹이다. 물의 세계는 무상하고 괴롭고 변화하여 부서지기 마련인데, 그것이 물의 세계에서 위험이다. 물의 세계에 대한 탐욕을 다스리고 탐욕을 버린다면 그것이 물의 세계에서 여읨이다.

8. 불의 세계를 조건으로 즐거움과 기쁨이 생겨나는데, 그것이 불의 세계에서 유혹이다. 불의 세계는 무상하고 괴롭고 변화하여 부서지기 마련인데, 그것이 불의 세계에서 위험이다. 불의 세계에 대한 탐욕을 다스리고 탐욕을 버린다면 그것이 불의 세계에서 여읨이다.

9. 바람의 세계를 조건으로 즐거움과 기쁨이 생겨나는데, 그것이 바람의 세계에서 유혹이다. 바람의 세계는 무상하고 괴롭고 변화하여 부서지기 마련인데, 그것이 바람의 세계에서 위험이다. 바람의 세계에 대한 탐욕을 다스리고 탐욕을 버린다면 그것이 바람의 세계에서 여읨이다.'

10. 그런데 수행승들이여, 내가 이 네 가지 세계에 대하여 이와 같이 유혹을 유혹으로, 위험을 위험으로, 여읨을 여읨으로 있는 그대로 파악하지 못했다면 수행승들이여, 나는 신들의 세계, 악마들의 세계, 하느님들의 세계, 성직자들과 수행자들, 그리고 왕들과 백성들과 그들의 후예들의 세계에서, 위없이 바르고 원만한 깨달음을 바르게 원만히 깨달았다고 선언하지 못했을 것이다.

11. 그러나 수행승들이여, 나는 이 네 가지 세계에 대하여 이와 같이 유혹을 유혹으로, 위험을 위험으로, 여읨을 여읨으로 있는 그대로 파악했으므로 수행승들이여, 비로소 나는 신들의 세계, 악마들의 세계, 하느님들의 세계, 성직자들과 수행자들, 그리고 왕들과 백성들과 그들의 후예들의 세계에서, 위없이 바르고 원만한 깨달음을

바르게 원만히 깨달았다고 선언한 것이다.

12. 그리고 나에게 '나는 흔들림 없는 마음에 의한 해탈을 이루었다. 이것이 최후의 태어남이며, 이제 다시 태어남은 없다.'는 앎과 봄214)이 생겨났다."

19. 사물에 대한 향락은 무엇을 초래할까215)

1. 이와 같이 나는 들었다. 한 때 세존께서 싸밧티 시의 제따바나 숲에 있는 아나타삔디까 승원에 계셨다.

2. 그때 세존께서 '수행승들이여'라고 수행승들을 부르셨다. 수행승들은 '세존이시여'라고 세존께 대답했다. 세존께서는 이와 같이 말씀하셨다.

3. [세존] "수행승들이여, 땅의 세계를 향락하는 것은 괴로움을 향락하는 것이다. 괴로움을 향락하는 자는 괴로움으로부터 벗어나지 못한다고 나는 말한다.

4. 수행승들이여, 물의 세계를 향락하는 것은 괴로움을 향락하는 것이다. 괴로움을 향락하는 자는 괴로움으로부터 벗어나지 못한다고 나는 말한다.

5. 수행승들이여, 불의 세계를 향락하는 것은 괴로움을 향락하는 것이다. 괴로움을 향락하는 자는 괴로움으로부터 벗어나지 못한다고

---

214) 지혜와 통찰이라는 의미이다. 한역에서는 지견(知見)이라고 한다. '앎과 봄'은 매우 중요한 가르침이다. 시각장애인이 붉은 신호등 앞에서는 서고 푸른 신호등 앞에서는 가야 한다는 앎을 갖고 있어도, 실제 신호등 앞에서 봄이 없으면, 그의 앎은 소용이 없다. 그리고 어린 아이가 신호등 앞에서 붉은 신호등이나 푸른 신호등을 볼 수 있어도, 붉은 신호등 앞에서 서야 하고 푸른 신호등 앞에서 갈 수 있다는 앎이 없으면, 그의 봄은 아무 소용이 없다.
215) 향락의 경[Abhinandasutta] : SN. II. 174.

나는 말한다.

6. 수행승들이여, 바람의 세계를 향락하는 것은 괴로움을 향락하는 것이다. 괴로움을 향락하는 자는 괴로움으로부터 벗어나지 못한다고 나는 말한다.

7. 수행승들이여, 땅의 세계를 향락하지 않는 것은 괴로움을 향락하지 않는 것이다. 괴로움을 향락하지 않는 자는 괴로움으로부터 벗어난다고 나는 말한다.

8. 수행승들이여, 물의 세계를 향락하지 않는 것은 괴로움을 향락하지 않는 것이다. 괴로움을 향락하지 않는 자는 괴로움으로부터 벗어난다고 나는 말한다.

9. 수행승들이여, 불의 세계를 향락하지 않는 것은 괴로움을 향락하지 않는 것이다. 괴로움을 향락하지 않는 자는 괴로움으로부터 벗어난다고 나는 말한다.

10. 수행승들이여, 바람의 세계를 향락하지 않는 것은 괴로움을 향락하지 않는 것이다. 괴로움을 향락하지 않는 자는 괴로움으로부터 벗어난다고 나는 말한다."

20. 바다보다 많이 우리가 흘린 눈물의 의미는 무엇일까[216]

1. 이와 같이 나는 들었다. 한 때 세존께서 싸밧티 시의 제따바나 숲에 있는 아나타삔디까 승원에 계셨다.

2. 그때 세존께서 '수행승들이여'라고 수행승들을 부르셨다. 수행승들은 '세존이시여'라고 세존께 대답했다. 세존께서는 이와 같이 말

---

216) 눈물의 경[Assusutta] : SN. II. 179.

씀하셨다.

3. [세존] "수행승들이여, 이 윤회는 시작을 알 수가 없다. 무명에 덮인 뭇삶들은 갈애에 속박되어 유전하고 윤회하므로 그 최초의 시작을 알 수가 없다.

4. 수행승들이여, 그대들은 어떻게 생각하는가? 그대들이 오랜 세월 유전하고 윤회해오는 동안 사랑하지 않는 사람과 만나고 사랑하는 사람과 헤어지면서 비탄해하고 울부짖으며 흘린 눈물의 양과 사대양에217) 있는 물의 양과 어느 쪽이 더 많겠는가?"

5. [수행승] "세존이시여, 세존께서 설하신 가르침으로 미루어보건대 세존이시여, 저희들이 오랜 세월 유전하고 윤회해오는 동안 사랑하지 않는 사람과 만나고 사랑하는 사람과 헤어지면서 비탄해하고 울부짖으며 흘린 눈물이 훨씬 더 많아 사대양의 물에 비할 바가 아닙니다."

6. [세존] "훌륭하다. 수행승들이여, 훌륭하다. 수행승들이여, 그대들은 내가 설한 가르침을 제대로 잘 알고 있다.

7. 수행승들이여, 그대들이 오랜 세월 유전하고 윤회해오는 동안 사랑하지 않는 사람과 만나고 사랑하는 사람과 헤어지면서 비탄해하고 울부짖으며 흘린 눈물이 훨씬 더 많아 사대양의 물에 비할 바가 아니다.

8. 수행승들이여, 그대들은 오랜 세월동안 수없는 어머니의 죽음을 겪었다. 그대들이 어머니의 죽음을 겪으면서 사랑하지 않는 사람과의 만남과 사랑하는 사람과의 헤어짐 때문에 비탄해하고 울부짖으며 흘린 눈물이 훨씬 더욱 많아 사대양의 물에 비할 바가 아니다.

---

217) 불교의 우주관에서는 우주는 지구의 오대양이 아니라 동서남북 사대양으로 이루어져있다.

9. 수행승들이여, 그대들은 오랜 세월동안 수없는 아버지의 죽음을 겪었다. 그대들이 아버지의 죽음을 겪으면서 사랑하지 않는 사람과의 만남과 사랑하는 사람과의 헤어짐 때문에 비탄해하고 울부짖으며 흘린 눈물이 훨씬 더욱 많아 사대양의 물에 비할 바가 아니다.

10. 수행승들이여, 그대들은 오랜 세월동안 수없는 형제의 죽음을 겪었다. 그대들이 형제의 죽음을 겪으면서 사랑하지 않는 사람과의 만남과 사랑하는 사람과의 헤어짐 때문에 비탄해하고 울부짖으며 흘린 눈물이 훨씬 더욱 많아 사대양의 물에 비할 바가 아니다.

11. 수행승들이여, 그대들은 오랜 세월동안 수없는 자매의 죽음을 겪었다. 그대들이 자매의 죽음을 겪으면서 사랑하지 않는 사람과의 만남과 사랑하는 사람과의 헤어짐 때문에 비탄해하고 울부짖으며 흘린 눈물이 훨씬 더욱 많아 사대양의 물에 비할 바가 아니다.

12. 수행승들이여, 그대들은 오랜 세월동안 수없는 아들의 죽음을 겪었다. 그대들이 아들의 죽음을 겪으면서 사랑하지 않는 사람과의 만남과 사랑하는 사람과의 헤어짐 때문에 비탄해하고 울부짖으며 흘린 눈물이 훨씬 더욱 많아 사대양의 물에 비할 바가 아니다.

13. 수행승들이여, 그대들은 오랜 세월동안 수 없는 딸의 죽음을 겪었다. 그대들이 딸의 죽음을 겪으면서 사랑하지 않는 사람과의 만남과 사랑하는 사람과의 헤어짐 때문에 비탄해하고 울부짖으며 흘린 눈물이 훨씬 더욱 많아 사대양의 물에 비할 바가 아니다.

14. 수행승들이여, 그대들은 오랜 세월동안 수 없는 친지의 죽음을 겪었다. 그대들이 친지의 죽음을 겪으면서 사랑하지 않는 사람과의 만남과 사랑하는 사람과의 헤어짐 때문에 비탄해하고 울부짖으며 흘린 눈물이 훨씬 더욱 많아 사대양의 물에 비할 바가 아니다.

15. 수행승들이여, 그대들은 오랜 세월동안 수없는 재산의 상실을 겪었다. 그대들이 재산의 상실을 겪으면서 사랑하지 않는 사람과의 만남과 사랑하는 사람과의 헤어짐 때문에 비탄해하고 울부짖으며 흘린 눈물이 훨씬 더욱 많아 사대양의 물에 비할 바가 아니다.

16. 수행승들이여, 그대들은 오랜 세월동안 수없는 질병의 비참함을 겪었다. 그대들이 질병의 비참함을 겪으면서 사랑하지 않는 사람과의 만남과 사랑하는 사람과의 헤어짐 때문에 비탄해하고 울부짖으며 흘린 눈물이 훨씬 더욱 많아 사대양의 물에 비할 바가 아니다.

17. 그것은 무슨 까닭인가? 수행승들이여, 이 윤회는 시작을 알 수가 없다. 무명에 덮인 뭇삶들은 갈애에 속박되어 유전하고 윤회하므로 그 최초의 시작을 알 수가 없다. 수행승들이여, 이와 같이 참으로 오랜 세월을 그대들은 괴로움을 맛보고 아픔을 맛보고 허탈을 맛보고 무덤을 늘려왔다.

18. 수행승들이여, 그러나 이제 그대들은 모든 지어진 것에서 싫어하여 떠나기에 충분하고, 초연하기에 충분하며, 해탈하기에 충분하다."

21. 불행하고 가난한 사람을 보면 어떻게 생각해야 할까[218]

1. 이와 같이 나는 들었다. 한 때 세존께서 싸밧티 시의 제따바나 숲에 있는 아나타삔디까 승원에 계셨다.

2. 그때 세존께서 '수행승들이여'라고 수행승들을 부르셨다. 수행승들은 '세존이시여'라고 세존께 대답했다. 세존께서는 이와 같이 말

---

218) 불행의 경[Duggatasutta] : SN. II. 186.

쏨하셨다.

3. [세존] "수행승들이여, 이 윤회는 시작을 알 수가 없다. 무명에 덮인 뭇삶들은 갈애에 속박되어 유전하고 윤회하므로 그 최초의 시작을 알 수가 없다.

4. 수행승들이여, 불행하고 가난한 사람을 보면 그대들은 '이 오랜 세월을 지나면서 우리도 한 때 저러한 사람이었다.'라고 관찰해야 한다.219)

5. 그것은 무슨 까닭인가? 수행승들이여, 이 윤회는 시작을 알 수가 없다. 무명에 덮인 뭇삶들은 갈애에 속박되어 유전하고 윤회하므로 그 최초의 시작을 알 수가 없다. 수행승들이여, 이와 같이 참으로 오랜 세월을 그대들은 괴로움을 맛보고 아픔을 맛보고 허탈을 맛보고 무덤을 증대시켰다. 수행승들이여, 그러나 이제 그대들은 모든 지어진 것에서 싫어하여 떠나기에 충분하고 초연하기에 충분하며 해탈하기에 충분하다."

22. 부유하고 행복한 사람을 보면 어떻게 생각해야 할까220)

1. 이와 같이 나는 들었다. 한 때 세존께서 싸밧티 시의 제따바나 숲에 있는 아나타삔디까 승원에 계셨다.

2. 그때 세존께서 '수행승들이여'라고 수행승들을 부르셨다. 수행승들은 '세존이시여'라고 세존께 대답했다. 세존께서는 이와 같이 말씀하셨다.

---

219) 이것은 현실을 합리화하는 것이 아니라 현실에 대하여 '분노나 탐욕'을 떠나게 하고 객관적으로 사회를 바라보게 하는데 목적이 있는 것이다. 분노나 탐욕을 떠나 깊은 사회적 통찰이 가능할 때에 가르침에 따른 자비로운 사회를 건설해 나갈 수 있다.
220) 행복의 경[Sukhitasutta] : SN. II. 186.

3. [세존] "수행승들이여, 이 윤회는 시작을 알 수가 없다. 무명에 덮인 뭇삶들은 갈애에 속박되어 유전하고 윤회하므로 그 최초의 시작을 알 수가 없다.

4. 수행승들이여, 행복하고 부유한 사람을 보면 그대들은 '이 오랜 세월을 지나면서 우리도 한 때 저러한 사람이었다.'라고 관찰해야 한다.

5. 그것은 무슨 까닭인가? 수행승들이여, 이 윤회는 시작을 알 수가 없다. 무명에 덮인 뭇삶들은 갈애에 속박되어 유전하고 윤회하므로 그 최초의 시작을 알 수가 없다. 수행승들이여, 이와 같이 참으로 오랜 세월을 그대들은 괴로움을 맛보고 아픔을 맛보고 허탈을 맛보고 무덤을 증대시켰다. 수행승들이여, 그러나 이제 그대들은 모든 지어진 것에서 싫어하여 떠나기에 충분하고 초연하기에 충분하며 해탈하기에 충분하다."

23. 윤회는 얼마나 깊고 참회의 깊이는 얼마만 해야 할까[221]

1. 이와 같이 나는 들었다. 한 때 세존께서 라자들가하시에 있는 벨루바나 숲에 계셨다.

2. 그때 빠바에서 온[222] 삼십 명의 수행승들이 세존께서 계신 곳으로 찾아왔다. 그들은 모두 숲에서만 사는 자들, 걸식으로만 사는 자들, 분소의만 입는 자들, 세 가지 옷만을 걸치는 자들, 아직 번뇌에 얽매인 자들이었다. 그들은 가까이 다가와서 세존께 인사를 드리고 한쪽으로 물러앉았다.

---

221) 삼십 명의 경[Tiṃsamattasutta] : SN. II. 187.
222) 빠바는 말라족의 수도였는데, 말라족은 싸끼야 족의 남쪽, 밧지족의 북쪽에 살고 있었다.

3. 그때 세존께 이와 같이 생각이 떠올랐다. '빠바에서 온 30명의 수행승들은 모두 숲에서만 사는 자들, 걸식으로만 사는 자들, 분소의만 입는 자들, 세 가지 옷만을 걸치는 자들, 아직 번뇌에 얽매인 자들이다. 내가 지금 그들의 마음을 이 자리에서 집착이 없이 번뇌에서 해탈하도록 가르침을 설하면 어떨까?'

4. 그래서 세존께서는 '수행승들이여'라고 수행승들을 부르셨다. 수행승들은 '세존이시여'라고 세존께 대답했다.

5. 세존께서는 이와 같이 말씀하셨다.
[세존] "수행승들이여, 이 윤회는 시작을 알 수가 없다. 무명에 덮인 뭇삶들은 갈애에 속박되어 유전하고 윤회하므로 그 최초의 시작을 알 수가 없다.

6. 수행승들이여, 그대들은 어떻게 생각하는가? 그대들이 오랜 세월을 통해서 유전하고 윤회하면서 목을 잘려 흘리고 흘린 피와 사대양에 있는 물 가운데 어느 쪽이 더욱 많겠는가?"

7. [수행승] "세존이시여, 세존께서 설하신 가르침으로 미루어보건대 세존이시여, 저희들이 오랜 세월을 통해서 유전하고 윤회하면서 목을 잘려 흘리고 흘린 피가 훨씬 더 많아 사대양에 있는 물에 비할 바가 아닙니다."

8. [세존] "훌륭하다. 수행승들이여, 훌륭하다. 수행승들이여, 그대들은 내가 설한 가르침을 제대로 잘 알고 있다.

9. 수행승들이여, 그대들이 오랜 세월을 통해서 유전하고 윤회하면서 목을 잘려 흘리고 흘린 피가 훨씬 더 많아 사대양에 있는 물에 비할 바가 아니다.

10. 수행승들이여, 그대들이 오랜 세월을 소로 태어나 소가 되어 목을 잘려 흘리고 흘린 피가 훨씬 더 많아 사대양에 있는 물에 비할 바가 아니다.

11. 수행승들이여, 그대들이 오랜 세월을 물소로 태어나 물소가 되어 목을 잘려 흘리고 흘린 피가 훨씬 더 많아 사대양에 있는 물에 비할 바가 아니다.

12. 수행승들이여, 그대들이 오랜 세월을 양으로 태어나 양이 되어 목을 잘려 흘리고 흘린 피가 훨씬 더 많아 사대양에 있는 물에 비할 바가 아니다.

13. 수행승들이여, 그대들이 오랜 세월을 염소로 태어나 염소가 되어 목을 잘려 흘리고 흘린 피가 훨씬 더 많아 사대양에 있는 물에 비할 바가 아니다.

14. 수행승들이여, 그대들이 오랜 세월을 사슴으로 태어나 사슴이 되어 목을 잘려 흘리고 흘린 피가 훨씬 더 많아 사대양에 있는 물에 비할 바가 아니다.

15. 수행승들이여, 그대들이 오랜 세월을 닭으로 태어나 닭이 되어 목을 잘려 흘리고 흘린 피가 훨씬 더 많아 사대양에 있는 물에 비할 바가 아니다.

16. 수행승들이여, 그대들이 오랜 세월을 돼지로 태어나 돼지가 되어 목을 잘려 흘리고 흘린 피가 훨씬 더 많아 사대양에 있는 물에 비할 바가 아니다.

17. 수행승들이여, 그대들이 오랜 세월을 도둑으로[223] 살면서 마을

---

[223] 17, 18, 19의 도둑들은 마을의 약탈자와 노상강도, 가정파괴범을 말한다.

을 약탈하다 사로잡혀 목을 잘려 흘리고 흘린 피가 훨씬 더 많아 사대양에 있는 물에 비할 바가 아니다.

18. 수행승들이여, 그대들이 오랜 세월을 도둑으로 살면서 길섶에서 약탈하다 사로잡혀 목을 잘려 흘리고 흘린 피가 훨씬 더 많아 사대양에 있는 물에 비할 바가 아니다.

19. 수행승들이여, 그대들이 오랜 세월을 도둑으로 살면서 부녀자를 약탈하다가 사로잡혀 목을 잘려 흘리고 흘린 피가 훨씬 더 많아 사대양에 있는 물에 비할 바가 아니다.

20. 그것은 무슨 까닭인가? 수행승들이여, 이 윤회는 시작을 알 수가 없다. 무명에 덮인 뭇삶들은 갈애에 속박되어 유전하고 윤회하므로 그 최초의 시작을 알 수가 없다. 수행승들이여, 이와 같이 참으로 오랜 세월을 그대들은 괴로움을 맛보고 아픔을 맛보고 허탈을 맛보고 무덤을 증대시켰다. 수행승들이여, 그러나 이제 그대들은 모든 지어진 것에서 싫어하여 떠나기에 충분하고 초연하기에 충분하며 해탈하기에 충분하다."

21. 세존께서는 이와 같이 말씀하셨다. 수행승들은 만족하여 세존의 말씀에 기뻐했다.

22. 이와 같은 법문을 설하셨을 때 빠바에서 온 삼십 명의 수행승들의 마음은 집착 없이 번뇌에서 해탈하였다.

24. 타인을 방문할 때 상대에 대한 배려는 어떻게 해야 할까[224]

1. 이와 같이 나는 들었다. 한 때 세존께서 싸밧티 시의 제따바나 숲에 있는 아나타삔디까 승원에 계셨다.

2. 그때 세존께서 '수행승들이여'라고 수행승들을 부르셨다. 수행승들은 '세존이시여'라고 세존께 대답했다. 세존께서는 이와 같이 말씀하셨다.

3. [세존] "수행승들이여, 그대들은 어떻게 생각하는가? 어떠한 수행자가 가정의 집을 방문할 자격이 있는가?[225] 어떠한 수행자가 가정의 집을 방문할 자격이 없는가?"

4. [수행승들] "세존이시여, 세존께서는 우리들의 배움의 뿌리이고, 세존께서는 우리들의 지도자이며, 세존께서는 우리들의 귀의처이십니다. 세존이시여, 세존께서 말씀한 바의 뜻을 밝히신 것은 훌륭합니다. 모든 수행승들은 세존의 말씀을 듣고 받아 지니겠습니다."

5. [세존] "그러면 수행승들이여, 그것을 잘 듣고 숙고해라. 내가 설명하겠다.
[수행승들] "세존이시여, 그렇게 하겠습니다."
수행승들은 세존께 대답했다.

6. 세존께서는 이와 같이 말씀하셨다.
[세존] "수행승들이여, 예를 들어 어떤 수행승이 '사람들은 나에게 보시해야지 거절해서는 안 된다. 많이 주어야지 조금 주어서는 안 된다. 좋은 것을 주어야지 나쁜 것을 주어서는 안 된다. 서둘러 주

---

224) 가정 방문의 경[Kulūpagasutta] : SN. II. 200 ; 잡아함 41권 17(大正 2. 300a, 잡1137), 별역잡아함 41권 6(大正 2. 414c, 별잡112) 참조
225) 가정의 집을 방문하는 자를 꿀루빠까라고 하는데 탁발하러 특정한 재가자의 집을 정기적으로 들리는 수행승이다. 속인들과 친해지면 때로는 수행생활에 위험을 초래할 수 있다.

어야지 머뭇거리며 주어서는 안 된다. 공손하게 주어야지 공손하지 않게 주어서는 안 된다.'라는 생각으로 가정의 집을 방문한다 하자.

7. 수행승들이여, 사람들은 그러한 마음을 가지고 가정의 집을 방문하는 수행승에게 보시하지 않을 것이며, 그로 인해 그 수행승은 화를 낼 것이다. 그는 그 때문에 괴로움과 슬픔을 맛보게 될 것이다. 사람들은 조금 주지 많이 주지 않으며, 나쁜 것을 주지 좋은 것을 주지 않으며, 머뭇거리면서 주지 서둘러서 주지 않으며, 공손하지 않게 주지 공손하게 주지 않을 것이며, 그로 인해 그 수행승은 화를 낼 것이다. 그는 그 때문에 괴로움과 슬픔을 맛보게 될 것이다. 수행승들이여, 이와 같은 수행승은 가정의 집을 방문할 자격이 없다.

8. 수행승들이여, 예를 들어 어떤 수행승이 다른 가정의 집에서 '사람들은 나에게 보시해야지 거절해서는 안 된다. 많이 주어야지 조금 주어서는 안 된다. 좋은 것을 주어야지 나쁜 것을 주어서는 안 된다. 서둘러 주어야지 머뭇거리며 주어서는 안 된다. 공손하게 주어야지 공손하지 않게 주어서는 안 된다는 생각에 대해 상대방이 어떻게 받아들일까'라는 생각으로 가정의 집을 방문한다고 하자.

9. 수행승들이여, 그 수행승이 그러한 마음으로 가정의 집을 방문하면 보시하지 않아도 그로 인해 그 수행승은 화를 내지 않을 것이다. 그는 그 때문에 괴로움과 슬픔을 맛보지 않을 것이다. 사람들이 조금 주고 많이 주지 않으며, 나쁜 것을 주고 좋은 것을 주지 않으며, 머뭇거리면서 주고 서둘러서 주지 않으며, 공손하지 않게 주고 공손하게 주지 않아도 그로 인해 그 수행승은 화를 내지 않을 것이다. 그는 그 때문에 괴로움과 슬픔을 맛보지 않을 것이다. 수행승들이여, 이와 같은 수행승은 가정의 집을 방문할 자격이 있다.

10. 수행승들이여, 깟싸빠는 다른 가정의 집에서 '사람들은 나에게 보시해야지 거절해서는 안 된다. 많이 주어야지 조금 주어서는 안 된다. 좋은 것을 주어야지 나쁜 것을 주어서는 안 된다. 서둘러 주어야지 머뭇거리며 주어서는 안 된다. 공손하게 주어야지 공손하지 않게 주어서는 안 된다는 생각에 대해 상대방이 어떻게 받아들일까'라는 생각으로 가정의 집을 방문한다.

11. 수행승들이여, 그 깟싸빠는 그러한 마음으로 가정의 집을 방문하므로 보시하지 않아도 그로 인해 깟싸빠는 화를 내지 않는다. 그는 그 때문에 괴로움과 슬픔을 느끼지 않는다. 사람들이 조금 주고 많이 주지 않아도 그로 인해 깟싸빠는 화를 내지 않는다. 그는 그 때문에 괴로움과 슬픔을 맛보지 않는다. 사람들이 나쁜 것을 주고 좋은 것을 주지 않아도 그로 인해 깟싸빠는 화를 내지 않는다. 그는 그 때문에 괴로움과 슬픔을 맛보지 않는다. 사람들은 머뭇거리면서 주고 서둘러 주지 않아도 그로 인해 깟싸빠는 화를 내지 않는다. 그는 그 때문에 괴로움과 슬픔을 맛보지 않는다. 사람들이 공손하지 않게 주고 공손하게 주지 않아도 그로 인해 깟싸빠는 화를 내지 않는다. 그는 그 때문에 괴로움과 슬픔을 맛보지 않는다.

12. 수행승들이여, 나는 깟싸빠를 예로 들어, 또는 깟싸빠와 비슷한 사람을 예로 들어 그대들을 가르치려 한 것이다. 그러므로 가르침을 받으면 그대들은 그렇게 되고자 실천해야 한다."

25. 수행자가 바른 고행을 닦는 것은 무엇을 위한 것일까[226]

1. 이와 같이 나는 들었다. 한 때 세존께서 라자가하 시의 벨루바나 숲에 계셨다.

2. 그때 존자 마하 깟싸빠[227]가 세존께서 계신 곳으로 찾아왔다. 가까이 다가와서 세존께 인사를 드리고 한쪽으로 물러앉았다.

3. 한쪽으로 물러앉은 존자 마하 깟싸빠에게 세존께서 말씀하셨다.
[세존] "깟싸빠여, 그대는 늙었다. 닳아빠진 베로 만든 그 분소의가 그대에게는 너무 무겁다. 깟싸빠여, 이제부터 그대는 신도에게서 받은 옷을 입고 초대에도 응하며 내 곁에 머물러라."

4. [깟싸빠] "세존이시여, 저는 오랜 세월동안 숲에서 사는 자로서 숲의 생활을 찬탄하고, 또한 저는 걸식하는 자로서 걸식의 생활을 찬탄하며, 또한 저는 분소의를 걸친 자로서 분소의를 입는 것을 찬탄하고, 또한 저는 세 가지 옷만을 소유한 자로서 세 가지 옷만을

---

226) 늙음의 경[Jiṇṇasutta] : SN. Ⅱ. 202 ; 잡아함 41권 21(大正 2. 301c, 잡1141), 別譯잡아함 6권 10(大正 2. 416b, 별잡116) 참조
227) 마하 깟싸빠는 한역에서 마하가섭(摩訶迦葉)이라고 하며, 부처님 제자 가운데 가장 웃어른이었다. 그는 의식주에 대한 탐착을 버리고 수행하는 두타행자로서 이름이 높았다. 그는 마가다국의 한 마을에서 바라문 깝빨라와 어머니 쑤마나데비 사이에서 태어났으며 삡빨리라고 불렸다. 성장해서 결혼하기를 거절했으나 부모의 강권에 못 이겨 자신이 만든 조각과 똑같은 여자가 있으면 결혼하겠다고 약속했다. 그런데 부모들은 그 조건을 만족시키는 밧다 까빨라니라는 처녀를 싸갈라에서 발견했다. 그래도 그들은 서로 결혼상대자라고 만인이 인정해야 한다는 편지를 주고받았으나 편지를 들켜 빼앗겼다. 양가의 부모는 마침내 그들을 강제로 결혼시켰으나 그들은 서로 합의하여 첫날밤에 잠자리를 꽃 줄로 갈라놓고 각기 따로 잠을 잤다. 삡빨리는 엄청난 부자였다. 그는 60여 개의 호수를 갖고 있었고 정원에서 일하는 사람들은 인근 40여 개의 마을에 흩어져 살았다. 어느 날 그는 쟁기질하는 논에 나갔다가 벌레가 새에 쪼여 먹히는 것을 보고 그것이 자신의 죄임을 직감하고 재산을 버리고 출가를 결심했다. 동시에 그의 아내 밧다도 까마귀들이 곤충을 잡아먹는 것을 보고 출가를 결심했다. 그들은 함께 머리를 자른 뒤 발우를 손에 들고 우는 하인들을 뒤로 한 채 집을 떠나 갈림길에서 헤어졌다. 그 후 깟싸빠는 벨루바나 숲의 부처님처소인 향실(香室)에서 부처님을 뵙고 먼저 제자가 되었고 밧다는 제따바나 숲 근처의 띳티야 공원에서 재가신도로 살다가 나중에 고따미의 비구니교단에 출가해서 수행녀가 되었다.

소유하는 것을 찬탄하며, 또한 저는 욕심이 적은 자로서 욕심이 적은 것을 찬탄하고, 또한 저는 만족을 아는 자로서 만족을 아는 것을 찬탄하며, 또한 저는 홀로 있는 자로서 홀로 있는 것을 찬탄하고, 또한 저는 사교하지 않는 자로서 사교하지 않는 것을 찬탄하며, 또한 저는 정진하는 자로서 정진하는 것을 찬탄해왔습니다."

5. [세존] "그러면 깟싸빠여, 그대는 어떤 유익한 점 때문에 오랜 세월동안 숲에서 사는 자로서 숲의 생활을 찬탄하고, 또한 그대는 걸식하는 자로서 걸식의 생활을 찬탄하며, 또한 그대는 분소의를 걸친 자로서 분소의를 입는 것을 찬탄하고, 또한 그대는 세 가지 옷만을 소유한 자로서 세 가지 옷만을 소유하는 것을 찬탄하며, 또한 그대는 욕심이 적은 자로서 욕심이 적은 것을 찬탄하고, 또한 그대는 만족을 아는 자로서 만족을 아는 것을 찬탄하며, 또한 그대는 홀로 있는 자로서 홀로 있는 것을 찬탄하고, 또한 그대는 사교하지 않는 자로서 사교하지 않는 것을 찬탄하며, 또한 그대는 정진하는 자로서 정진하는 것을 찬탄하는가?"

6. [깟싸빠] "세존이시여, 저는 두 가지 유익한 점 때문에 오랜 세월동안 숲에서 사는 자로서 숲의 생활을 찬탄하고, 또한 저는 걸식하는 자로서 걸식의 생활을 찬탄하며, 또한 저는 분소의를 걸친 자로서 분소의를 입는 것을 찬탄하고, 또한 저는 세 가지 옷만을 소유한 자로서 세 가지 옷만을 소유하는 것을 찬탄하며, 또한 저는 욕심이 적은 자로서 욕심이 적은 것을 찬탄하고, 또한 저는 만족을 아는 자로서 만족을 아는 것을 찬탄하며, 또한 저는 홀로 있는 자로서 홀로 있는 것을 찬탄하고, 또한 저는 사교하지 않는 자로서 사교하지 않는 것을 찬탄하며, 또한 저는 정진하는 자로서 정진하는 것을 찬탄해왔습니다.

7. 자신의 현세에서의 행복한 삶과 후세의 뭇삶들에 대한 자비 때문입니다. 아마도 후세의 뭇삶들은 이와 같은 점에 대해 생각할 것입니다. '부처님과 그 계승자와 제자였던 모든 이들은[228] 오랜 세월동안 숲에서 사는 자로서 숲의 생활을 찬탄했고, 또한 걸식하는 자로서 걸식의 생활을 찬탄했으며, 또한 분소의를 걸친 자로서 분소의를 입는 것을 찬탄했고, 또한 세 가지 옷만을 소유한 자로서 세 가지 옷만을 소유하는 것을 찬탄했으며, 또한 욕심이 적은 자로서 욕심이 적은 것을 찬탄했고, 또한 만족을 아는 자로서 만족을 아는 것을 찬탄했으며, 또한 홀로 있는 자로서 홀로 있는 것을 찬탄했고, 또한 사교하지 않는 자로서 사교하지 않는 것을 찬탄했으며, 또한 정진하는 자로서 정진하는 것을 찬탄해왔다.' 그래서 그들은 그렇게 되려고 실천할 것입니다. 그것은 그들에게 오랜 세월동안 이익과 행복을 줄 것입니다.

8. 세존이시여, 저는 이와 같은 두 가지의 유익한 점 때문에 오랜 세월동안 숲에서 사는 자로서 숲의 생활을 찬탄하고, 또한 저는 걸식하는 자로서 걸식의 생활을 찬탄하며, 또한 저는 분소의를 걸친 자로서 분소의를 입는 것을 찬탄하고, 또한 저는 세 가지 옷만을 소유한 자로서 세 가지 옷만을 소유하는 것을 찬탄하며, 또한 저는 욕심이 적은 자로서 욕심이 적은 것을 찬탄하고, 또한 저는 만족을 아는 자로서 만족을 아는 것을 찬탄하며, 또한 저는 홀로 있는 자로서 홀로 있는 것을 찬탄하고, 또한 저는 사교하지 않는 자로서 사교하지 않는 것을 찬탄하며, 또한 저는 정진하는 자로서 정진하는 것을 찬탄해왔습니다."

---

228) 붓다는 깨달은 이로 부처님을 말하고, 아누붓다는 '부처님을 따라서 깨달은 자'를 뜻하므로 계승자로 번역하고, 싸바가는 제자[聲聞]를 말한다.

9. [세존] "깟싸빠여, 훌륭하다. 깟싸빠여, 훌륭하다. 그대는 많은 사람의 안녕을 위하여 많은 사람의 행복을 위하여 세상을 불쌍히 여겨 하늘사람과 인간의 이익과 안녕과 행복을 위하여 참으로 이와 같이 실천해왔다.

10. 그러므로 깟싸빠여, 닳아빠진 베로 만든 그 분소의를 걸치고 걸식하러 다니며 숲 속에서 살아라."

26. 논쟁을 위한 논쟁은 어떻게 무의미한 것일까?[229]

1. 이와 같이 나는 들었다. 한 때 세존께서 라자가하 시의 벨루바나 숲에 계셨다.

2. 그때 존자 마하 깟싸빠가 세존께서 계신 곳으로 찾아왔다. 가까이 다가와서 세존께 인사를 드리고 한쪽으로 물러앉았다.

3. 한쪽으로 물러앉은 마하 깟싸빠에게 세존께서는 이와 같이 말씀하셨다.

[세존] "깟싸빠여, 수행승들을 가르쳐라. 깟싸빠여, 수행승들에게 법문을 설하라. 깟싸빠여, 나나 그대가 수행승들을 가르쳐야 한다. 깟싸빠여, 나나 그대가 수행승들에게 법문을 설해야 한다."

4. [깟싸빠] "세존이시여, 요즈음 수행승들에게는 말하기가 어렵습니다. 그들에게는 말하기 어렵게 만드는 바탕이 있고 참을성도 없으며 가르침을 듣고 존경을 표하지도 않습니다. 세존이시여, 저는 아난다와 함께 사는 수행승 반다와 아누룻다와 함께 사는 수행승 아비지까가 '오라. 수행자여, 누가 더 많은 말을 하는가, 누가 더 유창

---

229) 훈계의 경①[Paṭham'ovādasutta] : SN. II. 203 : 잡아함 41권 18(大正 2. 300b, 잡1138), 別譯잡아함 6권 7(大正 2. 415a, 별잡113) 참조

하게 말을 하는가, 누가 더 길게 말을 하는가' 하고 서로 논쟁하는 것을 보았습니다."

5. 그러자 세존께서는 다른 수행승에게 말씀하셨다.
 [세존] "수행승이여, 가서 내 이름으로 아난다와 함께 사는 수행승 반다와 아누룻다와 함께 사는 수행승 아비지까에게 '스승께서 존자들을 부르신다.'고 전해라.

6. '예, 세존이시여'라고 그 수행승은 세존께 대답하고 나서 수행승들이 있는 곳으로 찾아갔다. 가까이 다가가서 그 수행승들에게 '스승께서 존자들을 부르신다.'고 전했다.

7. '벗이여, 알았다.'라고 그들은 그 수행승에게 대답하고 세존께서 계신 곳으로 찾아왔다. 가까이 와서 세존께 인사를 드리고 나서 한쪽으로 물러앉았다.

8. 한쪽으로 물러앉은 그 수행승들에게 세존께서는 이와 같이 말씀하셨다.
 [세존] "그대들은 정말로 '오라. 수행자여, 누가 더 많은 말을 하는가, 누가 더 유창하게 말을 하는가, 누가 더 길게 말을 하는가.' 하고 서로 논쟁했는가?"
 [수행승] "세존이시여, 그렇습니다."

9. [세존] "수행승들이여, '오라. 수행자여, 누가 더 많은 말을 하는가, 누가 더 유창하게 말을 하는가, 누가 더 길게 말을 하는가.' 하고 서로 논쟁하라고 그대들에게 내가 이와 같은 가르침을 설한 줄 아는가?"
 [수행승] "세존이시여, 그렇지 않습니다."

10. [세존] "수행승들이여, 만약 그대들이 내가 이와 같이 가르침을 설한 것을 이해하지 못했다면 그대들 어리석은 자들은 무엇을 알고

무엇을 본다고 이처럼 잘 설해진 가르침과 계율에 출가했으면서도 '오라. 수행자여, 누가 더 많은 말을 하는가, 누가 더 유창하게 말을 하는가, 누가 더 길게 말을 하는가.'하고 서로 논쟁하는가?"

11. 그러자 그 수행승들은 세존의 발아래 머리를 조아리고 세존께 이와 같이 말했다.

[수행승] "세존이시여, 바보처럼 어리석은 자처럼 악인처럼 우리가 잘못을 저질렀습니다. 우리는 이처럼 잘 설해진 가르침과 계율에 출가했으면서도 '오라. 수행자여, 누가 더 많은 말을 하는가, 누가 더 유창하게 말을 하는가, 누가 더 길게 말을 하는가.' 하고 서로 논쟁하였습니다. 세존이시여, 다시는 그런 일이 없도록 잘못을 잘못으로 알고 참회하오니 우리들의 참회를 받아 주십시오."

12. [세존] "수행승들이여, 그대들은 확실히 바보처럼 어리석은 자처럼 악인처럼 잘못을 저질렀다. 그대들은 이처럼 잘 설해진 계율에 출가했으면서도 '오라. 수행자여, 누가 더 많은 말을 하는가, 누가 더 유창하게 말을 하는가, 누가 더 길게 말을 하는가.' 하고 서로 논쟁하였다. 그러나 수행승들이여, 그대들이 이제 잘못을 잘못으로 보고, 가르침에 따라 참회하니 우리는 그대들의 참회를 받아들인다.

13. 수행승들이여, 왜냐하면, 잘못을 잘못으로 보고, 가르침에 따라 그것을 고치고, 미래에도 그것을 지켜나가면, 그것이 고귀한 님의 계율 속에서 성장하는 것이기 때문이다."

27. 이득과 환대와 명성에 눈이 멀면 어떻게 될까?[230]

1. 이와 같이 나는 들었다. 한 때 세존께서 싸밧티 시의 제따바나 숲에 있는 아나타삔디까 승원에 계셨다.

2. 그때 세존께서 '수행승들이여'라고 수행승들을 부르셨다. 수행승들은 '세존이시여'라고 세존께 대답했다. 세존께서는 이와 같이 말씀하셨다.

3. [세존] "수행승들이여, 이득과 환대와 명성은 두렵고 자극적이고, 거친 것으로 위없는 평화를 얻는 데 장애가 된다.

4. 수행승들이여, 나는 이와 같이 나 자신의 마음으로 미루어 다른 사람들의 마음을 안다. '이 존자는 은가루가 가득 찬 황금의 발우를 얻기 위해 고의로 거짓말을 하는 것이 아닐까?'

5. 그런데 나는 나중에 그가 이득과 환대와 명성에 압도되고 마음이 현혹되어 고의로 거짓말을 하는 것을 본다.

6. 이와 같이 수행승들이여, 이득과 환대와 명성은 두렵고 자극적이고 거친 것으로 위없는 평화를 얻는 데 장애가 된다. 그러므로 수행승들이여, 그대들은 '우리는 이미 생겨난 이득과 환대와 명성을 버릴 것이며, 아직 생겨나지 않은 이득과 환대와 명성에 집착하지 않고 지낼 것이다.'라고 배워야 한다.

7. 수행승들이여, 그대들은 이와 같이 배워야 한다."

---

230) 황금발우의 경[Suvaṇṇapātisutta] : SN. II. 233 ; 增一阿含 5권 7(大正 2. 566c) 참조

28. 데바닷따가 교단을 분열시킨 이유는 무엇일까[231]

1. 이와 같이 나는 들었다. 한 때 세존께서 싸밧티 시의 제따바나 숲에 있는 아나타삔디까 승원에 계셨다.

2. 그 때 세존께서 '수행승들이여'라고 수행승들을 부르셨다. 수행승들은 '세존이시여'라고 세존께 대답했다. 세존께서는 이와 같이 말씀하셨다.

3. [세존] "수행승들이여, 이득과 환대와 명성은 두렵고 자극적이고 거친 것으로 위없는 안온을 얻는 데 장애가 된다.

4. 수행승들이여, 이득과 환대와 명성에 압도되고 마음이 현혹되어 데바닷따는 참모임을 분열시켰다.

5. 이와 같이 수행승들이여, 이득과 환대와 명성은 두렵고 자극적이고 거친 것으로 위없는 안온을 얻는 데 장애가 된다. 그러므로 수행승들이여, 그대들은 '우리는 이미 생겨난 이득과 환대와 명성을 버릴 것이며, 아직 생겨나지 않은 이득과 환대와 명성에 집착하지 않고 지낼 것이다.'라고 배워야 한다. 수행승들이여, 그대들은 이와 같이 배워야 한다."

29. 해탈한 수행승에게도 이득과 환대와 명성이 장애일까[232]

1. 이와 같이 나는 들었다. 한 때 세존께서 싸밧티 시의 제따바나 숲에 있는 아나타삔디까 승원에 계셨다.

2. 그때 세존께서 '수행승들이여'라고 수행승들을 부르셨다. 수행승

---

231) 참모임 분열의 경[Saṅghabhedasutta] : SN. II. 239.
232) 수행승들의 경[Bhikkhusutta] : SN. II. 239.

들은 '세존이시여'라고 세존께 대답했다. 세존께서는 이와 같이 말씀하셨다.

3. [세존] "수행승들이여, 번뇌를 소멸한 거룩한 수행승에게도 이득과 환대와 명성은 장애라고 나는 말한다."

4. 이와 같이 말씀하셨을 때 존자 아난다는 세존께 이와 같이 말씀드렸다.
[아난다] "세존이시여, 번뇌를 소멸한 어떠한 수행승에게도 이득과 환대와 명성은 장애입니까?"

5. [세존] "아난다여, 흔들리지 않는 마음에 의한 해탈을 성취한 자에게도 이득과 환대와 명성은 장애라고 나는 말한다.

6. 아난다여, 또한 게으르지 않고 열심히 전념하여 현세에 즐거움을 누리는 선정을 성취한 자에게도 이득과 환대와 명성은 장애라고233) 나는 말한다.

7. 아난다여, 이와 같이 이득과 환대와 명성은 두렵고 자극적이고 거친 것으로 위없는 평화를 얻는 데 장애가 된다.

8. 아난다여, 그러므로 그대는 '나는 이미 생겨난 이득과 환대와 명성을 버릴 것이며, 아직 생겨나지 않은 이득과 환대와 명성에 집착하지 않고 지낼 것이다.'라고 배워야 한다.

9. 아난다여, 그대는 이와 같이 배워야 한다."

---

233) 이득과 환대와 명성은 선정의 기쁨을 누리는 데 방해가 된다.

30. 존재의 다발은 어떠한 성격을 지녔을까[234]

1. 이와 같이 나는 들었다. 한 때 세존께서 싸밧티 시의 제따바나 숲에 있는 아나타삔디까 승원에 계셨다.

2. 그 때 존자 라훌라가 세존께서 계신 곳으로 찾아 왔다. 가까이 다가와서 세존께 인사를 드리고 한 쪽으로 물러앉았다.

3. 한 쪽으로 물러앉은 존자 라훌라는 세존께 이와 같이 말했다.
[라훌라] "세존이시여, 세존께서는 저를 위하여 가르침을 설해 주시면 좋겠습니다. 저는 가르침을 듣고 물러나 가르치신 대로 부지런히 전념하겠습니다."

4. [세존] "라훌라여, 그대는 어떻게 생각하는가? 물질은 영원한가, 무상한가?"
[라훌라] "세존이시여, 무상합니다."
[세존] "그러면 무상한 것은 괴로운 것인가, 즐거운 것인가?"
[라훌라] "세존이시여, 괴로운 것입니다."
[세존] "무상하고 괴롭고 변화하는 것을 '이것은 나의 것이고, 이것은 나이며, 이것은 나의 자아이다.'라고 하는 것은 옳은 것인가?"
[라훌라] "세존이시여, 그렇지 않습니다."

5. [세존] "라훌라여, 그대는 어떻게 생각하는가? 느낌은 영원한가, 무상한가?"
[라훌라] "세존이시여, 무상합니다."
[세존] "그러면 무상한 것은 괴로운 것인가, 즐거운 것인가?"
[라훌라] "세존이시여, 괴로운 것입니다."
[세존] "무상하고 괴롭고 변화하는 것을 '이것은 나의 것이고, 이것

---

234) 존재의 다발의 경[Khandhasutta] : SN. II. 249

은 나이며, 이것은 나의 자아이다.'라고 하는 것은 옳은 것인가?"
[라훌라] "세존이시여, 그렇지 않습니다."

6. [세존] "라훌라여, 그대는 어떻게 생각하는가? 지각은 영원한가, 무상한가?"
[라훌라] "세존이시여, 무상합니다."
[세존] "그러면 무상한 것은 괴로운 것인가, 즐거운 것인가?"
[라훌라] "세존이시여, 괴로운 것입니다."
[세존] "무상하고 괴롭고 변화하는 것을 '이것은 나의 것이고, 이것은 나이며, 이것은 나의 자아이다.'라고 하는 것은 옳은 것인가?"
[라훌라] "세존이시여, 그렇지 않습니다."

7. [세존] "라훌라여, 그대는 어떻게 생각하는가? 형성은 영원한가, 무상한가?"
[라훌라] "세존이시여, 무상합니다."
[세존] "그러면 무상한 것은 괴로운 것인가, 즐거운 것인가?"
[라훌라] "세존이시여, 괴로운 것입니다."
[세존] "무상하고 괴롭고 변화하는 것을 '이것은 나의 것이고, 이것은 나이며, 이것은 나의 자아이다.'라고 하는 것은 옳은 것인가?"
[라훌라] "세존이시여, 그렇지 않습니다."

8. [세존] "라훌라여, 그대는 어떻게 생각하는가? 의식은 영원한가, 무상한가?"
[라훌라] "세존이시여, 무상합니다."
[세존] "그러면 무상한 것은 괴로운 것인가, 즐거운 것인가?"
[라훌라] "세존이시여, 괴로운 것입니다."
[세존] "무상하고 괴롭고 변화하는 것을 '이것은 나의 것이고, 이것은 나이며, 이것은 나의 자아이다.'라고 하는 것은 옳은 것인가?"

[라훌라] "세존이시여, 그렇지 않습니다."

9. [세존] "라훌라여, 이와 같이 관찰하여 잘 배운 성스러운 제자는 물질에서도 싫어하여 떠나고, 느낌에서도 싫어하여 떠나고, 지각에서도 싫어하여 떠나고, 형성에서도 싫어하여 떠나고, 의식에서도 싫어하여 떠나고, 싫어하여 떠나서 사라지게 하고, 사라지게 해서 해탈한다. 그가 해탈할 때에, 그에게 '해탈되었다.'는 궁극적인 앎이 생겨나서, '태어남은 부서졌고, 청정한 삶은 이루어졌고, 해야 할 일은 다 마쳤으니, 더 이상 윤회하지 않는다.'라고 그는 분명히 안다."

31. 수행자가 여인을 방문할 때 몸가짐을 어떻게 취해야 할까[235]

1. 이와 같이 나는 들었다. 한 때 세존께서 싸밧티 시의 제따바나 숲에 있는 아나타삔디까 승원에 계셨다.

2. 그런데 그때 한 수행승이 너무 오랜 시간을 가정의 집에서 보냈다. 수행승들은 그에게 이와 같이 말했다.
[수행승] "벗이여, 너무 오랜 시간을 가정의 집에서 머물지 말라."

3. 그러나 그 수행승은 수행승들로부터 꾸중을 듣고도 그만두지 않았다.

4. 그래서 많은 수행승들은 세존께서 계신 곳으로 찾아왔다. 가까이 다가와서 세존께 인사를 드리고 한쪽으로 물러앉았다. 한쪽으로 물러앉아 세존께 이와 같이 말씀드렸다.

5. [수행승들] "세존이시여, 한 수행승이 너무 오랜 시간을 가정의 집에서 보냈습니다. 수행승들은 그에게 이와 같이 말했습니다. '벗

---

235) 고양이의 경[Bilārasutta] : SN. II. 270 ; 잡아함 47권 20(大正 2. 345c, 잡1260) 참조

이여, 너무 오랜 시간을 가정의 집에서 머물지 말라.' 그러나 그 수행승은 꾸중을 듣고도 그만두지 않았습니다."

6. [세존] "수행승들이여, 옛날에 한 고양이가 어린 쥐 한 마리를 쫓아 하수도의 쓰레기 더미 위에 서서 '이 생쥐가 먹이를 구하러 나오면 그때 내가 그를 잡아먹어야지'라고 생각했다.

7. 수행승들이여, 그때 그 생쥐가 먹이를 구하러 나왔다. 고양이는 곧바로 그를 잡아서 씹지 않고 삼켰다. 생쥐는 고양이의 내장을 갉아먹고 창자도 먹었다. 그래서 고양이는 죽음과 죽음의 극심한 고통을 겪지 않을 수 없었다.

8. 수행승들이여, 이와 같이 수행승이 아침 일찍 옷을 입고 발우와 가사를 들고 탁발을 하기 위해 마을이나 거리로 들어가는데 몸을 가다듬지 않고 말을 조심하지 않고 마음을 수호하지 않고 주의 깊음에 머물지 않고 감관을 제어하지 않고 간다고 하자.

9. 그는 거기서 가볍게 옷을 걸치거나 야하게 옷을 걸친 여인들을 보게 된다. 그렇게 가볍게 옷을 걸치거나 야하게 옷을 걸친 여인들을 보게 되면 탐욕이 그의 마음을 엄습한다. 탐욕이 그의 마음을 엄습했기 때문에 그는 죽을 정도의 고통이나 괴로움을 겪게 될 것이다.

10. 수행승들이여, 참으로 거룩한 계율 속에서 그 배움을 버리고 타락하는 것은 바로 죽음이다. 수행승들이여, 참으로 죄악에서 벗어남을 알더라도 이러한 죄악에 오염되는 것은 바로 죽을 정도의 고통이다.

11. 그러므로 수행승들이여, 그대들은 이와 같이 배워야 한다. '우리는 몸을 가다듬고 말을 조심하고 마음을 수호하고 주의 깊음에 머물고 감관을 제어하여 마을이나 거리로 탁발을 하러 가리라.' 수행

승들이여, 그대들은 참으로 이와 같이 배워야 한다."

32. 나와 내 것이라는 교만을 어떻게 없앨 수 있을까236)

1. 이와 같이 나는 들었다. 한 때 세존께서 싸밧티 시의 제따바나 숲에 있는 아나타삔디까 승원에 계셨다.

2. 그때 존자 싸리뿟따237)가 '벗이여, 수행승들이여'라고 수행승들을 불렀다. 수행승들은 '벗이여'라고 존자 싸리뿟따에게 대답했다.

3. 존자 싸리뿟따는 이와 같이 말했다.
[싸리뿟따] "벗이여, 내가 한적한 곳에서 홀로 선정에 들었을 때 나에게 이와 같은 생각이 일어났다. '이 세상에서 변화하고 달라지는 것 때문에 나에게 우울, 슬픔, 고통, 근심, 절망을 일으키는 그 어떤 것이 있는가?'

4. 벗이여, 그때 나에게 이와 같은 생각이 일어났다. '이 세상에서 변화하고 달라지는 것 때문에 나에게 우울, 슬픔, 고통, 근심, 절망을 일으키는 것은 없을 것이다.'라고."

---

236) 우빠띳싸 경[Upatissasutta] : SN. II. 274.
237) 싸리뿟따는 한역의 사리불을 말한다. 부처님의 수제자로 '지혜로운 자 가운데 제일'로 일컬어졌다. 일설에 의하면 그는 우빠띳싸 마을에서 태어났으므로 우빠띳싸라고도 불렸다. 그의 아버지는 바라문 방간따였고 어머니는 루빠싸리였다. 싸리뿟따는 어머니 이름을 딴 것이다. 일설에 의하면 그의 아버지는 날라까였다. 그에게는 세 명의 형제 쭌다, 우빠쎄나, 레바따와 세 명의 자매 짤라, 우빠짤라, 씨쑤빠짤라가 있었는데, 모두 출가하여 승려가 되었다. 그는 수행승 앗싸지에게 인과법에 대한 두 줄의 시로 된 부처님의 가르침을 듣고 진리의 '흐름에 든 님[修陀含 또는 預流者]'이 되었다. 그가 친구인 목갈라나에게 그 시를 들려주자 목갈라나도 같은 경지에 오르게 되었다. 싸리뿟따는 그와 함께 벨루바나 숲[竹林]에 계신 부처님을 찾아가기 전에 그들이 모시던 회의주의자인 스승 싼자야를 모시고 가려 했으나 거절당했다. 목갈라나는 불교교단에 출가한지 7일 만에 아라한이 되었으나 싸리뿟따는 보름 후에 아라한이 되었다. 부처님은 대중 앞에서 자주 주제만 제시하고 싸리뿟따가 대신 설법하게 했다. 그래서 아난다가 '진리의 창고지기'라고 불린 데 반해 그는 '진리의 장군'이라고 불렸다.

5. 이와 같이 말하자 존자 아난다가 존자 싸리뿟따에게 말했다.
[아난다] "벗이여, 싸리뿟따여, 스승이라면 그분의 변화하고 달라지는 것 때문에 당신에게 우울, 슬픔, 고통, 근심, 절망을 일으키지 않겠습니까?"

6. [싸리뿟따] "벗이여, 아난다여, 스승이라도 그분의 변화하고 달라지는 것 때문에 나에게 우울, 슬픔, 고통, 근심, 절망을 일으키지 못할 것이다. 또한 이와 같이 아무리 위대하고 커다란 신통력을 지니고 크나큰 위력을 지닌 스승이라도 언젠가는 멸하시리라고 나는 생각한다. 만약 세존께서 오랜 동안 사신다면 그것은 많은 사람들의 안녕을 위하고 많은 사람의 행복을 위하며 세상을 불쌍히 여기고 하늘사람과 사람들의 이익과 안녕과 행복을 위해서이다."

7. [아난다] "이와 같이 존자 싸리뿟따는 참으로 오랜 세월동안 나와 나의 것이란 교만의 상념을 제거해왔습니다.

8. 그러므로 스승이라도 그 분의 변화하고 달라지는 것 때문에 존자 싸리뿟따에게 우울, 슬픔, 고통, 근심, 절망을 일으키지 못할 것입니다."

33. 겉멋이 든 수행자를 부처님께서 어떻게 가르치셨나?[238]

1. 이와 같이 나는 들었다. 한 때 세존께서 싸밧티 시의 제따바나 숲에 있는 아나타삔디까 승원에 계셨다.

2. 그때 세존의 이모의 아들인 존자 난다[239]가 눌러서 잘 펴진 가사

---

238) 난다의 경[Nandasutta] : SN. II. 281 ; 잡아함 38권 5(大正 2. 277a, 잡1066), 別譯잡아함 1권 5(大正 2. 374c, 별잡5) 참조
239) 난다는 쑷도다나와 마하빠자빠띠 사이의 아들로 부처님의 이복동생이다. 부처님이 깨달음을 얻은 후 까삘라밧투에 왔을 때 난다의 집을 방문했다. 마침 난다와 나라에서 가장 아름

를 두르고 두 눈을 치장하고 아름다운 발우를 들고 세존께서 계신 곳으로 찾아왔다. 가까이 다가와서 세존께 인사를 드리고 한쪽으로 물러앉았다. 한쪽으로 물러앉은 존자 난다에게 세존께서는 이와 같이 말씀하셨다.

3. [세존] "난다여, 눌려서 잘 펴진 가사를 두르고 두 눈을 치장하고 아름다운 발우를 드는 것은 양가의 자제로서 믿음을 지니고 집에서 집 없는 곳으로 출가한 자에게 어울리지 않는다. 난다여, 이와 같이 숲 속에서 살고 탁발로 생활하고 분소의를 입고 감각적인 쾌락을 바라지 않는 것이 양가의 자제로서 믿음을 지니고 집에서 집 없는 곳으로 출가한 자에게 어울리는 것이다."

4. 세존께서는 이와 같이 말씀하셨다. 이처럼 말씀하시고 올바른 길로 잘 가신 님, 스승께서는 이와 같이 시로써 말씀하셨다.

[세존] "숲 속에서 분소의를 입고
남겨진 음식으로 자신을 부양하며
감각적인 쾌락의 욕망을 바라지 않는

다운 미녀와의 결혼식을 위한 잔치가 벌어지고 있었다. 부처님은 난다에게 행운을 빌고 자신의 발우를 건네주었다. 그러자 난다는 궁궐 밖으로 부처님을 따라 나왔다. 그 아름다운 미녀는 그가 나가는 것을 보고 빨리 돌아오길 부탁했다. 그러나 부처님은 난다에게 출가하는 것을 권했고 거절하기 곤란했던 난다는 마지못해 승낙했다. 그러나 날이 갈수록 사랑하는 여인 때문에 고민했고 마침내 낙담하여 건강을 해칠 정도가 되었다. 부처님은 그와 함께 히말라야로 여행했다. 부처님은 히말라야의 산기슭에서 불에 탄 암원숭이의 시체를 보여주었다. 그리고 그것이 나라에서 가장 아름다운 미녀보다 아름답냐고 물었다. 영문을 모르는 난다는 아니라고 대답했다. 그 암원숭이가 전생에 나라에서 가장 아름다운 미녀였다. 부처님은 그를 데리고 천녀들이 사는 도리천으로 올라가 나라에서 가장 아름다운 미녀가 그 천녀들보다 아름답냐고 물었다. 그는 천녀들이 훨씬 아름답다고 대답했다. 그러자 부처님은 출가하면 그 천녀들을 아내로 맞아줄 것을 약속했다. 난다는 거기에 동의했다. 제따바나 숲으로 돌아와서 부처님은 이 이야기를 80명의 수제자들에게 하셨다. 그 수제자들이 난다에게 질문을 던지자 난다는 자신이 추구했던 감각적 쾌락에 대해 몹시 수치스러움을 느꼈다. 그래서 그는 용맹정진 끝에 아라한의 지위에 올랐다. 그 후 그는 부처님을 찾아가 약속을 지킬 필요가 없다고 말했다. 부처님은 난다에게 '감관의 문을 지키는 자 가운데 제일'이라고 칭찬을 아끼지 않았다.

난다를 언제나 볼 수 있을까?"

5. 그러자 존자 난다는 나중에 숲 속에 살고 탁발로 생활하고 분소의를 입고 감각적 쾌락의 욕망에 눈을 돌리지 않았다.

34. 상냥한 말을 하려면 어떠한 것들을 극복해야 할까?[240]

1. 이와 같이 나는 들었다. 한 때 세존께서 싸밧티 시의 제따바나 숲에 있는 아나타삔디까 승원에 계셨다.

2. 그때 세존의 백부의 아들인 존자 띳싸[241]가 세존께서 계신 곳으로 찾아왔다. 가까이 다가와서 세존께 인사를 드리고 고통스럽고 침울한 표정으로 울면서 한쪽으로 물러앉았다.

3. 그러자 세존께서는 존자 띳싸에게 이와 같이 말씀하셨다.
[세존] "존자 띳사여, 그대는 무슨 까닭에 고통스럽고 침울한 표정으로 울면서 한쪽으로 물러앉았는가?"

4. [띳싸] "세존이시여, 이와 같이 모든 수행승들이 '그와 같이 말하면 상냥한 태도로 대화하는 것이 아니다.'라고 온갖 말로써 저를 조롱하고 빈정거립니다."

5. [세존] "띳싸여, 대화를 할 때 상냥한 태도로 말하지 않는 것은 양가의 자제로서 믿음을 지니고 집에서 집 없는 곳으로 출가한 자

---
240) 띳싸 경[Tissasutta] : SN. II. 281 ; 잡아함 38권 7(大正 2. 277b, 잡1068), 別譯잡아함 1권 7(大正 2. 375b, 별잡7) 참조
241) 띳싸는 부처님의 삼촌 아미따의 아들이다. 그는 출가하여 숲 속에서 살았지만 자신의 속가에서의 지위를 자랑하며 화를 잘 내고 심술궃었다. 한 번은 수행승들이 온갖 말로 빈정거리며 욕을 했기 때문에 눈물을 흘리며 부처님에게 하소연한 적이 있었다. 또 한 번은 부처님이 하늘 눈으로 살펴보니 띳싸가 입을 벌리고 낮잠을 자는 것을 보고 광명을 놓아 그를 깨운 적이 있었다. 그런데 한 번은 띳싸가 자신의 정신적인 나태와 가르침에 대한 염증을 토로하자, 도반들이 그를 부처님 앞으로 인도했는데, 그때 부처님은 띳싸에게 팔사도와 팔정도에 관한 법문을 했는데 그것을 듣고 아라한의 지위에 올랐다.

에게 어울리지 않는다. 띳싸여, 대화를 할 때 상냥한 태도로 말하는 것이 양가의 자제로서 믿음을 지니고 집에서 집 없는 곳으로 출가한 자에게 어울리는 것이다."

6. 세존께서는 이와 같이 말씀하셨다. 이처럼 말씀하시고 올바른 길로 잘 가신 님, 스승께서는 이와 같이 시로써 말씀하셨다.
   [세존] "왜 분노하는가? 분노하지 마라.
   띳싸여, 분노가 없는 것이 그대에게 최상이다.
   분노와 교만과 위선을 극복하여
   띳싸여, 청정한 삶을 영위하라."

35. 수행자가 바른 고행을 닦는 것은 무엇을 위한 것일까242)

1. 이와 같이 나는 들었다. 한 때 세존께서 라자가하 시의 벨루바나 숲에 계셨다.

2. 그때 존자 마하 깟싸빠가 세존께서 계신 곳으로 찾아왔다. 가까이 다가와서 세존께 인사를 드리고 한쪽으로 물러앉았다.

3. 한쪽으로 물러앉은 존자 마하 깟싸빠에게 세존께서 말씀하셨다.
   [세존] "깟싸빠여, 그대는 늙었다. 닳아빠진 베로 만든 그 분소의가 그대에게는 너무 무겁다. 깟싸빠여, 이제부터 그대는 신도에게서 받은 옷을 입고 초대에도 응하며 내 곁에 머물러라."

4. [깟싸빠] "세존이시여, 저는 오랜 세월동안 숲에서 사는 자로서 숲의 생활을 찬탄하고, 또한 저는 걸식하는 자로서 걸식의 생활을 찬탄하며, 또한 저는 분소의를 걸친 자로서 분소의를 입는 것을 찬

---

242) 늙음의 경[Jiṇṇasutta] : SN. II. 202 ; 잡아함 41권 21(大正 2. 301c, 잡1141), 別譯잡아함 6권 10(大正 2. 416b, 별잡116) 참조

탄하고, 또한 저는 세 가지 옷만을 소유한 자로서 세 가지 옷만을 소유하는 것을 찬탄하며, 또한 저는 욕심이 적은 자로서 욕심이 적은 것을 찬탄하고, 또한 저는 만족을 아는 자로서 만족을 아는 것을 찬탄하며, 또한 저는 홀로 있는 자로서 홀로 있는 것을 찬탄하고, 또한 저는 사교하지 않는 자로서 사교하지 않는 것을 찬탄하며, 또한 저는 정진하는 자로서 정진하는 것을 찬탄해왔습니다."

5. [세존] "그러면 깟싸빠여, 그대는 어떤 유익한 점 때문에 오랜 세월동안 숲에서 사는 자로서 숲의 생활을 찬탄하고, 또한 그대는 걸식하는 자로서 걸식의 생활을 찬탄하며, 또한 그대는 분소의를 걸친 자로서 분소의를 입는 것을 찬탄하고, 또한 그대는 세 가지 옷만을 소유한 자로서 세 가지 옷만을 소유하는 것을 찬탄하며, 또한 그대는 욕심이 적은 자로서 욕심이 적은 것을 찬탄하고, 또한 그대는 만족을 아는 자로서 만족을 아는 것을 찬탄하며, 또한 그대는 홀로 있는 자로서 홀로 있는 것을 찬탄하고, 또한 그대는 사교하지 않는 자로서 사교하지 않는 것을 찬탄하며, 또한 그대는 정진하는 자로서 정진하는 것을 찬탄하는가?"

6. [깟싸빠] "세존이시여, 저는 두 가지 유익한 점 때문에 오랜 세월동안 숲에서 사는 자로서 숲의 생활을 찬탄하고, 또한 저는 걸식하는 자로서 걸식의 생활을 찬탄하며, 또한 저는 분소의를 걸친 자로서 분소의를 입는 것을 찬탄하고, 또한 저는 세 가지 옷만을 소유한 자로서 세 가지 옷만을 소유하는 것을 찬탄하며, 또한 저는 욕심이 적은 자로서 욕심이 적은 것을 찬탄하고, 또한 저는 만족을 아는 자로서 만족을 아는 것을 찬탄하며, 또한 저는 홀로 있는 자로서 홀로 있는 것을 찬탄하고, 또한 저는 사교하지 않는 자로서 사교하지 않는 것을 찬탄하며, 또한 저는 정진하는 자로서 정진하는 것을 찬탄

해왔습니다.

7. 자신의 현세에서의 행복한 삶과 후세의 뭇삶들에 대한 자비 때문입니다. 아마도 후세의 뭇삶들은 이와 같은 점에 대해 생각할 것입니다. '부처님과 그 계승자와 제자였던 모든 이들은243) 오랜 세월동안 숲에서 사는 자로서 숲의 생활을 찬탄했고, 또한 걸식하는 자로서 걸식의 생활을 찬탄했으며, 또한 분소의를 걸친 자로서 분소의를 입는 것을 찬탄했고, 또한 세 가지 옷만을 소유한 자로서 세 가지 옷만을 소유하는 것을 찬탄했으며, 또한 욕심이 적은 자로서 욕심이 적은 것을 찬탄했고, 또한 만족을 아는 자로서 만족을 아는 것을 찬탄했으며, 또한 홀로 있는 자로서 홀로 있는 것을 찬탄했고, 또한 사교하지 않는 자로서 사교하지 않는 것을 찬탄했으며, 또한 정진하는 자로서 정진하는 것을 찬탄해왔다.' 그래서 그들은 그렇게 되려고 실천할 것입니다. 그것은 그들에게 오랜 세월동안 이익과 행복을 줄 것입니다.

8. 세존이시여, 저는 이와 같은 두 가지의 유익한 점 때문에 오랜 세월동안 숲에서 사는 자로서 숲의 생활을 찬탄하고, 또한 저는 걸식하는 자로서 걸식의 생활을 찬탄하며, 또한 저는 분소의를 걸친 자로서 분소의를 입는 것을 찬탄하고, 또한 저는 세 가지 옷만을 소유한 자로서 세 가지 옷만을 소유하는 것을 찬탄하며, 또한 저는 욕심이 적은 자로서 욕심이 적은 것을 찬탄하고, 또한 저는 만족을 아는 자로서 만족을 아는 것을 찬탄하며, 또한 저는 홀로 있는 자로서 홀로 있는 것을 찬탄하고, 또한 저는 사교하지 않는 자로서 사교하지 않는 것을 찬탄하며, 또한 저는 정진하는 자로서 정진하는 것을 찬

---

243) 붓다는 깨달은 이로 부처님을 말하고, 아누붓다는 '부처님을 따라서 깨달은 자'를 뜻하므로 계승자로 번역하고, 싸바가는 제자 聲聞를 말한다.

탄해왔습니다."

9. [세존] "깟싸빠여, 훌륭하다. 깟싸빠여, 훌륭하다. 그대는 많은 사람의 안녕을 위하여 많은 사람의 행복을 위하여 세상을 불쌍히 여겨 하늘사람과 인간의 이익과 안녕과 행복을 위하여 참으로 이와 같이 실천해왔다.

10. 그러므로 깟싸빠여, 닳아빠진 베로 만든 그 분소의를 걸치고 걸식하러 다니며 숲 속에서 살아라."

제3권 존재의 다발 모아엮음

Khandhavagga

1. 몸은 병들어도 어떻게 하면 마음은 병들지 않을까[244]

1. 이와 같이 나는 들었다. 한 때 세존께서 박가[245]국의 쑹쑤마라기리[246] 시에 있는 베싸깔라 숲[247]의 미가다야 공원에 계셨다.

2. 그때 장자 나꿀라삐따[248]가 세존께서 계신 곳으로 찾아왔다. 가까이 다가와서 세존께 인사를 드리고 한쪽으로 물러앉았다.

3. 한쪽으로 물러앉은 장자 나꿀라삐따는 세존께 이와 같이 말씀드렸다.

[장자] "세존이시여, 저는 늙고 노쇠하고 고령인데다 만년에 이르러서는 몸에 병이 들어 끊임없이 병고에 시달립니다. 세존이시여, 저는 더구나 세존과 바른 마음을 깨우쳐주는 수행승들의 모습을 결코 친견할 수도 없습니다. 제가 오랜 세월 안녕과 행복을 누릴 수 있도록 세존이시여, 세존께서는 제게 용기를 불어넣어 주십시오. 세존이시여, 세존께서는 제게 가르침을 베풀어주십시오."

4. [세존] "장자여, 참으로 그러합니다. 장자여, 참으로 그러합니다. 장자여, 당신의 몸은 허약하고 낡아버렸습니다. 장자여, 그와 같은 몸을 이끌고 다니면서 잠시라도 하물며 건강하다고 자칭한다면 어리석은 자에 지나지 않을 것입니다. 그러므로 장자여, 당신은 그것에 관해 '나의 몸은 병들어도 나의 마음은 병들어서는 안 된다.'라고 배우셔야 합니다. 장자여, 당신은 이와 같이 배워야 합니다.

---

244) 나꿀라삐따 경[Nakulapitusutta] : SN. III. 1 ; 잡아함 5권 5(大正 2. 33b, 잡107) 참조
245) 박가는 부족과 나라의 이름으로 수도가 쑹쑤마라기리였다. 이 나라는 베쌀리와 싸밧티 시의 중간에 위치해 있었다.
246) 쑹쑤마라기리는 붓다고싸에 따르면, 그곳에서 '악어가 소리를 질렀다.'라고 해서 붙여진 이름이다. 산의 이름이다.
247) 베싸깔라 숲은 박가 국의 숲으로 베사깔라고 하는 야차녀가 살았기 때문에 붙여진 이름이었다.
248) 나꿀라는 소년의 아버지를 말한다.

5. 그러자 장자 나꿀라삐따는 세존께 하신 말씀에 기뻐하고 즐거워하며 자리에서 일어나 세존께 인사를 드리고 오른 쪽으로 돌아 존자 싸리뿟따가 있는 곳을 찾아갔다. 가까이 다가와서 존자 싸리뿟따에게 인사를 드리고 한쪽으로 물러앉았다.

6. 한쪽으로 물러앉은 나꿀라삐따에게 존자 싸리뿟따는 이와 같이 말했다.
[싸리뿟따] "장자여, 그대의 모든 감관들이 기쁨으로 빛나고 안색이 청정합니다. 오늘 세존을 친견하고 설법을 듣지 않았습니까?"
[장자] "존자여, 왜 그렇지 않겠습니까? 존자여, 저는 지금 세존께서 해주신 설법으로 감로와 같은 축복을 받았습니다.249)

7. 존자여, 바로 제가 세존께서 계신 곳으로 찾아갔습니다. 가까이 다가가서 세존께 인사를 드리고 한쪽으로 물러앉았습니다. 한쪽으로 물러앉은 저는 세존께 이와 같이 말씀드렸습니다. '세존이시여, 저는 늙고 노쇠하고 고령인데다가 만년에 이르러서는 몸에 병이 들어 끊임없이 병고에 시달립니다. 세존이시여, 저는 더구나 세존께서 수행승들과 함께 바른 마음으로 수행하시는 모습을 결코 친견할 수도 없습니다. 제가 오랜 세월 안녕과 행복을 누릴 수 있도록 세존이시여, 세존께서는 제게 용기를 불어넣어 주십시오. 세존이시여, 세존께서는 제게 가르침을 베풀어주십시오.' 이와 같이 말씀드리자 세존께서는 제게 다음과 같이 말씀하셨습니다. '장자여, 참으로 그러하구나. 장자여, 참으로 그러하구나. 장자여, 그대의 몸은 허약하고 낡아버렸다. 장자여, 그와 같은 몸을 이끌고 다니면서 잠시라도 하물며 건강하다고 자칭한다면 어리석은 자에 지나지 않을 것이다. 그

---

249) 감로수로 관정을 받았다는 뜻이다. 감로수란 불사(不死)를 의미하며 열반의 축복을 누린다는 뜻이다.

러므로 장자여, 그대는 그것에 관해 이와 같이 나의 몸은 병들어도 나의 마음은 병들어서는 안 된다고 배워야 한다. 장자여, 그대는 이와 같이 배워야 한다.' 존자여, 이와 같이 저는 세존께서 해주신 감로와 같은 설법의 축복을 받았습니다."

8. [싸리뿟따] "장자여, 그런데 그대는 세존께 '세존이시여, 어떤 점에서 몸이 병들고 마음도 병든 것입니까? 그리고 어떤 점에서 몸이 병들어도 마음은 병들지 않은 것입니까?'라고 더 질문하려고 하지 않았습니까?"

9. [장자] "존자여, 저는 존자 싸리뿟따를 뵙고 그 말씀의 뜻을 알려고 멀리서 온 것입니다. 존자 싸리뿟따께서 그 말씀의 뜻을 설명해 주시면 좋겠습니다."

10. [싸리뿟따] "장자여, 그렇다면, 내가 말하는 것을 잘 듣고 숙고하십시오."

[장자] "존자여, 그렇게 하겠습니다."라고 장자 나꿀라삐따는 존자 싸리뿟따에게 대답했다.

11. 존자 싸리뿟따는 이와 같이 말했다.

[싸리뿟따] "장자여, 어떻게 몸도 병들고 마음도 병이 듭니까?

1) 장자여, 이 세상에서 배우지 못한 일반사람은 고귀한 님을 보지 못하고, 고귀한 님의 가르침을 알지 못하고, 고귀한 님의 가르침에 이끌려지지 않았으며, 참사람을 보지 못하고, 참사람의 가르침을 알지 못하고, 참사람의 가르침에 이끌려지지 않았습니다. 그래서 그는 물질을 자아로 여기고, 물질을 가진 것을 자아로 여기고, 자아 가운데 물질이 있는 것으로 여기고, 물질 가운데 자아가 있는 것으로 여기고, '나는 물질이고, 나의 것이 물질이다.'

라는 생각에 사로잡혀 있습니다. 250) 그가 '나는 물질이고, 나의 것은 물질이다.'라는 생각에 사로잡혀 있을지라도 그 물질은 변화하고 달라집니다. 그 물질이 변화하고 달라지는 것 때문에 그에게 우울, 슬픔, 고통, 근심, 절망이 생겨납니다.

2) 장자여, 이 세상에서 배우지 못한 일반사람은 고귀한 님을 보지 못하고, 고귀한 님의 가르침을 알지 못하고, 고귀한 님의 가르침에 이끌려지지 않았으며, 참사람을 보지 못하고, 참사람의 가르침을 알지 못하고, 참사람의 가르침에 이끌려지지 않았습니다. 그래서 그는 느낌을 자아로 여기고, 느낌을 가진 것을 자아로 여기고, 자아 가운데 느낌이 있는 것으로 여기고, 느낌 가운데 자아가 있는 것으로 여기고, '나는 느낌이고, 나의 것이 느낌이다.'라는 생각에 사로잡혀 있습니다. 그가 '나는 느낌이고, 나의 것은 느낌이다.'라는 생각에 사로잡혀 있을지라도 그 느낌은 변화하고 달라집니다. 그 느낌이 변화하고 달라지는 것 때문에 그에게 우울, 슬픔, 고통, 근심, 절망이 생겨납니다.

3) 장자여, 이 세상에서 배우지 못한 일반사람은 고귀한 님을 보지 못하고, 고귀한 님의 가르침을 알지 못하고, 고귀한 님의 가르침에 이끌려지지 않았으며, 참사람을 보지 못하고, 참사람의 가르침을 알지 못하고, 참사람의 가르침에 이끌려지지 않았습니다. 그래서 그는 지각을 자아로 여기고, 지각을 가진 것을 자아로 여기고, 자아 가운데 지각이 있는 것으로 여기고, 지각 가운데 자아가 있는 것으로 여기고, '나는 지각이고, 나의 것이 지각이다.'라는 생각에 사로잡혀 있습니다. 그가 '나는 지각이고, 나의 것은 지각이다.'라는 생각에 사로잡혀 있을지라도 그 지각은 변화하고

---

250) 이러한 견해는 허무주의나 영원주의에 속하는 이교도적인 세계관이다.

달라집니다. 그 지각이 변화하고 달라지는 것 때문에 그에게 우울, 슬픔, 고통, 근심, 절망이 생겨납니다.

4) 장자여, 이 세상에서 배우지 못한 일반사람은 고귀한 님을 보지 못하고, 고귀한 님의 가르침을 알지 못하고, 고귀한 님의 가르침에 이끌려지지 않았으며, 참사람을 보지 못하고, 참사람의 가르침을 알지 못하고, 참사람의 가르침에 이끌려지지 않았습니다. 그래서 그는 형성을 자아로 여기고, 형성을 가진 것을 자아로 여기고, 자아 가운데 형성이 있는 것으로 여기고, 형성 가운데 자아가 있는 것으로 여기고, '나는 형성이고, 나의 것이 형성이다.'라는 생각에 사로잡혀 있습니다. 그가 '나는 형성이고, 나의 것은 형성이다.'라는 생각에 사로잡혀 있을지라도 그 형성은 변화하고 달라집니다. 그 형성이 변화하고 달라지는 것 때문에 그에게 우울, 슬픔, 고통, 근심, 절망이 생겨납니다.

5) 장자여, 이 세상에서 배우지 못한 일반사람은 고귀한 님을 보지 못하고, 고귀한 님의 가르침을 알지 못하고, 고귀한 님의 가르침에 이끌려지지 않았으며, 참사람을 보지 못하고, 참사람의 가르침을 알지 못하고, 참사람의 가르침에 이끌려지지 않았습니다. 그래서 그는 의식을 자아로 여기고, 의식을 가진 것을 자아로 여기고, 자아 가운데 의식이 있는 것으로 여기고, 의식 가운데 자아가 있는 것으로 여기고, '나는 의식이고, 나의 것이 의식이다.'라는 생각에 사로잡혀 있습니다. 그가 '나는 의식이고, 나의 것은 의식이다.'라는 생각에 사로잡혀 있을지라도 그 의식은 변화하고 달라집니다. 그 의식이 변화하고 달라지는 것 때문에 그에게 우울, 슬픔, 고통, 근심, 절망이 생겨납니다.

장자여, 이렇게 몸도 병들고 마음도 병이 듭니다.

12 장자여, 어떻게 하면 몸이 병들어도 마음은 병들지 않습니까?
  1) 장자여, 이 세상에서 잘 배운 고귀한 제자는 고귀한 님을 보고, 고귀한 님의 가르침을 알고, 고귀한 님의 가르침에 이끌려졌으며, 참사람을 보고, 참사람의 가르침을 알고, 참사람의 가르침에 이끌려졌습니다. 그래서 그는 물질을 자아로 여기지 않고, 물질을 가진 것을 자아로 여기지 않고, 자아 가운데 물질이 있는 것으로 여기지 않고, 물질 가운데 자아가 있는 것으로 여기지 않고, '나는 물질이고, 나의 것이 물질이다.'라는 생각에 사로잡혀 있지 않습니다. 그가 '나는 물질이고, 나의 것은 물질이다.'라는 생각에 사로잡혀 있지 않을지라도 그 물질은 변화하고 달라집니다. 그렇지만 그 물질이 변화하고 달라지더라도 그에게 우울, 슬픔, 고통, 근심, 절망이 생겨나지 않습니다.
  2) 장자여, 이 세상에서 잘 배운 고귀한 제자는 고귀한 님을 보고, 고귀한 님의 가르침을 알고, 고귀한 님의 가르침에 이끌려졌으며, 참사람을 보고, 참사람의 가르침을 알고, 참사람의 가르침에 이끌려졌습니다. 그래서 그는 느낌을 자아로 여기지 않고, 느낌을 가진 것을 자아로 여기지 않고, 자아 가운데 느낌이 있는 것으로 여기지 않고, 느낌 가운데 자아가 있는 것으로 여기지 않고, '나는 느낌이고, 나의 것이 느낌이다.'라는 생각에 사로잡혀 있지 않습니다. 그가 '나는 느낌이고, 나의 것은 느낌이다.'라는 생각에 사로잡혀 있지 않을지라도 그 느낌은 변화하고 달라집니다. 그렇지만 그 느낌이 변화하고 달라지더라도 그에게 우울, 슬픔, 고통, 근심, 절망이 생겨나지 않습니다.
  3) 장자여, 이 세상에서 잘 배운 고귀한 제자는 고귀한 님을 보고, 고귀한 님의 가르침을 알고, 고귀한 님의 가르침에 이끌려졌으며,

참사람을 보고, 참사람의 가르침을 알고, 참사람의 가르침에 이끌려졌습니다. 그래서 그는 지각을 자아로 여기지 않고, 지각을 가진 것을 자아로 여기지 않고, 자아 가운데 지각이 있는 것으로 여기지 않고, 지각 가운데 자아가 있는 것으로 여기지 않고, '나는 지각이고, 나의 것이 지각이다.'라는 생각에 사로잡혀 있지 않습니다. 그가 '나는 지각이고, 나의 것은 지각이다.'라는 생각에 사로잡혀 있지 않을지라도 그 지각은 변화하고 달라집니다. 그렇지만 그 지각이 변화하고 달라지더라도 그에게 우울, 슬픔, 고통, 근심, 절망이 생겨나지 않습니다.

4) 장자여, 이 세상에서 잘 배운 고귀한 제자는 고귀한 님을 보고, 고귀한 님의 가르침을 알고, 고귀한 님의 가르침에 이끌려졌으며, 참사람을 보고, 참사람의 가르침을 알고, 참사람의 가르침에 이끌려졌습니다. 그래서 그는 형성을 자아로 여기지 않고, 형성을 가진 것을 자아로 여기지 않고, 자아 가운데 형성이 있는 것으로 여기지 않고, 형성 가운데 자아가 있는 것으로 여기지 않고, '나는 형성이고, 나의 것이 형성이다.'라는 생각에 사로잡혀 있지 않습니다. 그가 '나는 형성이고, 나의 것은 형성이다.'라는 생각에 사로잡혀 있지 않을지라도 그 형성은 변화하고 달라집니다. 그렇지만 그 형성이 변화하고 달라지더라도 그에게 우울, 슬픔, 고통, 근심, 절망이 생겨나지 않습니다.

5) 장자여, 이 세상에서 잘 배운 고귀한 제자는 고귀한 님을 보고, 고귀한 님의 가르침을 알고, 고귀한 님의 가르침에 이끌려졌고, 참사람을 보고, 참사람의 가르침을 알고, 참사람의 가르침에 이끌려졌습니다. 그래서 그는 의식을 자아로 여기지 않고, 의식을 가진 것을 자아로 여기지 않고, 자아 가운데 의식이 있는 것으로

여기지 않고, 의식 가운데 자아가 있는 것으로 여기지 않고, '나는 의식이고, 나의 것이 의식이다.'라는 생각에 사로잡혀 있지 않습니다. 그가 '나는 의식이고, 나의 것은 의식이다.'라는 생각에 사로잡혀 있지 않을지라도 그 의식은 변화하고 달라집니다. 그렇지만 그 의식이 변화하고 달라지더라도 그에게 우울, 슬픔, 고통, 근심, 절망이 생겨나지 않습니다.

장자여, 이렇게 하면 몸은 병들어도 마음은 병들지 않습니다."

13. 존자 싸리뿟따는 이와 같이 말했다. 장자 나꿀라삐따는 만족하여 존자 싸리뿟따가 말한 바에 기뻐했다.

2. 누가 묻는다면 부처님께서 무엇을 가르쳤다고 해야 할까[251]

1. 이와 같이 나는 들었다. 한 때 세존께서 싸끼야[252]국의 '데바다하'[253]라는 싸끼야 족의 마을에 계셨다.

2. 이때에 많은 수행승들이 서쪽지방으로 가다가 세존께서 계신 곳을 찾아갔다. 가까이 다가가서 세존께 인사를 드리고 한쪽으로 물러앉았다.

3. 한쪽으로 물러앉은 그 수행승들은 세존께 이와 같이 말했다.

[수행승들] "세존이시여, 우리는 서쪽지방으로 가서 서쪽지방에서 지내고자[254] 합니다."

---

251) 데바다하 경[Devadahasutta] : SN. III. 5 ; 잡아함 5권 6(大正 2. 33b, 잡108), 增一阿含 35권(大正2. 754b) 참조
252) 싹까 또는 싸끼야는 꼬쌀라국의 히말라야 산록이나 고원지대에 살던 종족으로 역사적인 부처님이 속한 종족과 나라의 이름이다.
253) 데바다하는 부처님의 생모의 고향으로 그녀는 그곳으로 가다가 룸비니 숲에서 아들을 출산했다. 붓다고싸는 그 이름을 '길상의 호수'라고 표현했는데, 바로 왕립호수를 뜻한다. 그 이유는 왕들은 신이라고 불리었고 호수는 인간이 만든 것이 아니라 자연적으로 생겨난 것으로 신의 창조물이기 때문이다.

[세존] "수행승들이여, 싸리뿟따255)에게 작별인사는 했는가?"
[수행승들] "세존이시여, 존자 싸리뿟따에게 작별인사를 하지 않았습니다."
[세존] "수행승들이여, 그대들은 싸리뿟따에게 작별인사를 하도록 해라. 수행승들이여, 싸리뿟따는 현자로서 청정행을 닦는 수행승들의 수호자이다."
[수행승들] "세존이시여, 그렇게 하겠습니다."
그 수행승들은 세존께 대답했다.

4. 그런데 이때에 존자 싸리뿟따는 세존께서 계신 곳에서 멀지 않은 곳에 있는 어느 계수나무 덤불에 앉아 있었다.

5. 그래서 그 수행승들은 만족하여 세존의 말씀에 기뻐하며, 자리에서 일어나 세존께 인사 드리고 세존의 오른쪽을 돌아 존자 싸리뿟따가 있는 곳으로 찾아갔다. 가까이 다가가서 존자 싸리뿟따와 인사를 하고 안부를 주고 받은 뒤에 한쪽으로 물러앉았다.

6. 한쪽으로 물러앉은 수행승들은 존자 싸리뿟따에게 이와 같이 말했다.
[수행승들] "벗이여 싸리뿟따여, 우리는 서쪽지방으로 가서 서쪽지방에서 지내고자 합니다. 스승께는 이미 작별인사를 드렸습니다."

7. [싸리뿟따] "벗들이여, 여러 다른 지방을 돌아다니는 수행승들에게 질문하는 자들이 있습니다. 왕족의 현자나256) 바라문의 현자

---

254) 붓다고싸에 따르면, '삼 개월 간의 우안거'를 위해서 가는 것이다.
255) 싸리뿟따는 '지혜가 출중한 가운데 제일'이기도 했지만, 붓다고싸에 따르면, 승가의 일상생활에도 남의 귀감이 되었다. 그는 이교도의 비난을 받지 않기 위해 승원을 돌아다니며 청소가 안 된 곳을 청소하고 버리지 않은 쓰레기를 버리고 여러 가지 물건을 정돈했고 또한 병실로 가서 환자를 위로하고 무엇을 원하는가 묻고는 원하는 바를 위해 어린 사미승들을 데리고 탁발을 돌거나 휴게소를 통해 약을 구해서 그들에게 주었다.
256) 붓다고싸는 꼬쌀라국의 지배자 빔비싸라왕을 예로 들고 있다.

나257) 장자의 현자나258) 수행자의 현자로서259) '벗들이여, 그대가 존경하는 스승은 무엇을 설하고 무엇을 가르치는가?'라고 질문하는 호기심 많은 현자들이 있습니다. 벗들이여, 존자들의 법은 잘 배워지고 잘 이해되고 지혜로서 잘 관통된 것입니다. 그러므로 그대들은 대답할 때에 세존께서 말씀하신 대로 설명하고, 진실이 아닌 것으로 세존을 잘못 대변하지 말아야 하며, 가르침에 일치하도록 설명해야 하고, 그대들의 주장이 비판의 근거를 제공하는 것이 아니어야 합니다."

8. [수행승들] "벗이여, 우리는 존자 싸리뿟따를 뵙고 그 말씀의 뜻을 알기 위해 멀리서 왔습니다. 존자 싸리뿟따께서는 그 말씀의 뜻을 분명히 해주시면 좋겠습니다."

9. [싸리뿟따] "그렇다면 벗들이여, 그대들은 내가 말하는 것을 잘 듣고 숙고하십시오."

[수행승들] "벗이여, 그렇게 하겠습니다."라고 그 수행승들은 존자 싸리뿟따에게 대답했다. 존자 싸리뿟따는 이와 같이 말했다.

10. [싸리뿟따] "벗들이여, 여러 다른 지방을 돌아다니는 수행승들에게 질문하는 자들이 있습니다. 왕족의 현자나 바라문의 현자나 장자의 현자나 수행자의 현자로서 '벗들이여, 그대가 존경하는 스승은 무엇을 설하고 무엇을 가르치는가?'라고 질문하는 호기심 많은 현자들이 있습니다. 벗들이여, 이와 같은 질문을 받으면, 다음과 같이 '벗들이여, 우리의 스승께서는 욕망과 쾌락의 극복에 관해 가르칩니다.'라고 대답해야 할 것입니다.

---

257) 붓다고싸는 짱끼와 따루카를 들고 있다.
258) 붓다고싸에 따르면, 쩻따와 쑤닷따와 같은 불교교단의 후원자를 말한다.
259) 붓다고싸에 따르면, 싸비야나 뻬로띠까 등의 현명한 출가자를 말한다.

11. 벗들이여, 이와 같이 대답하더라도 더 질문하는 자들이 있을 것입니다. 왕족의 현자나 바라문의 현자나 장자의 현자나 수행자의 현자로서 '벗들이여, 그대가 존경하는 스승께서는 무엇에 관한 욕망과 쾌락의 극복을 설하고 가르치는가?'라고 질문하는 호기심 많은 현자들이 있을 것입니다. 벗들이여, 이와 같은 질문을 받으면, 다음과 같이 '벗들이여, 우리의 스승께서는 물질에 관한 욕망과 탐욕의 극복에 대해 가르칩니다. 벗들이여, 우리의 스승께서는 느낌에 관한 욕망과 탐욕의 극복에 대해 가르칩니다. 벗들이여, 우리의 스승께서는 지각에 관한 욕망과 탐욕의 극복에 대해 가르칩니다. 벗들이여, 우리의 스승께서는 형성에 관한 욕망과 탐욕의 극복에 대해 가르칩니다. 벗들이여, 우리의 스승께서는 의식에 관한 욕망과 탐욕의 극복에 대해 가르칩니다.'라고 대답해야 할 것입니다.

12. 벗들이여, 이와 같이 대답하더라도 더 질문하는 자들이 있을 것입니다. 왕족의 현자나 바라문의 현자나 장자의 현자나 수행자의 현자로서 '벗들이여, 그대가 존경하는 스승께서는 어떠한 위험을 보기에 물질에 관한 욕망과 탐욕의 극복에 대해 설하고 가르치는가? 벗들이여, 그대가 존경하는 스승께서는 어떠한 위험을 보기에 느낌에 관한 욕망과 탐욕의 극복에 대해 설하고 가르치는가? 벗들이여, 그대가 존경하는 스승께서는 어떠한 위험을 보기에 지각에 관한 욕망과 탐욕의 극복에 대해 설하고 가르치는가? 벗들이여, 그대가 존경하는 스승께서는 어떠한 위험을 보기에 형성에 관한 욕망과 탐욕의 극복에 대해 설하고 가르치는가? 벗들이여, 그대가 존경하는 스승께서는 어떠한 위험을 보기에 의식에 관한 욕망과 탐욕의 극복에 대해 설하고 가르치는가?'라고 질문하는 호기심 많은 현자들이 있을 것입니다.

13. 벗들이여, 이와 같은 질문을 받으면, 다음과 같이
　1) '벗들이여, 만약 물질에 관해 탐욕을 떠나지 않고, 욕망을 떠나지 않고, 갈증을 떠나지 않고, 갈애를 떠나지 않는다면, 물질의 변화하고 달라지는 것 때문에 그에게는 우울, 슬픔, 고통, 근심, 절망이 생겨납니다.
　2) 벗들이여, 만약 느낌에 관해 탐욕을 떠나지 않고, 욕망을 떠나지 않고, 갈증을 떠나지 않고, 갈애를 떠나지 않는다면, 그에게는 느낌의 변화하고 달라지는 것 때문에 우울, 슬픔, 고통, 근심, 절망이 생겨납니다.
　3) 벗들이여, 만약 지각에 관해 탐욕을 떠나지 않고 욕망을 떠나지 않고 갈증을 떠나지 않고 갈애를 떠나지 않는다면, 그에게는 지각의 변화하고 달라지는 것 때문에 우울, 슬픔, 고통, 근심, 절망이 생겨납니다.
　4) 벗들이여, 만약 형성에 관해 탐욕을 떠나지 않고 욕망을 떠나지 않고 갈증을 떠나지 않고 갈애를 떠나지 않는다면, 그에게는 형성의 변화하고 달라지는 것 때문에 우울, 슬픔, 고통, 근심, 절망이 생겨납니다.
　5) 벗들이여, 만약 의식에 관해 탐욕을 떠나지 않고 욕망을 떠나지 않고 갈증을 떠나지 않고 갈애를 떠나지 않는다면, 그에게는 의식의 변화하고 달라지는 것 때문에 우울, 슬픔, 고통, 근심, 절망이 생겨납니다.

14. 벗들이여, 우리의 스승께서는 이와 같은 위험을 보는 까닭에 물질에 관한 욕망과 탐욕의 극복에 대해 가르칩니다. 벗들이여, 우리의 스승께서는 이와 같은 위험을 보는 까닭에 느낌에 관한 욕망과 탐욕의 극복에 대해 가르칩니다. 벗들이여, 우리의 스승께서는 이

와 같은 위험을 보는 까닭에 지각에 관한 욕망과 탐욕의 극복에 대해 가르칩니다. 벗들이여, 우리의 스승께서는 이와 같은 위험을 보는 까닭에 형성에 관한 욕망과 탐욕의 극복에 대해 가르칩니다. 벗들이여, 우리의 스승께서는 이와 같은 위험을 보는 까닭에 의식에 관한 욕망과 탐욕의 극복에 대해 가르칩니다.'라고 대답해야 할 것입니다.

15. 벗들이여, 이와 같이 설하더라도 더욱 질문하는 자들이 있을 것입니다. 왕족의 현자나 바라문의 현자나 장자의 현자나 수행자의 현자로서 '벗들이여, 그대가 존경하는 스승께서는 어떠한 공덕을 보고 물질에 관한 욕망과 탐욕의 극복에 대해 설하고 가르치는가? 벗들이여, 그대가 존경하는 스승께서는 어떠한 공덕을 보고 느낌에 관한 욕망과 탐욕의 극복에 대해 설하고 가르치는가? 벗들이여, 그대가 존경하는 스승께서는 어떠한 공덕을 보고 지각에 관한 욕망과 탐욕의 극복에 대해 설하고 가르치는가? 벗들이여, 그대가 존경하는 스승께서는 어떠한 공덕을 보고 형성에 관한 욕망과 탐욕의 극복에 대해 설하고 가르치는가? 벗들이여, 그대가 존경하는 스승께서는 어떠한 공덕을 보고 의식에 관한 욕망과 탐욕의 극복에 대해 설하고 가르치는가?'라고 질문하는 호기심 많은 현자들이 있을 것입니다.

16. 벗들이여, 이와 같은 질문을 받으면, 다음과 같이
  1) '벗들이여, 만약 물질에 관해 탐욕을 떠나고 욕망을 떠나고 갈증을 떠나고 갈애를 떠나면, 그에게는 물질의 변화하고 달라지는 것 때문에 우울, 슬픔, 고통, 근심, 절망이 생겨나지 않습니다.
  2) 벗들이여, 만약 느낌에 관해 탐욕을 떠나고 욕망을 떠나고 갈증을 떠나고 갈애를 떠나면, 그에게는 느낌의 변화하고 달라지는

것 때문에 우울, 슬픔, 고통, 근심, 절망이 생겨나지 않습니다.
3) 벗들이여, 만약 지각에 관해 탐욕을 떠나고 욕망을 떠나고 갈증을 떠나고 갈애를 떠나면, 그에게는 지각의 변화하고 달라지는 것 때문에 우울, 슬픔, 고통, 근심, 절망이 생겨나지 않습니다.
4) 벗들이여, 만약 형성에 관해 탐욕을 떠나고 욕망을 떠나고 갈증을 떠나고 갈애를 떠나면, 그에게는 형성의 변화하고 달라지는 것 때문에 우울, 슬픔, 고통, 근심, 절망이 생겨나지 않습니다.
5) 벗들이여, 만약 의식에 관해 탐욕을 떠나고 욕망을 떠나고 갈증을 떠나고 갈애를 떠나면, 그에게는 의식의 변화하고 달라지는 것 때문에 우울, 슬픔, 고통, 근심, 절망이 생겨나지 않습니다.

17. 벗들이여, 우리의 스승께서는 이와 같은 공덕을 보는 까닭에 물질에 관한 욕망과 탐욕의 극복에 대해 가르칩니다. 벗들이여, 우리의 스승께서는 이와 같은 공덕을 보는 까닭에 느낌에 관한 욕망과 탐욕의 극복에 대해 가르칩니다. 벗들이여, 우리의 스승께서는 이와 같은 공덕을 보는 까닭에 지각에 관한 욕망과 탐욕의 극복에 대해 가르칩니다. 벗들이여, 우리의 스승께서는 이와 같은 공덕을 보는 까닭에 형성에 관한 욕망과 탐욕의 극복에 대해 가르칩니다. 벗들이여, 우리의 스승께서는 이와 같은 공덕을 보는 까닭에 의식에 관한 욕망과 탐욕의 극복에 대해 가르칩니다.'라고 대답해야 할 것입니다.

18. 벗들이여, 만약 모든 악하고 불건전한 법을 갖추었지만, 현세에서 즐겁게 살고, 몸이 파괴되어 죽은 후에는 장애가 없고, 고뇌가 없고, 번뇌가 없는 훌륭한 존재가 될 수 있다면, 세존께서는 악하고 불건전한 법을 끊는 것을 찬탄하지 않았을 것입니다.

19. 벗들이여, 만약 모든 악하고 불건전한 법을 갖추면, 현세에서 괴

롭게 살고, 몸이 파괴되어 죽은 후에는 장애가 많고, 고뇌가 많고, 번뇌가 많은 불행한 존재가 될 수밖에 없기 때문에 세존께서는 악하고 불건전한 법을 끊는 것을 찬탄하신 것입니다.

20. 벗들이여, 만약 모든 착하고 건전한 법을 갖추었지만, 현세에서 괴롭게 살고, 몸이 파괴되어 죽은 후에는 장애가 많고, 고뇌가 많고, 번뇌가 많은 불행한 존재가 될 수 있다면, 세존께서는 착하고 건전한 법을 성취하는 것을 찬탄하지 않았을 것입니다.

21. 벗들이여, 만약 모든 착하고 건전한 법을 갖추면, 현세에서 즐겁게 살고, 몸이 파괴되어 죽은 후에는 장애가 없고, 고뇌가 없고, 번뇌가 없는 훌륭한 존재가 될 수밖에 없기 때문에, 세존께서는 착하고 건전한 법을 성취하는 것을 찬탄하신 것입니다."

22. 이와 같이 존자 싸리뿟따는 설했다. 그 수행승들은 거기서 존자 싸리뿟따가 설한 말에 기뻐하였다.

3. 시간의 악마성에서 벗어나는 방법은 무엇일까[260]

1. 이와 같이 나는 들었다. 한 때 세존께서 싸밧티 시의 제따바나 숲에 있는 아나타삔디까 승원에 계셨다.

2. 그때 세존께서 '수행승들이여'라고 수행승들을 부르셨다. 수행승들은 '세존이시여'라고 세존께 대답했다. 세존께서는 이와 같이 말씀하셨다.

3. [세존] "수행승들이여, 과거와 미래의 물질이 괴로운 것인데 하물며 현재의 물질은 말해서 무엇 하겠는가? 수행승들이여, 잘 배운 고

---

260) 과거·미래·현재의 경②[Dutiyātītānāgatapaccuppannasutta] : SN. III. 19.

귀한 제자는 이와 같이 보며 과거의 물질에 애착하지 않고, 미래의 물질에 환희하지 않으며, 현재의 물질에서 싫어하여 떠나서 그것이 사라지고 소멸되도록 수행한다.261)

4. 수행승들이여, 과거와 미래의 느낌이 괴로운 것인데 하물며 현재의 느낌은 말해서 무엇 하겠는가? 수행승들이여, 잘 배운 고귀한 제자는 이와 같이 보며 과거의 느낌에 애착하지 않고, 미래의 느낌에 환희하지 않으며, 현재의 느낌에서 싫어하여 떠나서 그것이 사라지고 소멸되도록 수행한다.

5. 수행승들이여, 과거와 미래의 지각이 괴로운 것인데 하물며 현재의 지각은 말해서 무엇 하겠는가? 수행승들이여, 잘 배운 고귀한 제자는 이와 같이 보며 과거의 지각에 애착하지 않고, 미래의 지각에 환희하지 않으며, 현재의 지각에서 싫어하여 떠나서 그것이 사라지고 소멸되도록 수행한다.

6. 수행승들이여, 과거와 미래의 형성이 괴로운 것인데 하물며 현재의 형성은 말해서 무엇 하겠는가? 수행승들이여, 잘 배운 고귀한 제자는 이와 같이 보며 과거의 형성에 애착하지 않고, 미래의 형성에 환희하지 않으며, 현재의 형성에서 싫어하여 떠나서 그것이 사라지고 소멸되도록 수행한다.

7. 수행승들이여, 과거와 미래의 의식이 괴로운 것인데 하물며 현재의 의식은 말해서 무엇 하겠는가? 수행승들이여, 잘 배운 고귀한 제자는 이와 같이 보며 과거의 의식에 애착하지 않고, 미래의 의식에 환희하지 않으며, 현재의 의식에서 싫어하여 떠나서 그것이 사라지고 소멸되도록 수행한다."

---

261) 욕망에 묶여 있는 우리의 의식이 바로 시간이다. 과거, 미래라는 시간의 악마성을 버리고 현재의 욕망을 떠나야 한다.

4. 삶의 무거운 짐을 어떻게 내려놓을 수 있을까[262]

1. 이와 같이 나는 들었다. 한 때 세존께서 싸밧티 시의 제따바나 숲에 있는 아나타삔디까 승원에 계셨다.

2. 그때 세존께서 '수행승들이여'라고 수행승들을 부르셨다. 수행승들은 '세존이시여'라고 세존께 대답했다. 세존께서는 이와 같이 말씀하셨다.

3. [세존] "수행승들이여, 나는 그대들을 위하여 짐과 짐꾼과 짐을 짊어지고 내려놓는 것에 관해 설하겠다. 잘 들어라.

4. 수행승들이여, 무엇을 짐이라고 부르는가? 다섯 가지 집착의 다발을 짐이라고 부른다. 다섯 가지란 어떠한 것인가? 예를 들어 물질이라는 집착의 다발, 느낌이라는 집착의 다발, 지각이라는 집착의 다발, 형성이라는 집착의 다발, 의식이라는 집착의 다발이 있다. 수행승들이여, 이것들을 짐이라고 부른다.

5. 수행승들이여, 무엇을 짐꾼이라고[263] 부르는가? 사람을 짐꾼이라고 부른다. 이와 같은 이름, 이와 같은 성씨를 지닌 사람이 있다면 수행승들이여, 그를 짐꾼이라고 부른다.

6. 수행승들이여, 무엇을 짐을 짊어지는 것이라고 하는가? 그것은

---

262) 짐의 경[Bhārasutta] : SN. III. 25 ; 잡아함 3권 15(大正 2. 19a, 잡73) 참조
263) '바라하라'라는 빠알리어를 짐꾼이라고 번역할 때에 문제가 생길 수 있다. 청정도론에서 붓다고싸는 '짐은 괴로움의 진리[苦諦]이다. 그것을 짊어지면 괴로움의 발생[集諦]이고, 그것을 내려놓으면 괴로움의 소멸[滅諦]이고, 짐을 내려놓는 방법이 괴로움의 소멸에 이르는 길[道諦]이다.'라고 주장하고 있다. 그리고 케이스는 '이 경전의 편집자는 개인이 다섯 가지 존재의 다발[五蘊] 이외에는 아무 것도 아니라는 사실을 받아들이려 하지 않는다. 경전이 개인을 허용한다고 주장하는 모든 자들은 정당화된다.'라는 견해를 피력했다. 그럼에도 불구하고 전체 문맥으로 보아 '짐꾼'이라는 번역어를 피하기는 어렵다. 단지 여기서 우리가 명확히 해야 할 것은 '짐꾼'은 '어떤 사람'이고, '짐'은 '그의 살아있는 정신물리적인 복합체'이고, '그것을 취하고 내려놓는 것'은 '갈애의 생성과 소멸'이라는 것이다. 이 비유는 사람이 죽을 때에 짐을 내려놓고, 다시 태어날 때에는 짐을 취하는 형식으로 오해되어서는 안 된다.

다시 태어남으로 이끌고, 향락과 탐욕을 수반하며, 여기저기에서 환희하는 갈애이다. 예를 들어 감각적 쾌락의 갈애, 존재에 대한 갈애, 비존재에 대한 갈애가 있다. 수행승들이여, 이것을 짐을 짊어지는 것이라고 한다.

7. 수행승들이여, 무엇을 짐을 내려놓는 것이라고 하는가? 갈애가 남김없이 사라지고, 소멸되고, 포기되고, 버려져서 집착 없이 해탈하면, 수행승들이여, 이것을 짐을 내려놓는 것이라고 한다."

8. 세존께서는 이와 같이 말씀하셨다. 이처럼 말씀하시고 올바른 길로 잘 가신 님, 스승께서는 이와 같이 시로써 말씀하셨다.

9. [세존] "짐은 다섯 가지 존재의 다발이며
세상의 짐꾼은 사람이니
짐을 짊어지는 것은 괴로움이며
짐을 내려놓는 것이 안락이다.

10. 무거운 짐을 내려놓은 사람
다른 짐을 짊어지지 않는다.
갈애를 뿌리째 뽑아버리고
욕심 없이 완전한 열반에 든다."

5. 버린다는 것(방하착)의 참뜻은 무엇일까[264]

1. 이와 같이 나는 들었다. 한 때 세존께서 싸밧티 시의 제따바나 숲에 있는 아나타삔디까 승원에 계셨다.

2. 그때 세존께서 '수행승들이여'라고 수행승들을 부르셨다. 수행승

---

[264] 그대 것이 아님의 경①[Paṭhamanatumhākasutta] : SN. Ⅲ. 33 ; 잡아함 10권 14(大正 2. 70b, 잡269) 참조

들은 '세존이시여'라고 세존께 대답했다. 세존께서는 이와 같이 말씀하셨다.

3. [세존] "수행승들이여, 그대의 것이 아닌 것을 버리라. 그것을 버리는 것이 그대에게 이익과 안락을 줄 것이다.

4. 수행승들이여, 무엇이 그대의 것이 아닌가?

5. 수행승들이여, 물질은 그대의 것이 아니므로 그것을 버려라. 그것을 버리는 것이 그대에게 이익과 안락을 줄 것이다.

6. 수행승들이여, 느낌은 그대의 것이 아니므로 그것을 버려라. 그것을 버리는 것이 그대에게 이익과 안락을 줄 것이다.

7. 수행승들이여, 지각은 그대의 것이 아니므로 그것을 버려라. 그것을 버리는 것이 그대에게 이익과 안락을 줄 것이다.

8. 수행승들이여, 형성은 그대의 것이 아니므로 그것을 버려라. 그것을 버리는 것이 그대에게 이익과 안락을 줄 것이다.

9. 수행승들이여, 의식은 그대의 것이 아니므로 그것을 버려라. 그것을 버리는 것이 그대에게 이익과 안락을 줄 것이다.

10. 수행승들이여, 그대의 것이 아닌 것을 버려라. 그것을 버리는 것이 그대에게 이익과 안락을 줄 것이다.

6. 끝없는 추론과 헤아림은 어디에서 올까[265]

1. 이와 같이 나는 들었다. 한 때 세존께서 싸밧티 시의 제따바나 숲에 있는 아나타삔디까 승원에 계셨다.

---

265) 수행승 경②[Dutiyabhikkhusutta] : SN. Ⅲ. 36 : 잡아함 1권 15(大正 2. 3a, 잡15) 참조

2. 그 때 어떤 수행승이 세존께서 계신 곳을 찾아갔다. 가까이 다가가서 세존께 인사를 드리고 한 쪽으로 물러앉았다. 한 쪽으로 물러앉은 그 수행승은 세존께 이와 같이 말씀을 드렸다.

3. [수행승] "세존이시여, 세존께서 간략하게 가르침을 설해 주시면 좋겠습니다. 저는 세존의 가르침을 듣고 홀로 떨어져서 게으르지 않고 열심히 정진하겠습니다."

4. [세존] "수행승이여, 잠재적 경향을 가지면, 그것으로 추론하고 추론한 것으로 헤아린다. 잠재적 경향을 갖지 않으면, 그것으로 추론하지 않고 추론하지 않은 것으로 헤아리지 않는다."

[수행승] "세존이시여, 알겠습니다. 세존이시여, 알겠습니다."

5. [세존] "수행승이여, 그대는 내가 간략하게 설명한 것의 의미를 어떤 점에서 상세히 아는가?"

6. [수행승] "세존이시여, 물질에 잠재적 경향을 가지면, 그것으로 추론하고 추론한 것으로 헤아립니다. 느낌에 잠재적 경향을 가지면, 그것으로 추론하고 추론한 것으로 헤아립니다. 지각에 잠재적 경향을 가지면, 그것으로 추론하고 추론한 것으로 헤아립니다. 형성에 잠재적 경향을 가지면, 그것으로 추론하고 추론한 것으로 헤아립니다. 의식에 잠재적 경향을 가지면, 그것으로 추론하고 추론한 것으로 헤아립니다.

7. 세존이시여, 물질에 잠재적 경향을 갖지 않으면, 그것으로 추론하지 않고 추론하지 않은 것으로 헤아리지 않습니다. 느낌에 잠재적 경향을 갖지 않으면, 그것으로 추론하지 않고 추론하지 않은 것으로 헤아리지 않습니다. 지각에 잠재적 경향을 갖지 않으면, 그것으로 추론하지 않고 추론하지 않은 것으로 헤아리지 않습니다. 형성에 잠

재적 경향을 갖지 않으면, 그것으로 추론하지 않고 추론하지 않은 것으로 헤아리지 않습니다. 의식에 잠재적 경향을 갖지 않으면, 그것으로 추론하지 않고 추론하지 않은 것으로 헤아리지 않습니다. 세존이시여, 저는 세존께서 간략하게 설명한 것의 의미를 이와 같이 상세히 압니다."

8. [세존] "수행승이여, 훌륭하다. 수행승이여, 훌륭하다. 그대가 내가 간략하게 설명한 것의 의미를 이와 같이 상세히 아는 것은 훌륭한 일이다. '물질에 잠재적 경향을 가지면, 그것으로 추론하고 추론한 것으로 헤아린다. 느낌에 잠재적 경향을 가지면, 그것으로 추론하고 추론한 것으로 헤아린다. 지각에 잠재적 경향을 가지면, 그것으로 추론하고 추론한 것으로 헤아린다. 형성에 잠재적 경향을 가지면, 그것으로 추론하고 추론한 것으로 헤아린다. 의식에 잠재적 경향을 가지면, 그것으로 추론하고 추론한 것으로 헤아린다.

9. 물질에 잠재적 경향을 갖지 않으면, 그것으로 추론하지 않고 추론하지 않은 것으로 헤아리지 않는다. 느낌에 잠재적 경향을 갖지 않으면, 그것으로 추론하지 않고 추론하지 않은 것으로 헤아리지 않는다. 지각에 잠재적 경향을 갖지 않으면, 그것으로 추론하지 않고 추론하지 않은 것으로 헤아리지 않는다. 형성에 잠재적 경향을 갖지 않으면, 그것으로 추론하지 않고 추론하지 않은 것으로 헤아리지 않는다. 의식에 잠재적 경향을 갖지 않으면, 그것으로 추론하지 않고 추론하지 않은 것으로 헤아리지 않는다.'"

10. 그러자 그 수행승은 세존께서 말씀하신 바에 만족하고 기뻐하며 자리에서 일어나 세존께 인사를 드리고 세존의 오른쪽으로 돌아 그곳을 떠났다.

11. 그 후 그 수행승은 홀로 떨어져서 게으르지 않고 열심히 정진하였다. 그는 오래지 않아 스스로 곧바로 알고 깨달아서 양가의 자제들이 집에서 집 없는 곳으로 출가하게 된 당연한 이유인 위없는 청정한 삶의 목표를 현세에서 성취했다. 그는 '태어남은 부서졌고, 청정한 삶은 이루어졌고, 해야 할 일은 다 마쳤으니, 더 이상 윤회하지 않는다.'라고 분명히 알았다. 그래서 그 수행승은 고귀한 님 가운데 한 분이 되었다.

7. 어떻게 궁극적으로 환락을 소멸시킬 수 있는가[266]

1. 이와 같이 나는 들었다. 한 때 세존께서 싸밧티 시의 제따바나 숲에 있는 아나타삔디까 승원에 계셨다.

2. 그 때 세존께서 '수행승들이여'라고 수행승들을 부르셨다. 수행승들은 '세존이시여'라고 세존께 대답했다. 세존께서는 이와 같이 말씀하셨다.

3. [세존] "수행승들이여, 수행승이 무상한 물질을 무상하다고 보면 그는 올바른 견해를 가진 것이다. 올바로 보아서 그것에서 싫어하여 떠나면, 환락이 부서지므로 탐욕이 부서지고, 탐욕이 부서지므로 환락이 부서진다. 환락과 탐욕이 부서지면 마음은 해탈되고, '잘 해탈된 것'이라고 말해진다.

4. 수행승들이여, 수행승이 무상한 느낌을 무상하다고 보면 그는 올바른 견해를 가진 것이다. 올바로 보아서 그것에서 싫어하여 떠나면, 환락이 부서지므로 탐욕이 부서지고, 탐욕이 부서지므로 환락이 부서진다. 환락과 탐욕이 부서지면 마음은 해탈되고, '잘 해탈된 것'

---

[266] 환락의 소멸에 대한 경①[Paṭhamanandikkhayasutta] : SN. III. 51.

이라고 말해진다.

5. 수행승들이여, 수행승이 무상한 지각을 무상하다고 보면 그는 올바른 견해를 가진 것이다. 올바로 보아서 그것에서 싫어하여 떠나면, 환락이 부서지므로 탐욕이 부서지고, 탐욕이 부서지므로 환락이 부서진다. 환락과 탐욕이 부서지면 마음은 해탈되고, '잘 해탈된 것'이라고 말해진다.

6. 수행승들이여, 수행승이 무상한 형성을 무상하다고 보면 그는 올바른 견해를 가진 것이다. 올바로 보아서 그것에서 싫어하여 떠나면, 환락이 부서지므로 탐욕이 부서지고, 탐욕이 부서지므로 환락이 부서진다. 환락과 탐욕이 부서지면 마음은 해탈되고, '잘 해탈된 것'이라고 말해진다.

7. 수행승들이여, 수행승이 무상한 의식을 무상하다고 보면 그는 올바른 견해를 가진 것이다. 올바로 보아서 그것에서 싫어하여 떠나면, 환락이 부서지므로 탐욕이 부서지고, 탐욕이 부서지므로 환락이 부서진다. 환락과 탐욕이 부서지면 마음은 해탈되고, '잘 해탈된 것'이라고 말해진다.

8. 우리는 인간의 삶에서 과연 인과를 믿어야 하는가?[267]

1. 이와 같이 나는 들었다. 한 때 세존께서는 베쌀리 시의 마하숲에 있는 꾸따가라쌀라 강당에 계셨다.

2. 그 때 릿차비[268]족의 마할리[269]가 세존께서 계신 곳을 찾아갔다.

---

267) 마할리 경[Mahālisutta] : SN. III. 68 ; 잡아함 2권 43(大正 2. 20b, 잡81) 참조
268) 릿차비족은 부처님 당시에 전사들이었고 수도는 베쌀리에 두었다. 릿차비는 밧지국에 소속되어 밧지족과 연정의 형태를 띠고 있었다. 부처님은 이 공화국을 모범적인 국가로 평가했다.

다가가서 세존께 인사를 드리고 한 쪽으로 물러앉았다. 한 쪽으로 물러앉은 그 수행승은 세존께 이와 같이 말씀을 드렸다.

3. [마할리] "세존이시여, 뿌라나 깟사빠[270]는 '뭇삶들이 오염되는 데는 원인도 조건도 없다. 원인도 조건도 없이 뭇삶들은 오염된다. 뭇삶들이 청정해지는 데는 원인도 조건도 없다. 원인도 조건도 없이 뭇삶들은 청정해진다.'라고 말했습니다. 이것에 대하여 세존께서는 어떻게 말씀하시겠습니까?

4. [세존] "마할리여, 뭇삶들이 오염되는 데는 원인도 있고 조건도 있다. 원인이 있고 조건이 있기 때문에 뭇삶들은 오염된다. 마할리여, 뭇삶들이 청정해지는 데는 원인도 있고 조건도 있다. 원인이 있고 조건이 있기 때문에 뭇삶들은 청정해진다."

5. [마할리] "세존이시여, 뭇삶들이 오염되는 데는 어떠한 원인이 있고 어떠한 조건이 있습니까? 어떠한 원인이 있고 어떠한 조건이 있기 때문에 뭇삶들이 오염됩니까?"

6. [세존]

1) "마할리여, 만약 이 물질이 오로지 괴로운 것이어서 괴로움에 떨어져 괴로움에 압도되고, 즐거움에 압도되지 못한다면, 뭇삶들은 물질에 집착하지 않을 것이다. 마할리여, 그러나 물질은 즐겁고, 즐거움에 떨어져 즐거움에 압도되고, 괴로움에 압도되지 않기 때문에 뭇삶들은 물질에 집착한다. 집착하므로 속박되고, 속박되므로 오염된다. 마할리여, 뭇삶들이 오염되는 데는 이것이 원인이

---

269) 마할리는 릿차비족의 족장으로서 딱까씰라 대학에서 배운 지성인이었다. 그는 베쌀리 시에서 돌아와 릿차비족의 젊은이들을 가르쳤다. 그러나 너무 과로한 나머지 눈이 멀었다. 한 때 그는 마가다국의 빔비싸라왕의 총애하는 수행원이기도 했고 유명한 씨발리 존자의 아버지였다. 상세한 이야기는 DhpA. I. 350과 Jat. IV. 148을 보라.

270) 뿌라나 깟싸빠는 육사외도 가운데 한사람으로 원인과 조건을 거부하는 무인론자이다.

고, 이것이 조건이다. 이와 같은 원인이 있고 이와 같은 조건이 있기 때문에 뭇삶들은 오염된다.

2) 마할리여, 만약 이 느낌이 오로지 괴로운 것이어서 괴로움에 떨어져 괴로움에 압도되고, 즐거움에 압도되지 못한다면, 뭇삶들은 느낌에 집착하지 않을 것이다. 마할리여, 그러나 느낌은 즐겁고, 즐거움에 떨어져 즐거움에 압도되고, 괴로움에 압도되지 않기 때문에 뭇삶들은 느낌에 집착한다. 집착하므로 속박되고, 속박되므로 오염된다. 마할리여, 뭇삶들이 오염되는 데는 이것이 원인이고, 이것이 조건이다. 이와 같은 원인이 있고 이와 같은 조건이 있기 때문에 뭇삶들은 오염된다.

3) 마할리여, 만약 이 지각이 오로지 괴로운 것이어서 괴로움에 떨어져 괴로움에 압도되고, 즐거움에 압도되지 못한다면, 뭇삶들은 지각에 집착하지 않을 것이다. 마할리여, 그러나 지각은 즐겁고, 즐거움에 떨어져 즐거움에 압도되고, 괴로움에 압도되지 않기 때문에 뭇삶들은 지각에 집착한다. 집착하므로 속박되고, 속박되므로 오염된다. 마할리여, 뭇삶들이 오염되는 데는 이것이 원인이고, 이것이 조건이다. 이와 같은 원인이 있고 이와 같은 조건이 있기 때문에 뭇삶들은 오염된다.

4) 마할리여, 만약 이 형성이 오로지 괴로운 것이어서 괴로움에 떨어져 괴로움에 압도되고, 즐거움에 압도되지 못한다면, 뭇삶들은 형성에 집착하지 않을 것이다. 마할리여, 그러나 형성은 즐겁고, 즐거움에 떨어져 즐거움에 압도되고, 괴로움에 압도되지 않기 때문에 뭇삶들은 형성에 집착한다. 집착하므로 속박되고, 속박되므로 오염된다. 마할리여, 뭇삶들이 오염되는 데는 이것이 원인이고, 이것이 조건이다. 이와 같은 원인이 있고 이와 같은 조건이

있기 때문에 뭇삶들은 오염된다.
5) 마할리여, 만약 이 의식이 오로지 괴로운 것이어서 괴로움에 떨어져 괴로움에 압도되고, 즐거움에 압도되지 못한다면, 뭇삶들은 의식에 집착하지 않을 것이다. 마할리여, 그러나 의식은 즐겁고, 즐거움에 떨어져 즐거움에 압도되고, 괴로움에 압도되지 않기 때문에 뭇삶들은 의식에 집착한다. 집착하므로 속박되고, 속박되므로 오염된다. 마할리여, 뭇삶들이 오염되는 데는 이것이 원인이고, 이것이 조건이다. 이와 같은 원인이 있고 이와 같은 조건이 있기 때문에 뭇삶들은 오염된다."

7. [마할리] "세존이시여, 뭇삶들이 청정해지는 데는 어떠한 원인이 있고 어떠한 조건이 있습니까? 어떠한 원인이 있고 어떠한 조건이 있기 때문에 뭇삶들이 청정해집니까?"

8. [세존]
1) "마할리여, 만약 이 물질이 오로지 즐거운 것이어서 즐거움에 떨어져 즐거움에 압도되고, 괴로움에 압도되지 못한다면, 뭇삶들은 물질을 싫어하여 떠나지 못할 것이다. 마할리여, 그러나 물질은 괴롭고, 괴로움에 떨어져 괴로움에 압도되고, 즐거움에 압도되지 않기 때문에 뭇삶들은 물질을 싫어하여 떠난다. 싫어하여 떠나므로 욕망이 사라지고, 욕망이 사라지므로 청정해진다. 마할리여, 뭇삶들이 청정해지는 데는 이것이 원인이고, 이것이 조건이다. 이와 같은 원인이 있고 이와 같은 조건이 있기 때문에 뭇삶들은 청정해진다.

2) 마할리여, 만약 이 느낌이 오로지 즐거운 것이어서 즐거움에 떨어져 즐거움에 압도되고, 괴로움에 압도되지 못한다면, 뭇삶들은 느낌을 싫어하여 떠나지 못할 것이다. 마할리여, 그러나 느낌은

괴롭고, 괴로움에 떨어져 괴로움에 압도되고, 즐거움에 압도되지 않기 때문에 뭇삶들은 느낌을 싫어하여 떠난다. 싫어하여 떠나므로 욕망이 사라지고, 욕망이 사라지므로 청정해진다. 마할리여, 뭇삶들이 청정해지는 데는 이것이 원인이고, 이것이 조건이다. 이와 같은 원인이 있고 이와 같은 조건이 있기 때문에 뭇삶들은 청정해진다.

3) 만약 이 지각이 오로지 즐거운 것이어서 즐거움에 떨어져 즐거움에 압도되고, 괴로움에 압도되지 못한다면, 뭇삶들은 지각을 싫어하여 떠나지 못할 것이다. 마할리여, 그러나 지각은 괴롭고, 괴로움에 떨어져 괴로움에 압도되고, 즐거움에 압도되지 않기 때문에 뭇삶들은 지각을 싫어하여 떠난다. 싫어하여 떠나므로 욕망이 사라지고, 욕망이 사라지므로 청정해진다. 마할리여, 뭇삶들이 청정해지는 데는 이것이 원인이고, 이것이 조건이다. 이와 같은 원인이 있고 이와 같은 조건이 있기 때문에 뭇삶들은 청정해진다.

4) 마할리여, 만약 이 형성이 오로지 즐거운 것이어서 즐거움에 떨어져 즐거움에 압도되고, 괴로움에 압도되지 못한다면, 뭇삶들은 형성을 싫어하여 떠나지 못할 것이다. 마할리여, 그러나 형성은 괴롭고, 괴로움에 떨어져 괴로움에 압도되고, 즐거움에 압도되지 않기 때문에 뭇삶들은 형성을 싫어하여 떠난다. 싫어하여 떠나므로 욕망이 사라지고, 욕망이 사라지므로 청정해진다. 마할리여, 뭇삶들이 청정해지는 데는 이것이 원인이고, 이것이 조건이다. 이와 같은 원인이 있고 이와 같은 조건이 있기 때문에 뭇삶들은 청정해진다.

5) 마할리여, 만약 이 의식이 오로지 즐거운 것이어서 즐거움에 떨어져 즐거움에 압도되고, 괴로움에 압도되지 못한다면, 뭇삶들은

의식을 싫어하여 떠나지 못할 것이다. 마할리여, 그러나 의식은 괴롭고, 괴로움에 떨어져 괴로움에 압도되고, 즐거움에 압도되지 않기 때문에 뭇삶들은 의식을 싫어하여 떠난다. 싫어하여 떠나므로 욕망이 사라지고, 욕망이 사라지므로 청정해진다. 마할리여, 뭇삶들이 청정해지는 데는 이것이 원인이고, 이것이 조건이다. 이와 같은 원인이 있고 이와 같은 조건이 있기 때문에 뭇삶들은 청정해진다."

9. 교만이나 고집을 어떻게 극복할 수 있을까?[271]

1. 이와 같이 나는 들었다. 한 때 세존께서 싸밧티 시의 제따바나 숲에 있는 아나타삔디까 승원에 계셨다.

2. 그때 존자 쑤라다[272]가 세존께서 계신 곳으로 찾아왔다. 가까이 다가와서 세존께 인사를 드리고 한쪽으로 물러앉았다.

3. 한쪽으로 물러앉은 존자 쑤라다는 세존께 이와 같이 말했다.
[쑤라다] "세존이시여, 어떻게 알고 어떻게 보면 이 의식을 수반하는 몸과 그 밖의 일체의 대상 가운데 나라는 고집, 내 것이라는 고집의 교만스런 번뇌를 떠나 자만을 뛰어넘어 잘 해탈하겠습니까?"

4. [세존] "쑤라다여, 그대는 어떠한 물질이든 과거에 속하든 미래에 속하든 현재에 속하든 내적이건 외적이건 거칠건 미세하건 저열하건 탁월하건 멀리 있건 가까이 있건 무엇이든지 '이것은 나의 것이 아니고 이것이야말로 내가 아니고 이것은 나의 자아가 아니다.'라고 여실하게 올바른 지혜로 관찰해야 한다. 이와 같이 그것에 관해 올

---
271) 쑤라다의 경[Surādhasutta] : SN. III. 80.
272) 쌍윳따니까야에 등장하는 장로 쑤라다는 이 경에만 등장한다.

바른 지혜로 관찰하면, 집착 없이 번뇌에서 해탈한다.

5. 쑤라다여, 그대는 어떠한 느낌이든 과거에 속하든 미래에 속하든 현재에 속하든 내적이건 외적이건 거칠건 미세하건 저열하건 탁월하건 멀리 있건 가까이 있건 무엇이든지 '이것은 나의 것이 아니고 이것이야말로 내가 아니고 이것은 나의 자아가 아니다.'라고 여실하게 올바른 지혜로 관찰해야 한다. 이와 같이 그것에 관해 올바른 지혜로 관찰하면, 집착 없이 번뇌에서 해탈한다.

6. 쑤라다여, 그대는 어떠한 지각이든 과거에 속하든 미래에 속하든 현재에 속하든 내적이건 외적이건 거칠건 미세하건 저열하건 탁월하건 멀리 있건 가까이 있건 무엇이든지 '이것은 나의 것이 아니고, 이것은 내가 아니고, 이것은 나의 자아가 아니다.'라고 여실하게 올바른 지혜로 관찰해야 한다. 이와 같이 그것에 관해 올바른 지혜로 관찰하면, 집착 없이 번뇌에서 해탈한다.

7. 쑤라다여, 그대는 어떠한 형성이든 과거에 속하든 미래에 속하든 현재에 속하든 내적이건 외적이건 거칠건 미세하건 저열하건 탁월하건 멀리 있건 가까이 있건 무엇이든지 '이것은 나의 것이 아니고 이것이야말로 내가 아니고 이것은 나의 자아가 아니다.'라고 여실하게 올바른 지혜로 관찰해야 한다. 이와 같이 그것에 관해 올바른 지혜로 관찰하면, 집착 없이 번뇌에서 해탈한다.

8. 쑤라다여, 그대는 어떠한 의식이든 과거에 속하든 미래에 속하든 현재에 속하든 내적이건 외적이건 거칠건 미세하건 저열하건 탁월하건 멀리 있건 가까이 있건 무엇이든지 '이것은 나의 것이 아니고 이것이야말로 내가 아니고 이것은 나의 자아가 아니다.'라고 여실하게 올바른 지혜로 관찰해야 한다. 이와 같이 그것에 관해 올바른 지

혜로 관찰하면, 집착 없이 번뇌에서 해탈한다.

9. 쑤라다여, 이와 같이 알고 이와 같이 보면 이 의식을 수반하는 몸과 그 밖의 일체의 대상 가운데 나라는 고집, 내 것이라는 고집의 교만스런 번뇌를 떠나 자만을 뛰어넘어 잘 해탈할 수 있다."

10. 그 후 쑤라다는 홀로 떨어져서 게으르지 않고 열심히 정진하였다. 그는 오래지 않아 스스로 곧바로 알고 깨달아서 양가의 자제들이 집에서 집 없는 곳으로 출가하게 된 당연한 이유인 위없는 청정한 삶의 목표를 현세에서 성취했다. 그는 '태어남은 부서졌고, 청정한 삶은 이루어졌고, 해야 할 일은 다 마쳤으니, 더 이상 윤회하지 않는다.'라고 분명히 알았다. 그래서 존자 쑤라다는 거룩한 님 가운데 한 분이 되었다.

10. 수행승들이 말썽을 부리면 부처님께서 어떻게 하셨을까273)

1. 이와 같이 나는 들었다. 한 때 세존께서 까삘라밧투274)의 니그로다275) 승원에 계셨다.

2. 그때 세존께서는 어떤 일에 대해276) 수행승의 무리를 꾸짖고는 아침 일찍 옷을 입고 발우와 가사를 들고 까삘라밧투로 탁발하러

---

273) 걸식의 경[Piṇḍolyasutta] : SN. III. 91 ; 잡아함 10권 17(大正 2. 71c, 잡272) ; 中阿含 34(大正 647a) 참조
274) 까삘라밧투는 히말라야 근처의 도시로 옥까까의 아들이 건설한 싸끼야 국의 수도이다. 그 도시 근처에 붓다가 태어난 룸비니 동산이 있다. 또한 그 근처에 싸끼야 국과 꼴리야국 사이에 흐르는 로히니강이 있다. B.C 6세기경에 까삘라밧투는 부처님의 아버지인 쑷도다나왕이 지배하는 왕국의 수도였다. 까삘라밧투에서 붓다가 출가할 때에 걸어간 아노마 강까지는 420Km이었고, 라자가하까지는 280km 정도 떨어져 있었다.
275) 니그로다는 벵골보리수를 말한다.
276) 붓다고싸에 따르면, 승원에서 잠자리와 깔개의 분배문제를 놓고 시끄러운 일이 발생했다. 우다나에서 세존께서는 수행승들을 싸우기 잘하는 어부에 비유했으며 아난다를 보내 그들을 책망했다.

가셨다.

3. 까뻴라밧투에서 탁발을 하고 식사를 마친 뒤 탁발에서 돌아와 한낮을 보내기 위해 마하숲을 찾아갔다. 마하숲에 들어가 벨루발랏티까 나무아래 종일 앉아 계셨다.

4. 그 때에 세존께서 홀로 명상에 드셨을 때에 그에게 이와 같은 생각이 떠올랐다.

5. '내가 수행승의 무리를 꾸짖었지만 이 세상에는 이 가르침과 계율에 막 입문한, 출가한지 오래지 않은 새내기 수행승들이 있다. 마치 어린 송아지가 어미소를 보지 못하면 당황하게 되고 길을 잃는 것처럼 그들은 나를 보지 못하면 당황하게 되고 길을 잃을 것이다.

6. 내가 수행승의 무리를 꾸짖었지만 이 세상에는 이 가르침과 계율에 막 입문한, 출가한 지 오래지 않은 새내기 수행승들이 있다. 마치 어린 씨앗이 물을 얻지 못하면 움츠러들고 싹이 트지 못하는 것처럼 그들은 나를 보지 못하면 움츠러들고 싹이 트지 못할 것이다.

7. 내가 수행승의 무리를 꾸짖었지만 이 세상에는 이 가르침과 계율에 막 입문한, 출가한 지 오래지 않은 새내기 수행승들이 있다. 그들은 나를 보지 못하면 달라져서 변해버릴 것이다. 내가 전에 수행승의 무리를 섭수한 것처럼 이 수행승의 무리를 섭수하는 것이 어떨까?'

8. 마침 하느님 싸함빠띠가 세존께서 마음으로 생각하시는 바를 알아채고 마치 힘센 사람이 굽혀진 팔을 펴고 펴진 팔을 굽히는 듯한 사이에 하느님 세계에서 모습을 감추고 세존의 앞에 나타났다.

9. 이때에 하느님 싸함빠띠는 한쪽 어깨에 웃옷을 걸치고 세존께서 계신 곳을 향해 합장하고 세존께 이와 같이 말씀드렸다.

[싸함빠띠] "세상에 존경받는 님이시여, 그렇습니다. 바른 길로 잘 가신 님이시여, 그렇습니다. 세존이시여, 세존께서는 수행승의 무리를 꾸짖었습니다.

10. 세존께서 수행승의 무리를 꾸짖으셨지만 이 세상에는 이 가르침과 계율에 막 입문한, 출가한 지 오래지 않은 새내기 수행승들이 있습니다. 마치 어린 송아지가 어미소를 보지 못하면 당황하게 되고 길을 잃는 것처럼 그들은 세존을 뵙지 못하면 당황하게 되고 길을 잃을 것입니다.

11. 세존께서 수행승의 무리를 꾸짖으셨지만 이 세상에는 이 가르침과 계율에 막 입문한 출가한지 오래지 않은 새내기 수행승들이 있습니다. 마치 어린 씨앗이 물을 얻지 못하면 움츠러들고 싹이 트지 못하는 것처럼 그들은 세존을 뵙지 못하면 움츠러들고 싹이 트지 못할 것입니다.

12. 세존께서 수행승의 무리를 꾸짖으셨지만 이 세상에는 이 가르침과 계율에 막 입문한 출가한지 오래지 않은 새내기 수행승들이 있습니다. 그들은 세존을 뵙지 못하면 달라져서 변해버릴 것입니다. 세존께서 전에 수행승의 무리를 섭수한 것처럼 수행승의 무리를 섭수하는 것이 어떻습니까?

13. 세존이시여, 세존께서는 수행승의 무리를 반갑게 맞아들이십시오. 세존이시여, 세존께서는 수행승의 무리를 반갑게 맞아들이십시오. 세존께서 전에 수행승의 무리를 섭수한 것처럼 지금도 수행승의 무리를 섭수하십시오."

14. 세존께서 침묵으로 동의하셨다.

15. 그러자 하느님 싸함빠띠는 세존께서 동의하신 것으로 알고 세

존께 인사를 드리고 오른 쪽으로 돌아 그곳에서 떠났다.

16. 그 후 세존께서는 저녁 무렵 홀로 명상하시다가 일어나 니그로다 승원을 찾아갔다. 다가가서 정해진 자리에 앉으셨다. 앉아서 세존께서는 수행승들이 한두 사람씩 부끄러운 마음으로 자신에게 다가오도록 신통의 힘을 나투셨다.

17. 그러자 수행승들은 한두 사람씩 부끄러운 마음으로 세존께서 계신 곳으로 찾아왔다. 가까이 다가와서 세존께 인사를 드리고 한 쪽으로 물러앉았다.

18. 한쪽으로 물러앉은 수행승들에게 세존께서는 이와 같이 말씀하셨다.

[세존] "수행승들이여, 탁발이라고 하는 것은 삶의 끝이다. 이 세상에서 '그대는 발우를 들고 유행한다.'는 것은 저주이다.277) 그러나 수행승들이여, 훌륭한 아들들은 타당하고 합목적적인 이유가 있어 그러한 삶을 선택한 것이다. 그들은 결코 왕이 강요해서 그런 것도 아니고, 강도가 강요해서 그런 것도 아니다. 빚을 졌기 때문에 그런 것도 아니고, 두려움 때문에 그런 것도 아니고, 목숨을 연명하기 위해 그런 것도 아니다. 그러나 그들은 '나는 태어남, 늙음, 죽음, 우울, 슬픔, 고통, 근심, 절망에 떨어졌다. 괴로움에 떨어져 괴로움에 둘러싸여 있다. 적어도 괴로움의 다발들이 종식되어야 한다.'고 생각해서 그렇게 한 것이다.

19. 수행승들이여, 이와 같이 출가한 훌륭한 아들이 탐욕을 일으켜

---

277) 여기서 저주라고 번역한 것은 원래는 '끝, 한계'란 뜻인데, 붓다고싸는 '최후의, 가장 낮은', 또는 '하찮은, 형편없는, 나쁜'의 동의어로 취급하고 있다. 그리고 여기서 저주라고 한 것은 예를 들어 사람들이 분노하면, '중 옷이나 입고, 그릇을 들고 밥이나 빌러 돌아다녀라'라고 그들의 적을 공격하였기 때문에 사용된 것이다.

감각적 쾌락의 욕망에 자극되고, 마음에 분노가 넘치고, 정신적 사유가 타락하고, 새김이 마비되고, 올바로 알아차리지 못하고, 올바로 집중하지 못하고, 마음이 산란해지고, 감각 능력을 통제하지 못하고 있다. 수행승들이여, 마치 쇠똥을 가운데 바르고, 양쪽 끝이 타다 남은 태워진 화장용 장작은 마을에서 목재로 사용할 수 없고 숲에서도 목재로 사용할 수 없는 것처럼, 수행승들이여, 이와 같은 사람은 재가자로서의 즐거움도 누리지 못하고, 수행자의 목적도 성취할 수 없다고 나는 말한다.

20. 수행승들이여, 세 가지의 악하고 불건전한 사유, 즉 감각적 쾌락의 사유, 분노의 사유, 위해의 사유가 있다. 수행승들이여, 이들 세 가지 악하고 불건전한 사유는 네 가지 새김의 토대에 마음을 잘 확립하여 특징을 뛰어넘는 삼매를278) 닦음으로서 남김없이 소멸한다.

21. 수행승들이여, 이러한 특징을 뛰어넘는 삼매를 수행하는 것은 참으로 훌륭하다. 수행승들이여, 특징을 뛰어넘는 삼매를 반복하여 수행하면, 많은 성과와 많은 공덕이 있다.

22. 수행승들이여, 두 가지 견해, 즉 존재에 대한 견해와 비존재에 대한 견해가 있다.279) 수행승들이여, 그것에 대하여 잘 배운 고귀한 제자는 '세상에 어떠한 것이라도 잘못을 수반하지 않고 집착할 수 있는 것이 있는가?'라고 반성한다.

23. 그는 "세상에 어떠한 것이라도 잘못을 수반하지 않고 집착할 수 있는 것은 없다.'라고 안다. 내가 물질에 집착하여 집착되고, 느낌에

---

278) 아니밋따 싸마디를 한역에서는 무상삼매(無相三昧)를 말하지만 여기서 쉽게 이해할 수 있도록 '대상을 뛰어넘는 삼매'라고 번역한다.
279) 여기서 존재에 대한 견해는 영원주의라고 볼 수 있고, 비존재에 대한 견해는 허무주의라고 볼 수 있다. 오늘날의 개념으로 말하자면 영원주의는 배타적 독선주의이고, 허무주의는 배타적 허무주의이다.

집착하여 집착되고, 지각에 집착하여 집착되고, 형성에 집착하여 집착되고, 의식에 집착하여 집착되면, 그 집착을 조건으로 존재가 생겨나고, 존재를 조건으로 태어남이 생겨나며, 태어남을 조건으로 늙고 죽음, 우울, 슬픔, 고통, 근심, 절망이 생겨난다. 이와 같이 해서 모든 괴로움의 다발들이 함께 생겨날 것이다.

11. 여래는 사후에 존재하는가, 존재하지 않는가?[280]

1. 한 때 존자 싸리뿟따는 싸밧티 시의 제따바나 숲에 있는 아나타삔디까 승원에 있었다.

2. 그 때 야마까[281]라는 수행승이 "내가 세존의 가르침을 이해하건대, 번뇌를 소멸시킨 수행승은 몸이 파괴되어 죽은 후에 단멸하여 존재하지 않게 된다."[282]라고 악한 견해를 일으켰다.

3. 그러자 많은 수행승들은 야마까라는 수행승이 참으로 "내가 세존의 가르침을 이해하건대, 번뇌를 소멸시킨 수행승은 몸이 파괴되어 죽은 후에 단멸하여 존재하지 않게 된다."라고 악한 견해를 일으켰다고 들었다.

4. 그래서 그 수행승들은 존자 야마까가 있는 곳을 찾아갔다. 가까이 다가가서 존자 야마까와 인사를 하고 안부를 주고 받은 뒤에 한쪽으로 물러앉았다.

---

280) 야마까의 경[Yamakasutta] : SN. III. 109 ; 잡아함 5권 2(大正 2. 30c, 잡104) 참조
281) 야마까 장로는 이 경에만 등장한다.
282) 붓다고싸에 따르면, '그가 모든 형성된 것들이 생겨나고 사라지고 형성된 것의 윤회의 멈춤이 있다고 생각하면 그것은 사견이 아니며 가르침에 부합되는 지식일 것이다. 그러나 그가 존재가 파괴되고 사라진다고만 생각하면 그 때문에 사견(邪見)이 된다.' 비구보디에 의하면, 야마까는 모든 존재가 죽은 후에 단멸한다고 주장하지 않았기 때문에 일반적 허무주의자와는 완전히 동일하지는 않다. 그는 해탈하지 못한 자와 관련해서는 영원주의를 갖고 있고 해탈한 자와 관련해서는 허무주의를 갖고 있는 것이다.

5. 한 쪽으로 물러앉은 그 수행승들은 존자 야마까에게 이와 같이 말했다.
[수행승들] "벗이여 야마까여, 그대는 '내가 세존의 가르침을 이해하건대, 번뇌를 소멸시킨 수행승은 몸이 파괴되어 죽은 후에 단멸하여 존재하지 않게 된다.'는 악한 견해를 일으킨 것이 사실입니까?"
6. [야마까] "벗들이여, 나는 '번뇌를 소멸시킨 수행승은 몸이 파괴되어 죽은 후에 단멸하여 존재하지 않게 된다.'라고 세존의 가르침을 이해했습니다."
7. [수행승들] "벗이여 야마까여, 그렇게 말하지 마시오. 세존을 비방하지 마시오. 세존을 비방하는 것은 옳지 않습니다. 세존께서는 결코 '번뇌를 소멸시킨 수행승은 몸이 파괴되어 죽은 후에 단멸하여 존재하지 않게 된다.'라고 말씀하시지 않았습니다."
8. 그 수행승들이 이와 같이 말했음에도 불구하고, 존자 야마까는 집요하게 고집하고283) 집착하여 이와 같이 말했다.
[야마까] "내가 세존의 가르침을 이해하건대, 번뇌를 소멸시킨 수행승은 몸이 파괴되어 죽은 후에 단멸하여 존재하지 않게 됩니다."
9. 그 수행승들은 존자 야마까를 그러한 악한 견해에서 벗어나게 할 수가 없었다. 그 수행승들은 결국 존자 싸리뿟따가 있는 곳을 찾아갔다. 가까이 다가가서 존자 싸리뿟따에게 이와 같이 말했다.
[수행승들] "벗이여 싸리뿟따여, 야마까라는 수행승이 '내가 세존의 가르침을 이해하건대, 번뇌를 소멸시킨 수행승은 몸이 파괴되어 죽은 후에 단멸하여 존재하지 않게 된다.'는 악한 견해를 일으켰습니

---

283) 붓다고싸에 따르면, '잘못된 견해의 힘으로, 잘못된 견해의 접촉으로'라는 뜻이다.

다. 존자 싸리뿟따께서는 자비심을 일으켜 야마까라는 수행승이 있는 곳을 찾아 주시면 좋겠습니다."

존자 싸리뿟따는 침묵으로 허락했다.

10. 그래서 존자 싸리뿟따는 저녁 무렵 홀로 명상하다가 일어나 존자 야마까가 있는 곳을 찾아갔다. 가까이 다가가서 존자 야마까와 인사를 하고 안부를 주고 받은 뒤에 한 쪽으로 물러앉았다.

11. 한 쪽으로 물러앉은 존자 싸리뿟따는 존자 야마까에게 이와 같이 물었다.

[싸리뿟따] "벗이여, 야마까여, '내가 세존의 가르침을 이해하건대, 번뇌를 소멸시킨 수행승은 몸이 파괴되어 죽은 후에 단멸하여 존재하지 않게 된다.'고 말한 것이 사실입니까?"

[야마까] "벗이여, 내가 세존의 가르침을 이해하건대, 번뇌를 소멸시킨 수행승은 몸이 파괴되어 죽은 후에 단멸하여 존재하지 않게 됩니다."

12. [싸리뿟따] "벗이여 야마까여, 그대는 어떻게 생각합니까? 물질은 영원합니까, 무상합니까?"

[야마까] "벗이여, 무상합니다."

[싸리뿟따] "그렇다면 무상한 것은 괴로운 것입니까, 즐거운 것입니까?"

[야마까] "벗이여, 괴로운 것입니다."

[싸리뿟따] "그렇다면 무상하고 괴롭고 변화하는 것에 대하여 '이것은 나의 것이고, 이것은 나이며, 이것은 나의 자아이다.'라고 관찰하는 것은 옳은 것입니까?"

[야마까] "벗이여, 옳지 않습니다."

13. [싸리뿟따] "벗이여 야마까여, 그대는 어떻게 생각합니까? 느낌은 영원합니까, 무상합니까?"

[야마까] "벗이여, 무상합니다."

[싸리뿟따] "그렇다면 무상한 것은 괴로운 것입니까, 즐거운 것입니까?"

[야마까] "벗이여, 괴로운 것입니다."

[싸리뿟따] "그렇다면 무상하고 괴롭고 변화하는 것에 대하여 '이것은 나의 것이고, 이것은 나이며, 이것은 나의 자아이다.'라고 관찰하는 것은 옳은 것입니까?"

[야마까] "벗이여, 옳지 않습니다."

14. [싸리뿟따] "벗이여 야마까여, 그대는 어떻게 생각합니까? 지각은 영원합니까, 무상합니까?"

[야마까] "벗이여, 무상합니다."

[싸리뿟따] "그렇다면 무상한 것은 괴로운 것입니까, 즐거운 것입니까?"

[야마까] "벗이여, 괴로운 것입니다."

[싸리뿟따] "그렇다면 무상하고 괴롭고 변화하는 것에 대하여 '이것은 나의 것이고, 이것은 나이며, 이것은 나의 자아이다.'라고 관찰하는 것은 옳은 것입니까?"

[야마까] "벗이여, 옳지 않습니다."

15. [싸리뿟따] "벗이여 야마까여, 그대는 어떻게 생각합니까? 형성은 영원합니까, 무상합니까?"

[야마까] "벗이여, 무상합니다."

[싸리뿟따] "그렇다면 무상한 것은 괴로운 것입니까, 즐거운 것입니까?"

[야마까] "벗이여, 괴로운 것입니다."
[싸리뿟따] "그렇다면 무상하고 괴롭고 변화하는 것에 대하여 '이것은 나의 것이고, 이것은 나이며, 이것은 나의 자아이다.'라고 관찰하는 것은 옳은 것입니까?"
[야마까] "벗이여, 옳지 않습니다."

16. [싸리뿟따] "벗이여 야마까여, 그대는 어떻게 생각합니까? 의식은 영원합니까, 무상합니까?"
[야마까] "벗이여, 무상합니다."
[싸리뿟따] "그렇다면 무상한 것은 괴로운 것입니까, 즐거운 것입니까?"
[야마까] "벗이여, 괴로운 것입니다."
[싸리뿟따] "그렇다면 무상하고 괴롭고 변화하는 것에 대하여 '이것은 나의 것이고, 이것은 나이며, 이것은 나의 자아이다.'라고 관찰하는 것은 옳은 것입니까?"
[야마까] "벗이여, 옳지 않습니다."284)

17. [싸리뿟따] "벗이여 야마까여, 그러므로 잘 배운 고귀한 제자는 이와 같이 보아서 물질에서도 싫어하여 떠나며, 느낌에서도 싫어하여 떠나며, 지각에서도 싫어하여 떠나며, 의식에서도 싫어하여 떠나고, 싫어하여 떠나서 사라지게 하고, 사라지게 해서 해탈합니다. 그가 해탈할 때에 '해탈되었다'는 궁극적인 앎이 생겨나서, '태어남은 부서졌고, 청정한 삶은 이루어졌고, 해야 할 일은 다 마쳤으니, 더 이상 윤회하지 않는다.'고 분명히 압니다."

18. [싸리뿟따] "벗이여 야마까여, 그대는 어떻게 생각합니까? 여래

---

284) 붓다고싸에 따르면, 이 존재의 다발의 세 가지 특징[三法印]에 관한 가르침을 듣고 야마까는 진리의 흐름에 든 님[豫流者]이 되었다.

는 물질이라고285) 생각합니까?"

[야마까] "벗이여, 그렇지 않습니다."

19. [싸리뿟따] "벗이여 야마까여, 그대는 어떻게 생각합니까? 여래는 느낌이라고 생각합니까?"

[야마까] "벗이여, 그렇지 않습니다."

20. [싸리뿟따] "벗이여 야마까여, 그대는 어떻게 생각합니까? 여래는 지각이라고 생각합니까?"

[야마까] "벗이여, 그렇지 않습니다."

21. [싸리뿟따] "벗이여 야마까여, 그대는 어떻게 생각합니까? 여래는 형성이라고 생각합니까?"

[야마까] "벗이여, 그렇지 않습니다."

22. [싸리뿟따] "벗이여 야마까여, 그대는 어떻게 생각합니까? 여래는 의식이라고 생각합니까?"

[야마까] "벗이여, 그렇지 않습니다."

23. [싸리뿟따] "벗이여 야마까여, 그대는 어떻게 생각합니까? 여래는 물질 안에 있다고 생각합니까?"

[야마까] "벗이여, 그렇지 않습니다."

[싸리뿟따] "벗이여 야마까여, 그대는 어떻게 생각합니까? 여래는 물질 밖에 있다고 생각합니까?"

[야마까] "벗이여, 그렇지 않습니다."

24. [싸리뿟따] 벗이여 야마까여, 그대는 어떻게 생각합니까? 여래는 느낌 안에 있다고 생각합니까?"

---

285) 붓다고싸에 따르면, 여래를 존재로 보아 '물질, 느낌, 지각, 형성, 의식의 다섯 가지 존재의 다발을 한 덩어리로 만들어 여래라고 여길 수 있는가라고 질문하는 것이다

[야마까] "벗이여, 그렇지 않습니다."
[싸리뿟따] "벗이여 야마까여, 그대는 어떻게 생각합니까? 여래는 느낌 밖에 있다고 생각합니까?"
[야마까] "벗이여, 그렇지 않습니다."

25. [싸리뿟따] "벗이여 야마까여, 그대는 어떻게 생각합니까? 여래는 지각 안에 있다고 생각합니까?"
[야마까] "벗이여, 그렇지 않습니다."
[싸리뿟따] "벗이여 야마까여, 그대는 어떻게 생각합니까? 여래는 지각밖에 있다고 생각합니까?"
[야마까] "벗이여, 그렇지 않습니다."

26. [싸리뿟따] "벗이여 야마까여, 그대는 어떻게 생각합니까? 여래는 형성 안에 있다고 생각합니까?"
[야마까] "벗이여, 그렇지 않습니다."
[싸리뿟따] "벗이여 야마까여, 그대는 어떻게 생각합니까? 여래는 형성 밖에 있다고 생각합니까?"
[야마까] "벗이여, 그렇지 않습니다."

27. [싸리뿟따] "벗이여 야마까여, 그대는 어떻게 생각합니까? 여래는 의식 안에 있다고 생각합니까?"
[야마까] "벗이여, 그렇지 않습니다."
[싸리뿟따] "벗이여 야마까여, 그대는 어떻게 생각합니까? 여래는 의식 밖에 있다고 생각합니까?"
[야마까] "벗이여, 그렇지 않습니다."

28. [싸리뿟따] "벗이여 야마까여, 그대는 어떻게 생각합니까? 여래는 물질이고, 느낌이고, 지각이고, 형성이고, 의식이라고 생각

합니까?"

[야마까] "벗이여, 그렇지 않습니다."

29. [싸리뿟따] "벗이여 야마까여, 그대는 어떻게 생각합니까? 여래는 물질이 아니고, 느낌이 아니고, 지각이 아니고, 형성이 아니고, 의식이 아니라고 생각합니까?"

[야마까] "벗이여, 그렇지 않습니다."

30. [싸리뿟따] "벗이여 야마까여, 이 세상에서 여래는 진실로 실재로 파악될 수 없습니다. 그런데 그대가 '내가 세존의 가르침을 이해하건대, 번뇌를 소멸시킨 수행승은 몸이 파괴되어 죽은 후에 단멸하여 존재하지 않게 됩니다.'라고 말하는 것이 옳은 일입니까?"

31. [야마까] "벗이여 싸리뿟따여, 악한 견해를 일으킨 것은 나의 무지 때문이었습니다. 지금 존자 싸리뿟따의 진리의 가르침을 듣고 그 악한 견해를 버리고 나는 진리를 꿰뚫었습니다.286)"

32. [싸리뿟따] "벗이여 야마까여, 만약에 그대가 '벗이여 야마까여, 번뇌를 다한 거룩한 님이 몸이 파괴되어 죽은 뒤에 어떻게 되는가?'라고 물으면, 그와 같은 질문을 받고 벗이여 야마까여, 그대는 어떻게 대답하겠습니까?"

33. [야마까] "벗이여 싸리뿟따여, 나에게 '벗이여 야마까여, 번뇌를 다한 거룩한 님이 몸이 파괴되어 죽은 뒤에 어떻게 되는가?'라고 물으면, 그와 같은 질문을 받고 나는 '벗이여, 물질은 무상한 것입니다. 무상한 것은 괴로운 것입니다. 괴로운 것은 소멸하고 사라지는 것입니다. 느낌은 무상한 것입니다. 무상한 것은 괴로운 것입니다. 괴로운 것은 소멸하고 사라지는 것입니다. 지각은 무상한 것입

---

286) 붓다고싸에 의하면, 진리의 흐름에 든 님[豫流者]이 되었다는 뜻이다.

니다. 무상한 것은 괴로운 것입니다. 괴로운 것은 소멸하고 사라지는 것입니다. 형성은 무상한 것입니다. 무상한 것은 괴로운 것입니다. 괴로운 것은 소멸하고 사라지는 것입니다. 의식은 무상한 것입니다. 무상한 것은 괴로운 것입니다. 괴로운 것은 소멸하고 사라지는 것입니다.'라고 대답하겠습니다. 이와 같은 질문을 받으면, 벗이여, 그와 같이 대답하겠습니다."

34. [싸리뿟따] "벗이여 야마까여, 훌륭합니다. 벗이여 야마까여, 훌륭합니다. 내가 그대에게 그 의미를 좀 더 설명하기 위해 비유로 말하겠습니다.

35. 벗이여 야마까여, 예를 들어 여기 장자, 혹은 장자의 아들은 돈이 많고 재산이 많은 부유한 자로서 경비를 단단히 갖추고 있다고 합시다. 이때 어떤 사람이 그에게 손해를 끼치고, 그를 해치고, 그를 위험에 빠뜨리고, 그의 목숨을 빼앗고자 한다면, 그는 '여기 장자, 혹은 장자의 아들은 돈이 많고 재산이 많은 부유한 자로서 경비를 단단히 갖추고 있기 때문에 힘으로 그의 목숨을 빼앗는 것은 결코 쉽지 않다. 그에게 가까이 침투해서 그의 목숨을 빼앗은 것은 어떨까?'라는 생각할 것입니다. 그래서 그는 장자, 혹은 장자의 아들에게 접근하여 '주인님, 제가 시중을 들겠습니다.'라고 말할 것입니다. 그러면 그 장자 또는 장자의 아들은 그에게 시중드는 것을 허락할 것입니다. 그는 아침 일찍 일어나서 저녁 늦게 잠자리에 들 때까지 주인이 원하는 대로 비위를 맞추고 아첨하여 시중을 들 것입니다. 그러면 그 장자, 혹은 장자의 아들은 그를 친구로 여기고, 절친한 벗으로 삼아, 그를 신뢰하게 될 것입니다. 그러나 벗이여, 그는 그 장자, 혹은 장자의 아들이 자신을 신뢰한다는 것을 확신하게 되었을 때, 그가 홀로 있는 것을 발견한다면 날카로운 칼로 목숨을 빼

앗을 것입니다.

36. 벗이여 야마까여, 그대는 어떻게 생각합니까? 그 사람이 저 장자나 장자의 아들 앞에 가서 '주인님, 제가 시중을 들겠습니다.'라고 말했을 당시에, 비록 그 주인이 '나는 살인자를 데리고 있다.'라는 사실을 알지 못했지만, 그렇다고 하여 그가 살인자가 아닙니까?

37. 그리고 그가 아침 일찍 일어나서 저녁 늦게 잠자리에 들 때까지 주인이 원하는 대로 비위를 맞추고 아첨하여 시중을 들 때에도, 비록 그 주인이 그를 '나는 살인자를 데리고 있다.'라고 알지 못했을 때도, 그렇다고 하여 그가 살인자가 아닙니까?

38. 그리고 주인이 그와 가까워졌을 때, 주인이 홀로 있고, 그의 목숨을 빼앗았을 때에도, 비록 그 주인이 그를 '나는 살인자를 데리고 있다.'라고 알지 못했을 때도 역시, 그렇다고 하여 그가 살인자가 아닙니까?"

[야마까] "벗이여, 그렇지 않습니다."

39. [싸리뿟따] "벗이여, 그와 같습니다.

1) 이 세상에 배우지 못한 일반 사람들은287) 고귀한 님을 보지 못하고, 고귀한 님의 가르침을 잘 알지 못하고, 고귀한 님의 가르침에 이끌려지지 않으며, 참사람을 보지 못하고, 참사람의 가르침을 잘 알지 못하고, 참사람의 가르침에 이끌려지지 않기 때문에 물질을 자아로 여기고, 물질을 가진 것을 자아로 여기고, 자아 가운데

---

287) 붓다고싸에 따르면, 윤회에 사로잡힌 배우지 못한 일반 사람은 속기 쉬운 장자와 같고, 다섯 가지 허약한 존재의 다발은 살인적인 적들과 같다. 적들이 쳐들어와 장자가 그들에게 봉사하는 것은 다시 태어남의 순간에 존재의 다발이 획득되는 것과 같다. 장자가 그 적을 친구로 삼으면, 일반 사람이 존재의 다발에 대해 '그것들은 나의 것이다.'라고 생각하며 집착하는 것과 같다. 장자가 '그는 나의 친구이다.'라고 적에게 베푸는 호의는 일반 사람이 그들을 목욕시키고 먹이는 등 하면서 베푸는 호의와 같다. 적에게 장자가 살해되는 것은 존재의 다발이 파괴되어 일반 사람의 삶이 부서지는 것과 같다.

물질이 있는 것으로 여기고, 물질 가운데 자아가 있는 것으로 여깁니다.
2) 이 세상에 배우지 못한 일반 사람들은 고귀한 님을 보지 못하고, 고귀한 님의 가르침을 잘 알지 못하고, 고귀한 님의 가르침에 이끌려지지 않으며, 참사람을 보지 못하고, 참사람의 가르침을 잘 알지 못하고, 참사람의 가르침에 이끌려지지 않기 때문에 느낌을 자아로 여기고, 느낌을 가진 것을 자아로 여기고, 자아 가운데 느낌이 있는 것으로 여기고, 느낌 가운데 자아가 있는 것으로 여깁니다.
3) 이 세상에 배우지 못한 일반 사람들은 고귀한 님을 보지 못하고, 고귀한 님의 가르침을 잘 알지 못하고, 고귀한 님의 가르침에 이끌려지지 않으며, 참사람을 보지 못하고, 참사람의 가르침을 잘 알지 못하고, 참사람의 가르침에 이끌려지지 않기 때문에 지각을 자아로 여기고, 지각을 가진 것을 자아로 여기고, 자아 가운데 지각이 있는 것으로 여기고, 지각 가운데 자아가 있는 것으로 여깁니다.
4) 이 세상에 배우지 못한 일반 사람들은 고귀한 님을 보지 못하고, 고귀한 님의 가르침을 잘 알지 못하고, 고귀한 님의 가르침에 이끌려지지 않으며, 참사람을 보지 못하고, 참사람의 가르침을 잘 알지 못하고, 참사람의 가르침에 이끌려지지 않기 때문에 형성을 자아로 여기고, 형성을 가진 것을 자아로 여기고, 자아 가운데 형성이 있는 것으로 여기고, 형성 가운데 자아가 있는 것으로 여깁니다.
5) 이 세상에 배우지 못한 일반 사람들은 고귀한 님을 보지 못하고, 고귀한 님의 가르침을 잘 알지 못하고, 고귀한 님의 가르침에 이

끌려지지 않으며, 참사람을 보지 못하고, 참사람의 가르침을 잘 알지 못하고, 참사람의 가르침에 이끌려지지 않기 때문에 의식을 자아로 여기고, 의식을 가진 것을 자아로 여기고, 자아 가운데 의식이 있는 것으로 여기고, 의식 가운데 자아가 있는 것으로 여깁니다.

40. 1) 그는 무상한 물질을 '물질은 무상하다.'라고 있는 그대로 분명히 알지 못하고, 그는 무상한 느낌에 관하여 '느낌은 무상하다.'라고 있는 그대로 분명히 알지 못하고, 그는 무상한 지각에 관하여 '지각은 무상하다.'라고 있는 그대로 분명히 알지 못하고, 그는 무상한 형성에 관하여 '형성은 무상하다.'라고 있는 그대로 분명히 알지 못하고, 그는 무상한 의식에 관하여 '의식은 무상하다.'라고 있는 그대로 알지 못합니다.

2) 그는 괴로운 물질에 관하여 '물질은 괴롭다.'라고 있는 그대로 분명히 알지 못하고, 그는 괴로운 느낌에 관하여 '느낌은 괴롭다.'라고 있는 그대로 분명히 알지 못하고, 그는 괴로운 지각에 관하여 '지각은 괴롭다.'라고 있는 그대로 분명히 알지 못하고, 그는 괴로운 형성에 관하여 '형성은 괴롭다.'라고 있는 그대로 분명히 알지 못하고, 그는 괴로운 의식에 관하여 '의식은 괴롭다.'라고 있는 그대로 알지 못합니다.

3) 그는 실체가 없는 물질에 관하여 '물질은 실체가 없다.'라고 있는 그대로 분명히 알지 못하고, 그는 실체가 없는 느낌에 관하여 '느낌은 실체가 없다.'라고 있는 그대로 분명히 알지 못하고, 그는 실체가 없는 지각에 관하여 '지각은 실체가 없다.'라고 있는 그대로 분명히 알지 못하고, 그는 실체가 없는 형성에 관하여 '형성은 실체가 없다.'라고 있는 그대로 분명히 알지 못하고, 그는 실체가 없

는 의식에 관하여 '의식은 실체가 없다.'라고 있는 그대로 알지 못합니다.

4) 그는 조건 지워진 물질에 관하여 '물질은 조건 지워졌다.'라고 있는 그대로 분명히 알지 못하고, 그는 조건 지워진 느낌에 관하여 '느낌은 조건 지워졌다.'라고 있는 그대로 분명히 알지 못하고, 그는 조건 지워진 지각에 관하여 '지각은 조건 지워졌다.'라고 있는 그대로 분명히 알지 못하고, 그는 조건 지워진 형성에 관하여 '형성은 조건 지워졌다.'라고 있는 그대로 분명히 알지 못하고, 그는 조건 지워진 의식에 관하여 '의식은 조건 지워졌다.'고 있는 그대로 알지 못합니다.

5) 그는 살인적인 물질에 관하여 '물질은 살인적이다.'라고 있는 그대로 분명히 알지 못하고, 그는 살인적인 느낌에 관하여 '느낌은 살인적이다.'라고 있는 그대로 분명히 알지 못하고, 그는 살인적인 지각에 관하여 '지각은 살인적이다.'라고 있는 그대로 분명히 알지 못하고, 그는 살인적인 형성에 관하여 '형성은 살인적이다.'라고 있는 그대로 분명히 알지 못하고, 그는 살인적인 의식에 관하여 '의식은 살인적이다.'라고 있는 그대로 알지 못합니다.

41. 그는 물질에 접근하고, 집착하고, '이것은 나의 자아이다.'라고 고집합니다. 그는 느낌에 접근하고, 집착하고, '이것은 나의 자아이다.'라고 고집합니다. 그는 지각에 접근하고, 집착하고, '이것은 나의 자아이다.'라고 고집합니다. 그는 형성에 접근하고, 집착하고, '이것은 나의 자아이다.'라고 고집합니다. 그는 의식에 접근하고, 집착하고, '이것은 나의 자아이다.'라고 고집합니다. 그는 이들 다섯 가지 존재의 집착다발에 접근하고 집착함으로서 오랜 세월을 불이익과 고통 속에서 보냅니다.

42. 1) 이 세상에 잘 배운 고귀한 제자는 고귀한 님을 보고, 고귀한 님의 가르침을 잘 알고, 고귀한 님의 가르침에 이끌려지며, 참사람을 보고, 참사람의 가르침을 잘 알고, 참사람의 가르침에 이끌려지기 때문에 물질을 자아로 여기지 않고, 물질을 가진 것을 자아로 여기지 않고, 자아 가운데 물질이 있는 것으로 여기지 않고, 물질 가운데 자아가 있는 것으로 여기지 않습니다.

2) 이 세상에 잘 배운 고귀한 제자는 고귀한 님을 보고, 고귀한 님의 가르침을 잘 알고, 고귀한 님의 가르침에 이끌려지며, 참사람을 보고, 참사람의 가르침을 잘 알고, 참사람의 가르침에 이끌려지기 때문에 느낌을 자아로 여기지 않고, 느낌을 가진 것을 자아로 여기지 않고, 자아 가운데 느낌이 있는 것으로 여기지 않고, 느낌 가운데 자아가 있는 것으로 여기지 않습니다.

3) 이 세상에 잘 배운 고귀한 제자는 고귀한 님을 보고, 고귀한 님의 가르침을 잘 알고, 고귀한 님의 가르침에 이끌려지며, 참사람을 보고, 참사람의 가르침을 잘 알고, 참사람의 가르침에 이끌려지기 때문에 지각을 자아로 여기지 않고, 지각을 가진 것을 자아로 여기지 않고, 자아 가운데 지각이 있는 것으로 여기지 않고, 지각 가운데 자아가 있는 것으로 여기지 않습니다.

4) 이 세상에 잘 배운 고귀한 제자는 고귀한 님을 보고, 고귀한 님의 가르침을 잘 알고, 고귀한 님의 가르침에 이끌려지며, 참사람을 보고, 참사람의 가르침을 잘 알고, 참사람의 가르침에 이끌려지기 때문에 형성을 자아로 여기지 않고, 형성을 가진 것을 자아로 여기지 않고, 자아 가운데 형성이 있는 것으로 여기지 않고, 형성 가운데 자아가 있는 것으로 여기지 않습니다.

5) 이 세상에 잘 배운 고귀한 제자는 고귀한 님을 보고, 고귀한 님의

가르침을 잘 알고, 고귀한 님의 가르침에 이끌려지며, 참사람을 보고, 참사람의 가르침을 잘 알고, 참사람의 가르침에 이끌려지기 때문에 의식을 자아로 여기지 않고, 의식을 가진 것을 자아로 여기지 않고, 자아 가운데 물질이 있는 것으로 여기지 않고, 물질 가운데 자아가 있는 것으로 여기지 않습니다.

43. 1) 그는 무상한 물질을 '물질은 무상하다.'라고 있는 그대로 분명히 알고, 그는 무상한 느낌에 관하여 '느낌은 무상하다.'라고 있는 그대로 분명히 알고, 그는 무상한 지각에 관하여 '지각은 무상하다.'라고 있는 그대로 분명히 알고, 그는 무상한 형성에 관하여 '형성은 무상하다.'라고 있는 그대로 분명히 알고, 그는 무상한 의식에 관하여 '의식은 무상하다.'라고 있는 그대로 압니다.

2) 그는 괴로운 물질에 관하여 '물질은 괴롭다.'라고 있는 그대로 분명히 알고, 그는 괴로운 느낌에 관하여 '느낌은 괴롭다.'라고 있는 그대로 분명히 알고, 그는 괴로운 지각에 관하여 '지각은 괴롭다.'라고 있는 그대로 분명히 알고, 그는 괴로운 형성에 관하여 '형성은 괴롭다.'라고 있는 그대로 분명히 알고, 그는 괴로운 의식에 관하여 '의식은 괴롭다.'라고 있는 그대로 압니다.

3) 그는 실체가 없는 물질에 관하여 '물질은 실체가 없다.'라고 있는 그대로 분명히 알고, 그는 실체가 없는 느낌에 관하여 '느낌은 실체가 없다.'라고 있는 그대로 분명히 알고, 그는 실체가 없는 지각에 관하여 '지각은 실체가 없다.'라고 있는 그대로 분명히 알고, 그는 실체가 없는 형성에 관하여 '형성은 실체가 없다.'라고 있는 그대로 분명히 알고, 그는 실체가 없는 의식에 관하여 '의식은 실체가 없다.'라고 있는 그대로 압니다.

4) 그는 조건 지워진 물질에 관하여 '물질은 조건 지워졌다.'라고 있

는 그대로 분명히 알고, 그는 조건 지워진 느낌에 관하여 '느낌은 조건 지워졌다.'라고 있는 그대로 분명히 알고, 그는 조건 지워진 지각에 관하여 '지각은 조건 지워졌다.'라고 있는 그대로 분명히 알고, 그는 조건 지워진 형성에 관하여 '형성은 조건 지워졌다.'라고 있는 그대로 분명히 알고, 그는 조건 지워진 의식에 관하여 '의식은 조건 지워졌다.'고 있는 그대로 압니다.

5) 그는 살인적인 물질에 관하여 '물질은 살인적이다.'라고 있는 그대로 분명히 알고, 그는 살인적인 느낌에 관하여 '느낌은 살인적이다.'라고 있는 그대로 분명히 알고, 그는 살인적인 지각에 관하여 '지각은 살인적이다.'라고 있는 그대로 분명히 알고, 그는 살인적인 형성에 관하여 '형성은 살인적이다.'라고 있는 그대로 분명히 알고, 그는 살인적인 의식에 관하여 '의식은 살인적이다.'라고 있는 그대로 압니다.

44. 그는 물질에 접근하지 않고, 집착하지 않고, '이것은 나의 자아이다.'라고 고집하지 않습니다. 그는 느낌에 접근하지 않고, 집착하지 않고, '이것은 나의 자아이다.'라고 고집하지 않습니다. 그는 지각에 접근하지 않고, 집착하지 않고, '이것은 나의 자아이다.'라고 고집하지 않습니다. 그는 형성에 접근하지 않고, 집착하지 않고, '이것은 나의 자아이다.'라고 고집하지 않습니다. 그는 의식에 접근하지 않고, 집착하지 않고, '이것은 나의 자아이다.'라고 고집하지 않습니다. 그는 이러한 다섯 가지 존재의 집착다발에 접근하지 않고, 집착하지 않기 때문에, 오랜 세월을 이익과 행복 속에서 보냅니다.

45. [야마까] "벗이여 싸리뿟따여, 그래서 그와 같이 연민이 많고 이익을 주는 동료를 가진 존자들이 그들을 교시하고 가르치는 것입니다. 그리고 지금 존자 싸리뿟따로부터 이러한 진리의 가르침을 듣

고 저의 마음이 집착 없이 번뇌에서 해탈했습니다."

46. 존자 싸리뿟따는 이렇게 말하였고, 존자 야마까는 만족하여 존자 싸리뿟따의 말에 기뻐했다.

12. 이원성의 희론을 물리치고 무엇에 관심을 가져야 할까?[288]

1. 이와 같이 나는 들었다. 한 때 세존께서 베쌀리 시의 마하숲에 있는 꾸따가라쌀라에 계셨다.

2. 그때 존자 아누라다는 세존께서 계신 곳에서 멀지 않은 숲 속의 초막에 있었다.

3. 마침 많은 이교도의 유행자들이 존자 아누라다가 있는 곳을 찾아갔다. 가까이 다가와서 존자 아누라다와 인사를 하고, 안부를 주고받은 뒤에 한쪽으로 물러앉았다.

4. 한쪽으로 물러앉은 그 이교도의 유행자들은 존자 아누라다에게 이와 같이 말했다.
[이교도들] "벗이여, 아누라다여, 여래는 위없는 사람이며, 최상의 사람이며, 궁극에 도달한 사람인데, 여래는 그에 대해서 '여래는 사후에 존재한다. 여래는 사후에 존재하지 않는다. 여래는 사후에 존재하기도 하고 존재하지 않기도 한다. 여래는 사후에 존재하는 것도 아니고 존재하지 않는 것도 아니다.'라는 네 가지 명제로 시설합니다."

5. 이와 같이 말했을 때에 존자 아누라다는 그 이교도의 유행자들에게 이와 같이 말했다.

---

288) 아누라다의 경[Anurādhasutta] : SN. III. 116 ; 잡아함 5권 4(大正 2. 32c, 잡106) 참조.

[아누라다] "벗이여, 여래는 위없는 사람이며, 최상의 사람이며, 궁극에 도달한 사람인데, 여래는 그에 대해서 '여래는 사후에 존재한다. 여래는 사후에 존재하지 않는다. 여래는 사후에 존재하기도 하고 존재하지 않기도 한다. 여래는 사후에 존재하는 것도 아니고 존재하지 않는 것도 아니다.'라는 네 가지 명제로 시설하지 않습니다."

6. 이와 같이 말하자 그 이교도의 유행자들은 존자 아누라다에게 이와 같이 말했다.

[이교도들] "이 수행승은 출가한 지 오래지 않은 새내기이거나 장로라면 어리석어 총명하지 못함에 틀림없다."

7. 그처럼 그 이교도의 유행자들은 존자 아누라다를 새내기이거나 총명하지 못함에 틀림없다고 말하면서 존자 아누라다를 헐뜯고, 그 자리에서 일어나 가버렸다.

8. 그 이교도의 유행자들이 가버린 지 오래되지 않았을 때 존자 아누라다에게 이와 같은 생각이 떠올랐다.

[아누라다] "만약 그 이교도의 유행자들이 내게 다시 한 번 질문한다면, 내가 어떻게 설명해야 세존께서 말씀하신 대로 설명하는 것이고, 진실이 아닌 것으로 세존을 잘못 대변하는 것이 아니며, 가르침에 일치하도록 설명하는 것이고, 내 주장이 비판의 근거를 제공하는 것이 아닐까?"

9. 그래서 존자 아누라다는 세존께서 계신 곳을 찾아갔다. 가까이 다가가서 세존께 인사를 드리고 한쪽으로 물러앉았다.

10. 한쪽으로 물러앉아서 존자 아누라다는 세존께 이와 같이 여쭈었다.

[아누라다] "세존이시여, 저는 여기 세존께서 계신 곳에서 멀지 않은 숲 속 초암에 머물고 있었습니다. 세존이시여, 그런데 많은 이교도 유행자들이 제가 있는 곳으로 찾아왔습니다. 가까이 다가와서 그 이교도의 유행자들은 이와 같이 말했습니다. '벗이여, 아누라다여, 여래는 위없는 사람이며, 최상의 사람이며, 궁극에 도달한 사람인데, 여래는 그에 대해서 '여래는 사후에 존재한다. 여래는 사후에 존재하지 않는다. 여래는 사후에 존재하기도 하고 존재하지 않기도 한다. 여래는 사후에 존재하는 것도 아니고 존재하지 않는 것도 아니다.'라는 네 가지 명제로 시설합니다.'

11. 세존이시여, 그 이교도 유행자들이 이와 같이 말했을 때 저는 그들에게 이와 같이 말했습니다.

[아누라다] '벗이여, 여래는 위없는 사람이며, 최상의 사람이며, 궁극에 도달한 사람인데, 여래는 그에 대해서 '여래는 사후에 존재한다. 여래는 사후에 존재하지 않는다. 여래는 사후에 존재하기도 하고 존재하지 않기도 한다. 여래는 사후에 존재하는 것도 아니고 존재하지 않는 것도 아니다.'라는 네 가지 명제로 시설하지 않습니다.'

12. 세존이시여, 이와 같이 말하자 그 이교도 유행자들은 제게 이와 같이 말했습니다. '이 수행승은 출가한 지 오래지 않은 새내기이거나 장로라면 어리석어 총명하지 못함에 틀림없다.'

13. 그 이교도 유행자들은 그와 같이 제가 새내기이거나 총명하지 못함에 틀림없다고 말하면서 저를 헐뜯고, 그 자리에서 일어나 가 버렸습니다.

14. 세존이시여, 그 이교도의 유행자들이 가버린 지 오래되지 않았을 때, 제게 '만약 그 이교도의 유행자들이 내게 다시 한 번 질문한

다면, 어떻게 내가 설명해야 세존께서 말씀하신 대로 말한 것이고, 진실이 아닌 것으로 세존을 잘못 대변한 것이 아니며, 가르침에 일치하도록 설명하는 것이고, 내 주장이 비판의 근거를 제공하는 것이 안 될까'라는 생각이 떠올랐습니다.

15. [세존] 아누라다여, 그대는 어떻게 생각하는가? 물질은 영원한가, 무상한가?"

[아누라다] "세존이시여, 무상합니다."

[세존] "그러면 무상한 것은 괴로운 것인가, 즐거운 것인가?"

[아누라다] "세존이시여, 괴로운 것입니다."

[세존] "무상하고 괴롭고 변화하는 것을 '이것은 내 것이고, 이것은 나이며, 이것은 나의 자아다.'라고 하는 것은 옳은 것인가?"

[아누라다] "세존이시여, 옳지 않습니다."

16. [세존] 아누라다여, 그대는 어떻게 생각하는가? 느낌은 영원한가, 무상한가?"

[아누라다] "세존이시여, 무상합니다."

[세존] "그러면 무상한 것은 괴로운 것인가, 즐거운 것인가?"

[아누라다] "세존이시여, 괴로운 것입니다."

[세존] "무상하고 괴롭고 변화하는 것을 '이것은 내 것이고, 이것은 나이며, 이것은 나의 자아다.'라고 하는 것은 옳은 것인가?"

[아누라다] "세존이시여, 옳지 않습니다."

17. [세존] 아누라다여, 그대는 어떻게 생각하는가? 지각은 영원한가, 무상한가?"

[아누라다] "세존이시여, 무상합니다."

[세존] "그러면 무상한 것은 괴로운 것인가, 즐거운 것인가?"

[아누라다] "세존이시여, 괴로운 것입니다."

[세존] "무상하고 괴롭고 변화하는 것을 '이것은 내 것이고, 이것은 나이며, 이것은 나의 자아다.'라고 하는 것은 옳은 것인가?"
[아누라다] "세존이시여, 옳지 않습니다."

18. [세존] 아누라다여, 그대는 어떻게 생각하는가? 형성은 영원한가, 무상한가?"
[아누라다] "세존이시여, 무상합니다."
[세존] "그러면 무상한 것은 괴로운 것인가, 즐거운 것인가?"
[아누라다] "세존이시여, 괴로운 것입니다."
[세존] "무상하고 괴롭고 변화하는 것을 '이것은 내 것이고, 이것은 나이며, 이것은 나의 자아다.'라고 하는 것은 옳은 것인가?"
[아누라다] "세존이시여, 옳지 않습니다."

19. [세존] 아누라다여, 그대는 어떻게 생각하는가? 의식은 영원한가, 무상한가?"
[아누라다] "세존이시여, 무상합니다."
[세존] "그러면 무상한 것은 괴로운 것인가, 즐거운 것인가?"
[아누라다] "세존이시여, 괴로운 것입니다."
[세존] "무상하고 괴롭고 변화하는 것을 '이것은 내 것이고, 이것은 나이며, 이것은 나의 자아다.'라고 하는 것은 옳은 것인가?"
[아누라다] "세존이시여, 옳지 않습니다."

20. [세존] "수행승들이여, 그러므로 잘 배운 거룩한 제자는 이와 같이 보아서 물질에서도 싫어하여 떠나며, 느낌에서도 싫어하여 떠나며, 지각에서도 싫어하여 떠나며, 의식에서도 싫어하여 떠난다. 싫어하여 떠나서 사라지게 하고, 사라지게 해서 해탈한다. 해탈하면 '해탈되었다.'는 지혜가 생겨나서 '태어남은 부서졌고, 청정한 삶은 이루어졌고, 해야 할 일은 다 마쳤으니, 더 이상 윤회하지 않는다.'

고 그는 분명히 안다."

21. [세존] "아누라다여, 그대는 어떻게 생각하는가? 여래는 물질이나 느낌이나 지각이나 형성이나 의식이라고 생각하는가?"
[아누라다] "세존이시여, 그렇지 않습니다."

22. [세존] "아누라다여, 그대는 어떻게 생각하는가? 여래는 물질가운데나 느낌 가운데나 지각 가운데나 형성 가운데나 의식 가운데 있다고 생각하는가?"
[아누라다] "세존이시여, 그렇지 않습니다."

23. [세존] "아누라다여, 그대는 어떻게 생각하는가? 여래는 물질도 아니고 느낌도 아니고 지각도 아니고 형성도 아니고 의식도 아니라고 생각하는가?"
[아누라다] "세존이시여, 그렇지 않습니다."

24. [세존] "아누라다여, 이 세상에서 여래는 진실로 실재로 파악될 수 없다. 그렇다면 그들이 '여래는 위없는 사람이며, 최상의 사람이며, 궁극에 도달한 사람인데, 여래는 그에 대해서 '여래는 사후에 존재한다. 여래는 사후에 존재하지 않는다. 여래는 사후에 존재하기도 하고 존재하지 않기도 한다. 여래는 사후에 존재하는 것도 아니고 존재하지 않는 것도 아니다.'라는 네 가지 명제로 시설합니다.'라고 말하는 것이 옳은 일인가?"
[아누라다] "세존이시여, 옳지 않습니다.289)"

25. [세존] "아누라다여, 훌륭하다. 아누라다여, 훌륭하다. 예전이나 지금이나 나는 괴로움과 괴로움의 소멸에 관해서 시설한다."

---

289) 붓다고싸에 따르면, 이러한 명제는 '설해질 수 없는 것 즉 무기(無記)'로 남는다.

13. 제자의 죽음 앞에서 부처님께서 어떻게 설법하셨을까290)

1. 이와 같이 나는 들었다. 한 때 세존께서는 라자가하 시 벨루바나 숲에 있는 깔란다까니바빠 공원에 계셨다.

2. 그때 존자 앗싸지291)는 깟싸빠까 승원에 있으면서 병이 들어 괴로워하는데, 매우 중병이었다.

3. 그래서 존자 앗싸지는 시자들에게 알렸다.
[앗싸지] "벗들이여, 그대들은 세존께서 계신 곳으로 찾아가십시오. 찾아가서 내 이름으로 세존의 발에 머리를 조아려 인사를 드리고 '세존이시여, 수행승 앗싸지가 병이 들어 괴로워하는데 아주 중병입니다. 그가 세존의 발아래 머리를 조아려 인사를 드립니다.'라고 전하십시오. 그리고 '세존이시여, 세존께서는 수행승 앗싸지가 있는 곳을 찾아주시면 좋겠습니다.'라고 말하십시오."

4. '벗이여, 그렇게 하겠습니다.'라고 그 수행승들은 존자 앗싸지에게 대답하고 세존께서 계신 곳을 찾아갔다. 가까이 다가가서 세존께 인사를 드리고 한쪽으로 물러앉았다.

5. 한쪽으로 물러앉은 그 수행승들은 세존께 이와 같이 전했다.
[수행승들] "세존이시여, 수행승 앗싸지가 병이 들어 괴로워하는데, 아주 중병입니다. 그가 세존의 발아래 머리를 조아려 인사를 드립니다."
그리고 이와 같이 말씀드렸다.

---

290) 앗싸지의 경[Assajisutta] : SN. III. 124 ; 잡아함 27권 3(大正 2. 267c, 잡1025) 참조
291) 부처님께서 최초의 가르침을 전한 다섯 수행승 가운데 한 사람인데 그는 그들 가운데서도 제일 나중에 깨달음을 얻었다. 그러나 그가 부처님의 연기법에 대한 간략한 가르침을 싸리뿟따에게 전함으로써 싸리뿟따와 그의 동료인 목갈라나가 부처님에 귀의하는 계기를 마련하였다. 싸리뿟따와 목갈라나는 부처님의 가르침을 꿰뚫어 보는 가장 위대한 두 제자가 되었다.

"세존이시여, 세존께서는 수행승 앗싸지가 있는 곳을 찾으시면 좋겠습니다."
세존께서는 침묵으로 허락하셨다.

6. 그래서 세존께서는 저녁 무렵 홀로 명상을 하시다가 일어나 존자 앗싸지가 있는 곳을 찾아갔다.

7. 존자 앗싸지는 세존께서 멀리서 오시는 것을 보았다. 보고 나서 침상에서 일어나려 했다.

8. 그러자 세존께서는 존자 앗싸지에게 이와 같이 말했다.
[세존] "앗싸지여, 그대는 침상에서 일어나지 말라. 이곳에 자리가 마련되어 있으니 이곳에 내가 앉겠다."
세존께서는 마련된 자리에 앉으셨다.

9. 앉아서 세존께서는 존자 앗싸지에게 이와 같이 말했다.
[세존] "앗싸지여, 그대는 참아낼 만하고 견디어낼 만한가? 나는 그대의 고통스러운 느낌이 감퇴하기를 바라고, 증가하지 않기를 바랄뿐만 아니라 감퇴하는 것을 알고 증가하지 않는 것을 알기를 바란다.292)"

10. [앗싸지] "세존이시여, 저는 참아낼 수 없고, 견뎌낼 수 없습니다. 저의 고통스러운 느낌은 극심하여 증가하기만 하고, 감퇴하지는 않으며, 감퇴하는 것을 알지 못하고 증가하지 않는 것을 알지 못하겠습니다."

---

292) 병문안하는 가장 일반적인 형식으로 전체 쌍윳따니까야가 이러한 형식을 따르고 있다. 이 것은 경전이 암송되어 구전으로 내려왔다는 가장 직접적인 증거가 된다. 비구 보디는 전부 기원문으로 번역하였고, 우드워드는 앞의 두 문장은 기원문으로, 뒤의 문장은 의문문으로 번역하였고, 일본의 남전장경에서는 모두 의문문으로 번역했다. 그러나 역자의 구역은 모두 의문문으로 했다가 이번에 새로 복원된 미얀마본에 따라 앞의 문장은 의문으로, 뒤의 문장 은 기원으로 번역하였다.

11. 앉아서 세존께서는 존자 앗싸지에게 이와 같이 말했다.

[세존] "앗싸지여, 그대에게 가책이 될 만한 일이나 후회가 될 만한 일이 없기를 바란다."293)

[앗싸지] "세존이시여, 저에게는 실로 가책이 될 만한 일이 적지 않고 후회가 될 만한 일이 적지 않습니다."

12. [세존] "앗싸지여, 그대가 계행을 실천함에 자책할만한 것은 없는가?"

[앗싸지] "세존이시여, 저는 계행을 실천하는 데 자책할만한 것은 없습니다."

13. [세존] "자, 앗싸지여, 그대가 계행을 실천함에 자책할만한 것이 결코 없다면, 그대에게 어떠한 가책이 있고, 어떠한 후회가 있단 말인가?"

[앗싸지] "세존이시여, 제가 병이 들었을 때, 저는 계속해서 신체적 형성을 진정시키려고 했습니다.294) 그러나 저는 삼매를 얻지 못하고 있습니다. 세존이시여, 저는 삼매를 얻지 못하고 있기 때문에 '나는 여기서 결코 물러서지 않겠다.'라고 생각했습니다.

14. [세존] "앗싸지여, 삼매를 본질로 하고 삼매를 수행자의 경지와 일치시키는 수행자들과 성직자들은 삼매를 얻지 못하면, '우리는 여기서 결코 물러서지 않겠다.'라고 생각할 수 있다."295)

---

293) 미얀마 복원 본은 역자의 구역처럼 의문문으로 되어 있으나, 이번에 역자는 비구보디의 번역처럼 환자를 배려하는 입장에서 기원문으로 바꾼다.
294) 붓다고싸에 따르면, 여기서 신체적 형성은 호흡을 말한다.
295) 이 번역은 비구 보디의 영역을 참고하여 개역한 것인데, 전체 경전의 문맥의 흐름으로 보아 삼매를 강조한 것이 아니라 지혜와 통찰의 중요성을 강조한 그의 번역이 훨씬 자명했기 때문이다. 역자의 초판 번역은 일역이나 우드워드의 영역을 참고한 것인데 "견고한 삼매를 추구하고 평등한 삼매를 추구하는 수행자나 성직자들은 만약 삼매를 얻지 못하더라도 '나는 아직 물러서지 않겠다.'라고 생각해야 한다."라고 했다. 빠알리어에서 '싸라'는 '견고'와

15. [세존] "앗싸지여, 그대는 어떻게 생각하는가? 물질이나 느낌이나 지각이나 형성이나 의식은 영원한가, 무상한가?"
[앗싸지] "세존이시여, 무상합니다."
[세존] "그렇다면 무상한 것은 괴로운 것인가 즐거운 것인가?"
[앗싸지] "세존이시여, 괴로운 것입니다."
[세존] "그렇다면 무상하고 괴롭고 변화하는 것에 대하여 '이것은 나의 것이고 이것은 참으로 나이며 이것은 나의 자아이다'라고 관찰하는 것은 옳은 것인가?"
[앗싸지] "세존이시여, 옳지 않습니다."

16. [세존] "그러므로 앗싸지여, 어떠한 물질이나 느낌이나 지각이나 형성이나 의식일지라도 과거에 속하든 미래에 속하든 현재에 속하든, 내적이든 외적이든, 거칠든 미세하든, 저열하든 탁월하든, 멀리 있든 가까이 있든, '이것은 나의 것이 아니고, 이것은 내가 아니고, 이것은 나의 자아가 아니다.'라고 있는 그대로 올바른 지혜로 관찰해야 한다."

17. [세존] "앗싸지여, 그러므로 잘 배운 거룩한 제자는 이와 같이 보아서 물질에서도 싫어하여 떠나며, 느낌에서도 싫어하여 떠나며, 지각에서도 싫어하여 떠나며, 형성에서도 싫어하여 떠나며, 의식에서도 싫어하여 떠난다.

18. 싫어하여 떠나서 욕망이 사라지고 욕망이 사라져서 해탈한다. 해탈하면 '해탈되었다.'는 지혜가 생겨나서 '태어남은 부서졌고, 청정한 삶은 이루어졌고, 해야 할 일은 다 마쳤으니, 더 이상 윤회하지 않는다.'고 그는 분명히 안다."

'본질'이라는 두 가지 뜻이 있고, '사만냐'는 '수행자의 경지' 또는 '평등'이라는 두 가지 뜻이 있다.

19. 그는 즐거운 느낌을 느끼면, 그것이 무상하다고 알고, 탐착할 것이 아니라고 알고, 환락할 것이 아니라고 안다. 그는 괴로운 느낌을 느끼면, 그것이 무상하다고 알고, 탐착할 것이 아니라고 알고, 환락할 것이 아니라고 안다. 그는 즐겁지도 않고 괴롭지도 않은 느낌을 느껴도 그것이 무상하다고 알고, 탐착할 것이 아니라고 알고, 환락할 것이 아니라고 안다.

20. 그는 즐거운 느낌을 느끼면, 그것을 집착 없이 느낀다. 그는 괴로운 느낌을 느끼면, 그것을 집착 없이 느낀다. 그는 즐겁지도 않고 괴롭지도 않은 느낌을 느껴도 그것을 집착 없이 느낀다.

21. 그는 육체의 한계에 도달했다는 느낌을 느끼면, 육체의 한계에 도달했다는 느낌을 느낀다는 사실을 안다. 그는 목숨의 한계에 도달했다는 느낌을 느끼면, 목숨의 한계에 도달했다는 느낌을 느낀다는 사실을 안다. 그는 몸이 파괴되고 목숨이 다하고 나면, 이 세상에 즐겁지 않은 모든 느낌마저도 식어버릴 것이라고 잘 안다.

22. 앗싸지여, 예를 들어 기름과 심지를 조건으로 등불이 켜지고, 그 기름과 심지가 다하면 자양분이 떨어져 불이 꺼지는 것과 같이, 이와 같이 앗싸지여, 수행승은 그가 만약 육체의 한계에 도달했다는 느낌을 느끼면, 그는 육체의 한계에 도달했다는 느낌을 느낀다는 사실을 안다. 그가 만약 목숨의 한계에 도달했다는 느낌을 느끼면, 그는 목숨의 한계에 도달했다는 느낌을 느낀다는 사실을 안다. 그는 몸이 파괴되고 목숨이 다하고 나면, 이 세상에 즐겁지 않은 모든 느낌마저도 식어버릴 것이라고 잘 안다."

14. 꽃향기와 같은 나는 무엇을 의미하는가[296]

1. 한 때 많은 장로 수행승들이 꼬쌈비시[297] 시에 있는 고씨따[298] 승원에 있었다.

2. 그 때 존자 케마까[299]가 바다리까[300] 승원에 있으면서 병이 들어 괴로워했는데, 매우 중병이었다.

3. 그런데 장로 수행승들이 저녁 무렵 각자 홀로 명상하다가 일어나 존자 닷싸까[301]에게 말했다.

[장로들] "벗이여, 그대는 수행승 케마까가 있는 곳을 찾아가십시오. 찾아가서 수행승 케마까에게 '케마까여, 그대는 참아낼 만합니까? 그대는 견디어낼 만합니까? 나는 그대의 고통스러운 느낌이 감퇴하기를 바라고, 증가하지 않기를 바랄뿐만 아니라 감퇴하는 것을 알고 증가하지 않는 것을 알기 바랍니다.'라고 말하십시오."

4. 존자 닷싸까는 '벗들이여, 그렇게 하겠습니다.'라고 모든 장로 수행승에게 대답하고 존자 케마까가 있는 곳으로 찾아갔다. 가까이 다가가서 존자 케마까에게 이와 같이 말했다.

[닷싸까] "케마까여, 그대는 참아낼 만합니까? 그대는 견디어낼 만합니까? 나는 그대의 고통스러운 느낌이 감퇴하기를 바라고, 증가

---

296) 케마까 경[Khemakasutta] : SN. III. 128 ; 잡아함 5권 1(大正 2. 29c, 잡103) 참조
297) 꼬쌈비는 방싸국의 수도로 갠지스 강과 야무나 강이 만나는 지점에 위치하고 있으며 오늘날의 카가 지역이다.
298) 부처님과 수행승들을 위해 고씨따가 지은 승원이다. 부처님께서 꼬삼비를 방문할 때면 자주 머물던 곳이다. 한역에서는 미음정사(美音精舍)라고 한다.
299) 케마까는 이 경에만 등장하는 장로의 이름으로 장로 수행승들 가운데서도 특별히 존경을 받은 분이다.
300) 붓다고싸에 따르면, 바다리까 승원에서 고씨따 승원까지 3마일 정도 걸렸다.
301) 닷싸까는 찬나처럼 노예의 아들이었다. 수행승들이 걷는 연습을 그에게 시킨 것은 그가 살찌고 게으르고 식후에 잠자는 습관이 있었기 때문이다.

하지 않기를 바랄뿐만 아니라 감퇴하는 것을 알고 증가하지 않는 것을 알기를 바랍니다."

[케마까] "벗이여, 나는 참아낼 수 없고, 견디낼 수 없습니다. 나의 고통스러운 느낌은 극심하여 증가하기만 하고, 감퇴하지는 않으며, 감퇴하는 것을 알지 못하고 증가하지 않는 것을 알지 못하겠습니다."

5. 그래서 존자 닷싸까는 장로 수행승들이 있는 곳을 찾아갔다. 가까이 다가가서 그 장로 수행승들에게 이와 같이 말했다.

[닷싸까] "벗들이여, 수행승 케마까는 '나는 참아낼 수 없고, 견디낼 수 없습니다. 나의 고통스러운 느낌은 극심하여 증가하기만 하고, 감퇴하지는 않으며, 감퇴하는 것을 알지 못하고 증가하지 않는 것을 알지 못하겠습니다.'라고 말했습니다."

6. [장로들] "벗이여 닷싸까여, 그럼 그대는 수행승 케마까가 있는 곳을 다시 찾아가시오. 찾아가서 수행승 케마까에게 '벗이여 케마까여, 장로들이 이와 같이 말했습니다. 세존께서는 다섯 가지 존재의 집착다발에 관해 말씀하셨습니다. 즉 물질의 집착다발, 느낌의 집착다발, 지각의 집착다발, 형성의 집착다발, 의식의 집착다발에 관해 설명하셨는데, 이들 다섯 가지 존재의 집착다발과 관련해서 어느 것 하나라도 나 또는 나의 것이라고 여길 수 있습니까?'라고 말하십시오."

7. 존자 닷싸까는 '장로들이여, 그렇게 하겠습니다.'라고 모든 장로 수행승에게 대답하고 존자 케마까가 있는 곳으로 찾아갔다. 가까이 다가가서 존자 케마까에게 이와 같이 말했다.

[닷싸까] "벗이여 케마까여, 장로들이 이와 같이 말했습니다. 세존께서는 다섯 가지 존재의 집착다발에 관해 말씀하셨습니다. 곧 물질의 집착다발, 느낌의 집착다발, 지각의 집착다발, 형성의 집착다

발, 의식의 집착다발에 관해 설명하셨는데 이들 다섯 가지 존재의 집착다발과 관련해서 어느 것 하나라도 나 또는 나의 것이라고 여길 수 있습니까?"

8. [케마까] "벗이여, 세존께서는 다섯 가지 존재의 집착다발에 관해 말씀하셨습니다. 즉 물질의 집착다발, 느낌의 집착다발, 지각의 집착다발, 형성의 집착다발, 의식의 집착다발에 관해 설명하셨는데, 이들 다섯 가지 존재의 집착다발과 관련해서 어느 것 하나라도 나 또는 나의 것이라고 여기지 않습니다."

9. 그러자 존자 닷싸까는 장로 수행승들이 있는 곳으로 찾아갔다. 가까이 다가가서 그 수행승들에게 말했다.

[닷싸까] "벗들이여, 수행승 케마까는 '세존께서는 다섯 가지 존재의 집착다발에 관해 말씀하셨습니다. 즉 물질의 집착다발, 느낌의 집착다발, 지각의 집착다발, 형성의 집착다발, 의식의 집착다발에 관해 설명하셨는데, 이들 다섯 가지 존재의 집착다발과 관련해서 어느 것 하나라도 나 또는 나의 것이라고 여기지 않습니다.'라고 말했습니다."

10. [장로들] "벗이여 닷싸까여, 그럼 그대는 수행승 케마까가 있는 곳을 다시 찾아가십시오. 찾아가서 수행승 케마까에게 '벗이여 케마까여, 장로들이 '세존께서는 다섯 가지 존재의 집착다발에 관해 말씀하셨습니다. 즉 물질의 집착다발, 느낌의 집착다발, 지각의 집착다발, 형성의 집착다발, 의식의 집착다발에 관해 설명하셨는데, 만약 존자 케마까가 이들 다섯 가지 존재의 집착다발과 관련해서 어느 것 하나라도 나 또는 나의 것이라고 여기지 않는다면, 그것만으로도 번뇌를 부순 거룩한 님이 된 것이다.'라고 말했습니다.'라고 말하십시오."

11. 존자 닷싸까는 '벗들이여, 그렇게 하겠습니다.'라고 모든 장로 수행승에게 대답하고 존자 케마까가 있는 곳을 찾아갔다. 가까이 다가가서 존자 케마까에게 이와 같이 말했다.

[닷싸까] "벗이여 케마까여, 장로들이 '세존께서는 다섯 가지 존재의 집착다발에 관해 말씀하셨습니다. 즉 물질의 집착다발, 느낌의 집착다발, 지각의 집착다발, 형성의 집착다발, 의식의 집착다발에 관해 설명하셨는데, 만약 존자 케마까가 이들 다섯 가지 존재의 집착다발과 관련해서 어느 하나라도 나 또는 나의 것이라고 여기지 않는다면, 그것만으로도 번뇌를 부순 거룩한 님이 된 것이다.'라고 말했습니다."

12. [케마까] "벗들이여, 세존께서는 다섯 가지 존재의 집착다발에 관해 말씀하셨습니다. 즉 물질의 집착다발, 느낌의 집착다발, 지각의 집착다발, 형성의 집착다발, 의식의 집착다발에 관해 설명하셨는데, 나는 이들 다섯 가지 존재의 집착다발과 관련해서 어느 것 하나라도 나 또는 나의 것이라고 여기지 않습니다. 그러나 나는 번뇌를 부순 거룩한 님이 아닙니다. 벗들이여, 나는 다섯 가지 존재의 집착다발과 관련해서 '내가 있다'라는 생각을 떨쳐내지는 못했습니다만, 다섯 가지 존재의 집착다발과 관련해서 어느 것 하나도 '나'라고 여기지 않습니다."

13. 그러자 존자 닷싸까는 장로 수행승들이 있는 곳을 찾아갔다. 가까이 다가가서 그 수행승들에게 말했다.

[닷싸까] "벗들이여 수행승 케마까는 '벗들이여, 세존께서는 다섯 가지 존재의 집착다발에 관해 말씀하셨습니다. 즉 물질의 집착다발, 느낌의 집착다발, 지각의 집착다발, 형성의 집착다발, 의식의 집착다발에 관해 설명하셨는데, 나는 이 다섯 가지 존재의 집착다발 가

운데 어느 하나라도 '나' 또는 '나의 것'이라고 여기지 않습니다. 그러나 나는 번뇌를 부순 거룩한 님이 아닙니다. 벗들이여, 나는 다섯 가지 존재의 집착다발과 관련해서 '내가 있다'라는 생각을 떨쳐내지는 못했습니다만, 다섯 가지 존재의 집착다발과 관련해서 어느 것 하나도 '나'라고 여기지는 않습니다.'라고 말했습니다."

14. [장로들] "벗이여 닷싸까여, 그럼 그대는 수행승 케마까가 있는 곳을 다시 찾아가십시오. 찾아가서 수행승 케마까에게 이와 같이 말하십시오. 벗이여 케마까여, 장로들이 '벗이여 케마까여, 그대가 '나'라고 말했는데, 그러면 그대가 말한 '나'의 의미는 무엇입니까? 물질을 두고 '나'라고 말한 것입니까? 물질이 아닌 것을 두고 '나'라고 말한 것입니까? 느낌을 두고 '나'라고 말한 것입니까? 느낌이 아닌 것을 두고 '나'라고 말한 것입니까? 지각을 두고 '나'라고 말한 것입니까? 지각이 아닌 것을 두고 '나'라고 말한 것입니까? 형성을 두고 '나'라고 말한 것입니까, 형성이 아닌 것을 두고 '나'라고 말한 것입니까? 의식을 두고 '나'라고 말한 것입니까? 의식이 아닌 것을 두고 '나'라고 말한 것입니까? 벗이여 케마까여, 그대는 '내가 있다'라고 말했는데, 그러면 그대가 말한 '내가 있다'의 의미는 무엇입니까?'라고 말하십시오."

15. 존자 닷싸까는 '벗들이여, 그렇게 하겠습니다.'라고 모든 장로 수행승에게 대답하고 존자 케마까가 있는 곳으로 찾아갔다. 가까이 다가가서 존자 케마까에게 이와 같이 말했다.
[닷싸까] "벗이여 케마까여, 장로들이 '벗이여 케마까여, 그대가 '나'라고 말했는데, 그러면 그대가 말한 '나'의 의미는 무엇입니까? 물질을 두고 '나'라고 말한 것입니까? 물질이 아닌 것을 두고 '나'라고 말한 것입니까? 느낌을 두고 '나'라고 말한 것입니까? 느낌이 아닌

것을 두고 '나'라고 말한 것입니까? 지각을 두고 '나'라고 말한 것입니까? 지각이 아닌 것을 두고 '나'라고 말한 것입니까? 형성을 두고 '나'라고 말한 것입니까, 형성이 아닌 것을 두고 '나'라고 말한 것입니까? 의식을 두고 '나'라고 말한 것입니까? 의식이 아닌 것을 두고 '나'라고 말한 것입니까? 벗이여 케마까여, 그대는 '내가 있다'라고 말했는데, 그러면 그대가 말한 '내가 있다'의 의미는 무엇입니까?'라고 말했습니다."

16. [케마까] "벗이여, 닷싸까여, 그만두십시오. 이렇게 수고롭게 달려가고 달려올 게 무엇이란 말입니까? 벗이여, 내 지팡이를 집어주십시오. 내가 장로 수행승들이 있는 곳으로 찾아가겠습니다."

17. 그래서 존자 케마까는 지팡이에 의지하여 장로 수행승들이 있는 곳을 찾아갔다. 가까이 다가가서 장로 수행승들과 인사를 하고, 안부를 주고 받은 뒤에 한 쪽으로 물러앉았다.

18. 한 쪽으로 물러앉은 존자 케마까에게 장로 수행승들은 이와 같이 말했다.

[장로들] "벗이여 케마까여, '벗이여 케마까여, 그대가 '나'라고 말했는데, 그러면 그대가 말한 '나'의 의미는 무엇입니까? 물질을 두고 '나'라고 말한 것입니까? 물질이 아닌 것을 두고 '나'라고 말한 것입니까? 느낌을 두고 '나'라고 말한 것입니까? 느낌이 아닌 것을 두고 '나'라고 말한 것입니까? 지각을 두고 '나'라고 말한 것입니까? 지각이 아닌 것을 두고 '나'라고 말한 것입니까? 형성을 두고 '나'라고 말한 것입니까, 형성이 아닌 것을 두고 '나'라고 말한 것입니까? 의식을 두고 '나'라고 말한 것입니까? 의식이 아닌 것을 두고 '나'라고 말한 것입니까? 벗이여 케마까여, 그대는 '내가 있다'라고 말했는데, 그러면 그대가 말한 '내가 있다'의 의미는 무엇입니까?"

19. [케마까] "벗들이여, 나는 물질을 두고 '나'라고 말하지 않습니다. 물질이 아닌 것을 두고 '나'라고도 말하지 않습니다. 느낌을 두고 '나'라고 말하지 않습니다. 느낌이 아닌 것을 두고 '나'라고도 말하지 않습니다. 지각을 두고 '나'라고 말하지 않습니다. 지각이 아닌 것을 두고 '나'라고도 말하지 않습니다. 형성을 두고 '나'라고 말하지 않습니다. 형성이 아닌 것을 두고 '나'라고도 말하지 않습니다. 의식을 두고 '나'라고 말하지 않습니다. 의식이 아닌 것을 두고 '나'라고도 말하지 않습니다. 벗들이여, 나는 다섯 가지 존재의 집착다발과 관련해서 '내가 있다'는 생각을 뿌리 뽑지는 못했습니다만, 다섯 가지 존재의 집착다발과 관련해서 어느 것 하나라도 '나'라고는 여기지 않습니다."

20. [케마까] "벗들이여, 예를 들어 청련화, 홍련화, 백련화의 향기가 있다고 합시다. 누군가 그것이 꽃잎의 향기, 꽃받침의 향기, 꽃수술의 향기라고 말한다면, 그는 옳게 말한다고 봅니까?"
[장로들] "벗이여, 그렇지 않습니다."
[케마까] "벗들이여, 어떻게 설명해야 바른 설명이 되겠습니까?"
[장로들] "벗이여, 꽃과 관련된 향기라고 설명하면 바른 설명이 될 것입니다."

21. [케마까] "벗들이여, 이와 같이 나는 물질을 두고 '나'라고 말하지 않습니다. 물질이 아닌 것을 두고 '나'라고 말하지 않습니다. 느낌을 두고 '나'라고 말하지 않습니다. 느낌이 아닌 것을 두고 '나'라고 말하지 않습니다. 지각을 두고 '나'라고 말하지 않습니다. 지각이 아닌 것을 두고 '나'라고 말하지 않습니다. 형성을 두고 '나'라고 말하지 않습니다. 형성이 아닌 것을 두고 '나'라고 말하지 않습니다. 의식을 두고 '나'라고 말하지 않습니다. 의식이 아닌 것을 두고 '나'라고 말하지 않습니다. 벗들이여, 다섯 가지 존재의 집착다발과 관

련해서 '내가 있다'는 생각을 뿌리 뽑지는 못했습니다만, 다섯 가지 존재의 집착다발과 관련해서 어느 것 하나라도 '나'라고는 여기지 않습니다.

22. 벗들이여, 어떤 고귀한 제자는 다섯 가지 낮은 단계의 장애를 끊었다고 하더라도, 다섯 가지 존재의 집착다발 가운데 미세하게 발견되는 '내가 있다'라는 자만, '내가 있다'라는 욕망, '내가 있다'라는 잠재적 경향을302) 아직 뿌리 뽑지 못했습니다. 그는 나중에 다섯 가지 존재의 집착다발 가운데 일어나는 생멸에 대하여 '물질은 이와 같고, 물질의 발생은 이와 같고, 물질의 소멸은 이와 같다. 느낌은 이와 같고, 느낌의 발생은 이와 같고, 느낌의 소멸은 이와 같다. 지각은 이와 같고, 지각의 발생은 이와 같고, 지각의 소멸은 이와 같다. 형성은 이와 같고, 형성의 발생은 이와 같고, 형성의 소멸은 이와 같다. 의식은 이와 같고, 의식의 발생은 이와 같고, 의식의 소멸은 이와 같다.'라고 관찰해야 합니다.

23. 그가 이 다섯 가지 존재의 집착다발들의 생멸을 관찰하면, 다섯 가지 존재의 집착다발들에 섬세하게 발견되는 아직 끊어지지 않은 '내가 있다'라는 자만, '내가 있다'라는 욕망, '내가 있다'라는 잠재적 경향은 두루 뿌리 뽑힙니다.

24. 벗들이여, 예를 들어 더러워져 때가 묻은 옷이 있는데, 주인은 그것을 세탁업자에게 맡겼고, 세탁업자는 그것을 소금물이나 잿물이나 쇠똥에 고루 뒤섞어 맑은 물에 세탁했다고 합시다.

25. 아무리 그 옷이 청정하고 깨끗하더라도 아직 거기에는 남아있는 소금물냄새나 잿물냄새나 쇠똥냄새가 가신 것은 아닙니다. 세탁

---

302) 글자 그대로는 '나는 있다(또는 나이다)라는 교만, 나는 있다(또는 나이다)라는 욕망, 나는 있다(또는 나이다)는 경향을 말한다.

업자가 그것을 주인에게 주면, 주인은 그것을 향기가 밴 상자에303) 넣어 보관해서, 거기에 배어있는 소금물냄새나 잿물냄새나 쇠똥냄새를 없애 버립니다.

26. 벗이여, 이와 같이 어떤 고귀한 제자는 다섯 가지 낮은 단계의 결박을 끊었다고 하더라도 다섯 가지 존재의 집착다발과 관련해서 미세하게 발견되는 '나'라는 자만, '나'라는 욕망, '나'라는 잠재의식을 아직 뿌리 뽑지 못했습니다. 그는 나중에 다섯 가지 존재의 집착다발 가운데 일어나는 생멸을 '물질은 이와 같고, 물질의 발생은 이와 같고, 물질의 소멸은 이와 같다. 느낌은 이와 같고, 느낌의 발생은 이와 같고, 느낌의 소멸은 이와 같다. 지각은 이와 같고, 지각의 발생은 이와 같고, 지각의 소멸은 이와 같다. 형성은 이와 같고, 형성의 발생은 이와 같고, 형성의 소멸은 이와 같다. 의식은 이와 같고, 의식의 발생은 이와 같고, 의식의 소멸은 이와 같다.'라고 관찰해야 합니다."

27. 이와 같이 말한 것에 대하여 장로 수행승들은 존자 케마까에게 이와 같이 말했습니다.

[장로들] "우리는 존자 케마까를 괴롭히려고 질문한 것은 아닙니다. 오히려 존자 케마까가 여래의 가르침을 상세히 설명하고, 교시하고, 시설하고, 확립하고, 개현하고, 분석하고, 명확하게 밝힐 수 있다고 생각했기 때문입니다.

28. 실제로 존자 케마까는 여래의 가르침을 상세히 설명하고, 교시하

---

303) 붓다고싸에 따르면, '번뇌를 부순 자의 계행의 향기'와 비교된다. 배우지 못한 일반 사람의 정신은 흙 묻은 옷과 같다. 세 가지 특징[三法印]에 대한 명상은 그것을 씻는 세 가지 세척제와 같다. 돌아오지 않는 님[不還者]의 정신은 이 세 가지 세척제로 세탁을 한 것과 같다. 아라한의 경지를 향한 길에서 제거되는 번뇌들은 마치 옷에 남아있는 세척제의 냄새와 같다. 아라한의 경지로 향하는 길의 지혜는 향기로운 냄새가 배어있는 상자와 같다. 길을 통한 모든 번뇌의 파괴는 옷이 향기 상자에 넣어진 뒤에 세척제의 남은 냄새가 모두 제거되는 것과 같다.

고, 시설하고, 확립하고, 개현하고, 분석하고, 명확하게 밝혔습니다."

29. 이와 같이 존자 케마까가 가르침을 설하자 장로 수행승들은 만족하여 존자 케마까가 말한 것에 대하여 기뻐했다. 그리고 이와 같이 법담이 오갈 때 육십 명의 장로 수행승과 존자 케마까는 집착 없이 번뇌에서 벗어나 마음에 의한 해탈을 성취했다.

15. 무명과 무명에 빠진 자의 참뜻은 무엇일까304)

1. 이와 같이 나는 들었다. 한 때 세존께서 싸밧티 시의 제따바나 숲에 있는 아나타삔디까 승원에 계셨다.

2. 그때 어떤 수행승이 세존께서 계신 곳으로 찾아왔다. 가까이 다가와서 세존께 인사를 드리고 한쪽으로 물러앉았다.

3. 한쪽으로 물러앉은 그 수행승은 세존께 이와 같이 말했다.
[수행승] "세존이시여, '무명, 무명'이라고 하는데 세존이시여, 무명은 어떠한 것이고, 어떤 점에서 무명에 빠진 자가 됩니까?"

4. [세존] "수행승이여, 이 세상에 배우지 못한 일반사람은 물질에 대해 잘 알지 못하고, 물질의 생성에 대해 잘 알지 못하고, 물질의 소멸에 대해 잘 알지 못하고, 물질의 소멸에 이르는 길에 대해 잘 알지 못한다.

5. 수행승이여, 이 세상에 배우지 못한 일반사람은 느낌에 대해 잘 알지 못하고, 느낌의 생성에 대해 잘 알지 못하고, 느낌의 소멸에 대해 잘 알지 못하고, 느낌의 소멸에 이르는 길에 대해 잘 알지 못한다.

6. 수행승이여, 이 세상에 배우지 못한 일반사람은 지각에 대해 잘 알지

---

304) 무명의 경[Avijjāsutta] : SN. III. 162.

못하고, 지각의 생성에 대해 잘 알지 못하고, 지각의 소멸에 대해 잘 알지 못하고, 지각의 소멸에 이르는 길에 대해 잘 알지 못한다.

7. 수행승이여, 이 세상에 배우지 못한 일반사람은 형성에 대해 잘 알지 못하고, 형성의 생성에 대해 잘 알지 못하고, 형성의 소멸에 대해 잘 알지 못하고, 형성의 소멸에 이르는 길에 대해 잘 알지 못한다.

8. 수행승이여, 이 세상에 배우지 못한 일반사람은 의식에 대해 잘 알지 못하고, 의식의 생성에 대해 잘 알지 못하고, 의식의 소멸에 대해 잘 알지 못하고, 의식의 소멸에 이르는 길에 대해 잘 알지 못한다.

9. 수행승이여, 이것을 무명이라고 부르고, 이런 점에서 무명에 빠진 자가 된다."

16. 이 시대를 진지하게 성찰할 때 악마란 무엇일까[305]

1. 이와 같이 나는 들었다. 한 때 세존께서 싸밧티 시의 제따바나 숲에 있는 아나타삔디까 승원에 계셨다.

2. 그때 존자 라다가 세존께서 계신 곳으로 찾아왔다. 가까이 다가와서 세존께 인사를 드리고 한쪽으로 물러앉았다.

3. 한쪽으로 물러앉은 존자 라다는 세존께 이와 같이 말했다.
[라다] "세존이시여, '악마, 악마'라고[306] 하는데, 세존이시여, 어떤 점에서 악마가 있게 됩니까?

4. 라다여, 물질이 있다면, 악마나 살해하는 자나 살해되는 자가 있게 될 것이다. 라다여, 그러므로 그대는 이 세상에서 물질을 악마라

---

305) 악마의 경[Mārasutta] : SN. III. 188 ; 잡아함 6권 10(大正 2. 39b, 잡120) 참조
306) 원래는 '죽음의 신, 즉 사신(死神)'을 의미한다.

고 보고, 살해하는 자라고 보고, 살해되는 자라고 보고, 질병이라고 보고, 종기라고 보고, 화살이라고 보고, 고통이라고 보고, 고통의 근원이라고 보아야 한다. 이와 같이 본다면 올바로 보는 것이다.

5. 라다여, 느낌이 있다면, 악마나 살해하는 자나 살해되는 자가 있게 될 것이다. 라다여, 그러므로 이 세상에서 느낌을 악마라고 보고, 살해하는 자라고 보고, 살해되는 자라고 보고, 질병이라고 보고, 종기라고 보고, 화살이라고 보고, 고통이라고 보고, 고통의 근원이라고 보아야 한다. 이와 같이 본다면 올바로 보는 것이다.

6. 라다여, 지각이 있다면, 악마나 살해하는 자나 살해되는 자가 있게 될 것이다. 라다여, 그러므로 이 세상에서 지각을 악마라고 보고, 살해하는 자라고 보고, 살해되는 자라고 보고, 질병이라고 보고, 종기라고 보고, 화살이라고 보고, 고통이라고 보고, 고통의 근원이라고 보아야 한다. 이와 같이 본다면 올바로 보는 것이다.

7. 라다여, 형성이 있다면, 악마나 살해하는 자나 살해되는 자가 있게 될 것이다. 라다여, 그러므로 이 세상에서 형성을 악마라고 보고, 살해하는 자라고 보고, 살해되는 자라고 보고, 질병이라고 보고, 종기라고 보고, 화살이라고 보고, 고통이라고 보고, 고통의 근원이라고 보아야 한다. 이와 같이 본다면 올바로 보는 것이다.

8. 라다여, 의식이 있다면, 악마나 살해하는 자나 살해되는 자가 있게 될 것이다. 라다여, 그러므로 이 세상에서 의식을 악마라고 보고, 살해하는 자라고 보고, 살해되는 자라고 보고, 질병이라고 보고, 종기라고 보고, 화살이라고 보고, 고통이라고 보고, 고통의 근원이라고 보아야 한다. 이와 같이 본다면 올바로 보는 것이다."

9. [라다] "세존이시여, 무엇을 위해 올바로 봅니까?

[세존] "라다여, 싫어하여 떠나기 위해 올바로 본다."

10. [라다] "세존이시여, 무엇을 위해 싫어하여 떠납니까?"
[세존] "라다여, 사라지게 하기 위해 싫어하여 떠난다."

11. [라다] "세존이시여, 무엇을 위해 사라지게 합니까?"
[세존] "라다여, 해탈하기 위해 사라지게 한다."

12. [라다] "세존이시여, 무엇을 위해 해탈합니까?"
[세존] "라다여, 열반에 들기 위해 해탈한다."

13. [라다] "세존이시여, 무엇을 위해 열반에 듭니까?
[세존] "라다여, 그대는 질문의 범위를 벗어나버렸다. 그대는 질문의 한계를 파악하지 못하고 있다. 왜냐하면 라다여, 청정한 삶은 열반에 뛰어들고, 열반으로 건너가고, 열반을 궁극으로 하는 삶이기 때문이다.307)"

17. 수행자에게 떳떳하지 못한 삶이란 어떠한 것일까308)

1. 이와 같이 나는 들었다. 한 때 존자 싸리뿟따는 라자가하 시의 벨루바나 숲에 있는 깔란다까니바빠 공원에 있었다.

2. 그때 존자 싸리뿟따는 아침 일찍 옷을 입고 발우와 가사를 들고 라자가하로 탁발하러 들어갔다. 라자가하에서 차례로 탁발을 하고 어떤 성벽에 의존해서 탁발한 음식을 들고 있었다.

3. 이때에 쑤찌무키309)라는 유행녀가 존자 싸리뿟따가 있는 곳을 찾

---

307) 다른 번역 방식으로는 '열반을 토대로 하고 열반을 피안으로 하고 열반을 궁극으로 하는 삶이다.'가 있다.
308) 쑤찌무키 경[Sūcimukhīsutta] : SN. III. 238 ; 잡아함 18卷 (大正 2. 131) 참조
309) 이교의 편력 수행녀로 이 경에만 등장한다.

아왔다. 가까이 다가와서 존자 싸리뿟따에게 이와 같이 말했다.

4. [쑤찌무키] "수행자여, 그대는 왜 고개를 떨구고 먹습니까?"
[싸리뿟따] "자매여, 나는 고개를 떨구고 먹지 않습니다."

5. [쑤찌무키] "수행자여, 그대는 왜 고개를 쳐들고 먹습니까?"
[싸리뿟따] "자매여, 나는 고개를 쳐들고 먹지 않습니다."

6. [쑤찌무키] "수행자여, 그대는 왜 사방을 돌아보며 먹습니까?
[싸리뿟따] "자매여, 나는 사방을 돌아보며 먹지 않습니다."

7. [쑤찌무키] "수행자여, 그대는 왜 사방의 사잇방향을 돌아보며 먹습니까?
[싸리뿟따] "자매여, 나는 사방의 사잇방향을 돌아보며 먹지 않습니다."

8. [쑤찌무키] "수행자께서는 '수행자여, 그대는 왜 고개를 떨구고 먹습니까?'라고 묻자 '자매여, 나는 고개를 떨구고 먹지 않습니다.'라고 대답했습니다. 수행자께서는 '수행자여, 그대는 왜 고개를 쳐들고 먹습니까?'라고 묻자 '자매여, 나는 고개를 쳐들고 먹지 않습니다.'라고 대답했습니다. 수행자께서는 '수행자여, 그대는 왜 사방을 돌아보며 먹습니까?'라고 묻자 '자매여, 나는 사방을 돌아보며 먹지 않습니다.'라고 대답했습니다. 수행자께서는 '수행자여, 그대는 왜 사방의 사잇방향을 돌아보며 먹습니까?'라고 묻자 '자매여, 나는 사방의 사잇방향을 돌아보며 먹지 않습니다.'라고 대답했습니다. 수행자여, 그렇다면 그대는 어떻게 식사를 합니까?"

9. [싸리뿟따] "자매여, 어떠한 수행자나 성직자라도 점괘나 그와 같은 저속한 기술을 사용하는310) 잘못된 생활로 삶을 영위한다면 자

---

310) 한역에서는 사명(事明)이라고 하는데 붓다고싸에 따르면, '점괘를 헤아리는 천한 기술로'의 뜻이며, 사명은 '조롱박, 호박, 무 등에 의한 점괘의 결과나 성과, 원인이나 시간을 아는 방편이다.' 그러나 다른 주석서에 따르면, 택지나 정원 등의 길흉을 따지는 기술이다.

매여, '그들은 고개를 떨구고 먹는다.'라고 합니다.

10. 자매여, 어떠한 수행자나 성직자라도 점성술이나 그와 같은 저속한 기술을 사용하는 잘못된 생활로 삶을 영위한다면 자매여, '그들은 고개를 쳐들고 먹는다.'라고 합니다.

11. 자매여, 어떠한 수행자나 성직자라도 소식을 전하고 심부름을 보내는311) 잘못된 생활로 삶을 영위한다면 자매여, '그들은 사방을 돌아보며 먹는다.'라고 합니다.

12. 자매여, 어떠한 수행자나 성직자라도 손금을 보거나 그와 같은 저속한 기술로 잘못된 생활로 삶을 영위한다면 자매여, '그들은 사방의 사잇방향을 돌아보며 먹는다.'라고 합니다.

13. 자매여, 그러나 나는 점술이나 그와 같은 저속한 기술로 잘못된 생활로 삶을 영위하지 않습니다. 점성술이나 그와 같은 저속한 기술로 잘못된 생활로 삶을 영위하지 않습니다. 소식을 전하고 심부름을 보내는 잘못된 생활로 삶을 영위하지 않습니다. 손금을 보거나 그와 같은 저속한 기술로 잘못된 생활로 삶을 영위하지 않습니다. 나는 정당하게 음식을 구하고 정당하게 음식을 구한 뒤에 먹습니다."

14. 그러자 쑤찌무키라는 유행녀는 라자가하의 거리거리마다 사거리 사거리마다 돌아다니면서 이와 같이 말했다.

[쑤찌무키] "싸끼야의 아들인 수행자들은 정당하게 음식을 얻는다. 싸끼야의 아들인 수행자들은 비난받을 일 없이 음식을 얻는다. 싸끼야의 아들인 수행자들에게 음식을 보시하라."

---

311) 붓다고싸에 따르면, '소식을 전하는 것'은 '개별적인 안부를 취해서 특정한 각 지역으로 가는 것'이다. 심부름은 '특정한 마을에 다른 집이 아니라 한 특정한 집에 안부를 전할 때의 접근'이다. 여기에 특별히 사자를 파견하는 것이 왜 나쁜가는 이유가 나타나 있지 않지만 수행승이 심부름으로 재가의 신도로부터 이득을 취하는 것을 말하는 것 같다.

18. 정신적으로 높은 경지에 들더라도 어떻게 생각해야 할까?312)

1. 이와 같이 나는 들었다. 한 때 존자 싸리뿟따는 싸밧티 시의 제따바나 숲에 있는 아나타삔디까 승원에 있었다.

2. 그때 존자 싸리뿟따는 아침 일찍 옷을 입고 발우와 가사를 들고 싸밧티 시로 탁발하러 들어갔다.

3. 싸밧티 시에서 탁발을 하고 식사를 마친 뒤 탁발에서 돌아와 대낮을 보내기 위해 안다숲을 찾아갔다.

4. 안다숲에 들어와 한 나무 밑에서 대낮을 보내며 앉아 있었다.

5. 그리고 저녁 무렵에 존자 싸리뿟따는 홀로 명상을 하다가 일어나 제따바나 숲의 아나타삔디까 승원을 찾아갔다.

6. 존자 아난다는 존자 싸리뿟따가 멀리서 오는 것을 보았다. 보고 나서 존자 싸리뿟따에게 이와 같이 말했다.
[아난다] "벗이여 싸리뿟따여, 그대의 감관은 청정하고 안색은 맑습니다. 존자여 싸리뿟따여, 그대는 오늘 어떻게 지내고, 어떻게 보냈습니까?"

7. [싸리뿟따] "벗이여, 이 세상에서 나는 원하는 대로 감각적 쾌락의 욕망에서 떠나고, 건전하지 못한 상태에서 떠나서, 사유와 숙고를 갖추고, 멀리 여읨에서 생겨난 희열과 행복을 갖춘 첫 번째 선정에 듭니다. 벗이여, 나는 이때에 '나는 첫 번째 선정에 든다.'라든가 '나는 첫 번째 선정을 성취했다.'라든가 '나는 첫 번째 선정에서 나온다.'라고 생각하지 않습니다.

8. 벗이여, 이 세상에서 나는 원하는 대로 사유와 숙고를 멈춘 뒤, 내적

---

312) 홀로 명상의 경[Vivekasutta]과 그 이하의 여러 경을 합한 것임 : SN. III. 235.

인 고요와 마음의 통일을 갖추고, 사유와 숙고를 뛰어넘고, 삼매에서 생겨난 희열과 행복을 갖춘, 두 번째 선정에 듭니다. 벗이여, 나는 이때에 '나는 두 번째 선정에 든다.'라든가 '나는 두 번째 선정을 성취했다.'라든가 '나는 두 번째 선정에서 나온다.'라고 생각하지 않습니다.

9. 벗이여, 이 세상에서 원하는 대로 희열 또한 사라진 뒤, 평정하고, 새김이 있고, 분명히 알아차리고, 신체적으로 행복을 느끼며, 고귀한 님들이 '평정하고, 새김이 있고, 행복하게 산다.'라고 말하는 세 번째 선정에 듭니다. 벗이여, 나는 이때에 '나는 세 번째 선정에 든다.'라든가 '나는 세 번째 선정을 성취했다.'라든가 '나는 세 번째 선정에서 나온다.'라고 생각하지 않습니다.

10. 벗이여, 이 세상에서 나는 원하는 대로 즐거움과 괴로움이 버려지고 기쁨과 근심도 사라진 뒤, 즐거움도 없고 괴로움도 없으며, 평정을 느끼고, 새김이 있고, 청정을 갖춘, 네 번째 선정에 듭니다. 벗이여, 나는 이때에 '나는 네 번째 선정에 든다.'라든가 '나는 네 번째 선정을 성취했다.'라든가 '나는 네 번째 선정에서 나온다.'라고 생각하지 않습니다.

11. 벗이여, 이 세상에서 나는 원하는 대로 완전히 형태의 지각을 뛰어넘어 장애의 지각을 종식하고 다양성의 지각을 생각하지 않고 허공이 무한한 무한공간의 세계에 듭니다. 벗이여, 나는 이때에 '나는 무한공간의 세계에 든다.'라든가 '나는 무한공간의 세계를 성취했다.'라든가 '나는 무한공간의 세계에서 나온다.'라고 생각하지 않습니다.

12. 벗이여, 이 세상에서 나는 원하는 대로 완전히 무한공간의 세계를 뛰어넘어 의식이 무한한 무한의식의 세계에 듭니다. 벗이여, 나

는 이때에 '나는 무한의식의 세계에 든다.'라든가 '나는 무한의식의 세계를 성취했다.'라든가 '나는 무한의식의 세계에서 나온다.'라고 생각하지 않습니다.

13. 벗이여, 이 세상에서 나는 원하는 대로 완전히 무한의식의 세계를 뛰어넘어 아무 것도 없는 무소유의 세계에 듭니다. 벗이여, 나는 이때에 '나는 아무것도 없는 세계에 든다.'라든가 '나는 무소유의 세계를 성취했다.'라든가 '나는 무소유의 세계에서 나온다.'라고 생각하지 않습니다.

14. 벗이여, 이 세상에서 나는 원하는 대로 아무 것도 없는 세계를 완전히 뛰어넘어 지각하는 것도 아니고 지각하지 않는 것도 아닌 세계313)에 듭니다. 벗이여, 나는 이때에 '나는 지각하는 것도 아니고 지각하지 않는 것도 아닌 세계에 든다.'라든가 '나는 지각하는 것도 아니고 지각하지 않는 것도 아닌 세계를 성취했다.'라든가 '나는 지각하는 것도 아니고 지각하지 않는 것도 아닌 세계에서 나온다.'라고 생각하지 않습니다.

15. 벗이여, 이 세상에서 나는 원하는 대로 지각하는 것도 아니고 지각하지 않는 것도 아닌 세계를 완전히 뛰어넘어 지각과 느낌의 소멸314)에 듭니다. 벗이여, 나는 이때에 '나는 상수멸의 선정에 든다.'라든가 '나는 상수멸의 선정을 성취했다.'라든가 '나는 상수멸의 선정에서 나온다.'라고 생각하지 않습니다."

16. 이와 같이 존자 싸리뿟따는 나라는 고집, 나의 것이라는 고집의 교만한 경향을 끊어 버렸다. 그래서 존자 싸리뿟따는 '나는 선정에 든다.'라든가 '나는 선정을 성취했다.'라든가 '나는 선정에서 나온다.'라고 생각하지 않았다.

---

313) 한역에서 비상비비상처(非想非非想處)라고 한다.
314) 한역에서 상수멸(相受滅)이라고 한다. 여기에서는 세계라는 말이 없음에 유의할 필요가 있다.

제4권 여섯 가지 감역 모아엮음

Saḷāyatanavagga

1. 젊은 싯다르타의 명상적 사유는 어떠한 것이었는가315)

1. 이와 같이 나는 들었다. 한 때 세존께서 싸밧티 시의 제따바나 숲에 있는 아나타삔디까 승원에 계셨다.

2. 그 때 세존께서 '수행승들이여'라고 수행승들을 부르셨다. 수행승들은 '세존이시여'라고 세존께 대답했다. 세존께서는 이와 같이 말씀하셨다.

3. [세존] "수행승들이여, 예전에 내가 깨달음을 올바로 깨닫기 이전의 보살이었을 때 이와 같이 생각했다.
1) '어떠한 것이 시각의 유혹이고, 어떠한 것이 시각의 위험이고, 어떠한 것이 시각의 여읨인가?
2) 어떠한 것이 청각의 유혹이고, 어떠한 것이 청각의 위험이고, 어떠한 것이 청각의 여읨인가?
3) 어떠한 것이 후각의 유혹이고, 어떠한 것이 후각의 위험이고, 어떠한 것이 후각의 여읨인가?
4) 어떠한 것이 미각의 유혹이고, 어떠한 것이 미각의 위험이고, 어떠한 것이 미각의 여읨인가?
5) 어떠한 것이 촉각의 유혹이고, 어떠한 것이 촉각의 위험이고, 어떠한 것이 촉각의 여읨인가?
6) 어떠한 것이 정신의 유혹이고, 어떠한 것이 정신의 위험이고, 어떠한 것이 정신의 여읨인가?'

4. 수행승들이여, 나는 그것에 대하여 이와 같이 생각했다.
1) '무릇 시각을 조건으로 생겨나는 쾌락과 만족이 시각의 유혹이다. 시각이 무상하고 괴롭고 변화하여 부서지기 마련인데, 그것이 시

---

315) 원만한 깨달음 경①[Paṭhamasambodhasutta] : SN. IV. 6.

각의 위험이다. 시각에 대한 욕망과 탐욕을 제어하고 욕망과 탐욕을 버리는 것이 시각의 여읨이다.

2) 무릇 청각을 조건으로 생겨나는 쾌락과 만족이 청각의 유혹이다. 청각이 무상하고 괴롭고 변화하여 부서지기 마련인데, 그것이 청각의 위험이다. 청각에 대한 욕망과 탐욕을 제어하고 욕망과 탐욕을 버리는 것이 청각의 여읨이다.

3) 무릇 후각을 조건으로 생겨나는 쾌락과 만족이 후각의 유혹이다. 후각이 무상하고 괴롭고 변화하여 부서지기 마련인데, 그것이 후각의 위험이다. 후각에 대한 욕망과 탐욕을 제어하고 욕망과 탐욕을 버리는 것이 후각의 여읨이다.

4) 무릇 미각을 조건으로 생겨나는 쾌락과 만족이 미각의 유혹이다. 미각이 무상하고 괴롭고 변화하여 부서지기 마련인데, 그것이 미각의 위험이다. 미각에 대한 욕망과 탐욕을 제어하고 욕망과 탐욕을 버리는 것이 미각의 여읨이다.

5) 무릇 촉각을 조건으로 생겨나는 쾌락과 만족이 촉각의 유혹이다. 촉각이 무상하고 괴롭고 변화하여 부서지기 마련인데, 그것이 촉각의 위험이다. 촉각에 대한 욕망과 탐욕을 제어하고 욕망과 탐욕을 버리는 것이 촉각의 여읨이다.

6) 무릇 정신을 조건으로 생겨나는 쾌락과 만족이 정신의 유혹이다. 정신이 무상하고 괴롭고 변화하여 부서지기 마련인데, 그것이 정신의 위험이다. 정신에 대한 욕망과 탐욕을 제어하고 욕망과 탐욕을 버리는 것이 정신의 여읨이다.

5. 수행승들이여, 내가 이와 같이 이 내부적인 여섯 감역의316) 유혹

---

316) 붓다고싸에 따르면, 욕망과 탐욕은 가정의 내부에 비유된다. '가정에서 어린아이들, 재물, 곡식 등이 풍부하면 욕망과 탐욕이 매우 강해지고 그들은 어떠한 자의 접근도 허락하지 않는다. 그들은 작은 그릇이 부딪치는 소리만 나도 무슨 일이냐고 소리를 지른다.' 감각능력의

을 유혹으로, 위험을 위험으로, 여읨을 여읨으로 있는 그대로 알지 못하는 한, 수행승들이여, 나는 신들의 세계, 악마들의 세계, 하느님들의 세계, 성직자들과 수행자들, 그리고 왕들과 백성들과 그들의 후예들의 세계에서, 위없이 바르고 원만한 깨달음을 바르게 원만히 깨달았다고 선언하지 못했을 것이다.

6. 수행승들이여, 내가 이와 같이 이들 내부적 여섯 감역의 유혹을 유혹으로, 위험을 위험으로, 여읨을 여읨으로 있는 그대로 알기 때문에, 수행승들이여, 나는 신들의 세계, 악마들의 세계, 하느님들의 세계, 성직자들과 수행자들, 그리고 왕들과 백성들과 그들의 후예들의 세계에서, 위없이 바르고 원만한 깨달음을 바르게 원만히 깨달았다고 선언한 것이다.

7. 그리고 나에게 '나는 흔들림 없는 마음에 의한 해탈을 이루었다. 이것이 최후의 태어남이며, 이제 다시 태어남은 없다.'라는 앎과 봄이 생겨났다."

2. 일체의 세계란 무엇이며, 경험 밖의 것을 말할 수 있을까?[317)

1. 이와 같이 나는 들었다. 한 때 세존께서 싸밧티 시의 제따바나 숲에 있는 아나타삔디까 승원에 계셨다.

2. 그때 세존께서 '수행승들이여'라고 수행승들을 부르셨다. 수행승

내재는 그것들에 대한 욕망과 탐욕의 경계로써 이해되어야 한다. 사람들은 여섯 가지의 감각능력을 집안의 내부로 여긴다. 여섯 가지 외부적인 감각대상을 집의 외부로 여긴다. 사람들의 욕망과 탐욕은 집안에 있는 물건에 대하여 지극히 크게 작용하는 만큼, 아무도 알지 못하는 밖에 있는 사람을 안으로 들여보내지 않듯, 여섯 가지 내부의 감각능력도 마찬가지로 작용한다. 그러나 사람들의 욕망과 탐욕은 집의 외부에 관여는 그다지 크게 작용하지 않으므로, 사람들이 다른 사람이 집 바깥의 근처에서 걷는 것을 강제로 막지 못하듯, 여섯 가지 외부적인 감각대상도 마찬가지이다.

317) 일체의 경[Sabbasutta] : SN. IV. 15 ; 잡아함 8권 (大正 2. 55a, 잡222) 참조

들은 '세존이시여'라고 세존께 대답했다. 세존께서는 이와 같이 말씀하셨다.

3. [세존] "수행승들이여, 나는 그대들에게 일체에 관하여 설하겠다. 잘 들어라.

4. 수행승들이여, 일체란 어떠한 것인가? 시각과 형상, 청각과 소리, 후각과 냄새, 미각과 맛, 촉각과 감촉, 정신과 사물, 수행승들이여, 이것을 실로 일체라고 부른다.

5. 수행승들이여, 누군가가 '나는 이러한 일체를 부인하고 다른 일체를 알려주겠다.'고 말하면 그것은 단지 말 뿐이며318) 질문을 받으면 답변하지 못할 것이고, 더 나아가 곤혹에 빠질 것이다. 그것은 무슨 까닭인가? 수행승들이여, 그것은 그의 영역 안에 있지 않을 것이기 때문이다.319)"

3. 번뇌를 없애려면 무엇을 어떻게 알고 또한 보아야 할까320)

1. 이와 같이 나는 들었다. 한 때 세존께서 싸밧티 시의 제따바나 숲에 있는 아나타삔디까 승원에 계셨다.

2. 그때 어떤 수행승이 세존께서 계신 곳을 찾아갔다. 다가가서 세존께 인사를 드리고 한쪽으로 물러앉았다.

3. 한쪽으로 물러앉은 그 수행승은 세존께 이와 같이 말씀드렸다. [수행승] "세존이시여, 어떻게 알고 어떻게 보아야 번뇌가 끊어집

---

318) 원래의 의미는 '언어에 기초한'이란 뜻이다.
319) 인식의 범위를 넘어선 것을 말한다. 부처님의 가르침은 '누구나 와서 보라.'고 할 수 있으며 슬기로운 자라면 누구나 알 수 있는 보편적인 경험에 기초하고 있다.
320) 번뇌의 끊어 버림에 대한 경[Āsavappahānasutta] : SN. IV. 32 : 잡아함 8권 (大正 2. 56a, 잡229) 참조

니까?"

4. [세존] "수행승이여, 시각을 무상하다고 알고 또한 보아야 번뇌가 끊어지며, 형상을 무상하다고 알고 또한 보아야 번뇌가 끊어지며, 시각의식을 무상하다고 알고 또한 보아야 번뇌가 끊어지며, 시각접촉을 무상하다고 알고 또한 보아야 번뇌가 끊어지며, 시각접촉을 조건으로 생겨나는 즐겁거나 괴롭거나, 즐겁지도 괴롭지도 않은 느낌을 무상하다고 알고 또한 보아야 번뇌가 끊어진다.

5. 청각을 무상하다고 알고 또한 보아야 번뇌가 끊어지며, 소리를 무상하다고 알고 또한 보아야 번뇌가 끊어지며, 청각의식을 무상하다고 알고 또한 보아야 번뇌가 끊어지며, 청각접촉을 무상하다고 알고 또한 보아야 번뇌가 끊어지며, 청각접촉을 조건으로 생겨나는 즐겁거나 괴롭거나, 즐겁지도 괴롭지도 않은 느낌을 무상하다고 알고 또한 보아야 번뇌가 끊어진다.

6. 후각을 무상하다고 알고 또한 보아야 번뇌가 끊어지며, 냄새를 무상하다고 알고 또한 보아야 번뇌가 끊어지며, 후각의식을 무상하다고 알고 또한 보아야 번뇌가 끊어지며, 후각접촉을 무상하다고 알고 또한 보아야 번뇌가 끊어지며, 후각접촉을 조건으로 생겨나는 즐겁거나 괴롭거나, 즐겁지도 괴롭지도 않은 느낌을 무상하다고 알고 또한 보아야 번뇌가 끊어진다.

7. 미각을 무상하다고 알고 또한 보아야 번뇌가 끊어지며, 맛을 무상하다고 알고 또한 보아야 번뇌가 끊어지며, 미각의식을 무상하다고 알고 또한 보아야 번뇌가 끊어지며, 미각접촉을 무상하다고 알고 또한 보아야 번뇌가 끊어지며, 미각접촉을 조건으로 생겨나는 즐겁거나 괴롭거나, 즐겁지도 괴롭지도 않은 느낌을 무상하다고 알고 또

한 보아야 번뇌가 끊어진다.

8. 촉각을 무상하다고 알고 또한 보아야 번뇌가 끊어지며, 감촉을 무상하다고 알고 또한 보아야 번뇌가 끊어지며, 촉각의식을 무상하다고 알고 또한 보아야 번뇌가 끊어지며, 촉각접촉을 무상하다고 알고 또한 보아야 번뇌가 끊어지며, 촉각접촉을 조건으로 생겨나는 즐겁거나 괴롭거나, 즐겁지도 괴롭지도 않은 느낌을 무상하다고 알고 또한 보아야 번뇌가 끊어진다.

9. 정신을 무상하다고 알고 또한 보아야 번뇌가 끊어지며, 사물을 무상하다고 알고 또한 보아야 번뇌가 끊어지며, 정신의식을 무상하다고 알고 또한 보아야 번뇌가 끊어지며, 정신접촉을 무상하다고 알고 또한 보아야 번뇌가 끊어지며, 정신접촉을 조건으로 생겨나는 즐겁거나 괴롭거나, 즐겁지도 괴롭지도 않은 느낌을 무상하다고 알고 또한 보아야 번뇌가 끊어진다.

10. 수행승이여, 이와 같이 알고 이와 같이 보아야 번뇌가 끊어진다."

4. 수행자는 어떻게 자신의 죽음을 맞이해야 할까[321]

1. 이와 같이 나는 들었다. 한 때 존자 싸리뿟따와 존자 우빠쎄나는 라자가하 시의 씨따숲에 있는 쌉빠쏜디까[322] 동굴에 있었다.

2. 그런데 그때 존자 우빠쎄나의 몸으로 독사가 떨어졌다.

---

321) 우빠쎄나의 경[Upasenasutta] : SN. IV. 40 ; 잡아함 9권 (大正 2. 60c, 잡252) 참조
322) 붓다고싸에 따르면, 동굴은 뱀의 후드처럼 생겼다. 우빠쎄나는 싸리뿟따의 동생이었다. 식후에 그는 동굴의 그늘에 앉아서 부드러운 바람을 쐬며 가사를 손질하고 있었다. 두 마리의 어린 독사들이 동굴에 걸린 덩굴에서 놀고 있었다. 하나가 우빠쎄나 장로의 어깨에 떨어졌다. 그는 물렸고 독은 빠른 속도로 그의 몸에서 퍼져나갔다.

3. 그러자 존자 우빠쎄나는 수행승들에게 알렸다.

[우빠쎄나] "벗들이여, 오십시오. 이 몸이 곧 한 줌의 왕겨처럼 흩어지기 전에 내 몸을 침대에 눕혀서 밖으로 옮기십시오.

4. 이와 같이 말하자 존자 싸리뿟따가 존자 우빠쎄나에게 이와 같이 말했다.

[싸리뿟따] "그런데 우리는 존자 우빠쎄나의 몸이 변형되거나 감각 능력이 변화되는 것을 볼 수 없습니다."

5. 그러나 이때 우빠쎄나는 이와 같이 말했다.

[우빠쎄나] "벗들이여, 오십시오. 이 몸이 곧 한 줌의 왕겨처럼 흩어지기 전에 나의 이 몸을 침대에 눕혀서 밖으로 옮기십시오.

6. 벗이여, 싸리뿟따여, 시각이 '나'라든가 '나의 것'이 시각이라든가 또는 청각이 '나'라든가 '나의 것'이 청각이라든가 또는 후각이 '나'라든가 '나의 것'이 후각이라든가 또는 미각이 '나'라든가 '나의 것'이 미각이라든가 또는 촉각이 '나'라든가 '나의 것'이 촉각이라든가 또는 정신이 '나'라든가 '나의 것'이 정신이라고 생각하는 자에게는 몸의 변형이나 감각능력의 변화가 있을 것입니다. 벗이여, 싸리뿟따여, 그러나 나는 시각이 '나'라든가 '나의 것'이 시각이라든가 또는 청각이 '나'라든가 '나의 것'이 청각이라든가 또는 후각이 '나'라든가 '나의 것'이 후각이라든가 또는 미각이 '나'라든가 나의 것'이 '미각'이라든가 또는 촉각이 '나'라든가 '나의 것'이 촉각이라든가 또는 정신이 '나'라든가 '나의 것'이 정신이라고 생각하지 않습니다. 그런 나에게 어떻게 몸의 변형이나 감각능력의 쇠퇴가 있겠습니까?"

7. [싸리뿟따] "존자 우빠쎄나에게는 오랜 세월 동안 '나'를 만들고, '나의 것'을 만드는, 교만의 잠재적 경향이 철저하게 뿌리 뽑혀 있었

기 때문에, 존자 우빠쎄나에게 시각이 '나'라든가, '나의 것'이 시각이라든가, 또는 청각이 '나'라든가, '나의 것'이 청각이라든가, 또는 후각이 '나'라든가, '나의 것'이 후각이라든가, 또는 미각이 '나'라든가, '나의 것'이 미각이라든가, 또는 촉각이 '나'라든가, '나의 것'이 촉각이라든가 또는 정신이 '나'라든가, '나의 것'이 정신이라는 생각이 일어나지 않았음에 틀림이 없습니다."

8. 그래서 그 수행승들은 존자 우빠쎄나의 몸을 침대에 눕혀서 밖으로 옮겼다.

9. 그러자 존자 우빠쎄나의 몸은 곧 한 줌의 왕겨처럼 흩어졌다.

5. 부처님의 가르침이 현세에서 유익한 까닭은 무엇일까323)

1. 이와 같이 나는 들었다. 한 때 세존께서 싸밧티 시의 제따바나 숲에 있는 아나타삔디까 승원에 계셨다.

2. 이때 존자 우빠바나324)가 세존께서 계신 곳을 찾아갔다. 다가가서 세존께 인사를 드리고 한쪽으로 물러앉았다.

3. 한쪽으로 물러앉아 존자 우빠바나는 세존께 이와 같이 여쭈었다. [우빠바나] "세존이시여, '현세에 유익한 진리, 현세에 유익한 진리'라고 하는데, 어떠한 것이 시간을 초월하는 것이고,325) 와서 볼 수 있는 것이고, 열반으로 이끄는 것이고, 슬기로운 자라면 누구나 알 수 있는, 현세에 유익한 진리입니까?"326)

---

323) 우빠바나의 경[Upavāṇasutta] : SN. IV. 41.
324) 우빠바나는 아난다 이전에 부처님의 시자를 지냈다. 그는 싸밧티 시의 부유한 바라문 출신으로 아나타삔디까가 제따바나 숲을 부처님께 기증할 때에 부처님을 뵙고 출가하였다.
325) '무시간적'이란 뜻인데 이것을 두고 종래에 '즉시적인'의 뜻으로도 해석되기도 하지만 역자는 시간을 초월한다는 의미로 해석한다. 역자의 저서 『초기불교의 연기사상』을 보라.

4. [세존] "우빠바나여, 여기 한 수행승이 시각으로 형상을 보고 형상을 감지하고 형상에 대한 탐욕을 감지하고 안으로 형상에 대한 탐욕이 있으면 '나에게 안으로 형상에 대한 탐욕이 있다.'라고 분명히 안다. 우빠바나여, 수행승이 시각으로 형상을 보고 형상을 감지하고 형상에 대한 탐욕을 감지하고 안으로 형상에 대한 탐욕이 있으면 '나에게 안으로 형상에 대한 탐욕이 있다.'라고 분명히 안다면, 우빠바나여, 그것이야말로 시간을 초월하는 것이고, 와서 보라고 할 만한 것이고, 최상의 목표로 이끄는 것이고, 슬기로운 자라면 누구나 알 수 있는, 현세의 삶에서 유익한 가르침이다.

5. 우빠바나여, 또한 여기 한 수행승이 청각으로 소리를 듣고 소리를 감지하고 소리에 대한 탐욕을 감지하고 안으로 소리에 대한 탐욕이 있으면 '나에게 안으로 소리에 대한 탐욕이 있다.'라고 분명히 안다. 우빠바나여, 수행승이 청각으로 소리를 듣고 소리를 감지하고 소리에 대한 탐욕을 감지하고 안으로 소리에 대한 탐욕이 있으면 '나에게 안으로 소리에 대한 탐욕이 있다.'라고 분명히 안다면, 우빠바나여, 그것이야말로 시간을 초월하는 것이고, 와서 볼 수 있는 것이고, 열반으로 이끄는 것이고, 슬기로운 자라면 누구나 알 수 있는, 현세에 유익한 진리이다.

6. 우빠바나여, 또한 여기 한 수행승이 후각으로 냄새를 맡고 냄새를 감지하고 냄새에 대한 탐욕을 감지하고 안으로 냄새에 대한 탐욕이 있으면 '나에게 안으로 냄새에 대한 탐욕이 있다.'라고 분명히 안다. 우빠바나여, 수행승이 후각으로 냄새를 맡고 냄새를 감지하고

---

326) 비구보디가 빠알리어 문장의 어원을 따져 비교적 글자그대로 옮긴 최근 번역은 다음과 같다. '어떠한 것이 즉시적이고, 와서 보라고 초대하는 것이고, 적용할 수 있는 것이고, 슬기로운 자가 개인적으로 체험할 수 있는, 직접적으로 볼 수 있는 법입니까?'

냄새에 대한 탐욕을 감지하고 안으로 냄새에 대한 탐욕이 있으면 '나에게 안으로 냄새에 대한 탐욕이 있다.'라고 분명히 안다면, 우빠바나여, 그것이야말로 시간을 초월하는 것이고, 와서 볼 수 있는 것이고, 열반으로 이끄는 것이고, 슬기로운 자라면 누구나 알 수 있는, 현세에 유익한 진리이다.

7. 우빠바나여, 또한 여기 한 수행승이 미각으로 맛을 보고 맛을 감지하고 맛에 대한 탐욕을 감지하고 안으로 맛에 대한 탐욕이 있으면 '나에게 안으로 맛에 대한 탐욕이 있다.'라고 분명히 안다. 우빠바나여, 수행승이 미각으로 맛을 보고 맛을 감지하고 맛에 대한 탐욕을 감지하고 안으로 맛에 대한 탐욕이 있으면 '나에게 안으로 맛에 대한 탐욕이 있다.'라고 분명히 안다면, 우빠바나여, 그것이야말로 시간을 초월하는 것이고, 와서 볼 수 있는 것이고, 열반으로 이끄는 것이고, 슬기로운 자라면 누구나 알 수 있는, 현세에 유익한 진리이다.

8. 우빠바나여, 또한 여기 한 수행승이 촉각으로 감촉을 느끼고 감촉을 감지하고 감촉에 대한 탐욕을 감지하고 안으로 감촉에 대한 탐욕이 있으면 '나에게 안으로 감촉에 대한 탐욕이 있다.'라고 분명히 안다. 우빠바나여, 수행승이 촉각으로 감촉을 느끼고 감촉을 감지하고 감촉에 대한 탐욕을 감지하고 안으로 감촉에 대한 탐욕이 있으면 '나에게 안으로 감촉에 대한 탐욕이 있다.'라고 분명히 안다면, 우빠바나여, 그것이야말로 시간을 초월하는 것이고, 와서 볼 수 있는 것이고, 열반으로 이끄는 것이고, 슬기로운 자라면 누구나 알 수 있는, 현세에 유익한 진리이다.

9. 우빠바나여, 여기 한 수행승이 정신으로 사물을 식별하고 사물을 감지하고 사물에 대한 탐욕을 감지하고 안으로 사물에 대한 탐욕이

있으면 '나에게 안으로 사물에 대한 탐욕이 있다.'라고 분명히 안다. 우빠바나여, 수행승이 정신으로 사물을 식별하고 사물을 감지하고 사물에 대한 탐욕을 감지하고 안으로 사물에 대한 탐욕이 있으면 '나에게 안으로 사물에 대한 탐욕이 있다.'라고 분명히 안다면, 우빠바나여, 그것이야말로 시간을 초월하는 것이고, 와서 볼 수 있는 것이고, 열반으로 이끄는 것이고, 슬기로운 자라면 누구나 알 수 있는, 현세에 유익한 진리이다.

10. 우빠바나여, 그러나 또한 여기 한 수행승이 시각으로 형상을 보고 형상을 감지하지만 형상에 대한 탐욕을 감지하지 못하고 안으로 형상에 대한 탐욕이 없다면 '나에게 안으로 형상에 대한 탐욕이 없다.'라고 분명히 안다. 우빠바나여, 수행승이 시각으로 형상을 보고 형상을 감지하지만 형상에 대한 탐욕을 감지하지 못하고 안으로 형상에 대한 탐욕이 없다면 '나에게 안으로 형상에 대한 탐욕이 없다.'라고 분명히 안다면, 우빠바나여, 그것이야말로 시간을 초월하는 것이고, 와서 볼 수 있는 것이고, 열반으로 이끄는 것이고, 슬기로운 자라면 누구나 알 수 있는, 현세에 유익한 진리이다.

11. 우빠바나여, 또한 여기 한 수행승이 청각으로 소리를 듣고 소리를 감지하지만 소리에 대한 탐욕을 감지하지 못하고 안으로 소리에 대한 탐욕이 없다면 '나에게 안으로 소리에 대한 탐욕이 없다.'라고 분명히 안다. 우빠바나여, 수행승이 청각으로 소리를 듣고 소리를 감지하지만 소리에 대한 탐욕을 감지하지 못하고 안으로 소리에 대한 탐욕이 없다면 '나에게 안으로 소리에 대한 탐욕이 없다.'라고 분명히 안다면, 우빠바나여, 그것이야말로 시간을 초월하는 것이고, 와서 볼 수 있는 것이고, 열반으로 이끄는 것이고, 슬기로운 자라면 누구나 알 수 있는, 현세에 유익한 진리이다.

12. 우빠바나여, 또한 여기 한 수행승이 후각으로 냄새를 맡고 냄새를 감지하지만 냄새에 대한 탐욕을 감지하지 못하고 안으로 냄새에 대한 탐욕이 없다면 '나에게 안으로 냄새에 대한 탐욕이 없다.'라고 분명히 안다. 우빠바나여, 수행승이 후각으로 냄새를 맡고 냄새를 감지하지만 냄새에 대한 탐욕을 감지하지 못하고 안으로 냄새에 대한 탐욕이 없다면 '나에게 안으로 냄새에 대한 탐욕이 없다.'라고 분명히 안다면, 우빠바나여, 그것이야말로 시간을 초월하는 것이고, 와서 볼 수 있는 것이고, 열반으로 이끄는 것이고, 슬기로운 자라면 누구나 알 수 있는, 현세에 유익한 진리이다.

13. 우빠바나여, 또한 여기 한 수행승이 미각으로 맛을 보고 맛을 감지하지만 맛에 대한 탐욕을 감지하지 못하고 안으로 맛에 대한 탐욕이 없다면 '나에게 안으로 맛에 대한 탐욕이 없다.'라고 분명히 안다. 우빠바나여, 수행승이 미각으로 맛을 보고 맛을 감지하지만 맛에 대한 탐욕을 감지하지 못하고 안으로 맛에 대한 탐욕이 없다면 '나에게 안으로 맛에 대한 탐욕이 없다.'라고 분명히 안다면, 우빠바나여, 그것이야말로 시간을 초월하는 것이고, 와서 볼 수 있는 것이고, 열반으로 이끄는 것이고, 슬기로운 자라면 누구나 알 수 있는, 현세에 유익한 진리이다.

14. 우빠바나여, 또한 여기 한 수행승이 촉각으로 감촉을 느끼고 감촉을 감지하지만 감촉에 대한 탐욕을 감지하지 못하고 안으로 감촉에 대한 탐욕이 없다면 '나에게 안으로 감촉에 대한 탐욕이 없다.'라고 분명히 안다. 우빠바나여, 수행승이 촉각으로 감촉을 느끼고 감촉을 감지하지만 감촉에 대한 탐욕을 감지하지 못하고 안으로 감촉에 대한 탐욕이 없다면 '나에게 안으로 감촉에 대한 탐욕이 없다.'라고 분명히 안다면, 우빠바나여, 그것이야말로 시간을 초월하는

것이고, 와서 볼 수 있는 것이고, 열반으로 이끄는 것이고, 슬기로운 자라면 누구나 알 수 있는, 현세에 유익한 진리이다.

15. 우빠바나여, 여기 한 수행승이 정신으로 사물을 식별하고 사물을 감지하지만 사물에 대한 탐욕을 감지하지 못하고 안으로 사물에 대한 탐욕이 없으므로 '나에게 안으로 사물에 대한 탐욕이 없다.'라고 분명히 안다. 우빠바나여, 수행승이 정신으로 사물을 식별하고 사물을 감지하지만 사물에 대한 탐욕을 감지하지 못하고 안으로 사물에 대한 탐욕이 없다면 '나에게 안으로 사물에 대한 탐욕이 없다.'라고 분명히 안다면, 우빠바나여, 그것이야말로 시간을 초월하는 것이고, 와서 볼 수 있는 것이고, 열반으로 이끄는 것이고, 슬기로운 자라면 누구나 알 수 있는, 현세에 유익한 진리이다."

6. 부처님께서 새내기 수행승에게 병문안 가서 어떻게 하셨을까[327]

1. 이와 같이 나는 들었다. 한 때 세존께서 싸밧티 시의 제따바나 숲에 있는 아나타삔디까 승원에 계셨다.

2. 그때 어떤 수행승이 세존께서 계신 곳을 찾아갔다. 다가가서 세존께 인사를 드리고 한쪽으로 물러앉았다.

3. 한쪽으로 물러앉은 그 수행승은 세존께 이와 같이 말했다.
  [수행승] "세존이시여, 어떤 승원에서 이름 없는 새내기 수행승이 병이 들어 괴로워하는데, 아주 중병입니다. 세존께서는 불쌍히 여겨 그 수행승이 있는 곳을 찾아주시면 좋겠습니다."

4. 그러자 세존께서는 새내기에 대한 말과 고통스러워한다는 말을

---

327) 질병의 경①[Paṭhamagilānasutta] : SN. IV. 46 ; 잡아함 37권 (大正 2. 267c, 잡1025) 참조

듣고, 그 수행승은 잘 알려져 있지 않다는 사실을 알고는, 그 수행승이 있는 곳을 찾아갔다.

5. 그 수행승은 세존께서 멀리서 오고 있는 것을 보았다. 보고 나서 침대에서 몸을 움직였다.

6. 그러자 세존께서는 그 수행승에게 이와 같이 말했다.
[세존] "수행승이여, 그대는 침대에서 몸을 움직이지 마라. 자리가 마련되어 있으니 그곳에 내가 앉겠다."
세존께서는 이미 마련된 자리에 앉으셨다.

7. 자리에 앉아서 세존께서는 그 수행승에게 이와 같이 말했다.
[세존] "수행승이여, 그대는 참아낼 만한가? 그대는 견디어낼 만한가? 나는 그대의 고통스러운 느낌이 감퇴하기를 바라고, 증가하지 않기를 바랄뿐만 아니라 감퇴하는 것을 알고 증가하지 않는 것을 알기를 바란다."
[수행승] "세존이시여, 저는 참아낼 수 없고, 견디낼 수 없습니다. 나의 고통스러운 느낌은 극심하여 증가하기만 하고, 감퇴하지는 않으며, 감퇴하는 것을 알지 못하고 증가하지 않는 것을 알지 못하겠습니다."

8. [세존] "수행승이여, 그대에게 가책이 될 만한 일이나 후회가 될 만한 일이 없기를 바란다."
[수행승] "세존이시여, 실로 가책이 될 만한 일이 적지 않고 후회가 될 만한 일이 적지 않습니다."

9. [세존] "그런데 그대가 계행을 실천함에 스스로를 욕되게 한 적이 없는가?"
[수행승] "세존이시여, 없습니다."

10. [세존] "수행승이여, 그대가 계행을 실천함에 스스로를 욕되게 한 적이 없다면, 그대에게 어떠한 가책이 있고 어떠한 후회가 있단 말인가?"
[수행승] "세존이시여, 저는 아직 세존께서 계율의 청정함에 대하여 설하신 법에 대해 알지 못합니다."

11. [세존] "수행승이여, 그대가 아직 계행의 청정함에 대하여 설한 법을 알지 못하면, 수행승이여, 그대는 내가 설한 어떠한 법을 알고 있다는 말인가?"
[수행승] "세존이시여, 저는 세존께서 설하신 탐욕과 탐욕을 여의는 법에 대해 알고 있습니다."

12. [세존] "수행승이여, 훌륭하다. 수행승이여, 훌륭하다. 그대가 탐욕과 탐욕을 여의는 법에 대해 알고 있는 것은 훌륭하다. 수행승이여, 탐욕과 탐욕을 여의는 법은 내가 설한 것이다."

13. [세존] "수행승이여, 그대는 어떻게 생각하느냐? 시각이나 청각이나 후각이나 미각이나 촉각이나 정신은 영원한가, 무상한가?"
[수행승] "세존이시여, 무상합니다."
[세존] "그러면 무상한 것은 괴로운 것인가, 즐거운 것인가?"
[수행승] "세존이시여, 괴로운 것입니다."
[세존] "무상하고 괴롭고 변화하는 것을 '이것은 내 것이고, 이것은 나이며, 이것은 나의 자아다.'라고 하는 것은 옳은 것인가?"
[수행승] "세존이시여, 그렇지 않습니다."

14. [세존] "수행승들이여, 이와 같이 보고 잘 배운 고귀한 제자는, 시각에서도 싫어하여 떠나고, 청각에서도 싫어하여 떠나고, 후각에서도 싫어하여 떠나고, 미각에서도 싫어하여 떠나고, 촉각에서도

싫어하여 떠나고, 정신에서도 싫어하여 떠나며, 싫어하여 떠나서 사라지게 하고, 사라지게 해서 해탈한다. 해탈하면, 그에게 '해탈되었다.'는 앎이 생겨난다. 그는 '태어남은 부서졌고, 청정한 삶은 이루어졌고, 해야 할 일은 다 마쳤으니, 더 이상 윤회하지 않는다.'라고 분명히 안다."

15. 세존께서는 이와 같이 말씀하시자, 그 수행승은 세존의 말씀에 기뻐하였다. 그리고 이와 같이 상세히 말씀하시는 동안에 그 수행승에게는 '어떠한 것이든 생겨난 것은 모두 반드시 소멸하는 것이다.'라는 티 없이 깨끗한 진리의 눈이 생겨났다.

7. 수행자가 청정한 삶을 사는 이유는 무엇인가328)

1. 이와 같이 나는 들었다. 한 때 세존께서 싸밧티 시의 제따바나 숲에 있는 아나타삔디까 승원에 계셨다.

2. 그 때 많은 수행승들이 세존께서 계신 곳을 찾아갔다. 가까이 다가가서 그 수행승들은 세존께 인사를 드리고 한 쪽으로 물러앉았다.

3. 한 쪽으로 물러앉은 그 수행승들은 세존께 이와 같이 말했다.
[수행승들] "세존이시여, 이교도의 유행자들이 '벗들이여, 수행자 고따마 아래서 영위되는 청정한 삶은 무엇을 위한 것인가?'라고 물었습니다. 세존이시여, 이와 같은 질문을 받고 저희들은 그 이교도의 유행자들에게 '벗들이여, 세존 아래서 영위되는 청정한 삶은 괴로움을 완전히 알기 위한 것이다.'라고 대답했습니다. 저희들이 이와 같이 질문을 받았을 때 이와 같이 대답하면, 세존께서 말씀하신 바대로 말한 것이고, 진실이 아닌 것으로 세존을 잘못 대변하지 않

---

328) 많은 수행승의 경[Sambahulabhikkhusutta] : SN. IV. 50.

으며, 가르침에 일치하도록 설명한 것이고, 우리들의 주장이 비판의 근거를 제공하는 것이 아니겠습니까?"

4. [세존] "진실로 수행승들이여, 그대들이 그렇게 대답한 것은 내가 말한 대로 말한 것이고, 진실이 아닌 것으로 나를 잘못 대변한 것이 아니며, 가르침에 일치하도록 설명한 것이고, 그대들의 주장은 비판의 근거를 제공한 것이 아니다. 왜냐하면 수행승들이여, 그대들이 내 아래서 사는 청정한 삶은 괴로움을 완전히 알기 위한 것이기 때문이다.

5. 수행승들이여, 그런데 만약 이교도의 유행자들이 '벗들이여, 수행자 고따마 아래서 영위되는 청정한 삶은 무엇을 위한 것인가?'라고 질문을 받는다면, 수행승들이여, 그 이교도의 유행자들에게 이와 같이 대답해야 한다. 벗들이여,

1) 시각은 괴로운 것이다. 세존 아래서 살게 되는 청정한 삶은 그것을 완전히 알기 위한 것이다. 형상은 괴로운 것이다. 세존 아래서 살게 되는 청정한 삶은 그것을 완전히 알기 위한 것이다. 시각의 식은 괴로운 것이다. 세존 아래서 살게 되는 청정한 삶은 그것을 완전히 알기 위한 것이다. 시각접촉은 괴로운 것이다. 세존 아래서 영위되는 청정한 삶은 그것을 완전히 알기 위한 것이다. 시각접촉을 조건으로 생겨나는 즐거운 느낌, 괴로운 느낌, 즐겁지도 않고 괴롭지도 않은 느낌도 괴로운 것이다. 세존 아래서 살게 되는 청정한 삶은 그것을 완전히 알기 위한 것이다.

2) 청각은 괴로운 것이다. 세존 아래서 살게 되는 청정한 삶은 그것을 완전히 알기 위한 것이다. 소리는 괴로운 것이다. 세존 아래서 살게 되는 청정한 삶은 그것을 완전히 알기 위한 것이다. 청각의 식도 괴로운 것이다. 세존 아래서 살게 되는 청정한 삶은 그것을

완전히 알기 위한 것이다. 청각접촉도 괴로운 것이다. 세존 아래
서 영위되는 청정한 삶은 그것을 완전히 알기 위한 것이다. 청각
접촉을 조건으로 생겨나는 즐거운 느낌, 괴로운 느낌, 즐겁지도
않고 괴롭지도 않은 느낌도 괴로운 것이다. 세존 아래서 살게 되
는 청정한 삶은 그것을 완전히 알기 위한 것이다.

3) 후각은 괴로운 것이다. 세존 아래서 살게 되는 청정한 삶은 그것
을 완전히 알기 위한 것이다. 냄새는 괴로운 것이다. 세존 아래서
살게 되는 청정한 삶은 그것을 완전히 알기 위한 것이다. 후각의
식도 괴로운 것이다. 세존 아래서 살게 되는 청정한 삶은 그것을
완전히 알기 위한 것이다. 후각접촉도 괴로운 것이다. 세존 아래
서 영위되는 청정한 삶은 그것을 완전히 알기 위한 것이다. 후각
접촉을 조건으로 생겨나는 즐거운 느낌, 괴로운 느낌, 즐겁지도
않고 괴롭지도 않은 느낌도 괴로운 것이다. 세존 아래서 살게 되
는 청정한 삶은 그것을 완전히 알기 위한 것이다.

4) 미각은 괴로운 것이다. 세존 아래서 살게 되는 청정한 삶은 그것
을 완전히 알기 위한 것이다. 맛은 괴로운 것이다. 세존 아래서
살게 되는 청정한 삶은 그것을 완전히 알기 위한 것이다. 미각의
식도 괴로운 것이다. 세존 아래서 살게 되는 청정한 삶은 그것을
완전히 알기 위한 것이다. 미각접촉도 괴로운 것이다. 세존 아래
서 영위되는 청정한 삶은 그것을 완전히 알기 위한 것이다. 미각
접촉을 조건으로 생겨나는 즐거운 느낌, 괴로운 느낌, 즐겁지도
않고 괴롭지도 않은 느낌도 괴로운 것이다. 세존 아래서 살게 되
는 청정한 삶은 그것을 완전히 알기 위한 것이다.

5) 촉각은 괴로운 것이다. 세존 아래서 살게 되는 청정한 삶은 그것
을 완전히 알기 위한 것이다. 감촉은 괴로운 것이다. 세존 아래서

살게 되는 청정한 삶은 그것을 완전히 알기 위한 것이다. 촉각의 식도 괴로운 것이다. 세존 아래서 살게 되는 청정한 삶은 그것을 완전히 알기 위한 것이다. 촉각접촉도 괴로운 것이다. 세존 아래서 영위되는 청정한 삶은 그것을 완전히 알기 위한 것이다. 촉각접촉을 조건으로 생겨나는 즐거운 느낌, 괴로운 느낌, 즐겁지도 않고 괴롭지도 않은 느낌도 괴로운 것이다. 세존 아래서 살게 되는 청정한 삶은 그것을 완전히 알기 위한 것이다.

6) 정신은 괴로운 것이다. 세존 아래서 살게 되는 청정한 삶은 그것을 완전히 알기 위한 것이다. 사실은 괴로운 것이다. 세존 아래서 살게 되는 청정한 삶은 그것을 완전히 알기 위한 것이다. 정신의 식도 괴로운 것이다. 세존 아래서 살게 되는 청정한 삶은 그것을 완전히 알기 위한 것이다. 정신접촉도 괴로운 것이다. 세존 아래서 영위되는 청정한 삶은 그것을 완전히 알기 위한 것이다. 정신접촉을 조건으로 생겨나는 즐거운 느낌, 괴로운 느낌, 즐겁지도 않고 괴롭지도 않은 느낌도 괴로운 것이다. 세존 아래서 살게 되는 청정한 삶은 그것을 완전히 알기 위한 것이다.

6. 수행승들이여, 그와 같이 질문을 받으면, 그대들은 이교도의 유행자들에게 이와 같이 대답해야 한다."

8. 장애를 부순 부처님을 묘사할 수 있는 인식능력이 있을까329)

1. 이와 같이 나는 들었다. 한 때 세존께서 싸밧티 시의 제따바나 숲에 있는 아나타삔디까 승원에 계셨다.

2. 그때 존자 팍구나가 세존께서 계신 곳을 찾아갔다. 다가가서 세

---

329) 팍구나의 경[Phaggunasutta] : SN. IV. 52.

존께 인사를 드리고 한 쪽으로 물러앉았다.

3. 한 쪽으로 물러앉은 존자 팍구나330)는 세존께 이와 같이 말씀 드렸다.

4. [팍구나] "세존이시여, 과거의 부처님들께서 궁극의 열반을 얻고, 장애를 부수고, 행로를 끊고, 윤회를 끝내고, 모든 괴로움을 뛰어넘었다고 묘사할 수 있었던 것을 알아보는 시각이 있습니까?

5. 세존이시여, 장애를 부수고, 행로를 끊고, 윤회를 끝내고, 모든 괴로움에서 벗어난, 열반에 드신 과거의 부처님들을 알아보고 묘사할 수 있는 청각이 있습니까?

6. 세존이시여, 장애를 부수고, 행로를 끊고, 윤회를 끝내고, 모든 괴로움에서 벗어난, 열반에 드신 과거의 부처님들을 알아보고 묘사할 수 있는 후각이 있습니까?

7. 세존이시여, 장애를 부수고, 행로를 끊고, 윤회를 끝내고, 모든 괴로움에서 벗어난, 열반에 드신 과거의 부처님들을 알아보고 묘사할 수 있는 미각이 있습니까?

8. 세존이시여, 장애를 부수고, 행로를 끊고, 윤회를 끝내고, 모든 괴로움에서 벗어난, 열반에 드신 과거의 부처님들을 알아보고 묘사할 수 있는 촉각이 있습니까?

9. 세존이시여, 장애를 부수고, 행로를 끊고, 윤회를 끝내고, 모든 괴로움에서 벗어난, 열반에 드신 과거의 부처님들을 알아보고 묘사할 수 있는 정신이 있습니까?"

10. [세존] "팍구나여, 장애를 부수고, 행로를 끊고, 윤회를 끝내고,

---

330) 다른 경에 등장하는 몰리야 팍구나와는 다른 수행승이다. 앙굿따라니까야에 따르면 그가 중병이 들었을 때에 부처님이 그에게 가르침을 주었는데 사후에 곧바로 아라한이 되었다.

모든 괴로움에서 벗어난, 열반에 드신 과거의 부처님들을 알아보고 묘사할 수 있는 어떤 시각도 없다.

11. 팍구나여, 장애를 부수고, 행로를 끊고, 윤회를 끝내고, 모든 괴로움에서 벗어난, 열반에 드신 과거의 부처님들을 알아보고 묘사할 수 있는 어떤 청각도 없다.

12. 팍구나여, 장애를 부수고, 행로를 끊고, 윤회를 끝내고, 모든 괴로움에서 벗어난, 열반에 드신 과거의 부처님들을 알아보고 묘사할 수 있는 어떤 후각도 없다.

13. 팍구나여, 장애를 부수고, 행로를 끊고, 윤회를 끝내고, 모든 괴로움에서 벗어난, 열반에 드신 과거의 부처님들을 알아보고 묘사할 수 있는 어떤 미각도 없다.

14. 팍구나여, 장애를 부수고, 행로를 끊고, 윤회를 끝내고, 모든 괴로움에서 벗어난, 열반에 드신 과거의 부처님들을 알아보고 묘사할 수 있는 어떤 촉각도 없다.

15. 팍구나여, 장애를 부수고, 행로를 끊고, 윤회를 끝내고, 모든 괴로움에서 벗어난, 열반에 드신 과거의 부처님들을 알아보고 묘사할 수 있는 어떤 정신도 없다."

9. 어떠한 가르침을 받들고 어떻게 가르침을 전해야 할까[331]

1. 이와 같이 나는 들었다. 한 때 세존께서 싸밧티 시의 제따바나 숲에 있는 아나타삔디까 승원에 계셨다.

2. 그때 존자 뿐나[332]가 세존께서 계신 곳을 찾아갔다. 다가가서 세

---

331) 뿐나의 경[Puṇṇasutta] : SN. IV. 60 ; 잡아함 13권 (大正 2. 89b, 잡311) 참조

존께 인사를 드리고 한쪽으로 물러앉았다.

3. 한 쪽으로 물러앉은 존자 뿐나는 세존께 이와 같이 말씀을 드렸다.

[뿐나] "세존이시여, 세존께서는 저를 위하여 간략하게 가르침을 설해 주시면 좋겠습니다. 저는 세존의 가르침을 듣고 홀로 떨어져서 게으르지 않고 열심히 정진하겠습니다."

4. [세존]

1) "뿐나여, 사람들이 원하고, 즐거워하고, 마음에 들어 하고, 사랑스러워 하고, 감각적으로 끌리고, 욕망에 물들게 되는, 시각에 의해 인식되는 형상들이 있다. 만약에 수행승이 그것들을 기뻐하고 찬양하고 탐착하면 즐거움이 그에게 생겨난다. 뿐나여, 즐거움이 생겨나면 괴로움이 생겨난다고 나는 말한다.

2) 뿐나여, 사람들이 원하고, 즐거워하고, 마음에 들어 하고, 사랑스러워 하고, 감각적으로 끌리고, 욕망에 물들게 되는, 청각에 의해 인식되는 소리들이 있다. 만약에 수행승이 그것들을 기뻐하고 찬양하고 탐착하면 즐거움이 그에게 생겨난다. 뿐나여, 즐거움이 생겨나면 괴로움이 생겨난다고 나는 말한다.

3) 뿐나여, 사람들이 원하고, 즐거워하고, 마음에 들어 하고, 사랑스러워 하고, 감각적으로 끌리고, 욕망에 물들게 되는, 후각에 의해 인식되는 냄새들이 있다. 만약에 수행승이 그것들을 기뻐하고 찬양하고 탐착하면 즐거움이 그에게 생겨난다. 뿐나여, 즐거움이 생

---

332) 뿐나는 10대제자 가운데 하나로 '설법하는데 제일'의 칭호를 지녔고 뿐나 만따니뿟따라고 불린다. 붓다고싸에 따르면, 뿐나는 쑤나빠란따 지방에서 싸밧티 시로 와서 장사하는 상인이었는데 부처님의 설법을 듣고 수행승이 되었다. 그는 싸밧티 지역이 명상을 위한 자신의 기호에 맞지 않는 것을 발견하고 수행을 하기 위해 자신의 고향으로 돌아가고자 했다. 그는 부처님을 친견하고 출발에 앞서 충고를 받으려고 했다.

겨나면 괴로움이 생겨난다고 나는 말한다.

4) 뿐나여, 사람들이 원하고, 즐거워하고, 마음에 들어 하고, 사랑스러워 하고, 감각적으로 끌리고, 욕망에 물들게 되는, 미각에 의해 인식되는 맛들이 있다. 만약에 수행승이 그것들을 기뻐하고 찬양하고 탐착하면 즐거움이 그에게 생겨난다. 뿐나여, 즐거움이 생겨나면 괴로움이 생겨난다고 나는 말한다.

5) 뿐나여, 사람들이 원하고, 즐거워하고, 마음에 들어 하고, 사랑스러워 하고, 감각적으로 끌리고, 욕망에 물들게 되는, 촉각에 의해 인식되는 감촉들이 있다. 만약에 수행승이 그것들을 기뻐하고 찬양하고 탐착하면 즐거움이 그에게 생겨난다. 뿐나여, 즐거움이 생겨나면 괴로움이 생겨난다고 나는 말한다.

6) 뿐나여, 사람들이 원하고, 즐거워하고, 마음에 들어 하고, 사랑스러워 하고, 감각적으로 끌리고, 욕망에 물들게 되는, 정신에 의해 인식되는 사물들이 있다. 만약에 수행승이 그것들을 기뻐하고 찬양하고 탐착하면 즐거움이 그에게 생겨난다. 뿐나여, 즐거움이 생겨나면 괴로움이 생겨난다고 나는 말한다."

5. [세존]

1) "뿐나여, 사람들이 원하고, 즐거워하고, 마음에 들어 하고, 사랑스러워 하고, 감각적으로 끌리고, 욕망에 물들게 되는, 시각에 의해 인식되는 형상들이 있다. 만약에 수행승이 그것을 기뻐하지 않고 찬양하지 않고 탐착하지 않으면 즐거움이 소멸한다. 뿐나여, 즐거움이 소멸하면 괴로움이 소멸한다고 나는 말한다.

2) 뿐나여, 사람들이 원하고, 즐거워하고, 마음에 들어 하고, 사랑스러워 하고, 감각적으로 끌리고, 욕망에 물들게 되는, 청각에 의해 인식되는 소리들이 있다. 만약에 수행승이 그것을 기뻐하지 않고

찬양하지 않고 탐착하지 않으면 즐거움이 소멸한다. 뿐나여, 즐거움이 소멸하면 괴로움이 소멸한다고 나는 말한다.

3) 뿐나여, 사람들이 원하고, 즐거워하고, 마음에 들어 하고, 사랑스러워 하고, 감각적으로 끌리고, 욕망에 물들게 되는, 후각에 의해 인식되는 냄새들이 있다. 만약에 수행승이 그것을 기뻐하지 않고 찬양하지 않고 탐착하지 않으면 즐거움이 소멸한다. 뿐나여, 즐거움이 소멸하면 괴로움이 소멸한다고 나는 말한다.

4) 뿐나여, 사람들이 원하고, 즐거워하고, 마음에 들어 하고, 사랑스러워 하고, 감각적으로 끌리고, 욕망에 물들게 되는, 미각에 의해 인식되는 맛들이 있다. 만약에 수행승이 그것을 기뻐하지 않고 찬양하지 않고 탐착하지 않으면 즐거움이 소멸한다. 뿐나여, 즐거움이 소멸하면 괴로움이 소멸한다고 나는 말한다.

5) 뿐나여, 사람들이 원하고, 즐거워하고, 마음에 들어 하고, 사랑스러워 하고, 감각적으로 끌리고, 욕망에 물들게 되는, 촉각에 의해 인식되는 감촉들이 있다. 만약에 수행승이 그것을 기뻐하지 않고 찬양하지 않고 탐착하지 않으면 즐거움이 소멸한다. 뿐나여, 즐거움이 소멸하면 괴로움이 소멸한다고 나는 말한다.

6) 뿐나여, 사람들이 원하고, 즐거워하고, 마음에 들어 하고, 사랑스러워 하고, 감각적으로 끌리고, 욕망에 물들게 되는, 정신에 의해 인식되는 사물들이 있다. 만약에 수행승이 그것을 기뻐하지 않고 찬양하지 않고 탐착하지 않으면 즐거움이 소멸한다. 뿐나여, 즐거움이 소멸하면 괴로움이 소멸한다고 나는 말한다."

6. [세존] "뿐나여, 나는 이 간략한 가르침으로 계도했다. 그대는 어떤 지방에서 지내려고 하는가?"

[뿐나] "세존이시여, 쑤나빠란따333)라는 지방이 있는데 저는 그곳

에서 지내려고 합니다."

7. [세존] "뿐나여, 쑤나빠란따 지방의 사람들은 포악하다. 뿐나여, 쑤나빠란따 지방의 사람들은 잔인하다. 뿐나여, 만약 쑤나빠란따 지방의 사람들이 그대를 비난하고 욕한다면, 뿐나여, 그때는 어떻게 할 것인가?"

[뿐나] "세존이시여, 만약에 쑤나빠란따 지방의 사람들이 저를 비난하고 욕한다면, 그 때 저는 이와 같이 말하겠습니다. '나를 손으로 때리지 않으니 쑤나빠란따 지방의 사람들은 매우 친절하고 쑤나빠란따 지방의 사람들은 아주 친절하다.' 세상에 존경받는 님이시여, 그때는 이와 같이 말할 것입니다. 올바른 길로 잘 가신 님이시여, 그때는 이와 같이 말할 것입니다."

8. [세존] "뿐나여, 그러나 만약 쑤나빠란따 지방의 사람들이 그대를 손으로 때리면, 뿐나여, 그 때는 어떻게 할 것인가?"

[뿐나] "세존이시여, 만약에 쑤나빠란따 지방의 사람들이 저를 비난하고 욕한다면, 그 때 저는 이와 같이 말하겠습니다. '나에게 흙덩이를 던지지 않으므로 쑤나빠란따 지방의 사람들은 매우 친절하고 쑤나빠란따 지방의 사람들은 아주 친절하다.' 세상에 존경받는 님이시여, 그 때는 이와 같이 말할 것입니다. 올바른 길로 잘 가신 님이시여, 그 때는 이와 같이 말할 것입니다."

9. [세존] "뿐나여, 그러나 만약 쑤나빠란따 지방의 사람들이 그대에게 흙덩이를 던지면, 뿐나여, 그 때는 어떻게 할 것인가?"

[뿐나] "세존이시여, 만약에 쑤나빠란따 지방의 사람들이 저에게

---

333) 쑤나빠란따는 뿐나 장로의 고향인 쑵빠라가 항구가 있는 지방을 말한다. 항구의 사람들은 억세고 사나웠다. 쑤나빠란따는 인도의 서부해안지역으로 현대의 뭄바이의 근처 타나지방의 쏘빠라를 말한다.

흙덩이를 던지면, 그 때 저는 이와 같이 말하겠습니다. '나를 몽둥이로 때리지 않으니 쑤나빠란따 지방의 사람들은 매우 친절하고 쑤나빠란따 지방의 사람들은 아주 친절하다.' 세상에 존경받는 님이시여, 그 때는 이와 같이 말할 것입니다. 올바른 길로 잘 가신 님이시여, 그 때는 이와 같이 말할 것입니다."

10. [세존] "뿐나여, 그러나 만약 쑤나빠란따 지방의 사람들이 그대를 몽둥이로 때리면, 뿐나여, 그 때는 어떻게 할 것인가?"

[뿐나] "세존이시여, 만약에 쑤나빠란따 지방의 사람들이 저를 몽둥이로 때리면, 그 때 저는 이와 같이 말하겠습니다. '나를 칼로 베지 않으니 쑤나빠란따 지방의 사람들은 매우 친절하고 쑤나빠란따 지방의 사람들은 아주 친절하다.' 세상에 존경받는 님이시여, 그 때는 이와 같이 말할 것입니다. 올바른 길로 잘 가신 님이시여, 그 때는 이와 같이 말할 것입니다."

11. [세존] "뿐나여, 그러나 만약 쑤나빠란따 지방의 사람들이 그대를 칼로 벤다면, 뿐나여, 그 때는 어떻게 할 것인가?"

[뿐나] "세존이시여, 만약에 쑤나빠란따 지방의 사람들이 저를 칼로 벤다면, 그 때 저는 이와 같이 말하겠습니다. '날카로운 칼로 나의 목숨을 빼앗지 않으니 쑤나빠란따 지방의 사람들은 매우 친절하고 쑤나빠란따 지방의 사람들은 아주 친절하다.' 세상에 존경받는 님이시여, 그 때는 이와 같이 말할 것입니다. 올바른 길로 잘 가신 님이시여, 그 때는 이와 같이 말할 것입니다."

12. [세존] "뿐나여, 그러나 만약 쑤나빠란따 지방의 사람들이 날카로운 칼로 그대의 목숨을 빼앗으면, 뿐나여, 그때는 어떻게 할 것인가?"

[뿐나] "세존이시여, 만약에 쑤나빠란따 지방의 사람들이 날카로운

칼로 저의 목숨을 빼앗으면 저는 이와 같이 말하겠습니다. '몸 때문에 목숨 때문에334) 오히려 괴로워하고, 참괴하고, 혐오하여 칼을 들고 싶어 하는 세존의 제자들도 있다.335) 나는 그것을 원하지 않고도 칼을 받았다.' 세상에 존경받는 님이시여, 그때는 이와 같이 말할 것입니다. 올바른 길로 잘 가신 님이시여, 그때는 이와 같이 말할 것입니다."

13. [세존] "뿐나여, 훌륭하다. 뿐나여, 훌륭하다. 그대가 그러한 자제력을 갖추고 있다면 쑤나빠란따 지방에서 지낼 수 있다. 그대는 '지금이 그때이다.'라고 생각하는 것을 행하라."

14. 그래서 존자 뿐나는 만족하여 세존께서 말씀하신 바에 기뻐하고, 자리에서 일어나 세존께 인사를 드리고 세존의 오른쪽으로 돌아 깔개와 잠자리를 챙기고 발우와 가사를 들고 쑤나빠란따 지방으로 유행을 떠났다. 유행하면서 차츰 쑤나빠란따 지방에 도착하여 쑤나빠란따 지방에서 지내게 되었다.

15. 이 때 존자 뿐나는 그 우기 중에 오백 명의 재가신도를 교화시켰고 그 우기 중에 세 가지 신통력을 얻었고 그 우기 중에 완전한 열반에 들었다.

16. 그래서 많은 수행승들이 세존께서 계신 곳을 찾아갔다. 가까이 다가가서 세존께 인사를 드리고 한 쪽으로 물러앉았다.

17. 한 쪽으로 물러앉아 수행승들은 세존께 이와 같이 말씀드렸다. [수행승들] "세존이시여, 세존께서는 뿐나라고 하는 훌륭한 아들을 간략한 가르침으로 교시했으나 그는 죽었습니다. 그가 간 곳은 어

---

334) '육체적으로 생명적으로'라는 뜻이다.
335) '스스로 죽기를 원한다.'라는 뜻이다. 부정관을 수행한 부처님의 제자들이 자신의 몸의 더러움을 관찰하고 자결을 택하는 경우도 있었다.

떠한 곳이고, 그의 미래의 운명은 어떠한 것입니까?"
[세존] "수행승들이여, 뿐나는 현명하고 훌륭한 아들이었다. 그는 가르침에 따라서 지냈으며 가르침을 이유로 나를 괴롭히지 않았다. 수행승들이여, 뿐나는 훌륭한 가문의 아들로서 완전한 열반에 들었다."

10. 사물이 감각되고 인식될 때에 나는 어디에 있을까[336]

1. 이와 같이 나는 들었다. 한 때 세존께서 싸밧티 시의 제따바나 숲에 있는 아나타삔디까 승원에 계셨다.

2. 그때 존자 말룽끼야뿟따[337]가 세존께서 계신 곳을 찾아갔다. 다가가서 세존께 인사를 드리고 한쪽으로 물러앉았다.

3. 한쪽으로 물러앉은 존자 말룽끼야뿟따는 세존께 이와 같이 말씀을 드렸다.
[수행승] "세존이시여, 세존께서는 저를 위하여 간략하게 가르침을 설해주시면 좋겠습니다. 저는 세존의 가르침을 듣고 홀로 떨어져서 게으르지 않고 열심히 정진하겠습니다."

4. [세존] "말룽끼야뿟따여, 그대와 같은 수행승이 늙고 연로하고 나이가 들고 만년에 이르러 노령에 달해서 이제야 비로소 간략하게 가르침을 청원한다면,[338] 오늘 여기 젊은 수행승들에게 무엇이라고

---

336) 말룽끼야뿟따 경[Māluṅkiyāputtasutta] : SN. IV. 72 : 잡아함 13권 (大正 2. 89c, 집312) 참조
337) 말룽끼야뿟따는 꼬쌀라 국왕의 대신의 아들, 그의 어머니의 이름이 말룽끼야였다. 그는 원래 종교적인 인물이어서 어려서 수행자로 출가했다가 나중에 부처님의 설법을 듣고 불교 승단에 가입했다.
338) 주석서에서 붓다고싸가 다음과 같이 "그는 젊었으며, 물질 등의 가운데 나태하다가 지금은 나이가 들어 숲 속의 삶을 동경하고 명상수행을 원한다. 이러한 젊은이에 대하여 무엇을 말할 것인가?"라고 기술하고 있는 것은 말룽끼야뿟따가 원래 종교적인 인물이어서 어려서

말해야 하겠는가?"

5. [말룽끼야뿟따] "세존이시여, 제가 늙고 연로하고 나이가 들고 만년에 이르러 노령에 달했을지라도 세존이시여, 세존께서는 간략하게 가르침을 설해주십시오. 저는 틀림없이 세존께서 말씀하신 바의 의미를 이해할 수 있습니다. 저는 틀림없이 세존께서 하신 말씀의 계승자가 되겠습니다."

6. [세존] "말룽끼야뿟따여, 어떻게 생각하는가? 그대에게는 지금까지 보지 못했고, 예전에도 결코 본 적이 없고, 지금도 보지 못하고, 볼 수 있을 것이라고 생각도 할 수 없는, 시각에 의해 인식될 수 있는 형상들에 대한 어떤 욕망이나 탐욕이나 애착이 있는가?"

[말룽끼야뿟따] "세존이시여, 없습니다."

7. [세존] "말룽끼야뿟따여, 어떻게 생각하는가? 그대에게는 지금까지 듣지 못했고, 예전에도 결코 들은 적이 없고, 지금도 듣지 못하고, 들을 수 있을 것이라고 생각도 할 수 없는, 청각에 의해 인식될 수 있는 소리들에 대한 어떤 욕망이나 탐욕이나 애착이 있는가?"

[말룽끼야뿟따] "세존이시여, 없습니다."

8. [세존] "말룽끼야뿟따여, 어떻게 생각하는가? 그대에게는 지금까지 맡지 못했고, 예전에도 결코 맡은 적이 없고, 지금도 맡지 못하고, 맡을 수 있을 것이라고 생각도 할 수 없는, 후각에 의해 인식될 수 있는 냄새들에 대한 어떤 욕망이나 탐욕이나 애착을 가질 수 있는가?"

[말룽끼야뿟따] "세존이시여, 없습니다."

9. [세존] "말룽끼야뿟따여, 어떻게 생각하는가? 그대에게는 지금

수행자로 출가했다는 사실과 모순이 된다.

까지 맛보지 못했고, 예전에도 결코 맛본 적이 없고, 지금도 맛보지 못하고, 맛볼 수 있을 것이라고 생각도 할 수 없는, 미각에 의해 인식될 수 있는 맛들에 대한 어떤 욕망이나 탐욕이나 애착이 있는가?"
[말룽끼야뿟따] "세존이시여, 없습니다."

10. [세존] "말룽끼야뿟따여, 어떻게 생각하는가? 그대에게는 지금까지 접촉하지 못했고, 예전에도 결코 접촉한 적이 없고, 지금도 접촉하지 못하고, 접촉할 수 있을 것이라고 생각도 할 수 없는, 촉각에 의해 인식되는 감촉들에 대한 어떤 욕망이나 탐욕이나 애착이 있는가?"
[말룽끼야뿟따] "세존이시여, 없습니다."

11. [세존] "말룽끼야뿟따여, 어떻게 생각하는가? 그대에게는 지금까지 인식하지 못했고, 예전에도 결코 인식한 적이 없고, 지금도 인식하지 못하고, 인식할 수 있을 것이라고 생각도 할 수 없는, 정신에 의해 알려질 수 있는 사물들에 대한 어떤 욕망이나 탐욕이나 애착이 있는가?"
[말룽끼야뿟따] "세존이시여, 없습니다."

12. [세존] "자, 말룽끼야뿟따여, 그대에게 보이고, 들리고, 감각되고339) 인식된 것에 관하여 말한다면, 보인 것 안에는 보인 것만이 있을 뿐이며, 들린 것 안에는 들린 것만이 있을 뿐이며, 감각된 것 안에는 감각된 것만이 있을 뿐이며, 인식된 것 안에는 인식된 것만이 있을 뿐이다.

13. 말룽끼야뿟따여, 보인 것 안에는 보인 것만이 있을 뿐이며, 들린

---

339) 여기서 감각은 빠알리어로 '무따'인데, 냄새, 맛, 감촉에 한정된다.

것 안에는 들린 것만이 있을 뿐이며, 감각된 것 안에는 감각된 것만이 있을 뿐이며, 인식된 것 안에는 인식된 것만이 있을 뿐340)이라면, 말룽끼야뿟따여, 그대는 그것에 의해서 있는 것이 아니다.341) 그것에 의해서 있는 것이 아니라면, 그대는 그것 안에도 있지 않을 것이다.342) 그것 안에 있지 않으면, 여기나 저기나 그 양자 사이에도 있지 않을 것이다.343) 이 자체가 괴로움의 종식이다.344)

14. [말룽끼야뿟따] 세존이시여, 저는 세존께서 간략하게 말씀하신

---

340) 붓다고싸는 주석서에서 '보인 것 안에는 보인 것만 있을 뿐이다.'라는 구절을 '시각의식은 어떤 본질 등이 아니라 형상 안에서 형상만을 본다. 나머지 의식의 유형들도 그와 같다.'라고 해석하고, '~것만이 있을 뿐'이라는 것은 시각의식이 영역 안으로 들어와 있는 어떤 형상과의 관계 속에서 탐욕과 증오나 어리석음에 영향 받지 않는다는 것을 나타내려는 것이다.'라고 설명한다. 예를 들면 꽃을 볼 때 시각의식은 '빨갛다'라든가 '작다'라든가 '시들었다'와 같이 시각과 관련된 의식만을 가진다. 그 자체로 탐욕이나 그로 인한 괴로움을 가지는 것은 아니다.
341) 이 문장은 빠알리 원문에는 '그대는 그것에 의해서가 아니다.'라고 간략하게 나와 있기 때문에 '그것'이 무엇을 뜻하는가에 대해서 여러 가지 해석이 있을 수 있다. 붓다고싸는 '그대는 '그러한 탐욕에 의해서' 생기되지 않을 것이고, 또는 '그러한 증오에 의해서' 자극되지 않고, 또는 '그러한 어리석음의 의해서' 미혹되지 않을 것이다.'라고 한다. 앞서 부처님과 말룽끼야뿟다의 문답에서 '인식되지 않은 것에서 생겨난 욕망과 탐욕이 없음'을 염두에 둔 듯하다. 그러나 '그것'을 바로 앞 문장을 받아서 '보인 것' 등으로 본다면, '그대는 보인 것 등에 의해서 있는 것이 아니다.'라고 해석하는 것이 문맥상 자연스럽다.
342) 붓다고싸는 이와 같이 '그대가 탐욕 등에 의해 생기되지 않으면, 그대는 보인 것, 들은 것, 감각된 것, 인식된 것 안에서 묶이고 집착되어 확립된 그 안에 있지 않을 것이다.'라고 해석하고 있다. 그러나 '그대가 보인 것 등에 의해서 있는 것이 아니라면, 보인 것 등 안에도 있지 않을 것이다.'로 해석하는 것이 논리적이다.
343) 붓다고싸의 주석서에서 '이 세상이나 저 세상이나 중유와 같은 매개적인 상태를 인정해야 한다는 것은 말도 안 된다.'라고 쓴 것을 보면 이 문장을 두고 논란이 있었던 것으로 보인다. '여기에도 저기에도'라는 것은 '보인 것 등에 의해서나 보인 것 등 안에서나'라는 의미이고, '그 양자 사이에도 없을 것이다.'는 '자아'를 상정할 어떤 선택적인 상황도 없다는 것을 강조한 것이다.
344) 붓다고싸는 '이것 자체가 번뇌의 고통과 윤회의 고통의 끝, 종식, 한계이다.'라는 뜻으로 해석하였다. 지금까지의 문답과 이 문장은 말룽끼야뿟따의 시에서 이해될 수 있을 것이다. '혼란된 새김으로 형상을 보면' '탐착'이 생겨나고, '마음이 혼란하게 되어 탐욕과 분노도 더불어 자라난다.' 따라서 '새김을 확립하여 형상을 보면' 보인 것 안에서 보인 것만을 보며, 희론으로 마음이 혼란하게 되지 않으며, '느낌을 경험할지라도 괴로움은 사라지고, 자라나지 않는다.' 따라서 새김을 확립하여 보인 것 안에서 보인 것만을 볼 수 있는 여실지견의 상태야말로 지금 바로 여기에서 그 자체로 괴로움의 종식이고, 열반이다.

바의 그 뜻을 상세하게 이해합니다.345)

15. 혼란된 새김으로 형상을 보면
　매혹적인 인상에 마음이 쏠려
　오염된 마음으로 그것을 경험하고
　마침내 그것에 탐착하고 만다.
　그래서 형상에서 생겨난
　갖가지 느낌들이 안에서 자라나
　마음이 혼란하게 되어
　탐욕과 분노도 더불어 자라난다.
　이와 같이 괴로움을 키운다면
　그에게 열반은 멀다고 하리.

16. 혼란된 새김으로 소리를 들으면
　매혹적인 인상에 마음이 쏠려
　오염된 마음으로 그것을 경험하고
　마침내 그것에 탐착하고 만다.
　그래서 소리에서 생겨난
　갖가지 느낌들이 안에서 자라나
　마음이 혼란하게 되어
　탐욕과 분노도 더불어 자라난다.
　이와 같이 괴로움을 키운다면
　그에게 열반은 멀다고 하리.

17. 혼란된 새김으로 냄새를 맡으면
　매혹적인 인상에 마음이 쏠려

---

345) 말룽끼야뿟따는 스승의 가르침을 간추려서 시로 읊고 스승이 따라서 읊음으로서 스승의 인가를 받는다.

오염된 마음으로 그것을 경험하고
마침내 그것에 탐착하고 만다.
그래서 냄새에서 생겨난
갖가지 느낌들이 안에서 자라나
마음이 혼란하게 되어
탐욕과 분노도 더불어 자라난다.
이와 같이 괴로움을 키운다면
그에게 열반은 멀다고 하리.

18. 혼란된 새김으로 맛을 보면
매혹적인 인상에 마음이 쏠려
오염된 마음으로 그것을 경험하고
마침내 그것에 탐착하고 만다.
그래서 맛에서 생겨난
갖가지 느낌들이 안에서 자라나
마음이 혼란하게 되어
탐욕과 분노도 더불어 자라난다.
이와 같이 괴로움을 키운다면
그에게 열반은 멀다고 하리.

19. 혼란된 새김으로 감촉을 접촉하면
매혹적인 인상에 마음이 쏠려
오염된 마음으로 그것을 경험하고
마침내 그것에 탐착하고 만다.
감촉에서 생겨난
갖가지 느낌들이 안에서 자라나
마음이 혼란하게 되어

탐욕과 분노도 더불어 자라난다.
이와 같이 괴로움을 키운다면
그에게 열반은 멀다고 하리.

20. 혼란된 새김으로 사물을 보면
매혹적인 인상에 마음이 쏠려
오염된 마음으로 그것을 경험하고
마침내 그것에 탐착하고 만다.
그래서 사물에서 생겨난
갖가지 느낌들이 안에서 자라나
마음이 혼란하게 되어
탐욕과 분노도 더불어 자라난다.
이와 같이 괴로움을 키운다면
그에게 열반은 멀다고 하리.

21. 새김을 확립하여 형상을 보면
형상들로 불타지 않고
오염되지 않은 마음으로 그것을 경험하고
마침내 그것에 탐착하지 않는다.
그래서 형상을 보더라도
이렇게 새김을 확립하고 지내면
느낌을 경험하더라도
괴로움은 사라지고, 자라나지 않는다.
이와 같이 괴로움을 키우지 않는다면
그에게 열반은 가깝다고 하리.

22. 새김을 확립하여 소리를 들으면
소리들로 불타지 않고

오염되지 않은 마음으로 그것을 경험하고
마침내 그것에 탐착하지 않는다.
그래서 소리를 듣더라도
이렇게 새김을 확립하고 지내면
느낌을 경험할지라도
괴로움은 사라지고, 자라나지 않는다.
이와 같이 괴로움을 키우지 않는 자에게
열반은 가깝다고 하리.

23. 새김을 확립하여 냄새를 맡으면
냄새들로 불타지 않고
오염되지 않은 마음으로 그것을 경험하고
마침내 그것에 탐착하지 않는다.
그래서 냄새를 맡더라도
이렇게 새김을 확립하고 지내면
느낌을 경험하더라도
괴로움은 사라지고, 자라나지 않는다.
이와 같이 괴로움을 키우지 않는다면
그에게 열반은 가깝다고 하리.

24. 새김을 확립하여 맛을 보면
맛들로 불타지 않고
오염되지 않은 마음으로 그것을 경험하고
마침내 그것에 탐착하지 않는다.
그래서 맛을 맛보더라도
이렇게 새김을 확립하고 지내면
느낌을 경험하더라도

괴로움은 사라지고, 자라나지 않는다.
이와 같이 괴로움을 키우지 않는다면
그에게 열반은 가깝다고 하리.

25. 새김을 확립하여 감촉을 접촉하면
감촉들로 불타지 않고
오염되지 않은 마음으로 그것을 경험하고
마침내 그것에 탐착하지 않는다.
그래서 감촉을 접촉하더라도
이렇게 새김을 확립하고 지내면
느낌을 경험하더라도
괴로움은 사라지고, 자라나지 않는다.
이와 같이 괴로움을 키우지 않는다면
그에게 열반은 가깝다고 하리.

26. 새김을 확립하여 사물을 보면
사물들로 불타지 않고
오염되지 않은 마음으로 그것을 경험하고
마침내 그것에 탐착하지 않는다.
그래서 사물을 인식하더라도
이렇게 새김을 확립하고 지내면
느낌을 경험하더라도
괴로움은 사라지고, 자라나지 않는다.
이와 같이 괴로움을 키우지 않는다면
그에게 열반은 가깝다고 하리.

27. 세존이시여, 저는 세존께서 간략하게 설하신 그 가르침의 뜻을 이와 같이 상세하게 이해합니다.

28. [세존] "말룽끼야뿟따여, 훌륭하다. 말룽끼야뿟따여, 훌륭하다. 그대가 내가 간략하게 설한 가르침의 뜻을 그와 같이 상세하게 이해하였으니 훌륭하다.

29. 혼란된 새김으로 형상을 보면
　　매혹적인 인상에 마음이 쏠려
　　오염된 마음으로 그것을 경험하고
　　마침내 그것에 탐착하고 만다.
　　그래서 볼 수 있는 형상에서 생겨난
　　갖가지 느낌들이 안에서 자라나
　　마음이 혼란하게 되어
　　탐욕과 분노도 더불어 자라난다.
　　이와 같이 괴로움을 키운다면
　　그에게 열반은 멀다고 하리.

30. 혼란된 새김으로 소리를 들으면
　　매혹적인 인상에 마음이 쏠려
　　오염된 마음으로 그것을 경험하고
　　마침내 그것에 탐착하고 만다.
　　그래서 들을 수 있는 소리에서 생겨난
　　갖가지 느낌들이 안에서 자라나
　　마음이 혼란하게 되어
　　탐욕과 분노도 더불어 자라난다.
　　이와 같이 괴로움을 키운다면
　　그에게 열반은 멀다고 하리.

31. 혼란된 새김으로 냄새를 맡으면

매혹적인 인상에 마음이 쏠려
오염된 마음으로 그것을 경험하고
마침내 그것에 탐착하고 만다.
그래서 맡을 수 있는 냄새에서 생겨난
갖가지 느낌들이 안에서 자라나
마음이 혼란하게 되어
탐욕과 분노도 더불어 자라난다.
이와 같이 괴로움을 키운다면
그에게 열반은 멀다고 하리.

32. 혼란된 새김으로 맛을 보면
매혹적인 인상에 마음이 쏠려
오염된 마음으로 그것을 경험하고
마침내 그것에 탐착하고 만다.
그래서 맛볼 수 있는 맛에서 생겨난
갖가지 느낌들이 안에서 자라나
마음이 혼란하게 되어
탐욕과 분노도 더불어 자라난다.
이와 같이 괴로움을 키운다면
그에게 열반은 멀다고 하리.

33. 혼란된 새김으로 감촉을 접촉하면
매혹적인 인상에 마음이 쏠려
오염된 마음으로 그것을 경험하고
마침내 그것에 탐착하고 만다.
경험할 수 있는 감촉에서 생겨난
갖가지 느낌들이 안에서 자라나

마음이 혼란하게 되어
　　탐욕과 분노도 더불어 자라난다.
　　이와 같이 괴로움을 키운다면
　　그에게 열반은 멀다고 하리.

34. 혼란된 새김으로 사물을 보면
　　매혹적인 인상에 마음이 쏠려
　　오염된 마음으로 그것을 경험하고
　　마침내 그것에 탐착하고 만다.
　　그래서 인식할 수 있는 사물에서 생겨난
　　갖가지 느낌들이 안에서 자라나
　　마음이 혼란하게 되어
　　탐욕과 분노도 더불어 자라난다.
　　이와 같이 괴로움을 키운다면
　　그에게 열반은 멀다고 하리.

35. 새김을 확립하여 형상을 보면
　　형상들로 불타지 않고
　　오염되지 않은 마음으로 그것을 경험하고
　　마침내 그것에 탐착하지 않는다.
　　그래서 형상을 보더라도
　　이렇게 새김을 확립하고 지내면
　　느낌을 경험하더라도
　　괴로움은 사라지고, 자라나지 않는다.
　　이와 같이 괴로움을 키우지 않는다면
　　그에게 열반은 가깝다고 하리.

36. 새김을 확립하여 소리를 들으면

소리들로 불타지 않고
오염되지 않은 마음으로 그것을 경험하고
마침내 그것에 탐착하지 않는다.
그래서 소리를 듣더라도
이렇게 새김을 확립하고 지내면
느낌을 경험할지라도
괴로움은 사라지고, 자라나지 않는다.
이와 같이 괴로움을 키우지 않는 자에게
열반은 가깝다고 하리.

37. 새김을 확립하여 냄새를 맡으면
냄새들로 불타지 않고
오염되지 않은 마음으로 그것을 경험하고
마침내 그것에 탐착하지 않는다.
그래서 냄새를 맡더라도
이렇게 새김을 확립하고 지내면
느낌을 경험하더라도
괴로움은 사라지고, 자라나지 않는다.
이와 같이 괴로움을 키우지 않는다면
그에게 열반은 가깝다고 하리.

38. 새김을 확립하여 맛을 보면
맛들로 불타지 않고
오염되지 않은 마음으로 그것을 경험하고
마침내 그것에 탐착하지 않는다.
그래서 맛을 맛보더라도
이렇게 새김을 확립하고 지내면

느낌을 경험하더라도
괴로움은 사라지고, 자라나지 않는다.
이와 같이 괴로움을 키우지 않는다면
그에게 열반은 가깝다고 하리.

39. 새김을 확립하여 감촉을 접촉하면
감촉들로 불타지 않고
오염되지 않은 마음으로 그것을 경험하고
마침내 그것에 탐착하지 않는다.
그래서 감촉을 접촉하더라도
이렇게 새김을 확립하고 지내면
느낌을 경험하더라도
괴로움은 사라지고, 자라나지 않는다.
이와 같이 괴로움을 키우지 않는다면
그에게 열반은 가깝다고 하리.

40. 새김을 확립하여 사물을 보면
사물들로 불타지 않고
오염되지 않은 마음으로 그것을 경험하고
마침내 그것에 탐착하지 않는다.
그래서 사물을 인식하더라도
이렇게 새김을 확립하고 지내면
느낌을 경험하더라도
괴로움은 사라지고, 자라나지 않는다.
이와 같이 괴로움을 키우지 않는다면
그에게 열반은 가깝다고 하리.

말룽끼야뿟따여, 그대는 내가 간략하게 설한 이 가르침의 뜻을 이와 같이 상세하게 관찰해야 한다."

41. 그러자 존자 말룽끼야뿟따는 세존의 말씀에 만족하고 기뻐하며, 자리에서 일어나 세존께 인사를 드리고 세존의 오른쪽으로 돌아 그곳을 떠났다.

42. 그 후 존자 말룽끼야뿟따는 홀로 떨어져서 게으르지 않고 열심히 정진하였다. 그는 오래지 않아 스스로 곧바로 알고 깨달아서 양가의 자제들이 집에서 집 없는 곳으로 출가하게 된 당연한 이유인 위없는 청정한 삶의 목표를 현세에서 성취했다. 그는 '태어남은 부서졌고, 청정한 삶은 이루어졌고, 해야 할 일은 다 마쳤으니, 더 이상 윤회하지 않는다.'라고 분명히 알았다. 그래서 존자 말룽끼야뿟따는 거룩한 님 가운데 한 분이 되었다.

11. 베다[天啓書]에 정통한 자의 참다운 뜻은 무엇일까346)

1. 이와 같이 나는 들었다. 한 때 세존께서 싸밧티 시의 제따바나 숲에 있는 아나타삔디까 승원에 계셨다.

2. 그때 세존께서 '수행승들이여'라고 수행승들을 부르셨다. 수행승들은 '세존이시여'라고 세존께 대답했다. 세존께서는 이와 같이 말씀하셨다.

3. [세존] "수행승들이여, 웃다까 라마뿟따347)는 이와 같이 말했다. '나는 참으로 베다에 정통한 자 실로 일체의 승리자이다.

---

346) 웃다까의 경[Uddakasutta] : SN. IV. 83.
347) 웃다까 라마뿟따는 부처님이 깨닫기 이전의 스승이었던 외도의 이름이다. 부처님은 그의 가르침에 만족하지 못하여 그의 곁을 떠났다.

예전에 뿌리째 뽑을 수 없었던
종기의 뿌리를 뿌리째 뽑았다.'
그러나 수행승들이여, 그 웃다까 라마뿟따는 베다에 정통하지 않았음에도 '나는 베다에 정통했다.'고 말했다. 그는 일체의 승리자가 아님에도 '나는 일체의 승리자이다.'라고 말했다. 종기의 뿌리를 뿌리째 뽑지 못했음에도 '예전에 뿌리째 뽑을 수 없었던 종기의 뿌리를 뿌리째 뽑았다.'고 말했다.

4. 수행승들이여, 이 세상에서 그것에 대하여 올바로 말한다면 수행승이야말로 이처럼 말해야 한다.
'나는 참으로 베다에 정통한 자
실로 일체의 승리자이다.
예전에 뿌리째 뽑을 수 없었던
종기의 뿌리를 뿌리째 뽑았다.'

5. 수행승들이여, 어떻게 수행승이 베다에 정통한 자가 되는가? 수행승들이여, 수행승이 여섯 접촉의 장의 생성과 소멸과 유혹과 위험과 그것에서 벗어남을 있는 그대로 분명히 안다면, 수행승들이여, 그 수행승은 베다에 정통한 자가 된다.

6. 수행승들이여, 어떻게 수행승이 일체의 승리자가 되는가? 수행승들이여, 수행승이 여섯 접촉의 장의 생성과 소멸과 유혹과 위험과 그것에서 벗어남을 있는 그대로 분명히 알고 집착 없이 해탈하면, 수행승들이여, 그 수행승은 일체의 승리자가 된다.

7. 수행승들이여, 어떻게 수행승이 예전에 뿌리째 뽑을 수 없었던 종기의 뿌리를 뿌리째 뽑은 자가 되는가? 수행승들이여, 종기는 네 가지 광대한 존재348)로 이루어졌고, 부모에게서 생겨났고, 유미죽

으로 키워졌으나, 무상하고 파괴되고 마멸되고 파손되고 괴멸되고 야말 이 육체를 뜻한다. 수행승들이여, 종기의 뿌리는 갈애를 뜻한다. 수행승들이여, 수행승이 갈애를 버리고, 뿌리째 뽑아서 기반을 상실한 종려나무처럼 만들면 갈애는 미래에 다시 생겨나지 않게 된다. 수행승들이여, 이와 같이 하면, 수행승은 뿌리째 뽑을 수 없었던 종기의 뿌리를 뿌리째 뽑는 자가 된다.

8. 수행승들이여, 웃다까 라마뿟따는 이와 같이 말했다.
'나는 참으로 베다에 정통한 자
실로 일체의 승리자이다.
예전에 뿌리째 뽑을 수 없었던
종기의 뿌리를 뿌리째 뽑았다.'

그러나 수행승들이여, 그 웃다까 라마뿟따는 베다에 정통하지 않았음에도 '나는 베다에 정통했다.'고 말했다. 그는 일체의 승리자가 아님에도 '나는 일체의 승리자이다.'라고 말했다. 종기의 뿌리를 뿌리째 뽑지 못했음에도 '뿌리째 뽑을 수 없었던 종기의 뿌리를 뿌리째 뽑았다.'고 말했다.

9. 수행승들이여, 이 세상에서 수행승이야말로 그것에 대하여 올바로 말한다면 이처럼 말해야 한다.
'나는 참으로 베다에 정통한 자
실로 일체의 승리자이다.
예전에 뿌리째 뽑을 수 없었던
종기의 뿌리를 뿌리째 뽑았다.'"

---

348) 네 가지 광대한 존재(四大)는 지수화풍이 있는데, 이것은 각각 원자적인 요소로서의 땅, 물, 불, 바람이라기 보다는 붓다고싸에 따르면, 땅은 배척적인 견고성(堅固性), 물은 화합하는 유동성(流動性), 불은 에너지, 바람은 운동성(運動性)을 나타낸다.

12. 수행자는 사소한 이익을 버리고 무엇을 수호해야 할까349)

1. 한 때 존자 마하 깟짜나350)는 아반띠351) 국의 막카라까따352) 지역에 있는 숲속 초암에 있었다.

2. 이때 바라문 로힛짜353)의 많은 젊은 제자들이 땔감을 모으러 왔다가 존자 마하 깟짜나의 숲 속 초암을 찾아갔다. 가까이 다가가서 초암의 주변을 맴돌며 큰 소리를 내며 괴성을 지르고 온갖 소란을 피워대며 떠들었다.

[로힛짜의 제자들] "그런데 이들 까까중, 수행자들, 하인들,354) 검둥이들, 범천의 발에서 생겨난 자들,355) 노예의 아들들356)이 공경받고 존중받고 존경받고 공양받고 숭배받는다."

3. 그러자 존자 마하 깟짜나는 승원을 나와 그 청년들에게 이와 같이 말했다.

[마하 깟짜나] "그대 청년들은 소란을 피우지 마시오. 내가 그대들에게 가르침을 말해주겠소."

---

349) 로힛짜 경[Lohiccasutta] : SN. IV. 116.
350) 부처님은 그를 두고 '간략히 설한 것을 상세히 해설하는데 제일'이라고 칭찬하였다. 그는 아반띠국의 웃제니에서 태어났으며, 왕의 사제 가문 출신이다. 그는 어렸을 때부터 베다를 공부하고 아버지가 죽자 왕의 사제가 되었으나 왕의 요청으로 부처님을 초대했다가 부처님에 매료되어 출가하여 수행승이 되었다.
351) 아반띠는 부처님 당시에 꼬쌀라, 마가다, 방싸와 더불어 사대 강국 가운데 하나였다. 북아반띠의 수도가 웃제니였고 남아반띠의 수도는 마힛싸띠였다.
352) 막카라까따는 아반띠국의 지역이름, 마하 깟짜나가 이 지역의 숲 속에서 한 때 지냈다.
353) 막카라까따의 로힛짜는 바라문으로 이 경에만 등장한다.
354) '입바'라는 원어를 붓다고싸는 '장자들'이라고 해석하고 있다.
355) 붓다고싸에 따르면, 바라문이 아닌 노예계급은 바라문의 발에서 태어났다는 믿음과 관계가 된다. "바라문은 범천의 입에서, 크샤뜨리야는 범천의 팔에서 평민은 범천의 배에서 노예는 범천의 무릎에서, 수행자는 범천의 뒤꿈치에서 태어났다."
356) 붓다고싸에 따르면, '짐을 실어 나르는 노동자'를 말한다. 유행자들을 돕는 마을사람에 대한 경멸을 반영한 말이다.

4. 이와 같이 말하자 그 청년들은 침묵했다. 그러자 존자 마하 깟짜
나는 그 청년들에게 시를 읊었다.

5. [마하 깟짜나] "계행에 탁월했던 고인들
고대의 율법을 기억하는 바라문들
감관의 문들을 잘 수호하고 보호하면서
그들에게 분노는 정복되었다.
고대의 율법을 기억하는 바라문들
그들은 가르침과 선정에서 기쁨을 찾았다.

6. 그러나 이들은 "주문이나 외우세357)"라고 외치면서
가문을 자랑해서 부정하게 살면서 타락했다.
분노에 사로잡혀 다양한 무기로 무장하고
약한 자나 강한 자358) 모두를 괴롭힌다.

7. 감관의 문을 수호하지 못하면
모든 것이 허망하니
마치 꿈속에서 얻은 부와 같다.
단식을 하고, 땅바닥에 눕고,
새벽에 목욕하고, 세 가지 베다를 독송하고,
거친 옷을 입고, 머리를 땋고, 진흙을 바른다.

8. 주문들, 계행과 맹세, 고행,
삿된 술수, 굽어진 지팡이, 목욕재계,
이러한 바라문의 특징들은

---

357) 주문을 외우고 민생을 현혹하는 것을 말한다.
358) 우드워드는 영역에서 '약하고 강한 자'라고 번역하고 붓다고싸는 '갈애가 있는 자와 갈애
가 없는 자'라고 해석하고 있다. 그러나 때에 따라서는 움직일 수 있는 동물과 움직일 수
없는 식물로 구분되어야할 경우도 있다.

세속의 이익을 위해 사용된다.

9. 마음이 잘 삼매에 들어
청정해지고 비난으로부터 자유롭고
모든 존재에 대하여 우호적인 것,359)
그것이 하느님에 이르는 길이다."

10. 그러자 그 청년들은 분노하고 불쾌해서 바라문 로힛짜가 있는 곳을 찾아갔다. 가까이 다가가서 바라문 로힛짜에게 이와 같이 말했다.
[로힛짜의 제자들] "존자께서는 아무쪼록 수행자 마하 깟짜나가 바라문의 주문에 대해서는 오로지 조소하고 매도하는 것을 아무쪼록 아셨으면 합니다."
이와 같이 말하자, 바라문 로힛짜는 화가 나고 불쾌했다.

11. 그러나 바라문 로힛짜는 이와 같이 생각했다.
[로힛짜] '그런데 단지 청년들의 말만 듣고 수행자 마하 깟짜나가 바라문의 주문을 오로지 조소하고 매도한다고 내가 믿는 것은 옳지 않은 일이다. 내가 찾아가서 물어보는 것이 어떨까?'

12. 그래서 바라문 로힛짜는 그 청년들과 함께 존자 마하 깟짜나가 있는 곳을 찾아갔다. 가까이 다가가서 존자 마하 깟짜나와 인사를 하고 안부를 주고 받은 뒤에 한쪽으로 물러앉았다.

13. 한쪽으로 물러앉은 바라문 로힛짜는 존자 마하 깟짜나에게 이와 같이 말했다.
[로힛짜] "존자 깟짜나여, 나의 많은 젊은 제자들이 땔감을 모으러

---

359) '우호적'이라고 번역한 빠알리어 '아킬람'은 원래 고루하지 않고 고집이 세지 않은 것을 의미한다. 붓다고싸에 따르면, '부드럽게, 단단하지 않게'라고 정의할 수 있다.

왔다가 여기에 왔었습니까."

[깟짜나] "바라문이여, 그대의 많은 젊은 제자들이 땔감을 모으러 왔다가 여기에 왔었습니다."

[로힛짜] "존자 깟짜나께서는 그 청년들과 무엇인가 대화를 했습니까?"

[깟짜나] "바라문이여, 나는 그 청년들과 무엇인가 대화했습니다."

14. [로힛짜] "존자 깟짜나께서는 그 청년들과 함께 어떻게 대화했습니까?"

[깟짜나] "바라문이여, 나는 그 청년들과 함께 다음과 같이 대화했습니다.

15. "계행에 탁월했던 고인들
　고대의 율법을 기억하는 바라문들
　그들의 감관의 문이 잘 수호되고 보호되었으니
　그들에게 분노는 정복되었다.
　고대의 율법을 기억하는 바라문들
　그들은 가르침과 선정에서 기쁨을 찾았다.

16. 그러나 이들은 "주문이나 외우세"라고 외치면서
　가문을 자랑해서 부정하게 살면서 타락한다.
　분노에 사로잡혀 다양한 무기로 무장하고
　약한 자나 강한 자 모두를 괴롭힌다.

17. 감관의 문이 수호되지 못하면
　모든 것이 허망하니
　마치 꿈속에서 얻은 부와 같다.
　단식을 하고, 땅바닥에 눕고,

새벽에 목욕하고, 세 가지 베다를 독송하고,
거친 옷을 입고, 머리를 땋고, 진흙을 바른다.

18. 주문들, 계행과 맹세, 고행,
삿된 술수, 굽어진 지팡이, 목욕재계,
이러한 바라문의 상징들은
세속의 이익을 위해 사용된다.

19. 마음이 잘 삼매에 들어
청정해지고 비난으로부터 자유롭고
모든 존재에 대하여 우호적인 것,
그것이 하느님에 이르는 길이다.″
바라문이여, 나는 청년들과 함께 이와 같이 대화했습니다.″

20. [로힛짜] ″존자 깟짜나께서는 '감관의 문을 수호하지 못하는 것'이라고 말씀하셨는데, 존자 깟짜나여, 어떻게 하면 감관의 문을 수호하지 못하는 것이 됩니까?″

21. [로힛짜] ″바라문이여, 시각으로 형상을 보고, 어떤 사람은 매력적인 형상에 집착하고, 매력적이지 않은 형상에는 혐오를 느낍니다. 그는 좁은 소견으로 몸에 대한 새김을 확립하지 못한 채 살아갑니다. 그는 악하고 불건전한 상태가 남김없이 소멸하는, 마음에 의한 해탈, 지혜에 의한 해탈을 여실하게 알지 못합니다.

22. 바라문이여, 청각으로 소리를 듣고, 어떤 사람은 매력적인 소리에 집착하고, 매력적이지 않은 소리에는 혐오를 느낍니다. 그는 좁은 소견으로 몸에 대한 새김을 확립하지 못한 채 살아갑니다. 그는 악하고 불건전한 상태가 남김없이 소멸하는, 마음에 의한 해탈, 지혜에 의한 해탈을 여실하게 알지 못합니다.

23. 바라문이여, 후각으로 냄새를 맡고, 어떤 사람은 매력적인 냄새에 집착하고, 매력적이지 않은 냄새에는 혐오를 느낍니다. 그는 좁은 소견으로 몸에 대한 새김을 확립하지 못한 채 살아갑니다. 그는 악하고 불건전한 상태가 남김없이 소멸하는, 마음에 의한 해탈, 지혜에 의한 해탈을 여실하게 알지 못합니다.

24. 바라문이여, 미각으로 맛을 보고, 어떤 사람은 매력적인 맛에 집착하고, 매력적이지 않은 맛에는 혐오를 느낍니다. 그는 좁은 소견으로 몸에 대한 새김을 확립하지 못한 채 살아갑니다. 그는 악하고 불건전한 상태가 남김없이 소멸하는, 마음에 의한 해탈, 지혜에 의한 해탈을 여실하게 알지 못합니다.

25. 바라문이여, 촉각으로 감촉을 느끼고, 어떤 사람은 매력적인 감촉에 집착하고, 매력적이지 않은 감촉에는 혐오를 느낍니다. 그는 좁은 소견으로 몸에 대한 새김을 확립하지 못한 채 살아갑니다. 그는 악하고 불건전한 상태가 남김없이 소멸하는, 마음에 의한 해탈, 지혜에 의한 해탈을 여실하게 알지 못합니다.

26. 바라문이여, 정신으로 대상을 인식하고, 어떤 사람은 매력적인 대상에 집착하고, 매력적이지 않은 대상에는 혐오를 느낍니다. 그는 좁은 소견으로 몸에 대한 새김을 확립하지 못한 채 살아갑니다. 그는 악하고 불건전한 상태가 남김없이 소멸하는, 마음에 의한 해탈, 지혜에 의한 해탈을 여실하게 알지 못합니다.

27. 바라문이여, 이렇게 하면 감관의 문이 수호되지 못합니다."

28. [로힛짜] "존자 깟짜나여, 아주 놀라운 일입니다. 존자 깟짜나여, 예전에 없었던 일입니다. 존자 깟짜나께서는 '감관의 문을 실제적으로 수호되지 못하는 것'에 대해 감관의 문이 실제적으로 수호되

지 못하는 것을 잘 설명해주셨습니다. 그런데 어떻게 하면 '감관의 문을 수호하는 것'이 됩니까?"

29. [깟짜나] "바라문이여, 시각으로 형상을 보고, 어떤 사람은 매력적인 형상에 집착하지 않고, 매력적이지 않은 형상에는 혐오를 느끼지 않습니다. 그는 넓은 소견으로 몸에 대한 새김을 확립하고 살아갑니다. 그는 악하고 불건전한 상태가 남김없이 소멸하는, 마음에 의한 해탈, 지혜에 의한 해탈을 여실하게 압니다.

30. 바라문이여, 청각으로 소리를 듣고, 어떤 사람은 매력적인 소리에 집착하지 않고, 매력적이지 않은 소리에는 혐오를 느끼지 않습니다. 그는 넓은 소견으로 몸에 대한 새김을 확립하고 살아갑니다. 그는 악하고 불건전한 상태가 남김없이 소멸하는, 마음에 의한 해탈, 지혜에 의한 해탈을 여실하게 압니다.

31. 바라문이여, 후각으로 냄새를 맡고, 어떤 사람은 매력적인 냄새에 집착하지 않고, 매력적이지 않은 냄새에는 혐오를 느끼지 않습니다. 그는 넓은 소견으로 몸에 대한 새김을 확립하고 살아갑니다. 그는 악하고 불건전한 상태가 남김없이 소멸하는, 마음에 의한 해탈, 지혜에 의한 해탈을 여실하게 압니다.

32. 바라문이여, 미각으로 맛을 보고, 어떤 사람은 매력적인 맛에 집착하지 않고, 매력적이지 않은 맛에는 혐오를 느끼지 않습니다. 그는 넓은 소견으로 몸에 대한 새김을 확립하고 살아갑니다. 그는 악하고 불건전한 상태가 남김없이 소멸하는, 마음에 의한 해탈, 지혜에 의한 해탈을 여실하게 압니다.

33. 바라문이여, 촉각으로 감촉을 느끼고, 어떤 사람은 매력적인 감촉에 집착하지 않고, 매력적이지 않은 감촉에는 혐오를 느끼지 않

습니다. 그는 넓은 소견으로 몸에 대한 새김을 확립하고 살아갑니다. 그는 악하고 불건전한 상태가 남김없이 소멸하는, 마음에 의한 해탈, 지혜에 의한 해탈을 여실하게 압니다.

34. 바라문이여, 정신으로 대상을 인식하고, 어떤 사람은 매력적인 대상에 집착하지 않고, 매력적이지 않은 대상에는 혐오를 느끼지 않습니다. 그는 넓은 소견으로 몸에 대한 새김을 확립하고 살아갑니다. 그는 악하고 불건전한 상태가 남김없이 소멸하는, 마음에 의한 해탈, 지혜에 의한 해탈을 여실하게 압니다.

35. 바라문이여, 이와 같이 감관의 문이 수호됩니다."

36. [로힛짜] "존자 깟짜나여, 아주 놀라운 일입니다. 존자 깟짜나여, 예전에 없었던 일입니다. 존자 깟짜나께서는 '감관의 문이 수호되는 것'에 대해 감관의 문이 실제적으로 수호되는 것을 잘 설명해주셨습니다. 존자 깟짜나여, 훌륭하십니다. 존자 깟짜나여, 훌륭하십니다. 넘어진 것을 일으켜 세우듯, 가려진 것을 열어 보이듯, 어리석은 자에게 길을 가리켜주듯, 눈 있는 자는 형상을 보라고 어둠 속에 등불을 들어 올리듯, 존자 깟짜나께서는 이와 같이 여러 가지 방법으로 진리를 밝혀주셨습니다. 존자 깟짜나여, 그러므로 이제 세존께 귀의합니다. 또한 그 가르침에 귀의합니다. 또한 그 수행승의 모임에 귀의합니다. 존자 깟짜나께서는 저를 재가신자로 받아 주십시오. 오늘부터 목숨 바쳐 귀의합니다. 존자 깟짜나께서는 막까나까따에 있는 재가신자의 집을 방문하실 때 로힛짜 가문도 함께 방문해주십시오. 그러면 모든 젊은 남녀가 존자 깟짜나를 환영하여 맞이하고 자리를 제공하고 먹을 것을 공양할 것입니다. 그리고 그것은 그들에게 오랜 세월 이익과 행복을 가져다 줄 것입니다."

13. 귀부인의 오만한 초대에 수행승은 어떻게 응했을까360)

1. 한 때 존자 우다인361)이 까만다362) 마을에 있는 바라문 또데이야363)의 망고숲에 있었다.

2. 이때 베라핫짜니364) 가문의 바라문 여인의 제자인 한 청년이 존자 우다인이 있는 곳을 찾아갔다. 가까이 다가가서 존자 우다인과 인사를 하고 안부를 주고 받은 뒤에 한쪽으로 물러앉았다.

3. 한쪽으로 물러앉은 그 청년에게 존자 우다인은 설법으로 가르치고 격려하고 고무하고 기쁘게 했다.

4. 그러자 존자 우다인의 설법으로 가르침을 받고 격려받고, 고무받고, 기쁨에 찬 그 청년은 자리에서 일어나 베라핫짜니 가문의 바라문 여인이 있는 곳을 찾아갔다. 가까이 다가가서 베라핫짜니의 바라문 여인에게 이와 같이 말했다.
[청년] "스승이여, 진실로 수행자 우다인은 처음도 훌륭하고, 중간도 훌륭하고, 끝도 훌륭하고, 의미와 표현을 갖춘 가르침을 설하고, 두루 충만하고 아주 맑은 청정함을 보여줍니다."

5. [바라문 여인] "그러면, 청년이여, 그대가 나의 이름으로 수행자 우다인을 내일의 공양에 초대하도록 하라."

---

360) 베라핫짜니 경[Verahaccānisutta] : SN. IV. 121 : 잡아함 9권 (大正 2. 61b, 잡253) 참조
361) 우다인은 다른 우다인과 구별하기 위해 마하 우다인 또는 빤디따 우다인라고 불린다. 까삘라밧투에 사는 바라문의 아들이다. 그는 친척을 방문했다가 부처님의 가르침과 그 위력을 보고 출가했다. 그는 아난다가 부처님과 너무 가까이 있는 것은 유익하지 못하다고 야유해서 부처님에게 꾸지람을 들었다. 부처님은 그에게 아난다가 현세에서 아라한이 될 것을 말했다.
362) 까만다는 또데이야의 망고숲이 있는 마을의 이름이다.
363) 또데이야는 추측에 의하면 쑤바의 아버지로 또데이야뿟따라고 불렸다. 쑤바의 아버지는 빠쎄나디왕의 사제였다. 그는 매우 부자였으나 구두쇠였다.
364) 바라문 가문의 이름

[청년] "그렇게 하겠습니다."

그 청년은 베라핫짜니 가문의 바라문 여인에게 대답하고 존자 우다인이 있는 곳을 찾아갔다. 찾아가서 존자 우다인에게 이와 같이 말했다.

[청년] "존자 우다인께서는 우리들의 스승인 베라핫짜니 바라문 여인의 내일 공양을 받아주시기 바랍니다."

존자 우다인은 침묵으로서 동의했다.

6. 그래서 존자 우다인은 그날 밤이 지나 아침 일찍 옷을 입고 발우와 가사를 들고 베라핫짜니 바라문 여인의 처소를 찾아갔다. 가까이 다가와서 마련해 놓은 자리에 앉았다.

7. 이때에 베라핫짜니 바라문 여인은 존자 우다인에게 부드럽거나 단단한 훌륭한 음식을 그가 흡족하도록 손수 대접했다.

8. 그리고 베라핫짜니 바라문 여인은 존자 우다인이 식사를 끝내고 발우에서 손을 떼는 것을 보고는 신발을 신고 높은 자리에 앉아 머리를 덮어쓰고365) 존자 우다인에게 이와 같이 말했다.

[바라문 여인] "수행자여, 가르침을 설해주십시오."

[우다인] "자매여, 때가 올 것입니다."라고 말하고는 자리에서 일어나 나가버렸다.

9. 두 번째에도 그 청년은 존자 우다인을 찾아갔다. 가까이 다가가서 존자 우다인과 인사를 하고 안부를 주고 받은 뒤에 한쪽으로 물러앉았다. 한쪽으로 물러앉은 그 청년에게 존자 우다인은 설법으로 가르치고 격려하고 고무하고 기쁘게 했다.

---

365) 가르침을 경청할 때 취해야 할 율장의 규칙이 있다. 샌들을 착용하고 가르침을 듣는 것도 규칙에 위배된다. 높은 자리에 앉아서 가르침을 듣는 것도 규칙에 위배된다. 머리에 덮어쓰는 것도 규칙에 위배된다.

10. 두 번째에도 존자 우다인의 설법으로 가르침을 받고 격려받고 고무받고 기쁘게 된 그 청년은 자리에서 일어나 베라핫짜니 가문의 바라문 여인이 있는 곳을 찾아갔다. 가까이 다가가서 베라핫짜니 바라문 여인에게 이와 같이 말했다.
[청년] "스승이여, 진실로 수행자 우다인은 처음도 훌륭하고, 중간도 훌륭하고, 끝도 훌륭하고, 의미와 표현을 갖춘 가르침을 설하고, 두루 충만하고 아주 맑은 청정함을 보여줍니다."

11. [바라문 여인] "청년이여, 그대가 수행자 우다인을 그와 같이 찬탄하여 말했다. 그러나 내가 '수행자여, 가르침을 설해주십시오.'라고 청하자, 그 수행자 우다인은 '자매여, 때가 올 것입니다.'라고 자리에서 일어나 승원으로 가버렸다."

12. [청년] "그러나 스승이여, 그대는 신발을 신고 높은 자리에 앉아 머리를 숙여 '수행자여, 가르침을 설해주십시오.'라고 말했습니다. 존자들은 가르침을 존중하고 가르침을 존귀하게 여깁니다."

13. [바라문 여인] "그러면, 청년이여, 그대가 나의 이름으로 수행자 우다인을 내일의 공양에 초대하도록 하라."
[청년] "그렇게 하겠습니다."
그 청년은 베라핫짜니 가문의 바라문 여인에게 대답하고 존자 우다인이 있는 곳을 찾아갔다. 찾아가서 존자 우다인에게 이와 같이 말했다.
[청년] "존자 우다인께서는 우리들의 스승인 베라핫짜니 바라문 여인의 내일 공양을 받아주시기 바랍니다."
존자 우다인은 침묵으로서 동의했다.

14. 그래서 존자 우다인은 그날 밤이 지나 아침 일찍 옷을 입고 발

우와 가사를 들고 베라핫짜니 바라문 여인의 처소를 찾아갔다. 가까이 다가와서 마련해 놓은 자리에 앉았다.

15. 이때에 베라핫짜니 바라문 여인은 존자 우다인에게 훌륭한 부드럽거나 단단한 음식을 그가 흡족하도록 손수 대접했다.

16. 그리고 베라핫짜니 바라문 여인은 존자 우다인이 식사를 끝내고 발우에서 손을 떼는 것을 보고는 신발을 벗고 낮은 자리에 앉아 머리를 우러러 존자 우다인에게 이와 같이 말했다.
[바라문 여인] "존자여, 거룩한 분들은 무엇이 있을 때에 즐거움과 괴로움이 있다고 말씀하시며, 거룩한 분들은 무엇이 없을 때에 즐거움과 괴로움이 없다고 말씀하십니까?"

17. [우다인] "자매여, 거룩한 이들은 시각이 있을 때에 즐거움과 괴로움이 있다고 말하며, 거룩한 님들은 시각이 없을 때에 즐거움과 괴로움이 없다고 말합니다. 거룩한 님들은 청각이 있을 때에 즐거움과 괴로움이 있다고 말하며, 거룩한 님들은 청각이 없을 때에 즐거움과 괴로움이 없다고 말합니다. 거룩한 님들은 후각이 있을 때에 즐거움과 괴로움이 있다고 말하며, 거룩한 님들은 후각이 없을 때에 즐거움과 괴로움이 없다고 말합니다. 거룩한 님들은 미각이 있을 때에 즐거움과 괴로움이 있다고 말하며, 거룩한 님들은 미각이 없을 때에 즐거움과 괴로움이 없다고 말합니다. 거룩한 님들은 촉각이 있을 때에 즐거움과 괴로움이 있다고 말하며, 거룩한 님들은 촉각이 없을 때에 즐거움과 괴로움이 없다고 말합니다. 거룩한 님들은 정신이 있을 때에 즐거움과 괴로움이 있다고 말하며, 거룩한 님들은 정신이 없을 때에 즐거움과 괴로움이 없다고 말합니다."

18. 이처럼 말하자 베라핫짜니 바라문 여인은 존자 우다인에게 이

와 같이 말했다.

[바라문 여인] "존자 우다인이여, 훌륭하십니다. 존자 우다인이여, 훌륭하십니다. 넘어진 것을 일으켜 세우듯, 가려진 것을 열어 보이듯, 어리석은 자에게 길을 가리켜주듯, 눈 있는 자는 형상을 보라고 어둠 속에 등불을 들어 올리듯, 존자 우다인께서는 이와 같이 여러 가지 방법으로 진리를 밝혀주셨습니다. 존자 우다인이여, 그러므로 이제 세존께 귀의합니다. 또한 그 가르침에 귀의합니다. 또한 그 수행승의 모임에 귀의합니다. 존자 우다인께서는 저를 재가의 여신자로 받아 주십시오. 오늘부터 목숨 바쳐 귀의합니다."

14. 우리가 청정한 삶을 지향한다면 그 목적은 무엇인가366)

1. 한 때 세존께서는 싸끼야 국의 '데바다하'라는 싸끼야 족의 마을에 계셨다.

2. 그 때 세존께서 '수행승들이여'라고 수행승들을 부르셨다. 수행승들은 '세존이시여'라고 세존께 대답했다. 세존께서는 이와 같이 말씀하셨다.

3. [세존] "수행승들이여, 만약 그대들에게 이교도의 유행자들이 '벗들이여, 수행자 고따마 아래서 영위하는 청정한 삶은 무엇을 위해서인가?'라고 묻는다고 하자. 수행승들이여, 이와 같이 묻는다면, 그대들은 이들 이교도의 유행자들에게 '벗들이여, 우리가 세존 아래서 영위하는 청정한 삶은 괴로움을 완전히 알기 위한 것이다.'라고 대답해야 한다.

4. 그때 만약 이교도의 유행자들이 그대들에게 '벗들이여, 세존 아래

---

366) 무엇을 위해서의 경[Kimatthiyasutta] : SN. IV. 138

서 영위하는 청정한 삶은 괴로움을 완전히 알기 위한 것이라고 했는데, 그 괴로움이란 무엇인가?'라고 묻는다고 하자. 수행승들이여, 이처럼 묻는다면, 그대들은 이들 이교도의 유행자들에게 이와 같이 대답해야 한다.

1) '벗들이여, 시각은 괴로움이다. 세존 아래서 영위하는 청정한 삶은 이것을 완전히 알기 위한 것이다. 형상들은 괴로움이다. 세존 아래서 영위되는 청정한 삶은 그것들을 완전히 알기 위한 것이다. 시각의식은 괴로움이다. 세존 아래서 영위하는 청정한 삶은 그것을 완전히 알기 위한 것이다. 시각접촉은 괴로운 것이다. 세존 아래서 영위하는 청정한 삶은 그것을 완전히 이해하기 위한 것이다. 조건에 따라 시각접촉으로 일어난 느낌은 무엇이든지, 즐겁거나 고통스럽거나 즐겁지도 고통스럽지도 않거나 간에, 그 또한 괴로움이다. 세존 아래서 영위되는 청정한 삶은 그러한 것을 완전히 알기 위한 것이다.

2) 청각은 괴로움이다. 세존 아래서 영위하는 청정한 삶은 이것을 완전히 알기 위한 것이다. 소리들은 괴로움이다. 세존 아래서 영위되는 청정한 삶은 그것들을 완전히 알기 위한 것이다. 청각의식은 괴로움이다. 세존 아래서 영위하는 청정한 삶은 그것을 완전히 알기 위한 것이다. 청각접촉은 괴로운 것이다. 세존 아래서 영위하는 청정한 삶은 그것을 완전히 이해하기 위한 것이다. 조건에 따라 청각접촉으로 일어난 느낌은 무엇이든지, 즐겁거나 고통스럽거나 즐겁지도 고통스럽지도 않거나 간에, 그 또한 괴로움이다. 세존 아래서 영위되는 청정한 삶은 그러한 것을 완전히 알기 위한 것이다.

3) 후각은 괴로움이다. 세존 아래서 영위하는 청정한 삶은 이것을

완전히 알기 위한 것이다. 냄새들은 괴로움이다. 세존 아래서 영위되는 청정한 삶은 그것들을 완전히 알기 위한 것이다. 후각의 식은 괴로움이다. 세존 아래서 영위하는 청정한 삶은 그것을 완전히 알기 위한 것이다. 후각접촉은 괴로운 것이다. 세존 아래서 영위하는 청정한 삶은 그것을 완전히 이해하기 위한 것이다. 조건에 따라 후각접촉으로 일어난 느낌은 무엇이든지, 즐겁거나 고통스럽거나 즐겁지도 고통스럽지도 않거나 간에, 그 또한 괴로움이다. 세존 아래서 영위되는 청정한 삶은 그러한 것을 완전히 알기 위한 것이다.

4) 미각은 괴로움이다. 세존 아래서 영위하는 청정한 삶은 이것을 완전히 알기 위한 것이다. 맛들은 괴로움이다. 세존 아래서 영위되는 청정한 삶은 그것들을 완전히 알기 위한 것이다. 미각의식은 괴로움이다. 세존 아래서 영위하는 청정한 삶은 그것을 완전히 알기 위한 것이다. 미각접촉은 괴로운 것이다. 세존 아래서 영위하는 청정한 삶은 그것을 완전히 이해하기 위한 것이다. 조건에 따라 미각접촉으로 일어난 느낌은 무엇이든지, 즐겁거나 고통스럽거나 즐겁지도 고통스럽지도 않거나 간에, 그 또한 괴로움이다. 세존 아래서 영위되는 청정한 삶은 그러한 것을 완전히 알기 위한 것이다.

5) 촉각은 괴로움이다. 세존 아래서 영위하는 청정한 삶은 이것을 완전히 알기 위한 것이다. 감촉들은 괴로움이다. 세존 아래서 영위되는 청정한 삶은 그것들을 완전히 알기 위한 것이다. 촉각의 식은 괴로움이다. 세존 아래서 영위하는 청정한 삶은 그것을 완전히 알기 위한 것이다. 촉각접촉은 괴로운 것이다. 세존 아래서 영위하는 청정한 삶은 그것을 완전히 이해하기 위한 것이다. 조

건에 따라 촉각접촉으로 일어난 느낌은 무엇이든지, 즐겁거나 고통스럽거나 즐겁지도 고통스럽지도 않거나 간에, 그 또한 괴로움이다. 세존 아래서 영위되는 청정한 삶은 그러한 것을 완전히 알기 위한 것이다.

6) 정신은 괴로움이다. 세존 아래서 영위하는 청정한 삶은 이것을 완전히 알기 위한 것이다. 대상들은 괴로움이다. 세존 아래서 영위되는 청정한 삶은 그것들을 완전히 알기 위한 것이다. 정신의식은 괴로움이다. 세존 아래서 영위하는 청정한 삶은 그것을 완전히 알기 위한 것이다. 정신접촉은 괴로운 것이다. 세존 아래서 영위하는 청정한 삶은 그것을 완전히 이해하기 위한 것이다. 조건에 따라 정신접촉으로 일어난 느낌은 무엇이든지, 즐겁거나 고통스럽거나 즐겁지도 고통스럽지도 않거나 간에, 그 또한 괴로움이다. 세존 아래서 영위되는 청정한 삶은 그러한 것을 완전히 알기 위한 것이다. 벗들이여, 세존 아래서 영위되는 청정한 삶은 이와 같은 괴로움을 완전히 알기 위한 것이다.'

5. 수행승들이여, 이처럼 묻는다면, 그대들은 이들 이교도의 유행자들에게 이와 같이 대답해야 한다."

15. 학문적 지식과 종교적 지혜의 차이는 어디에 있는가[367]

1. 한 때 세존께서는 싸끼야 국의 '데바다하'라는 싸끼야 족의 마을에 계셨다.

2. 그 때 세존께서 '수행승들이여'라고 수행승들을 부르셨다. 수행승들은 '세존이시여'라고 세존께 대답했다. 세존께서는 이와 같이 말

---

367) 이치는 있는가의 경[Atthinukhopariyāyasutta] : SN. IV. 138.

쏨하셨다.

3. [세존] "수행승들이여, 수행승이 믿음, 만족, 전승, 형상에 대한 분별, 견해에 대한 이해368)와 별도로 '태어남은 부서졌고, 청정한 삶은 이루어졌고, 해야 할 일은 다 마쳤으니, 더 이상 윤회하지 않는다.'라는 최후의 앎을 설명할 수 있는 이치369)가 있는가?"

4. [수행승들] "세존이시여, 우리들의 법은 세존께 뿌리를 두고 있으며, 세존을 안내자로 하고, 세존을 귀의처로 삼습니다. 세존이시여, 세존께서 말씀하시는 뜻을 명백히 밝혀주시면 좋겠습니다. 저희들은 말씀을 듣고 새기겠습니다."

[세존] "수행승들이여, 그러면 듣고 잘 새겨라."

---

368) 여기서 나열되는 믿음[saddhā : 信], 만족[ruci : 欲], 전승[anussava : 聞], 형상에 대한 분별[ākāraparivitakka : 行覺想], 견해에 대한 이해[diṭṭhinijjhānakkhanti : 見審諦忍]에 관하여 붓다고싸는 다음과 같이 언급하고 있다. '믿음'은 타자에 대한 믿음을 통해서 어떤 것이 진리라고 받아들이는 것이고, '만족'은 개인적인 선호에 의해서 진리라고 받아들이는 것이고, '전승'은 입에서 입으로 전해들은 것을 진리라고 받아들이는 것이고, '형상에 대한 분별'은 고찰하여 합리적이라고 생각하여 진리로 받아들이는 것이고, '견해에 대한 이해'는 사유하여 이해한 뒤에 진리로 받아들이는 것을 뜻한다. AN. II. 191에서는 '전승, 형상에 대한 분별, 견해에 이해'가 다른 연결 관계에서 등장한다. 그것은 해탈의 길로 이끄는 전제적인 단계이다. 거기서 전승은 '가르침에 대한 학습'으로, '형상에 대한 분별'은 '의미에 대한 고찰'로 이해되고, '견해에 대한 이해'는 '진리에 대한 이해'에 해당한다. MN. II. 170에서 다음과 같은 가르침이 있다. '믿음, 만족, 전승, 형상에 대한 분별, 견해에 대한 이해가 있습니다. 바라드와자여, 이와 같은 다섯 가지의 현상은 지금 여기에서 두 종류의 결과를 갖습니다. 바라드와자여, 잘 믿어졌더라도 그것이 공허한 것, 거짓된 것, 허망한 것이 되기도 하고, 잘 믿어지지 않았더라도 그것이 실재하는 것, 사실인 것, 진실한 것이 되기도 합니다. 바라드와자여, 아주 만족스러웠지만 그것이 공허한 것, 거짓된 것, 허망한 것이 되기도 하고, 아주 만족스럽지 않았지만 그것이 실재하는 것, 사실인 것, 진실한 것이 되기도 합니다. 바라드와자여, 잘 전승된 것이라도 그것이 공허한 것, 거짓된 것, 허망한 것이 되기도 하고, 잘 전승되지 않은 것이라도 그것이 실재하는 것, 사실인 것, 진실한 것이 되기도 합니다. 바라드와자여, 형상이 잘 분별되었더라도 그것이 공허한 것, 거짓된 것, 허망한 것이 되기도 하고, 형상이 잘 분별되지 않았더라도 그것이 실재하는 것, 사실인 것, 진실한 것이 되기도 합니다. 바라드와자여, 견해가 쉽게 이해되었다고 할지라도 그것이 공허한 것, 거짓된 것, 허망한 것이 될 수 있고, 견해가 쉽게 이해되지 않았다고 할지라도 그것이 실재하는 것, 사실인 것, 진실한 것이 되기도 합니다.'

369) '이치'라고 번역한 '빠리야야'는 방편, 법문, 방법. 원인이라는 뜻이 더 있다. 영역에서는 그것을 '방법'이라고 번역하였고, 붓다고싸는 '원인'이나 '이유'로 해석하고 있다.

수행승들은 세존께 대답했다.
[수행승들] "세존이시여, 그렇게 하겠습니다.
세존께서는 이와 같이 말씀하셨다.

5. [세존] "수행승이 믿음, 만족, 전승, 형상에 대한 분별, 견해에 대한 이해와 별도로, '태어남은 부서졌고, 청정한 삶은 이루어졌고, 해야 할 일은 다 마쳤으니, 더 이상 윤회하지 않는다.'라는 궁극의 앎을 설명할 수 있는 이치가 있다.

6. 수행승들이여, 수행승이 믿음, 만족, 전승, 형상에 대한 분별, 견해에 대한 이해와 별도로, '태어남은 부서졌고, 청정한 삶은 이루어졌고, 해야 할 일은 다 마쳤으니, 더 이상 윤회하지 않는다.'라는 궁극의 앎을 설명할 수 있는 이치는 무엇인가?

7. 수행승들이여, 수행승이 시각으로 형상을 보고, 안으로 탐욕과 분노와 또는 어리석음이 있으면, '내 안에 탐욕과 분노와 어리석음이 있다.'고 분명히 알고, 안으로 탐욕과 분노와 어리석음이 없으면, '내 안에 탐욕과 분노와 어리석음이 없다.'라고 분명히 안다. 수행승들이여, 그러하다면, 이러한 사실들은 믿음, 만족, 전승, 형상에 대한 분별, 견해에 대한 이해를 통해 알려지게 되는가?"
[수행승들] "세존이시여, 그렇지 않습니다."
[세존] "수행승들이여, 이러한 사실들은 지혜로 보아야만 알려지게 되는가?"
[수행승들] "세존이시여, 그렇습니다."

8. [세존] "수행승들이여, 수행승이 청각으로 소리를 듣고, 안으로 탐욕과 분노와 또는 어리석음이 있으면, '내 안에 탐욕과 분노와 어리석음이 있다.'고 분명히 알고, 안으로 탐욕과 분노와 어리석음이

없으면, '내 안에 탐욕과 분노와 어리석음이 없다.'라고 분명히 안다. 수행승들이여, 그러하다면, 이러한 사실들은 믿음, 만족, 전승, 형상에 대한 분별, 견해에 대한 이해를 통해 알려지게 되는가?"

[수행승들] "세존이시여, 그렇지 않습니다."

[세존] "수행승들이여, 이러한 사실들은 지혜로 보아야만 알려지게 되는가?"

[수행승들] "세존이시여, 그렇습니다."

9. [세존] "수행승들이여, 수행승이 후각으로 냄새를 맡고, 안으로 탐욕과 분노와 또는 어리석음이 있으면, '내 안에 탐욕과 분노와 어리석음이 있다.'고 분명히 알고, 안으로 탐욕과 분노와 어리석음이 없으면, '내 안에 탐욕과 분노와 어리석음이 없다.'라고 분명히 안다. 수행승들이여, 그러하다면, 이러한 사실들은 믿음, 만족, 전승, 형상에 대한 분별, 견해에 대한 이해를 통해 알려지게 되는가?"

[수행승들] "세존이시여, 그렇지 않습니다."

[세존] "수행승들이여, 이러한 사실들은 지혜로 보아야만 알려지게 되는가?"

[수행승들] "세존이시여, 그렇습니다."

10. [세존] "수행승들이여, 수행승이 미각으로 맛을 보고, 안으로 탐욕과 분노와 또는 어리석음이 있으면, '내 안에 탐욕과 분노와 어리석음이 있다.'고 분명히 알고, 안으로 탐욕과 분노와 어리석음이 없으면, '내 안에 탐욕과 분노와 어리석음이 없다.'라고 분명히 안다. 수행승들이여, 그러하다면, 이러한 사실들은 믿음, 만족, 전승, 형상에 대한 분별, 견해에 대한 이해를 통해 알려지게 되는가?"

[수행승들] "세존이시여, 그렇지 않습니다."

[세존] "수행승들이여, 이러한 사실들은 지혜로 보아야만 알려지게

되는가?"
[수행승들] "세존이시여, 그렇습니다."

11. [세존] "수행승이 촉각으로 감촉을 느끼고, 안으로 탐욕과 분노와 또는 어리석음이 있으면, '내 안에 탐욕과 분노와 어리석음이 있다.'고 분명히 알고, 안으로 탐욕과 분노와 어리석음이 없으면, '내 안에 탐욕과 분노와 어리석음이 없다.'라고 분명히 안다. 수행승들이여, 그러하다면, 이러한 사실들은 믿음, 만족, 전승, 형상에 대한 분별, 견해에 대한 이해를 통해 알려지게 되는가?"
[수행승들] "세존이시여, 그렇지 않습니다."
[세존] "수행승들이여, 이러한 사실들은 지혜로 보아야만 알려지게 되는가?"
[수행승들] "세존이시여, 그렇습니다."

12. [세존] "수행승이 정신으로 사물을 인식하고, 안으로 탐욕과 분노와 또는 어리석음이 있으면, '내 안에 탐욕과 분노와 어리석음이 있다.'고 분명히 알고, 안으로 탐욕과 분노와 어리석음이 없으면, '내 안에 탐욕과 분노와 어리석음이 없다.'라고 분명히 안다. 수행승들이여, 그러하다면, 이러한 사실들은 믿음, 만족, 전승, 형상에 대한 분별, 견해에 대한 이해를 통해 알려지게 되는가?"
[수행승들] "세존이시여, 그렇지 않습니다."
[세존] "수행승들이여, 이러한 사실들은 지혜로 보아야만 알려지게 되는가?"
[수행승들] "세존이시여, 그렇습니다."

13. 수행승들이여, 이것이 수행승이 믿음, 만족, 전승, 형상에 대한 분별, 견해에 대한 이해와 별도로 '태어남은 부서졌고, 청정한 삶은 이루어졌고, 해야 할 일은 다 마쳤으니, 더 이상 윤회하지 않는다.'

라는 궁극의 앎을 설명할 수 있는 이치이다."

16. 감각능력을 성취한 자의 의미란 무엇일까370)

1. 한 때 세존께서는 싸끼야 국의 '데바다하'라는 싸끼야 족의 마을에 계셨다.

2. 그때 어떤 수행승이 세존께서 계신 곳을 찾아갔다. 다가가서 세존께 인사를 드리고 한쪽으로 물러앉았다.

3. 한쪽으로 물러앉은 그 수행승은 세존께 이와 같이 말씀을 드렸다.
[수행승] "'감각능력을 성취한 자,371) 감각능력을 성취한 자'라고 하는데, 세존이시여, 어떻게 감각 능력을 성취한 자가 됩니까?"

4. [세존] "수행승이여,
1) 시각능력의 생성과 소멸을 잘 관찰하고 있으면, 시각능력을 싫어하여 떠나게 된다. 싫어하여 떠나게 되면 사라지게 되고, 사라지게 되면 그에게 '해탈되었다.'는 앎이 생겨난다. '태어남은 부서졌고, 청정한 삶은 이루어졌고, 해야 할 일은 다 마쳤으니, 더 이상 윤회하지 않는다.'라고 분명히 안다.
2) 청각능력의 생성과 소멸을 잘 관찰하고 있으면, 청각능력을 싫어하여 떠나게 된다. 싫어하여 떠나게 되면 사라지게 되고, 사라지게 되면 그에게 '해탈되었다.'는 앎이 생겨난다. '태어남은 부서졌고, 청정한 삶은 이루어졌고, 해야 할 일은 다 마쳤으니, 더 이상 윤회하지 않는다.'라고 분명히 안다.
3) 후각능력의 생성과 소멸을 잘 관찰하고 있으면, 후각능력을 싫어

---

370) 감각능력을 성취한 님의 경[Indriyasampannasutta] : SN. IV. 140.
371) 통찰을 통해 아라한의 경지를 얻은 자는 여섯 가지의 감각능력이 완전해진다. 왜냐하면, 그는 다섯 가지의 정신적인 능력인 믿음, 정진, 새김, 집중, 지혜를 갖추게 되기 때문이다.

하여 떠나게 된다. 싫어하여 떠나게 되면 사라지게 되고, 사라지게 되면 그에게 '해탈되었다.'는 앎이 생겨난다. '태어남은 부서졌고, 청정한 삶은 이루어졌고, 해야 할 일은 다 마쳤으니, 더 이상 윤회하지 않는다.'라고 분명히 안다.

4) 미각능력의 생성과 소멸을 잘 관찰하고 있으면, 미각능력을 싫어하여 떠나게 된다. 싫어하여 떠나게 되면 사라지게 되고, 사라지게 되면 그에게 '해탈되었다.'는 앎이 생겨난다. '태어남은 부서졌고, 청정한 삶은 이루어졌고, 해야 할 일은 다 마쳤으니, 더 이상 윤회하지 않는다.'라고 분명히 안다.

5) 촉각능력의 생성과 소멸을 잘 관찰하고 있으면, 촉각능력을 싫어하여 떠나게 된다. 싫어하여 떠나게 되면 사라지게 되고, 사라지게 되면 그에게 '해탈되었다.'는 앎이 생겨난다. '태어남은 부서졌고, 청정한 삶은 이루어졌고, 해야 할 일은 다 마쳤으니, 더 이상 윤회하지 않는다.'라고 분명히 안다.

6) 정신능력의 생성과 소멸을 잘 관찰하고 있으면, 정신능력을 싫어하여 떠나게 된다. 싫어하여 떠나게 되면 사라지게 되고, 사라지게 되면 그에게 '해탈되었다.'는 앎이 생겨난다. '태어남은 부서졌고, 청정한 삶은 이루어졌고, 해야 할 일은 다 마쳤으니, 더 이상 윤회하지 않는다.'라고 분명히 안다.

5. 수행승들이여, 이와 같이 감각능력을 성취한 자가 된다."

17. 거센 파도와 소용돌이가 있는 인간의 바다란 무엇일까[372]

1. 이와 같이 나는 들었다. 한 때 세존께서 싸밧티 시의 제따바나 숲에 있는 아나타삔디까 승원에 계셨다.

2. 그때 세존께서 '수행승들이여'라고 수행승들을 부르셨다. 수행승들은 '세존이시여'라고 세존께 대답했다. 세존께서는 이와 같이 말씀하셨다.

3. [세존] "수행승들이여, '바다, 바다.'라고 배우지 못한 일반사람은 말한다. 수행승들이여, 거룩한 님의 계율에서 그것은 바다가 아니다. 수행승들이여, 그것은 커다란 물의 더미요 커다란 물의 홍수이다.

4. 수행승들이여, 시각은 인간의 바다로서 그 거센 물결은 형상으로 이루어진 것이다. 수행승들이여, 형상으로 이루어진 거센 물결을 견디어낸 자는 파도와 소용돌이[373], 상어와 나찰[374]이 있는 시각의 바다를 건넌 자라고 불린다. 건너고 피안에 도달하여 그 고귀한 님은 높은 대지 위에 선다.

5. 수행승들이여, 청각은 인간의 바다로서 그 거센 물결은 소리로 이루어진 것이다. 수행승들이여, 소리로 이루어진 거센 물결을 견디어낸 자는 파도와 소용돌이, 상어와 나찰이 있는 청각의 바다를 건넌 자라고 불린다. 건너고 피안에 도달하여 그 고귀한 님은 높은 대지 위에 선다.

---

372) 바다로의 경①[Paṭhamasamuddaninnasutta] : SN. IV. 157 ; 잡아함 8권 (大正 2. 54c, 잡217) 참조
373) 이띠부따까에 따르면, 파도는 '분노의 번뇌'를 의미하고 소용돌이는 '다섯 가지의 감각적 쾌락' 즉 오욕락을 뜻한다.
374) 이띠부따까에 따르면, 여인이라고 지적하는 것으로 보아 남성이건 여성이건 성적인 대상을 말한다.

6. 수행승들이여, 후각은 인간의 바다로서 그 거센 물결은 냄새로 이루어진 것이다. 수행승들이여, 냄새로 이루어진 거센 물결을 견디어낸 자는 파도와 소용돌이, 상어와 나찰이 있는 후각의 바다를 건넌 자라고 불린다. 건너고 피안에 도달하여 그 고귀한 님은 높은 대지 위에 선다.

7. 수행승들이여, 미각은 인간의 바다로서 그 거센 물결은 맛으로 이루어진 것이다. 수행승들이여, 맛으로 이루어진 거센 물결을 견디어낸 자는 파도와 소용돌이, 상어와 나찰이 있는 미각의 바다를 건넌 자라고 불린다. 건너고 피안에 도달하여 그 고귀한 님은 높은 대지 위에 선다.

8. 수행승들이여, 촉각은 인간의 바다로서 그 거센 물결은 감촉으로 이루어진 것이다. 수행승들이여, 감촉으로 이루어진 거센 물결을 견디어낸 자는 파도와 소용돌이, 상어와 나찰이 있는 촉각의 바다를 건넌 자라고 불린다. 건너고 피안에 도달하여 그 고귀한 님은 높은 대지 위에 선다.

9. 수행승들이여, 정신은 인간의 바다로서 그 거센 물결은 사물로 이루어진 것이다. 수행승들이여, 사물로 이루어진 거센 물결을 견디어낸 자는 파도와 소용돌이, 상어와 나찰이 있는 정신의 바다를 건넌 자라고 불린다. 건너고 피안에 도달하여 그 고귀한 님은 높은 대지 위에 선다."

10. 세존께서는 이와 같이 말씀하셨다. 이처럼 말씀하시고 올바른 길로 잘 가신 님, 스승께서는 이와 같이 시로써 덧붙이셨다.

[세존] "상어와 나찰이 득실거리고, 무서운 파도 일렁이는
건너기 어려운 이 바다를 건넌 자는,

지혜에 정통한 자, 청정한 삶을 완성한 자,
세계의 끝에375) 도달한 자, 피안의 세계로 건너간 자라고 부른다."

18. 우리는 어떻게 악마의 낚싯바늘에 걸려들고 있을까376)

1. 이와 같이 나는 들었다. 한 때 세존께서 싸밧티 시의 제따바나 숲에 있는 아나타삔디까 승원에 계셨다.

2. 그때 세존께서 '수행승들이여'라고 수행승들을 부르셨다. 수행승들은 '세존이시여'라고 세존께 대답했다. 세존께서는 이와 같이 말씀하셨다.

3. [세존] "수행승들이여, 어떤 어부가 먹이를 매단 낚싯바늘을 깊은 호수에 던졌는데, 먹이를 찾던 어떤 물고기가 그것을 덥석 물었다고 해보자. 수행승들이여, 어부의 낚싯바늘을 삼킨 그 물고기는 불운에 빠지고 파멸에 빠질 것이고, 어부는 그 물고기를 그가 원하는 대로 할 수 있을 것이다. 이와 같이 이 세상에도 뭇삶을 불행에 빠뜨리고 뭇삶을 도살에 처하게 하는 이러한 여섯 가지의 낚싯바늘이 있다. 여섯 가지는 어떠한 것인가?
1) 수행승들이여, 사람들이 원하고, 즐거워하고, 마음에 들어 하고, 사랑스러워 하고, 감각적으로 끌리고, 욕망에 물들게 되는, 시각에 의해 인식되는 형상들이 있다. 수행승들이여, 만약 어떤 수행승이 그것들을 기뻐하고 찬양하고 탐착하고 있다면, 수행승들이여, 그는 악마의 낚싯바늘에 걸린 수행승이라고 불릴 것이다. 그

---

375) '세상의 궁극에 이른 자'라는 뜻인데 공간적인 끝을 말하는 것이 아니라 세계가 소멸된 열반에 이르렀다는 뜻이다.
376) 어부의 비유에 대한 경[Baḷisikopamasutta] : SN. IV. 158 ; 잡아함 9권 (大正 2. 58c, 잡 245) 참조

수행승은 불운에 빠지고, 파멸을 당하고, 빠삐만은 마음먹은 대로 그를 주무를 수 있을 것이다.

2) 수행승들이여, 사람들이 원하고, 즐거워하고, 마음에 들어 하고, 사랑스러워 하고, 감각적으로 끌리고, 욕망에 물들게 되는, 청각에 의해 인식되는 소리들이 있다. 수행승들이여, 만약 어떤 수행승이 그것들을 기뻐하고 찬양하고 탐착하고 있다면, 수행승들이여, 그는 악마의 낚싯바늘에 걸린 수행승이라고 불릴 것이다. 그 수행승은 불운에 빠지고, 파멸을 당하고, 빠삐만은 마음먹은 대로 그를 주무를 수 있을 것이다.

3) 수행승들이여, 사람들이 원하고, 즐거워하고, 마음에 들어 하고, 사랑스러워 하고, 감각적으로 끌리고, 욕망에 물들게 되는, 후각에 의해 인식되는 냄새들이 있다. 수행승들이여, 만약 어떤 수행승이 그것들을 기뻐하고 찬양하고 탐착하고 있다면, 수행승들이여, 그는 악마의 낚싯바늘에 걸린 수행승이라고 불릴 것이다. 그 수행승은 불운에 빠지고, 파멸을 당하고, 빠삐만은 마음먹은 대로 그를 주무를 수 있을 것이다.

4) 수행승들이여, 사람들이 원하고, 즐거워하고, 마음에 들어 하고, 사랑스러워 하고, 감각적으로 끌리고, 욕망에 물들게 되는, 미각에 의해 인식되는 맛들이 있다. 수행승들이여, 만약 어떤 수행승이 그것들을 기뻐하고 찬양하고 탐착하고 있다면, 수행승들이여, 그는 악마의 낚싯바늘에 걸린 수행승이라고 불릴 것이다. 그 수행승은 불운에 빠지고, 파멸을 당하고, 빠삐만은 마음먹은 대로 그를 주무를 수 있을 것이다.

5) 수행승들이여, 사람들이 원하고, 즐거워하고, 마음에 들어 하고, 사랑스러워 하고, 감각적으로 끌리고, 욕망에 물들게 되는, 촉각

에 의해 인식되는 감촉들이 있다. 수행승들이여, 만약 어떤 수행승이 그것들을 기뻐하고 찬양하고 탐착하고 있다면, 수행승들이여, 그는 악마의 낚싯바늘에 걸린 수행승이라고 불릴 것이다. 그 수행승은 불운에 빠지고, 파멸을 당하고, 빠삐만은 마음먹은 대로 그를 주무를 수 있을 것이다.

6) 수행승들이여, 사람들이 원하고, 즐거워하고, 마음에 들어 하고, 사랑스러워 하고, 감각적으로 끌리고, 욕망에 물들게 되는, 정신에 의해 인식되는 사실들이 있다. 수행승들이여, 만약 어떤 수행승이 그것들을 기뻐하고 찬양하고 탐착하고 있다면, 수행승들이여, 그는 악마의 낚싯바늘에 걸린 수행승이라고 불릴 것이다. 그 수행승은 불운에 빠지고, 파멸을 당하고, 빠삐만은 마음먹은 대로 그를 주무를 수 있을 것이다."

4. [세존]

1) "수행승들이여, 사람들이 원하고, 즐거워하고, 마음에 들어 하고, 사랑스러워 하고, 감각적으로 끌리고, 욕망에 물들게 되는, 시각에 의해 인식되는 형상들이 있다. 수행승들이여, 만약 어떤 수행승이 그것들을 기뻐하지 않고 찬양하지 않고 탐착하지 않고 있다면, 수행승들이여, 그는 악마의 낚싯바늘에 걸리지 않은 수행승이라고 불릴 것이다. 오히려 낚싯바늘이 끊어지고, 낚싯바늘은 부서져, 불운에 빠지지 않고, 파멸을 당하지 않고, 빠삐만은 마음먹은 대로 그를 주무를 수 없을 것이다.

2) 수행승들이여, 사람들이 원하고, 즐거워하고, 마음에 들어 하고, 사랑스러워 하고, 감각적으로 끌리고, 욕망에 물들게 되는, 청각에 의해 인식되는 소리들이 있다. 수행승들이여, 만약 어떤 수행승이 그것들을 기뻐하지 않고 찬양하지 않고 탐착하지 않고 있다

면, 수행승들이여, 그는 악마의 낚싯바늘에 걸리지 않은 수행승이라고 불릴 것이다. 오히려 낚싯바늘이 끊어지고, 낚싯바늘은 부서져, 불운에 빠지지 않고, 파멸을 당하지 않고, 빠삐만은 마음먹은 대로 그를 주무를 수 없을 것이다.

3) 수행승들이여, 사람들이 원하고, 즐거워하고, 마음에 들어 하고, 사랑스러워 하고, 감각적으로 끌리고, 욕망에 물들게 되는, 후각에 의해 인식되는 냄새들이 있다. 수행승들이여, 만약 어떤 수행승이 그것들을 기뻐하지 않고 찬양하지 않고 탐착하지 않고 있다면, 수행승들이여, 그는 악마의 낚싯바늘에 걸리지 않은 수행승이라고 불릴 것이다. 오히려 낚싯바늘이 끊어지고, 낚싯바늘은 부서져, 불운에 빠지지 않고, 파멸을 당하지 않고, 빠삐만은 마음먹은 대로 그를 주무를 수 없을 것이다.

4) 수행승들이여, 사람들이 원하고, 즐거워하고, 마음에 들어 하고, 사랑스러워 하고, 감각적으로 끌리고, 욕망에 물들게 되는, 미각에 의해 인식되는 냄새들이 있다. 수행승들이여, 만약 어떤 수행승이 그것들을 기뻐하지 않고 찬양하지 않고 탐착하지 않고 있다면, 수행승들이여, 그는 악마의 낚싯바늘에 걸리지 않은 수행승이라고 불릴 것이다. 오히려 낚싯바늘이 끊어지고, 낚싯바늘은 부서져, 불운에 빠지지 않고, 파멸을 당하지 않고, 빠삐만은 마음먹은 대로 그를 주무를 수 없을 것이다.

5) 수행승들이여, 사람들이 원하고, 즐거워하고, 마음에 들어 하고, 사랑스러워 하고, 감각적으로 끌리고, 욕망에 물들게 되는, 촉각에 의해 인식되는 감촉들이 있다. 수행승들이여, 만약 어떤 수행승이 그것들을 기뻐하지 않고 찬양하지 않고 탐착하지 않고 있다면, 수행승들이여, 그는 악마의 낚싯바늘에 걸리지 않은 수행승이

라고 불릴 것이다. 오히려 낚싯바늘이 끊어지고, 낚싯바늘은 부서져, 불운에 빠지지 않고, 파멸을 당하지 않고, 빠삐만은 마음먹은 대로 그를 주무를 수 없을 것이다.

6) 수행승들이여, 사람들이 원하고, 즐거워하고, 마음에 들어 하고, 사랑스러워 하고, 감각적으로 끌리고, 욕망에 물들게 되는, 정신에 의해 인식되는 사실들이 있다. 수행승들이여, 만약 어떤 수행승이 그것들을 기뻐하지 않고 찬양하지 않고 탐착하지 않고 있다면, 수행승들이여, 그는 악마의 낚싯바늘에 걸리지 않은 수행승이라고 불릴 것이다. 오히려 낚싯바늘이 끊어지고, 낚싯바늘은 부서져, 불운에 빠지지 않고, 파멸을 당하지 않고, 빠삐만은 마음먹은 대로 그를 주무를 수 없을 것이다."

19. 주관과 객관 그리고 욕망의 관계는 어떠한 것일까[377]

1. 이와 같이 나는 들었다. 한 때 존자 싸리뿟따와 존자 마하 꼿티따[378]가 바라나씨 시에 있는 미가다야 공원에 있었다.

2. 그때 존자 마하 꼿티따가 저녁 무렵 홀로 명상하다가 일어나 존자 싸리뿟따가 있는 곳을 찾아갔다. 가까이 다가가서 존자 싸리뿟따와 인사를 하고 안부를 주고 받은 뒤에 한쪽으로 물러앉았다.

3. 한쪽으로 물러앉은 존자 마하 꼿티따는 존자 싸리뿟따에게 이와 같이 말했다.

[꼿티따] "벗이여 싸리뿟따여, 어떻습니까? 시각이 형상에 묶여 있

---

377) 꼿티따 경[Koṭṭhitasutta] : SN. IV. 162 ; 잡아함 9권 (大正 2. 60a, 집250) 참조
378) 마하 꼿티따는 앙굿따라니까야에서 부처님이 거룩한 님 가운데 '논리적 분석[無碍解]의 제일인자'이라고 칭찬한 사람이다. 그는 원래 싸밧티 시의 부유한 바라문 출신으로 베다에 능통하였다. 그는 부처님의 설법을 듣자 곧바로 출가해서 수행승이 되었고 오래지 않아 거룩한 님이 되었다.

습니까, 형상이 시각에 묶여 있습니까? 청각이 소리에 묶여 있습니까, 소리가 청각에 묶여 있습니까? 후각이 냄새에 묶여 있습니까, 냄새가 후각에 묶여 있습니까? 미각이 맛에 묶여 있습니까, 맛이 미각에 묶여 있습니까? 촉각이 감촉에 묶여 있습니까, 감촉이 촉각에 묶여 있습니까? 정신이 사물에 묶여 있습니까, 사물이 정신에 묶여 있습니까?"

4. [싸리뿟따] "벗이여 꼿티따여,
   1) 시각이 형상에 묶여 있는 것도 아니고, 형상이 시각에 묶여 있는 것도 아닙니다. 그 양자를 조건으로 생겨난 욕망과 탐욕이 있는데, 그것들은 거기에 묶여 있는 것입니다.
   2) 청각이 소리에 묶여 있는 것도 아니고, 소리가 청각에 묶여 있는 것도 아닙니다. 그 양자를 조건으로 생겨난 욕망과 탐욕이 있는데, 그것들은 거기에 묶여 있는 것입니다.
   3) 후각이 냄새에 묶여 있는 것도 아니고, 냄새가 후각에 묶여 있는 것도 아닙니다. 그 양자를 조건으로 생겨난 욕망과 탐욕이 있는데, 그것들은 거기에 묶여 있는 것입니다.
   4) 미각이 맛에 묶여 있는 것도 아니고, 맛이 미각에 묶여 있는 것도 아닙니다. 그 양자를 조건으로 생겨난 욕망과 탐욕이 있는데, 그것들은 거기에 묶여 있는 것입니다.
   5) 촉각이 감촉에 묶여 있는 것도 아니고, 감촉이 촉각에 묶여 있는 것도 아닙니다. 그 양자를 조건으로 생겨난 욕망과 탐욕이 있는데, 그것들은 거기에 묶여 있는 것입니다.
   6) 정신이 사물에 묶여 있는 것도 아니고, 사물이 정신에 묶여 있는 것도 아닙니다. 그 양자를 조건으로 생겨난 욕망과 탐욕이 있는데, 그것들은 거기에 묶여 있는 것입니다."

5. [싸리뿟따] "벗이여, 예를 들어 검은 소와 흰 소가 하나의 밧줄이나 멍엣줄에 묶여 있다고 합시다. 누군가 '검은 소가 흰 소에 묶여 있다.' 또는 '흰 소가 검은 소에 묶여 있다.'고 말한다면, 그는 옳게 말한 것입니까?"

[꼿티따] "벗이여, 그렇지 않습니다. 벗이여, 검은 소도 흰 소에 묶여 있는 것이 아니고, 흰 소도 검은 소에 묶여 있는 것이 아닙니다. 단지 하나의 밧줄이나 멍엣줄에 묶여 있는 것입니다. 그것들은 거기에 묶여 있습니다."

[싸리뿟따] "벗이여, 이와 같이

1) 시각이 형상에 묶여 있는 것도 아니고, 형상이 시각에 묶여 있는 것도 아닙니다. 그 양자를 조건으로 생겨난 욕망과 탐욕이 있는데, 그것들은 거기에 묶여 있는 것입니다.
2) 청각이 소리에 묶여 있는 것도 아니고, 소리가 청각에 묶여 있는 것도 아닙니다. 그 양자를 조건으로 생겨난 욕망과 탐욕이 있는데, 그것들은 거기에 묶여 있는 것입니다.
3) 후각이 냄새에 묶여 있는 것도 아니고, 냄새가 후각에 묶여 있는 것도 아닙니다. 그 양자를 조건으로 생겨난 욕망과 탐욕이 있는데, 그것들은 거기에 묶여 있는 것입니다.
4) 미각이 맛에 묶여 있는 것도 아니고, 맛이 미각에 묶여 있는 것도 아닙니다. 그 양자를 조건으로 생겨난 욕망과 탐욕이 있는데, 그것들은 거기에 묶여 있는 것입니다.
5) 촉각이 감촉에 묶여 있는 것도 아니고, 감촉이 촉각에 묶여 있는 것도 아닙니다. 그 양자를 조건으로 생겨난 욕망과 탐욕이 있는데, 그것들은 거기에 묶여 있는 것입니다.
6) 정신이 사물에 묶여 있는 것도 아니고, 사물이 정신에 묶여 있는

것도 아닙니다. 그 양자를 조건으로 생겨난 욕망과 탐욕이 있는데, 그것들은 거기에 묶여 있는 것입니다."

6. [싸리뿟따]
1) "벗이여, 시각이 형상에 묶여 있고 형상이 시각에 묶여 있다면, 괴로움의 완전한 소멸을 위하여 청정한 삶이 올바로 시설될 수 없습니다. 벗이여, 시각이 형상에 묶여 있지 않고, 형상이 시각에 묶여 있지 않고, 그 양자를 조건으로 생겨난 욕망과 탐욕이 있는데, 그것들은 그것에 묶이게 됩니다. 그러므로 괴로움의 완전한 소멸을 위하여 청정한 삶이 올바로 시설될 수 있습니다.
2) 벗이여, 청각이 소리에 묶여 있고, 소리가 청각에 묶여 있다면, 괴로움의 완전한 소멸을 위하여 청정한 삶이 올바로 시설될 수 없습니다. 벗이여, 청각이 소리에 묶여 있지 않고, 소리가 청각에 묶여 있지 않고, 그 양자를 조건으로 생겨난 욕망과 탐욕이 있는데, 그것들은 그것에 묶이게 됩니다. 그러므로 괴로움의 완전한 소멸을 위하여 청정한 삶이 올바로 시설될 수 있습니다.
3) 벗이여, 후각이 냄새에 묶여 있고, 냄새가 후각에 묶여 있다면, 괴로움의 완전한 소멸을 위하여 청정한 삶이 올바로 시설될 수 없습니다. 벗이여, 후각이 냄새에 묶여 있지 않고, 냄새가 후각에 묶여 있지 않고, 그 양자를 조건으로 생겨난 욕망과 탐욕이 있는데, 그것들은 그것에 묶이게 됩니다. 그러므로 괴로움의 완전한 소멸을 위하여 청정한 삶이 올바로 시설될 수 있습니다.
4) 벗이여, 미각이 맛에 묶여 있고, 맛이 미각에 묶여 있다면, 괴로움의 완전한 소멸을 위하여 청정한 삶이 올바로 시설될 수 없습니다. 벗이여, 미각이 맛에 묶여 있지 않고, 맛이 미각에 묶여 있지 않고, 그 양자를 조건으로 생겨난 욕망과 탐욕이 있는데, 그것

들은 그것에 묶이게 됩니다. 그러므로 괴로움의 완전한 소멸을 위하여 청정한 삶이 올바로 시설될 수 있습니다.

5) 벗이여, 촉각이 감촉에 묶여 있고, 감촉이 촉각에 묶여 있다면, 괴로움의 완전한 소멸을 위하여 청정한 삶이 올바로 시설될 수 없습니다. 벗이여, 촉각이 감촉에 묶여 있지 않고, 감촉이 촉각에 묶여 있지 않고, 그 양자를 조건으로 생겨난 욕망과 탐욕이 있는데, 그것들은 그것에 묶이게 됩니다. 그러므로 괴로움의 완전한 소멸을 위하여 청정한 삶이 올바로 시설될 수 있습니다.

6) 벗이여, 정신이 사물에 묶여 있고, 사물이 정신에 묶여 있다면, 괴로움의 완전한 소멸을 위하여 삶이 올바로 시설될 수 없습니다. 벗이여, 정신이 사물에 묶여 있지 않고, 사물이 정신에 묶여 있지 않고, 그 양자를 조건으로 생겨난 욕망과 탐욕이 있는데, 그것들은 그것에 묶이게 됩니다. 그러므로 괴로움의 완전한 소멸을 위하여 청정한 삶이 올바로 시설될 수 있습니다.

7. 벗이여, 이러한 방식으로 어떻게 그것이 그러한가를 알 수 있을 것입니다.

1) 시각이 형상에 묶여 있는 것도 아니고, 형상이 시각에 묶여 있는 것도 아닙니다. 그 양자를 조건으로 생겨난 욕망과 탐욕이 있는데, 그것들은 거기에 묶여 있는 것입니다.

2) 청각이 소리에 묶여 있는 것도 아니고, 소리가 청각에 묶여 있는 것도 아닙니다. 그 양자를 조건으로 생겨난 욕망과 탐욕이 있는데, 그것들은 거기에 묶여 있는 것입니다.

3) 후각이 냄새에 묶여 있는 것도 아니고, 냄새가 후각에 묶여 있는 것도 아닙니다. 그 양자를 조건으로 생겨난 욕망과 탐욕이 있는데, 그것들은 거기에 묶여 있는 것입니다.

4) 미각이 맛에 묶여 있는 것도 아니고, 맛이 미각에 묶여 있는 것도 아닙니다. 그 양자를 조건으로 생겨난 욕망과 탐욕이 있는데, 그것들은 거기에 묶여 있는 것입니다.
5) 촉각이 감촉에 묶여 있는 것도 아니고, 감촉이 촉각에 묶여 있는 것도 아닙니다. 그 양자를 조건으로 생겨난 욕망과 탐욕이 있는데, 그것들은 거기에 묶여 있는 것입니다.
6) 정신이 사물에 묶여 있는 것도 아니고, 사물이 정신에 묶여 있는 것도 아닙니다. 그 양자를 조건으로 생겨난 욕망과 탐욕이 있는데, 그것들은 거기에 묶여 있는 것입니다.

8. 벗이여, 세존에게도 시각이 있고, 그 시각으로 형상을 봅니다. 그렇지만 세존에게는 욕망과 탐욕이 없고, 세존은 마음이 잘 해탈되어 있습니다. 세존에게도 청각이 있고, 그 청각으로 소리를 듣습니다. 그렇지만 세존에게는 욕망과 탐욕이 없고, 세존은 마음이 잘 해탈되어 있습니다. 세존에게도 후각이 있고, 그 후각으로 냄새를 맡습니다. 그렇지만 세존에게는 욕망과 탐욕이 없고, 세존은 마음이 잘 해탈되어 있습니다. 세존에게도 미각이 있고, 그 미각으로 맛을 봅니다. 그렇지만 세존에게는 욕망과 탐욕이 없고, 세존은 마음이 잘 해탈되어 있습니다. 세존에게도 촉각이 있고, 그 촉각으로 감촉을 경험합니다. 그렇지만 세존에게는 욕망과 탐욕이 없고, 세존은 마음이 잘 해탈되어 있습니다. 세존에게도 정신이 있어서 그 정신으로 대상을 인식합니다. 그렇지만 세존에게는 욕망과 탐욕이 없고, 세존은 마음이 잘 해탈되어 있습니다.

9. 벗이여, 이러한 방식으로 어떻게 그러한가를 알 수 있을 것입니다.
1) 시각이 형상에 묶여 있는 것도 아니고, 형상이 시각에 묶여 있는 것도 아닙니다. 그 양자를 조건으로 생겨난 욕망과 탐욕이 있는

데, 그것들은 거기에 묶여 있는 것입니다.

2) 청각이 소리에 묶여 있는 것도 아니고, 소리가 청각에 묶여 있는 것도 아닙니다. 그 양자를 조건으로 생겨난 욕망과 탐욕이 있는데, 그것들은 거기에 묶여 있는 것입니다.

3) 후각이 냄새에 묶여 있는 것도 아니고, 냄새가 후각에 묶여 있는 것도 아닙니다. 그 양자를 조건으로 생겨난 욕망과 탐욕이 있는데, 그것들은 거기에 묶여 있는 것입니다.

4) 미각이 맛에 묶여 있는 것도 아니고, 맛이 미각에 묶여 있는 것도 아닙니다. 그 양자를 조건으로 생겨난 욕망과 탐욕이 있는데, 그것들은 거기에 묶여 있는 것입니다.

5) 촉각이 감촉에 묶여 있는 것도 아니고, 감촉이 촉각에 묶여 있는 것도 아닙니다. 그 양자를 조건으로 생겨난 욕망과 탐욕이 있는데, 그것들은 거기에 묶여 있는 것입니다.

6) 정신이 사물에 묶여 있는 것도 아니고, 사물이 정신에 묶여 있는 것도 아닙니다. 그 양자를 조건으로 생겨난 욕망과 탐욕이 있는데, 그것들은 거기에 묶여 있는 것입니다."

20. 우리의 영혼이나 의식은 실체가 있는 것일까[379]

1. 한 때 존자 아난다와 존자 우다인[380]이 꼬쌈비시에 있는 고씨따 승원에 있었다.

2. 그 때 존자 우다인이 저녁 무렵 홀로 명상하다가 일어나 존자 아

---

379) 우다인의 경[Udāyīsutta] : SN. IV. 166.
380) 우다인은 까뻴라밧투 시의 바라문 아들이었다. 그는 친척을 방문했다가 부처님의 가르침을 듣고 부처님의 위력을 보고 출가했다. 그는 아난다가 부처님과 너무 가까이 있는 것은 유익하지 못하다고 야유해서 부처님에게 꾸지람을 들었다. 부처님은 그에게 아난다가 현세에서 아라한이 될 것이라고 말한다.

난다가 있는 곳을 찾아갔다. 가까이 다가가서 존자 아난다와 인사를 하고 안부를 주고 받은 뒤에 한 쪽으로 물러앉았다.

3. 한 쪽으로 물러앉은 존자 우다인은 존자 아난다에게 이와 같이 말했다.

[우다인] "벗이여 아난다여, 세존께서 이 몸에 관해 여러 가지 방법으로 설명하고, 개현하고, 명확하게 밝혀내어 '이 몸은 실체가 없다.'라고 하셨듯이, 그와 같이 의식에 관해서도 '이러한 이유로 이 의식도 실체가 없다.'라고 여러 가지 방법으로 설명하고, 교시하고, 시설하고, 확립하고, 개현하고, 분석하고, 명확하게 밝힐 수 있습니까?"

[아난다] "벗이여 우다인이여, 세존께서는 이 몸에 관해 여러 가지 방법으로 설명하고, 개현하고, 명확하게 밝혀내어 '이 몸은 실체가 없다.'라고 하셨듯이, 그와 같이 의식에 관해서도 '이러한 이유로 이 의식도 실체가 없다.'라고 여러 가지 방법으로 설명하고, 교시하고, 시설하고, 확립하고, 개현하고, 분석하고, 명확하게 밝히셨습니다."

4. [아난다] "벗이여, 시각과 형상을 조건으로 시각의식이 생겨납니까?"

[우다인] "벗이여, 그렇습니다."

[아난다] "벗이여, 시각의식의 원인이 되고 조건이 되는, 그 원인과 조건이 완전히 전적으로 남김없이 소멸하여도 시각의식이 시설될 수 있습니까?"

[우다인] "벗이여, 그렇지 않습니다."

[아난다] "벗이여, 이러한 방법으로 세존께서는 '이 의식도 실체가 없다.'라고 설명하고, 교시하고, 시설하고, 확립하고, 개현하고, 분석하고, 명확하게 밝히셨습니다."

5. [아난다] "벗이여, 청각과 소리를 조건으로 청각의식이 생겨납니까?"
[우다인] "벗이여, 그렇습니다."
[아난다] "벗이여, 청각의식의 원인이 되고 조건이 되는, 그 원인과 조건이 완전히 전적으로 남김없이 소멸하여도 청각의식이 시설될 수 있습니까?"
[우다인] "벗이여, 그렇지 않습니다."
[아난다] "벗이여, 이러한 방법으로 세존께서는 '이 의식도 실체가 없다.'라고 설명하고, 교시하고, 시설하고, 확립하고, 개현하고, 분석하고, 명확하게 밝히셨습니다.

6. [아난다] "벗이여, 후각과 냄새를 조건으로 후각의식이 생겨납니까?"
[우다인] "벗이여, 그렇습니다."
[아난다] "벗이여, 후각의식의 원인이 되고 조건이 되는, 그 원인과 조건이 완전히 전적으로 남김없이 소멸하여도 후각의식이 시설될 수 있습니까?"
[우다인] "벗이여, 그렇지 않습니다."
[아난다] "벗이여, 이러한 방법으로 세존께서는 '이 의식도 실체가 없다.'라고 설명하고, 교시하고, 시설하고, 확립하고, 개현하고, 분석하고, 명확하게 밝히셨습니다.

7. [아난다] "벗이여, 미각과 맛을 조건으로 미각의식이 생겨납니까?"
[우다인] "벗이여, 그렇습니다."
[아난다] "벗이여, 미각의식의 원인이 되고 조건이 되는, 그 원인과 조건이 완전히 전적으로 남김없이 소멸하여도 미각의식이 시설될

수 있습니까?"

[우다인] "벗이여, 그렇지 않습니다."

[아난다] "벗이여, 이러한 방법으로 세존께서는 '이 의식도 실체가 없다.'라고 설명하고, 교시하고, 시설하고, 확립하고, 개현하고, 분석하고, 명확하게 밝히셨습니다."

8. [아난다] "벗이여, 촉각과 감촉을 조건으로 촉각의식이 생겨납니까?"

[우다인] "벗이여, 그렇습니다."

[아난다] "벗이여, 촉각의식의 원인이 되고 조건이 되는, 그 원인과 조건이 완전히 전적으로 남김없이 소멸하여도 촉각의식이 시설될 수 있습니까?"

[우다인] "벗이여, 그렇지 않습니다."

[아난다] "벗이여, 이러한 방법으로 세존께서는 '이 의식도 실체가 없다.'라고 설명하고, 교시하고, 시설하고, 확립하고, 개현하고, 분석하고, 명확하게 밝히셨습니다."

9. [아난다] "벗이여, 정신과 사실을 조건으로 정신의식이 생겨납니까?"

[우다인] "벗이여, 그렇습니다."

[아난다] "벗이여, 정신의식의 원인이 되고 조건이 되는, 그 원인과 조건이 완전히 전적으로 남김없이 소멸하여도 정신의식이 시설될 수 있습니까?"

[우다인] "벗이여, 그렇지 않습니다."

[아난다] "벗이여, 이러한 방법으로 세존께서는 '이 의식도 실체가 없다.'라고 설명하고, 교시하고, 시설하고, 확립하고, 개현하고, 분석하고, 명확하게 밝히셨습니다."

10. 벗이여, 예를 들어 나무 심재가 필요한 어떤 사람이 있는데, 나무 심재를 구하기 위해 나무 심재를 찾아서 날카로운 도끼를 가지고 숲으로 들어갔다고 합시다. 그는 거기서 곧고, 새로 나온 커다란 종려나무의 줄기를 보았고, 밑동을 자르고, 꼭대기를 자르고, 실과 같은 껍질을 벗겨냈다고 합시다. 그가 실과 같은 껍질을 벗겨냈을 때, 연한 나무껍질도 얻을 수 없거늘 하물며 나무 심재를 얻을 수 있겠습니까?"

11. 벗이여, 이와 같이 수행승은 접촉의 여섯 감역에서 자아뿐만 아니라 자아에 속한 어떤 것도 보지 못합니다. 보지 못하기 때문에 그는 세상에 어떤 것에도 집착하지 않습니다. 집착하지 않기 때문에 그는 괴로워하지 않습니다. 괴로움이 없기 때문에 그는 스스로 열반에 듭니다. 그는 '태어남은 부서졌고, 청정한 삶은 이루어졌고, 해야 할 일은 다 마쳤으니, 더 이상 윤회하지 않는다.'라고 분명히 압니다."

21. 우리가 진지하게 삶을 성찰하려면 어떻게 해야 할까[381]

1. 이와 같이 나는 들었다. 한 때 세존께서 싸밧티 시의 제따바나 숲에 있는 아나타삔디까 승원에 계셨다.

2. 그때 세존께서 '수행승들이여'라고 수행승들을 부르셨다. 수행승들은 '세존이시여'라고 세존께 대답했다. 세존께서는 이와 같이 말씀하셨다.

3. [세존] "수행승들이여, 예를 들어 광채가 치열하고 맹독을 내뿜는

---

381) 독사의 비유에 대한 경[Āsivisopamasutta] : SN. IV. 172 ; 잡아함 43권 (大正 2. 1213b, 잡1172) 참조

네 마리의 독사가382) 있다고 하자. 이때에 삶을 바라고 죽음을 원하지 않고, 즐거움을 바라고, 괴로움을 싫어하는 어떤 사람이 와서 그에게 '이보게, 여기 광채가 치열하고 맹독을 내뿜는 네 마리의 독사가 있는데, 그들은 때때로 일어나서 때때로 목욕하고 때때로 음식을 먹고 때때로 굴에 들어가 휴식한다. 이보게, 여기 광채가 치열하고 맹독을 내뿜는 네 마리의 뱀들 가운데 어떤 한 마리라도 화를 낸다면, 이보게, 그 때문에 그대는 죽음에 이르거나 죽을 정도의 고통을 겪게 될 것이다. 무엇이든 조치를 취해야 하지 않겠는가?'라고 말했다고 하자.

4. 수행승들이여, 그래서 그가 광채가 치열하고 맹독을 내뿜는 네 마리의 뱀을 두려워하여 여기저기 도망치는데, 그런데 사람들이 그에게 '이보게, 다섯 명의 살인자인 원수들이 '우리가 그를 보면, 즉시 죽이겠다.'라고 말하면서 그대를 뒤쫓아 추격해오고 있다. 그러니 이보게, 무엇이든 조치를 취해야 하지 않겠는가?'라고 말했다고 하자.

5. 수행승들이여, 그래서 그는 광채가 치열하고 맹독을 내뿜는 네 마리의 뱀을 두려워하고, 다섯 명의 살인자인 원수를 두려워하여, 여기저기 도망치는데, 그런데 사람들이 그에게 '이보게, 여섯 번째의 살인자인 가까운 친구가383) 칼을 들고 '내가 그를 보면, 즉시

---

382) 붓다고싸에 따르면, 왕들이 약탈자를 물게 하기 위해 사육하는 네 종류의 독사가 있다: 깟타무카에 물리면 온몸이 마른 장작처럼 단단하게 굳고 관절부위는 극도로 쇠꼬챙이들이 결합된 것처럼 마른다. 뿌띠무카에 물리면 온몸이 지독하게 악취가 나는 빵나무처럼 고름이 가득찬 상태가 되어 고름이 흘러나와 그릇에 있는 물처럼 된다. 악기무카에 물리면 온몸이 불타서 검은 숯처럼 파괴된다. 쌋타무카에 물리면 온몸이 갈라지고 칼이 떨어진 자리처럼 큰 끌로 파낸 연결부위의 입구처럼 된다.
383) 붓다고싸에 따르면, 네 마리의 독사에 쫓겨도 허둥지둥 도망가는데 다섯 명의 적에게 쫓기면 더욱 빨리 도망갈 것이기 때문에 왕은 그와 함께 먹고 마시고 하는 어릴 때의 친구를 살인자로 보낸다고 서술하고 있다.

그의 머리를 베겠다.'라고 생각하며 뒤쫓아 추격해오고 있다. 그러니 이보게, 무엇이든 조치를 취해야 하지 않겠는가?'라고 말했다고 하자.

6. 수행승들이여, 그래서 그가 광채가 치열하고 맹독을 내뿜는 네 마리의 뱀을 두려워하고, 다섯 명의 살인자인 원수를 두려워하고, 여섯 번째의 칼을 뽑아든 강도384) 살인자를 두려워하여, 여기저기로 도망치는데, 그가 사람이 텅 빈 마을을 보았다고 하자. 텅 빈 집에 들어갔는데, 들어갈 때마다 공허하고 황량하고 빈 집이었다고 하자. 텅 빈 그릇을 만졌는데, 만지는 그릇마다 공허하고 황량하고 빈 그릇이었다고 하자. 사람들이 그에게 '이보게, 지금 이 마을을 약탈하려는 도둑들이 이 텅 빈 마을을 약탈할 것이다. 이보게, 무엇이든 조치를 취해야하지 않겠나.'라고 말했다고 하자.

7. 수행승들이여, 그래서 그가 광채가 치열하고 맹독을 내뿜는 네 마리의 뱀을 두려워하고, 다섯 명의 살인자인 원수를 두려워하고, 여섯 번째의 칼을 뽑아든 강도 살인자를 두려워하고, 마을을 약탈하는 도둑들을 두려워하여, 여기저기로 도망치는데, 여기 크고 넓은 물이 있고, 이 언덕은 공포와 위험으로 가득하고, 저 언덕은 안온과 평화로 가득 찼지만, 타고 건너야 할 배나 걸어서 왕래할 수 있는 다리가 없는 것을 보았다고 하자.

8. 수행승들이여, 그래서 그가 '여기 커다란 물이 있고, 이 언덕은 위험하고 두렵고 저 언덕은 안온하고 두려움이 없지만, 이 언덕으로부터 저 언덕으로 가는 나룻배도 없고 다리도 없다. 내가 풀과 나무와 가지와 잎사귀를 모아서 뗏목을 엮어서 그 뗏목에 의지하여 두 손

---

384) '안따짜라'라는 말은 강도를 의미하지만 어원적으로 '안으로 들어가는 자'이다. 도둑과는 관계가 없다.

과 두 발로 노력해서 안전하게 저 언덕으로 건너가면 어떨까?'라고 생각했다고 하자.

9. 수행승들이여, 그래서 그가 풀과 나무와 가지와 잎사귀를 모아서 뗏목을 엮어서 그 뗏목에 의지하여 두 손과 두 발로 노력해서 안전하게 저 언덕으로 건너갔다고 하자. 그는 건너서 피안으로 가서 거룩한 님으로서 대지 위에 섰다고 하자.

10. 수행승들이여, 자, 나는 의미를 설명하려고 이러한 비유를 들었다. 그 설명은 이와 같다.

11. 수행승들이여, 광채가 치열하고 맹독을 내뿜는 네 마리의 뱀은 네 가지의 위대한 존재, 즉 땅의 세계, 물의 세계, 불의 세계, 바람의 세계를385) 말한다.

12. 수행승들이여, 다섯 명의 살인자인 원수는 존재라는 집착의 다발, 즉 물질이라는 집착의 다발, 느낌이라는 집착의 다발, 지각이라는 집착의 다발, 형성이라는 집착의 다발, 정신이라는 집착의 다발을 말한다.

13. 수행승들이여, 여섯 번째의 칼을 빼든 살인강도는 환락과 탐욕을 말한다.

14. 수행승들이여, 텅 빈 마을은 여섯 가지의 내적인 감역을 말한다.
 1) 수행승들이여, 현명하고 유능하고 지혜로운 자가 시각에 관하여 검토하면 오로지 공허하고 황량하고 텅 빈 것만을 본다.
 2) 수행승들이여, 현명하고 유능하고 지혜로운 자가 청각에 관하여 검토하면 오로지 공허하고 황량하고 텅 빈 것만을 본다.

---

385) 붓다고싸에 따르면, 각각의 세계는 네 마리의 독사와 연관되어 있다. 땅의 세계는 깟타무카로, 물의 세계는 뿌띠무카로, 불의 세계는 악기무카로, 바람의 세계는 쌋타무카로서 상징된다.

3) 수행승들이여, 현명하고 유능하고 지혜로운 자가 후각에 관하여 검토하면 오로지 공허하고 황량하고 텅 빈 것만을 본다.
4) 수행승들이여, 현명하고 유능하고 지혜로운 자가 미각에 관하여 검토하면 오로지 공허하고 황량하고 텅 빈 것만을 본다.
5) 수행승들이여, 현명하고 유능하고 지혜로운 자가 촉각에 관하여 검토하면 오로지 공허하고 황량하고 텅 빈 것만을 본다.
6) 수행승들이여, 현명하고 유능하고 지혜로운 자가 정신에 관하여 검토하면 오로지 공허하고 황량하고 텅 빈 것만을 본다.

15. 수행승들이여, 마을을 약탈하는 도둑은 여섯 가지의 외적인 감역을 말한다.
1) 수행승들이여, 시각은 좋아하고 좋아하지 않고, 마음에 들고 마음에 들지 않는 형상들 때문에 파괴된다.
2) 수행승들이여, 청각은 좋아하고 좋아하지 않고, 마음에 들고 마음에 들지 않는 소리들 때문에 파괴된다.
3) 수행승들이여, 후각은 좋아하고 좋아하지 않고, 마음에 들고 마음에 들지 않는 냄새들 때문에 파괴된다.
4) 수행승들이여, 미각은 좋아하고 좋아하지 않고, 마음에 들고 마음에 들지 않는 맛들 때문에 파괴된다.
5) 수행승들이여, 촉각은 좋아하고 좋아하지 않고, 마음에 들고 마음에 들지 않는 감촉들 때문에 파괴된다.
6) 수행승들이여, 정신은 좋아하고 좋아하지 않고, 마음에 들고 마음에 들지 않는 사물들 때문에 파괴된다.

16. 수행승들이여, 커다란 넓은 물은 네 가지의 거센 물결, 즉 감각적 쾌락의 거센 물결, 존재의 거센 물결, 견해의 거센 물결, 무명의 거센 물결을 말한다.

17. 수행승들이여, 두렵고 위험한 이 언덕은 존재의 무리를386) 말한다.

18. 수행승들이여, 안온하고 평온한 저 언덕은 열반을 말한다.

19. 수행승들이여, 뗏목은 여덟 가지의 고귀한 길이다. 그것은 곧 올바른 견해, 올바른 사유, 올바른 언어, 올바른 행위, 올바른 생활, 올바른 정진, 올바른 새김, 올바른 집중이다.

20. 수행승들이여, 손과 발로 노를 젓는다는 것은 정진과 노력을 말한다.

21. 수행승들이여, '건너서 피안으로 가서 땅 위에 서있는 거룩한 님'은 아라한을 말한다."

22. 열반의 바다로 어떻게 안전하게 도달할 수 있는가?387)

1. 한 때 세존께서 꼬쌈비시의 갠지스 강 언덕에 계셨다.

2. 그 때 세존께서는 커다란 통나무가 갠지스강의 흐름을 따라 떠내려가는 것을 보았다. 보고 나서 수행승들에게 말씀하셨다.
[세존] "수행승들이여, 그대들은 저 커다란 통나무가 갠지스강의 흐름을 따라 떠내려가는 것을 분명히 보고 있는가?"
[수행승들] "세존이시여, 그렇습니다."

3. [세존] "수행승들이여, 만약 통나무가 이 언덕에 닿지 않고, 저 언덕에 닿지 않고, 중간의 흐름에 가라앉지 않고, 땅 위로 올라가지 않고, 사람들에게 탈취되지 않고, 인간이 아닌 존재에게388) 탈취되

---

386) 다섯 가지 존재라는 집착의 다발로 구성된 '나'라는 개체를 말한다.
387) 통나무의 비유에 대한 경 ① [Paṭhamadārukkhandhopamasutta] : SN. IV. 179 ; 잡아함 43권 (大正 2. 1214c, 잡1174) 참조

지 않고, 소용돌이에 말려들지 않고, 내부가 썩어 없어지지 않는 한, 이와 같이 수행승들이여, 그 통나무는 바다로 향하고, 바다로 나아가고, 바다로 들어갈 것이다. 그것은 무슨 까닭인가? 수행승들이여, 갠지스강의 흐름은 바다로 향하고 바다로 나아가고 바다로 들어가기 때문이다. 수행승들이여, 이와 같이 그대들이 이 언덕에 닿지 않고, 저 언덕에 닿지 않고, 중간의 흐름에 가라앉지 않고, 땅 위로 올라가지 않고, 인간에게 탈취되지 않고, 인간이 아닌 존재에게 탈취되지 않고, 소용돌이에 말려들지 않고, 내부가 썩어 없어지지 않는다면, 이와 같이 수행승들이여, 그대들은 열반으로 향하고, 열반으로 나아가고, 열반에 들게 될 것이다. 그것은 무슨 까닭인가? 수행승들이여, 올바른 견해는 열반을 향하고, 열반으로 나아가고, 열반에 들어갈 것이기 때문이다."

4. 이처럼 말씀하시자, 어떤 수행승이 세존께 말했다.

[수행승] "세존이시여, 이 언덕은 어떤 것이고, 저 언덕은 어떤 것이고, 중간의 흐름에 가라앉는 것은 어떤 것이며, 땅 위로 올라가는 것은 어떤 것이며, 인간에게 탈취되는 것은 어떤 것이며, 인간이 아닌 존재에게 탈취되는 것은 어떤 것이며, 소용돌이에 말려드는 것은 어떤 것이며, 내부가 썩어 없어지는 것은 어떤 것입니까?"

5. [세존]

1) "수행승이여, 이 언덕이라는 것은 바로 내부적인 여섯 감역을 말한다.

2) 수행승이여, 저 언덕이라는 것은 바로 외부적인 여섯 감역을 말한다.

---

388) 비인간(非人間)에 탈취되지 않고'의 뜻이다. 비인간에는 신들, 야차, 나찰, 다나바, 건달바, 긴나라, 마호라가 등이 있다.

3) 수행승이여, 중간의 흐름에 가라앉는다는 것은 바로 환락과 탐욕에 빠지는 것을 말한다.
4) 수행승이여, 땅 위로 올라선다는 것은 바로 '나는 있다.'는 교만을 말한다.
5) 수행승이여, 인간에게 탈취되는 것은 어떤 것인가? 수행승이여, 이 세상에 수행승이 세속인과 뒤섞여 살면서 기쁨을 같이하고, 슬픔을 같이 하며, 즐거운 사람 가운데서 즐거워하고, 괴로운 사람 가운데서 괴로워하고, 일거리가 있을 때마다 스스로 모든 일에 관여한다면, 수행승이여, 이것을 인간에게 탈취되는 것이라고 부른다.
6) 수행승이여, 인간이 아닌 존재에게 탈취되는 것은 어떤 것인가? 수행승이여, 이 세상에 어떤 자들이 어떤 하늘사람의 무리에 들어가길 원하여 청정한 삶을 살며 '나는 이러한 계율이나 수행이나 고행이나 청정한 삶을 통해서 신이나 다른 하늘사람이 될 것이다.'라고 한다면, 수행승이여, 이것을 인간이 아닌 존재에 탈취되는 것이라 부른다.
7) 수행승이여, 소용돌이에 말려든다는 것은 바로 다섯 가지의 감각적 쾌락에 관한 비유이다.
8) 수행승이여, 내부가 썩어 없어지는 것은 어떤 것인가? 수행승이여, 이 세상에 계행을 지키지 않고, 악행을 하고, 순수하지 못하고, 의심스러운 행동을 하고, 자신의 행위를 은폐하고, 수행자가 아니면서 수행자인 척하고, 청정한 삶을 영위하지 않으면서 청정한 삶을 사는 체하는 자는 안으로 부패하고 탐욕스럽고 성품이 부정한 것이다. 수행승이여, 이것을 내부가 썩어 없어지는 것이라고 부른다."

6. 그런데 그 때에 소를 치는 난다가 세존께서 계신 곳에서 멀지 않은 곳에 서 있었다.

7. 이때에 소를 치는 난다가 세존께 이와 같이 말했다.
[난다] "세존이시여, 저는 이 언덕에 닿지 않고, 저 언덕에 닿지 않고, 중간의 흐름에 가라앉지 않고, 땅 위로 올라가지 않고, 사람에게 탈취되지 않고, 인간이 아닌 존재에게 탈취되지 않고, 소용돌이에 말려들지 않고, 내부가 썩어 없어지지 않을 것입니다. 세존이시여, 저는 세존 앞에서 출가하여 구족계를 받고자 합니다."

8. 그 후 소를 치는 난다는 세존께 출가하여 구족계를 받았다. 그리고 구족계를 받은 지 얼마 되지 않아 홀로 떨어져서 방일하지 않고 열심히 정진하였다. 그는 오래지 않아 스스로 곧바로 알고 깨달아서, 양가의 자제들이 집에서 집 없는 곳으로 출가하게 된 당연한 이유인, 위없는 청정한 삶의 목표를 현세에서 성취했다. 그는 '태어남은 부서졌고, 청정한 삶은 이루어졌고, 해야 할 일은 다 마쳤으니, 더 이상 윤회하지 않는다.'라고 분명히 알았다. 그래서 존자 난다는 거룩한 님 가운데 한 분이 되었다.

23. 부처님께서 피곤하셨을 때에 어떻게 법문을 하셨을까[389]

1. 한 때 세존께서는 싸끼야 족의 까삘라밧투 시에 있는 니그로다 승원에 계셨다.

2. 그때 까삘라밧투에 사는 싸끼야 족이 새 집회당을 지은 지 오래되지 않았는데, 그곳에 수행자나 성직자나 어떤 사람도 살지 않았다.

---

389) 타락에 대한 법문의 경[Avassutapariyāyasutta] : SN. IV. 182 ; 잡아함 43권 (大正 2. 1216a, 잡1176) 참조

3. 마침 까뻴라밧투에 사는 싸끼야 족들이 세존께서 계신 곳을 찾아갔다. 가까이 다가가서 세존께 인사를 드리고 한쪽으로 물러앉았다.

4. 한쪽으로 물러앉아 까뻴라밧투에 사는 싸끼야 족들은 세존께 이와 같이 말씀드렸다.
[싸끼야 족] "세존이시여, 여기 까뻴라밧투에 사는 싸끼야 족이 새 집회당을 지은 지 오래되지 않았는데, 그곳에 수행자나 성직자나 어떤 사람도 살지 않았습니다. 세존이시여, 세존께서 먼저 사용하신 후에 까뻴라밧투에 사는 싸끼야 족이 사용하려고 합니다. 그렇게 해주시면 까뻴라밧투에 사는 싸끼야 족에게 오랜 세월 이익과 안락을 줄 것입니다."
세존께서는 침묵으로 승낙하셨다.

5. 그래서 까뻴라밧투에 사는 싸끼야 족들은 세존께서 허락하신 것을 알고 자리에서 일어나 세존께 인사를 드리고 오른쪽을 돌아 집회당이 있는 곳으로 갔다. 집회당에 가서 정성을 다해 집회당을 치장하고, 자리를 깔고, 물그릇을 준비하고, 기름등을 건 후에390) 세존께서 계신 곳으로 찾아갔다.
[싸끼야 족] "세존이시여, 정성을 다해 집회당을 치장하고, 자리를 깔고, 물그릇을 준비하고, 기름등을 걸었습니다. 세존께서는 지금 괜찮으시면 와주십시오."

6. 그러자 세존께서는 옷을 입고 발우와 가사를 들고 수행승의 무리와 함께 새 집회당이 있는 곳을 찾아갔다. 가까이 다가가서 두 발을 씻고, 집회당 안으로 들어가 중앙의 기둥에 기대어 동쪽을 향해 앉

---

390) 의자에 앉아있는 선생을 제외하면 자리는 매트를 깔고 물단지는 발을 씻기 위해 문 앞에 놓이고 기름등은 밤에 설법하기 위해 설치된다. 우드워드에 따르면, 오늘날도 스리랑카에서는 이러한 습관이 지켜진다.

앉다. 수행승들도 두 발을 씻고, 집회당 안으로 들어가 서쪽의 벽에 기대어 세존을 앞에 두고 동쪽을 향해 앉았다. 까삘라밧투에 사는 싸끼야 족들도 두 발을 씻고, 집회당 안으로 들어가 동쪽의 벽에 기대어 세존을 앞에 두고 서쪽을 향해 앉았다.

7. 그러자 세존께서는 까삘라밧투에 사는 싸끼야 족들에게 밤이 깊도록 법담으로 훈계하고, 조언하고, 격려하고, 기쁘게 해서 그들을 고무시켰다.

[세존] "고따마들이여, 밤이 너무 깊었다.391) 이제 때가 되었으니 가서 쉬도록 해라."

[싸끼야 족] "세존이시여, 그렇게 하겠습니다."

까삘라밧투에 사는 싸끼야 족들은 세존께 대답하고 자리에서 일어나 세존께 인사를 드리고 그의 오른쪽을 돌아 그곳을 떠났다.

8. 이때에 세존께서는 까삘라밧투에 사는 싸끼야 족들이 떠난 지 얼마 되지 않아 존자 마하 목갈라나에게392) 말했다.

[세존] "목갈라나여, 수행승의 무리에게는 해태와 혼침이393) 없다. 목갈라나여, 수행승의 무리에게 법문을 해라. 나는 등이 아프구나. 나는 등을 펴야겠다.394)"

---

391) 붓다고싸에 따르면, 밤이 깊었다는 것은 밤의 이경(二更)이 지났다는 뜻이다.
392) 목갈라나는 부처님의 주요제자 가운데 두 번째 제자로서 '신통력에서 제일'이었다. 그는 싸리뿟따와 같은 날 라자가하 근처 꼴리따가마에서 태어났다. 그들은 부처님보다 나이가 많았다. 그는 꼴리따고도 불렸다. 어머니는 목갈리였고 아버지는 마을의 장자였다. 목갈라나와 싸리뿟따는 7대에 걸쳐 친밀하게 교제해오고 있는 집안에서 태어났기 때문에 서로 친했다. 싸리뿟따에게는 5백대의 황금가마, 목갈라나에게는 5백대의 마차가 있었다. 어느 날 두 친구는 광대놀이를 보러 갔다가 사물의 무상함을 깨닫고 출가를 결심했다. 그들은 먼저 회의론자 싼자야의 제자가 되어 전 인도를 돌아다녔다. 그러다 어느 날 싸리뿟따가 라자가하에서 부처님의 제자 앗싸지를 만나 '모든 현상은 원인으로 말미암아 생겨난다.'는 말을 듣고 부처님의 제자가 되었다. 싸리뿟따에게 동일한 말을 전해들은 목갈라나도 부처님의 제자가 되어 불도에 들었다. 그들은 5백 명의 싼자야의 제자들을 데리고 벨루바나 숲에서 부처님을 만나 모두 불교에 귀의했다.
393) 붓다고싸에 따르면, '거기서 수행승들이 서있거나 앉아서 졸았다.'

존자 마하목갈라나는 세존께 대답했다.
[목갈라나] "세존이시여, 그렇게 하십시오."

9. 그러자 세존께서는 네 겹으로 가사를 깔고, 오른쪽 옆구리를 밑으로 하여 사자의 형상을 취한 채 한 발을 다른 발에 포개고, 새김을 확립하고, 올바로 알아차리며, 다시 일어날 것에 주의를 기울여 누우셨다.

10. 그래서 존자 마하 목갈라나는 수행승들에게 '벗이여, 수행승들이여'라고 말했다. '벗이여'라고 그 수행승들은 존자 마하목갈라나에게 대답했다.
[목갈라나] "벗들이여, 나는 그대들을 위해 타락395)에 대한 가르침과 타락의 여읨에 대한 가르침을 설하겠습니다. 듣고 잘 새기십시오. 설명하겠습니다."
그 수행승들은 존자 마하 목갈라나에게 대답했다.
[수행승들] "벗이여, 그렇게 하겠습니다."
존자 마하목갈라나는 이와 같이 말했다.

11. [목갈라나] "벗들이여, 타락이란 어떠한 것입니까? 벗들이여,
1) 이 세상에 어떤 수행승은 시각으로 형상을 보고, 매력적인 형상에 집착하고, 매력적이지 않은 형상에는 혐오를 느낍니다. 그는 좁은 소견으로 몸에 대한 새김을 확립하지 못한 채 살아갑니다. 그는 악하고 불건전한 상태가 남김없이 소멸하는, 마음에 의한 해탈, 지혜에 의한 해탈을 여실하게 알지 못합니다.
2) 이 세상에 어떤 수행승은 청각으로 소리를 듣고, 매력적인 소리

---

394) 붓다고싸에 따르면, 세존께서는 육 년 고행 때문에 커다란 몸의 고통을 체험했고 만년에 들어 등의 풍병으로 고생했다.
395) 빠알리어로 '아밧쑷따'는 어원적으로 '흘러나온 것[有漏]'이며, '타락' '부패' '번뇌' '탐욕'을 뜻한다.

에 집착하고, 매력적이지 않은 소리에는 혐오를 느낍니다. 그는 좁은 소견으로 몸에 대한 새김을 확립하지 못한 채 살아갑니다. 그는 악하고 불건전한 상태가 남김없이 소멸하는, 마음에 의한 해탈, 지혜에 의한 해탈을 여실하게 알지 못합니다.

3) 이 세상에 어떤 수행승은 후각으로 냄새를 맡고, 매력적인 냄새에 집착하고, 매력적이지 않은 냄새에는 혐오를 느낍니다. 그는 좁은 소견으로 몸에 대한 새김을 확립하지 못한 채 살아갑니다. 그는 악하고 불건전한 상태가 남김없이 소멸하는, 마음에 의한 해탈, 지혜에 의한 해탈을 여실하게 알지 못합니다.

4) 이 세상에 어떤 수행승은 미각으로 맛을 보고, 매력적인 맛에 집착하고, 매력적이지 않은 맛에는 혐오를 느낍니다. 그는 좁은 소견으로 몸에 대한 새김을 확립하지 못한 채 살아갑니다. 그는 악하고 불건전한 상태가 남김없이 소멸하는, 마음에 의한 해탈, 지혜에 의한 해탈을 여실하게 알지 못합니다.

5) 이 세상에 어떤 수행승은 촉각으로 감촉을 경험하고, 매력적인 감촉에 집착하고, 매력적이지 않은 감촉에는 혐오를 느낍니다. 그는 좁은 소견으로 몸에 대한 새김을 확립하지 못한 채 살아갑니다. 그는 악하고 불건전한 상태가 남김없이 소멸하는, 마음에 의한 해탈, 지혜에 의한 해탈을 여실하게 알지 못합니다.

6) 이 세상에 어떤 수행승은 정신으로 사물을 인식하고, 매력적인 사물에 집착하고, 매력적이지 않은 사물에는 혐오를 느낍니다. 그는 좁은 소견으로 몸에 대한 새김을 확립하지 못한 채 살아갑니다. 그는 악하고 불건전한 상태가 남김없이 소멸하는, 마음에 의한 해탈, 지혜에 의한 해탈을 여실하게 알지 못합니다.

12. 벗들이여, 이러한 것을 '수행승이 시각에 의해 인식되는 형상 안

에서 타락되고, 청각으로 인식되는 소리 안에서 타락되고, 후각에 의해 인식되는 냄새 안에서 타락되고, 미각에 의해 인식되는 맛 안에서 타락되고, 촉각에 의해 인식되는 감촉 안에서 타락되고, 정신에 의해 인식되는 사물 안에서 타락되었다.'고 말하는 것입니다. 벗들이여, 이와 같이 지내는 수행승이 있다면, 악마가 시각을 통해 접근하면 악마396)는 그 기회뿐만 아니라 대상도 얻으며, 악마가 청각을 통해 접근하면 악마는 그 기회뿐만 아니라 대상도 얻으며, 악마가 후각을 통해 접근하면 악마는 그 기회뿐만 아니라 대상도 얻으며, 악마가 미각을 통해 접근하면 악마는 그 기회뿐만 아니라 대상을 얻으며, 악마가 촉각을 통해 접근하면 악마는 그 기회뿐만 아니라 대상도 얻으며, 악마가 정신을 통해 접근하면 악마는 그 기회뿐만 아니라 대상도 얻습니다.

13. 벗들이여, 마치 갈대로 이은 집이나 마른 풀로 엮은 집이 바싹 마르고 습기가 없고 낡았다고 합시다. 만약에 어떤 사람이 동쪽이나 서쪽이나 북쪽이나 남쪽이나 위쪽이나 아래쪽이나 어떤 방향에서든지 불이 붙은 건초 횃불을 들고 그 집으로 접근한다면, 불은 그 기회뿐만 아니라 대상도 얻을 것입니다. 벗들이여, 이와 마찬가지로 이와 같이 지내는 수행승이 있다면, 악마가 시각을 통해 접근하면 그 악마는 그 기회뿐만 아니라 대상을 얻으며, 악마가 청각을 통해 접근하면 악마는 그 기회뿐만 아니라 대상도 얻으며, 악마가 후각을 통해 접근하면 악마는 그 기회뿐만 아니라 대상도 얻으며, 악마가 미각을 통해 접근하면 악마는 그 기회뿐만 아니라 대상을 얻으며, 악마가 촉각을 통해 접근하면 악마는 그 기회뿐만 아니라 대

---

396) 앞에서 '모든 존재가 결국 죽을 수밖에 없다.'는 시간의 악마성에 대해 언급했다면, 여기서는 '시각으로 형상을 보고 매력적인 형상에 집착하고 매력적이지 않은 형상을 혐오하는' 감각영역으로 이루어지는 공간의 악마성에 대해 말하고 있다.

상도 얻으며, 악마가 정신을 통해 접근하면 악마는 그 기회뿐만 아니라 대상을 얻습니다.

14. 벗들이여, 이와 같이 지내면 형상이 수행승을 정복하지만 수행승은 형상을 정복하지 못하며, 소리가 수행승을 정복하지만 수행승은 소리를 정복하지 못하며, 냄새가 수행승을 정복하지만 수행승은 냄새를 정복하지 못하며, 맛이 수행승을 정복하지만 수행승은 맛을 정복하지 못하며, 감촉이 수행승을 정복하지만 수행승은 감촉을 정복하지 못하며, 사물이 수행승을 정복하지만 수행승은 사물을 정복하지 못합니다. 벗들이여, 이러한 것을 '수행승이 형상에 의해 정복되고, 소리에 의해 정복되고, 냄새에 의해 정복되고, 맛에 의해 정복되었고, 감촉에 의해 정복되고, 사물에 의해 정복되었다.'라고 말하는 것입니다. 그 수행승은 악하고 불건전한 상태, 즉 오염되고, 다시 태어나게 하고, 고뇌를 가져오고, 괴로움으로 이끌고, 미래에 태어남과 늙음과 죽음으로 이끄는 상태에 정복된 것입니다. 벗들이여, 이것이야말로 타락의 길입니다.

15. 벗들이여, 타락의 여읨이란 어떠한 것입니까? 벗들이여,

1) 이 세상에 수행승이 시각으로 형상을 보고, 매력적인 형상에 집착하지 않고, 매력적이지 않은 형상에는 혐오를 느끼지 않습니다. 그는 넓은 소견으로 몸에 대한 새김을 확립하고 살아갑니다. 그는 악하고 불건전한 상태가 남김없이 소멸하는, 마음에 의한 해탈, 지혜에 의한 해탈을 여실하게 압니다.

2) 이 세상에 수행승이 청각으로 소리를 듣고, 매력적인 소리에 집착하지 않고, 매력적이지 않은 소리에는 혐오를 느끼지 않습니다. 그는 넓은 소견으로 몸에 대한 새김을 확립하고 살아갑니다. 그는 악하고 불건전한 상태가 남김없이 소멸하는, 마음에 의한 해탈,

지혜에 의한 해탈을 여실하게 압니다.
3) 이 세상에 수행승이 후각으로 냄새를 맡고, 매력적인 냄새에 집착하지 않고, 매력적이지 않은 냄새에는 혐오를 느끼지 않습니다. 그는 넓은 소견으로 몸에 대한 새김을 확립하고 살아갑니다. 그는 악하고 불건전한 상태가 남김없이 소멸하는, 마음에 의한 해탈, 지혜에 의한 해탈을 여실하게 압니다.
4) 이 세상에 수행승이 미각으로 맛을 보고, 매력적인 맛에 집착하지 않고, 매력적이지 않은 맛에는 혐오를 느끼지 않습니다. 그는 넓은 소견으로 몸에 대한 새김을 확립하고 살아갑니다. 그는 악하고 불건전한 상태가 남김없이 소멸하는, 마음에 의한 해탈, 지혜에 의한 해탈을 여실하게 압니다.
5) 이 세상에 수행승이 촉각으로 감촉을 경험하고, 매력적인 감촉에 집착하지 않고, 매력적이지 않은 감촉에는 혐오를 느끼지 않습니다. 그는 넓은 소견으로 몸에 대한 새김을 확립하고 살아갑니다. 그는 악하고 불건전한 상태가 남김없이 소멸하는, 마음에 의한 해탈, 지혜에 의한 해탈을 여실하게 압니다.
6) 이 세상에 수행승이 정신으로 사물을 인식하고, 매력적인 사물에 집착하지 않고, 매력적이지 않은 사물에는 혐오를 느끼지 않습니다. 그는 넓은 소견으로 몸에 대한 새김을 확립하고 살아갑니다. 그는 악하고 불건전한 상태가 남김없이 소멸하는, 마음에 의한 해탈, 지혜에 의한 해탈을 여실하게 압니다.

16. 벗들이여, 이러한 것을 '수행승이 시각에 의해 인식되는 형상 안에서 타락되지 않고, 청각에 의해 인식되는 소리 안에서 타락되지 않고, 후각에 의해 인식되는 냄새 안에서 타락되지 않고, 미각에 의해 인식되는 맛 안에서 타락되지 않고, 촉각에 의해 인식되는 감촉

안에서 타락되지 않고, 정신에 의해 인식되는 사물 안에서 타락되지 않았다.'라고 말합니다. 벗들이여, 이와 같이 지내는 수행승이 있다면, 악마가 시각을 통해 접근하더라도 악마는 그 기회도 얻지 못하고 대상도 얻지 못하며, 악마가 청각을 통해 접근하더라도 악마는 그 기회를 얻지 못하고 대상도 얻지 못하며, 악마가 후각을 통해 접근하더라도 악마는 그 기회를 얻지 못하고, 대상도 얻지 못하며, 악마가 미각을 통해 접근하더라도 악마는 그 기회를 얻지 못하고, 대상도 얻지 못하며, 악마가 촉각을 통해 접근하더라도 기회를 얻지 못하고, 대상도 얻지 못하며, 악마가 정신을 통해 접근해도 악마는 그 기회를 얻지 못하고, 대상도 얻지 못합니다.

17. 벗들이여, 갈대로 이은 집이나 마른 풀로 엮은 집이 빽빽하게 진흙으로 발라지고 축축하게 습기에 젖었다고 합시다. 만약에 어떤 사람이 동쪽이나 서쪽이나 북쪽이나 남쪽이나 위쪽이나 아래쪽이나 어떤 방향에서든지 불이 붙은 건초 횃불을 들고 그 집으로 접근하더라도 불은 그 기회도 얻지 못하며, 불은 대상도 얻지 못할 것입니다. 벗들이여, 이와 마찬가지로 이와 같이 지내는 수행승이 있다면, 악마가 시각을 통해 접근하더라도 그 악마는 그 기회도 얻지 못하고 대상도 얻지 못하며, 악마가 청각을 통해 접근하더라도 악마는 그 기회도 얻지 못하고 대상도 얻지 못하며, 악마가 후각을 통해 접근하더라도 악마는 그 기회도 얻지 못하고 대상도 얻지 못하며, 악마가 미각을 통해 접근하더라도 악마는 그 기회도 얻지 못하고 대상도 얻지 못하며, 악마가 촉각을 통해 접근하더라도 악마는 그 기회도 얻지 못하고 대상도 얻지 못하며, 악마가 정신을 통해 접근하더라도 악마는 그 기회도 얻지 못하고, 대상도 얻지 못합니다.

18. 벗들이여, 이와 같이 지내면 수행승은 형상을 정복하지만 형상

은 수행승을 정복하지 못하며, 수행승은 소리를 정복하지만 소리는 수행승을 정복하지 못하며, 수행승은 냄새를 정복하지만 냄새는 수행승을 정복하지 못하며, 수행승은 맛을 정복하지만 맛은 수행승을 정복하지 못하며, 수행승은 감촉을 정복하지만 감촉은 수행승을 정복하지 못하며, 수행승은 사물을 정복하지만 사물은 수행승을 정복하지 못합니다. 벗들이여, 이러한 것을 '수행승이 형상을 정복했고, 소리를 정복했고, 냄새를 정복했고, 맛을 정복했고, 감촉을 정복했고, 사물을 정복했다.'라고 말하는 것입니다. 그는 악하고 불건전한 상태, 즉 오염되고, 다시 태어나게 하고, 고뇌를 가져오고, 괴로움으로 이끌고, 미래에 태어남과 늙음과 죽음으로 이끄는 상태를 정복한 것입니다. 벗들이여, 이것이야말로 타락을 여의는 길입니다.

19. 그러자 세존께서는 일어서서 존자 마하 목갈라나에게 말했다. [세존] "목갈라나여, 훌륭하다. 목갈라나여, 훌륭하다. 그대가 수행승들을 위해 타락과 타락을 여의는 것에 대해 설한 가르침은 훌륭하다."

20. 존자 마하 목갈라나는 이와 같이 설했고, 스승께서는 그것을 인정하셨다. 그 수행승들은 존자 마하 목갈라나가 설한 가르침에 대해 만족하고 기뻐하였다.

24. 비파 소리와 같은 나를 몸 안에서 발견할 수 있을까397)

1. 이와 같이 나는 들었다. 한 때 세존께서 싸밧티 시의 제따바나 숲에 있는 아나타삔디까 승원에 계셨다.398)

2. 그 때 세존께서 '수행승들이여'라고 수행승들을 부르셨다. 수행승들은 '세존이시여'라고 세존께 대답했다. 세존께서는 이와 같이 말씀하셨다.

3. [세존] "수행승들이여,

1) 어떤 수행승이나 수행녀에게 시각에 의해 인식되는 형상에 대하여 마음으로 욕망이나 탐욕이나 분노나 미혹이나 혐오399)가 일어난다면, '이 길은 두렵고, 무섭고, 가시밭길이고, 정글이고, 잘못된 길이고400) 사악한 길이고, 위험한 길이다. 이 길은 참사람이 아닌 사람이 의지하는 길이며, 참사람이 의지하는 길이 아니다. 그대는 여기에 적합하지 않다.'라고 그것들로부터 마음을 제어해야 한다. 이런 방식으로 시각에 의해 인식되는 형상에 대하여 마음을 제어해야 한다.

2) 어떤 수행승이나 수행녀에게 청각에 의해 인식되는 소리에 대하여 마음으로 욕망이나 탐욕이나 분노나 미혹이나 혐오가 일어난다면, '이 길은 두렵고 무섭고 가시밭길이고, 정글이고, 잘못된 길이고, 사악한 길이고, 위험한 길이다. 이 길은 참사람이 아닌 사람

---

397) 비파의 비유에 대한 경[Viṇopamasutta] : SN. IV. 195 ; 잡아함 43권 (大正 2. 1212b, 잡 1169) 참조
398) 붓다고싸에 따르면, 이 도입부가 생략되어 있지만 이 경은 제따바나 숲에서 설한 것이다.
399) 붓다고싸에 따르면, 욕망은 새로 일어난 약한 갈애이고, 탐욕은 반복해서 일어나는 강한 갈애이고, 분노는 새로 일어난 약한 분노이고, 미혹은 분노이고, 혐오는 반복해서 일어나는 강한 분노이다.
400) 붓다고싸에 따르면, 신계와 인간계와 열반으로 갈 때의 길이 아닌 것이다.

이 의지하는 길이며, 참사람이 의지하는 길이 아니다. 그대는 여기에 적합하지 않다.'라고 그것들로부터 마음을 제어해야 한다. 이런 방식으로 청각에 의해 인식되는 소리에 대하여 마음을 제어해야 한다.

3) 어떤 수행승이나 수행녀에게 후각에 의해 인식되는 냄새에 대하여 마음으로 욕망이나 탐욕이나 분노나 미혹이나 혐오가 일어난다면, '이 길은 두렵고 무섭고 가시밭길이고, 정글이고, 잘못된 길이고, 사악한 길이고, 위험한 길이다. 이 길은 참사람이 아닌 사람이 의지하는 길이며, 참사람이 의지하는 길이 아니다. 그대는 여기에 적합하지 않다.'라고 그것들로부터 마음을 제어해야 한다. 이런 방식으로 후각에 의해 인식되는 냄새에 대하여 마음을 제어해야 한다.

4) 어떤 수행승이나 수행녀에게 미각에 의해 인식되는 맛에 대하여 마음으로 욕망이나 탐욕이나 분노나 미혹이나 혐오를 일으킨다면, '이 길은 두렵고 무섭고 가시밭길이고, 정글이고, 잘못된 길이고, 사악한 길이고, 위험한 길이다. 이 길은 참사람이 아닌 사람이 의지하는 길이며, 참사람이 의지하는 길이 아니다. 그대는 여기에 적합하지 않다.'라고 그것들로부터 마음을 제어해야 한다. 이런 방식으로 미각에 의해 인식되는 맛에 대하여 마음을 제어해야 한다.

5) 어떤 수행승이나 수행녀에게 촉각에 의해 인식되는 감촉에 대하여 마음으로 욕망이나 탐욕이나 분노나 미혹이나 혐오가 일어났다면, '이 길은 두렵고 무섭고 가시밭길이고, 정글이고, 잘못된 길이고, 사악한 길이고, 위험한 길이다. 이 길은 참사람이 아닌 사람이 의지하는 길이며, 참사람이 의지하는 길이 아니다. 그대는 여기에 적합하지 않다.'라고 그것들로부터 마음을 제어해야 한다.

이런 방식으로 촉각에 의해 인식되는 감촉에 대하여 마음을 제어해야 한다.

6) 어떤 수행승이나 수행녀에게 정신에 의해 인식되는 사물에 대하여 마음으로 욕망이나 탐욕이나 분노나 미혹이나 혐오가 일어났다면, 그것으로부터 '이 길은 두렵고 무섭고 가시밭길이고, 정글이고, 잘못된 길이고, 사악한 길이고, 위험한 길이다. 이 길은 참사람이 아닌 사람이 의지하는 길이며, 참사람이 의지하는 길이 아니다. 그대는 여기에 적합하지 않다.'라고 그것들로부터 마음을 제어해야 한다. 이런 방식으로 정신에 의해 인식되는 사물에 대하여 마음을 제어해야 한다.

4. 수행승들이여, 예를 들어 충분히 익은 곡물이 있고 밭지기는 게으르다고 해보자. 곡물을 좋아하는 소가 그 밭에 들어갔다면, 그 소는 원하는 대로 먹이에 탐닉할 것이다.

5. 수행승들이여, 이와 마찬가지로 배우지 못한 일반 사람들은 여섯 접촉영역을 수호하지 못하고 자신이 하고 싶은 대로 다섯 가지 감각적 쾌락에 빠져들 것이다.

6. 수행승들이여, 예를 들어 충분히 익은 곡물이 있고, 밭지기는 방일하지 않다고 해보자. 곡물을 좋아하는 소가 그 밭에 들어가면, 그 밭지기는 소의 고삐를 단단히 잡아챌 것이고, 고삐를 단단히 잡아채서 위쪽으로 꽉 붙잡아 맬 것이고, 위쪽으로 꽉 붙잡아매서 몽둥이로 매섭게 때릴 것이고, 몽둥이로 매섭게 때리고 나서 풀어줄 것이다. 두 번째에도 곡물을 좋아하는 소가 그 밭에 들어가면, 그 밭지기는 소의 고삐를 단단히 잡아챌 것이고, 고삐를 단단히 잡아채서 위쪽으로 꽉 붙잡아 맬 것이고, 위쪽으로 꽉 붙잡아매서 몽둥이로 매섭게 때릴 것이고, 몽둥이로 매섭게 때리고 나서 풀어줄 것이다. 세

번째에도 곡물을 좋아하는 소가 그 밭에 들어가면, 그 밭지기는 소의 고삐를 단단히 잡아챌 것이고, 고삐를 단단히 잡아채서 위쪽으로 꽉 붙잡아 맬 것이고, 위쪽으로 꽉 붙잡아매서 몽둥이로 매섭게 때릴 것이고, 몽둥이로 매섭게 때리고 나서 풀어줄 것이다. 수행승들이여, 이와 같이 하면, 곡물을 좋아하는 소는 마을로 들어가거나 숲속으로 들어가거나 서 있는 곳마다 누워 있는 곳마다 그 몽둥이에 맞은 경험이 먼저 생각나서 다시는 그 밭에 들어가지 못할 것이다.

7. 수행승들이여, 이와 마찬가지로 수행승의 마음도 여섯 접촉영역에서 바로 제어되고, 잘 제어되어 안으로 확고하고 안정되고 통일되고 집중되게 될 것이다.

8. 수행승들이여, 예를 들어 왕이나 왕의 대신이 예전에 들어본 적이 없는 비파소리가 있는데, 그가 이 비파소리를 들었다고 하자. 그는 이렇게 말할 것이다. '여보게, 무엇이 이토록 황홀하고 이토록 즐겁고 이토록 매력적이고, 이토록 넋을 빼앗고 사로잡는 이 소리를 만드는가?' 그들은 왕에게 이와 같이 말할 것이다. '전하, 이토록 황홀하고 이토록 즐겁고 이토록 매력적이고, 이토록 넋을 빼앗고 사로잡는 소리를 만드는 것은 비파입니다.' 왕은 이와 같이 말할 것이다. '여보게, 가서 비파를 가져와라.' 그래서 그들이 왕에게 비파를 가져와 말할 것이다. '전하, 이것이 이토록 황홀하고 이토록 즐겁고 이토록 매력적이고, 이토록 넋을 빼앗고 사로잡는 소리를 만드는 비파입니다.' 그러면 그가 이와 같이 말할 것이다. '여보게, 이 비파는 그만두고, 비파의 소리를 가져오라' 그러면 그들은 왕에게 말할 것이다. '전하, 이 비파라고 하는 것은 여러 부품으로 이루어져 있는데, 아주 많은 부품으로 이루어져 있습니다. 그리고 그것은 다양한 부품을 조건으로, 예를 들어 나무통을 조건으로, 손잡이를 조건으로, 목을 조

건으로, 현을 조건으로, 활을 조건으로, 그리고 음악가의 적절한 노력을 조건으로 소리를 냅니다. 전하, 이와 같이 이 비파라고 하는 것은 여러 부품으로 이루어져 있는데, 아주 많은 부품으로 이루어져 있고, 다양한 부품을 조건으로 소리를 냅니다.' 그때 왕이 그 비파를 열 조각으로 백 조각으로 쪼개고, 열 조각이나 백 조각으로 쪼갠 뒤에 조각조각 낸다고 하자. 조각조각 낸 뒤에 불에 태우고 불에 태운 뒤에 재로 만들고, 재로 만든 뒤에 큰바람에 날려 보내거나 강의 급류에 떠내려 보냈다고 하자. 왕은 이와 같이 말할 것이다. '가련한 일이로다. 소위 이 비파라는 것도 비파라고 불린 다른 것들과 마찬가지 아닌가. 얼마나 많은 사람이 완전히 그것 때문에 방일하고 속고 있는가!'

9. 수행승들이여, 수행승도 이와 같이 물질에 대한 모든 활동영역에 걸쳐서 물질을 조사하고, 느낌에 대한 모든 활동영역에 걸쳐서 느낌을 조사하고, 지각에 대한 모든 활동영역에 걸쳐서 지각을 조사하고, 형성에 대한 모든 활동영역에 걸쳐서 형성을 조사하고, 의식에 대한 모든 활동영역에 걸쳐서 의식을 조사한다. 그가 물질에 대한 모든 활동영역에 걸쳐서 물질을 조사하고, 느낌에 대한 모든 활동영역에 걸쳐서 느낌을 조사하고, 지각에 대한 모든 활동영역에 걸쳐서 지각을 조사하고, 형성에 대한 모든 활동영역에 걸쳐서 형성을 조사하고, 의식에 대한 모든 활동영역에 걸쳐서 의식을 조사하면, 그는 거기에서 전에 그에게 생겨났던 '나'라든가, '나의 것'이라든가, '나는 있다.'라든가 하는 것을 아무 것도 발견하지 못할 것이다.[401]

---

[401] 붓다고싸에 따르면, 존재의 다발[五蘊]은 비파와 같고 명상자는 왕과 같다. 왕이 비파를 분해한 뒤에 소리를 발견하지 못하면, 비파에 대한 흥미를 잃어버리듯 명상자는 존재의 다발을 조사하여 '나'라든가, '나의 것'이라든가, '나는 있다.'는 사실을 발견할 수 없으므로 존재의 다발에 대한 흥미를 잃어버린다.

25. 어떻게 우리가 신들의 밧줄과 악마의 밧줄에 묶일까[402]

1. 이와 같이 나는 들었다. 한 때 세존께서 싸밧티 시의 제따바나 숲에 있는 아나타삔디까 승원에 계셨다.

2. 그때 세존께서 '수행승들이여'라고 수행승들을 부르셨다. 수행승들은 '세존이시여'라고 세존께 대답했다. 세존께서는 이와 같이 말씀하셨다.

3. [세존] "수행승들이여, 예를 들어 보릿단이 큰 사거리에 놓여있다고 하자. 이 때 손에 도리깨를 든 여섯 사람이 와서 여섯 도리깨로 그 보릿단을 두들긴다면, 수행승들이여, 그 보릿단은 여섯 도리깨로 쳐서 잘 두들겨질 것이다. 손에 도리깨를 든 일곱 번째 사람이 와서 일곱 번째 도리깨로 그 보릿단을 두들겼다면, 수행승들이여, 이와 같이 그 보릿단은 일곱 번째 도리깨로 쳐서 더욱 잘 두들겨질 것이다.

4. 수행승들이여, 이와 같이 배우지 못한 일반사람은, 시각과 관련해서는 마음에 들고 마음에 들지 않는 형상에 의해서 두들겨지며, 청각과 관련해서는 마음에 들고 마음에 들지 않는 소리에 의해서 두들겨지며, 후각과 관련해서는 마음에 들고 마음에 들지 않는 냄새에 의해서 두들겨지며, 미각과 관련해서는 마음에 들고 마음에 들지 않는 맛에 의해서 두들겨지며, 촉각과 관련해서는 마음에 들고 마음에 들지 않는 감촉에 의해서 두들겨지며, 정신과 관련해서는 마음에 들고 마음에 들지 않는 사물에 의해서 두들겨진다. 수행승들이여, 만약에 배우지 못한 일반사람이 미래에 다시 태어날 것을 의도한다면, 수행승들이여, 예를 들어 그 보릿단이 일곱 번째의 도리깨로 잘 두들겨지듯이, 수행승들이여, 이처럼 그 어리석은 사람은 더욱 잘 두

---

402) 보릿단 경[Yavakalāpīsutta] : SN. IV. 201 : 잡아함 43권 (大正 2. 1211c, 잡1168) 참조

들겨질 것이다.

5. 수행승들이여, 옛날에 신들과 아수라들 사이에 전쟁이 일어났을 때, 수행승들이여, 베빠찟띠라는 아수라의 제왕이 아수라들에게 말했다. '친애하는 자들이여, 만약에 신들과 아수라들 사이에 전쟁이 일어났을 때, 아수라가 이기고 신들이 패한다면, 신들의 제왕인 제석천의 손발과 목을 밧줄로 묶어서 내가 있는 아수라의 도시로 끌고 오라.' 수행승들이여, 신들의 제왕인 제석천도 제석천의 신들에게 말했다. '친애하는 자들이여, 만약에 신들과 아수라들 사이에 전쟁이 일어났을 때, 신들이 이기고 아수라들이 패한다면, 아수라들의 제왕인 베빠찟띠의 손발과 목을 밧줄로 묶어서 내가 있는 쑤담마의 신전으로 끌고 오라.'

6. 그런데 그 전쟁에서 신들이 이기고 아수라들이 패했다. 그래서 제석천의 신들은 아수라들의 제왕인 베빠찟띠의 손발과 목을 밧줄로 묶어서 쑤담마의 신전에 제석천 앞으로 끌고 왔다.

7. 수행승들이여, 거기서 아수라들의 제왕인 베빠찟띠는 손발과 목을 밧줄로 묶여 있었다. 그런데 수행승들이여, 아수라들의 제왕인 베빠찟띠가 '신들은 정의롭고 아수라들은 정의롭지 못하다. 지금 바로 나는 여기 신들의 도시에 도착했다.'라고 생각하자, 자신의 손발과 목의 밧줄이 풀린 것을 보았다. 그리고 그는 하늘의 다섯 가지 감각적 쾌락을 갖추고 부여받아 즐겼다. 그러나 수행승들이여, 아수라들의 제왕인 베빠찟띠가 '신들은 정의롭지 못하고 아수라들은 정의롭다. 지금 나는 거기 아수라들의 도시로 갈 것이다.'라고 생각했을 때, 자신의 손발과 목이 밧줄로 묶인 것을 보았다. 그리고 그에게서 하늘의 다섯 가지 감각적 쾌락이 사라졌다.

8. 수행승들이여, 베빠찟띠의 밧줄은 이와 같이 미묘하다. 그러나 그것보다 더욱 미묘한 것은 악마의 밧줄이다. 수행승들이여, 망상 속에서 악마에 묶이고, 망상하지 않음으로써 악마에서 벗어난다.

9. 수행승들이여, '나는 있다.'라는 생각은 망상된 것이고, '나는 이것이다.'라는 생각은 망상된 것이고, '나는 될 것이다.'라는 생각은 망상된 것이고, '나는 되지 않을 것이다.'라는 생각은 망상된 것이고, '나는 형상을 지닐 것이다.'라는 생각은 망상된 것이고, '나는 형상을 지니지 않을 것이다.'라는 생각은 망상된 것이고, '나는 지각한다.'라는 생각은 망상된 것이고, '나는 지각하지 않는다.'라는 생각은 망상된 것이고, '나는 지각하는 것도 아니고 지각하지 않는 것도 아니다.'라는 생각은 망상된 것이다. 수행승들이여, 망상은 질병이고, 망상은 종기이고, 망상은 화살이다.403) 그러므로 수행승들이여, '우리는 망상하지 않는 마음으로 지내리라.'고 그대들은 자신을 닦아야 한다.

10. 수행승들이여, '나는 있다.'라는 생각은 동요된 것이고, '나는 이것이다.'라는 생각은 동요된 것이고, '나는 될 것이다.'라는 생각은 동요된 것이고, '나는 되지 않을 것이다.'라는 생각은 동요된 것이고, '나는 형상을 지닐 것이다.'라는 생각은 동요된 것이고, '나는 형상을 지니지 않을 것이다.'라는 생각은 동요된 것이고, '나는 지각한다.'라는 생각은 동요된 것이고, '나는 지각하지 않는다.'라는 생각은 동요된 것이고, '나는 지각하는 것도 아니고 지각하지 않는 것도 아니다.'라는 생각은 동요된 것이다. 수행승들이여, 동요된 것은 질

---

403) 부처님은 여기서 감각적인 욕망에서 일어나는 시간의식은 모두 망상에서 나오는 것임을 밝히고 있다. 붓다고싸는 주석서에서 "'나는 있다.'라고 망상하는 것은 갈애에 의한 것이고, '나는 이것이다.'라고 망상하는 것은 견해에 의한 것이고, '나는 될 것이다.'라고 망상하는 것은 영원주의에 의한 것이고, '나는 되지 않을 것이다.'라고 망상하는 것 허무주의에 의한 것이고, 나머지 여기에 언급된 망상은 영원주의에 의한 것이다."라고 해설한다.

병이고, 동요된 것은 종기이고, 동요된 것은 화살이다. 그러므로 수행승들이여, '우리는 동요하지 않는 마음으로 지내리라.'고 그대들은 자신을 닦아야 한다.

11. 수행승들이여, '나는 있다.'라는 생각은 요동된 것이고, '나는 이것이다.'라는 생각은 요동된 것이고, '나는 될 것이다.'라는 생각은 요동된 것이고, '나는 되지 않을 것이다.'라는 생각은 요동된 것이고, '나는 형상을 지닐 것이다.'라는 생각은 요동된 것이고, '나는 형상을 지니지 않을 것이다.'라는 생각은 요동된 것이고, '나는 지각한다.'라는 생각은 요동된 것이고, '나는 지각하지 않는다.'라는 생각은 요동된 것이고, '나는 지각하는 것도 아니고 지각하지 않는 것도 아니다.'라는 생각은 요동된 것이다. 수행승들이여, 요동된 것은 질병이고, 요동된 것은 종기이고, 요동된 것은 화살이다. 그러므로 수행승들이여, '우리는 요동하지 않는 마음으로 지내리라.'고 그대들은 자신을 닦아야 한다.

12. 수행승들이여, '나는 있다.'라는 생각은 희론된 것이고404) '나는 이것이다.'라는 생각은 희론된 것이고, '나는 될 것이다.'라는 생각은 희론된 것이고, '나는 되지 않을 것이다.'라는 생각은 희론된 것이고, '나는 형상을 지닐 것이다.'라는 생각은 희론된 것이고, '나는 형상을 지니지 않을 것이다.'라는 생각은 희론된 것이고, '나는 지각한다.'라는 생각은 희론된 것이고, '나는 지각하지 않는다.'라는 생각은 희론된 것이고, '나는 지각하는 것도 아니고 지각하지 않는 것도 아니다.'라는 생각은 희론된 것이다. 수행승들이여, 희론된 것은 질병이고, 희론된 것은 종기이고, 희론된 것은 화살이다. 그러므로

---

404) '빠빤짜'는 '희론'으로 번역하는데, 어원적으로는 '부풀어 오르는 것'이다. 탐진치에 의해서 사유가 확장되는 것을 말한다.

수행승들이여, '우리는 희론하지 않는 마음으로 지내리라.'고 그대들은 자신을 닦아야 한다.

13. 수행승들이여, '나는 있다.'라는 생각은 자만에 사로잡힌 것이고, '나는 이것이다.'라는 생각은 자만에 사로잡힌 것이고, '나는 될 것이다.'라는 자만에 사로잡힌 것이고, '나는 되지 않을 것이다.'라는 자만에 사로잡힌 것이고, '나는 형상을 지닐 것이다.'라는 생각은 자만에 사로잡힌 것이고, '나는 형상을 지니지 않을 것이다.'라는 생각은 자만에 사로잡힌 것이고, '나는 지각한다.'라는 생각은 교만한 것이고, '나는 지각하지 않는다.'라는 생각은 자만에 사로잡힌 것이고, '나는 지각하지도 지각하지 않지도 않는다.'라는 생각은 자만에 사로잡힌 것이다. 수행승들이여, 자만에 사로잡힌 것은 질병이고, 자만에 사로잡힌 것은 종기이고, 자만에 사로잡힌 것은 화살이다. 그러므로 수행승들이여, '우리는 자만하지 않는 마음으로 지내리라.'고 그대들은 자신을 닦아야 한다."

26. 두 번째 화살을 맞지 않으려면 어떻게 해야 할까[405]

1. 이와 같이 나는 들었다. 한 때 세존께서 싸밧티 시의 제따바나 숲에 있는 아나타삔디까 승원에 계셨다.

2. 그 때 세존께서 '수행승들이여'라고 수행승들을 부르셨다. 수행승들은 '세존이시여'라고 세존께 대답했다. 세존께서는 이와 같이 말씀하셨다.

3. [세존] "수행승들이여, 배우지 못한 일반 사람들은 즐거운 느낌도 느끼고, 괴로운 느낌도 느끼고, 즐겁지도 괴롭지도 않은 느낌도 느

---

405) 화살의 경[Sallasutta] : SN. IV. 207 ; 잡아함 17권 (大正 2. 119c, 잡470) 참조

낀다.

4. 수행승들이여, 잘 배운 고귀한 제자도 역시 즐거운 느낌도 느끼고, 괴로운 느낌도 느끼고, 즐겁지도 괴롭지도 않은 느낌도 느낀다.

5. 수행승들이여, 그렇다면 이 세상에 배우지 못한 일반 사람들과 잘 배운 고귀한 제자 사이에 어떠한 차이와 어떠한 차별과 어떠한 다른 점이 있는가?"

6. [수행승들] "세존이시여, 우리들의 법은 세존을 뿌리로 하고 세존을 안내자로 하고 세존을 의지처로 합니다. 세존이시여, 세존께서 그 말씀이 뜻하는 바를 설명해 주시면 좋겠습니다. 저희 수행승들은 세존의 말씀을 듣고 새기겠습니다."
[세존] "수행승들이여, 그러면 듣고 잘 새겨라."
수행승들은 세존께 대답했다.
[수행승들] "세존이시여, 그렇게 하겠습니다."
세존께서는 이와 같이 말씀하셨다.

7. [세존] "수행승들이여, 배우지 못한 일반 사람은 괴로운 느낌에 접촉되면서 슬퍼하고, 비탄하고, 비통해하고, 가슴을 치며 울고, 착란에 빠진다. 그는 두 가지 종류의 고통, 즉 신체적인 고통과 정신적인 고통을 느낀다.

8. 수행승들이여, 예를 들어 어떤 사람이 한 개의 화살로 찔리면서 바로 이어 두 번째의 화살로 찔렸다고 하자. 수행승들이여, 그래서 그가 두 개의 화살 때문에 고통을 느꼈다고 하자. 수행승들이여, 이와 마찬가지로 배우지 못한 일반 사람은 괴로운 느낌에 접촉되면서 슬퍼하고, 비탄하고, 비통해하고, 가슴을 치며 울고, 착란에 빠진다. 그는 두 가지 종류의 고통, 즉 신체적인 고통과 정신적인 고통을 느

낀다. 그리고 그는 그와 똑같은 괴로운 느낌에 접촉되면서 분노를 품게 된다. 그가 그 괴로운 느낌에 대한 분노를 품게 될 때, 괴로운 느낌에 대한 분노의 잠재적 경향이 그에게 잠재된다. 그는 괴로운 느낌에 접촉되면서 감각적 쾌락의 즐거움을 찾는다. 그것은 무슨 까닭인가? 수행승들이여, 배우지 못한 일반 사람들은 감각적 쾌락 외에 괴로운 느낌을 벗어나는 다른 길을 알지 못하기 때문이다. 그가 감각적 쾌락의 즐거움을 찾을 때, 즐거운 느낌에 대한 탐욕의 경향이 그에게 잠재된다. 그는 그러한 느낌들의 발생과 소멸, 유혹과 위험, 그리고 여읨에 관하여 있는 그대로 알지 못한다. 그가 발생과 소멸, 유혹과 위험, 그리고 여읨에 관하여 있는 그대로 알지 못할 때, 그는 괴롭지도 않고 즐겁지도 않은 느낌에 대한 무지의 잠재적 경향이 그에게 잠재된다. 그는 괴로운 느낌을 느낄 때, 속박된 상태에서 그것을 느낀다. 그는 즐거운 느낌을 느낄 때, 속박된 상태에서 그것을 느낀다. 그는 괴롭지도 않고 즐겁지도 않은 느낌을 느낄 때, 속박된 상태에서 그것을 느낀다. 수행승들이여, 내가 말하건대 이 배우지 못한 일반 사람들을 일컬어 태어남, 늙음, 죽음에 속박된 자, 슬픔과 비탄과 고통과 불쾌와 절망에 속박된 자, 괴로움에 속박된 자라고 하는 것이다.

9. 수행승들이여, 잘 배운 고귀한 제자는 괴로운 느낌에 접촉되면서 슬퍼하지 않고, 비탄하지 않고, 비통해하지 않고, 가슴을 치며 울지 않고, 착란에 빠지지 않는다. 그는 한 가지의 고통, 즉 신체적이지만 정신적이지는 않은 고통을 느낀다.

10. 수행승들이여, 예를 들어 어떤 사람이 한 개의 화살로 찔리면서 바로 이어 두 번째의 화살에 찔리지 않았다고 하자. 수행승들이여, 그래서 그가 오로지 한 개의 화살 때문에 생긴 고통을 느꼈다고 하

자. 수행승들이여, 이와 마찬가지로 잘 배운 고귀한 제자는 괴로운 느낌에 접촉될 때 슬퍼하지 않고, 비탄하지 않고, 비통해하지 않고, 가슴을 치며 울지 않고, 착란에 빠지지 않는다. 그는 단 한 가지의 고통, 즉 신체적이지만 정신적이지는 않은 고통을 느낀다. 그리고 그는 그와 똑같은 괴로운 느낌에 접촉되면서 분노를 품지 않는다. 그가 그 괴로운 느낌에 대한 분노를 품지 않으므로, 괴로운 느낌에 대한 분노의 잠재적 경향이 그에게 잠재되지 않는다. 그는 괴로운 느낌에 접촉되어도 감각적 쾌락의 즐거움을 찾지 않는다. 그것은 무슨 까닭인가? 수행승들이여, 잘 배운 고귀한 제자는 감각적 쾌락 외에 괴로운 느낌을 벗어나는 다른 길을 알기 때문이다. 그는 감각적 쾌락의 욕망을 찾아가지 않으므로 즐거운 느낌에 대한 탐욕의 경향이 그에게 잠재되지 않는다. 그는 그러한 느낌들의 발생과 소멸, 유혹과 위험, 그리고 여읨에 관하여 있는 그대로 안다. 그가 발생과 소멸, 유혹과 위험, 그리고 여읨에 관하여 있는 그대로 알기 때문에 괴롭지도 않고 즐겁지도 않은 느낌에 대한 무지의 잠재적 경향이 그에게 잠재되지 않는다. 그는 괴로운 느낌을 느끼더라도 속박을 여읜 상태에서 그것을 느낀다. 그는 즐거운 느낌을 느끼더라도 속박을 여읜 상태에서 그것을 느낀다. 그는 괴롭지도 즐겁지도 않은 느낌을 느끼더라도 속박을 여읜 상태로 그것을 느낀다. 수행승들이여, 내가 말하건대 이 잘 배운 고귀한 제자를 일컬어 태어남, 늙음, 죽음에서 여읜 자, 슬픔과 비탄과 고통과 불쾌와 절망에서 여읜 자, 괴로움에서 여읜 자라고 하는 것이다. 수행승들이여, 잘 배운 고귀한 제자는 괴로운 느낌에 접촉되면서 슬퍼하지 않고, 비탄하지 않고, 비통해하지 않고, 가슴을 치며 울지 않고, 착란에 빠지지 않는다. 그는 한 가지의 고통, 즉 신체적이지만 정신적이지

는 않은 고통을 느낀다.

11. 수행승들이여, 이 세상에 배우지 못한 일반사람과 잘 배운 고귀한 제자 사이에는 이러한 차이와 이러한 차별과 이러한 다른 점이 있다."

12. 세존께서는 이와 같이 말씀하셨다. 이처럼 말씀하시고 올바른 길로 잘 가신 님, 스승께서는 이와 같이 시로써 말씀하셨다.

13. [세존] "잘 배운 지혜로운 제자는
즐거운 느낌과 괴로운 느낌을 느끼지 않는다.
지혜로운 자와 일반 사람 사이에
이것이 크나큰 차이이다.

14. 진리를 이해한 잘 배운 님
이 세상과 저 세상을 분명히 본다.
원하는 것들로 마음을 혼란시키지 않고
원치 않는 것에도 분노하지 않는다.

15. 그에게는 매혹이나 혐오가 더 이상 없다.
둘 다 흩어지고 사라져 버렸다.
티끌 없고 슬픔 없는 상태를 알아
존재를 넘어선 님은 올바로 분명히 깨닫는다."

27. 명상을 통해서 도달하는 여섯 가지 고요함이란 무엇인가[406]

1. 이와 같이 나는 들었다. 한 때 세존께서 싸밧티 시의 제따바나 숲에 있는 아나타삔디까 승원에 계셨다.

2. 그 때 어떤 수행승이 세존께서 계신 곳을 찾아갔다. 가까이 다가가서 세존께 인사를 드리고 한 쪽으로 물러앉았다.

3. 한 쪽으로 물러앉은 그 수행승은 세존께 이와 같이 말씀드렸다.
[수행승] "세존이시여, 제가 홀로 명상하다가 마음에 이와 같이 '세존께서는 세 가지의 느낌, 곧 즐거운 느낌, 괴로운 느낌, 즐겁지도 괴롭지도 않은 느낌에 관하여 말씀하셨다. 세존께서는 이러한 세 가지의 느낌에 관하여 말씀하셨다. 세존께서는 또한 '느껴진 것은 무엇이든 괴로움 속에 있다.'고 말씀하셨다. 세존께서 '느껴진 것은 무엇이든 괴로움 속에 있다.'고 하신 말씀은 무엇에 관련된 것일까?'라는 생각이 떠올랐습니다."

4. [세존] "수행승이여, 훌륭하다. 수행승이여, 훌륭하다. 나는 세 가지의 느낌, 곧 즐거운 느낌, 괴로운 느낌, 즐겁지도 괴롭지도 않은 느낌에 관하여 말했다. 나는 이러한 세 가지의 느낌에 관하여 말했다. 나는 또한 '느껴진 것은 무엇이든 괴로움 속에 있다.'고 했다. '느껴진 것은 무엇이든 괴로움 속에 있다.'는 것은 모든 형성된 것의 무상함과 관련해서 말한 것이다. 그래서 수행승이여, '느껴진 것은 무엇이든 괴로움 속에 있다.'는 것은 모든 형성된 것이 부서지는 것에 관련해서 말한 것이다. '느껴진 것은 무엇이든 괴로움 속에 있다.'는 것은 모든 형성된 것이 쇠퇴하는 것에 관련해서 말한 것이다. '느껴진 것은 무엇이든 괴로움 속에 있다.'는 것은 모든 형성된 것이

---
406) 홀로 명상의 경[Rahogatasutta] : SN. IV. 216 ; 잡아함 17권 (大正 2. 121c, 잡476) 참조

빛이 바래지는 것에 관련해서 말한 것이다. '느껴진 것은 무엇이든 괴로움 속에 있다.'는 것은 모든 형성된 것이 소멸되는 것에 관련해서 말한 것이다. '느껴진 것은 무엇이든 괴로움 속에 있다.'는 것은 모든 형성된 것이 변화하여 부서지는 것에 관련해서 말한 것이다.

5. 수행승이여, 그때 나는 또한 모든 형성된 것의 연속적인 사라짐에 관해서 가르쳤다. 첫 번째 선정에 도달한 자에게는 언어가 사라지고, 두 번째 선정에 도달한 자에게는 사유와 숙고가 사라지고, 세 번째 선정에 도달한 자에게는 희열이 사라지고, 네 번째 선정에 도달한 자에게는 호흡이 사라지고, 공간이 무한한 경지에 도달한 자에게는 형태에 대한 지각이 사라지고, 의식이 무한한 경지에 도달한 자에게는 공간이 무한한 경지에 대한 지각이 사라지고, 아무 것도 없는 경지에 도달한 자에게는 의식이 무한한 경지에 대한 지각이 사라지고, 지각하는 것도 아니고 지각하지 않는 것도 아닌 경지에 도달한 자에게는 아무것도 없는 경지에 대한 지각이 사라진다. 지각과 느낌이 소멸한 경지에 도달한 자에게는 지각과 느낌이 사라진다. 번뇌가 부서진 수행승에게는 탐욕도 사라지고, 분노도 사라지고, 어리석음이 사라진다.

6. 수행승이여, 그때 나는 모든 형성된 것의 연속적인 그침에 관해서 가르쳤다. 첫 번째 선정에 도달한 자에게는 언어가 그치고, 두 번째 선정에 도달한 자에게는 사유와 숙고가 그치고, 세 번째 선정에 도달한 자에게는 희열이 그치고, 네 번째 선정에 도달한 자에게는 호흡이 그치고, 공간이 무한한 경지에 도달한 자에게는 형태에 대한 지각이 그치고, 의식이 무한한 경지에 도달한 자에게는 공간이 무한한 경지에 대한 지각이 그치고, 아무 것도 없는 경지에 도달한 자에게는 의식이 무한한 경지에 대한 지각이 그치고, 지각하는 것도

아니고 지각하지 않는 것도 아닌 경지에 도달한 자에게는 아무것도 없는 경지에 대한 지각이 그친다. 지각과 느낌이 소멸한 경지에 도달한 자에게는 지각과 느낌이 그친다. 번뇌가 부서진 수행승에게는 탐욕도 그치고, 분노도 그치고, 어리석음도 그친다.

7. 수행승이여, 이와 같은 여섯 가지 고요함이 있다. 첫 번째 선정에 도달한 자에게는 언어가 고요해지고, 두 번째 선정에 도달한 자에게는 사유와 숙고가 고요해지고, 세 번째 선정에 도달한 자에게는 희열이 고요해지고, 네 번째 선정에 도달한 자에게는 호흡이 고요해지고, 지각과 느낌이 소멸한 경지에 도달한 자에게는 지각과 느낌이 고요해 진다. 번뇌가 부서진 수행승에게는 탐욕도 고요해지고, 분노도 고요해지고, 어리석음도 고요해진다."

28. 여성의 고통을 부처님께서는 어떻게 이해하셨을까[407]

1. 이와 같이 나는 들었다. 한 때 세존께서 싸밧티 시의 제따바나 숲에 있는 아나타삔디까 승원에 계셨다.

2. 그때 세존께서 '수행승들이여'라고 수행승들을 부르셨다. 수행승들은 '세존이시여'라고 세존께 대답했다. 세존께서는 이와 같이 말씀하셨다.

3. [세존] "수행승들이여, 남성들과는 달리 여성에게는 여성이 겪어야하는, 여성에게만 특수한 다섯 가지 고통이 있다. 다섯 가지란 어떠한 것인가?

4. 수행승들이여, 이 세상에서 여성들은 나이가 어릴 때에 시집가서 친족과 떨어져 지낸다. 수행승들이여, 이것이 남자들과는 달리 여성

---

407) 특수한 고통의 경[Āveṇikadukkhasutta] : SN. IV. 239.

이 겪어야 하는 여성에게만 특수한 첫 번째 고통이다.

5. 수행승들이여, 이 세상에서 여성들은 월경을 한다. 수행승들이여, 이것이 남자들과는 달리 여성이 겪어야 하는 여성에게만 특수한 두 번째 고통이다.

6. 수행승들이여, 이 세상에서 여성들은 임신을 한다. 수행승들이여, 이것이 남자들과는 달리 여성이 겪어야 하는 여성에게만 특수한 세 번째 고통이다.

7. 수행승들이여, 이 세상에서 여성들은 분만을 한다. 수행승들이여, 이것이 남자들과는 달리 여성이 겪어야 하는 여성에게만 특수한 네 번째 고통이다.

8. 수행승들이여, 이 세상에서 여성들은 남자에게 봉사한다. 수행승들이여, 이것이 남자들과는 달리 여성이 겪어야 하는 여성에게만 특수한 다섯 번째 고통이다.

9. 수행승들이여, 이것이 남자들과는 달리 여성이 겪어야 하는 여성에게만 특수한 다섯 가지 고통이다."

29. 여성이 지닌 힘 가운데 가장 위대한 힘은 무엇인가[408]

1. 이와 같이 나는 들었다. 한 때 세존께서 싸밧티 시의 제따바나 숲에 있는 아나타삔디까 승원에 계셨다.

2. 그때 세존께서 '수행승들이여'라고 수행승들을 부르셨다. 수행승들은 '세존이시여'라고 세존께 대답했다. 세존께서는 이와 같이 말씀하셨다.

---

408) 쫓아냄의 경[Nāsitabbasuttaṃ] : SN. IV. 247.

3. [세존] "수행승들이여, 다섯 가지 여성의 힘이 있다. 다섯 가지란 어떠한 것인가? 용모의 힘, 재산의 힘, 친족의 힘, 자식의 힘, 덕성의 힘이다.

4. 수행승들이여, 어떤 여성이 용모의 힘을 갖추었지만 덕성의 힘을 갖추지 못했다면, 사람들은 그녀를 쫓아내어 가정에서 살게 하지 않는다. 수행승들이여, 어떤 여성이 용모의 힘을 갖추고, 재산의 힘도 갖추었지만, 덕성의 힘을 갖추지 못했다면, 사람들은 그녀를 쫓아내어 가정에서 살게 하지 않는다. 수행승들이여, 어떤 여성이 용모의 힘을 갖추고, 재산의 힘도 갖추고, 친족의 힘도 갖추었지만, 덕성의 힘을 갖추지 못했다면, 사람들은 그녀를 쫓아내어 가정에서 살게 하지 않는다. 수행승들이여, 어떤 여성이 용모의 힘을 갖추고, 재산의 힘도 갖추고, 친족의 힘도 갖추고, 자식의 힘도 갖추었지만, 덕성의 힘을 갖추지 못했다면, 사람들은 그녀를 쫓아내어 가정에서 살게 하지 않는다.

5. 수행승들이여, 어떤 여성이 용모의 힘을 갖추지 못했지만 덕성의 힘을 갖추었다면, 사람들은 그녀를 가정에서 살게 하며 쫓아내지 않는다. 수행승들이여, 어떤 여성이 용모의 힘을 갖추지 못했고, 재산의 힘도 갖추지 못했지만, 덕성의 힘을 갖추었다면, 사람들은 그녀를 가정에서 살게 하며 쫓아내지 않는다. 수행승들이여, 어떤 여성이 용모의 힘을 갖추지 못했고, 재산의 힘도 갖추지 못했고, 친족의 힘도 갖추지 못했지만, 덕성의 힘을 갖추었다면, 사람들은 그녀를 가정에서 살게 하며 쫓아내지 않는다. 수행승들이여, 어떤 여성이 용모의 힘을 갖추지 못했고, 재산의 힘도 갖추지 못했고, 친족의 힘도 갖추지 못했고, 자식의 힘도 갖추지 못했지만, 덕성의 힘을 갖추었다면, 사람들은 그녀를 가정에서 살게 하며, 쫓아내지 않는다.

6. 수행승들이여, 이와 같은 다섯 가지 여성의 힘이 있다."

30. 열반은 무엇이며 어떻게 성취되는가[409]

1. 한 때 존자 싸리뿟따는 마가다국의 날라까 마을에[410] 계셨다.

2. 이때 유행자 잠부카다까가[411] 존자 싸리뿟따가 있는 곳을 찾아갔다. 가까이 다가가서 존자 싸리뿟따와 인사를 하고 안부를 주고 받은 뒤에 한쪽으로 물러 앉았다.

3. 한쪽으로 물러앉은 유행자 잠부카다까는 존자 싸리뿟따에게 이와 같이 말했다.

[잠부카다까] "벗이여, '열반, 열반'이라고 하는데, 벗이여, 열반이 무엇입니까?"

[싸리뿟따] "벗이여, 탐욕이 부서지고, 분노가 부서지고, 어리석음이 부서지면, 그것을 열반이라고 부릅니다."

4. [잠부카다까] "그런데 벗이여, 그 열반을 실현할 수 있는 길은 있으며, 방법은 있습니까?"

[싸리뿟따] "벗이여, 그 열반을 실현할 수 있는 길도 있고, 그 방법도 있습니다."

5. [잠부카다까] "그러면 벗이여, 그 열반을 실현할 수 있는 길은 어떠한 것이고, 방법은 어떠한 것입니까?"

---

409) 열반의 경[Nibbānasutta] : SN. IV. 251.
410) 날라까는 라자가하에서 얼마 떨어지지 않은 바라문 마을로 싸리뿟따의 고향이다. 그는 출가 후에도 종종 고향에 들러 기거했고, 죽음이 임박했을 때에도 고향으로 돌아와 어머니를 제도하고 그가 태어난 방에서 열반에 들었다.
411) 잠부카다까는 이 쌍윳따니까야에만 등장하는 유행자인데 붓다고싸에 따르면, '싸리뿟따의 조카'로 '옷을 입는 유행자'였다.

[싸리뿟따] "벗이여, 그 열반을 실현할 수 있는 길은 이와 같은 여덟 가지의 고귀한 길입니다. 그것은 곧 올바른 견해, 올바른 사유, 올바른 언어, 올바른 행위, 올바른 생활, 올바른 정진, 올바른 새김, 올바른 집중입니다. 벗이여, 이것이 그 열반을 실현할 수 있는 길이며, 방법입니다."

6. [잠부카다까] "벗이여, 이 길이야말로 열반을 실현할 수 있는 좋은 길이며, 좋은 방법입니다. 벗이여, 싸리뿟따여, 방일하지 않으려면 그만한 게 없습니다."

31. 검은 소가 흰 소에 묶여있는가 흰 소가 검은 소에 묶여있는가[412]

1. 한 때 많은 장로 수행승들이 맛치까싼다[413] 마을에 있는 암바따까바나[414] 숲에 있었다.

2. 그런데 이때에 많은 장로 수행승들이 식사를 마친 뒤 탁발에서 돌아와 원추형 정자[415] 아래 옹기종기 함께 모여 이와 같은 화제를 떠올렸다.
[장로 수행승들] "벗들이여, '결박하는 것'과 '결박되는 것'이라고 하는데, 이것들은 의미도 다르고 표현도 다른 것인가, 아니면 의미는 같은데 표현이 다른 것인가?"

3. 그것에 대하여 어떤 장로 수행승이 이와 같이 대답했다.

---

412) 결박의 경[Saṃyojanasutta] : SN. IV. 281 ; 잡아함 21권 (大正 2. 151c, 집572) 참조
413) 싸밧티 근처 마을로 장자 쩻따의 고향이다. 숲은 그의 소유였다.
414) 쩻따 장자 소유의 맛치까싼다의 숲을 말한다. 마하나마 장로의 설법을 듣고 쩻따 장자가 교단에 기증한 숲이다. 장자는 나중에 그곳에 모든 승려들을 위해 암바따까라마 승원을 지었다. 이곳에서 수행승들과 쩻따 장자와의 교리문답이 전개되었다.
415) 오늘날 스리랑카에서 볼 수 있는 지붕에 종려나무 잎을 덮은 팔각정 모양의 개방된 집인데 때로는 반쯤 벽을 만들기도 했다.

[장로 수행승1] "벗들이여, '결박하는 것'과 '결박되는 것'은 의미도 다르고 표현도 다른 것이다."
어떤 장로 수행승이 이와 같이 대답했다.
[장로 수행승2] "벗들이여, '결박하는 것'과 '결박되는 것'은 의미는 같은데 표현이 다른 것이다."

4. 그 때에 장자 찟따416)가 무언가 볼 일이 있어 미가빠타까417) 마을에 갔었다.

5. 마침 장자 찟따는 많은 장로 수행승들이 식사를 마친 뒤 탁발에서 돌아와 원추형 법당에 옹기종기 함께 모여 '벗들이여, 결박하는 것과 결박되는 것이라고 하는데, 이것들은 의미도 다르고 표현도 다른 것인가, 아니면 의미는 같은데 표현이 다른 것인가?'라는 것을 화제로 삼았다는 말을 들었다. 그리고 그것에 대하여 어떤 장로 수행승이 '벗들이여, '결박하는 것'과 '결박되는 것'은 의미도 다르고 표현도 다른 것이다.'라고 대답했다는 것을 들었다. 그리고 어떤 장로 수행승은 '벗들이여, '결박하는 것'과 '결박되는 것'이라고 하는데, 이것들은 의미는 같고 표현이 다른 것이다.'라고 대답했다는 것을 들었다.

6. 그래서 장자 찟따는 장로 수행승들이 있는 곳을 찾아갔다. 가까이 다가가서 그들에게 인사를 하고 한 쪽으로 물러앉았다.

7. 한 쪽으로 물러앉은 장자 찟따는 장로 수행승에게 이와 같이 말

---

416) 찟따는 맛치까싼다의 부호로 지도적인 재가신자였다. 부처님은 그를 재가의 법사 가운데 가장 탁월한 자로 지목하였다. 그가 태어날 때에 다양한 색깔의 꽃이 무릎 높이까지 전체 도시를 뒤덮었기 때문에 찟따라고 불렸다는 전설이 있다. 마하나마가 맛치까싼다를 방문했을 때에 찟따는 그의 품행에 매료되어 그를 위해 암바따까 승원을 지었다. 그는 거기서 마하나마의 가르침을 받고 돌아오지 않는 경지[不還果]에 이르렀다. 그 후 많은 승려들이 찟따의 호의를 받아들여 이곳을 찾았다.

417) '사슴이 뛰노는 곳'이란 뜻인데, 암바따까 승원 뒤쪽의 소작마을이었다.

했다.

[찟따] "존자들이여, 많은 장로 수행승들이 식사를 마친 뒤, 탁발에서 돌아와 원추형 법당에 옹기종기 함께 모여 '벗들이여, '결박하는 것'과 '결박되는 것'이라고 하는데, 이것들은 의미도 다르고 표현도 다른 것인가, 아니면 의미는 같은데 표현이 다른 것인가?'라는 것을 화제로 삼았는데, 그것에 대하여 어떤 장로 수행승이 '벗들이여, '결박하는 것'과 '결박되는 것'은 의미도 다르고 표현도 다른 것이다.'라고 대답하고, 어떤 장로 수행승은 '벗들이여, '결박하는 것'과 '결박되는 것'은 의미는 같고 표현이 다른 것이다.'라고 대답했습니까?"

[장로 수행승들] "장자여, 그렇습니다."

8. [찟따] "존자들이여, '결박하는 것'과 '결박되는 것'은 의미도 다르고 표현도 다릅니다. 존자들이여, 제가 이것에 대해 하나의 비유를 들겠습니다. 왜냐하면 여기 있는 지혜로운 분들은 하나의 비유로도 그 말뜻을 알 것이기 때문입니다.

9. 존자들이여, 예를 들어 검은 소와 흰 소가 하나의 밧줄이나 멍엣줄에 묶여 있다고 합시다. 누군가 '검은 소가 흰 소에 묶여 있다.' 또는 '흰 소가 검은 소에 묶여 있다.'고 말한다면, 그는 옳게 말한 것입니까?"

[장로 수행승들] "장자여, 그렇지 않습니다. 검은 소도 흰 소에 묶여 있는 것이 아니고, 흰 소도 검은 소에 묶여 있는 것이 아닙니다. 단지 하나의 밧줄이나 멍엣줄에 묶여 있는 것입니다. 그것들은 거기에 묶여 있습니다."

10. [찟따] "존자들이여, 이와 같이

1) 시각이 형상에 묶여 있는 것도 아니고, 형상이 시각에 묶여 있는

것도 아닙니다. 그 양자를 조건으로 생겨난 욕망과 탐욕이 있는데, 그것들은 거기에 묶여 있는 것입니다.

2) 청각이 소리에 묶여 있는 것도 아니고, 소리가 청각에 묶여 있는 것도 아닙니다. 그 양자를 조건으로 생겨난 욕망과 탐욕이 있는데, 그것들은 거기에 묶여 있는 것입니다.

3) 후각이 냄새에 묶여 있는 것도 아니고, 냄새가 후각에 묶여 있는 것도 아닙니다. 그 양자를 조건으로 생겨난 욕망과 탐욕이 있는데, 그것들은 거기에 묶여 있는 것입니다.

4) 미각이 맛에 묶여 있는 것도 아니고, 맛이 미각에 묶여 있는 것도 아닙니다. 그 양자를 조건으로 생겨난 욕망과 탐욕이 있는데, 그것들은 거기에 묶여 있는 것입니다.

5) 촉각이 감촉에 묶여 있는 것도 아니고, 감촉이 촉각에 묶여 있는 것도 아닙니다. 그 양자를 조건으로 생겨난 욕망과 탐욕이 있는데, 그것들은 거기에 묶여 있는 것입니다.

6) 정신이 사물에 묶여 있는 것도 아니고, 사물이 정신에 묶여 있는 것도 아닙니다. 그 양자를 조건으로 생겨난 욕망과 탐욕이 있는데, 그것들은 거기에 묶여 있는 것입니다."

11 [장로 수행승들] "장자여, 유익했습니다. 장자여, 매우 유익했습니다. 그대의 지혜의 눈은 심오한 부처님의 말씀에 정통해 있습니다."

32. 마음에 의한 해탈의 종류란 어떠한 것인가[418]

1. 한 때 존자 고닷따[419]는 맛치까싼다 마을에 있는 암바따까바나 숲에 있었다.

2. 그 때에 장자 찟따는 존자 고닷따가 있는 곳을 찾아갔다. 가까이 다가가서 존자 고닷따에게 인사를 하고 한 쪽으로 물러앉았다.

3. 한 쪽으로 물러앉은 장자 찟따에게 존자 고닷따는 이와 같이 말했다.

[고닷따] "장자여, 한량없는 마음에 의한 해탈, 아무 것도 없는 마음에 의한 해탈, 텅 빈 마음에 의한 해탈, 인상을 뛰어넘는 마음에 의한 해탈이 있는데, 이 개념들은 의미도 다르고 표현도 다른 것입니까, 또는 의미는 같은데 표현이 다른 것입니까?"

4. [찟따] "존자여, 어떤 이치로 보면 이 개념들은 의미도 다르고 표현도 다릅니다. 존자여, 그러나 다른 이치로 보면 이 개념들은 의미는 같지만 표현은 다릅니다.

5. 존자여, 그렇다면 어떤 이치로 보면 이 개념들이 의미도 다르고 표현도 다른 것입니까?

6. 존자여, 한량없는 마음에 의한 해탈은[420] 어떠한 것입니까? 이 세상에서 수행승이

---

418) 고닷따 경[Godattasutta] : SN. IV. 295 ; 잡아함 21권 (大正 2. 149c, 잡567) 참조
419) 장로게에 따르면, 고닷따가 소를 때렸는데 맞아서 넘어진 소가 너무 지독하게 구타당한 탓에 인간의 목소리로 내세에는 입장을 바꾸어서 태어나길 기원하였다. 그 일이 있은 후에 고닷따는 모든 것을 포기하고 승단으로 들어간다.
420) 붓다고싸에 따르면 열두 가지의 한량없는 마음에 의한 해탈이 있다. 네 가지의 청정한 삶[四梵住], 참사람의 길과 경지[四向四果]의 12가지이다. 네 가지의 청정한 삶은 무량하게 퍼져 나가기 때문이고, 참사람의 길과 경지는 오염을 제거하여 한계를 측정할 수 없기 때문이다.

1) 자애의 마음으로 동쪽 방향을 가득 채우고, 자애의 마음으로 서쪽 방향을 가득 채우고, 자애의 마음으로 남쪽 방향을 가득 채우고, 자애의 마음으로 북쪽 방향을 가득 채우고, 자애의 마음으로 위와 아래와 옆과 모든 곳을 빠짐없이 가득 채워서, 광대하고 멀리 미치고 한량없고 원한 없고 악의 없는 자애의 마음으로 일체의 세계를 가득 채웁니다.

2) 연민의 마음으로 동쪽 방향을 가득 채우고, 연민의 마음으로 서쪽 방향을 가득 채우고, 연민의 마음으로 남쪽 방향을 가득 채우고, 연민의 마음으로 북쪽 방향을 가득 채우고, 연민의 마음으로 위와 아래와 옆과 모든 곳을 빠짐없이 가득 채워서, 광대하고 멀리 미치고 한량없고 원한 없고 악의 없는 연민의 마음으로 일체의 세계를 가득 채웁니다.

3) 기쁨의 마음으로 동쪽 방향을 가득 채우고, 기쁨의 마음으로 서쪽 방향을 가득 채우고, 기쁨의 마음으로 남쪽 방향을 가득 채우고, 기쁨의 마음으로 북쪽 방향을 가득 채우고, 기쁨의 마음으로 위와 아래와 옆과 모든 곳을 빠짐없이 가득 채워서, 광대하고 멀리 미치고 한량없고 원한 없고 악의 없는 기쁨의 마음으로 일체의 세계를 가득 채웁니다.

4) 평정의 마음으로 동쪽 방향을 가득 채우고, 평정의 마음으로 서쪽 방향을 가득 채우고, 평정의 마음으로 남쪽 방향을 가득 채우고, 평정의 마음으로 북쪽 방향을 가득 채우고, 평정의 마음으로 위와 아래와 옆과 모든 곳을 빠짐없이 가득 채워서, 광대하고 멀리 미치고 한량없고 원한 없고 악의 없는 평정의 마음으로 일체의 세계를 가득 채웁니다.

7. 존자여, 아무 것도 없는 마음에 의한 해탈은[421] 어떠한 것입니

까? 존자여 이 세상에 수행승이 이 한량없는 의식의 세계를 뛰어넘어 '아무 것도 없다.'라는 아무 것도 없는 세계를 성취합니다. 존자여, 그것을 아무 것도 없는 마음에 의한 해탈이라고 부릅니다.

8. 존자여, 텅 빈 마음에 의한 해탈은422) 어떠한 것입니까? 존자여 이 세상에 수행승이 숲으로 가거나 나무 밑으로 가거나 빈 집으로 가거나 '자아나 자아에 속한 것은 곧 텅 빈 것이다.'라고 성찰합니다. 존자여, 그것을 텅 빈 마음에 의한 해탈이라고 부릅니다.

9. 존자여, 인상을 뛰어넘는 마음에 의한 해탈은423) 어떠한 것입니까? 존자여, 이 세상에 수행승이 모든 인상에 정신을 쓰지 않고, 인상을 뛰어넘는 마음의 삼매를 성취합니다. 존자여, 그것을 인상을 뛰어넘는 마음에 의한 해탈이라고 부릅니다.

10. 존자여, 이런 이치로 보면 이 개념들은 의미도 다르고 표현도 다른 것입니다.

11. 존자여, 그렇다면 어떤 이치로 보면 이 개념들이 의미는 같은데 표현만 다릅니까?

12. 존자여, 탐욕이 한계의 원인이고, 분노가 한계의 원인이고, 어리석음이 한계의 원인입니다. 번뇌가 소멸된 수행승들에게 이것들은

---

421) 한역에서 무소유심해탈(無所有心解脫)을 말한다. 붓다고싸에 따르면, 여기에는 아홉 가지 종류의 해탈이 있다. 아무것도 없는 경지의 해탈[無所有處解脫]과 참사람의 길과 경지[四向四果]의 해탈이다. '아무것도 없는 경지의 해탈은 대상으로 아무것도 가지고 있지 않기 때문에 무소유이고, 참사람의 길과 경지[四向四果]에는 무언가 고통을 주거나 방해하는 오염이 없기 때문에 무소유이다.'

422) 한역에서 공심해탈(空心解脫)을 말한다. 사물의 무실체성에 대한 통찰로 얻어진 마음의 해탈을 의미한다.

423) 한역의 무상심해탈(無相心解脫)인데, 여기에는 붓다고싸에 따르면, 13가지가 있다. 통찰(위빠싸나)과 네 가지 미세한 물질의 세계[四無色]와 참사람의 길과 경지[四向四果]이다. '위빠싸나는 항상의 인상, 즐거움의 인상, 실체의 인상을 제거하므로 인상이 없고, 네 가지 미세한 물질의 세계는 물질계의 인상이 없으므로 인상이 없고, 참사람의 길과 경지는 인상을 만들어 내는 오염이 없으므로 인상을 뛰어넘은 것이다.'

버려지고, 뿌리가 잘려지고, 기반을 상실한 종려나무의 줄기처럼 되어서 미래에 다시 생겨나지 않습니다. 존자여, 한량없는 마음에 의한 해탈이 어떤 경지에 이르면, 그것들 중에 최상이 흔들리지 않는 마음에 의한 해탈이라고 명확히 밝혀집니다. 그 흔들리지 않는 마음에 의한 해탈에는 탐욕이 텅 비고, 분노가 텅 비고, 어리석음이 텅 비어 있습니다.

13. 존자여, 탐욕은 무엇인가가 있는 것이고, 분노는 무엇인가가 있는 것이고, 어리석음은 무엇인가가 있는 것입니다. 번뇌가 소멸된 수행승들에게 이것들은 버려지고, 뿌리가 잘려지고, 기반을 상실한 종려나무의 줄기처럼 되어서 미래에 다시 생겨나지 않습니다. 존자여, 아무 것도 없는 마음에 의한 해탈이 어느 경지에 이르면, 그것들 중에 최상이 흔들리지 않는 마음에 의한 해탈이라고 명확히 밝혀집니다. 그 흔들리지 않는 마음에 의한 해탈에는 탐욕이 텅 비고 분노가 텅 비고 어리석음이 텅 비어 있습니다.

14. 존자여, 탐욕은 인상의 원인이고, 분노는 인상의 원인이고, 어리석음은 인상의 원인입니다. 번뇌가 소멸된 수행승들에게 그것들은 버려지고, 밑동이 잘려진 종려나무 줄기처럼 되고, 없어지고, 미래에 다시 생겨나지 않게 됩니다. 존자여, 인상 없는 마음에 의한 해탈이 어느 경지가 되면, 그것들 중에 최상이 흔들리지 않는 마음에 의한 해탈이라고 명확히 밝혀집니다. 그런데 그 흔들리지 않는 마음에 의한 해탈에는 탐욕이 텅 비고 분노가 텅 비고 어리석음이 텅 비어 있습니다.

15. 존자여, 이러한 이치로 보면 이 개념들이 의미는 같은데, 표현만 다릅니다."

16. [고닷따] "장자여, 유익했습니다. 장자여, 매우 유익했습니다. 그대의 지혜의 눈은 심오한 부처님의 말씀에 정통해 있습니다."

33. 궁극적인 명상과 죽음과의 차이는 어떠한 것인가[424]

1. 한 때 존자 까마부는 맛치까싼다 마을에 있는 암바따까 숲에 있었다.

2. 그 때 장자 찟따는 존자 까마부가 있는 곳을 찾아갔다. 가까이 다가가서 존자 까마부에게 인사를 하고 한 쪽으로 물러앉았다.

3. 한 쪽으로 물러앉은 장자 찟따는 존자 까마부에게 이와 같이 말했다.
[찟따] "존자여, 형성에는 몇 가지가 있습니까?"
[까마부] "장자여, 세 가지가 있습니다. 신체적 형성, 언어적 형성, 정신적 형성이 있습니다."
[찟따] "존자여, 훌륭하십니다."
장자 찟따는 존자 까마부가 설명한 것에 만족하고 기뻐하며 존자 까마부에게 다시 질문을 했다.

4. [찟따] "그런데 신체적 형성은 어떠한 것이고, 언어적 형성은 어떠한 것이고, 정신적 형성은 어떠한 것입니까?"
[까마부] "장자여, 들이쉬고 내쉬는 것이 신체적 형성이고, 사유와 숙고는 언어적 형성이고, 지각과 느낌은 정신적 형성입니다."
[찟따] "존자여, 훌륭하십니다."
장자 찟따는 존자 까마부가 설명한 것에 만족하고 기뻐하며 존자

---

[424] 까마부 경②[Dutiyakāmabhusutta] : SN. IV. 293 ; 잡아함 21권 (大正 2. 150a, 집568) 참조

까마부에게 다시 질문을 했다.

5. [찟따] "그런데 존자여, 왜 들이쉬고 내쉬는 것이 신체적 형성이고, 왜 사유와 숙고가 언어적 형성이고, 왜 지각과 느낌이 정신적 형성입니까?"

[까마부] "장자여, 들이쉬고 내쉬는 것은 신체적인 것이고, 이것들은 몸에 묶여 있습니다. 그러므로 들이쉬고 내쉬는 것은 신체적 형성입니다. 장자여, 먼저 사유하고 숙고한 것이 나중에 언어로 표현됩니다.425) 그러므로 사유와 숙고는 언어적 형성입니다. 지각과 느낌은 정신적인 것이고, 이것들은 마음에 묶여 있습니다. 그러므로 지각과 느낌은 정신적 형성입니다."

[찟따] "존자여, 훌륭하십니다."

장자 찟따는 존자 까마부가 설명한 것에 만족하고 기뻐하며 존자 까마부에게 다시 질문을 했다.

6. [찟따] "그런데 존자여, 지각과 느낌의 소멸은 어떻게 성취될 수 있습니까?"

[까마부] "장자여, 어떤 수행승이 지각과 느낌의 소멸을 성취해가고 있을 때, 그 수행승에게는 '나는 지각과 느낌의 소멸을 성취하겠다.'라든가 '나는 지각과 느낌의 소멸을 성취하고 있다.' 라든가 '나는 지각과 느낌의 소멸을 성취했다.'라는 생각이 없습니다. 그런데, 그의 마음은 이미 그렇게 수련되어 있어서 그것이 그를 그러한 상태로 이끕니다."

7. [찟따] "그런데 존자여, 지각과 느낌의 소멸을 성취해가고 있을 때, 신체적 형성이나 언어적 형성이나 정신적 형성 가운데 어떠한

---

425) 원래 단어는 '언어로 조각난다.'는 뜻이다.

것이 먼저 소멸합니까?"

[까마부] "장자여, 지각과 느낌의 소멸을 성취해가고 있는 수행승에게는 언어적 형성이 먼저 소멸하고, 그 다음에 신체적 형성이 소멸하고, 그 다음에 정신적 형성이 소멸합니다.426)"

[찟따] "존자여, 훌륭하십니다."

장자 찟따는 존자 까마부가 설명한 것에 만족하고 기뻐하며 존자 까마부에게 다시 질문을 했다.

8. [찟따] "그런데 존자여, 죽어서 사망한 것과 지각과 느낌의 소멸을 성취한 것 사이에는 어떠한 차이가 있습니까?"

[까마부] "장자여, 죽어서 사망한 사람은 신체적 형성이 소멸하여 그치고, 언어적 형성이 소멸하여 그치고, 정신적 형성이 소멸하여 그치고, 목숨이 다하고, 온기가 사라지고, 모든 감관이 부서집니다. 장자여, 그러나 지각과 느낌의 소멸을 성취한 수행승도 신체적 형성이 소멸하여 그치고, 언어적 형성이 소멸하여 그치고, 정신적 형성이 소멸하여 그치지만, 목숨은 아직 끝나지 않고, 온기가 아직 식지 않고, 모든 감관이 청정해집니다. 장자여, 죽어서 사망한 것과 지각과 느낌의 소멸을 성취한 것 사이에는 이와 같은 차이가 있습니다."

[찟따] "존자여, 훌륭하십니다."

장자 찟따는 존자 까마부가 설명한 것에 만족하고 기뻐하며 존자 까마부에게 다시 질문을 했다.

9. [찟따] "그런데 존자여, 지각과 느낌의 소멸의 성취에서 어떻게 일어납니까?"

---

426) 언어적 형성은 두 번째의 선정에서 소멸하고, 신체적 형성은 네 번째의 선정에서 소멸하고, 정신적 형성은 완전한 상수멸(想受滅)의 선정에 도달해야 소멸한다.

[까마부] "장자여, 지각과 느낌의 소멸의 성취에서 일어나고 있는 수행승은, '나는 지각과 느낌이 소멸된 경지에서 일어나겠다.'라든가, '나는 지각과 느낌의 소멸의 성취에서 일어나고 있다.'라든가, '나는 지각과 느낌의 소멸의 성취에서 일어났다.'라는 생각을 하지 않습니다. 그런데, 그의 마음은 이미 그렇게 수련되어 있어서 그것이 그를 그러한 상태로 이끕니다."
[찟따] "존자여, 훌륭하십니다."
장자 찟따는 존자 까마부가 설명한 것에 만족하고 만족하며 존자 까마부에게 다시 질문을 했다.

10. [찟따] "그런데 존자여, 지각과 느낌의 소멸의 성취에서 일어나고 있는 수행승은, 신체적 형성이나 언어적 형성이나 정신적 형성 가운데 어떠한 것이 먼저 일어납니까?"
[까마부] "장자여, 지각과 느낌의 소멸의 성취에서 일어나고 있는 수행승에게는, 먼저 정신적 형성이 일어나고, 그 다음에 신체적 형성이 일어나고, 그 다음에 언어적 형성이 일어납니다.427)"
[찟따] "존자여, 훌륭하십니다."
장자 찟따는 존자 까마부가 설명한 것에 만족하고 기뻐하며 존자 까마부에게 다시 질문을 했다.

11. [찟따] "그런데 존자여, 지각과 느낌의 소멸의 성취에서 일어난 수행승에게 어떠한 종류의 접촉이 경험됩니까?"
[까마부] "장자여, 지각과 느낌의 소멸의 성취에서 일어난 수행승에게는 세 가지 종류의 접촉이 경험됩니다. 비어 있음에 대한 접촉,

---

427) 붓다고싸에 따르면, 상수멸(想受滅)에서 일어날 때 정신적 형성이 생겨나고, 네 번째 선정에서 일어날 때 신체적 형성이 생겨나고, 두 번째 선정에서 일어날 때 언어적 형성이 생겨난다.

인상 없음에 대한 접촉, 바램 없음에 대한 접촉입니다.428)"
[찟따] "존자여, 훌륭하십니다."
장자 찟따는 존자 까마부가 설명한 것에 만족하고 기뻐하며 존자 까마부에게 다시 질문을 했다.

12. [찟따] "그런데 존자여, 지각과 느낌의 소멸의 성취에서 일어나면, 마음은 무엇을 쏠리고, 마음은 무엇으로 기울고, 마음은 무엇을 지향합니까?"
[까마부] "장자여, 지각과 느낌의 소멸의 성취에서 일어나면, 마음은 홀로 있음으로429) 쏠리고, 마음은 홀로 있음으로 기울고, 마음은 홀로 있음으로 향합니다."
[찟따] "존자여, 훌륭하십니다."
장자 찟따는 존자 까마부가 설명한 것에 만족하고 기뻐하며 존자 까마부에게 다시 질문을 했다.

13. [찟따] "그런데 존자여, 지각과 느낌의 소멸을 성취하기 위해서는 어떠한 법이 가장 도움이 됩니까?"
[까마부] "장자여, 그대는 먼저 질문했어야 할 것을 맨 나중에 질문했습니다. 그렇지만 그대에게 대답하겠습니다. 장자여, 지각과 느낌의 소멸을 성취하기 위해서는 두 가지 가르침, 즉 멈춤과 관찰의 가르침이430) 가장 도움이 됩니다."

---

428) 한역에서의 공촉(空觸), 무상촉(無相觸), 무원촉(無願觸)을 말한다. 붓다고싸에 따르면, '열반은 탐욕 등이 비어있음으로 비어있음이고, 탐욕 등의 인상이 없으므로 인상없음이고, 탐진치에 대한 바람이 없으므로 바람없음이다.'
429) 붓다고싸에 따르면, 독존(獨存)은 열반을 말한다.
430) '싸마타'와 '위빠싸나'이다. 한역에서 지(止)와 관(觀)을 말한다. 역자는 '멈춤'과 '관찰'이라는 평범한 말로 번역한다. 중요한 술어이므로 싸마타와 위빠싸나라고 음역하기도 한다.

34. 재가생활에서도 탁월한 앎과 봄을 성취할 수 있을까[431]

1. 한 때 장자 찟따는 맛치까싼다 마을에 있는 암바따까바나 숲에 있었다.

2. 그런데 그때 장자 찟따의 옛 집안 친구인 아쩰라[432] 깟싸빠가 맛치까싼다에 도착했다.

3. 마침 장자 찟따는 자신의 옛 집안 친구인 아쩰라 깟싸빠가 맛치까싼다에 도착했다는 소식을 들었다. 그래서 장자 찟따는 아쩰라 깟싸빠가 있는 곳을 찾아갔다. 가까이 다가가서 아쩰라 깟싸빠와 인사를 하고 안부를 주고 받은 뒤에 한쪽으로 물러앉았다.

4. 한쪽으로 물러앉은 장자 찟따는 아쩰라 깟싸빠에게 이와 같이 말했다.

[찟따] "깟싸빠 존자여, 그대는 출가한 지 얼마나 오래 되었습니까?"

[깟싸빠] "장자여, 나는 출가한지 삼십 년이 되었습니다."

5. [찟따] "존자여, 그대는 그 삼십 년 동안 인간을 뛰어 넘는 진리, 고귀한 님이 지녀야 할 탁월한 앎과 봄, 안락한 삶을 성취했습니까?"

[깟싸빠] "장자여, 나는 삼십 년 동안 인간을 뛰어 넘는 진리, 고귀한 님이 지녀야 할 탁월한 앎과 봄, 안락한 삶을 성취하지 못한 채 단지 벌거벗고, 삭발하고, 먼지만 털어냈습니다.[433]"

---

431) 아쩰라의 경[Acelasutta] : SN. IV. 300 ; 잡아함 21권 (大正 2. 152a, 집573) 참조
432) 아쩰라는 '옷이 없는, 벌거벗은'의 뜻이며 나형외도를 말한다.
433) 붓다고싸의 주석에 따르면, '땅위에 앉은 자가 앉은 장소에 부착된 흙, 먼지, 모래를 털어내기 위해 공작새의 깃털을 사용한다.'

6. 이처럼 말하자 장자 찟따는 아쩰라 깟싸빠에게 이와 같이 말했다.
   [찟따] "존자여, 참으로 놀라운 일입니다. 존자여, 그 삼십 년 동안 가르침이 너무나 잘 설해졌습니다. 그런데 그대는 인간을 뛰어넘는 진리, 고귀한 님이 지녀야 할 탁월한 앎과 봄, 안락한 삶을 성취하지 못한 채, 단지 벌거벗고, 삭발하고, 먼지만 털어냈다니, 실로 예전에 없었던 일입니다."

7. [깟싸빠] "그렇다면, 장자여, 그대는 재가의 신자가 된 지 얼마나 오래 되었습니까?"
   [찟따] "존자여, 나는 재가의 신자가 된 지 삼십 년이 되었습니다."

8. [깟싸빠] "그러면 장자여, 그대는 그 삼십 년 동안 인간을 뛰어넘는 진리, 고귀한 님이 지녀야 할 탁월한 앎과 봄, 안락한 삶을 성취했습니까?"
   [찟따] "존자여, 왜 아니겠습니까?
   1) 존자여, 나는 내가 원하는 대로 감각적 쾌락의 욕망에서 떠나고, 건전하지 못한 상태에서 떠나서, 사유와 숙고를 갖추고, 멀리 여읨에서 생겨난 희열과 행복을 갖춘 첫 번째 선정에 듭니다.
   2) 존자여, 나는 내가 원하는 대로 사유와 숙고를 멈춘 뒤, 내적인 고요와 마음의 통일을 갖추고, 사유와 숙고를 뛰어넘고, 삼매에서 생겨난 희열과 행복을 갖춘, 두 번째 선정에 듭니다.
   3) 존자여, 나는 내가 원하는 대로 희열 또한 사라진 뒤, 평정하고, 새김이 있고, 분명히 알아차리고, 신체적으로 행복을 느끼며, 고귀한 님들이 '평정하고, 새김이 있고, 행복하게 산다.'라고 말하는 세 번째 선정에 듭니다.
   4) 존자여, 나는 내가 원하는 대로 즐거움과 괴로움이 버려지고 기쁨과 근심도 사라진 뒤, 즐거움도 없고 괴로움도 없으며, 평정을

느끼고, 새김이 있고, 청정을 갖춘, 네 번째 선정에 듭니다.
존자여, 그러니 만약 내가 세존보다 더 일찍 죽게 되어서 세존께서 '장자 찟따가 이 세상으로 다시 돌아올 어떠한 결박도 없다.'라고 말씀하신다고 해도 결코 놀라운 일이 아닙니다."

9. 이처럼 말하자 아쩰라 깟싸빠는 장자 찟따에게 이와 같이 말했다.
[깟싸빠] "장자여, 참으로 놀라운 일입니다. 장자여, 흰옷을 입은 재가자가 이와 같이 인간을 뛰어넘는 진리, 고귀한 님이 지녀야 할 탁월한 앎과 봄, 안락한 삶을 성취한 가르침을 잘 설하다니, 참으로 예전에 없었던 일입니다. 장자여, 나는 이 가르침과 계율에 출가하여 구족계를 받고자 합니다."

10. 그래서 장자 찟따는 아쩰라 깟싸빠를 데리고 장로 수행승들이 있는 곳을 찾아갔다. 가까이 다가가서 장로 수행승들에게 이와 같이 말했다.
[찟따] "존자들이여, 이 아쩰라 깟싸빠는 저의 옛 집안 친구입니다. 장로들께서는 그를 출가시켜 구족계를 주십시오. 제가 최선을 다해 옷과 발우와 깔개와 잠자리와 질병을 구호할 수 있는 필수약품을 조달하겠습니다."

11. 그 후 아쩰라 깟싸빠는 그 가르침과 계율에 출가하여 구족계를 받았다. 그런데 구족계를 받은 지 얼마 되지 않아 홀로 명상하며 게으르지 않고 열심히 정진하였다. 그는 오래지 않아 스스로 곧바로 알고 깨달아서 양가의 자제들이 집에서 집 없는 곳으로 출가하게 된 당연한 이유인, 위없는 청정한 삶의 목표를 현세에서 성취했다. 그는 '태어남은 부서졌고, 청정한 삶은 이루어졌고, 해야 할 일은 다 마쳤으니, 더 이상 윤회하지 않는다.'라고 분명히 알았다. 그래서 존자 깟싸빠는 거룩한 님 가운데 한 분이 되었다.

35. 포악한 자가 온화한 자가 되려면 어떻게 해야 하는가[434]

1. 한 때 세존께서 싸밧티 시의 제따바나 숲에 있는 아나타삔디까 승원에 계셨다.

2. 그런데 촌장 짠다[435]는 세존께서 계신 곳을 찾아갔다. 가까이 다가가서 세존께 인사를 드리고 한 쪽으로 물러앉았다.

3. 한 쪽으로 물러앉은 촌장 짠다는 세존께 이와 같이 말했다.
[짠다] "세존이시여, 이 세상에서 어떤 이는 포악한 자라고 불리는데 어떠한 것이 원인이고, 어떠한 것이 조건이 됩니까? 세존이시여, 이 세상에서 어떤 이는 온화한 자라고 불리는데 어떠한 것이 원인이고, 어떠한 것이 조건이 됩니까?"

4. [세존] "촌장이여, 어떤 사람들은 탐욕을 버리지 못하고 삽니다. 탐욕을 버리지 못해서 남이 그에게 화를 냅니다. 남이 자신에게 화를 내면 자신도 화를 냅니다. 이러한 자를 포악한 자라고 합니다. 어떤 사람들은 분노를 버리지 못하고 삽니다. 분노를 버리지 못해서 남이 그에게 화를 냅니다. 남이 자신에게 화를 내면 자신도 화를 냅니다. 이러한 자를 포악한 자라고 합니다. 어떤 사람들은 어리석음을 버리지 못하고 삽니다. 어리석음을 버리지 못해서 남이 그에게 화를 냅니다. 남이 자신에게 화를 내면 자신도 화를 냅니다. 이러한 자를 포악한 자라고 합니다. 촌장이여, 이 세상에서 어떤 사람이 포악한 자라고 불리는 것은 이러한 것이 원인이고, 이러한 것이 조건입니다.

5. 촌장이여, 어떤 사람들은 탐욕을 버리고 삽니다. 탐욕을 버렸기

---

434) 짠다 경[Caṇḍasutta] : SN. IV. 305 : 잡아함 32권 (大正 2. 228a, 잡910) 참조
435) 짠다는 싸밧티 시의 한 촌장으로 이 경에만 등장한다.

때문에 남이 그에게 화를 내지 않습니다. 남이 자신에게 화를 내더라도 자신은 화를 내지 않습니다. 이러한 자를 온화한 자라고 합니다. 어떤 사람들은 분노를 버리고 삽니다. 분노를 버렸기 때문에 남이 그에게 화를 내지 않습니다. 남이 자신에게 화를 내더라도 자신은 화를 내지 않습니다. 이러한 자를 온화한 자라고 합니다. 어떤 사람들은 어리석음을 버리고 삽니다. 어리석음을 버렸기 때문에 남이 그에게 화를 내지 않습니다. 남이 자신에게 화를 내더라도 자신은 화를 내지 않습니다. 이러한 자를 온화한 자라고 합니다. 촌장이여, 이 세상에서 어떤 사람이 온화한 자라고 불리는 것은 이러한 것이 원인이고, 이러한 것이 조건입니다."

6. 이처럼 말씀하시자 촌장 짠다는 세존께 이와 같이 말씀드렸다. [짠다] "세존이신 고따마여, 훌륭하십니다. 세존이신 고따마여, 훌륭하십니다. 넘어진 것을 일으켜 세우듯, 가려진 것을 열어 보이듯, 어리석은 자에게 길을 가리켜 주듯, 눈 있는 자는 형상을 보라고 어둠 속에 등불을 들어 올리듯, 세존께서는 이와 같이 여러 가지 방법으로 진리를 밝혀 주셨습니다. 세존이신 고따마여, 그러므로 이제 세존께 귀의합니다. 또한 그 가르침에 귀의합니다. 또한 그 수행승의 참모임에 귀의합니다. 세존이신 고따마께서는 저를 재가의 신자로 받아 주십시오. 오늘부터 목숨 바쳐 귀의합니다."

36. 적을 죽이는 성스러운 전쟁은 정당한 것일까[436]

1. 한 때 세존께서 라자가하 시의 벨루바나 숲에 있는 깔란다까니바빠 공원에 계셨다.

2. 그때 전사마을의 촌장이 세존께서 계신 곳을 찾아갔다. 가까이 다가가서 세존께 인사를 드리고 안부를 서로 나눈 뒤에 한쪽으로 물러앉았다.

3. 한 쪽으로 물러앉은 전사마을의 촌장은 세존께 이와 같이 말씀을 드렸다.

[촌장] "세존이신 고따마여, 저는 전사들의 옛 스승의 스승으로부터 '전사는 전쟁터에서 전력을 다해서 싸워야 한다. 전사가 전력을 다해 싸우다가 적들에 의해 살해되어 죽임을 당하면, 그는 몸이 파괴되어 죽은 뒤에 전사들의 하늘나라에 신들의 동료로 태어난다.'라고 전해오는 이야기를 들었습니다. 세존이시여, 이것에 대해 어떻게 말씀하시겠습니까?"

[세존] "촌장이여, 그만두십시오. 내게 그런 질문하지 마십시오."

4. 두 번째에도 전사마을의 촌장은 세존께 이와 같이 말씀드렸다.

[촌장] "세존이신 고따마여, 저는 전사들의 옛 스승의 스승으로부터 '전사는 전쟁터에서 전력을 다해서 싸워야 한다. 전사가 전력을 다해 싸우다가 적들에 의해 살해되어 죽임을 당하면, 그는 몸이 파괴되어 죽은 뒤에 전사들의 하늘나라에 신들의 동료로 태어난다.'라고 전해오는 이야기를 들었습니다. 세존이시여, 이것에 대해 어떻게 말씀하시겠습니까?"

[세존] "촌장이여, 그만두십시오. 내게 그런 질문하지 마십시오."

---

436) 전사의 경[Yodhājīvasutta] : SN. IV. 308 : 잡아함 32권 (大正 2. 227b, 잡908) 참조

5. 세 번째에도 전사마을의 촌장은 세존께 이와 같이 말씀드렸다.
[촌장] "세존이신 고따마여, 저는 전사들의 옛 스승의 스승으로부터 '전사는 전쟁터에서 전력을 다해서 싸워야 한다. 전사가 전력을 다해 싸우다가 적들에 의해 살해되어 죽임을 당하면, 그는 몸이 파괴되어 죽은 뒤에 전사들의 하늘나라에 신들의 동료로 태어난다.'라고 전해오는 이야기를 들었습니다. 세존이시여, 이것에 대해 어떻게 말씀하시겠습니까?"
[세존] "촌장이여, 분명히 나는 '그만두십시오. 내게 그런 질문하지 마십시오.'라고 그대의 질문을 허락하지 않았습니다. 그러나 또 물으니 내가 그대에게 설명하겠습니다.

6. 촌장이여, 전사가 전쟁터에서 전력을 다해서 싸울 때, 그의 마음은 '이 사람들을 때려죽이고, 졸라죽이고, 절단해죽이고, 전멸시키고, 박멸하고, 소탕해야 한다.'라는 생각 때문에 저열한 곳으로, 사악한 곳으로, 나쁜 곳으로 향합니다. 그가 전력을 다해 싸우다가 적들에 의해 살해되어 죽임을 당하면, 그는 몸이 파괴되어 죽은 뒤에 전사들의 지옥에 태어납니다. 그런데도 만약 '전사는 전쟁터에서 전력을 다해서 싸워야 한다. 전사가 전력을 다해 싸우다가 적들에 의해 살해되어 죽임을 당하면, 그는 몸이 파괴되어 죽은 뒤에 전사들의 하늘나라에 신들의 동료로 태어난다.'라는 견해를 지녔다면 그것은 잘못된 견해일 것입니다. 촌장이여, 잘못된 견해를 지닌 사람에게는 지옥이나 축생, 그 두 가지 길 가운데 하나의 길이 있다고 나는 말합니다.

7. 이렇게 말씀하시자, 전사마을의 촌장은 통곡하며 눈물을 흘렸다.
[세존] "그래서 촌장이여, 나는 '그만두십시오. 내게 그런 질문을 하지 마십시오.'라고 그대의 질문을 허락하지 않은 것입니다."

[촌장] "세존이시여, 저는 세존께서 그와 같이 말씀하신 것에 슬퍼하여 통곡한 것이 아닙니다. 세존이시여, 저는 전사들의 옛 스승의 스승으로부터 '전사는 전쟁터에서 전력을 다해서 싸워야 한다. 전사가 전력을 다해 싸우다가 적들에 의해 살해되어 죽임을 당하면, 그는 몸이 파괴되어 죽은 뒤에 전사들의 하늘나라에 신들의 동료로 태어난다.'라고 오랜 세월 동안 속아왔고, 기만당하고, 현혹된 것입니다.

8. 세존이시여, 훌륭하십니다. 세존이시여, 훌륭하십니다. 넘어진 것을 일으켜 세우듯, 가려진 것을 열어 보이듯이, 어리석은 자에게 길을 가리켜주듯이, 눈 있는 자는 형상을 보라고 어둠 속에 등불을 들어 올리듯이, 세존께서는 이와 같이 여러 가지 방법으로 진리를 밝혀주셨습니다. 그러므로 이제 세존께 귀의합니다. 또한 그 가르침에 귀의합니다. 또한 그 수행승의 모임에 귀의합니다. 저는 세존께 출가하여 구족계를 받겠습니다."

9. 이렇게 해서 전사마을의 촌장은 세존의 앞에서 허락을 얻어 출가하여 곧바로 구족계를 받게 되었다.

10. 전사마을의 촌장은 구족계를 받은 지 얼마 되지 않아 홀로 떨어져서 게으르지 않고 열심히 정진하였다. 그는 오래지 않아 스스로 곧바로 알고 깨달아서 양가의 자제들이 집에서 집 없는 곳으로 출가하게 된 당연한 이유인 위없는 청정한 삶의 목표를 현세에서 성취했다. 그는 '태어남은 부서졌고, 청정한 삶은 이루어졌고, 해야 할 일은 다 마쳤으니, 더 이상 윤회하지 않는다.'라고 분명히 알았다. 그래서 전사마을의 촌장은 거룩한 님 가운데 한 분이 되었다.

37. 기도만으로 하늘나라에 태어날 수 있을까[437]

1. 한 때 세존께서 날란다[438] 시에 있는 빠바리깜바바나[439] 숲에 계셨다.

2. 그때 촌장 아씨반다까뿟따[440]가 세존께서 계신 곳을 찾아갔다. 가까이 다가가서 세존께 인사를 드리고 안부를 서로 나눈 뒤에 한쪽으로 물러앉았다.

3. 한쪽으로 물러앉은 촌장 아씨반다까뿟따는 세존께 이와 같이 말씀을 드렸다.
[촌장] "세존이신 고따마여, 서쪽 지방에 사는[441] 바라문들은 물병을 들고 다니고, 쎄발라 꽃으로 화환을 하고, 목욕재계하고, 불의 신을 섬기는데, 그들은 이미 죽은 사람을 들어 올려 이름을 부르고 하늘나라로 인도합니다. 그런데 세존이시여, 세상에 존경받는 님, 거룩한 님, 올바로 원만히 깨달은 님께서는 모든 세상사람들이 몸이 파괴되고 죽은 뒤에 좋은 곳, 하늘나라로 태어날 수 있도록 할 수 있습니까?"

4. [세존] "그렇다면 촌장이여, 거기에 대해 내가 그대에게 질문하겠습니다. 당신의 생각대로 대답해주면 고맙겠습니다.

5. 촌장이여, 그대는 어떻게 생각합니까? 여기 어떤 사람이 살아있

---
437) 아씨반다까뿟따 경[Asibandhakaputtasutta] : SN. IV. 311.
438) 마가다 지방인데, 나중에 유명한 날란다 대학이 들어섰다.
439) 빠바리깜바바나는 옷을 파는 부유한 상인의 망고 숲이었는데 그가 세존의 설법을 듣고 매우 기뻐하여 그 정원에 오두막과 동굴, 천막 등을 지어서 세존께 승원을 만들어 기증했다. 그 승원이 빠바리깜바바나 숲이라고 불렀다.
440) 아씨반다까뿟따에 대하여 우드워드는 "뱀 마법사라는 뜻인데 나형외도의 추종자였다."라고 해석하고 있다. 그러나 '칼을 손에 묶은 자의 아들'이란 뜻으로 '대장장이[鍛冶工]의 아들'이란 의미를 지닌다.
441) 현대의 델리 서쪽 지방을 말한다.

는 생명을 죽이고, 주지 않는 것을 빼앗고, 사랑을 나눔에 잘못을 범하고, 거짓말을 하고, 이간질하는 말을 하고, 욕지거리하는 말을 하고, 꾸며대는 말을 하고, 탐욕스럽고, 미워하는 마음이 있고, 삿된 견해에 사로잡혀 있다고 합시다. 그때, 그에게 많은 사람이 함께 와서 '몸이 파괴되고 죽은 뒤에 좋은 곳에, 하늘나라에 태어나소서.'라고 기도하고, 찬탄하고, 합장하여 순례한다면, 촌장이여, 그대는 어떻게 생각합니까? 그 사람은 많은 사람의 기도 때문에, 찬탄 때문에, 합장 순례 때문에 몸이 파괴되고 죽은 뒤에 좋은 곳에, 하늘나라에 태어날 수 있겠습니까?"

[촌장] "세존이시여, 그렇지 않습니다."

6. [세존] "촌장이여, 예를 들어 어떤 사람이 커다란 돌을 깊은 호수에 던져 넣었다고 합시다. 많은 사람이 함께 와서 그것을 두고 '커다란 돌이여, 떠올라라. 커다란 돌이여, 떠올라라.'라고 기도하고, 찬탄하고, 합장하여 순례한다면, 촌장이여, 그대는 어떻게 생각합니까? 그 커다란 돌이 많은 사람의 기도 때문에, 주문 때문에, 합장 순례 때문에 물속에서 떠오르거나 땅위로 올라오겠습니까?"

[촌장] "세존이시여, 그렇지 않습니다."

[세존] "촌장이여, 이와 같이 어떤 사람이 살아있는 생명을 죽이고, 주지 않는 것을 빼앗고, 사랑을 나눔에 잘못을 범하고, 거짓말을 하고, 이간질하는 말을 하고, 욕지거리하는 말을 하고, 꾸며대는 말을 하고, 탐욕스럽고, 미워하는 마음이 있고, 삿된 견해에 사로잡혀 있다고 합시다. 그때, 그에게 많은 사람이 함께 와서 '몸이 파괴되고 죽은 뒤에 좋은 곳, 하늘나라에 태어나소서.'라고 기도하고, 찬탄하고, 합장하여 순례한다고 해도, 그 사람은 몸이 파괴되고 죽은 뒤에 괴로운 곳이나 나쁜 곳이나 타락한 곳, 지옥에 태어날 것입니다.

7. 촌장이여, 그대는 어떻게 생각합니까? 어떤 사람이 살아있는 생명을 죽이지 않고, 주지 않는 것을 빼앗지 않고, 사랑을 나눔에 잘못을 범하지 않고, 거짓말을 하지 않고, 이간질하는 말을 하지 않고, 욕지거리하는 말을 하지 않고, 꾸며대는 말을 하지 않고, 탐욕스럽지 않고, 미워하는 마음이 없고, 올바른 견해를 가졌다고 합시다. 그 때, 그에게 많은 사람이 함께 와서 '몸이 파괴되고 죽은 뒤에 괴로운 곳, 나쁜 곳, 지옥에 태어나소서.'라고 기도하고, 저주하고, 합장하여 순례한다면, 촌장이여, 그대는 어떻게 생각합니까? 그 사람은 많은 사람의 기도 때문에, 저주 때문에, 합장 순례 때문에 몸이 파괴되고 죽은 뒤에 괴로운 곳이나 나쁜 곳이나 타락한 곳, 지옥에 태어나겠습니까?"

[촌장] "세존이시여, 그렇지 않습니다."

8. [세존] "촌장이여, 예를 들어 버터기름이 든 병이나 참기름이 든 병을 깊은 호수에 던져서 깨졌다고 합시다. 그러면 병의 조각이나 부스러기는 밑으로 가라앉을 것입니다. 그 때에 버터기름이나 참기름은 위로 뜰 것입니다. 많은 사람들이 함께 와서 '버터기름이여, 참기름이여, 잠겨라. 물밑으로 가라앉아라. 버터기름이여, 참기름이여, 바닥으로 가라앉아라.'라고 기도하고, 주문을 외우고, 합장하여 순례한다면, 촌장이여, 그대는 어떻게 생각하십니까? 그 버터기름이나 참기름이 많은 사람의 기도 때문에, 주문 때문에, 합장 순례 때문에, 잠기거나 물밑으로 가라앉겠습니까?"

[촌장] "세존이시여, 그렇지 않습니다."

[세존] "촌장이여, 어떤 사람이 살아있는 생명을 죽이지 않고, 주지 않는 것을 빼앗지 않고, 사랑을 나눔에 잘못을 범하지 않고, 거짓말을 하지 않고, 이간질하는 말을 하지 않고, 욕지거리하는 말을 하지

않고, 꾸며대는 말을 하지 않고, 탐욕스럽지 않고, 미워하는 마음이 없고, 올바른 견해를 가졌다고 합시다. 그때, 그에게 많은 사람이 함께 와서 '몸이 파괴되고 죽은 뒤에 괴로운 곳, 나쁜 곳, 지옥에 태어나소서.'라고 기도하고, 저주하고, 합장하여 순례하더라도, 촌장이여, 그 사람은 몸이 파괴되고 죽은 뒤에 좋은 곳에, 하늘나라에 태어날 것입니다."

9. 이처럼 말씀하시자 촌장 아씨반다까뿟따는 세존께 이와 같이 말씀드렸다.
[세존] "세존이신 고따마여, 훌륭하십니다. 세존이신 고따마여, 훌륭하십니다. 넘어진 것을 일으켜 세우듯, 가려진 것을 열어 보이듯, 어리석은 자에게 길을 가리켜주듯, 눈 있는 자는 형상을 보라고 어둠 속에 등불을 들어 올리듯, 세존께서는 이와 같이 여러 가지 방법으로 진리를 밝혀주셨습니다. 세존이신 고따마여, 그러므로 이제 세존께 귀의합니다. 또한 그 가르침에 귀의합니다. 또한 그 수행승의 모임에 귀의합니다. 세존이신 고따마께서는 저를 재가신자로 받아 주십시오. 오늘부터 목숨 바쳐 귀의합니다."

38. 숙명론의 잘못은 무엇이고, 어떻게 극복할 수 있는가[442]

1. 한 때 세존께서 날란다 시에 있는 빠바리깜바바나 숲에 계셨다.

2. 그 때 니간타의 제자인 촌장 아씨반다까뿟따가 세존께서 계신 곳을 찾아갔다. 가까이 다가가서 세존과 인사를 하고 안부를 주고 받은 뒤에 한 쪽으로 물러앉았다.

---

442) 소라고둥 소리 경[Saṅkhadhamasutta] : SN. IV. 317 : 잡아함 32권 (大正 2. 231c, 잡916), 32권 (大正 2. 244b, 잡958) 참조

3. 한 쪽으로 물러앉은 촌장 아씨반다까뿟따에게 세존께서는 이와 같이 말했다.

[세존] "촌장이여, 니간타 나따뿟따는 제자들에게 어떻게 가르침을 설했습니까?"

4. [촌장] "세존이시여, 니간타 나따뿟따는 제자들에게 '누구라도 살아있는 생명을 죽이면 모두 괴로운 곳 지옥에 떨어진다. 누구라도 주지 않은 것을 빼앗는다면 모두 괴로운 곳 지옥에 떨어진다. 누구라도 사랑을 나눔에 잘못을 범하면 모두 괴로운 곳 지옥에 떨어진다. 누구라도 어리석은 거짓말을 하면 모두 괴로운 곳 지옥에 떨어진다. 누구라도 주로 하는 행위에 따라 운명이 이끌려진다.'라고 가르침을 설했습니다. 세존이시여, 니간타 나따뿟따는 제자들에게 이와 같이 가르침을 설했습니다."

[세존] "촌장이여. 누구라도 주로 하는 행위에 따라 운명이 이끌려진다면, 아무도 니간타 나따뿟따의 말처럼 나쁜 곳 지옥으로 가지 않을 것입니다.

5. 촌장이여, 어떻게 생각하십니까? 어떤 사람이 생명을 빼앗는 경우에 있어서, 만약 하나를 다른 것과 비교한다면, 밤이나 낮이나, 그가 생명을 빼앗고 있는 시간과 생명을 빼앗지 않고 있는 시간 가운데 어느 쪽이 더 시간이 많겠습니까?"

[촌장] "세존이시여, 어떤 사람이 생명을 빼앗는 경우에 있어서, 만약 하나를 다른 것과 비교한다면, 밤이나 낮이나, 그가 생명을 빼앗고 있는 시간이 적고, 생명을 빼앗지 않고 있는 시간이 많을 것입니다."

[세존] "그렇습니다. 그래서 촌장이여, 누구라도 주로 하는 행위에 따라 운명이 이끌려진다면, 아무도 니간타 나따뿟따의 말처럼 나쁜

곳, 지옥으로 가지 않을 것입니다.

6. 촌장이여, 어떻게 생각하십니까? 어떤 사람이 주지 않는 것을 빼앗는 경우에 있어서, 만약 하나를 다른 것과 비교한다면, 밤이나 낮이나, 그가 주지 않는 것을 빼앗고 있는 시간과 주지 않는 것을 빼앗지 않고 있는 시간 가운데 어느 쪽이 더 시간이 많겠습니까?"
[촌장] "세존이시여, 어떤 사람이 주지 않는 것을 빼앗는 경우에 있어서, 만약 하나를 다른 것과 비교한다면, 밤이나 낮이나, 그가 주지 않는 것을 빼앗고 있는 시간이 적고, 주지 않는 것을 빼앗지 않고 있는 시간이 많을 것입니다."
[세존] "그렇습니다. 그래서 촌장이여. 누구라도 주로 하는 행위에 따라 운명이 이끌려진다면, 아무도 니간타 나따뿟따의 말처럼 나쁜 곳, 지옥으로 가지 않을 것입니다.

7. 촌장이여, 어떻게 생각하십니까? 어떤 사람이 사랑을 나눔에 잘못을 범하는 경우에 있어서, 만약 하나를 다른 것과 비교한다면, 밤이나 낮이나, 그가 사랑을 나눔에 잘못을 범하는 시간과 사랑을 나눔에 잘못을 범하지 않는 시간 가운데 어느 쪽이 더 시간이 많겠습니까?"
[촌장] "세존이시여, 어떤 사람이 사랑을 나눔에 잘못을 범하는 경우에 있어서, 만약 하나를 다른 것과 비교한다면, 밤이나 낮이나, 그가 사랑을 나눔에 잘못을 범하는 시간이 적고, 사랑을 나눔에 잘못을 범하지 않는 시간이 많을 것입니다."
[세존] "그렇습니다. 그래서 촌장이여, 누구라도 주로 하는 행위에 따라 운명이 이끌려진다면, 아무도 니간타 나따뿟따의 말처럼 나쁜 곳, 지옥으로 가지 않을 것입니다.

8. 촌장이여, 어떻게 생각하십니까? 어떤 사람이 거짓말을 하는 경

우에 있어서, 만약 하나를 다른 것과 비교한다면, 밤이나 낮이나, 그가 거짓말을 하는 시간과 거짓말을 하지 않는 시간 가운데 어느 쪽이 더 시간이 많겠습니까?"

[촌장] "세존이시여, 어떤 사람이 거짓말을 하는 경우에 있어서, 만약 하나를 다른 것과 비교한다면, 밤이나 낮이나, 그가 거짓말을 하는 시간이 적고, 거짓말을 하지 않는 시간이 많을 것입니다."

[세존] "그렇습니다. 그래서 촌장이여, 누구라도 주로 하는 행위에 따라 운명이 이끌려진다면, 아무도 니간타 나따뿟따의 말처럼 나쁜 곳, 지옥으로 가지 않을 것입니다.

9. 촌장이여, 어떤 스승은 '누구라도 살아있는 생명을 죽이면 괴로운 곳 지옥에 떨어진다. 누구라도 주지 않은 것을 빼앗으면 괴로운 곳 지옥에 떨어진다. 누구라도 사랑을 나눔에 잘못을 범하면 괴로운 곳 지옥에 떨어진다. 누구라도 거짓말을 하면 괴로운 곳 지옥에 떨어진다.'라고 이와 같이 말하고 이와 같이 생각합니다.

10. 그러나 촌장이여, 그와 같은 스승에 대하여 그 제자는 믿음을 갖고 있습니다.

1) 그는 '나의 스승은 '누구라도 살아있는 생명을 죽이면 모두 괴로운 곳, 지옥에 떨어진다.'라고 이와 같이 말하고 이와 같이 생각한다. 그러나 나는 살아있는 생명을 죽인 적이 있다. 그러니 나는 괴로운 곳, 지옥으로 떨어질 것이다.'라고 생각합니다. 촌장이여, 그가 그 주장을 버리지 못하고, 그 마음을 버리지 못하고, 그 견해를 놓지 못한다면, 그가 생각한 그대로 지옥에 떨어질 것입니다.

2) 그는 '나의 스승은 '누구라도 주지 않는 것을 빼앗으면 모두 괴로운 곳, 지옥에 떨어진다.'라고 이와 같이 말하고 이와 같이 생각한다. 그러나 나는 주지 않는 것을 빼앗은 적이 있다. 그러니 나는

괴로운 곳, 지옥으로 떨어질 것이다.'라고 생각합니다. 촌장이여, 그가 그 주장을 버리지 못하고, 그 마음을 버리지 못하고, 그 견해를 놓지 못한다면, 그가 생각한 그대로 지옥에 떨어질 것입니다.

3) 그는 '나의 스승은 '누구라도 사랑을 나눔에 잘못을 범하면 모두 괴로운 곳, 지옥에 떨어진다.'라고 이와 같이 말하고 이와 같이 생각한다. 그러나 나는 주지 않는 것을 빼앗은 적이 있다. 그러니 나는 괴로운 곳, 지옥으로 떨어질 것이다.'라고 생각합니다. 촌장이여, 그가 그 주장을 버리지 못하고, 그 마음을 버리지 못하고, 그 견해를 놓지 못한다면, 그가 생각한 그대로 지옥에 떨어질 것입니다.

4) 그는 '나의 스승은 '누구라도 거짓말을 하면 모두 괴로운 곳, 지옥에 떨어진다.'라고 이와 같이 말하고 이와 같이 생각한다. 그러나 나는 거짓말을 한 적이 있다. 그러니 나는 괴로운 곳, 지옥으로 떨어질 것이다.'라고 생각합니다. 촌장이여, 그가 그 주장을 버리지 못하고, 그 마음을 버리지 못하고, 그 견해를 놓지 못한다면, 그가 생각한 그대로 지옥에 떨어질 것입니다.

11. 촌장이여, 그러나 이 세상에 거룩하신 님, 올바로 원만히 깨달으신 님, 명지와 덕행을 갖추신 님, 올바른 길을 가신 님, 세상을 이해하시는 님, 가장 높은 자리에 오르신 님, 사람들을 길들이시는 님, 하늘사람과 인간의 스승이신 님, 깨달으신 님, 세상에 존경받는 님이신 여래께서 출현하셨다. 그는 여러 가지 방편으로 살아있는 생명을 죽이는 것을 비판하고 꾸짖고, 생명을 죽이는 것을 삼가라고 말합니다. 그는 여러 가지 방편으로 주지 않는 것을 빼앗는 것을 비판하고 꾸짖고, 생명을 죽이는 것을 삼가라고 말합니다. 그는 여러 가지 방편으로 사랑을 나눔에 잘못된 행동을 하는 것을 비판하고

꾸짖고, 사랑을 나눔에 잘못된 행동을 삼가라고 말합니다. 그는 여러 가지 방편으로 거짓말 하는 것을 비판하고 꾸짖고, 거짓말 하는 것을 삼가라고 말합니다.

12 그런데 촌장이여, 그 스승에 대하여 그 제자는 믿음을 갖고 있습니다.

1) 그는 '세존께서는 여러 가지 방편으로 살아있는 생명을 죽이는 것을 비판하고 꾸짖고, 살아있는 생명을 죽이는 것을 삼가라고 말한다. 그런데 나는 이러이러한 생명을 죽인 적이 있다. 그것은 잘한 일이 아니다. 그것은 옳은 일이 아니다. 그래서 나는 '나에게 이 사악한 일이 일어나지 않았더라면'하고 뉘우치고 있다.'고 반성합니다. 그는 생명을 죽이는 것을 버리고, 이후로도 생명을 죽이는 것을 그만 둡니다. 이와 같이 그는 악한 행동을 버립니다. 이와 같이 그는 악한 행동을 뛰어넘습니다.

2) 그는 '세존께서는 여러 가지 방편으로 주지 않는 것을 빼앗는 것을 비판하고 꾸짖고 주지 않는 것을 빼앗는 것을 삼가라고 말한다. 그런데 나는 이러이러하게 주지 않는 것을 빼앗은 적이 있다. 그것은 잘한 일이 아니다. 그것은 옳은 일이 아니다. 그래서 나는 '나에게 이 사악한 일이 일어나지 않았더라면'하고 뉘우치고 있다.'고 반성합니다. 그는 주지 않는 것을 빼앗는 것을 버리고, 이후로도 주지 않는 것을 빼앗는 것을 그만 둡니다. 이와 같이 그는 악한 행동을 버립니다. 이와 같이 그는 악한 행동을 뛰어넘습니다.

3) 그는 '세존께서는 여러 가지 방편으로 사랑을 나눔에 잘못된 행동을 하는 것을 비판하고 꾸짖고 사랑을 나눔에 잘못된 행동을 하는 것을 삼가라고 말한다. 그런데 나는 이러이러하게 사랑을 나눔에 잘못된 행동을 한 적이 있다. 그것은 잘한 일이 아니다. 그것은 옳

은 일이 아니다. 그래서 나는 '나에게 이 사악한 일이 일어나지 않 았더라면'하고 뉘우치고 있다.'고 반성합니다. 그는 사랑을 나눔에 잘못된 행동을 하는 것을 버리고, 이후로도 사랑을 나눔에 잘못된 행동을 하는 것을 그만 둡니다. 이와 같이 그는 악한 행동을 버립 니다. 이와 같이 그는 악한 행동을 뛰어넘습니다.

4) 그는 '세존께서는 여러 가지 방편으로 어리석은 거짓말 하는 것 을 비판하고 꾸짖고, 어리석은 거짓말 하는 것을 삼가라고 말한 다. 그런데 나는 이러이러하게 거짓말을 한 적이 있다. 그것은 잘 한 일이 아니다. 그것은 옳은 일이 아니다. 그래서 나는 '나에게 이 사악한 일이 일어나지 않았더라면'하고 뉘우치고 있다.'고 반 성합니다. 그는 거짓말 하는 것을 버리고, 이후로도 사랑을 나눔 에 잘못된 행동을 하는 것을 그만 둡니다. 이와 같이 그는 악한 행동을 버립니다. 이와 같이 그는 악한 행동을 뛰어넘습니다.

13. 그는 살아있는 생명을 죽이는 것을 버리고 살아있는 생명을 죽 이는 것을 그만 둡니다. 주지 않은 것을 훔치는 것을 버리고 주지 않은 것을 훔치는 것을 그만 둡니다. 사랑을 나눔에 잘못된 행동을 버리고 사랑을 나눔에 잘못된 행동을 그만 둡니다. 어리석은 거짓 말을 하는 것을 버리고 어리석은 거짓말을 하는 것을 그만 둡니다. 이간질하는 말을 하는 것을 버리고 이간질하는 말을 하는 것을 그 만 둡니다. 욕지거리를 말하는 것을 버리고 욕지거리를 말하는 것 을 그만둡니다. 꾸며대는 말을 하는 것을 버리고 꾸며대는 말을 하 는 것을 그만둡니다. 욕심을 버리고 욕심 없이 지냅니다. 악의와 증 오를 버리고 악의 없는 마음으로 지냅니다. 잘못된 견해를 버리고 올바른 견해를 취합니다.

14. [세존]

1) 촌장이여, 욕심을 떠나고, 악의를 떠나고, 혼란되지 않고, 올바로 알아차리고, 새김을 확립한, 그 고귀한 제자는 광대하고, 멀리 미치고, 한량없고, 원한 없고, 악의 없는 자애의 마음으로 동쪽 방향, 남쪽 방향, 서쪽 방향, 북쪽 방향, 위와 아래와 옆과 모든 곳, 자신과 관련된 모든 곳, 일체의 세계를 가득 채웁니다. 촌장이여, 예를 들어 힘센 나팔수가 적은 노력으로도 사방으로 신호를 알리는 것처럼, 촌장이여, 자애의 마음에 의한 해탈이 이와 같이 닦고 이와 같이 익히면, 그가 지은 유한한 업은 거기에 남아 있지 않고 거기에 더 이상 존재하지 않게 됩니다.

2) 촌장이여, 욕심을 떠나고, 악의를 떠나고, 혼란되지 않고, 올바로 알아차리고, 새김을 확립한, 그 고귀한 제자는 광대하고, 멀리 미치고, 한량없고, 원한 없고, 악의 없는 연민의 마음으로 동쪽 방향, 남쪽 방향, 서쪽 방향, 북쪽 방향, 위와 아래와 옆과 모든 곳, 자신과 관련된 모든 곳, 일체의 세계를 가득 채웁니다. 촌장이여, 예를 들어 힘센 나팔수가 적은 노력으로도 사방으로 신호를 알리는 것처럼, 촌장이여, 연민의 마음에 의한 해탈이 이와 같이 닦고 이와 같이 익히면, 그가 지은 유한한 업은 거기에 남아 있지 않고 거기에 더 이상 존재하지 않게 됩니다.

3) 촌장이여, 욕심을 떠나고, 악의를 떠나고, 혼란되지 않고, 올바로 알아차리고, 새김을 확립한, 그 고귀한 제자는 광대하고, 멀리 미치고, 한량없고, 원한 없고, 악의 없는 기쁨의 마음으로 동쪽 방향, 남쪽 방향, 서쪽 방향, 북쪽 방향, 위와 아래와 옆과 모든 곳, 자신과 관련된 모든 곳, 일체의 세계를 가득 채웁니다. 촌장이여, 예를 들어 힘센 나팔수가 적은 노력으로도 사방으로 신호를 알리는 것처럼, 촌장이여, 기쁨의 마음에 의한 해탈이 이와 같이 닦고

이와 같이 익히면, 그가 지은 유한한 업은 거기에 남아 있지 않고 거기에 더 이상 존재하지 않게 됩니다.

4) 촌장이여, 욕심을 떠나고, 악의를 떠나고, 혼란되지 않고, 올바로 알아차리고, 새김을 확립한, 그 고귀한 제자는 광대하고, 멀리 미치고, 한량없고, 원한 없고, 악의 없는 평정의 마음으로 동쪽 방향, 남쪽 방향, 서쪽 방향, 북쪽 방향, 위와 아래와 옆과 모든 곳, 자신과 관련된 모든 곳, 일체의 세계를 가득 채웁니다. 촌장이여, 예를 들어 힘센 나팔수가 적은 노력으로도 사방으로 신호를 알리는 것처럼, 촌장이여, 평정의 마음에 의한 해탈이 이와 같이 닦고 이와 같이 익히면, 그가 지은 유한한 업은 거기에 남아 있지 않고 거기에 더 이상 존재하지 않게 됩니다.

15. 이처럼 말씀하시자 촌장 아씨반다까뿟따는 세존께 이와 같이 말씀드렸다.

[촌장] "세존이신 고따마여, 훌륭하십니다. 세존이신 고따마여, 훌륭하십니다. 넘어진 것을 일으켜 세우듯, 가려진 것을 열어 보이듯, 어리석은 자에게 길을 가리켜 주듯, 눈 있는 자는 형상을 보라고 어둠 속에 등불을 들어 올리듯, 세존께서는 이와 같이 여러 가지 방법으로 진리를 밝혀 주셨습니다. 세존이신 고따마여, 그러므로 이제 세존께 귀의합니다. 또한 그 가르침에 귀의합니다. 또한 그 수행승의 참모임에 귀의합니다. 세존이신 고따마께서는 저를 재가의 신자로 받아 주십시오. 오늘부터 목숨 바쳐 귀의합니다."

39. 수행자가 보석과 황금을 수용해도 좋을까[443]

---

443) 마니쭐라까 경[Maṇicūḷakasutta] : SN. IV. 325 ; 잡아함 32권 (大正 2. 228b, 잡911) 참조

1. 한 때 세존께서 라자가하 시의 벨루바나 숲에 있는 깔란다까니바빠 공원에 계셨다.

2. 그런데 그때 왕의 내궁에서는 왕의 신하들이 모여 함께 앉아 있었는데, 이와 같은 대화를 하고 있었다.
[신하들] "싸끼야의 제자인 수행승들에게 금과 은이 허용되었다. 싸끼야의 제자인 수행승들은 금과 은을 받는 것에 찬성하였다. 싸끼야의 제자인 수행승들은 금과 은을 받았다."444)

3. 마침 촌장 마니쭐라까445)가 그 신하들 가운데 앉아있었다.

4. 그 때 촌장 마니쭐라까는 그 신하들에게 이와 같이 말했다.
[촌장] "존자들이여, 그대들은 그와 같이 말하지 마십시오. 싸끼야의 제자인 수행승들에게 금과 은이 허용되지 않았습니다. 싸끼야의 제자인 수행승들은 금과 은을 받는 것에 찬성하지 않았습니다. 싸끼야의 제자인 수행승들은 금과 은을 받지 않았습니다. 싸끼야의 제자인 수행승들은 보석과 황금을 버리고 금과 은을 떠납니다.446)"
그러나 촌장 마니쭐라까는 그 신하들을 납득시킬 수 없었다.

5. 그래서 촌장 마니쭐라까는 세존께서 계신 곳을 찾아갔다. 가까이 다가가서 세존께 인사를 드리고 한쪽으로 물러앉았다.

6. 한쪽으로 물러앉은 촌장 마니쭐라까는 세존께 이와 같이 말했다.
[촌장] "세존이시여, 여기 왕의 내궁에는 왕의 신하들이 모여 함께 앉아 있었는데, '싸끼야의 제자인 수행승들에게 금과 은이 허용되었다. 싸끼야의 제자인 수행승들은 금과 은을 받는 것에 찬성하였

---

444) 부처님이 열반하신 지 1백년이 지나서 있었던 제2결집 당시에도 '금은이 청정한개[金銀淨]'가 문제가 되었다.
445) 마니쭐라는 라자가하 시의 왕궁 이름인데, 거기서 따온 이름이다.
446) 율장에도 이 구절이 나오는데, 재물 때문에 저지른 죄악을 참회할 때 이 구절이 사용된다.

다. 싸끼야의 제자인 수행승들은 금과 은을 받았다.'라고 대화하고 있었습니다. 세존이시여, 이와 같이 말했을 때, 저는 그 신하들에게 '그대들은 그와 같이 말하지 마십시오. 싸끼야의 제자인 수행승들에게 금과 은이 허용되지 않았습니다. 싸끼야의 제자인 수행승들은 금과 은을 받는 것에 찬성하지 않았습니다. 싸끼야의 제자인 수행승들은 금과 은을 받지 않았습니다. 싸끼야의 제자인 수행승들은 보석과 황금을 버리고 금과 은을 떠납니다.'라고 말했습니다. 그러나 저는 그 신하들을 납득시킬 수 없었습니다.

7. 세존이시여, 제가 이렇게 설명하면, 세존께서 말씀하신 대로 말한 것이고, 진실이 아닌 것으로 세존을 잘못 대변한 것이 아니며, 가르침에 일치하도록 설명한 것이고, 제 주장이 비판의 근거를 제공하는 것이 아닙니까?"

[세존] "촌장이여, 진실로 그대가 그렇게 설명한 것은 내가 말한 대로 말한 것이고, 진실이 아닌 것으로 나를 잘못 대변한 것이 아니며, 가르침에 일치하도록 설명한 것이고, 그대의 주장이 비판의 근거를 제공하는 것은 아니다.

8. 촌장이여, 싸끼야의 제자인 수행승들에게 금과 은이 허용되지 않았습니다. 싸끼야의 제자인 수행승들은 금과 은을 받는 것에 찬성하지 않았습니다. 싸끼야의 제자인 수행승들은 금과 은을 받지 않았습니다. 싸끼야의 제자인 수행승들은 보석과 황금을 버리고 금과 은을 떠납니다. 촌장이여, 만약 금과 은이 허용된다면 다섯 가지 감각적 쾌락도 허용될 것입니다. 만약 다섯 가지 감각적 쾌락이 어떤 사람에게 허용된다면, 촌장이여, 그는 수행승이나 싸끼야의 제자로서 법을 갖추지 못한 사람이라고 결정적으로 규정될 수 있을 것입니다.

9. 촌장이여, 더 나아가 나는 '풀은 풀이 필요한 자에 의해 추구될

것입니다. 땔감은 땔감이 필요한 자에 의해 추구될 것입니다. 수레는 수레가 필요한 자에 의해 추구될 것입니다. 일꾼은 일꾼이 필요한 자에 의해 추구될 것입니다.'라고 말합니다. 그러나 나는 금과 은이 수용되거나 추구될 만한 어떠한 이치가 있다고 결코 말하지 않습니다."

40. 삿된 이론을 듣고도 어떻게 가르침의 삼매에 들 수 있을까[447]

1. 한 때 세존께서 꼴리야[448] 국에 있는 웃따라라고 불리는 꼴리야인의 마을에 계셨다.

2. 이때에 촌장 빠딸리야[449]는 세존께서 계신 곳을 찾아갔다. 가까이 다가가서 세존과 인사를 하고 안부를 주고 받은 뒤에 한 쪽으로 물러앉았다.

3. 한 쪽으로 물러앉은 촌장 빠딸리야는 세존께 이와 같이 말했다. [촌장] "세존이시여, '수행자 고따마는 환술에 대하여 안다.'라고 저는 들었습니다. 세존이시여, 어떤 사람이 '수행자 고따마는 환술에 대하여 안다.'라고 말한다면, 세존이시여, 그들이 누구든지 세존께서 말씀하신 대로 말하는 것이고, 진실이 아닌 것으로 세존을 잘못 대변하는 것이 아니며, 가르침에 일치하도록 설명한 것이고, 그들

---

447) 빠딸리야 경[Pāṭaliyasutta] : SN. IV. 340.
448) 꼴리야국은 부처님 당시의 싸끼야 족과 이웃한 공화국이자 부족의 이름이다. 꼴리야인들은 주로 라마가마와 데바다하에 거주했다. 붓다고싸에 따르면, 라마라는 베나레스 왕이 나병으로 고통을 받았는데 궁녀들이 싫어하자 장남에게 왕위를 물려주고 숲으로 가서 초근목피로 연명했다. 그러나 곧 회복되었다. 길을 가다가 나병에 걸린 옥까까의 장녀를 만나 그녀를 고쳐주고 결혼해서 32명의 자녀를 낳았다. 베나레스 왕의 도움으로 숲 속에 커다란 꼴라나무를 베어내어 도시를 만들었는데 그 때문에 꼴라나가라라고 불렸다. 그 왕의 후손들을 꼴리야라고 불렀다.
449) 빠딸리야는 이 경에만 등장하는 이름이다. 빠딸리는 나팔모양의 꽃나무(Bignomia Suave lolens)이고, 빠딸리가마는 현대 인도의 파트나의 옛 이름이다.

의 주장이 비판의 근거를 제공하는 것이 아닙니까? 세존이시여, 저희들은 세존께서 비난 받는 것을 원하지 않습니다."

4. [세존] "촌장이여, '수행자 고따마는 환술에 대하여 안다.'라고 말하는 사람이 있다면, 촌장이여, 그들이 누구든지 내가 말한 대로 말한 것이고, 진실이 아닌 것으로 나를 잘못 대변한 것이 아니며, 가르침에 일치하도록 설명한 것이며, 그들의 주장은 비판의 근거를 제공하는 것이 아닙니다."

5. [촌장] "세존이시여, 그 수행자들이나 성직자들이 '수행자 고따마는 환술에 대하여 안다.'라고 말했을 때 결코 믿지 않았습니다. 그런데, 실제로 사실이었군요! 세존이여, 결국 수행자 고따마는 환술사입니다."

[세존] "촌장이여, 어떤 사람이 '나는 환술을 알고 있다.'고 말한다면, 그것은 또한 '나는 환술사이다.'라고 말하는 것입니까?"

[촌장] "세상에 존경받는 님이시여, 그렇습니다. 올바른 길로 잘 가신 님이시여, 그렇습니다."

[세존] "그렇다면, 촌장이시여, 이와 같은 문제에 대해 물어보겠습니다. 옳다고 생각하는 대로 대답하십시오."

6. [세존] "촌장이여, 어떻게 생각하십니까? 촌장이여, 그대는 머리를 땋아 늘어뜨린 꼴리야 관리를 아십니까?"

[촌장] "세존이시여, 저는 머리를 땋아 늘어뜨린 꼴리야 관리를 압니다."

7. [세존] "촌장이여, 어떻게 생각하십니까? 머리를 땋아 늘어뜨린 꼴리아 관리들의 직업은 무엇입니까?"

[촌장] "세존이시여, 그들의 직업은 꼴리야인을 도적으로부터 지키

고, 꼴리아인들의 메시지를 배달하는 것입니다."

8. [세존] "촌장이여, 어떻게 생각하십니까? 당신은 머리를 땋아 늘어뜨린 꼴리야 관리들이 선한 자인지, 또는 부도덕한 자인지 아십니까?450)"

[촌장] "세존이시여, 저는 머리를 땋아 늘어뜨린 꼴리야 관리들이 부도덕하고 악한 성품을 지녔다고 압니다. 그들은 세상에 부도덕하고 악한 성품을 지닌 자들에 포함됩니다."

9. [세존] "촌장이여, 만약 어떤 사람이 '촌장 빠딸리야가 머리를 땋아 늘어뜨린 꼴리야 관리들이 이 부도덕하고 악한 성품을 지녔다는 것을 안다. 그러므로 촌장 빠딸리야 역시 부도덕하고 악한 성품이다.'라고 말한다면, 그는 올바로 말한 것입니까?"

[촌장] "그렇지 않습니다. 세존이시여, 저는 머리를 땋아 늘어뜨린 꼴리야 관리들과 매우 다릅니다. 저의 성품은 머리를 땋아 늘어뜨린 꼴리야 관리들의 성품과 매우 다릅니다."

10. [세존] "촌장이여, 만약 당신이 '촌장 빠딸리야는 머리를 땋아 늘어뜨린 꼴리야 관리들이 부도덕하고 악한 성품이라는 것을 안다. 그러나 촌장 빠딸리야는 부도덕하고 악한 성품이 아니다.'라고 말할 수 있다면, 왜 여래에 대해서는 '여래는 환술을 안다. 그러나 여래는 환술사가 아니다.'라고 말할 수 없습니까? 촌장이여, 나는 환술을 알고 환술의 결과도 압니다. 그리고 나는 어떻게 이와 같이 환술을 부리는 자가 몸이 파괴되고 죽은 후에 괴로운 곳, 나쁜 곳, 비참한 곳, 지옥으로 떨어지는지도 압니다.

11. [세존]

---

450) 꼴리야인의 조정은 특별한 경찰조직으로 운영되었다. 그들은 눈에 잘 띄는 유니폼을 입고 특수한 머리카락 형태로 신분을 구별했다. 이들은 폭력적이어서 악명이 자자했다.

1) 촌장이여, 나는 살아있는 생명을 죽이는 것과 살아있는 생명을 죽인 결과에 대해 분명히 압니다. 어떻게 이와 같이 생명을 죽인 사람이 몸이 파괴되고 죽은 후에 괴로운 곳, 나쁜 곳, 비참한 곳, 지옥으로 떨어지는지도 분명히 압니다.
2) 촌장이여, 나는 주지 않는 것을 빼앗는 것과 주지 않는 것을 빼앗은 결과에 대해 분명히 압니다. 어떻게 이와 같이 주지 않는 것을 빼앗은 사람이 몸이 파괴되고 죽은 후에 괴로운 곳, 나쁜 곳, 비참한 곳, 지옥으로 떨어지는지도 분명히 압니다.
3) 촌장이여, 나는 사랑을 나눔에 잘못을 범하는 것과 사랑을 나눔에 잘못을 범한 결과에 대해 분명히 압니다. 어떻게 이와 같이 사랑을 나눔에 잘못을 범한 사람이 몸이 파괴되고 죽은 후에 괴로운 곳, 나쁜 곳, 비참한 곳, 지옥으로 떨어지는지도 분명히 압니다.
4) 촌장이여, 나는 어리석은 거짓말을 하는 것과 어리석은 거짓말을 한 결과에 대해 분명히 압니다. 어떻게 이와 같이 거짓말을 한 사람이 몸이 파괴되고 죽은 후에 괴로운 곳, 나쁜 곳, 비참한 곳, 지옥으로 떨어지는지도 분명히 압니다.
5) 촌장이여, 나는 이간질을 하는 것과 이간질을 한 결과에 대해 분명히 압니다. 어떻게 이와 같이 이간질을 한 사람이 몸이 파괴되고 죽은 후에 괴로운 곳, 나쁜 곳, 비참한 곳, 지옥으로 떨어지는지도 분명히 압니다.
6) 촌장이여, 나는 욕지거리를 하는 것과 욕지거리를 한 결과에 대해 분명히 압니다. 어떻게 이와 같이 욕지거리를 한 사람이 몸이 파괴되고 죽은 후에 괴로운 곳, 나쁜 곳, 비참한 곳, 지옥으로 떨어지는지도 나는 분명히 압니다.
7) 촌장이여, 나는 꾸며대는 말을 하는 것과 꾸며대는 말을 한 결과

에 대해 분명히 압니다. 어떻게 이와 같이 꾸며대는 말을 한 사람이 몸이 파괴되고 죽은 후에 괴로운 곳, 나쁜 곳, 비참한 곳, 지옥으로 떨어지는지도 분명히 압니다.

8) 촌장이여, 나는 탐욕을 내는 것과 탐욕을 낸 결과에 대해 분명히 압니다. 어떻게 이와 같이 탐욕을 낸 사람이 몸이 파괴되고 죽은 후에 괴로운 곳, 나쁜 곳, 비참한 곳, 지옥으로 떨어지는지도 분명히 압니다.

9) 촌장이여, 나는 분노하는 것과 분노한 결과에 대해 분명히 압니다. 어떻게 이와 같이 분노하는 사람이 몸이 파괴되고 죽은 후에 괴로운 곳, 나쁜 곳, 비참한 곳, 지옥으로 떨어지는지도 분명히 압니다.

10) 촌장이여, 나는 잘못된 견해를 지니는 것과 잘못된 견해를 지닌 것에 대해 분명히 압니다. 어떻게 이와 같이 잘못된 견해를 지닌 사람이 몸이 파괴되고 죽은 후에 괴로운 곳, 나쁜 곳, 비참한 곳, 지옥으로 떨어지는지에 대해서도 분명히 압니다.

12. 촌장이여, 어떤 수행자들이나 성직자들은 '누구든지 살아있는 생명을 죽인다면 모두 현세에서 고통과 슬픔을 겪으며, 누구든지 주지 않은 것을 빼앗는다면 모두 현세에서 고통과 슬픔을 겪으며, 누구든지 사랑을 나눔에 잘못을 범하면 모두 현세에서 고통과 슬픔을 겪으며, 누구든지 어리석은 거짓말을 하면 모두 현세에서 고통과 슬픔을 겪습니다.'라는 교리와 견해를 갖고 있습니다.

13. 촌장이여, 그런데 여기 마치 왕인 것처럼 꽃다발로 장식하고, 귀걸이를 하고, 깨끗하게 목욕하고, 멋지게 화장하고, 말끔히 이발하고, 여인과 감각적 쾌락을 즐기면서 다니는 사람이 있습니다. 사람들이 그 사람에 대해 '이 사람은 무엇을 했기에 마치 왕인 것처럼

꽃다발로 장식하고, 귀걸이를 하고, 깨끗하게 목욕하고, 멋지게 화장하고, 말끔히 이발하고, 여인과 감각적 쾌락을 즐기면서 다니는가?'라고 묻습니다. 사람들은 그에 대해 '이 사람은 왕의 적을 공격해서 생명을 빼앗았다. 왕은 기뻐했고 그에게 포상을 했다. 그 때문에 저 사람은 마치 왕인 것처럼 꽃다발로 장식하고, 귀걸이를 하고, 깨끗하게 목욕하고, 멋지게 화장하고, 말끔히 이발하고, 여인과 감각적 쾌락을 즐기면서 다닌다.'라고 대답합니다.

14. 촌장이여, 그런데 여기 어떤 사람은 팔을 뒤로 하여 강한 밧줄로 꽁꽁 묶여, 머리를 깎인 채, 거친 북소리에 따라 이 거리에서 저 거리로 이 광장에서 저 광장으로 끌려 다니고, 남문을 통해 나와서 도시의 남쪽을 향해 머리가 잘립니다. 사람들이 그 사람에 대해 '이 사람은 무엇을 했기에 팔을 뒤로 하여 강한 밧줄로 꽁꽁 묶여, 머리를 깎인 채, 거친 북소리에 따라 이 거리에서 저 거리로 이 광장에서 저 광장으로 끌려 다니고, 남문을 통해 나와서 도시의 남쪽을 향해 머리가 잘리는가?'라고 묻습니다. 사람들은 그자에 대하여 '이 사람은 왕의 적인데, 여인이나 남자의 목숨을 빼앗았다. 그 때문에 왕은 그를 체포해서 이와 같은 벌을 내린 것이다.'라고 대답합니다.

15. 촌장이여, 어떻게 생각하십니까? 그대는 이와 같은 일을 보거나 들은 적이 있습니까?"

[촌장] "세존이시여, 저는 본 적도 있고 들은 적도 있습니다. 그리고 앞으로도 듣게 될 것입니다."

16. [세존] "촌장이여, 그렇다면, 어떤 수행자들이나 성직자들은 '누구든지 생명을 죽인다면, 모두 현세에서 고통과 슬픔을 겪는다.'라는 교리와 견해를 갖고 있는데, 그들은 진실을 말한 것입니까? 아니면 거짓을 말한 것입니까?"

[촌장] "세존이시여, 거짓입니다."
[세존] "그렇다면 허망하고 거짓인 것을 유포하는 사람은 선합니까? 부도덕합니까?"
[촌장] "세존이시여, 부도덕합니다."
[세존] "그렇다면 부도덕하고 악한 성품을 가진 사람들은 잘못 실천합니까? 올바로 실천합니까?"
[촌장] "세존이시여, 잘못 실천합니다."
[세존] "그렇다면 잘못 실천하는 사람은 삿된 견해를 가졌습니까? 올바른 견해를 가졌습니까?"
[촌장] "세존이시여, 삿된 견해를 가졌습니다."
[세존] "그렇다면 삿된 견해를 가진 사람들을 신뢰할 수 있습니까?"
[촌장] "세존이시여, 신뢰할 수 없습니다."

17. [세존] "촌장이여, 그런데 여기 마치 왕인 것처럼 꽃다발로 장식하고, 귀걸이를 하고, 깨끗하게 목욕하고, 멋지게 화장하고, 말끔히 이발하고, 여인과 감각적 쾌락을 즐기면서 다니는 사람이 있습니다. 사람들이 그 사람에 대해 '이 사람은 무엇을 했기에 마치 왕인 것처럼 꽃다발로 장식하고, 귀걸이를 하고, 깨끗하게 목욕하고, 멋지게 화장하고, 말끔히 이발하고, 여인과 감각적 쾌락을 즐기면서 다니는가?'라고 묻습니다. 사람들은 그에 대해 '이 사람은 왕의 적을 공격해서 보물을 빼앗았다. 왕은 기뻐했고 그에게 포상했다. 그 때문에 저 사람은 마치 왕인 것처럼 꽃다발로 장식하고, 귀걸이를 하고, 깨끗하게 목욕하고, 멋지게 화장하고, 말끔히 이발하고, 여인과 감각적 쾌락을 즐기면서 다닌다.'라고 대답합니다.

18. 촌장이여, 그런데 여기 어떤 사람은 팔을 뒤로 하여 강한 밧줄로 꽁꽁 묶여, 머리를 깎인 채, 거친 북소리에 따라 이 거리에서 저

거리로 이 광장에서 저 광장으로 끌려 다니고, 남문을 통해 나와서 도시의 남쪽을 향해 머리가 잘립니다. 사람들이 그 사람에 대해 '이 사람은 무엇을 했기에 팔을 뒤로 하여 강한 밧줄로 꽁꽁 묶여, 머리를 깎인 채, 거친 북소리에 따라 이 거리에서 저 거리로 이 광장에서 저 광장으로 끌려 다니고, 남문을 통해 나와서 도시의 남쪽을 향해 머리가 잘리는가?'라고 묻습니다. 사람들은 그자에 대하여 '이 사람은 마을이나 숲에서 주지 않는 것을 훔쳤다. 그 때문에 왕은 그를 체포해서 이와 같은 벌을 내린 것이다.'라고 대답합니다.

19. 촌장이여, 어떻게 생각하십니까? 그대는 이와 같은 일을 보거나 들은 적이 있습니까?"

[촌장] "세존이시여, 저는 본 적도 있고 들은 적도 있습니다. 그리고 앞으로도 듣게 될 것입니다."

20. [세존] "촌장이여, 그렇다면, 어떤 수행자들이나 성직자들은 '누구든지 주지 않는 것을 빼앗는다면, 모두 현세에서 고통과 슬픔을 겪는다.'라는 교리와 견해를 갖고 있는데, 그들은 진실을 말한 것입니까? 아니면 거짓을 말한 것입니까?"

[촌장] "세존이시여, 거짓입니다."

[세존] "그렇다면 허망하고 거짓인 것을 유포하는 사람은 선합니까? 부도덕합니까?"

[촌장] "세존이시여, 부도덕합니다."

[세존] "그렇다면 부도덕하고 악한 성품을 가진 사람들은 잘못 실천합니까? 올바로 실천합니까?"

[촌장] "세존이시여, 잘못 실천합니다."

[세존] "그렇다면 잘못 실천하는 사람은 삿된 견해를 가졌습니까? 올바른 견해를 가졌습니까?"

[촌장] "세존이시여, 삿된 견해를 가졌습니다."
[세존] "그렇다면 삿된 견해를 가진 사람들을 신뢰할 수 있습니까?"
[촌장] "세존이시여, 신뢰할 수 없습니다."

21. [세존] 촌장이여, 그런데 여기 마치 왕인 것처럼 꽃다발로 장식하고, 귀걸이를 하고, 깨끗하게 목욕하고, 멋지게 화장하고, 말끔히 이발하고, 여인과 감각적 쾌락을 즐기면서 다니는 사람이 있습니다. 사람들이 그 사람에 대해 '이 사람은 무엇을 했기에 마치 왕인 것처럼 꽃다발로 장식하고, 귀걸이를 하고, 깨끗하게 목욕하고, 멋지게 화장하고, 말끔히 이발하고, 여인과 감각적 쾌락을 즐기면서 다니는가?'라고 묻습니다. 사람들은 그에 대해 '이 사람은 왕의 적의 부녀자들을 농락했다. 왕은 기뻐했고 그에게 포상했다. 그 때문에 저 사람은 마치 왕인 것처럼 꽃다발로 장식하고, 귀걸이를 하고, 깨끗하게 목욕하고, 멋지게 화장하고, 말끔히 이발하고, 여인과 감각적 쾌락을 즐기면서 다닌다.'라고 대답합니다.

22. 촌장이여, 그런데 여기 어떤 사람은 팔을 뒤로 하여 강한 밧줄로 꽁꽁 묶여, 머리를 깎인 채, 거친 북소리에 따라 이 거리에서 저 거리로 이 광장에서 저 광장으로 끌려 다니고, 남문을 통해 나와서 도시의 남쪽을 향해 머리가 잘립니다. 사람들이 그 사람에 대해 '이 사람은 무엇을 했기에 팔을 뒤로 하여 강한 밧줄로 꽁꽁 묶여, 머리를 깎인 채, 거친 북소리에 따라 이 거리에서 저 거리로 이 광장에서 저 광장으로 끌려 다니고, 남문을 통해 나와서 도시의 남쪽을 향해 머리가 잘리는가?'라고 묻습니다. 사람들은 그자에 대하여 '이 사람은 정숙한 부인, 정숙한 처녀를 농락했다. 그 때문에 왕은 그를 체포해서 이와 같은 벌을 내린 것이다.'라고 대답합니다.

23. 촌장이여, 어떻게 생각하십니까? 그대는 이와 같은 일을 보거나

들은 적이 있습니까?"

[촌장] "세존이시여, 저는 본 적도 있고 들은 적도 있습니다. 그리고 앞으로도 듣게 될 것입니다."

24. [세존] "촌장이여, 어떤 수행자들이나 성직자들은 '누구든지 사랑을 나눔에 잘못을 범하면 모두 현세에서 고통과 슬픔을 겪는다.'라는 교리와 견해를 갖고 있는데, 그들은 진실을 말한 것입니까? 아니면 거짓을 말한 것입니까?"

[촌장] "세존이시여, 거짓입니다."

[세존] "그런데 허망하고 거짓인 것을 유포하는 사람은 선합니까? 부도덕합니까?"

[촌장] "세존이시여, 부도덕합니다."

[세존] "그런데 부도덕하고 악한 성품을 가진 사람들은 잘못 실천합니까? 올바로 실천합니까?"

[촌장] "세존이시여, 잘못 실천합니다."

[세존] "그런데 잘못 실천하는 사람은 삿된 견해를 가졌습니까? 올바른 견해를 가졌습니까?"

[촌장] "세존이시여, 삿된 견해를 가졌습니다."

[세존] "그런데 삿된 견해를 가진 사람들을 신뢰할 수 있습니까?"

[촌장] "세존이시여, 신뢰할 수 없습니다."

25. [세존] "촌장이여, 그런데 여기 마치 왕인 것처럼 꽃다발로 장식하고, 귀걸이를 하고, 깨끗하게 목욕하고, 멋지게 화장하고, 말끔히 이발하고, 여인과 감각적 쾌락을 즐기면서 다니는 사람이 있습니다. 사람들이 그 사람에 대해 '이 사람은 무엇을 했기에 마치 왕인 것처럼 꽃다발로 장식하고, 귀걸이를 하고, 깨끗하게 목욕하고, 멋지게 화장하고, 말끔히 이발하고, 여인과 감각적 쾌락을 즐기면서 다니

는가?'라고 묻습니다. 사람들은 그에 대해 '이 사람은 거짓말로 왕을 기쁘게 했다. 왕은 만족했고 그에게 포상했다. 그 때문에 저 사람은 마치 왕인 것처럼 꽃다발로 장식하고, 귀걸이를 하고, 깨끗하게 목욕하고, 멋지게 화장하고, 말끔히 이발하고, 여인과 감각적 쾌락을 즐기면서 다닌다.'라고 대답합니다.

26. 촌장이여, 여기 어떤 사람은 팔을 뒤로 하여 강한 밧줄로 꽁꽁 묶여, 머리를 깎인 채, 거친 북소리에 따라 이 거리에서 저 거리로 이 광장에서 저 광장으로 끌려 다니고, 남문을 통해 나와서 도시의 남쪽을 향해 머리가 잘립니다. 사람들이 그 사람에 대해 '이 사람은 무엇을 했기에 팔을 뒤로 하여 강한 밧줄로 꽁꽁 묶여, 머리를 깎인 채, 거친 북소리에 따라 이 거리에서 저 거리로 이 광장에서 저 광장으로 끌려 다니고, 남문을 통해 나와서 도시의 남쪽을 향해 머리가 잘리는가?'라고 묻습니다. 사람들은 그자에 대하여 '이 사람은 거짓말로 장자나 장자 아들의 재산에 손실을 입혔다. 그 때문에 왕은 그를 체포해서 이와 같은 벌을 내린 것이다.'라고 대답합니다.

27. 촌장이여, 어떻게 생각하십니까? 그대는 이와 같은 일을 보거나 들은 적이 있습니까?"

[촌장] "세존이시여, 저는 본 적도 있고 들은 적도 있습니다. 그리고 앞으로도 듣게 될 것입니다."

28. [세존] "촌장이여, 그렇다면, 어떤 수행자들이나 성직자들이 '누구든지 거짓말을 한다면, 모두 현세에서 고통과 슬픔을 겪는다.'라는 교리와 견해를 갖고 있는데, 그들은 진실을 말한 것입니까? 아니면 거짓을 말한 것입니까?"

[촌장] "세존이시여, 거짓입니다."

[세존] "그런데 허망하고 거짓인 것을 유포하는 사람은 선합니까?

부도덕합니까?"

[촌장] "세존이시여, 부도덕합니다."

[세존] "그런데 부도덕하고 악한 성품을 가진 사람들은 잘못 실천합니까? 올바로 실천합니까?"

[촌장] "세존이시여, 잘못 실천합니다."

[세존] "그런데 잘못 실천하는 사람은 삿된 견해를 가졌습니까? 올바른 견해를 가졌습니까?"

[촌장] "세존이시여, 삿된 견해를 가졌습니다."

[세존] "그런데 삿된 견해를 가진 사람들을 신뢰할 수 있습니까?"

[촌장] "세존이시여, 신뢰할 수 없습니다."

29. [촌장] "세존이시여, 아주 놀라운 일입니다. 세존이시여, 예전에 없었던 일입니다. 세존이시여, 제게 휴식처가 있습니다. 거기에는 침대도 있고, 의자도 있고, 주전자도 있고, 기름등도 있습니다. 수행자나 성직자가 그곳에 와서 지내면 저는 힘이 닿는 만큼 정성껏 접대했습니다. 세존이시여, 예전에 서로 다른 이해와 서로 다른 경향을 가진 네 명의 스승들이 그 휴식처에 온 적이 있습니다."

30. [촌장]

1) "어떤 스승은451) '보시도 없고, 제사도 없고, 헌공도 없고, 선악의 행위에 대한 과보도 없다. 이 세상도 없고, 저 세상도 없다. 어머니도 없고 아버지도 없고 화생하는452) 뭇삶도 없다. 이 세상과 저 세상을 스스로 곧바로 알고 깨달아서, 그것을 다른 사람들에게 알려주는, 세상에서 올바로 살고 올바로 실천하는 수행자들과 바라문들도 없다.'라는 교리와 견해를 갖고 있습니다.

---

451) 육사외도의 한사람인 아지따 께싸깜발린의 허무주의적 견해.
452) 순간적으로 마음에서 생겨나는 신들과 아귀, 수라, 지옥중생을 말한다.

2) 어떤 스승은 '보시도 있고, 제사도 있고, 헌공도 있고, 선악의 행위에 대한 과보도 있다. 이 세상도 있고, 저 세상도 있다. 어머니도 있고 아버지도 있고 화생하는 뭇삶도 있다. 이 세상과 저 세상을 스스로 곧바로 알고 깨달아서, 그것을 다른 사람들에게 알려주는, 세상에서 올바로 살고 올바로 실천하는 수행자들과 바라문들도 있다.'라고 이와 같은 교리와 견해를 갖고 있습니다.

3) 어떤 스승은[453] '업을 짓거나 업을 짓게 만들어도, 도륙하거나 도륙하게 만들어도, 학대하거나 학대하게 만들어도, 슬픔을 주거나 슬픔을 주게 만들어도, 억압하거나 억압하도록 해도, 협박하거나 협박하도록 해도, 생명을 죽이고, 주지 않은 것을 빼앗고, 남의 집에 침입하고, 재산을 약탈하고, 강도질하고, 노상에서 강도질하고, 타인의 아내를 농락하고, 거짓말을 해도 악을 짓는 것이 아니다. 비록 이 땅의 생명체들을 면도날 테로 만든 수레바퀴로 조각내어 부수고, 한 덩어리로 만든다고 해도, 그것을 조건으로 생겨나는 악은 없으며, 악에서 오는 과보도 없다. 비록 갠지스강의 남쪽에 가서 살해하거나 살해하게 만들고, 도륙하거나 도륙하게 만들고, 학대하거나 학대하도록 해도, 그것을 조건으로 생겨나는 악은 없고, 악에서 오는 과보도 없다. 비록 갠지스강의 북쪽 언덕에 가서 보시하거나 보시하도록 해도, 제사하거나 제사하도록 해도, 그것을 조건으로 생겨나는 공덕은 없고, 공덕에서 오는 과보도 없다. 베풀고, 수양하고, 자제하고, 진실을 말해도, 생겨나는 공덕은 없으며, 공덕에서 오는 과보도 없다.'라는 교리와 견해를 갖고 있습니다.

4) 어떤 스승은 '업을 짓거나 업을 짓게 만들고, 도륙하거나 도륙하

---

[453] 나형외도(裸形外道)의 한 사람인 뿌라나 깟싸빠의 교설이다.

게 만들고, 학대하거나 학대하게 만들고, 슬픔을 주거나 슬픔을 주게 만들고, 억압하거나 억압하도록 하고, 협박하거나 협박하도록 하고, 생명을 죽이고, 주지 않은 것을 빼앗고, 남의 집에 침입하고, 재산을 약탈하고, 강도질하고, 노상에서 강도질하고, 타인의 아내를 농락하고, 거짓말을 하면 악을 짓는 것이다. 만약 이 땅의 생명체들을 면도날 테로 만든 수레바퀴로 조각내어 부수고, 한 덩어리로 만든다면 그것을 조건으로 생겨나는 악이 있으며, 악에서 오는 과보도 있다. 만약 갠지스강의 남쪽에 가서 살해하거나 살해하게 만들고, 도륙하거나 도륙하게 만들고, 학대하거나 학대하도록 하면, 그것을 조건으로 생겨나는 악이 있고, 악에서 오는 과보도 있다. 만약 갠지스강의 북쪽 언덕에 가서 보시하거나 보시하도록 하면, 제사하거나 제사하도록 하면, 그것을 조건으로 생겨나는 공덕이 있고, 공덕에서 오는 과보도 있다. 베풀고, 수양하고, 자제하고, 진실을 말하면 생겨나는 공덕이 있고, 공덕에서 오는 과보도 있다.'라는 교리와 견해를 갖고 있습니다."

31. [촌장] "세존이시여, 그러므로 제게 '이 수행자들이나 성직자들 가운데 실로 누가 진실을 말하고 누가 거짓을 말하는가?'라고 의혹이 생겨나고 의심이 생겨났습니다."

[세존] "촌장이여, 그대의 의혹은 당연하고, 그대의 의심은 당연한 것입니다. 그대가 의혹을 갖는 경우에 의심이 생겨납니다."

[촌장] "세존이시여, 저는 세존에 대해 '세존께서 제가 이 의혹의 상태를 버릴 수 있도록 가르침을 베풀어 주실 것이다.'라고 확신하고 있습니다."

32. [세존] "촌장이여, 가르침에 대한 집중이 바로 그 방법입니다. 그대가 거기에서 마음에 대한 집중을 얻으면 의혹의 상태를 버릴

수 있습니다. 그러면 촌장이여, 가르침에 대한 집중이란 어떠한 것입니까?

33. [세존]

1) 이 세상에 고귀한 제자는, 생명을 죽이는 것을 버리고 생명을 죽이는 것을 그만 둡니다. 주지 않은 것을 훔치는 것을 버리고 주지 않은 것을 훔치는 것을 그만 둡니다. 사랑을 나눔에 잘못된 행동을 버리고 사랑을 나눔에 잘못된 행동을 그만 둡니다. 어리석은 거짓말을 하는 것을 버리고 어리석은 거짓말을 하는 것을 그만 둡니다. 이간질하는 말을 하는 것을 버리고 이간질하는 말을 하는 것을 그만 둡니다. 욕지거리를 말하는 것을 버리고 욕지거리를 말하는 것을 그만둡니다. 꾸며대는 말을 하는 것을 버리고 꾸며대는 말을 하는 것을 그만둡니다. 욕심을 버리고 욕심 없이 지냅니다. 악의와 증오를 버리고 악의 없는 마음으로 지냅니다. 잘못된 견해를 버리고 올바른 견해를 가진 사람이 됩니다.

2) 촌장이여, 욕심을 떠나고, 악의를 떠나고, 혼란되지 않고, 올바로 알아차리고, 새김을 확립한, 고귀한 제자는 광대하고, 멀리 미치고, 한량없고, 원한 없고, 악의 없는 자애의 마음으로 동쪽 방향, 남쪽 방향, 서쪽 방향, 북쪽 방향, 위와 아래와 옆과 모든 곳, 자신과 관련된 모든 곳, 일체의 세계를 가득 채웁니다.

3) 그는 '이 스승은 '보시도 없고, 제사도 없고, 헌공도 없고, 선악의 행위에 대한 과보도 없다. 이 세상도 없고, 저 세상도 없다. 어머니도 없고 아버지도 없고 화생하는 뭇삶도 없다. 이 세상과 저 세상을 스스로 곧바로 알고 깨달아서, 그것을 다른 사람들에게 알려주는, 세상에서 올바로 살고 올바로 실천하는 수행자들과 바라문들도 없다.'라는 교리와 견해를 갖고 있다. 비록 이 존경스런 스승

의 말이 진실이라고 해도454) 내가 약자건 강자건 누구도 해치지 않겠다는 것을 뒤집을 수 없다. 나는 두 가지 측면에서 행운의 주사위를 던진 셈이다. 그것은 내가 신체적으로 절제되고, 언어적으로 절제되고, 정신적으로 절제되기 때문이고, 몸이 파괴되고 죽은 뒤에 하늘나라에 태어날 것이기 때문이다.'라고 성찰합니다.

34. 그에게는 기쁨이 생겨납니다. 기쁘면 희열이 생겨납니다. 마음이 희열로 고양되면 몸이 평온해집니다. 몸이 평온해지면 행복을 느낍니다. 행복한 사람의 마음은 집중됩니다. 촌장이여, 이것이 가르침에 대한 집중입니다. 그대가 거기에서 마음에 대한 집중을 얻으면, 의혹의 상태를 버릴 수 있습니다.

35. [세존]

1) 이 세상에 고귀한 제자는, 살아있는 생명을 죽이는 것을 버리고 살아있는 생명을 죽이는 것을 그만 둡니다. 주지 않은 것을 훔치는 것을 버리고 주지 않은 것을 훔치는 것을 그만 둡니다. 사랑을 나눔에 잘못된 행동을 버리고 사랑을 나눔에 잘못된 행동을 그만 둡니다. 어리석은 거짓말을 하는 것을 버리고 어리석은 거짓말을 하는 것을 그만 둡니다. 이간질하는 말을 하는 것을 버리고 이간질하는 말을 하는 것을 그만 둡니다. 욕지거리를 말하는 것을 버리고 욕지거리를 말하는 것을 그만둡니다. 꾸며대는 말을 하는 것을 버리고 꾸며대는 말을 하는 것을 그만둡니다. 욕심을 버리고 욕심 없이 지냅니다. 악의와 증오를 버리고 악의 없는 마음으로 지냅니다. 잘못된 견해를 버리고 올바른 견해를 가진 사람이 됩니다.

---

454) 여기서 '진실'은 빠알리어로 '아빤나까'라고 하는데, 그 어원은 불분명하지만 열반의 동의어이기도 하다. 열반으로 이르는 길을 '진실의 길'이라고도 한다.

2) 촌장이여, 욕심을 떠나고, 악의를 떠나고, 혼란되지 않고, 올바로 알아차리고, 새김을 확립한, 고귀한 제자는 광대하고, 멀리 미치고, 한량없고, 원한 없고, 악의 없는 자애의 마음으로 동쪽 방향, 남쪽 방향, 서쪽 방향, 북쪽 방향, 위와 아래와 옆과 모든 곳, 자신과 관련된 모든 곳, 일체의 세계를 가득 채웁니다.

3) 그는 '이 스승은 '보시도 있고, 제사도 있고, 헌공도 있고, 선악의 행위에 대한 과보도 있다. 이 세상도 있고, 저 세상도 있다. 어머니도 있고 아버지도 있고 화생하는 뭇삶도 있다. 이 세상과 저 세상을 스스로 곧바로 알고 깨달아서, 그것을 다른 사람들에게 알려주는, 세상에서 올바로 살고 올바로 실천하는 수행자들과 바라문들도 있다.'라는 교리와 견해를 갖고 있다. 비록 이 존경스런 스승의 말이 진실이라고 해도 내가 약자건 강자건 누구도 해치지 않겠다는 것을 뒤집을 수 없다. 나는 두 가지 측면에서 행운의 주사위를 던진 셈이다. 그것은 내가 신체적으로 절제되고, 언어적으로 절제되고, 정신적으로 절제되기 때문이고, 몸이 파괴되고 죽은 뒤에 하늘나라에 태어날 것이기 때문이다.'라고 성찰합니다.

36. 그에게는 기쁨이 생겨납니다. 기쁘면 희열이 생겨납니다. 마음이 희열로 고양되면 몸이 평온해집니다. 몸이 평온해지면 행복을 느낍니다. 행복한 사람의 마음은 집중됩니다. 촌장이여, 이것이 가르침에 대한 집중입니다. 그대가 거기에서 마음에 대한 집중을 얻으면, 의혹의 상태를 버릴 수 있습니다.

37. [세존]

1) 이 세상에 고귀한 제자는, 살아있는 생명을 죽이는 것을 버리고 살아있는 생명을 죽이는 것을 그만 둡니다. 주지 않은 것을 훔치는 것을 버리고 주지 않은 것을 훔치는 것을 그만 둡니다. 사랑을

나눔에 잘못된 행동을 버리고 사랑을 나눔에 잘못된 행동을 그만 둡니다. 어리석은 거짓말을 하는 것을 버리고 어리석은 거짓말을 하는 것을 그만 둡니다. 이간질하는 말을 하는 것을 버리고 이간질하는 말을 하는 것을 그만 둡니다. 욕지거리를 말하는 것을 버리고 욕지거리를 말하는 것을 그만둡니다. 꾸며대는 말을 하는 것을 버리고 꾸며대는 말을 하는 것을 그만둡니다. 욕심을 버리고 욕심 없이 지냅니다. 악의와 증오를 버리고 악의 없는 마음으로 지냅니다. 잘못된 견해를 버리고 올바른 견해를 가진 사람이 됩니다.

2) 촌장이여, 욕심을 떠나고, 악의를 떠나고, 혼란되지 않고, 올바로 알아차리고, 새김을 확립한, 고귀한 제자는 광대하고, 멀리 미치고, 한량없고, 원한 없고, 악의 없는 자애의 마음으로 동쪽 방향, 남쪽 방향, 서쪽 방향, 북쪽 방향, 위와 아래와 옆과 모든 곳, 자신과 관련된 모든 곳, 일체의 세계를 가득 채웁니다.

3) 그는 '이 스승은 '업을 짓거나 업을 짓게 만들어도, 도륙하거나 도륙하게 만들어도, 학대하거나 학대하게 만들어도, 슬픔을 주거나 슬픔을 주게 만들어도, 억압하거나 억압하도록 해도, 협박하거나 협박하도록 해도, 생명을 죽이고, 주지 않은 것을 빼앗고, 남의 집에 침입하고, 재산을 약탈하고, 강도질하고, 노상에서 강도질하고, 타인의 아내를 농락하고, 거짓말을 해도 악을 짓는 것이 아니다. 비록 이 땅의 생명체들을 면도날 테로 만든 수레바퀴로 조각내어 부수고, 한 덩어리로 만든다고 해도, 그것을 조건으로 생겨나는 악은 없으며, 악에서 오는 과보도 없다. 비록 갠지스강의 남쪽에 가서 살해하거나 살해하게 만들고, 도륙하거나 도륙하게 만들고, 학대하거나 학대하도록 해도, 그것을 조건으로 생겨나는 악

은 없고, 악에서 오는 과보도 없다. 비록 갠지스강의 북쪽 언덕에 가서 보시하거나 보시하도록 해도, 제사하거나 제사하도록 해도, 그것을 조건으로 생겨나는 공덕은 없고, 공덕에서 오는 과보도 없다. 베풀고, 수양하고, 자제하고, 진실을 말해도, 생겨나는 공덕은 없으며, 공덕에서 오는 과보도 없다.'라는 교리와 견해를 갖고 있다. 비록 이 존경스런 스승의 말이 진실이라고 해도 내가 약자건 강자건 누구도 해치지 않겠다는 것을 뒤집을 수 없다. 나는 두 가지 측면에서 행운의 주사위를 던진 셈이다. 그것은 내가 신체적으로 절제되고, 언어적으로 절제되고, 정신적으로 절제되기 때문이고, 몸이 파괴되고 죽은 뒤에 하늘나라에 태어날 것이기 때문이다.'라고 성찰합니다.

38. 그에게는 기쁨이 생겨납니다. 기쁘면 희열이 생겨납니다. 마음이 희열로 고양되면 몸이 평온해집니다. 몸이 평온해지면 행복을 느낍니다. 행복한 사람의 마음은 집중됩니다. 촌장이여, 이것이 가르침에 대한 집중입니다. 그대가 거기에서 마음에 대한 집중을 얻으면, 의혹의 상태를 버릴 수 있습니다.

39. [세존]

1) 이 세상에 고귀한 제자는, 살아있는 생명을 죽이는 것을 버리고 살아있는 생명을 죽이는 것을 그만 둡니다. 주지 않은 것을 훔치는 것을 버리고 주지 않은 것을 훔치는 것을 그만 둡니다. 사랑을 나눔에 잘못된 행동을 버리고 사랑을 나눔에 잘못된 행동을 그만 둡니다. 어리석은 거짓말을 하는 것을 버리고 어리석은 거짓말을 하는 것을 그만 둡니다. 이간질하는 말을 하는 것을 버리고 이간질하는 말을 하는 것을 그만 둡니다. 욕지거리를 말하는 것을 버리고 욕지거리를 말하는 것을 그만둡니다. 꾸며대는 말을 하는

것을 버리고 꾸며대는 말을 하는 것을 그만둡니다. 욕심을 버리고 욕심 없이 지냅니다. 악의와 증오를 버리고 악의 없는 마음으로 지냅니다. 잘못된 견해를 버리고 올바른 견해를 가진 사람이 됩니다.

2) 촌장이여, 욕심을 떠나고, 악의를 떠나고, 혼란되지 않고, 올바로 알아차리고, 새김을 확립한, 고귀한 제자는 광대하고, 멀리 미치고, 한량없고, 원한 없고, 악의 없는 자애의 마음으로 동쪽 방향, 남쪽 방향, 서쪽 방향, 북쪽 방향, 위와 아래와 옆과 모든 곳, 자신과 관련된 모든 곳, 일체의 세계를 가득 채웁니다.

3) 그는 '이 스승은 '업을 짓거나 업을 짓게 만들고, 도륙하거나 도륙하게 만들고, 학대하거나 학대하게 만들고, 슬픔을 주거나 슬픔을 주게 만들고, 억압하거나 억압하도록 하고, 협박하거나 협박하도록 하고, 생명을 죽이고, 주지 않은 것을 빼앗고, 남의 집에 침입하고, 재산을 약탈하고, 강도질하고, 노상에서 강도질하고, 타인의 아내를 농락하고, 거짓말을 하면 악을 짓는 것이다. 만약 이 땅의 생명체들을 면도날 테로 만든 수레바퀴로 조각내어 부수고, 한 덩어리로 만든다면 그것을 조건으로 생겨나는 악이 있으며, 악에서 오는 과보도 있다. 만약 갠지스강의 남쪽에 가서 살해하거나 살해하게 만들고, 도륙하거나 도륙하게 만들고, 학대하거나 학대하도록 하면, 그것을 조건으로 생겨나는 악이 있고, 악에서 오는 과보도 있다. 만약 갠지스강의 북쪽 언덕에 가서 보시하거나 보시하도록 하면, 제사하거나 제사하도록 하면, 그것을 조건으로 생겨나는 공덕이 있고, 공덕에서 오는 과보도 있다. 베풀고, 수양하고, 자제하고, 진실을 말하면 생겨나는 공덕이 있고, 공덕에서 오는 과보도 있다.'라는 교리와 견해를 갖고 있다. 비록 이 존

경스런 스승의 말이 진실이라고 해도 내가 약자건 강자건 누구도 해치지 않겠다는 것을 뒤집을 수 없다. 나는 두 가지 측면에서 행운의 주사위를 던진 셈이다. 그것은 내가 신체적으로 절제되고, 언어적으로 절제되고, 정신적으로 절제되기 때문이고, 몸이 파괴되고 죽은 뒤에 하늘나라에 태어날 것이기 때문이다.'라고 성찰합니다.

40. 그에게는 기쁨이 생겨납니다. 기쁘면 희열이 생겨납니다. 마음이 희열로 고양되면 몸이 평온해집니다. 몸이 평온해지면 행복을 느낍니다. 행복한 사람의 마음은 집중됩니다. 촌장이여, 이것이 가르침에 대한 집중입니다. 그대가 거기에서 마음에 대한 집중을 얻으면, 의혹의 상태를 버릴 수 있습니다.

41. 이와 같이 말씀하시자 촌장 빠딸리야는 세존께 이와 같이 말씀드렸다.

[촌장] "세존이신 고따마여, 훌륭하십니다. 세존이신 고따마여, 훌륭하십니다. 넘어진 것을 일으켜 세우듯, 가려진 것을 열어 보이듯, 어리석은 자에게 길을 가리켜 주듯, 눈 있는 자는 형상을 보라고 어둠 속에 등불을 들어 올리듯, 세존께서는 이와 같이 여러 가지 방법으로 진리를 밝혀 주셨습니다. 세존이신 고따마여, 그러므로 이제 세존께 귀의합니다. 또한 그 가르침에 귀의합니다. 또한 그 수행승의 참모임에 귀의합니다. 세존이신 고따마께서는 저를 재가신자로 받아 주십시오. 오늘부터 목숨 바쳐 귀의합니다."

41. 참다운 무위는 무엇인가[455]

1. [세존] "수행승들이여, 나는 너희들을 위해 무위와 무위로 이끄는 길에 대해 설하겠다. 잘 들어라.

2. 수행승들이여, 무위란 어떠한 것인가? 수행승들이여, 탐욕의 소멸과 분노의 소멸과 어리석음의 소멸을 무위라고 한다.

3. 수행승들이여, 무위로 이끄는 길이란 어떠한 것인가? ① 멈춤 ② 통찰 ③ 사유가 있고 숙고가 있는 집중 ④ 사유는 없지만 숙고가 있는 집중 ⑤ 사유도 없고 숙고도 없는 집중 ⑥ 있음을 뛰어넘는 집중 ⑦ 인상을 뛰어넘는 집중 ⑧ 바램을 뛰어넘는 집중 ⑨ 열심히 노력하고, 분명히 알아채고, 새김을 확립하고, 세상의 탐욕과 근심을 제거하면서, 몸에 대해 몸을 관찰하는 것 ⑩ 열심히 노력하고, 분명히 알아채고, 새김을 확립하고, 세상의 탐욕과 근심을 제거하면서, 느낌에 대해 느낌을 관찰하는 것 ⑪ 열심히 노력하고, 분명히 알아채고, 새김을 확립하고, 세상의 탐욕과 근심을 제거하면서, 마음에 대해 마음을 관찰하는 것 ⑫ 열심히 노력하고, 분명히 알아채고, 새김을 확립하고, 세상의 탐욕과 근심을 제거하면서, 사실에 대해 사실을 관찰하는 것 ⑬ 아직 생겨나지 않은 악하고 불건전한 상태가 생겨나지 않도록 의욕을 일으키며, 노력하고, 힘을 고취하고, 마음을 다잡고, 정근하는 것 ⑭ 이미 생겨난 악하고 불건전한 상태를 버리기 위해 의욕을 일으키며, 노력하고, 힘을 고취하고, 마음을 다잡고, 정근하는 것 ⑮ 아직 생겨나지 않은 착하고 건전한 상태가 생겨나도록 의욕을 일으키며, 노력하고, 힘을 고취하고, 마음을 다잡고, 정근하는 것 ⑯ 이미 생겨난 착하고 건전한 상태를 유지시키

---

455) 멈춤의 경[Samathasutta] : SN. IV. 362.

고, 줄어들지 않게 하고, 증가시키고, 확대시키고, 계발하고 완성시키기 위하여 의욕을 일으키며, 노력하고, 힘을 고취하고, 마음을 다잡고, 정근하는 것 ⑰ 의욕에서 비롯된 집중과 정근에 의해 형성되는 신통의 기초를 닦는 것 ⑱ 정진에서 비롯된 집중과 정근에 의해 형성되는 신통의 기초를 닦는 것 ⑲ 마음에서 비롯된 집중과 정근에 의해 형성되는 신통의 기초를 닦는 것 ⑳ 사유에서 비롯된 집중과 정근에 의해 형성되는 신통의 기초를 닦는 것 ㉑ 멀리 여읨에 기초하고 사라짐에 기초하고 소멸에 기초하여 완전히 버림으로써 열반으로 끝나는 믿음의 능력을 닦는 것 ㉒ 멀리 여읨에 기초하고 사라짐에 기초하고 소멸에 기초하여 완전히 버림으로써 열반으로 끝나는 정진의 능력을 닦는 것 ㉓ 멀리 여읨에 기초하고 사라짐에 기초하고 소멸에 기초하여 완전히 버림으로써 열반으로 끝나는 새김의 능력을 닦는 것 ㉔ 멀리 여읨에 기초하고 사라짐에 기초하고 소멸에 기초하여 완전히 버림으로써 열반으로 끝나는 집중의 능력을 닦는 것 ㉕ 멀리 여읨에 기초하고 사라짐에 기초하고 소멸에 기초하여 완전히 버림으로써 열반으로 끝나는 지혜의 능력을 닦는 것 ㉖ 멀리 여읨에 기초하고 사라짐에 기초하고 소멸에 기초하여 완전히 버림으로써 열반으로 끝나는 믿음의 힘을 닦는 것 ㉗ 멀리 여읨에 기초하고 사라짐에 기초하고 소멸에 기초하여 완전히 버림으로써 열반으로 끝나는 정진의 힘을 닦는 것 ㉘ 멀리 여읨에 기초하고 사라짐에 기초하고 소멸에 기초하여 완전히 버림으로써 열반으로 끝나는 새김의 힘을 닦는 것 ㉙ 멀리 여읨에 기초하고 사라짐에 기초하고 소멸에 기초하여 완전히 버림으로써 열반으로 끝나는 집중의 힘을 닦는 것 ㉚ 멀리 여읨에 기초하고 사라짐에 기초하고 소멸에 기초하여 완전히 버림으로써 열반으로 끝나는 지혜의 힘을 닦는 것 ㉛ 멀리 여읨에 기초하고 사라짐에 기초하고 소멸에 기초하여 완전히 버림으로써 열반으로 끝나는 새김의 깨달음 고리를 닦는 것 ㉜ 멀리 여읨에 기초하고 사라짐에 기초하고 소멸에 기초하여 완전히 버림으로써 열반으로 끝나는 탐구의 깨달음 고리를 닦는 것 ㉝ 멀리 여읨에 기초하고 사라짐에 기초하고 소멸에 기초하여 완전히 버림으로써 열반으로 끝나는 정진의 깨달음 고리를 닦는 것 ㉞ 멀리 여읨에 기초하고 사라짐에 기초하고 소멸에 기초하여 완전히 버림으로써 열반으로 끝나는 기쁨의 깨달음 고리를 닦는 것 ㉟ 멀리 여읨에 기초하고 사라짐에 기초하고 소멸에 기초하여 완전히 버림으로써 열반으로 끝나는 안온의 깨달음 고리를 닦는 것 ㊱ 멀리 여읨에 기초하고 사라짐에 기초하고 소멸에 기초하여 완전히 버림으로써 열반으로 끝나는 집중의 깨달음 고리를 닦는 것 ㊲ 멀리 여읨에 기초하고 사라짐에 기초하고 소멸에 기초하여 완전히 버림으로써 열반으로 끝나는 평정의 깨달음 고리를 닦는 것 ㊳ 멀리 여읨에 기초하고 사라짐에 기초하고 소멸에 기초하여 완전히 버림으로써 열반으로 끝나는 올바른 견해를 닦는 것 ㊴ 멀리 여읨에 기초하고 사라짐에 기초하고 소멸에 기초하여 완전히 버림으로써 열반으로 끝나는 올바른 사유를 닦는 것 ㊵ 멀리 여읨에 기초하고 사라짐에 기초하고 소멸에 기초하여 완전히 버림으로써 열반으로 끝나는 올바른 언어를 닦는 것 ㊶ 멀리 여읨에 기초하고 사라짐에 기초하고 소멸에 기초하여 완전히 버림으로써 열반으로 끝나는 올바른 행위를 닦는 것 ㊷ 멀리 여읨에 기초하고 사라짐에 기초하고 소멸에 기초하여 완전히 버림으로써 열반으로 끝나는 올바른 생활을 닦는 것 ㊸ 멀리 여읨에 기초하고 사라짐에 기초하고 소멸에 기초하여 완전히 버림으로써 열반으로 끝나는 올바른 정진을 닦는 것 ㊹ 멀리 여윔에 기초하고 사라짐에 기초하고 소멸에 기초하여 완전히 버림으로써 열반으로 끝나는 올바른 새김을 닦는 것 ㊺ 멀리 여읨에 기초하고 사라짐에 기초하고 소멸에 기초하여 완전히 버림으로써 열반으로 끝나는 올바른 집중을 닦는 것이다.456) 이러한 것을 수행승들이여, 무위로 이끄는 길이라 한다.

4. 수행승들이여, 이와 같이 나는 무위와 무위로 이끄는 길에 관해 설했으니, 수행승들이여, 무엇이든 제자의 이익을 위하여 자비로운 스승이 자비심에서 해야 할 일이라면, 그것이 어떠한 것이든 나는 그대들에게 행했다.

5. 수행승들이여, 이것들이 나무 밑이다. 이것들이 빈집이다. 선정을 닦아라. 방일하지 말라. 나중에 후회하지 않도록 하라. 이것이 너희들에게 주는 가르침이다."

42. 윤회에 대해 이교의 스승과 부처님은 어떻게 달리 말할까457)

1. 이와 같이 나는 들었다. 한 때 세존께서 싸밧티 시의 제따바나 숲에 있는 아나타삔디까 승원에 계셨다.

2. 그 때 유행자 밧차곳따가 세존께서 계신 곳을 찾아갔다. 가까이

---

456) 위의 내용의 각 항목 예를 들어 ① : 멈춤[止 : Samatha] ② : 통찰[觀 : Vipassana] ③④⑤⑥⑦⑧ : 여섯 가지 삼매[六三昧 : Cha-Samādhi] ⑨⑩⑪⑫ : 네 가지 새김의 토대[四念處 : Cattāro Satipaṭṭhāna], ⑬⑭⑮⑯ : 네 가지 정근[四正勤 : Cattāro Sammappadhānā], ⑰⑱⑲⑳ : 네 가지 신통의 기초[四神足 : Cattāro iddhipādā], ㉑㉒㉓㉔㉕ : 다섯 가지 능력[五根 : Pañcindriyāni], ㉖㉗㉘㉙㉚ : 다섯 가지 힘[五力 : Pañcabalāni], ㉛㉜㉝㉞㉟㊱㊲ : 일곱 가지 깨달음 고리[七覺支 : Sattasambojjhaṅgā], ㊳㊴㊵㊶㊷㊸㊹㊺ : 여덟 가지 길[八正道 : Aṭṭhaṅgikamagga]과 관계된다.
457) 집회장의 경[Kutūhalasālāsutta] : SN. IV. 398 ; 잡아함 34권 [大正 2. 224a, 잡957] 참조. 붓다고싸에 따르면, "집회장은 여러 이교도들이 논쟁을 하기 위해 만나는 곳이다. '그가 무엇을 말했는가. 그가 무엇을 말했는가.'라고 외침 속에서 울리는 소음(kutūhala) 때문에 그렇게 불린 것이다."

다가가서 세존과 인사를 하고 안부를 주고 받은 뒤에 한쪽으로 물러앉았다.

3. 한쪽으로 물러앉은 유행자 밧차곳따는 세존께 이와 같이 말했다. [밧차곳따] "세존이신 고따마여, 예전에 오전 중에 많은 여러 이교도의 수행자와 성직자와 유행자들이 모여 집회를 할 때 그들 사이에 이러한 이야기가 있었습니다.

4. 뿌라나 깟싸빠는458) 많은 사람들에게 훌륭한 자로 여겨지는 종파의 지도자이며, 대중의 지도자이며, 대중의 스승이며, 잘 알려지고 명성이 높은 정신적 지도자입니다. 그는 목숨이 다해 죽은 제자의 다시 태어남에 대해 '그는 이러이러한 곳에서 출생했다. 그는 이러이러한 곳에서 출생했다.'라고 선언합니다. 그리고 가장 훌륭한 제자, 가장 탁월한 제자, 가장 탁월한 경지에 도달한 제자가 목숨이 다해 죽은 경우에도 그의 다시 태어남에 대해 '그는 이러이러한 곳에서 출생했다. 그는 이러이러한 곳에서 출생했다.'라고 선언합니다.

5. 막칼리 고쌀라는459) 많은 사람들에게 훌륭한 자로 여겨지는 종파

---

458) 뿌라나 깟싸빠는 비결정론자로서 '대왕이여, 참으로 [어떠한 일을] 하거나 [어떠한 일을] 하도록 시켜도 도륙하거나 도륙하도록 시켜도 학대하거나 학대하도록 시켜도 슬프게 하거나 피곤하게 하고 전율하고 전율하게 만들고 생명을 해치고 주지 않는 것을 빼앗고 가택을 침입하고 약탈하고 절도하고 노략질하고 타인의 처를 겁탈하고 거짓말을 하더라도 죄를 범한 것이 아니다.'라고 주장했다. 부처님이 깟싸빠를 비난한 것은 도덕적 책임감에 입각한 윤리적 삶을 불가능하게 하는 그의 비결정론 때문이었다.

459) 막칼리 고쌀라는 결정론자로서 모든 존재는 결정과 종과 자연의 본성에 의해 지배된다고 주장했다. '모든 동물, 모든 유정, 모든 존재, 모든 생명은… 결정과 종과 자연의 본성에 의해서 서로 변이하여 여섯 가지 종류에 따라서 즐거움과 괴로움을 받는다.' 이러한 고쌀라의 결정론이 유물론적이든 그렇지 않든 간에 고쌀라는 모든 사건의 원인과 결과들이 강하게 결정되어 있는 것을 너무 강조한 나머지 모든 사건들이 미리 결정되어 있으며 운명 지어져 있다는 것을 강조했다. 운명은 신들의 힘과 권능뿐만 아니라 인간의 모든 노력을 넘어서는 것이다. 그에 의하면 인간과 세계는 '마치 실타래가 던져졌을 때 완전히 풀릴 때까지 풀려나가듯이' 가차 없는 목적론과 일치하는 무자비한 과정의 산물이다. 고쌀라의 주장은 인과법칙의 가혹함에서 연원된 것이다. 그러나 이러한 숙명론은 결과적으로 정신적인 인과성에서 자명한 자유의지마저 부정할 수밖에 없었다.

의 지도자이며, 대중의 지도자이며, 대중의 스승이며, 잘 알려지고 명성이 높은 정신적 지도자입니다. 그는 목숨이 다해 죽은 제자의 다시 태어남에 대해 '그는 이러이러한 곳에서 출생했다. 그는 이러이러한 곳에서 출생했다.'라고 선언합니다. 그리고 가장 훌륭한 제자, 가장 탁월한 제자, 가장 탁월한 경지에 도달한 제자가 목숨이 다해 죽은 경우에도 그의 다시 태어남에 대해 '그는 이러이러한 곳에서 출생했다. 그는 이러이러한 곳에서 출생했다.'라고 선언합니다.

6. 니간타 나따뿟따는460) 많은 사람들에게 훌륭한 자로 여겨지는 종파의 지도자이며, 대중의 지도자이며, 대중의 스승이며, 잘 알려지고 명성이 높은 정신적 지도자입니다. 그는 목숨이 다해 죽은 제자의 다시 태어남에 대해 '그는 이러이러한 곳에서 출생했다. 그는 이러이러한 곳에서 출생했다.'라고 선언합니다. 그리고 가장 훌륭한 제자, 가장 탁월한 제자, 가장 탁월한 경지에 도달한 제자가 목숨이 다해 죽은 경우에도 그의 다시 태어남에 대해 '그는 이러이러한 곳에서 출생했다. 그는 이러이러한 곳에서 출생했다.'라고 선언합니다.

7. 산자야 벨랏티뿟따는461) 많은 사람들에게 훌륭한 자로 여겨지는 종파의 지도자이며, 대중의 지도자이며, 대중의 스승이며, 잘 알려

---

460) 니간타 나따뿟따는 자이나교의 교조로서 모든 극단은 절대적 의미에서 옳지 않다고 주장했다. 모순이 생겨나는 것은 입장의 잘못 때문이다. 실체에 대한 본질적이고, 양상적 관점들은 분리하여 관찰하면 모두 부정확하다. 자이나교는 일곱 가지 관점을 주장한다. ① 아마 그것은 X일 것이다. ② 아마 그것은 X가 아닐 것이다. ③ 아마 그것은 X이겠지만 또한 X가 아닐 것이다. ④ 아마 그것은 말로 표현할 수 없다. ⑤ 아마 그것은 X이겠으나, 말로 표현할 수 없다. ⑥ 아마 그것은 X가 아니겠으나, 말로 표현할 수 없다.⑦ 아마 그것은 X이며, X가 아니겠으나, 말로 표현할 수 없다. 자이나교는 이와 같이 도그마적인 극단적 이론을 주장하지 않고 인과성에 있어서 상대론적 관점을 취했지만, 실제로는 단지 절충적인 적용으로서 그러한 이론들은 만족스럽지도 못하고 또한 성공적이지도 못하다.

461) 산자야 벨랏티뿟따는 회의론자로 "당신이 '저 세상이 있는가'라고 물을 때 만약 '저 세상이 있다.'고 내가 생각하면 '저 세상이 있다.'고 나는 당신에게 설명할 것이다. 그러나 나는 이러하다고도 생각하지 않고, 저러다고도 생각하지 않으며, 다르다고도 생각하지 않고, 아니라고도 생각하지 않으며, 아닌 것이 아니라고도 생각하지 않는다."라고 말했다.

지고 명성이 높은 정신적 지도자입니다. 그는 목숨이 다해 죽은 제자의 다시 태어남에 대해 '그는 이러이러한 곳에서 출생했다. 그는 이러이러한 곳에서 출생했다.'라고 선언합니다. 그리고 가장 훌륭한 제자, 가장 탁월한 제자, 가장 탁월한 경지에 도달한 제자가 목숨이 다해 죽은 경우에도 그의 다시 태어남에 대해 '그는 이러이러한 곳에서 출생했다. 그는 이러이러한 곳에서 출생했다.'라고 선언합니다.

8. 빠꾸다 깟짜야나는462) 많은 사람들에게 훌륭한 자로 여겨지는 종파의 지도자이며, 대중의 지도자이며, 대중의 스승이며, 잘 알려지고 명성이 높은 정신적 지도자입니다. 그는 목숨이 다해 죽은 제자의 다시 태어남에 대해 '그는 이러이러한 곳에서 출생했다. 그는 이러이러한 곳에서 출생했다.'라고 선언합니다. 그리고 가장 훌륭한 제자, 가장 탁월한 제자, 가장 탁월한 경지에 도달한 제자가 목숨이 다해 죽은 경우에도 그의 다시 태어남에 대해 '그는 이러이러한 곳에서 출생했다. 그는 이러이러한 곳에서 출생했다.'라고 선언합니다.

9. 아지따 께싸깜발린은463) 많은 사람들에게 훌륭한 자로 여겨지는

---

462) 빠꾸다 깟짜야나는 유물론적으로 칠요소설 - 땅, 물, 불, 바람, 괴로움, 즐거움, 영혼 - 을 주장했는데, 영혼의 존재를 인정하고 있다는 점에서 본다면 유물론자들과는 다른 이원론적인 입장을 취하는 것같이 보이지만, 빠꾸다가 인정하는 영혼은 물질적인 것으로 지극히 유물론적이다. 이들 일곱 요소는 생성되지 않고 움직이지 않고 변화하지 않고 서로 인과적으로 영향을 끼치지 않는다고 보고 있다. 그는 이러한 형이상학적인 토대 위에 '만약 날카로운 칼로 머리를 잘라도 아무도 누구의 생명을 앗아간 것이 아니며 단지 7요소 사이를 따라 칼이 통과한 것뿐이다.'라고 주장했다. 이러한 가르침은 진아의 불괴성과 불변성을 주장하는 초기 우빠니샤드의 영원주의에 영향을 받은 유물론이다.

463) 아지따 께싸깜발린은 인도에서 가장 유명한 유물론자이다. 그는 지수화풍의 네 가지 물질적 원소만이 참된 실재라고 하여 영혼의 존재를 부정하고 "인간은 네 가지 원소로 만들어졌으며, 목숨이 다하고 죽으면 땅은 땅의 세계로 돌아가고, 물은 물의 세계로 돌아가고, 불은 불의 세계로 돌아가고, 바람은 바람의 세계로 돌아가고, 모든 감각기관은 허공으로 돌아간다."라고 주장했다. 이러한 유물론자들은 감각적으로 지각 가능한 인상만을 인정하고 분리된 인상에 물질적 실체성을 부여함으로써 인과성을 부정한다. 유물론자들은 자성론자(自性論者)로서 물리적 개체를 구성하는 질료의 명령에 자동적으로 반응하는 내적 본성을 주장하는 극단적인 결정론자이다.

종파의 지도자이며, 대중의 지도자이며, 대중의 스승이며, 잘 알려지고 명성이 높은 정신적 지도자입니다. 그는 목숨이 다해 죽은 제자의 다시 태어남에 대해 '그는 이러이러한 곳에서 출생했다. 그는 이러이러한 곳에서 출생했다.'라고 선언합니다. 그리고 가장 훌륭한 제자, 가장 탁월한 제자, 가장 탁월한 경지에 도달한 제자가 목숨이 다해 죽은 경우에도 그의 다시 태어남에 대해 '그는 이러이러한 곳에서 출생했다. 그는 이러이러한 곳에서 출생했다.'라고 선언합니다.

10. 수행자 고따마는 많은 사람들에게 훌륭한 자로 여겨지는 종파의 지도자이며, 대중의 지도자이며, 대중의 스승이며, 잘 알려지고 명성이 높은 정신적 지도자입니다. 그는 목숨이 다해 죽은 제자의 다시 태어남에 대해 '그는 이러이러한 곳에서 출생했다. 그는 이러이러한 곳에서 출생했다.'라고 선언합니다. 그렇지만 가장 훌륭한 제자, 가장 탁월한 제자, 가장 탁월한 경지에 도달한 제자가 목숨이 다해 죽은 경우에는 그의 다시 태어남에 대해 '그는 이러이러한 곳에서 출생했다. 그는 이러이러한 곳에서 출생했다.'라고 선언하지 않습니다. 대신에 그에 대해 '그는 갈애를 끊었고, 결박을 풀었고, 아만을 완전히 부수고, 괴로움을 끝냈다.'라고 선언합니다.464)

11. 세존이신 고따마여, 그것에 대하여 '수행자 고따마의 가르침이 어떻게 이해될 수 있을까?'라고 의혹이 생겨나고 의심이 생겼습니다."

12. [세존] "밧차여, 그대의 의혹은 당연하고, 그대의 의심은 당연한 것이다. 그대가 의혹을 갖는 경우에 의심이 생겨난다. 나는 다시 태어남이란 연료465)가 있는 사람을 위한 것이지 연료가 없는 사람을

---

464) 갈애를 끊고 아만을 부숨으로써 괴로움을 끝낼 수 있다는 것이 당시의 외도와는 다른, 부처님만의 특징적인 가르침이었다는 사실을 알 수 있다.

위한 것이 아니라고 설한다.

13. 밧차여, 마치 불이 연료가 있어 타오르고, 연료 없이 타오르는 것이 아닌 것과 같이, 밧차여, 나는 다시 태어남이란 연료가 있는 사람에 대한 것이며, 연료가 없는 사람에 대한 것은 아니라고 설한다."

14. [밧차곳따] "세존이신 고따마여, 그렇다면 불티가 바람에 날리면서 멀리 가고 있을 경우에는 세존이신 고따마께서는 그 연료에 대해서는 무엇이라고 설하겠습니까?"
[세존] "밧차여, 불티가 바람에 날리면서 멀리 가고 있을 때, 그 경우에는 바람이 그 연료라고 나는 설한다."

15. [밧차곳따] "세존이신 고따마여, 그러면 뭇삶들이 지금의 몸을 버리고 아직 다른 몸을 받지 않았다면, 그런 경우에 대해서는 무엇이 그 연료라고 설하겠습니까?"
[세존] "밧차여, 뭇삶들이 이 몸을 버리고 아직 다른 몸을 받지 않았을 때는 갈애에 의해 태워지고 있다고 나는 설한다. 그런 경우에는 갈애가 그 연료이다."

---

465) '우빠다나'라고 하는데 연료이지만 정신적으로는 집착의 뜻을 갖고 있다.

제5권 광대한 모아엮음
Mahāvagga

1. 훌륭한 친구를 사귀는 것은 얼마나 중요할까[466]

1. 이와 같이 나는 들었다. 한 때 세존께서는 싸끼야 국의 나가라까[467]라는 싸끼야 족의 마을에 계셨다.

2. 그때 존자 아난다가 세존께서 계신 곳을 찾아갔다. 다가가서 세존께 인사를 드리고 한쪽으로 물러앉았다. 한쪽으로 물러앉은 존자 아난다는 세존께 이와 같이 말씀을 드렸다.
[아난다] "세존이시여, 훌륭한 친구와 사귀는 것, 훌륭한 동료와 사귀는 것, 훌륭한 도반과 사귀는 것은[468] 청정한 삶의 절반입니다."

3. [세존] "아난다여, 그렇지 않다. 아난다여, 그렇지 않다. 훌륭한 친구와 사귀는 것, 훌륭한 동료와 사귀는 것, 훌륭한 도반과 사귀는 것은 청정한 삶의 전부이다. 아난다여, 어떤 수행승이 훌륭한 친구와 사귀고, 훌륭한 동료와 사귀고, 훌륭한 도반과 사귄다면, 그가 여덟 가지 고귀한 길을 닦고 여덟 가지 고귀한 길을 익힐 것이라는 사실은 자명하다.

4. 아난다여, 훌륭한 친구와 사귀고, 훌륭한 동료와 사귀고, 훌륭한 도반과 사귀는 수행승은 어떻게 여덟 가지 고귀한 길을 닦고 여덟 가지 고귀한 길을 익히는가? 아난다여, 이 세상에서 수행승은
1) 멀리 여읨에 기초하고[469] 사라짐에 기초하고 소멸에 기초해서

---

466) 절반의 경[Upaḍḍhasutta] : SN. V. 2.
467) 빠알리성전협회본에는 싹까라라고 되어 있으나 나가라까가 옳다. 메다다룸빠 근처의 싸끼야 족의 마을이다. 빠쎄나디왕이 부처님을 마지막 찾아뵌 곳이다.
468) 세 가지는 모두 선우라는 뜻의 동의어이다. 리스 데이비드는 선우를 '정의로운 친구', 우드워드는 '사랑스런 친구'와 이어랜드의 '선한 친구'라는 번역은 모두 복합어에 대한 잘못된 이해에서 비롯된 것이다. 선우는 독립적인 단어로서 충고와 안내와 용기를 주는 영적인 친구를 말한다.
469) 붓다고싸에 의하면, ① 통찰에 의한 특수한 관점을 통해 멀리 떠나는 것 ② 일시적인 선정에 의한 억제를 통해 멀리 떠나는 것 ③ 출세간적인 버림을 통해 멀리 떠나는 것 ④ 성스러운 경지에 의한 안식을 통해 멀리 떠나는 것 ⑤ 열반으로 향하는 출리를 통해 멀리 떠나는

완전히 버림으로써 열반으로 끝나는470) 올바른 견해를 닦는다.

2) 멀리 여읨에 기초하고 사라짐에 기초하고 소멸에 기초해서 완전히 버림으로써 열반으로 끝나는 올바른 사유를 닦는다.

3) 멀리 여읨에 기초하고 사라짐에 기초하고 소멸에 기초해서 완전히 버림으로써 열반으로 끝나는 올바른 언어를 닦는다.

4) 멀리 여읨에 기초하고 사라짐에 기초하고 소멸에 기초해서 완전히 버림으로써 열반으로 끝나는 올바른 행위를 닦는다.

5) 멀리 여읨에 기초하고 사라짐에 기초하고 소멸에 기초해서 완전히 버림으로써 열반으로 끝나는 올바른 생활을 닦는다.

6) 멀리 여읨에 기초하고 사라짐에 기초하고 소멸에 기초해서 완전히 버림으로써 열반으로 끝나는 올바른 정진을 닦는다.

7) 멀리 여읨에 기초하고 사라짐에 기초하고 소멸에 기초해서 완전히 버림으로써 열반으로 끝나는 올바른 새김을 닦는다.

8) 멀리 여읨에 기초하고 사라짐에 기초하고 소멸에 기초해서 완전히 버림으로써 열반으로 끝나는 올바른 집중을 닦는다.

5. 아난다여, 훌륭한 벗과 훌륭한 도반과 훌륭한 동료를 가진 수행승은 이와 같이 여덟 가지 고귀한 길을 닦고, 여덟 가지 고귀한 길을 익힌다.

6. 아난다여, 훌륭한 친구와 사귀는 것, 훌륭한 동료와 사귀는 것, 훌륭한 도반과 사귀는 것이 청정한 삶의 전부라는 것은 이와 같은 이치로도 알 수 있다. 아난다여, 나471)를 훌륭한 벗으로 삼아서, 태어나야 하는 뭇삶은 태어남에서 벗어나고, 늙어야 하는 뭇삶은 늙음에

것이 있다. 다음의 사라짐과 소멸에 관하여도 동일한 방식의 설명이 전개된다.
470) 한역에는 향어사(向於捨)라고 되어 있는데, 역자는 이것을 '버림으로써 열반으로 끝나는'이라고 해석한다.
471) 여기서 '나'는 부처님을 말한다.

서 벗어나고, 죽어야 하는 뭇삶은 죽음에서 벗어나고, 슬픔과 비탄과 고통과 근심과 절망해야 하는 뭇삶은 슬픔과 비탄과 고통과 근심과 절망에서 벗어난다. 훌륭한 친구와 사귀는 것, 훌륭한 동료와 사귀는 것, 훌륭한 도반과 사귀는 것이 청정한 삶의 전부라는 것은, 이와 같은 이치로도 알 수 있다."

2. 청정한 삶을 살아야하는 이유와 방도는 무엇일까472)

1. 이와 같이 나는 들었다. 한 때 세존께서 싸밧티 시의 제따바나 숲에 있는 아나타삔디까 승원에 계셨다.

2. 이때 많은 수행승들이 세존께서 계신 곳을 찾아갔다. 가까이 다가와서 세존과 인사를 하고 안부를 주고 받은 뒤 한쪽으로 물러앉았다.

3. 한쪽으로 물러앉은 그 수행승들은 세존께 이와 같이 말했다.
[수행승들] "세존이시여, 이 세상에 이교도의 유행자들이 우리들에게 '벗들이여, 수행자 고따마 아래서 영위되는 청정한 삶은 무엇을 위한 것인가?'라고 물었습니다. 세존이시여, 이와 같은 질문을 받고 저희들은 그 이교도의 유행자들에게 '벗들이여, 세존 아래서 영위되는 청정한 삶은 괴로움을 완전히 알기 위한 것이다.'라고 대답했습니다. 저희들이 이와 같이 질문을 받았을 때 이와 같이 대답하면 세존께서 말씀하신 대로 말한 것이고, 진실이 아닌 것으로 세존을 잘못 대변한 것이 아니며, 가르침에 일치하도록 설명한 것이고, 우리들의 주장이 비판의 근거를 제공하는 것이 아닙니까?"

4. [세존] "진실로 수행승들이여, 그대들이 그렇게 대답한 것은 내가

---
472) 무엇을 위하여의 경[Kimatthiyasutta] : SN. V. 6.

말한 대로 말한 것이고, 진실이 아닌 것으로 나를 잘못 대변한 것이 아니며, 가르침에 일치하게 설명한 것이고, 그대들의 주장은 비판의 근거를 제공하는 것이 아니다. 왜냐하면 수행승들이여, 그대들이 내 아래서 사는 청정한 삶은 괴로움을 완전히 알기 위한 것이기 때문이다.

5. 수행승들이여, 이교도의 유행자들이 '그런데 벗이여, 이 괴로움을 완전히 알기 위한 길이 있고 방법이 있는가?'라고 묻는다면, 이와 같은 질문을 받고 수행승들이여, 그대들은 그 이교도의 유행자들에게 '이 괴로움을 완전히 알기 위한 길이 있고 방법이 있다.'라고 대답하는 것이 좋다.

6. 수행승들이여, 괴로움을 완전히 알기 위한 길은 무엇이고 방법은 무엇인가? 수행승들이여, 그것은 바로 이와 같은 여덟 가지의 고귀한 길이다. 그것은 곧 올바른 견해, 올바른 사유, 올바른 언어, 올바른 행위, 올바른 생활, 올바른 정진, 올바른 새김, 올바른 집중이다. 수행승들이여, 이것이야말로 괴로움을 완전히 알기 위한 길이고, 방법이다.

7. 수행승들이여, 이처럼 질문을 받으면 그 이교도의 수행자들에게 이와 같이 대답해야 한다."

3. 불사(不死)의 참뜻은 무엇이며 어떻게 성취될 수 있을까[473]

1. 이와 같이 나는 들었다. 한 때 세존께서 싸밧티 시의 제따바나 숲에 있는 아나타삔디까 승원에 계셨다.

---

[473] 수행승 경 ② [Dutiyabhikkhusutta] : SN. V. 8 ; 잡아함 28권 6(大正 2. 199a, 잡753) 참조

2. 이때 어떤 수행승이 세존께서 계신 곳을 찾아갔다. 가까이 다가와서 세존과 인사를 하고 안부를 주고 받은 뒤에 한쪽으로 물러앉았다.

3. 한쪽으로 물러앉은 그 수행승은 세존께 이와 같이 말했다.
[수행승] "세존이시여, '탐욕의 제거, 성냄의 제거, 어리석음의 제거'라고 하는데 세존이시여, 이 탐욕의 제거, 성냄의 제거, 어리석음의 제거는 무엇을 말하는 것입니까?"
[세존] "수행승이여, 이 탐욕의 제거, 성냄의 제거, 어리석음의 제거가 가리키는 것은 열반의 세계이다. 그것은 번뇌의 부숨을 말한다."

4. 이처럼 말씀하시자 그 수행승은 세존께 이와 같이 말했다.
[수행승] "세존이시여, '불사(不死), 불사'라고 하는데, 세존이시여, 불사란 무엇이고, 불사에 이르는 길은 무엇입니까?"
[세존] "수행승이여, 탐욕의 부숨, 성냄의 부숨, 어리석음의 부숨, 그것을 불사라고 한다. 그리고 이와 같은 여덟 가지의 고귀한 길이 불사에 이르는 길이다. 그것은 곧 올바른 견해, 올바른 사유, 올바른 언어, 올바른 행위, 올바른 생활, 올바른 정진, 올바른 새김, 올바른 집중이다."

4. 팔정도, 팔정도라고 하는데 그 안에는 무엇이 들어있을까[474]

1. 이와 같이 나는 들었다. 한 때 세존께서 싸밧티 시의 제따바나 숲에 있는 아나타삔디까 승원에 계셨다.

2. 그때 세존께서 '수행승들이여'라고 수행승들을 부르셨다. 수행승들은 '세존이시여'라고 세존께 대답했다. 세존께서는 이와 같이 말

---

474) 분별의 경[Vibhaṅgasutta] : SN. V. 8.

씀하셨다.

3. [세존] "수행승들이여, 여덟 가지의 고귀한 길에 대해 설하고 분별해 보이겠다. 잘 듣고 숙고하라. 내가 설명하겠다."
[수행승들] "세존이시여, 알겠습니다."
그 수행승들이 세존께 대답하자 세존께서는 이와 같이 말씀하셨다.

4. [세존] "수행승들이여, 여덟 가지의 고귀한 길이란 어떠한 것인가? 그것은 곧 올바른 견해, 올바른 사유, 올바른 언어, 올바른 행위, 올바른 생활, 올바른 정진, 올바른 새김, 올바른 집중이다.

5. 수행승들이여, 올바른 견해란 어떠한 것인가? 수행승들이여, 괴로움에 대하여 알고, 괴로움의 발생에 대하여 알고, 괴로움의 소멸에 대하여 알고, 괴로움의 소멸에 이르는 길에 대하여 알면, 수행승들이여, 이것을 올바른 견해라고 한다.475)

6. 수행승들이여, 올바른 사유란 어떠한 것인가? 수행승들이여, 욕망을 여읜 사유, 분노를 여읜 사유, 폭력을 여읜 사유를 하면, 수행승들이여, 이것을 올바른 사유라고 한다.476)

7. 수행승들이여, 올바른 언어란 어떠한 것인가? 수행승들이여, 거짓말을 하지 않고, 이간질을 하지 않고, 욕지거리를 하지 않고, 아첨하는 말을 하지 않으면, 수행승들이여, 이것을 올바른 언어라고 한다.477)

8. 수행승들이여, 올바른 행위란 어떠한 것인가? 수행승들이여, 살

---

475) 정견에는 두 가지가 있다. 여기서는 고귀한 올바른 견해를 말한다. 세속적인 올바른 견해는 우리 자신이 업의 소유자이고, 업의 상속자라는 사실을 아는 것이다.
476) 한역에서는 정사유(正思惟)를 말하며 그 내용은 출리사유(出離思惟), 무에사유(無恚思惟), 무해사유(無害思惟)라고 한다.
477) 한역에서는 정어(正語)라고 하며 불망어(不妄語), 불양구(不兩口), 불추어(不醜語), 불기어(不綺語)를 말한다.

아있는 생명을 죽이지 않고, 주지 않는 것을 빼앗지 않고, 청정하지 못한 삶을 살지 않는다면, 수행승들이여, 이것을 올바른 행위라고 한다.478)

9. 수행승들이여, 올바른 생활이란 어떠한 것인가? 수행승들이여, 이 세상에 거룩한 제자가 잘못된 생활을 버리고 올바른 생활로 생계를 도모한다면, 수행승들이여, 이것을 올바른 생활이라고 한다.479)

10. 수행승들이여, 올바른 정진이란 어떠한 것인가?
수행승들이여, 이 세상에 수행승이
1) 아직 생겨나지 않은 악하고 불건전한 상태가 생겨나지 않도록 의욕을 일으키며, 노력하고, 힘을 고취하고, 마음을 다잡고, 정근하고,
2) 이미 생겨난 악하고 불건전한 상태를 버리기 위해 의욕을 일으키며, 노력하고, 힘을 고취하고, 마음을 다잡고, 정근하고,
3) 이미 생겨난 악하고 불건전한 상태를 버리기 위해 의욕을 일으키며, 노력하고, 힘을 고취하고, 마음을 다잡고, 정근하고,
4) 이미 생겨난 착하고 건전한 상태를 유지시키고, 줄어들지 않게 하고, 증가시키고, 확대시키고, 계발하고 완성시키기 위하여 의욕을 일으키며, 노력하고, 힘을 고취하고, 마음을 다잡고, 정근한다.
수행승들이여, 이것을 올바른 정진이라고 한다.480)

---

478) 한역의 정업(正業)을 말한다. 불살생(不殺生), 불투도(不偸盜), 청정행(淸淨行)을 말한다. 여기서 청정행은 출가자에게 해당하고 재가신도에게는 그 대신 불사음(不邪淫)이 들어간다.
479) 한역의 정명(正命)을 말한다. 법구경에 다음과 같은 구절이 있다 : '부끄러움이 없이 철면 피하고 무례하고 대담하고 죄악에 오염된 사람의 생활은 쉽다. 부끄러움이 있고 항상 청정을 구하고 집착 없이 겸손하여 청정한 생활을 영위하는 식견 있는 사람의 생활은 어렵다.'
480) 한역의 정정진(正精進)에 해당한다. 올바른 정진은 상기의 '네 가지의 바른 노력[四精勤]'으로 구성되어 있다. 위에 언급된 내용이 차례로 제어의 노력[律儀勤], 버림의 노력[斷勤], 수행의 노력[修勤], 수호의 노력[守護勤]에 해당한다.

11. 수행승들이여, 올바른 새김이란 어떠한 것인가?
수행승들이여, 이 세상에 수행승이
1) 열심히 노력하고, 분명히 알아채고, 새김을 확립하고, 세상의 탐욕과 근심을 제거하면서, 몸에 대해 몸을 관찰하고,
2) 열심히 노력하고, 분명히 알아채고, 새김을 확립하고, 세상의 탐욕과 근심을 제거하면서, 느낌에 대해 느낌을 관찰하고,
3) 열심히 노력하고, 분명히 알아채고, 새김을 확립하고, 세상의 탐욕과 근심을 제거하면서, 마음에 대해 마음을 관찰하고,
4) 열심히 노력하고, 분명히 알아채고, 새김을 확립하고, 세상의 탐욕과 근심을 제거하면서, 사실에 대해 사실을 관찰한다.
수행승들이여, 이것을 올바른 새김이라고 한다.481)

12. 수행승들이여, 올바른 집중이란 어떠한 것인가?
수행승들이여, 이 세상에 수행승이
1) 감각적 쾌락의 욕망에서 떠나고, 건전하지 못한 상태에서 떠나서, 사유와 숙고를 갖추고, 멀리 여읨에서 생겨난 희열과 행복을 갖춘 첫 번째 선정에 든다.
2) 사유와 숙고를 멈춘 뒤, 내적인 고요와 마음의 통일을 갖추고, 사

---

481) 한역의 정념(正念)을 말하는데, 그 내용은 네 가지 새김의 토대[四念處]로 이루어져있다. ① 신체에 대한 관찰[身隨觀]을 말한다. 호흡이나 행주좌와에 대한 관찰이나 부정관등을 말한다. ② 느낌에 대한 관찰[受隨觀]은 다음과 같다. "수행승들이여, 수행승은 어떻게 느낌에 대하여 느낌을 관찰하는가? 여기 수행승들이여, 한 수행승이 있어 즐거운 느낌을 느끼면 '나는 즐거운 느낌을 느낀다.'라고 분명히 아는 것이다. … 신체적인 즐거운 느낌을 느끼면 '나는 신체적인 즐거운 느낌을 느낀다.'라고 분명히 아는 것이다. 정신적인 즐거운 느낌을 느끼면 '나는 정신적인 즐거운 느낌을 느낀다.'라고 분명히 아는 것이다. ③ 마음에 대한 관찰[心隨觀]은 탐진치의 유무, 마음의 긴장이나 흐트러짐, 계발되었거나 되지 않음, 최상하거나 열등함, 집중되었거나 되지 않음, 해탈했거나 하지 않음의 도합 16가지의 마음의 작용에 대한 관찰이다. ④ 사실에 대한 관찰[法隨觀]을 말한다. 다섯 가지 장애의 현상[五障法]에 대한 관찰, 존재라는 집착의 다발의 현상[五取蘊法]에 대한 관찰, 여섯 가지 내외적 감역의 현상[六內外處法]에 대한 관찰, 일곱 가지 깨달음 고리[七覺支]에 대한 관찰, 네 가지 거룩한 진리[四聖諦]에 대한 관찰 등을 말한다.

유와 숙고를 뛰어넘고, 삼매에서 생겨난 희열과 행복을 갖춘, 두 번째 선정에 든다.

3) 존자여, 희열 또한 사라진 뒤, 평정하고, 새김이 있고, 분명히 알아차리고, 신체적으로 행복을 느끼며, 고귀한 님들이 '평정하고, 새김이 있고, 행복하다'고 하는 세 번째 선정에 든다.

4) 존자여, 즐거움과 괴로움이 버려지고 기쁨과 근심도 사라진 뒤, 즐거움도 없고 괴로움도 없으며, 평정을 느끼고, 새김이 있고, 청정을 갖춘, 네 번째 선정에 든다.

수행승들이여, 이것을 올바른 집중이라고 한다.482)"

5. 학인의 올바른 뜻은 무엇일까483)

1. 이와 같이 나는 들었다. 한 때 세존께서 싸밧티 시의 제따바나 숲에 있는 아나타삔디까 승원에 계셨다.

2. 이 때 어떤 수행승이 세존께서 계신 곳을 찾아갔다. 가까이 다가와서 세존과 인사를 하고 안부를 주고 받은 뒤에 한쪽으로 물러앉았다.

3. 한쪽으로 물러앉은 그 수행승은 세존께 이와 같이 말했다.
[수행승] "세존이시여, '학인, 학인'이라고 하는데 세존이시여, 어떤 점에서 학인이 됩니까?"

4. [세존] "수행승이여, 이 세상에 학인이 성취해야 할 올바른 견해를 갖추고, 학인이 성취해야 할 올바른 사유를 갖추고, 학인이 성

---

482) 한역의 정정(正定)을 말한다. 여기서는 초선, 이선, 삼선, 사선만이 언급되었으나 그 이전의 단계인 열 가지 지평[十遍處]에 대한 명상, 열 가지 더러움[十不淨]에 대한 명상 등과 그 이후의 단계의 무형상계[四無色]에 대한 명상 등이 포함된다.

483) 학인의 경[Sekhasutta] : SN. V. 14 ; 잡아함 28권 14(大正 2. 200a, 잡761) 참조

취해야 할 올바른 언어를 갖추고, 학인이 성취해야 할 올바른 행위를 갖추고, 학인이 성취해야 할 올바른 생활을 갖추고, 학인이 성취해야 할 올바른 정진을 갖추고, 학인이 성취해야 할 올바른 새김을 갖추고, 학인이 성취해야 할 올바른 집중을 갖춘다. 수행승이여, 이런 점에서 학인이 된다."

6. 청정한 삶이란 어떠한 삶을 두고 하는 말일까[484]

1. 이와 같이 나는 들었다. 한 때 존자 아난다와 존자 밧다가 빠딸리뿟따의 꾹꾸따 승원에 있었다.

2. 이 때 존자 밧다는 저녁 무렵 홀로 명상하다가 일어나 존자 아난다가 있는 곳을 찾아갔다. 가까이 다가가서 존자 아난다와 인사를 하고 안부를 주고 받은 뒤에 한쪽으로 물러앉았다.

3. 한쪽으로 물러앉은 존자 밧다는 존자 아난다에게 이와 같이 말했다.
[밧다] "'청정한 삶, 청정한 삶'이라고 하는데, 벗이여, 아난다여, 청정한 삶이란 무엇이고, 청정한 삶을 사는 사람이란 어떤 사람이며, 청정한 삶의 완성이란 무엇입니까?"

4. [아난다] "벗이여, 밧다여, 그대는 '청정한 삶, 청정한 삶이라고 하는데, 벗이여, 아난다여, 청정한 삶은 무엇이고, 청정한 삶을 사는 사람은 어떤 사람이며, 청정한 삶의 완성은 무엇입니까?'라고 질문했습니까?"
[밧다] "벗이여, 그렇습니다."

5. [아난다] "벗이여, 이와 같이 여덟 가지 고귀한 길이 청정한 삶입

---

484) 꾹꾸따 승원의 경①[Paṭhamakukkuṭārāmasutta] : SN. V. 15.

니다. 그것은 곧 올바른 견해, 올바른 사유, 올바른 언어, 올바른 행위, 올바른 생활, 올바른 정진, 올바른 새김, 올바른 집중입니다. 벗이여, 이와 같이 여덟 가지 고귀한 길을 갖춘 사람을 청정한 삶을 사는 사람이라고 합니다. 벗이여, 탐욕이 소멸하고, 성냄이 소멸하고, 어리석음이 소멸하면, 이것이 청정한 삶의 완성입니다."

7. 모든 수행의 근본은 어디에 있고 그것은 무엇을 지향할까[485]

1. 이와 같이 나는 들었다. 한 때 세존께서 싸밧티 시의 제따바나 숲에 있는 아나타삔디까 승원에 계셨다.

2. 그 때 세존께서 '수행승들이여'라고 수행승들을 부르셨다. 수행승들은 '세존이시여'라고 세존께 대답했다. 세존께서는 이와 같이 말씀하셨다.

3. [세존] "수행승들이여, 예를 들어 어떠한 군왕이든지 그들 모두는 전륜왕에 종속되며 그들 가운데 전륜왕이 최상이라고 불린다. 수행승들이여, 이와 같이 착하고 건전한 법들이 있지만, 그 모든 법들은 방일하지 않음을 근본으로 하고, 방일하지 않음을 연결고리로 삼으므로, 방일하지 않음이 그 모든 것들 가운데 최상이라고 불린다.

4. 수행승들이여, 나는 방일하지 않는 수행승이야말로 여덟 가지 고귀한 길을 닦고, 여덟 가지 고귀한 길을 익힐 것이라고 기대한다. 수행승들이여, 어떻게 방일하지 않는 수행승이 여덟 가지 고귀한 길을 닦고, 여덟 가지 고귀한 길을 익히는가?

5. 수행승들이여, 이 세상에 수행승은
1) 멀리 여읨에 기초하고 사라짐에 기초하고 소멸에 기초해서 완전

---

485) 왕의 경[Rājasutta] : SN. V. 44.

히 버림으로써 열반으로 끝나는 올바른 견해를 닦는다.
2) 멀리 여읨에 기초하고 사라짐에 기초하고 소멸에 기초해서 완전히 버림으로써 열반으로 끝나는 올바른 사유를 닦는다.
3) 멀리 여읨에 기초하고 사라짐에 기초하고 소멸에 기초해서 완전히 버림으로써 열반으로 끝나는 올바른 언어를 닦는다.
4) 멀리 여읨에 기초하고 사라짐에 기초하고 소멸에 기초해서 완전히 버림으로써 열반으로 끝나는 올바른 행위를 닦는다.
5) 멀리 여읨에 기초하고 사라짐에 기초하고 소멸에 기초해서 완전히 버림으로써 열반으로 끝나는 올바른 생활을 닦는다.
6) 멀리 여읨에 기초하고 사라짐에 기초하고 소멸에 기초해서 완전히 버림으로써 열반으로 끝나는 올바른 정진을 닦는다.
7) 멀리 여읨에 기초하고 사라짐에 기초하고 소멸에 기초해서 완전히 버림으로써 열반으로 끝나는 올바른 새김을 닦는다.
8) 멀리 여읨에 기초하고 사라짐에 기초하고 소멸에 기초해서 완전히 버림으로써 열반으로 끝나는 올바른 집중을 닦는다.

6. 수행승들이여, 이와 같이 방일하지 않는 수행승이야말로 여덟 가지 고귀한 길을 닦고 여덟 가지 고귀한 길을 익힌다.

7. [세존] "수행승들이여, 예를 들어 어떠한 군왕이든지 그들 모두는 전륜왕에 종속되며 그들 가운데 전륜왕이 최상이라고 불린다. 수행승들이여, 이와 같이 건전한 법들이 있지만, 그 모든 법들은 방일하지 않음을 근본으로 하고, 방일하지 않음을 연결고리로 삼으므로, 방일하지 않음이 그 모든 것들 가운데 최상이라고 불린다.

8. 수행승들이여, 어떤 수행승이 방일하지 않다면, 그가 여덟 가지 고귀한 길을 닦고, 여덟 가지 고귀한 길을 닦고, 여덟 가지 고귀한 길을 익힐 것이라는 사실은 자명하다. 수행승들이여, 어떻게 방일하

지 않는 수행승이 여덟 가지 고귀한 길을 닦고 여덟 가지 고귀한 길을 익히는가?

9. 수행승들이여, 이 세상에 수행승은
1) 탐욕의 제거를 궁극으로 삼고, 분노의 제거를 궁극으로 삼고, 어리석음의 제거를 궁극으로 삼는 올바른 견해를 닦는다.
2) 탐욕의 제거를 궁극으로 삼고, 분노의 제거를 궁극으로 삼고, 어리석음의 제거를 궁극으로 삼는 올바른 사유를 닦는다.
3) 탐욕의 제거를 궁극으로 삼고, 분노의 제거를 궁극으로 삼고, 어리석음의 제거를 궁극으로 삼는 올바른 언어를 닦는다.
4) 탐욕의 제거를 궁극으로 삼고, 분노의 제거를 궁극으로 삼고, 어리석음의 제거를 궁극으로 삼는 올바른 행위를 닦는다.
5) 탐욕의 제거를 궁극으로 삼고, 분노의 제거를 궁극으로 삼고, 어리석음의 제거를 궁극으로 삼는 올바른 생활을 닦는다.
6) 탐욕의 제거를 궁극으로 삼고, 분노의 제거를 궁극으로 삼고, 어리석음의 제거를 궁극으로 삼는 올바른 정진을 닦는다.
7) 탐욕의 제거를 궁극으로 삼고, 분노의 제거를 궁극으로 삼고, 어리석음의 제거를 궁극으로 삼는 올바른 새김을 닦는다.
8) 탐욕의 제거를 궁극으로 삼고, 분노의 제거를 궁극으로 삼고, 어리석음의 제거를 궁극으로 삼는 올바른 집중을 닦는다.

10. 수행승들이여, 이와 같이 방일하지 않는 수행승이야말로 여덟 가지 고귀한 길을 닦고 여덟 가지 고귀한 길을 익힌다."

11. [세존] "수행승들이여, 예를 들어 어떠한 군왕이 있든지 그들 모두는 전륜왕에 종속되며 그들 가운데 전륜왕이 최상이라고 불린다. 수행승들이여, 이와 같이 건전한 법들이 있지만 그 모든 법들은 방일하지 않음을 근본으로 하고, 방일하지 않음을 연결고리로 삼으므

로, 방일하지 않음이 그 모든 것들 가운데 최상이라고 불린다.

12. 수행승들이여, 어떤 수행승이 방일하지 않다면, 그가 여덟 가지 고귀한 길을 닦고 여덟 가지 고귀한 길을 익힐 것이라는 사실은 자명하다. 수행승들이여, 방일하지 않은 수행승은 어떻게 여덟 가지 고귀한 길을 닦고 여덟 가지 고귀한 길을 익히는가?

13. 수행승들이여, 이 세상에 수행승은
1) 불사에 뛰어들고 불사로 건너가고 불사를 궁극으로 삼는 올바른 견해를 닦는다.
2) 불사에 뛰어들고 불사로 건너가고 불사를 궁극으로 삼는 올바른 사유를 닦는다.
3) 불사에 뛰어들고 불사로 건너가고 불사를 궁극으로 삼는 올바른 언어를 닦는다.
4) 불사에 뛰어들고 불사로 건너가고 불사를 궁극으로 삼는 올바른 행위를 닦는다.
5) 불사에 뛰어들고 불사로 건너가고 불사를 궁극으로 삼는 올바른 생활을 닦는다.
6) 불사에 뛰어들고 불사로 건너가고 불사를 궁극으로 삼는 올바른 정진을 닦는다.
7) 불사에 뛰어들고 불사로 건너가고 불사를 궁극으로 삼는 올바른 새김을 닦는다.
8) 불사에 뛰어들고 불사로 건너가고 불사를 궁극으로 삼는 올바른 집중을 닦는다.

14. 수행승들이여, 방일하지 않는 수행승은 이와 같이 여덟 가지 고귀한 길을 닦고, 여덟 가지 고귀한 길을 익힌다.

15. [세존] "수행승들이여, 예를 들어 어떠한 군왕이 있든지 그들 모두는 전륜왕에 종속되며 그들 가운데 전륜왕이 최상이라고 불린다. 수행승들이여, 이와 같이 건전한 법들이 있지만 그 모든 법들은 방일하지 않음을 근본으로 하고, 방일하지 않음을 연결고리로 삼으므로, 방일하지 않음이 그 모든 것들 가운데 최상이라고 불린다.

16. 수행승들이여, 어떤 수행승이 방일하지 않다면, 그가 여덟 가지 고귀한 길을 닦고, 여덟 가지 고귀한 길을 익힐 것이라는 사실은 자명하다. 수행승들이여, 방일하지 않는 수행승이 어떻게 여덟 가지 고귀한 길을 닦고, 여덟 가지 고귀한 길을 익히는가?

17. 수행승들이여, 이 세상에 수행승은
1) 열반으로 향하고, 열반으로 나아가고, 열반으로 들어가는 올바른 견해를 닦는다.
2) 열반으로 향하고, 열반으로 나아가고, 열반으로 들어가는 올바른 사유를 닦는다.
3) 열반으로 향하고, 열반으로 나아가고, 열반으로 들어가는 올바른 언어를 닦는다.
4) 열반으로 향하고, 열반으로 나아가고, 열반으로 들어가는 올바른 행위를 닦는다.
5) 열반으로 향하고, 열반으로 나아가고, 열반으로 들어가는 올바른 생활을 닦는다.
6) 열반으로 향하고, 열반으로 나아가고, 열반으로 들어가는 올바른 정진을 닦는다.
7) 열반으로 향하고, 열반으로 나아가고, 열반으로 들어가는 올바른 새김을 닦는다.
8) 열반으로 향하고, 열반으로 나아가고, 열반으로 들어가는 올바른

집중을 닦는다.

18. 수행승들이여, 방일하지 않는 수행승은 이와 같이 여덟 가지 고귀한 길을 닦고 여덟 가지 고귀한 길을 익힌다."

8. 일곱 가지 깨달음 고리를 어떻게 닦을 수 있을까[486]

1. 이와 같이 나는 들었다. 한 때 세존께서 싸밧티 시의 제따바나 숲에 있는 아나타삔디까 승원에 계셨다.

2. 그 때 세존께서 '수행승들이여'라고 수행승들을 부르셨다. 수행승들은 '세존이시여'라고 세존께 대답했다. 세존께서는 이와 같이 말씀하셨다.

3. [세존] "수행승들이여, 어떤 수행승이 계행을 갖추고 삼매를 갖추고 지혜를 갖추고 해탈을 갖추고 해탈에 대한 앎과 봄을 갖추었다면, 수행승들이여, 그러한 수행승을 친견하는 것은 많은 도움이 된다고 나는 말한다. 수행승들이여, 그러한 수행승에게 배우는 것도 많은 도움이 된다고 나는 말한다. 수행승들이여, 그러한 수행승을 가까이하는 것도[487] 많은 도움이 된다고 나는 말한다. 수행승들이여, 그러한 수행승에게 시중드는 것도 많은 도움이 된다고 나는 말한다. 수행승들이여, 그러한 수행승에 대하여 기억하는 것도[488] 많은 도움이 된다고 나는 말한다. 수행승들이여, 그러한 수행승을 따라 출가하는 것도 많은 도움이 된다고 나는 말한다.

---

486) 계행의 경[Silasutta] : SN. V. 67 : 잡아함 27권 25-27(大正 2. 196c-197a, 잡736-739) 참조

487) 붓다고싸에 따르면, 보시를 하거나 질문을 하거나 가르침을 듣거나 존경을 표하면서 가까이 하는 것이다.

488) 붓다고싸에 따르면, '밤이나 낮이나 앉아서 지금 고귀한 님들이 굴이나 암자나 천막에서 선정의 관찰을 통한 행복한 경지를 누리며 시간을 보내고 있다.'고 마음에 새기는 것이다.

4. 그것은 무슨 까닭인가? 수행승들이여, 그러한 수행승의 가르침을 듣는다면, 두 가지 종류의 멀리 여읨, 즉 몸을 멀리 떠나고, 마음을 멀리 떠나는 것을 통해 멀리 떠나기 때문이다.

5. [세존]
1) 그는 그와 같이 멀리 떠나 그 가르침을 기억하고 사유한다. 수행승들이여, 이와 같이 수행승이 멀리 떠나 그 가르침을 기억하고 사유하면, 그 때 새김의 깨달음 고리가 생겨난다. 수행승은 새김의 깨달음 고리를 닦는다. 그 때 새김의 깨달음 고리는 닦여져서 그에게 완성된다. 이와 같이 새김을 닦으면서, 그는 가르침을 지혜로써 탐구하고, 조사하고, 관찰한다.
2) 수행승들이여, 수행승이 이와 같이 새김을 닦으면서 그 가르침을 지혜로써 탐구하고, 조사하고, 관찰하면, 그 때 탐구의 깨달음 고리가 생겨난다. 수행승은 탐구의 깨달음 고리를 닦는다. 그때 탐구의 깨달음 고리는 닦여져서 그에게 완성된다. 이와 같이 지혜로써 탐구하고 조사하고 관찰하면서, 그에게는 불퇴의 정진이 생겨난다.
3) 수행승들이여, 수행승이 이와 같이 지혜로써 탐구하고 조사하고 관찰하면서 불퇴의 정진이 생겨나면, 그 때 정진의 깨달음 고리가 생겨난다. 그는 정진의 깨달음 고리를 닦는다. 그때 정진의 깨달음 고리는 닦여져서 그에게 완성된다. 이와 같이 불퇴의 정진이 생겨나면, 자양분이 없는 희열이489) 생겨난다.
4) 수행승들이여, 수행승이 이와 같이 불퇴의 정진이 생겨나서 자양분이 없는 희열이 생겨나면, 그 때 희열의 깨달음 고리가 생겨난다. 그는 희열의 깨달음 고리를 닦는다. 그 때 희열의 깨달음 고

---

489) 원래는 '자양분이 없는 희열'은 번뇌의 자양분이 없는 희열을 말한다.

리는 닦여져서 그에게 완성된다. 이와 같이 희열의 깨달음 고리가 생겨나면 몸이 고요해지고, 마음이 고요해진다.

5) 수행승들이여, 수행승이 몸이 고요해지고 마음이 고요해지면, 그 때 안온의 깨달음 고리가 생겨난다. 그는 안온의 깨달음 고리를 닦는다. 그때 안온의 깨달음 고리는 그에게 완성된다. 이와 같이 안온의 깨달음 고리가 생겨나면, 몸이 고요한 상태에서 그는 행복해지고, 마음은 집중된다.

6) 수행승들이여, 수행승이 이와 같이 몸이 고요한 상태에서 그는 행복해지고, 마음은 집중되면, 그 때 집중의 깨달음 고리가 생겨난다. 그는 집중의 깨달음 고리를 닦는다. 그 때 집중의 깨달음 고리는 닦여져서 그에게 완성된다. 이와 같이 그는 마음이 집중된 상태에서 잘 성찰한다.

7) 수행승들이여, 수행승이 이와 같이 마음이 집중된 상태에서 잘 성찰하면, 그 때 평정의 깨달음 고리가 생겨난다. 그는 평정의 깨달음 고리를 닦는다. 그 때 평정의 깨달음 고리는 닦여져서 그에게 완성된다.

6. 수행승들이여, 일곱 가지 깨달음 고리가 이와 같이 닦여지고 이와 같이 익혀지면 일곱 가지의 과보와 일곱 가지 공덕이 생겨난다는 것은 자명하다. 일곱 가지의 과보, 일곱 가지 공덕이란 무엇인가?

1) 현세에서 일찍 깨달음을 성취한다.
2) 만약에 현세에서 일찍 깨달음을 성취하지 못한다 해도, 이 세상에서 목숨이 다할 때 깨달음을 성취한다.
3) 만약에 현세에서 일찍 깨달음을 성취하지 못하고, 목숨이 다할 때에도 깨달음을 성취하지 못한다 해도, 이 세상에서 낮은 단계

의 다섯 가지 장애를 극복하고 감각적 쾌락에 대한 욕망의 세계에서 미세한 물질의 세계로 화생하는 도중에 깨달음을 성취한다.490)

4) 만약에 현세에서 일찍 깨달음을 성취하지 못하고, 이 세상에서 목숨을 다할 때에도 깨달음을 성취하지 못하고, 낮은 단계의 다섯 가지 장애를 극복하여 감각적 쾌락에 대한 욕망의 세계에서 미세한 물질의 세계로 화생하는 도중에 깨달음을 성취하지 못한다 해도, 이 세상에서 낮은 단계의 다섯 가지 장애를 극복하여 감각적 쾌락에 대한 욕망의 세계에서 미세한 물질의 세계에 화생하는 순간에 깨달음을 성취한다.491)

5) 만약에 현세에서 일찍 깨달음을 성취하지 못하고, 이 세상에서 목숨을 다할 때에도 깨달음을 성취하지 못하고, 낮은 단계의 다섯 가지 장애를 극복하여 감각적 쾌락에 대한 욕망의 세계에서 미세한 물질의 세계로 화생하는 도중에 깨달음을 성취하지 못하고, 낮은 단계의 다섯 가지 장애를 극복하여 감각적 쾌락에 대한 욕망의 세계에서 미세한 물질의 세계에 화생하는 순간에 깨달음을 성취하지 못한다 해도, 낮은 단계의 다섯 가지 장애를 극복하

---

490) 중반열반자(中般涅槃者)는 다음에 등장하는 생반열반, 무행반열반, 유행반열반, 색구경천에서의 열반과 더불어 '돌아오지 않는 님[不還者]'에 대한 다섯 가지 유형을 언급한 것이다. 중반열반은 글자 그대로 하면 '감각적 쾌락에 대한 욕망의 세계에서 미세한 물질의 세계로 태어나는 도중에, 즉 중유의 세계에서 열반에 드는 자'를 의미한다. 앙굿따라니까야에서는 중반열반자를 '존재의 결박'을 버리지 못했으나 '태어남의 결박'을 버린 자로 보는데, 이것은 문자적인 의미가 옳다는 것을 입증하는 것이다. 그러나 주석서의 아비달마적인 해석은 다르다. Srp. III. 143에 따르면, '생애의 절반을 넘지 않아 열반에 드는 자로 세 가지 종류가 있다. 천겁의 수명을 가진 무번천에 태어나서 그 태어난 날에 열반에 들거나 태어난 날에 들지 못하면 일백 겁 가량 지난 뒤에 얻는다. 이것이 첫 번째 중반열반자이다. 이것이 불가능하면 이백 겁이 지난 뒤에 열반에 든다. 이것이 두 번째의 중반열반자이다. 이것이 불가능하면 사백 겁이 지난 뒤에 열반에 든다. 이것이 세 번째 중반열반자이다.

491) 생반열반자(生般涅槃者)는 글자 그대로 하면 '태어나자마자 열반에 드는 자'를 뜻한다. 그러나 붓다고싸에 따르면, '오백 겁을 넘어서 아라한에 도달한 자'이다.

여 감각적 쾌락에 대한 욕망의 세계에서 미세한 물질의 세계에 화생하고 나서 노력 없이 깨달음을 성취한다.492)

6) 만약에 현세에서 일찍 깨달음을 성취하지 못하고, 이 세상에서 목숨을 다할 때에도 깨달음을 성취하지 못하고, 이 세상에서 낮은 단계의 다섯 가지 장애를 극복하여 감각적 쾌락에 대한 욕망의 세계에서 미세한 물질의 세계로 화생하는 도중에도 깨달음을 성취하지 못하고, 이 세상에서 낮은 단계의 다섯 가지 장애를 극복하여 감각적 쾌락에 대한 욕망의 세계에서 미세한 물질의 세계에 화생하는 도중에도 깨달음을 성취하지 못하고, 이 세상에서 낮은 단계의 다섯 가지 장애를 극복하여 감각적 쾌락에 대한 욕망의 세계에서 미세한 물질의 세계에 화생한 순간에도 깨달음을 성취하지 못하고, 이 세상에서 낮은 단계의 다섯 가지 장애를 극복하여 감각적 쾌락에 대한 욕망의 세계에서 미세한 물질의 세계에 화생하고 나서 노력 없이 깨달음을 성취하지 못한다 해도, 낮은 단계의 다섯 가지 장애를 극복하여 감각적 쾌락에 대한 욕망의 세계에서 미세한 물질의 세계에 화생하고 나서 오랜 시간 노력해서 깨달음을 성취한다.493)

7) 만약에 현세에서 죽기 전에 깨달음을 성취하지 못하고, 이 세상에서 목숨을 다할 때에도 깨달음을 성취하지 못하고, 낮은 단계의 다섯 가지 장애를 극복하여 감각적 쾌락에 대한 욕망의 세계에서 미세한 물질의 세계로 화생하는 도중에도 깨달음을 성취하지 못하고, 낮은 단계의 다섯 가지 장애를 극복하여 감각적 쾌락

---

492) 무행반열반자(無行般涅槃者)의 '무행반'은 '형성이 없는, 업의 잔여가 없는, 조건이 없는'의 뜻이다. 무행반열반은 감각적 쾌락에 대한 욕망의 세계에서 미세한 물질의 세계에 태어나서 사선정을 통해서 열반에 드는 것을 의미한다.

493) 유행반열반자(有無般涅槃者)는 '고행적인 명상의 수행[加行]을 통해 아라한의 지위에 도달하는 자'의 뜻이다.

에 대한 욕망의 세계에서 미세한 물질의 세계에 화생하는 순간에도 깨달음을 성취하지 못하고, 낮은 단계의 다섯 가지 장애를 극복하여 감각적 쾌락에 대한 욕망의 세계에서 미세한 물질의 세계에 화생하고 나서 노력 없이 깨달음을 성취하지 못하고, 낮은 단계의 다섯 가지 장애를 극복하여 감각적 쾌락에 대한 욕망의 세계에서 미세한 물질의 세계에 화생하고 나서 오랜 시간 노력해서도 깨달음을 성취하지 못한다 해도, 낮은 단계의 다섯 가지 장애를 극복하여 상류의 궁극적인 미세한 물질로 이루어진 신들의 하느님 세계에 이른다.494)

7. 수행승들이여, 수행승이 일곱 가지 깨달음 고리를 이와 같이 닦고 이와 같이 익히면 이러한 일곱 가지의 과보, 일곱 가지 공덕이 생겨나는 것은 자명하다."

9. 땅에 의지하여 일어난다는 것은 무엇을 의미하는가495)

1. 이와 같이 나는 들었다. 한 때 세존께서 싸밧티 시의 제따바나 숲에 있는 아나타삔디까 승원에 계셨다.

2. 그 때 세존께서 '수행승들이여'라고 수행승들을 부르셨다. 수행승들은 '세존이시여'라고 세존께 대답했다. 세존께서는 이와 같이 말씀하셨다.

3. [세존] "수행승들이여, 예를 들어 모든 뭇삶들은 때로는 걷고, 때로는 서고, 때로는 앉고, 때로는 눕는, 네 가지 행동양식을496) 보여

---

494) '상류의 궁극적인 미세한 물질로 이루어진 신들의 하느님 세계'는 색구경천(色究竟天)으로 색계의 최고천이다.
495) 뭇삶의 경[Paṇasutta] : SN. V. 78
496) 한역에서는 사위의로(四威儀路)를 말한다.

준다. 그들은 모두 땅에 의지하고 땅을 기반으로 이와 같은 네 가지 행동양식을 보여 준다.

4. 수행승들이여, 수행승은 계행에 의존하고 계행을 기반으로 일곱 가지 깨달음 고리를 닦고 일곱 가지 깨달음 고리를 익힌다. 수행승들이여, 어떻게 수행승은 계행에 의존하고 계행을 기반으로 일곱 가지 깨달음 고리를 닦고 일곱 가지 깨달음 고리를 익히는가?

5. 수행승들이여, 이 세상에 수행승은
1) 멀리 여읨에 기초하고 사라짐에 기초하고 소멸에 기초해서 완전히 버림으로써 열반을 지향하는 새김의 깨달음 고리를 닦는다.
2) 멀리 여읨에 기초하고 사라짐에 기초하고 소멸에 기초해서 완전히 버림으로써 열반을 지향하는 탐구의 깨달음 고리를 닦는다.
3) 멀리 여읨에 기초하고 사라짐에 기초하고 소멸에 기초해서 완전히 버림으로써 열반을 지향하는 정진의 깨달음 고리를 닦는다.
4) 멀리 여읨에 기초하고 사라짐에 기초하고 소멸에 기초해서 완전히 버림으로써 열반을 지향하는 희열의 깨달음 고리를 닦는다.
5) 멀리 여읨에 기초하고 사라짐에 기초하고 소멸에 기초해서 완전히 버림으로써 열반을 지향하는 안온의 깨달음 고리를 닦는다.
6) 멀리 여읨에 기초하고 사라짐에 기초하고 소멸에 기초해서 완전히 버림으로써 열반을 지향하는 집중의 깨달음 고리를 닦는다.
7) 멀리 여읨에 기초하고 사라짐에 기초하고 소멸에 기초해서 완전히 버림으로써 열반을 지향하는 평정의 깨달음 고리를 닦는다.

6. 수행승들이여, 이와 같이 수행승은 계행에 의존하고 계행을 기반으로 일곱 가지 깨달음 고리를 닦고 일곱 가지 깨달음 고리를 익힌다."

10. 부처님께서는 자신이 병드셨을 때에 어떻게 치유하셨을까[497]

1. 이와 같이 나는 들었다. 한 때 세존께서는 라자가하 시의 벨루바나 숲에 있는 깔란다까니바빠 공원에 계셨다.

2. 그때에 세존께서는 병이 들어 괴로워했는데, 매우 중병이었다.

3. 이때에 존자 마하 쭌다는[498] 저녁 무렵 홀로 명상에서 일어나 세존께서 계신 곳을 찾아갔다. 가까이 다가가서 세존께 인사를 드리고 한 쪽으로 물러앉았다.

4. 한쪽으로 물러앉은 존자 마하 쭌다에게 세존께서는 이와 같이 말씀하셨다.
[세존] "쭌다여, 일곱 가지 깨달음 고리에 대하여 설명해봐라."

5. [쭌다] "세존이시여, 세존께서 올바로 설한 일곱 가지 깨달음 고리를 닦고 익히면, 곧바른 앎과 올바른 깨달음과 열반이 실현됩니다. 일곱 가지란 어떠한 것입니까? 세존이시여, 세존께서 올바로 설한 새김의 깨달음 고리를 닦고 익히면, 곧바른 앎과 올바른 깨달음과 열반이 실현됩니다. 세존이시여, 세존께서 올바로 설한 탐구의 깨달음 고리를 닦고 익히면, 곧바른 앎과 올바른 깨달음과 열반이 실현됩니다. 세존이시여, 세존께서 올바로 설한 정진 깨달음 고리를 닦고 익히면, 곧바른 앎과 올바른 깨달음과 열반이 실현됩니다. 세존이시여, 세존께서 올바로 설한 희열의 깨달음 고리를 닦고 익히면, 곧바른 앎과 올바른 깨달음과 열반이 실현됩니다. 세존이시여, 세존께서 올바로 설한 안온의 깨달음 고리를 닦고 익히면, 곧바른 앎과 올바른 깨달음과 열반이 실현됩니다. 세존이시여, 세존께서 올

---

497) 질병의 경③[Tatiyagilānasutta] : SN. V. 81 ; 增一阿含 33권 6(大正 2. 731a1) 참조
498) 마하쭌다는 싸리뿟따의 동생이다.

바로 설한 집중의 깨달음 고리를 닦고 익히면, 곧바른 앎과 올바른 깨달음과 열반이 실현됩니다. 세존이시여, 세존께서 올바로 설한 평정의 깨달음 고리를 닦고 익히면, 곧바른 앎과 올바른 깨달음과 열반이 실현됩니다. 세존이시여, 이와 같이 세존께서 올바로 설한 일곱 가지 깨달음 고리를 닦고 익히면, 곧바른 앎과 올바른 깨달음과 열반이 실현됩니다."

[세존] "그렇다. 쭌다여, 그것들이야말로 깨달음 고리이다! 그렇다. 쭌다여, 그것들이야말로 깨달음 고리이다!

6. 존자 마하 쭌다가 이와 같이 말씀드린 것에 대해 세존께서는 그것을 인정하셨다. 그리고 세존께서는 질병으로부터 회복되셨다. 이런 방법으로 세존께서는 질병을 치유하셨다.

11. 참선은 절대적인가 마음의 조건에 따라 달라져야 되는가[499]

1. 이와 같이 나는 들었다. 한 때 세존께서 싸밧티 시의 제따바나 숲에 있는 아나타삔디까 승원에 계셨다.

2. 그때 많은 수행승들이 아침 일찍 옷을 입고 발우와 가사를 들고 싸밧티 시로 탁발하러 들어갔다.

3. 이 때 그 수행승들에게 '싸밧티 시에서 탁발하기에는 아직 너무 이르다. 이교도의 승원을 방문해보면 어떨까?'라는 생각이 들었다.

4. 그래서 그 수행승들은 이교도의 유행자들의 승원을 방문했다. 가까이 다가가서 그 이교도의 유행자들과 함께 인사하고 안부를 주고받은 뒤에 한쪽으로 물러앉았다. 한쪽으로 물러앉은 그 수행승들에게 이교도의 유행자들은 이와 같이 말했다.

---

499) 불의 경[Aggisutta] : SN. V. 112 : 잡아함 27권 3(大正 2. 191c, 잡714) 참조

5. [유행자들] "벗이여, 수행자 고따마는 제자들에게 '수행승들이여, 마음을 오염시키고 지혜를 약화시키는 다섯 가지 장애를 버리고 일곱 가지 깨달음 고리를 여실히 닦아라.'라고 법을 가르친다. 벗이여, 우리도 또한 제자들에게 '수행승들이여, 마음을 오염시키고 지혜를 약화시키는 다섯 가지 장애를 버리고 일곱 가지 깨달음 고리를 여실히 닦아라.'라고 법을 가르친다. 여기 수행자 고따마의 설법과 우리의 설법, 수행자 고따마의 가르침과 우리의 가르침 사이에 어떠한 차이와 어떠한 차별과 어떠한 다른 점이 있는가?"

6. 이때 그 수행승들은 이들 이교도의 유행자들이 한 말에 기뻐하지 않고 비난하지도 않았다. 기뻐하지 않고 비난하지도 않고 자리에서 일어나 '세존께 친히 그 말씀의 의미를 알아보자'라고 하며 그 자리를 떠났다.

7. 그래서 그 수행승들은 싸밧티 시에서 탁발을 하고 식사를 마친 뒤 탁발에서 돌아와 세존께서 계신 곳을 찾아갔다. 가까이 다가가서 세존께 인사를 드리고 한쪽으로 물러앉았다.

8. 한쪽으로 물러앉아서 그 수행승들은 세존께 이와 같이 말했다. [수행승들] "세존이시여, 여기 저희들은 아침 일찍 옷을 입고 발우와 가사를 들고 싸밧티 시로 탁발하러 들어갔습니다. 이때 저희들에게 '싸밧티 시에서 탁발하기에는 아직 너무 이르다. 이교도의 승원을 방문해보면 어떨까?'라는 생각이 들었습니다. 그래서 그 수행승들은 이교도의 유행자들의 승원을 방문했습니다. 가까이 다가가서 그 이교도의 유행자들과 인사를 하고 안부를 주고 받은 뒤에 한쪽으로 물러앉았습니다. 한쪽으로 물러앉은 저희들에게 이교도의 유행자들은 이와 같이 말했습니다.

9. '벗이여, 수행자 고따마는 제자들에게 '수행승들이여, 마음을 오염시키고 지혜를 약화시키는 다섯 가지 장애를 버리고 일곱 가지 깨달음 고리를 여실히 닦아라.'라고 법을 가르친다. 벗이여, 우리도 또한 제자들에게 '수행승들이여, 마음을 오염시키고 지혜를 약화시키는 다섯 가지 장애를 버리고 일곱 가지 깨달음 고리를 여실히 닦아라.'라고 법을 가르친다. 여기 수행자 고따마의 설법과 우리의 설법, 수행자 고따마의 가르침과 우리의 가르침 사이에 어떠한 차이와 어떠한 차별과 어떠한 다른 점이 있는가?'

10. 이 때 저희들은 이들 이교도의 유행자들이 한 말에 기뻐하지 않고 비난하지도 않았습니다. 기뻐하지 않고 비난하지도 않고 자리에서 일어나 '세존께 친히 그 말씀의 의미를 알아보자'라고 하며 그 자리를 떠났습니다."

11. [세존] "수행승들이여, 이교도의 유행자들이 그처럼 말하면 '그런데 벗들이여, 마음이 침체되었을 때는 어떤 깨달음 고리를 닦는 것이 적당하지 않고, 어떤 깨달음 고리를 닦는 것이 적당한가? 마음이 들떴을 때는 어떤 깨달음 고리를 닦는 것이 적당하지 않고, 어떤 깨달음 고리를 닦는 것이 적당한가?'라고 반문해야 할 것이다. 수행승들이여, 이와 같이 질문 받으면 이교도의 유행자들은 대답을 못하고 곤혹스러워 할 것이다.

12. 그것은 무슨 까닭인가? 수행승들이여, 그러한 것은 그들의 영역에 있는 것이 아니기 때문이다. 수행승들이여, 나는 여래와 여래의 제자들, 그리고 그들에게서 배운 사람들을 제외하고는, 신들의 세계, 악마들의 세계, 하느님들의 세계와 수행승들, 성직자들, 왕들과 인간들, 그 후예들의 세계에서 이 질문에 만족스럽게 대답할 수 있

는 자를 보지 못했다.

13. 수행승들이여, 마음이 침체되었을 때는 안온의 깨달음 고리를 닦으면 적당하지 않고, 집중의 깨달음 고리를 닦으면 적당하지 않고, 평정의 깨달음 고리를 닦으면 적당하지 않다. 그것은 어떠한 까닭인가? 수행승들이여, 마음이 침체되었을 때는 이러한 깨달음 고리들로 그 마음을 고양시키기 어렵기 때문이다.

14. 수행승들이여, 예를 들어 어떤 사람이 작은 불길을 살리려 한다고 해보자. 그가 그 안에다 젖은 풀잎을 던지고, 젖은 쇠똥을 던지고, 젖은 나무를 던지고, 물을 뿌리고, 흙을 뿌린다면, 그 사람은 작은 불길을 살려낼 수 있는가?"

[수행승들] "세존이시여, 그렇지 않습니다."

15. [세존] "수행승들이여, 이와 마찬가지로 마음이 침체되었을 때는 안온의 깨달음 고리를 닦으면 적당하지 않고, 집중의 깨달음 고리를 닦으면 적당하지 않고, 평정의 깨달음 고리를 닦으면 적당하지 않다. 그것은 어떠한 까닭인가? 수행승들이여, 마음이 침체되었을 때는 이러한 깨달음 고리들로 그 마음을 고양시키기 어렵기 때문이다.

16. 수행승들이여, 마음이 침체되었을 때는 탐구의 깨달음 고리를 닦으면 적당하고, 정진의 깨달음 고리를 닦으면 적당하고, 희열의 깨달음 고리를 닦으면 적당하다. 그것은 어떠한 까닭인가? 수행승들이여, 마음이 침체되었을 때는 이러한 깨달음 고리들로 그 마음을 고양시키기 쉽기 때문이다.

17. 수행승들이여, 예를 들어 사람이 작은 불길을 살리려 한다고 하자. 그가 여기에다 마른 풀잎을 던지고, 마른 쇠똥을 던지고, 마른

나무를 던지고, 입으로 바람을 불어넣고, 흙을 뿌리지 않으면, 그 사람은 작은 불길을 살려낼 수 있는가?"
[수행승들] "세존이시여, 그렇습니다."

18. [세존] "수행승들이여, 마찬가지로 마음이 침체되었을 때는 탐구의 깨달음 고리를 닦으면 적당하고, 정진의 깨달음 고리를 닦으면 적당하고, 희열의 깨달음 고리를 닦으면 적당하다. 그것은 어떠한 까닭인가? 수행승들이여, 마음이 침체되었을 때는 이러한 깨달음 고리들로 그 마음을 고양시키기 쉽기 때문이다.

19. 수행승들이여, 마음이 들떴을 때는 탐구의 깨달음 고리를 닦으면 적당하지 않고, 정진의 깨달음 고리를 닦으면 적당하지 않고, 희열의 깨달음 고리를 닦으면 적당하지 않다. 그것은 어떠한 까닭인가? 수행승들이여, 마음이 들떴을 때는 이러한 깨달음 고리들로 그러한 마음을 고요하게 하기 어렵기 때문이다.

20. 수행승들이여, 예를 들어 어떤 사람이 큰 불길을 끄려 한다고 하자. 그가 그 안에다 마른 풀잎을 던지고, 마른 쇠똥을 던지고, 마른 나무를 던지고, 입으로 바람을 불어넣고, 흙을 뿌리지 않는다면, 그 사람은 큰 불길을 끌 수 있는가?"
[수행승들] "세존이시여, 그렇지 않습니다."

21. [세존] "수행승들이여, 마찬가지로 마음이 들떴을 때는 탐구의 깨달음 고리를 닦으면 적당하지 않고, 정진의 깨달음 고리를 닦으면 적당하지 않고, 희열의 깨달음 고리를 닦으면 적당하지 않다. 그것은 어떠한 까닭인가? 수행승들이여, 마음이 들떴을 때는 이러한 깨달음 고리들로 그러한 마음을 고요하게 하기 어렵기 때문이다.

22. [세존] "수행승들이여, 마음이 들떴을 때는 안온의 깨달음 고리

를 닦으면 적당하고, 집중의 깨달음 고리를 닦으면 적당하고, 평정의 깨달음 고리를 닦으면 적당하다. 그것은 어떠한 까닭인가? 수행승들이여, 마음이 들떴을 때는 이러한 깨달음 고리들로 그러한 마음을 고요하게 하기 쉽기 때문이다.

23. 수행승들이여, 예를 들어 사람이 큰 불길을 끄려 한다고 하자. 그가 여기에다 젖은 풀잎을 던지고, 젖은 쇠똥을 던지고, 젖은 나무를 던지고, 물을 뿌리고, 흙을 뿌리면, 그 사람은 큰 불길을 끌 수 있는가?"
[수행승들] "세존이시여, 그렇습니다."

24. [세존] "수행승들이여, 마찬가지로 마음이 들떴을 때는 안온의 깨달음 고리를 닦으면 적당하고, 집중의 깨달음 고리를 닦으면 적당하고, 평정의 깨달음 고리를 닦으면 적당하다. 그것은 어떠한 까닭인가? 수행승들이여, 마음이 들떴을 때는 이러한 깨달음 고리들로 그러한 마음을 고요하게 하기 쉽기 때문이다.

25. 수행승들이여, 그런데 나는 새김의 깨달음 고리에 관한 한 그것은 모든 경우에500) 유익하다고 말한다."

---

500) 붓다고싸는 주석서에서 새김의 깨달음 고리의 중요성에 대하여 '소금의 맛이 모든 음식에 들어가듯이, 모든 일을 관리하는 대신은 전쟁도 하고 조언도 하고 예식에 참여하는 등 모든 해야 할 일들을 행하는 것처럼' 모든 경우에 유효하다고 말했다.

12. 앎과 봄을 방해하는 원인과 조건은 무엇일까[501]

1. 이와 같이 나는 들었다. 한 때 세존께서 라자가하 시의 깃자꿋따 산에 계셨다.

2. 그때 왕자 아바야[502]가 세존께서 계신 곳을 찾아갔다. 가까이 다가가서 세존과 인사를 하고 안부를 주고 받은 뒤에 한쪽으로 물러앉았다. 한쪽으로 물러앉은 왕자 아바야는 세존께 이와 같이 말했다.

3. [아바야] "세존이시여, 뿌라나 깟싸빠는 '원인이 없고 조건이 없이 알지 못하고 또한 보지 못하게 된다. 알지 못하고 또한 보지 못하는 데는 원인도 없고 조건도 없다. 원인이 없고 조건도 없이 알고 또한 보게 된다. 알고 또한 보는 데는 원인이 없고 조건이 없다.'라고 말했습니다."

4. [세존] "왕자여, 원인이 있고 조건이 있어 알지 못하고 또한 보지 못하게 됩니다. 알지 못하고 또한 보지 못하는 데는 원인이 있고 조건이 있습니다. 원인이 있고 조건이 있어 알고 또한 보는 것입니다. 알고 또한 보는 데는 원인이 있고 조건이 있습니다."

5. [아바야] "세존이시여, 어떠한 원인 어떠한 조건이 있어 알지 못하고 또한 보지 못하게 됩니까? 알지 못하고 또한 보지 못하는 데는 어떠한 원인 어떠한 조건이 있습니까?"

6. [세존]
1) "왕자여, 감각적 쾌락의 욕망에 묶이고, 감각적 쾌락의 욕망에

---

501) 아바야 경[Abhayasutta] : SN. V. 126 : 잡아함 26권 70(大正 2. 190b, 잡711), 잡아함 27권 1(大正 2. 191a, 잡712) 참조
502) 아바야 왕자는 적자는 아니지만 빔비싸라왕의 아들이었다. 자이나교의 교주는 그를 보내 부처님과 대론하게 했다.

정복된 마음으로 지내고, 이미 생겨난 감각적 쾌락의 욕망의 여읨을 있는 그대로 알지 못하고 보지 못합니다. 왕자여, 이러한 원인이 있고 이러한 조건이 있어 알지 못하고 보지 못하게 됩니다. 알지 못하고 보지 못하는 데는 이러한 원인, 이러한 조건이 있습니다.

2) 왕자여, 분노에 묶이고, 분노에 정복된 마음으로 지내고, 이미 생겨난 분노의 여읨을 있는 그대로 알지 못하고 보지 못합니다. 왕자여, 이러한 원인이 있고 이러한 조건이 있어 알지 못하고 보지 못하게 됩니다. 알지 못하고 보지 못하는 데는 이러한 원인 이러한 조건이 있습니다.

3) 왕자여, 해태와 혼침에 묶이고, 해태와 혼침에 정복된 마음으로 지내고, 이미 생겨난 해태와 혼침의 여읨을 있는 그대로 알지 못하고 보지 못합니다. 왕자여, 이러한 원인이 있고 이러한 조건이 있어 알지 못하고 보지 못하게 됩니다. 알지 못하고 보지 못하는 데는 이러한 원인 이러한 조건이 있습니다.

4) 왕자여, 흥분과 회한에 묶이고, 흥분과 회한에 정복된 마음으로 지내고, 이미 생겨난 흥분과 회한의 여읨을 있는 그대로 알지 못하고 보지 못합니다. 왕자여, 이러한 원인이 있고 이러한 조건이 있어 알지 못하고 보지 못하게 됩니다. 알지 못하고 보지 못하는 데는 이러한 원인 이러한 조건이 있습니다.

5) 왕자여, 의심에 묶이고, 의심에 정복된 마음으로 지내고, 이미 생겨난 의심의 여읨을 있는 그대로 알지 못하고 보지 못합니다. 왕자여, 이러한 원인이 있고 이러한 조건이 있어 알지 못하고 보지 못하게 됩니다. 알지 못하고 보지 못하는 데는 이러한 원인 이러한 조건이 있습니다."

7. [아바야] "세존이시여, 이 가르침이 밝힌 바를 무엇이라고 합니까?"

[세존] "왕자여, 이것들은 장애라고 합니다."

[아바야] "세상에 존경받는 님이시여, 실로 장애입니다. 올바른 길로 잘 가신 님이시여, 실로 장애입니다. 세존이시여, 단지 하나의 장애에 정복되어 있어도 있는 그대로 알지 못하고 보지 못합니다. 그런데 다섯 가지 장애에 정복되는 것은 말해서 무엇 하겠습니까?"

8. [아바야] "세존이시여, 어떠한 원인이 있고 어떠한 조건이 있어 알고 또한 보게 됩니까? 알고 또한 보는 데는 어떠한 원인과 어떠한 조건이 있습니까?"

9. [세존]

1) "왕자여, 이 세상에 수행승은 멀리 여읨에 기초하고 사라짐에 기초하고 소멸에 기초해서 완전히 버림으로써 열반으로 끝나는 새김의 깨달음 고리를 닦으면, 그는 새김의 깨달음 고리를 닦는 마음으로 있는 그대로의 것을 분명히 알고 또한 봅니다. 왕자여, 이러한 원인 이러한 조건이 있어 알고 또한 보게 됩니다. 알고 또한 보는 데는 이러한 원인 이러한 조건이 있습니다.

2) 왕자여, 이 세상에 수행승은 멀리 여읨에 기초하고 사라짐에 기초하고 소멸에 기초해서 완전히 버림으로써 열반으로 끝나는 탐구의 깨달음 고리를 닦으면, 그는 탐구의 깨달음 고리를 닦는 마음으로 있는 그대로의 것을 분명히 알고 또한 봅니다. 왕자여, 이러한 원인 이러한 조건이 있어 알고 또한 보게 됩니다. 알고 또한 보는 데는 이러한 원인 이러한 조건이 있습니다.

3) 왕자여, 이 세상에 수행승은 멀리 여읨에 기초하고 사라짐에 기초하고 소멸에 기초해서 완전히 버림으로써 열반으로 끝나는 정

진의 깨달음 고리를 닦으면, 그는 정진의 깨달음 고리를 닦는 마음으로 있는 그대로의 것을 분명히 알고 또한 봅니다. 왕자여, 이러한 원인 이러한 조건이 있어 알고 또한 보게 됩니다. 알고 또한 보는 데는 이러한 원인 이러한 조건이 있습니다.

4) 왕자여, 이 세상에 수행승은 멀리 여읨에 기초하고 사라짐에 기초하고 소멸에 기초해서 완전히 버림으로써 열반으로 끝나는 희열의 깨달음 고리를 닦으면, 그는 희열의 깨달음 고리를 닦는 마음으로 있는 그대로의 것을 분명히 알고 또한 봅니다. 왕자여, 이러한 원인 이러한 조건이 있어 알고 또한 보게 됩니다. 알고 또한 보는 데는 이러한 원인 이러한 조건이 있습니다.

5) 왕자여, 이 세상에 수행승은 멀리 여읨에 기초하고 사라짐에 기초하고 소멸에 기초해서 완전히 버림으로써 열반으로 끝나는 안온의 깨달음 고리를 닦으면, 그는 안온의 깨달음 고리를 닦는 마음으로 있는 그대로의 것을 분명히 알고 또한 봅니다. 왕자여, 이러한 원인 이러한 조건이 있어 알고 또한 보게 됩니다. 알고 또한 보는 데는 이러한 원인 이러한 조건이 있습니다.

6) 왕자여, 이 세상에 수행승은 멀리 여읨에 기초하고 사라짐에 기초하고 소멸에 기초해서 완전히 버림으로써 열반으로 끝나는 집중의 깨달음 고리를 닦으면, 그는 집중의 깨달음 고리를 닦는 마음으로 있는 그대로의 것을 분명히 알고 또한 봅니다. 왕자여, 이러한 원인 이러한 조건이 있어 알고 또한 보게 됩니다. 알고 또한 보는 데는 이러한 원인 이러한 조건이 있습니다.

7) 왕자여, 이 세상에 수행승은 멀리 여읨에 기초하고 사라짐에 기초하고 소멸에 기초해서 완전히 버림으로써 열반으로 끝나는 평정의 깨달음 고리를 닦으면, 그는 평정의 깨달음 고리를 닦는 마

음으로 있는 그대로의 것을 분명히 알고 또한 봅니다. 왕자여, 이러한 원인 이러한 조건이 있어 알고 또한 보게 됩니다. 알고 또한 보는 데는 이러한 원인 이러한 조건이 있습니다."

10. [아바야] "세존이시여, 이 가르침이 밝힌 바를 무엇이라고 합니까?"

[세존] "왕자여, 이것들은 깨달음 고리라고 합니다."

[아바야] "세상에 존경받는 님이시여, 실로 깨달음 고리입니다. 올바른 길로 잘 가신 님이시여, 실로 깨달음 고리입니다. 세존이시여, 단지 하나의 깨달음 고리를 갖추어도 있는 그대로의 것을 분명히 알고 또한 보게 됩니다. 그런데 일곱 가지 깨달음 고리를 갖추는 것에 대해서는 말해서 무엇 하겠습니까? 세존이시여, 저는 깃자꾸따 산을 오르면서 피곤하고 지쳤는데 이제 안정을 얻고 법을 이해하게 되었습니다."503)

13. '나는 우월하다.'는 자만 이외에 또 다른 자만은 무엇인가504)

1. 이와 같이 나는 들었다. 한 때 세존께서 싸밧티 시의 제따바나 숲에 있는 아나타삔디까 승원에 계셨다.

2. 그 때 세존께서 '수행승들이여'라고 수행승들을 부르셨다. 수행승들은 '세존이시여'라고 세존께 대답했다. 세존께서는 이와 같이 말씀하셨다.

3. [세존] "수행승들이여, 이러한 세 가지 자만이 있다. 그 세 가지란 무엇인가? 나는 우월하다는 자만, 나는 동등하다는 자만, 나는 열등

---

503) 이것은 그가 진리의 '흐름에 든 님[豫流者]'이 되었다는 것을 뜻한다.
504) 자만의 경[Vidhāsutta] : SN. V. 135.

하다는 자만이 있다. 수행승들이여, 이러한 것이 세 가지 자만이다. 수행승들이여, 이러한 세 가지 자만을 곧바로 알기 위해 일곱 가지 깨달음 고리를 닦아야 한다. 수행승들이여, 일곱 가지 깨달음 고리란 어떠한 것인가?

4. 수행승들이여, 이 세상에 수행승은
 1) 멀리 여읨에 기초하고 사라짐에 기초하고 소멸에 기초해서 완전히 버림으로써 열반으로 끝나는 새김의 깨달음 고리를 닦는다.
 2) 멀리 여읨에 기초하고 사라짐에 기초하고 소멸에 기초해서 완전히 버림으로써 열반으로 끝나는 탐구의 깨달음 고리를 닦는다.
 3) 멀리 여읨에 기초하고 사라짐에 기초하고 소멸에 기초해서 완전히 버림으로써 열반으로 끝나는 정진의 깨달음 고리를 닦는다.
 4) 멀리 여읨에 기초하고 사라짐에 기초하고 소멸에 기초해서 완전히 버림으로써 열반으로 끝나는 희열의 깨달음 고리를 닦는다.
 5) 멀리 여읨에 기초하고 사라짐에 기초하고 소멸에 기초해서 완전히 버림으로써 열반으로 끝나는 안온의 깨달음 고리를 닦는다.
 6) 멀리 여읨에 기초하고 사라짐에 기초하고 소멸에 기초해서 완전히 버림으로써 열반으로 끝나는 집중의 깨달음 고리를 닦는다.
 7) 멀리 여읨에 기초하고 사라짐에 기초하고 소멸에 기초해서 완전히 버림으로써 열반으로 끝나는 평정의 깨달음 고리를 닦는다.

5. 수행승들이여, 이와 같이 세 가지 자만을 곧바로 알고, 완전히 알고, 두루 부수고, 끊어버리기 위해 일곱 가지 깨달음 고리를 닦아야 한다."

14. 세속적인 유혹에서 벗어날 수 있는 길은 무엇일까[505]

1. 이와 같이 나는 들었다. 한 때 세존께서 싸밧티 시의 제따바나 숲에 있는 아나타삔디까 승원에 계셨다.

2. 그 때 세존께서 '수행승들이여'라고 수행승들을 부르셨다. 수행승들은 '세존이시여'라고 세존께 대답했다. 세존께서는 이와 같이 말씀하셨다.

3. [세존] "수행승들이여, 예를 들어 갠지스 강은 동쪽으로 향하고, 동쪽으로 나아가고, 동쪽으로 드는데, 많은 사람들이 호미와 바구니를 가지고 와서 '우리는 이 갠지스 강을 서쪽으로 향하고 서쪽으로 나아가고 서쪽으로 들게 하겠다.'라고 한다면, 그것을 어떻게 생각하는가? 그 많은 사람들이 갠지스 강을 서쪽으로 향하고 서쪽으로 나아가고 서쪽으로 들게 할 수 있는가?
[수행승들] "세존이시여, 그렇지 않습니다."
[세존] "그것은 무슨 까닭인가?"
[수행승들] "세존이시여, 갠지스 강은 동쪽으로 향하고 동쪽으로 나아가고 동쪽으로 드는데, 서쪽으로 향하고 서쪽으로 나아가고 서쪽으로 들게 하는 것은 매우 어렵고, 단지 많은 사람을 피곤하고 곤혹하게 할 뿐입니다."

4. [세존] "수행승들이여, 이와 같이 수행승이 일곱 가지 깨달음 고리를 닦고 일곱 가지 깨달음 고리를 익히면, 그에게 왕이나 왕의 신하나 친지나 친척이 재물을 가지고 와서 '이보게, 어찌 이런 가사를 입고 자신을 괴롭힌단 말인가? 왜 삭발하고 발우를 들고 돌아다니는가? 돌아오라. 세속의 생활로 돌아가서 재물을 즐기고, 공덕을 쌓

---
505) 강의 경[Nadīsutta] : SN. V. 138.

자.'라고 유혹한다고 하자. 수행승들이여, 수행승이 일곱 가지 깨달음 고리를 닦고 일곱 가지 깨달음 고리를 익히면 그가 배움을 버리고 세속으로 돌아간다는 것은 있을 수 없다. 그것은 무슨 까닭인가? 수행승들이여, 만약 마음이 오랜 세월 멀리 여읨으로 향하고 멀리 여읨으로 나아가고 멀리 여읨으로 들어가면, 실로 세속으로 돌아간다는 것은 있을 수 없다.

5. 수행승들이여, 이 세상에 수행승은
   1) 탐욕을 제거하고 분노를 제거하고 어리석음을 제거하고 불사에 뛰어들고 불사로 건너가고 불사를 궁극으로 하고 열반으로 향하고 열반으로 나아가고 열반으로 들어가는 새김의 깨달음 고리를 닦는다.
   2) 탐욕을 제거하고 분노를 제거하고 어리석음을 제거하고 불사에 뛰어들고 불사로 건너가고 불사를 궁극으로 하고 열반으로 향하고 열반으로 나아가고 열반으로 들어가는 고리를 닦는다.
   3) 탐욕을 제거하고 분노를 제거하고 어리석음을 제거하고 불사에 뛰어들고 불사로 건너가고 불사를 궁극으로 하고 열반으로 향하고 열반으로 나아가고 열반으로 들어가는 정진의 깨달음 고리를 닦는다.
   4) 탐욕을 제거하고 분노를 제거하고 어리석음을 제거하고 불사에 뛰어들고 불사로 건너가고 불사를 궁극으로 하고 열반으로 향하고 열반으로 나아가고 열반으로 들어가는 희열의 깨달음 고리를 닦는다.
   5) 탐욕을 제거하고 분노를 제거하고 어리석음을 제거하고 불사에 뛰어들고 불사로 건너가고 불사를 궁극으로 하고 열반으로 향하고 열반으로 나아가고 열반으로 들어가는 안온의 깨달음 고리를

닦는다.
6) 탐욕을 제거하고 분노를 제거하고 어리석음을 제거하고 불사에 뛰어들고 불사로 건너가고 불사를 궁극으로 하고 열반으로 향하고 열반으로 나아가고 열반으로 들어가는 집중의 깨달음 고리를 닦는다.
7) 탐욕을 제거하고 분노를 제거하고 어리석음을 제거하고 불사에 뛰어들고 불사로 건너가고 불사를 궁극으로 하고 열반으로 향하고 열반으로 나아가고 열반으로 들어가는 평정의 깨달음 고리를 닦는다.

6 수행승들이여, 이와 같이 수행승은 일곱 가지 깨달음 고리를 닦고 일곱 가지 깨달음 고리를 익힌다."

15. 슬픔과 비탄을 뛰어넘는 하나의 길은 무엇일까[506]

1. 이와 같이 나는 들었다. 한 때 세존께서 베쌀리 시의 암바빨리 숲[507]에 계셨다.

2. 그 때 세존께서 '수행승들이여'라고 수행승들을 부르셨다. 수행승들은 '세존이시여'라고 세존께 대답했다. 세존께서는 이와 같이 말씀하셨다.

3. [세존] "수행승들이여, 뭇삶을 청정하게 하고, 슬픔과 비탄을 극복하고, 고통과 근심을 뛰어 넘고, 바른 이치를 얻고, 열반을 실현시키는 하나의 길[508]이 있으니, 그것은 곧 네 가지 새김의 토대이다.

---

506) 암바빨리 경[Ambapālisutta] : SN. V. 141 : 잡아함 24권 20(大正2. 174b, 집628) 참조
507) 이름으로 유녀 암바빨리가 기증한 숲이다.
508) 하나의 길이란 '하나의 행선지로 통하는 길'을 말하는데 한역에서는 일승도(一乘道)라고 한다. 그러나 여기에서 하나의 길이란 곧바로 행선지로 이르는 가장 가까운 길이다. 그러므

네 가지란 무엇인가?

4. 수행승들이여, 이 세상에 수행승은

1) 열심히 노력하고, 분명히 알아채고, 새김을 확립하고, 세상의 탐욕과 근심을 제거하면서,509) 몸에 대하여 몸을 관찰한다.510)

2) 열심히 노력하고, 분명히 알아채고, 새김을 확립하고, 세상의 탐욕과 근심을 제거하면서, 느낌에 대하여 느낌을 관찰한다.

3) 열심히 노력하고, 분명히 알아채고, 새김을 확립하고, 세상의 탐욕과 근심을 제거하면서, 마음에 대하여 마음을 관찰한다.

4) 열심히 노력하고, 분명히 알아채고, 새김을 확립하고, 세상의 탐욕과 근심을 제거하면서, 사실에 대하여 사실을 관찰한다.

5. 수행승들이여, 이와 같이 뭇삶을 청정하게 하고, 슬픔과 비탄을 극복하고, 고통과 근심을 뛰어 넘고, 바른 이치를 얻고, 열반을 실현시키는 하나의 길이 있으니 곧 네 가지 새김의 토대이다."

6. 세존께서 이와 같이 말씀하시자 그 수행승들은 만족하여 세존께서 말씀하신 것에 기뻐했다.

로 대승불교 특히 묘법연화경에서 말하는 일승과는 다르다. 붓다고싸는 '하나의 길인 이 길은 갈림길이 아니다.'라는 의미로 사용하고 있다.

509) 붓다고싸에 따르면, '특수한 관점에서의 제어, 또는 억제에 의한 제어를 통해 제거하면서'의 뜻이다. '특수한 관점에서의 제어'는 신중한 제어나 통찰을 통해 일시적으로 제거하는 것을 말하고 '억제에 의한 제어'는 선정의 성취를 통한 일시적인 제거를 말한다.

510) 붓다고싸에 따르면, '몸에 대하여 몸을 관찰하여'라는 반복적인 표현은 그것과 혼동되어서는 안 될 다른 대상과 분리하여 명상의 대상을 정확히 규정할 목적을 갖고 있다. 그래서 이 수행에서 몸은 단지 그러한 것으로 새겨져야지 그것과 관련된 느낌이나 마음이나 사실로 새겨져서는 안 된다. 이 구절은 또한 몸은 단지 몸으로 새겨져야지 남자나 여자나 자아나 중생으로 새겨져서는 안 된다. 이러한 방식은 다른 네 가지 새김의 토대에 대하여서도 똑같이 적용된다.

16. 가르침에 입문한 자나 깨달은 자나 무엇을 닦아야 할까511)

1. 이와 같이 나는 들었다. 한 때 세존께서는 꼬쌀라 국의 쌀라에 있는 바라문 마을에 계셨다.

2. 그 때 세존께서 '수행승들이여'라고 수행승들을 부르셨다. 수행승들은 '세존이시여'라고 세존께 대답했다. 세존께서는 이와 같이 말씀하셨다.

3. [세존] "수행승들이여, 그 수행승들이 새로 입문하였고, 출가한 지 오래되지 않았고, 최근에 이러한 가르침과 계율에 들어왔다면, 네 가지 새김의 토대를 수련하면서 격려하고, 안정시키고, 자리를 잡게 해야 한다. 그 네 가지란 무엇인가?

1) '벗들이여, 그대들은 열심히 노력하고, 분명히 알아차리고, 하나로 통일하고,512) 정신을 맑게 하고, 집중에 들고, 오직 한마음을513) 갖추어, 있는 그대로의 몸의 상태를 알기 위하여 몸에 대하여 몸을 관찰해야 한다.

2) 벗들이여, 그대들은 열심히 노력하고, 분명히 알아차리고, 하나로 통일하고, 정신을 맑게 하고, 집중에 들고, 오직 한마음을 갖추어, 있는 그대로의 느낌의 상태를 알기 위하여 느낌에 대하여 느낌을 관찰해야 한다.

3) 벗들이여, 그대들은 열심히 노력하고, 분명히 알아차리고, 하나로 통일하고, 정신을 맑게 하고, 집중에 들고, 오직 한마음을 갖추어, 있는 그대로의 마음의 상태를 알기 위하여 마음에 대하여 마음을 관찰해야 한다.

---

511) 쌀라 경[Sala] : SN. V. 144 ; 잡아함 24권 17(大正 2. 173c, 잡621) 참조
512) 붓다고싸에 따르면, '찰나적인 집중으로 마음이 한 곳에 이르러 삼매에 드는 것'이다.
513) 붓다고싸에 따르면, '근접삼매의 과정을 통해서 삼매에 드는 것'이다.

4) 벗들이여, 그대들은 열심히 노력하고, 분명히 알아차리고, 하나로 통일하고, 정신을 맑게 하고, 집중에 들고, 오직 한마음을 갖추어, 있는 그대로의 사실의 상태를 알기 위하여 사실에 대하여 사실을 관찰해야 한다.'

4. 수행승들이여, 그 수행승들이 아직 배우는 학인이고, 자신의 마음을 다잡지 못했는데, 속박에서 벗어난 위없는 안온에 대한 열망으로 지낸다면, 그들도 또한

1) 열심히 노력하고, 분명히 알아차리고, 하나로 통일하고, 정신을 맑게 하고, 집중에 들고, 오직 한마음을 갖추어, 있는 그대로의 몸을 완전히 알기 위하여 몸에 대하여 몸을 관찰해야 한다.

2) 열심히 노력하고, 분명히 알아차리고, 하나로 통일하고, 정신을 맑게 하고, 집중에 들고, 오직 한마음을 갖추어, 있는 그대로의 느낌을 완전히 알기 위하여 느낌에 대하여 느낌을 관찰해야 한다.

3) 열심히 노력하고, 분명히 알아차리고, 하나로 통일하고, 정신을 맑게 하고, 집중에 들고, 오직 한마음을 갖추어, 있는 그대로의 마음을 완전히 알기 위하여 마음에 대하여 마음을 관찰해야 한다.

4) 열심히 노력하고, 분명히 알아차리고, 하나로 통일하고, 정신을 맑게 하고, 집중에 들고, 오직 한마음을 갖추어, 있는 그대로의 사실을 완전히 알기 위하여 사실에 대하여 사실을 관찰해야 한다.

5. 수행승들이여, 그 수행승들이 거룩한 님이고, 번뇌가 부서졌고, 청정한 삶을 살고, 해야 할 일을 해 마치고, 짐을 내려놓고, 자신의 목표에 도달했고, 존재의 사슬을 완전히 끊어버리고, 궁극적인 깨달음을 통해 완전히 해탈되었다고 하더라도, 그들도 또한

1) 열심히 노력하고, 분명히 알아차리고, 하나로 통일하고, 정신을 맑게 하고, 집중에 들고, 오직 한마음을 갖추어, 몸의 속박에서 벗

어나 몸에 대하여 몸을 관찰하면서 지내야 한다.
2) 열심히 노력하고, 분명히 알아차리고, 하나로 통일하고, 정신을 맑게 하고, 집중에 들고, 오직 한마음을 갖추어, 느낌의 속박에서 벗어나 느낌에 대하여 느낌을 관찰하며 지내야 한다.
3) 열심히 노력하고, 분명히 알아차리고, 하나로 통일하고, 정신을 맑게 하고, 집중에 들고, 오직 한마음을 갖추어, 마음의 속박에서 벗어나 마음에 대하여 마음을 관찰하며 지내야 한다.
4) 열심히 노력하고, 분명히 알아차리고, 하나로 통일하고, 정신을 맑게 하고, 집중에 들고, 오직 한마음을 갖추어, 사실의 속박에서 벗어나 사실에 대하여 사실을 관찰하며 지내야 한다.

6. 수행승들이여, 그 수행승들이 새로 입문하였고, 출가한 지 오래되지 않았고, 최근에 이러한 가르침과 계율에 입문했다면, 네 가지 새김의 토대를 수련하면서 그들을 격려하고, 안정시키고, 자리를 잡게 해야 한다."

17. 우리에게 가장 건전한 재산이란 무엇인가[514]

1. 이와 같이 나는 들었다. 한 때 세존께서 싸밧티 시의 제따바나 숲에 있는 아나타삔디까 승원에 계셨다.

2. 그 때 세존께서 '수행승들이여'라고 수행승들을 부르셨다. 수행승들은 '세존이시여'라고 세존께 대답했다. 세존께서는 이와 같이 말씀하셨다.

3. [세존] "수행승들이여, 어떤 사람이 무엇인가를 '불건전한 재

---

514) 건전한 재산의 경[Kusalarāsisutta] : SN. V. 145 ; 잡아함 24권 7(大正 2. 171b, 집611) 참조

산'515)라고 말한다면, 그가 올바르게 이것을 말할 수 있는 것은 다섯 가지 장애에 관한 것이다. 수행승들이여, 이것이야말로 완전히 불건전한 재산이기 때문인데, 그것은 바로 다섯 가지 장애이다. 그 다섯 가지란 무엇인가?

4. 감각적 쾌락에 대한 욕망의 장애, 분노의 장애, 해태와 혼침의 장애, 흥분과 회한의 장애, 의심의 장애이다. 수행승들이여, 어떤 사람이 무엇인가를 '불건전한 재산'라고 말한다면, 그가 올바르게 이것을 말할 수 있는 것은 다섯 가지 장애에 관한 것이다. 이것이야말로 완전히 불건전한 재산, 즉 다섯 가지 장애이기 때문이다.

5. 수행승들이여, 어떤 사람이 무엇인가를 '건전한 재산'이라고 말한다면, 그가 올바르게 이것을 말할 수 있는 것은 네 가지 새김의 토대에 관한 것이다. 수행승들이여, 이것이야말로 완전히 건전한 재산이기 때문인데, 그것은 바로 네 가지 새김의 토대이다. 그 네 가지란 무엇인가?

6. 수행승들이여, 이 세상에 수행승은
 1) 열심히 노력하고, 분명히 알아채고, 새김을 확립하고, 세상의 탐욕과 근심을 제거하면서 몸에 대하여 몸을 관찰한다.
 2) 열심히 노력하고, 분명히 알아채고, 새김을 확립하고, 세상의 탐욕과 근심을 제거하면서, 느낌에 대하여 느낌을 관찰한다.
 3) 열심히 노력하고, 분명히 알아채고, 새김을 확립하고, 세상의 탐욕과 근심을 제거하면서, 마음에 대하여 마음을 관찰한다.
 4) 열심히 노력하고, 분명히 알아채고, 새김을 확립하고, 세상의 탐

---

515) 여기서 '건전하거나 불건전한 재산'의 어원은 '꾸쌀라라시'나 '아꾸쌀라라시'인데, 라시는 '쌓인 더미나 재산'을 뜻한다. 따라서 '건전하거나 불건전한 더미'라고 비구보디처럼 번역해도 되지만, 여기서는 아무래도 비유적인 의미로 '재산'으로 해석하는 것이 좋을 것 같다.

욕과 근심을 제거하면서, 사실에 대하여 사실을 관찰한다.

7. 수행승들이여, 어떤 사람이 무엇인가를 '건전한 재산'라고 말한다면, 그가 올바르게 이것을 말할 수 있는 것은 네 가지 새김의 토대에 관한 것이다. 수행승들이여, 이것이야말로 완전히 건전한 재산이기 때문인데, 그것은 바로 네 가지 새김의 토대이다."

18. 우리의 고향인 자신의 영역, 아버지의 경계란 어디인가516)

1. 이와 같이 나는 들었다. 한 때 세존께서 싸밧티 시의 제따바나 숲에 있는 아나타삔디까 승원에 계셨다.

2. 그 때 세존께서 '수행승들이여'라고 수행승들을 부르셨다. 수행승들은 '세존이시여'라고 세존께 대답했다. 세존께서는 이와 같이 말씀하셨다.

3. [세존] "수행승들이여, 옛날에 매가 메추라기를 날쌔게 습격하여 붙잡았다.517)

4. 수행승들이여, 그 때 메추라기는 매에게 잡혀가는 동안 이와 같이 한탄했다.
[메추라기] '나는 너무도 불행하고 지지리도 복이 없구나! 나는 나 자신의 의지처를 넘어서 다른 자의 영역으로 들어갔다. 만약 우리가 오늘 우리 자신의 의지처, 조상대대로 내려온 영역에 머물렀다면, 이 매는 싸움에서 나를 붙잡을 기회를 갖지 못했을 것이다.'
[매] '그런데 그대의 의지처는 어느 곳인가? 메추라기여, 그대 조상

---

516) 매의 경[Sakuṇagghisutta] : SN. V. 146 : 잡아함 24권 13(大正 2. 172c, 잡617) 참조
517) 매와 메추라기의 이야기는 자타카에도 등장하는데 거기서 데바닷따가 매로 보살(전생의 부처님)이 메추라기로 등장한다.

의 영역은 어디인가?'

[메추라기] '바로 흙더미로 덮여 있는 잘 쟁기질된 밭이다.'

5. 수행승들이여, 그러자 매는 자신의 힘을 믿고, 자신의 힘을 자만하여 메추라기를 놓아 주었다.

[매] '메추라기여, 가라, 그러나 그곳에서조차 나로부터 도망치지 못할 것이다.'

6. 수행승들이여, 그러자 메추라기는 흙더미로 덮여 있는 잘 쟁기질된 밭으로 갔다. 커다란 흙더미 위에 올라서서 매에게 외쳤다.

[메추라기] '매여, 이제 나를 잡아봐라. 매여, 이제 나를 잡아봐라.'

7. 수행승들이여, 그러자 매는 자신의 힘을 믿고, 자신의 힘을 자만하여 양 날개를 접은 채, 갑자기 메추라기를 공격했다. 수행승들이여, 그러나 메추라기는 '그 매가 나를 덮친다.'라고 알자마자, 흙더미 사이로 미끄러져 들어갔고 그 매는 바로 그 자리에 가슴을 부딪쳤다.

8. 수행승들이여, 자신의 의지처를 벗어나서 다른 영역으로 들어가는 것은 이와 같다. 그러므로 수행승들이여 그대들 자신의 의지처를 벗어나 다른 자들의 영역으로 들어가지 말라. 악마는 그들 자신의 의지처를 벗어나 다른 영역으로 들어간 자들에게 접근기회를 얻을 것이다. 악마는 그들을 지배할 힘을 얻을 것이다.

9. 수행승들이여, 수행승들에게 자신의 의지처가 아닌 다른 자들의 영역은 어디인가? 그것은 바로 다섯 가지 감각적 쾌락이다. 그 다섯 가지란 무엇인가?

10. 수행승들이여, 사람들이 원하고, 즐거워하고, 마음에 들어 하고, 사랑스러워 하고, 감각적으로 끌리고, 욕망에 물들게 되는, 시각에

의해 인식되는 형상들이 있다. 사람들이 원하고, 즐거워하고, 마음에 들어 하고, 사랑스러워 하고, 감각적으로 끌리고, 욕망에 물들게 되는, 청각에 의해 인식되는 소리들이 있다. 사람들이 원하고, 즐거워하고, 마음에 들어 하고, 사랑스러워 하고, 감각적으로 끌리고, 욕망에 물들게 되는, 후각에 의해 인식되는 냄새들이 있다. 사람들이 원하고, 즐거워하고, 마음에 들어 하고, 사랑스러워 하고, 감각적으로 끌리고, 욕망에 물들게 되는, 미각에 의해 인식되는 맛들이 있다. 사람들이 원하고, 즐거워하고, 마음에 들어 하고, 사랑스러워 하고, 감각적으로 끌리고, 욕망에 물들게 되는, 촉각에 의해 인식되는 감촉들이 있다. 사람들이 원하고, 즐거워하고, 마음에 들어 하고, 사랑스러워 하고, 감각적으로 끌리고, 욕망에 물들게 되는, 정신에 의해 인식되는 사실들이 있다. 수행승들이여, 수행승들에게는 이와 같이 자신의 의지처가 아닌 다른 영역이 있다.

11. 수행승들이여, 자신의 의지처, 조상대대로 내려오는 영역에서 움직여라. 수행승들이여, 악마는 그들 자신의 의지처를 벗어나 다른 영역으로 들어간 자들에게 접근기회를 얻지 못할 것이다. 악마는 그들을 지배할 힘을 얻지 못할 것이다.

12. 수행승들이여, 수행승에게 자신의 의지처, 조상대대로 내려오는 영역은 어디인가? 그것은 바로 네 가지 새김의 토대이다. 그 네 가지란 무엇인가?

13. 수행승들이여, 이 세상에 수행승은
 1) 열심히 노력하고, 분명히 알아채고, 새김을 확립하고, 세상의 탐욕과 근심을 제거하면서, 몸에 대하여 몸을 관찰한다.
 2) 열심히 노력하고, 분명히 알아채고, 새김을 확립하고, 세상의 탐욕과 근심을 제거하면서, 느낌에 대하여 느낌을 관찰한다.

3) 열심히 노력하고, 분명히 알아채고, 새김을 확립하고, 세상의 탐욕과 근심을 제거하면서, 마음에 대하여 마음을 관찰한다.

4) 열심히 노력하고, 분명히 알아채고, 새김을 확립하고, 세상의 탐욕과 근심을 제거하면서, 사실에 대하여 사실을 관찰한다.

14. 수행승들이여, 이 세상에 이것들이 수행승들의 의지처, 자신의 조상대대로 내려오는 영역이다."

19. 현명하고 유능하고 숙련된 수행승은 어떠한 사람인가 518)

1. 이와 같이 나는 들었다. 한 때 세존께서 싸밧티 시의 제따바나 숲에 있는 아나타삔디까 승원에 계셨다.

2. 그 때 세존께서 '수행승들이여'라고 수행승들을 부르셨다. 수행승들은 '세존이시여'라고 세존께 대답했다. 세존께서는 이와 같이 말씀하셨다.

3. [세존] "수행승들이여, 예를 들어 어리석고 무능하고 숙련되지 못한 요리사가 왕이나 왕궁의 대신들에게 새콤하고, 쓰고, 맵고, 달고, 거칠고, 부드럽고, 짜고, 순한 다양한 종류의 카레 요리를 제공하기로 되어 있다고 해보자.

4. 수행승들이여, 그 어리석고, 무능하고, 숙련되지 못한 요리사는 '오늘 이 카레요리가 주인을 기쁘게 했다.'거나 '주인은 이러한 음식을 집었다.'거나 '주인은 이러한 음식을 많이 먹었다.'거나 '주인은 이러한 음식을 칭찬하여 말했다.'거나, 또는 '오늘 이 새콤한 카레요리가 주인을 기쁘게 했다.'거나 '주인은 새콤한 음식을 집었다.'거나 '주인은 새콤한 음식을 많이 먹었다.'거나 '주인은 새콤한 음식에

---

518) 요리사의 경[Sūdasutta] : SN. V. 149 ; 잡아함 24권 12(大正 2. 172b, 집616) 참조

대해 칭찬했다.'거나, 또는 '오늘 쓰디쓴 카레요리가 주인을 기쁘게 했다.'거나 '주인은 쓰디쓴 음식을 집었다.'거나 '주인은 쓰디쓴 음식을 많이 먹었다.'거나 '주인은 쓰디쓴 음식에 대해 칭찬했다.'거나, 또는 '오늘 매운 카레요리가 주인을 기쁘게 했다.'거나 '주인은 매운 음식을 집었다.'거나 '주인은 매운 음식을 많이 먹었다.'거나 '주인은 매운 음식에 대해 칭찬했다.'거나, 또는 '오늘 달콤한 카레요리가 주인을 기쁘게 했다.'거나 '주인은 달콤한 음식을 집었다.'거나 '주인은 달콤한 음식을 많이 먹었다.'거나 '주인은 달콤한 음식에 대해 칭찬했다.'거나 '오늘 거친 카레요리가 주인을 기쁘게 했다.'거나 '주인은 거친 음식을 집었다.'거나 '주인은 거친 음식을 많이 먹었다.'거나 '주인은 거친 음식에 대해 칭찬했다.'거나, 또는 '오늘 부드러운 카레요리가 주인을 기쁘게 했다.'거나 '주인은 부드러운 음식을 집었다.'거나 '주인은 부드러운 음식을 많이 먹었다.'거나, '주인은 부드러운 음식에 대해 칭찬했다.'거나, 또는 '오늘 짭짤한 카레요리가 주인을 기쁘게 했다.'거나 '주인은 짭짤한 음식을 집었다.'거나 '주인은 짭짤한 음식을 많이 먹었다.'거나 '주인은 짭짤한 음식에 대해 칭찬했다.'거나, 또는 '오늘 순한 카레요리가 주인을 기쁘게 했다.'거나 '주인은 순한 음식을 집었다.'거나 '주인은 순한 음식을 많이 먹었다.'거나 '주인은 순한 음식에 대해 칭찬했다.' 등 주인의 음식에 대한 기호의 특징을 파악하지 못한다.

5. 수행승들이여, 그 어리석고 무능하고 숙련되지 못한 요리사는 의복, 급료, 상여금을 받지 못한다. 그것은 무엇 때문인가? 그 어리석고 무능하고 숙련되지 못한 요리사는 주인의 음식에 대한 기호의 특징을 파악하지 않았기 때문이다.

6. 수행승들이여, 이 세상에 어리석고 무능하고 숙련되지 못한 어떤

수행승도 이와 같다.

1) 그 수행승은, 열심히 노력하고, 분명히 알아채고, 새김을 확립하고, 세상의 탐욕과 근심을 제거하면서, 몸에 대하여 몸을 관찰한다. 그렇지만 그가 몸에 대해 몸을 관찰하면서 마음이 집중되지 않고, 번뇌519)가 버려지지 않는데도, 그는 그 특징을 파악하지 못한다.

2) 그 수행승은, 열심히 노력하고, 분명히 알아채고, 새김을 확립하고, 세상의 탐욕과 근심을 제거하면서, 느낌에 대하여 느낌을 관찰한다. 그렇지만 그가 느낌에 대해 느낌을 관찰하면서 마음이 집중되지 않고, 번뇌가 버려지지 않는데도, 그는 그 특징을 파악하지 못한다.

3) 그 수행승은 열심히 노력하고, 분명히 알아채고, 새김을 확립하고, 세상의 탐욕과 근심을 제거하면서, 마음에 대하여 마음을 관찰한다. 그렇지만 그가 마음에 대해 마음을 관찰하면서 마음이 집중되지 않고, 번뇌가 버려지지 않는데도, 그는 그 특징을 파악하지 못한다.520)

4) 그 수행승은 열심히 노력하고, 분명히 알아채고, 새김을 확립하고, 세상의 탐욕과 근심을 제거하면서, 사실에 대하여 사실을 관찰한다. 그렇지만 그가 사실에 대해 사실을 관찰하면서 마음이 집중되지 않고, 번뇌가 버려지지 않는데도, 그는 그 특징을 파악하지 못한다.

7. 수행승들이여, 그 어리석고 무능하고 숙련되지 못한 수행승은 현세에서 행복한 삶을 누리지 못하고, 또한 새김을 확립하지 못하고,

---

519) 다섯 가지의 장애를 말한다.
520) 붓다고싸에 따르면, '그에게는 차제적이거나 단계적인 명상수행의 토대가 없으므로 그 특징을 알지 못한다.'는 뜻이다.

분명한 알아차림을 성취하지 못할 것이다. 그것은 무엇 때문인가? 수행승들이여, 그 어리석고 무능하고 숙련되지 못한 수행승은 자신의 마음의 특징을 파악하지 못하기 때문이다."

8. "수행승들이여, 예를 들어 현명하고, 유능하고, 숙련된 요리사가 왕이나 왕궁의 대신들에게 새콤하고, 쓰고, 맵고, 달고, 거칠고, 부드럽고, 짜고, 순한 다양한 종류의 카레 요리를 제공하기로 되어 있다고 해보자.

9. 수행승들이여, 그 현명하고, 유능하고, 숙련된 요리사는 '오늘 이 카레요리가 주인을 기쁘게 했다.'거나 '주인은 이러한 음식을 집었다.'거나 '주인은 이러한 음식을 많이 먹었다.'거나 '주인은 이러한 음식을 칭찬하여 말했다.'거나, 또는 '오늘 이 새콤한 카레요리가 주인을 기쁘게 했다.'거나 '주인은 새콤한 음식을 집었다.'거나 '주인은 새콤한 음식을 많이 먹었다.'거나 '주인은 새콤한 음식에 대해 칭찬했다.'거나, 또는 '오늘 쓰디쓴 카레요리가 주인을 기쁘게 했다.'거나 '주인은 쓰디쓴 음식을 집었다.'거나 '주인은 쓰디쓴 음식을 많이 먹었다.'거나 '주인은 쓰디쓴 음식에 대해 칭찬했다.'거나, 또는 '오늘 매운 카레요리가 주인을 기쁘게 했다.'거나 '주인은 매운 음식을 집었다.'거나 '주인은 매운 음식을 많이 먹었다.'거나 '주인은 매운 음식에 대해 칭찬했다.'거나, 또는 '오늘 달콤한 카레요리가 주인을 기쁘게 했다.'거나 '주인은 달콤한 음식을 집었다.'거나 '주인은 달콤한 음식을 많이 먹었다.'거나 '주인은 달콤한 음식에 대해 칭찬했다.'거나 '오늘 거친 카레요리가 주인을 기쁘게 했다.'거나 '주인은 거친 음식을 집었다.'거나 '주인은 거친 음식을 많이 먹었다.'거나 '주인은 거친 음식에 대해 칭찬했다.'거나, 또는 '오늘 부드러운 카레요리가 주인을 기쁘게 했다.'거나 '주인은 부드러운 음식을 집

었다.'거나 '주인은 부드러운 음식을 많이 먹었다.'거나, '주인은 부드러운 음식에 대해 칭찬했다.'거나, 또는 '오늘 짭짤한 카레요리가 주인을 기쁘게 했다.'거나 '주인은 짭짤한 음식을 집었다.'거나 '주인은 짭짤한 음식을 많이 먹었다.'거나 '주인은 짭짤한 음식에 대해 칭찬했다.'거나, 또는 '오늘 순한 카레요리가 주인을 기쁘게 했다.'거나 '주인은 순한 음식을 집었다.'거나 '주인은 순한 음식을 많이 먹었다.'거나 '주인은 순한 음식에 대해 칭찬했다.' 등 주인의 음식에 대한 기호의 특징을 파악한다.

10. 수행승들이여, 그 현명하고, 유능하고, 숙련된 요리사는 의복, 급료, 상여금을 받는다. 그것은 무엇 때문인가? 그 현명하고, 유능하고, 숙련된 요리사는 주인의 음식에 대한 기호의 특징을 파악하였기 때문이다.

11. 수행승들이여, 이 세상에 현명하고, 유능하고, 숙련된 수행승도 이와 같다.

1) 그 수행승은 열심히 노력하고, 분명히 알아채고, 새김을 확립하고, 세상의 탐욕과 근심을 제거하면서, 몸에 대하여 몸을 관찰한다. 그는 몸에 대해 몸을 관찰하면서 그의 마음이 집중되고 번뇌가 버려질 때 그 특징을 파악한다.

2) 그 수행승은 열심히 노력하고, 분명히 알아채고, 새김을 확립하고, 세상의 탐욕과 근심을 제거하면서, 느낌에 대하여 느낌을 관찰한다. 그는 느낌에 대해 느낌을 관찰하면서 그의 마음이 집중되고 번뇌가 버려질 때 그 특징을 파악한다.

3) 그 수행승은 열심히 노력하고, 분명히 알아채고, 새김을 확립하고, 세상의 탐욕과 근심을 제거하면서, 마음에 대하여 마음을 관찰한다. 그는 마음에 대해 마음을 관찰하면서 그의 마음이 집중

되고 번뇌가 버려질 때 그 특징을 파악한다.

4) 그 수행승은 열심히 노력하고, 분명히 알아채고, 새김을 확립하고, 세상의 탐욕과 근심을 제거하면서, 사실에 대하여 사실을 관찰한다. 그는 사실에 대해 사실을 관찰하면서 그의 마음이 집중되고 번뇌가 버려질 때 그는 그 특징을 파악한다.

12 수행승들이여, 그 현명하고, 유능하고, 숙련된 수행승은 현세에서 지복의 삶을 누리고, 새김을 확립하고, 명확한 이해를 성취할 것이다. 그것은 무엇 때문인가? 수행승들이여, 그 현명하고, 유능하고, 숙련된 수행승은 자신의 마음의 특징을 파악하기 때문이다.”

20. 부처님께서 열반에 드실 때 최후의 유훈은 무엇이었을까?[521]

1. 이와 같이 나는 들었다. 한 때 세존께서는 베쌀리시의 벨루바가마까에[522] 계셨다.

2. 그때 세존께서는 수행승들에게 이와 같이 말씀하셨다.
[세존] “자, 수행승들이여, 그대들은 베쌀리 인근의 벗이나 도반이나 동료가 있는 곳에서 우안거에 들어가라. 나는 바로 이곳 벨루가마까에서 우안거에 들 것이다.[523]”
[수행승들] “세존이시여, 그렇게 하겠습니다.”
그 수행승들은 대답하고 베쌀리 인근의 친구들이나 지인이나 막역한 벗이 있는 곳에서 우안거에 들어갔고, 세존께서는 바로 그 곳 벨루가마까에서 우안거에 드셨다.

---

521) 질병의 경[Gilānasutta] : SN. V. 152.
522) 붓다고싸에 따르면, 벨루바가마까는 베쌀리 근처의 마을 이름이다.
523) 붓다고싸에 따르면, 벨루바가마까에는 잠자리와 깔개가 없고 베쌀리에는 잠자리와 깔개가 많았다. 스승은 제자들의 편의를 위해 이렇게 말씀하셨다. 그리고 10개월 뒤에 스승은 완전한 열반에 들었다.

3. 그 후 세존께서 안거에 들었을 때 심한 질병이 생겼다. 극심한 고통으로 사경을 오갈 정도였다. 그러나 새김을 확립하고 명확하게 알아차리면서 지치지 않고 그것들을 참아내셨다.

4. 그 때 세존께서는 '내가 만약 시자들에게 알리지 않고 수행승의 승단에 작별인사도 없이 궁극의 열반에 드는 것은 적절하지 않다. 그때까지 삶을 형성해서 정진력으로 이 병을 참아내고, 목숨을 유지해야겠다.'라고 생각하셨다.

5. 그래서 세존께서는 질병에서 회복되셨다. 질병에서 회복된 지 얼마 되지 않아 정사에서 나와 정사 뒤의 그늘에 마련된 자리에 앉으셨다.

6. 그러자 존자 아난다가 세존을 찾아왔다. 아난다는 세존께 인사드리고 한 쪽으로 물러앉아 이렇게 말했다.
[아난다] "세존이시여, 세존께서 견디어 내셔서 더 없이 기쁩니다. 세존이시여, 세존께서 회복되셔서 더 없이 기쁩니다. 세존이시여, 그런데 세존께서 병이 드셨을 때 저의 몸은 마치 마비된 것 같았고, 저는 분별을 잃게 되었고, 가르침들도 저에게 소용이 없었습니다.524) 세존이시여, 그렇지만 저는 '세존께서는 수행승들의 승단과 관련하여 어떠한 공표도 없이 궁극의 열반에 들지는 않을 것이다.'라고 생각하고 어느 정도 안심했습니다."

7. [세존] "아난다여, 수행승의 승단이 지금 나에게 기대하는 것은 무엇인가? 아난다여, 나는 안팎의 차별을 두지 않고525) 가르침을

---

524) 원래의 의미는 '가르침도 저를 밝게 하지 못했습니다.'이다.
525) 붓다고싸는 주석서에서 '부처님은 진리[法]과 관련해서 '이만큼의 법은 가르치지만, 다른 법은 가르치지 않겠다.'거나 사람[人]과 관련해서 '이 사람에게는 가르치지만 다른 사람에게는 가르치지 않겠다.'라고 차별하지 않았다.'고 해석하고 있다.

다 설했다. 아난다여, 여래의 가르침에 감추어진 사권은 없다.526)
아난다여, 만약 어떤 사람이 '내가 수행승의 승단을 맡을 것이다.'라
거나 '수행승의 승단은 나의 지도 아래 있다.'고 생각한다면, 그는
수행승의 승단과 관련하여 어떠한 공표를 해야만 할 것이다. 아난다
여, 그러나 여래에게는 '내가 수행승의 승단을 맡을 것이다.'라거나
'수행승의 승단은 나의 지도 아래 있다.'라는 생각이 일어나지 않는
다. 그러니 무엇 때문에 여래가 수행승의 승단과 관련하여 어떤 공
표를 하겠는가?

8. 아난다여, 나는 지금 늙고, 나이 먹고, 해가 갈수록 쇠약해지고,
노인이 되고, 만년에 이르렀다. 내 나이는 여든을 넘어서고 있다. 아
난다여, 마치 낡은 수레가 가죽 끈에 의지해서 계속 유지될 뿐이듯
이, 아난다여, 그와 같이 여래의 몸도 가죽 끈에 의지해서 계속 유지
되는 것처럼 보인다. 그러나 아난다여, 일체의 인상에 정신을 기울
이지 않고, 어떠한 느낌도 소멸함으로써, 여래가 인상을 뛰어 넘는
마음의 삼매에 들면, 아난다여, 그러한 때에 여래의 몸은 지극히 안
온해진다.

9. 그러므로 아난다여, 그대 자신을 섬으로 삼고, 자신을 귀의처로
삼고, 다른 누구를 귀의처로 삼지 말라. 가르침을 그대의 섬으로 삼
고, 가르침을 그대의 귀의처로 삼고, 다른 것을 귀의처로 삼지 말라.
아난다여, 수행승은 어떻게 그 자신을 자신의 섬으로 삼고, 가르침
을 자신의 귀의처로 삼고, 다른 것을 자신의 귀의처로 삼지 않는가?

10. 아난다여, 이 세상에 수행승은

---

526) 붓다고싸는 주석서에서 '이교도의 스승에게는 젊었을 때 누구에게도 말하지 않고 최후의
시간에 죽음의 침대에 누워서 사랑스럽고 마음에 드는 제자에게 말해주는, 감추어둔 사권
(師拳)이 있지만, 여래에게는 늙어서 최후의 시간에 말해주려고 주먹 속에 쥐고 비밀로 남
겨둔 어떠한 가르침도 없다.'고 해석하고 있다.

1) 열심히 노력하고, 분명히 알아채고, 새김을 확립하고, 세상의 탐욕과 근심을 제거하면서, 몸에 대하여 몸을 관찰한다.

2) 열심히 노력하고, 분명히 알아채고, 새김을 확립하고, 세상의 탐욕과 근심을 제거하면서, 느낌에 대하여 느낌을 관찰한다.

3) 열심히 노력하고, 분명히 알아채고, 새김을 확립하고, 세상의 탐욕과 근심을 제거하면서, 마음에 대하여 마음을 관찰한다.

4) 열심히 노력하고, 분명히 알아채고, 새김을 확립하고, 세상의 탐욕과 근심을 제거하면서, 사실에 대하여 사실을 관찰한다.

11. 아난다여, 이와 같이 수행승은 자신을 섬으로 삼고, 자신을 귀의처로 삼고, 남을 귀의처로 삼지 않으며, 가르침을 섬으로 삼고, 가르침을 귀의처로 삼고, 다른 것을 귀의처로 삼지 않는다.

12. 아난다여, 지금이든지 내가 간 뒤에든지, 자신을 섬으로 삼고, 자신을 귀의처로 삼고, 남을 귀의처로 삼지 않으며, 가르침을 섬으로 삼고, 가르침을 귀의처로 삼고, 다른 것을 귀의처로 삼지 않는다면, 아난다여, 그러한 수행승들이 나에게는 배우고자 하는 열망하는 자들 가운데 최상의 존재가527) 될 것이다."

21. 사랑하는 제자의 죽음에 접하여 무엇을 말씀하셨을까528)

1. 이와 같이 나는 들었다. 한 때 세존께서 싸밧티 시의 제따바나 숲에 있는 아나타삔디까 승원에 계셨다.

2. 그 때 존자 싸리뿟따는 마가다국의 날라가마까529)에 있었는데,

---

527) 빠알리어로 '따마딱가'인데 '어둠 속의 정상'이나 '최상의 존재'로 해석할 수 있다. 우드워드는 '어둠의 정상에'이라고 해석했다. 역자의 구역은 '어둠 속의 빛'이라고 했다. 붓다고싸는 '어둠의 흐름을 끊고 그들이 그 최상에 서있는 것이다.'라고 파악하고 있다.

528) 쭌다 경[Cundasutta] : SN. V. 161 ; 잡아함 24권 34(大正 2. 176b, 잡638) 참조

병이 들어 고통을 당하고 있었는데, 매우 중병이었다. 그리고 사미 쭌다530)가 존자 싸리뿟따의 시자였다.

3. 그런데 존자 싸리뿟따는 그 질병으로 궁극의 열반에 들었다.

4. 사미 쭌다는 싸리뿟따의 발우와 가사를 가지고 싸밧티 시의 제따바나 숲의 아나타삔디까 승원에 있는 존자 아난다를 찾아갔다. 가까이 다가가서 존자 아난다에게 인사하고 한쪽으로 물러앉았다. 한쪽으로 물러앉아 사미 쭌다는 존자 아난다에게 이와 같이 말했다.
[쭌다] "존자여, 존자 싸리뿟따께서 완전한 열반에 드셨습니다. 이것이 존자의 발우와 가사입니다."

5. [아난다] "벗이여 쭌다여, 세존을 뵙고 소식의 전말을 알려야 한다. 벗이여 쭌다여, 세존께서 계신 곳으로 가서 이러한 사실을 말씀드리자."
[쭌다] "존자여, 그렇게 하겠습니다."
사미 쭌다는 존자 아난다에게 대답했다.

6. 그래서 존자 아난다와 사미 쭌다는 세존께서 계신 곳으로 찾아갔다. 다가가서 세존께 인사를 드리고 한쪽으로 물러앉았다. 한쪽으로 물러앉은 존자 아난다는 세존께 이와 같이 말했다.
[아난다] "세존이시여, 이 사미 쭌다가 '존자여, 존자 싸리뿟따께서 완전한 열반에 드셨습니다. 이것이 존자의 발우와 가사입니다.'라고 말했습니다. 세존이시여, 존자 싸리뿟따가 완전한 열반에 들었다는 사연을 듣고 저의 몸은 마치 마비된 것 같았고, 저는 분별을 잃게 되었고, 가르침들도 제게는 소용이 없었습니다."

---

529) 붓다고싸에 따르면, '라자가하에서 멀지 않은 자신의 집 근처의 이와 같은 이름의 마을'이 있었다.
530) 붓다고싸에 따르면, 이 장로는 싸리뿟따의 동생이고, 아난다 이전의 부처님의 시자였다.

7. [세존] "아난다여, 무엇 때문에 그러한가? 싸리뿟따가 그대의 계행의 다발을531) 빼앗아 가지고 완전한 열반에 들었는가? 또는 그대의 집중의 다발을 빼앗아 가지고 완전한 열반에 들었는가? 또는 그대의 지혜의 다발을 빼앗아 가지고 완전한 열반에 들었는가? 또는 그대의 해탈의 다발을 빼앗아 가지고 완전한 열반에 들었는가? 또는 그대의 해탈지견의 다발을 빼앗아 가지고 완전한 열반에 들었는가?"

[아난다] "그렇지 않습니다. 세존이시여, 오히려 존자 싸리뿟따는 저를 가르치고 훈계하고 격려하고 고무시키는 훈계자이자 상담자였습니다. 그는 진리에 대하여 담론하는데 피곤을 몰랐으며, 청정한 삶 속에서 동료들을 도왔습니다. 저희는 존자 싸리뿟따가 가르침을 성장시키고, 가르침을 풍부하게 하고, 가르침을 수호한 것에 대해 기억하고 있습니다."

8. [세존] "그렇지만, 아난다여, 우리는 모든 사랑스럽고 마음에 드는 사람들과 헤어지게 되고 떨어지게 되고 이별하게 된다고 내가 이미 설하지 않았는가? 아난다여, 왜 그렇게 될 수밖에 없는가? 생겨나고, 생성되고, 조건 지어져 있고, 분해되고야 마는 것이 사멸하지 않는 것은 있을 수 없기 때문이다.

9. 아난다여, 그것은 마치 견실한 커다란 나무에서 큰 가지가 잘려진 것과 같다. 그와 같이, 아난다여, 견실한 위대한 수행승의 승가에서 싸리뿟따는 완전한 열반에 도달하였다. 아난다여, 왜 그렇게 될 수밖에 없는가? 생겨나고, 생성되고, 조건 지어져 있고, 분해되고야

---

531) 계행의 다발이란 한역에서 계온(戒蘊)을 말하는데, 여러 가지의 계행을 말한다. 이하의 다발들도 동일하게 해석할 수 있다. 다만 다발은 연기적 관계가 있는 것을 의미하므로 단순하게 여러 가지라고 번역하는 것은 옳지 않다.

마는 것이 사멸하지 않는 것은 있을 수 없기 때문이다.

10. 아난다여, 그러므로 자신을 섬으로 삼고, 자신을 귀의처로 삼고, 남을 귀의처로 삼지 말 것이며, 가르침을 섬으로 삼고, 가르침을 귀의처로 삼으며, 다른 것을 귀의처로 삼지 말라. 아난다여, 어떤 방법으로 수행승은 자신을 섬으로 하고, 자신을 귀의처로 삼고, 다른 것을 귀의처로 삼지 않으며, 가르침을 섬으로 삼고, 가르침을 귀의처로 삼고, 다른 것을 귀의처로 삼지 않는가?

11. 아난다여, 이 세상에 수행승은
1) 열심히 노력하고, 분명히 알아채고, 새김을 확립하고, 세상의 탐욕과 근심을 제거하면서, 몸에 대해 몸을 관찰한다.
2) 열심히 노력하고, 분명히 알아채고, 새김을 확립하고, 세상의 탐욕과 근심을 제거하면서, 느낌에 대해 느낌을 관찰한다.
3) 열심히 노력하고, 분명히 알아채고, 새김을 확립하고, 세상의 탐욕과 근심을 제거하면서, 마음에 대해 마음을 관찰한다.
4) 열심히 노력하고, 분명히 알아채고, 새김을 확립하고, 세상의 탐욕과 근심을 제거하면서, 사실에 대해 사실을 관찰한다.

12. 아난다여, 이와 같은 방법으로 수행승은 자신을 섬으로 삼고, 자신을 귀의처로 삼고, 다른 것을 귀의처로 삼지 않으며, 가르침을 섬으로 삼고, 가르침을 귀의처로 삼고, 다른 것을 귀의처로 삼지 않는다.

13. 아난다여, 지금이건 내가 죽은 뒤이건 수행승이 자신을 섬으로 삼고, 자신을 귀의처로 삼고, 다른 것을 귀의처로 삼지 않으며, 가르침을 섬으로 삼고, 가르침을 귀의처로 삼고, 다른 것을 귀의처로 삼지 않는다면, 아난다여, 이러한 수행승들은 누구나 나에게는 배

우고자 열망하는 수행승들 가운데 최상자가 될 것이다."

22. 한 쌍의 제자를 그리워하며 부처님께서 어떻게 말씀하셨나[532]

1. 한 때 세존께서는 밧지국의 욱까쩰라[533]의 갠지스강변에서 많은 수행승의 무리와 함께 계셨다. 싸리뿟따와 목갈라나가 열반에 든 지 얼마 되지 않은 때였다.

2. 그때 세존께서는 수행승들의 무리에 둘러싸여 바깥의 노천에 앉아 계셨다. 이때에 세존께서는 말없이 수행승의 무리를 바라보다가 이와 같이 말씀하셨다.

3. [세존] "수행승들이여, 싸리뿟따와 목갈라나가 완전한 열반에 든 뒤로[534] 이 대중이 내게는 텅 빈 것처럼 보인다. 수행승들이여, 예전에 싸리뿟따와 목갈라나가 함께 지내던 곳은 어디든지 상관이 없었다. 나에게 그 대중이 텅 빈 적이 없었다.[535]

4. 수행승들이여, 과거세에 오셨던 거룩한 님, 올바로 깨달은 님이신 세존들에게도 한 쌍의 최상의 제자가 있었다. 예를 들어 나에게 싸리뿟따와 목갈라나가 있는 것과 같다. 수행승들이여, 미래세에 오실 거룩한 님, 올바로 깨달은 님인 세존들에게도 한 쌍의 최상의 제자가 있을 것이다. 예를 들어 나에게 싸리뿟따와 목갈라나가 있는 것

---

532) 욱까쩰라 경[Ukkācelasutta] : SN. V. 163 ; 잡아함 24권 35(大正 2. 177a, 잡639) 참조
533) 욱까쩰라는 밧지국의 마을로 갠지스강변에 위치하고 라자가하에서 베쌀리로 가는 도중에 있었다.
534) 붓다고싸에 따르면, '최고의 두 제자가 입멸한지 오래지 않았다. 그 가운데 법장군인 싸리뿟따 장로가 10월 보름날에 완전한 열반에 들었고 대 목갈라나는 그로부터 14일 후에 흑분의 포살일에 완전한 열반에 들었다. 스승께서는 두 최고의 제자가 열반에 들자, 많은 수행승의 대중을 거느리고 큰 원을 그리며 경행하여 차츰 욱까벨라씨에 도착하여 거기서 탁발을 하고 갠지스강의 뒤쪽에 은빛날개의 색깔을 한 모래 둑에 머물렀다.'
535) 빠알리성전협회본에서는 '수행승들이여, 나에게 대중은 텅 비었다.'라고 한다. 씽할리본에는 '수행승들이여, 나에게 그 대중은 텅 비지 않았다.'라고 되어있다. 역자는 후자를 취한다.

과 같다. 수행승들이여, 현세에 오시는 거룩한 님, 올바로 깨달은 님
이신 그 세존들에게도 한 쌍의 최상의 제자가 있다. 예를 들어 나에
게 싸리뿟따와 목갈라나가 있는 것과 같다.

5. 수행승들이여, 제자들에게는 이것이 놀라운 일이다. 수행승들이
여, 제자들에게는 그들이 스승의 가르침에 따르고 스승의 훈계를 쫓
아 행동할 것이며, 그들이 사부대중536)을 사랑하고, 기쁘게 할 것이
며, 사부대중에게 존경받고, 존중될 것이라는 것이 경이로운 일이
다. 수행승들이여, 여래에게는 이것이 놀라운 일이다. 수행승들이여,
이와 같이 한 쌍의 제자가 열반에 들었을 때 여래에게는 슬픔이 없
고 비탄이 없다는 것이 경이로운 일이다. 수행승들이여, 왜 그렇게
될 수밖에 없는가? 생겨나고, 생성되고, 조건 지어져 있고, 분해되
고야 마는 것이 사멸하지 않는 것은 있을 수 없기 때문이다.

6. 그것은 마치 견실한 커다란 나무에서 큰 가지가 잘려진 것과 같
다. 그와 같이, 수행승들이여, 견실한 위대한 수행승의 승가에서 싸
리뿟따는 완전한 열반에 도달하였다. 아난다여, 왜 그렇게 될 수밖
에 없는가? 생겨나고, 생성되고, 조건 지어져 있고, 분해되고야 마
는 것이 사멸하지 않는 것은 있을 수 없기 때문이다.

7. 그러므로 수행승들이여, 자신을 섬으로 삼고, 자신을 귀의처로 삼
고, 남을 귀의처로 삼지 말 것이며, 가르침을 섬으로 삼고, 가르침을
귀의처로 삼으며, 다른 것을 귀의처로 삼지 말라. 아난다여, 어떤 방
법으로 수행승은 자신을 섬으로 삼고, 자신을 귀의처로 삼고, 다른
것을 귀의처로 삼지 않으며, 가르침을 섬으로 삼고, 가르침을 귀의
처로 삼고, 다른 것을 귀의처로 삼지 않는가?

---

536) 사부대중이란 출가의 수행자, 수행녀, 재가의 청신남, 청신녀를 말한다.

8. 수행승들이여, 이 세상에 수행승은
1) 열심히 노력하고, 분명히 알아채고, 새김을 확립하고, 세상의 탐욕과 근심을 제거하면서, 몸에 대해 몸을 관찰한다.
2) 열심히 노력하고, 분명히 알아채고, 새김을 확립하고, 세상의 탐욕과 근심을 제거하면서, 느낌에 대해 느낌을 관찰한다.
3) 열심히 노력하고, 분명히 알아채고, 새김을 확립하고, 세상의 탐욕과 근심을 제거하면서, 마음에 대해 마음을 관찰한다.
4) 열심히 노력하고, 분명히 알아채고, 새김을 확립하고, 세상의 탐욕과 근심을 제거하면서, 사실에 대해 사실을 관찰한다.

9. 수행승들이여, 이러한 방법으로 수행승은 자신을 섬으로 삼고, 자신을 귀의처로 삼고, 다른 것을 귀의처로 삼지 않으며, 가르침을 섬으로 삼고, 가르침을 귀의처로 삼고, 다른 것을 귀의처로 삼지 않는다.

10. 수행승들이여, 지금이건 내가 죽은 뒤이건 수행승이 자신을 섬으로 삼고, 자신을 귀의처로 삼고, 다른 것을 귀의처로 삼지 않으며, 가르침을 섬으로 삼고, 가르침을 귀의처로 삼고, 다른 것을 귀의처로 삼지 않는다면, 수행승들이여, 이러한 수행승들은 누구나 나에게는 배우고자 열망하는 수행승들 가운데 최상자가 될 것이다."

23. 자신을 수호하고 남을 수호한다는 것은 무엇인가[537)

1. 이와 같이 나는 들었다. 한 때 세존께서는 쑴바[538) 국의 데싸까[539)라고 하는 쑴바 족 마을에 계셨다.

---
537) 데싸까 경[Desakasutta] : SN. V. 168 ; 잡아함 24권 15(大正 2. 173b, 잡619) 참조
538) 이 경과 몇몇 경과 자따까(Jāt. I. 393)에만 등장하는 작은 국가이다.
539) 데싸까는 쑴바 국의 한 지역의 이름이다.

2 그 때 세존께서 수행승들에게 말씀하셨다.

[세존] "수행승들이여, 옛날에 한 대나무 곡예사가540) 대나무 곡예봉을 세워서 제자인 곡예사 메다까달리까를 불러 '오라, 사랑하는 메다까달리까여, 그대는 대나무 곡예봉에 올라 나의 어깨 위에 서라.'라고 말했다. 수행승들이여, 그래서 '스승님, 그렇게 하겠습니다.'라고 제자인 메다까달리까가 대나무 곡예사에게 대답하고는 대나무 곡예봉에 올라 스승의 어깨 위에 섰다.

3 수행승들이여, 그 때에 대나무 곡예사는 제자 메다까달리까에게 '사랑하는 메다까달리까여, 그대는 나를 수호하라. 나는 그대를 수호할 것이다. 이와 같이 우리는 서로를 지켜주고, 서로 수호하면서, 곡예를 보여 주고, 관람료를 걷고, 안전하게 곡예봉에서 내려올 것이다.'541)라고 말했다.

4 이처럼 말하자, 수행승들이여, 제자인 메다까달리까는 대나무 곡예사에게 '스승이여, 그런데 이것을 하는 데는 그것이 방법이 아닙니다. 스승께서는 자기 자신을 수호하십시오. 저는 저 자신을 수호하겠습니다. 이와 같이 우리는 자신을 지키고 자신을 수호하면서 곡예를 보여 주고, 관람료를 걷고, 안전하게 곡예봉에서 내려올 것입니다.'라고 말했다."

---

540) 짠달라-방씨까라는 이름을 가졌는데 짠달라는 청소부 카스트로 불가촉천민이다. 그러나 여기서는 대나무 곡예사를 말한다. 붓다고싸에 따르면, 짠달라는 쇠구슬을 가지고 노는 놀이였다. 따라서 짠달라-방씨까는 '대나무 곡예사'라고 추측해 볼 수 있다. 그는 대나무를 이마, 턱, 어깨, 가슴에 놓고 중심을 잡는다. 오늘날도 스리랑카나 인도에서 볼 수 있다. 학생은 대나무 꼭대기에 올라가 균형을 유지하여 서 있거나 앉거나 눕는다.
541) 붓다고싸에 따르면, '스승은 대나무봉의 하부 끝을 그의 목이나 이마에 두고, 제자는 그의 어깨를 통해 대나무 꼭대기에 오른다. 경에서는 그들이 모두 대나무 봉에서 내려오는 것으로 되어 있으나 그것은 단지 표현을 그렇게 한 것일 뿐이다. 스승은 단단하게 대나무 봉을 쥐고 제자와 함께 움직이고 대나무 봉의 끝을 항상 살필 때에 자신을 보호할 수 있다. 제자는 자신의 몸을 곧바로 세우고 바람에 균형을 잡고 새김을 확립하고 동요 없이 앉아 있을 때 자신을 보호한다.

5. 세존께서 말씀하셨다.
[세존] "거기에서는 그것이 방법이었다. 수행승들이여, 제자인 메다까달리까가 스승에게 말한 바가 정확하다. 수행승들이여, '나는 나 자신을 수호할 것이다.'라고 이와 같이 새김의 토대를 닦아야 한다. 수행승들이여, '나는 남을 수호할 것이다.'라고 이와 같이 새김의 토대를 닦아야 한다. 수행승들이여, 자신을 수호함으로써 남을 수호하고, 남을 수호함으로써 자신을 수호한다.

6. 수행승들이여, 어떻게 하면 자신을 수호함으로써 다른 사람을 수호하는가? 살피고 닦고 익히는 것을 통해서이다. 수행승들이여, 이러한 방법으로 자신을 수호함으로써 남을 수호하는 것이다.542)

7. 수행승들이여, 어떻게 하면 남을 수호함으로써 자신을 수호하는가? 인내하고 해치지 않고 자애롭고 연민하는 것을 통해서이다. 수행승들이여, 이러한 방법으로 남을 수호함으로써 자신을 수호하는 것이다.543)

8. 수행승들이여, '나는 자신을 수호할 것이다.'라고 이와 같이 새김의 토대를 닦아야 한다. '나는 남을 수호할 것이다.'라고 이와 같이 새김의 토대를 닦아야 한다. 수행승들이여, 자신을 수호함으로써 남을 수호하고, 남을 부호함으로써 자신을 수호한다."

---

542) 붓다고싸에 따르면, 수행승이 감각적 쾌락의 행위 등을 버리고 밤낮으로 근본적인 명상수행의 토대[業處]를 닦고 익히면 아라한의 경지를 얻는다. 그런데 그것을 다른 사람들이 보고 그에 대해 신뢰를 갖는다면, 그들은 하늘나라로 가게 되는 것이다. 이것이 수행승이 자신을 수호함으로써 남을 수호하는 것이다.
543) 붓다고싸에 따르면, '수행승은 밤낮으로 이와 같은 청정한 삶에 기초를 둔 선정을 닦아 형성을 고요하게 하여 통찰을 증진시켜 거룩한 님의 경지를 얻는다. 이것이 남을 수호함으로써 자신을 수호하는 것이다.' 비구보디는 이러한 주석은 편협한 수도원적 관점이라고 비판한다.

24. 춤추는 미녀들 사이에서 몸에 대한 새김을 할 수 있는가544)

1. 한 때 세존께서는 쑴바 국의 데싸까라고 하는 쑴바 족 마을에 계셨다.

2. 그 때 세존께서 '수행승들이여'라고 수행승들을 부르셨다. 수행승들은 '세존이시여'라고 세존께 대답했다. 세존께서는 이와 같이 말씀하셨다.

3. [세존] "수행승들이여, 예를 들어 '나라의 최고 미인, 나라의 최고 미인'545)이라는 말을 듣고 많은 군중들이 모였다고 해보자. 그 나라의 최고 미인이 춤을 잘 추고 노래도 잘 했다고 해보자. 수행승들이여, '나라의 최고 미인이 춤을 춘다. 나라의 최고 미인이 노래를 부른다.'는 말을 들으면, 더욱 많은 군중들이 몰려들 것이다. 이 때 삶을 원하고, 죽음을 원하지 않고, 즐거움을 원하고, 괴로움을 원하지 않는 자가 왔다고 하자. 어떤 사람이 그에게 '이 봐, 너는 기름을 가득 채운 이 그릇을 가지고 군중들과 나라의 최고 미인 사이를 돌아다녀야 한다. 그리고 칼을 뽑아 든 한 남자가 너의 바로 뒤를 따를 것이다. 그리고 네가 기름을 조금이라도 흘린다면, 그는 즉시 너의

---

544) 나라의 경[Janapadasutta] : SN. V. 169 ; 잡아함 24권 19(大正 2. 174b, 집623) 참조
545) 붓다고싸는 주석서에서 나라의 최고 미인의 기준을 다음과 같이 설명하고 있다. '그녀는 여섯 가지 신체적 허물없음과 다섯 가지 아름다움을 갖추었다. 그녀는 너무 크지도 않고, 너무 작지도 않고, 너무 마르지도 않고, 너무 살찌지도 않고, 너무 검지도 않고, 너무 희지도 않은 인간을 초월하는 용모, 하늘의 용모를 얻었다. 그러므로 여섯 가지 신체적 결점이 없는 것이다. 피부의 미, 살의 미, 힘줄의 미, 뼈의 미, 젊음의 미의 다섯 가지 아름다움을 갖추었다. 그녀는 외부에서 비추는 광채가 없어도 자신의 육신의 광채를 통해서 12 손가락 있는 곳에 빛을 발한다. 치자처럼 노랗고 황금색과 같다. 이것이 그녀의 피부의 아름다움이다. 그녀의 네 손톱과 입술은 락염료로 염색한 산호나 털 카펫트와 같다. 이것이 그녀의 살의 아름다움이다. 20개의 손톱과 발톱은 살에 붙어있는 부분은 락염료로 물들인 것 같고, 자란 부분은 우유색과 같다. 이것이 그녀의 손발톱의 아름다움이다. 32개의 이빨은 가지런하고 잘 닦여진 금강처럼 빛난다. 이것이 그녀의 뼈의 아름다움이다. 설령 2000살이라도 주름살이 없이 16살과 동일하게 보인다. 이것이 그녀의 젊음의 아름다움이다.'

목을 벨 것이다.'라고 말했다고 해보자. 수행승들이여, 어떻게 생각하는가? 그가 기름그릇에 주의를 기울이지 않고, 방일하게 한 눈을 팔 수 있겠는가?"

[수행승들] "세존이시여, 그럴 수 없습니다."

4. [세존] "수행승들이여, 나는 어떤 의미를 알려주기 위해 이 비유를 만들었다. 그 의미는 이와 같다. 수행승들이여, 가득 찬 기름그릇은 이 몸에 대한 새김을 빗댄 것이다.

5. 수행승들이여, 그러므로 '우리는 몸에 대한 새김을 닦고 익히고, 그것을 수레로 삼고, 토대로 만들고, 다지고, 체화시키고, 완전하게 성취할 것이다.'라고 수련해야 한다. 수행승들이여, 그대들은 이와 같이 수련해야 한다."

25. 부처님 돌아가신 후 정법의 흥망성쇠는 어디에 달려 있을까546)

1. 이와 같이 나는 들었다. 한 때 세존께서 싸밧티 시의 제따바나 숲에 있는 아나타삔디까 승원에 계셨다.

2. 그때 한 바라문이 세존께서 계신 곳을 찾아갔다. 가까이 다가와서 세존과 인사를 하고 안부를 주고 받은 뒤에 한쪽으로 물러앉았다. 한쪽으로 물러앉은 그 바라문은 세존께 이와 같이 말했다.

3. [바라문] "세존이시여, 여래께서 완전한 열반에 드신 후에 정법이 오래 지속되지 못한다면, 그 원인은 무엇이고, 그 조건은 무엇입니까? 세존이시여, 여래께서 완전한 열반에 드신 후에 정법이 오래 지속된다면, 그 원인은 무엇이고, 그 조건은 무엇입니까?"

---

546) 바라문의 경[Brāhmaṇasutta] : SN. V. 174.

4. [세존] "바라문이여, 여래가 완전한 열반에 든 뒤에 정법이 오래 지속되지 못한다면, 그것은 네 가지 새김의 토대를 닦고 익히지 않았기 때문입니다. 그러나 네 가지 새김의 토대를 닦고 익히면, 여래가 완전한 열반에 든 뒤에도 정법은 오래 지속될 것입니다. 네 가지란 무엇입니까?

5. 바라문이여, 이 세상에서 수행승은
1) 열심히 노력하고, 분명히 알아채고, 새김을 확립하고, 세상의 탐욕과 근심을 제거하면서, 몸에 대해 몸을 관찰합니다.
2) 열심히 노력하고, 분명히 알아채고, 새김을 확립하고, 세상의 탐욕과 근심을 제거하면서, 느낌에 대해 느낌을 관찰합니다.
3) 열심히 노력하고, 분명히 알아채고, 새김을 확립하고, 세상의 탐욕과 근심을 제거하면서, 마음에 대해 마음을 관찰합니다.
4) 열심히 노력하고, 분명히 알아채고, 새김을 확립하고, 세상의 탐욕과 근심을 제거하면서, 사실에 대해 사실을 관찰합니다.
이러한 네 가지 새김의 토대를 닦고 익히면, 여래가 완전한 열반에 든 뒤에도 정법은 오래 지속될 것입니다."

6. 이처럼 말씀하시자 그 바라문은 세존께 이와 같이 말했다.
[바라문] "세존이신 고따마여, 훌륭하십니다. 세존이신 고따마여, 훌륭하십니다. 넘어진 것을 일으켜 세우듯, 가려진 것을 열어 보이듯, 어리석은 자에게 길을 가리켜주듯, 눈 있는 자는 형상을 보라고 어둠 속에 등불을 들어 올리듯, 세존께서는 이와 같이 여러 가지 방법으로 진리를 밝혀주셨습니다. 세존이신 고따마여, 그러므로 이제 세존께 귀의합니다. 또한 그 가르침에 귀의합니다. 또한 그 수행승의 모임에 귀의합니다. 세존이신 고따마께서는 저를 재가의 신도로 받아 주십시오. 오늘부터 목숨 바쳐 귀의합니다."

26. 부처님께서 깨달음을 얻은 후 어떠한 명상을 하셨을까[547]

1. 이와 같이 나는 들었다. 한 때 세존께서 싸밧티 시의 제따바나 숲에 있는 아나타삔디까 승원에 계셨다.

2. 그때 세존께서 '수행승들이여'라고 수행승들을 부르셨다. 수행승들은 '세존이시여'라고 세존께 대답했다. 세존께서는 이와 같이 말씀하셨다.

3. [세존] "수행승들이여, 한 때 나는 완전한 깨달음을 얻은 직후, 우루벨라의 네란자라 강가에 있는 아자빨라 보리수 아래에 있었다.

4. 수행승들이여, 그 때 홀로 명상하는 동안에 내 마음에 이와 같은 생각이 떠올랐다. '뭇삶을 청정하게 하고, 슬픔과 비탄을 극복하고, 고통과 근심을 뛰어 넘고, 바른 이치를 얻고, 열반을 실현시키는 하나의 길이 있으니, 그것은 곧 네 가지 새김의 토대이다. 네 가지란 무엇인가?

5. 수행승들이여,
1) 열심히 노력하고, 분명히 알아채고, 새김을 확립하고, 세상의 탐욕과 근심을 제거하면서, 몸에 대해 몸을 관찰한다.
2) 열심히 노력하고, 분명히 알아채고, 새김을 확립하고, 세상의 탐욕과 근심을 제거하면서, 느낌에 대해 느낌을 관찰한다.
3) 열심히 노력하고, 분명히 알아채고, 새김을 확립하고, 세상의 탐욕과 근심을 제거하면서, 마음에 대해 마음을 관찰한다.
4) 열심히 노력하고, 분명히 알아채고, 새김을 확립하고, 세상의 탐욕과 근심을 제거하면서, 사실에 대해 사실을 관찰한다.
이것이 네 가지 새김의 토대이다.

---

547) 길의 경[Maggasutta] : SN. V. 185.

6. 그러자 하느님 싸함빠띠는 내 마음에 일어난 생각을 마음으로 알아채고, 마치 힘센 사람이 굽혀진 팔을 펴고 펴진 팔을 굽히는 듯한 사이에 하느님 세계에서 모습을 감추고 내 앞에 나타났다. 그리고 하느님 싸함빠띠는 웃옷을 한쪽 어깨에 걸친 채 내가 있는 곳을 향하여 합장하고, 나에게 이와 같이 말했다.

7. [싸함빠띠] '세상에 존경받는 님이시여, 그렇습니다. 올바른 길로 잘 가신 님이시여, 그렇습니다. 뭇삶을 청정하게 하고 슬픔과 비탄을 뛰어넘게 하고 고통과 근심을 소멸시키고 바른 이치를 구현하고 열반을 실현시키기 위한 하나의 길은 바로 이 네 가지 새김의 토대입니다. 네 가지란 어떠한 것인가? 이 세상에 수행승은

1) 열심히 노력하고, 분명히 알아채고, 새김을 확립하고, 세상의 탐욕과 근심을 제거하면서, 몸에 대해 몸을 관찰합니다.
2) 열심히 노력하고, 분명히 알아채고, 새김을 확립하고, 세상의 탐욕과 근심을 제거하면서, 느낌에 대해 느낌을 관찰합니다.
3) 열심히 노력하고, 분명히 알아채고, 새김을 확립하고, 세상의 탐욕과 근심을 제거하면서, 마음에 대해 마음을 관찰합니다.
4) 열심히 노력하고, 분명히 알아채고, 새김을 확립하고, 세상의 탐욕과 근심을 제거하면서, 사실에 대해 사실을 관찰합니다.

8. 하느님 싸함빠띠는 이와 같이 말했다. 이와 같이 말하고 나서 하느님 싸함빠띠는 다시 다음과 같이 말했다.

　[싸함빠띠] '태어남의 소멸, 그 궁극을 보는 님,
유익함과 애민을 갖추신 님은 하나의 길을 안다.
그 길을 따라 사람들은 예전에 거센 물결을 건넜고
앞으로 건널 것이고, 지금도 건너고 있다.'

27. 다섯 가지 정신적인 능력을 어떻게 키울 수 있을까[548]

1. 이와 같이 나는 들었다. 한 때 세존께서 싸밧티 시의 제따바나 숲에 있는 아나타삔디까 승원에 계셨다.

2. 그때 세존께서 '수행승들이여'라고 수행승들을 부르셨다. 수행승들은 '세존이시여'라고 세존께 대답했다. 세존께서는 이와 같이 말씀하셨다.

3. [세존] "수행승들이여, 이러한 다섯 가지 능력이 있다. 다섯 가지는 무엇인가? 그것은 곧 믿음의 능력, 정진의 능력, 새김의 능력, 집중의 능력, 지혜의 능력이다. 수행승들이여, 이것이 다섯 가지 능력이다.

4. 수행승들이여, 믿음의 능력은 무엇인가? 수행승들이여, 여기 거룩한 제자는 '세존께서는 거룩한 님, 올바로 원만히 깨달은 님, 명지와 덕행을 갖추신 님, 올바른 길로 잘 가신 님, 세상을 이해하는 님, 가장 높은 자리에 오르신 님, 사람들을 길들이시는 님, 신들과 인간의 스승이신 님, 깨달은 님, 세상에서 존경받는 님이다.'라고 여래의 깨달음을 믿는다. 수행승들이여, 이것을 믿음의 능력이라고 한다.

5. 수행승들이여, 정진의 능력은 무엇인가? 수행승들이여, 여기 거룩한 제자는 악하고 건전하지 못한 상태를 버리고, 착하고 건전한 상태를 갖추기 위해 노력하고 정진한다. 그는 굳세고, 전력을 다해 흔들리지 않고, 착하고 건전한 상태를 닦는 책무를 회피하지 않는다. 수행승들이여, 이것을 정진의 능력이라고 한다.

6. 수행승들이여, 새김의 능력은 무엇인가? 수행승들이여, 여기 거

---

548) 분별의 경①[Vibhaṅgasutta] : SN. V. 196 ; 잡아함 26권 6(大正 2. 182b, 집647) 잡아함 26권 14(大正 2. 183b, 집655) 참조

룩한 제자는 최상의 분별을 갖추어 새김을 확립한다. 그는 오래 전에 행했던 일이나 오래 전에 했던 말조차도 기억하고 상기한다.549) 수행승들이여, 이것을 새김의 능력이라고 한다.

7. 수행승들이여, 집중의 능력은 무엇인가? 수행승들이여, 여기 거룩한 제자는 집중에 이른다. 그는 대상을 완전히 버리고 마음의 통일을 성취한다.550) 수행승들이여, 이것을 집중의 능력이라고 한다.

8. 수행승들이여, 지혜의 능력은 무엇인가? 수행승들이여, 여기 거룩한 제자는 지혜를 성취한다. 그는 사물의 발생과 소멸에 관한 지혜, 고귀한 통찰력, 완전한 괴로움의 소멸로 이끄는 길을 갖춘다. 수행승들이여, 이것을 지혜의 능력이라고 한다.

9. 수행승들이여, 다섯 가지 능력이란 이와 같다."

28. 다섯 가지의 작용에는 어떤 것이 있을까551)

1. 이와 같이 나는 들었다. 한 때 세존께서 싸밧티 시의 제따바나 숲에 있는 아나타삔디까 승원에 계셨다.

2. 그때 세존께서 '수행승들이여'라고 수행승들을 부르셨다. 수행승들은 '세존이시여'라고 세존께 대답했다. 세존께서는 이와 같이 말씀하셨다.

3. [세존] "수행승들이여, 다섯 가지 작용552)이 있다. 다섯 가지란

---

549) 필자가 새김이라고 번역하는 '싸띠'는 '주의 깊음' 외에 본래 '기억하고 상기한다.'는 뜻과 본질적으로 연관되어 있다는 사실을 명심해야 한다.
550) '마음의 대상을 놓아버리고' 욕망의 대상을 놓아버려 마음이 욕망의 묶임에서 벗어나 산란하지 않은 것을 말한다. 역자가 '마음의 통일'이라고 번역한 것은 심일경성(心一境性)을 말한다. 따라서 불교의 삼매나 집중은 대상과의 일치를 추구하는 요가적 수행과는 다르다.
551) 분별의 경①[Vibhaṅgasutta] : SN. V. 209.
552) 여기서 '작용'은 빠알리어 '인드리야'를 번역한 것인데, 한역에서는 근(根), 다른 경에서는

어떠한 것인가? 그것은 곧 안락의 작용, 고통의 작용, 만족의 작용, 불만의 작용, 평정의 작용이다. 수행승들이여, 이것이 다섯 가지 능력이다.

4. 수행승들이여, 안락의 작용은 무엇인가? 수행승들이여, 신체적으로 즐거움이 있는 것은 무엇이든 신체적으로 유쾌함이 있다. 즐겁고 유쾌한 느낌은 신체의 접촉에서 생겨난 것이다. 수행승들이여, 그것을 안락의 작용이라고 한다.

5. 수행승들이여, 고통의 작용은 무엇인가? 수행승들이여, 신체적으로 괴로움이 있는 것은 무엇이든 신체적으로 불쾌함이 있다. 고통스럽고 불쾌한 느낌은 신체의 접촉에서 생겨난 것이다. 수행승들이여, 그것을 고통의 작용이라고 한다.

6. 수행승들이여, 만족의 작용은 무엇인가? 수행승들이여, 정신적인 즐거움은 무엇이든 정신적인 불쾌함이 있다. 즐겁고 유쾌한 느낌은 정신의 접촉에서 생겨난 것이다. 수행승들이여, 그것을 만족의 작용이라고 한다.

7. 수행승들이여, 불만의 작용은 무엇인가? 수행승들이여, 정신적인 괴로움은 무엇이든 정신적인 불쾌함이 있다. 괴롭고 불쾌한 느낌은 정신의 접촉에서 생겨난 것이다. 수행승들이여, 그것을 불만의 작용이라고 한다.

8. 수행승들이여, 평정의 작용은 무엇인가? 신체적인 것이든 정신적인 것이든 유쾌한 느낌이나 불쾌한 느낌이 없다. 수행승들이여, 그것을 평정의 작용이라고 한다.

9. 수행승들이여, 이것들 가운데 안락의 작용과 만족의 작용은 즐거

능력으로 번역했으나 이 경에서는 문맥상 '작용'으로 번역한다.

운 느낌으로 여겨져야 한다. 수행승들이여, 이것들 가운데 고통의 작용과 불만의 작용은 괴로운 느낌으로 여겨져야 한다. 수행승들이여, 이것들 가운데 평정의 작용은 즐겁지도 않고 괴롭지도 않은 느낌이라고 여겨져야 한다.

10. 수행승들이여, 이와 같은 다섯 가지 작용은 있는데 이치적으로 다섯 가지가 세 가지가 되고 세 가지가 다섯 가지가 된다."

29. 부처님께서 자신의 늙음에 대하여 어떻게 생각하셨을까553)

1. 이와 같이 나는 들었다. 한 때 세존께서 싸밧티 시의 뿝바승원에 있는 미가라마뚜 강당에 계셨다.

2. 그 때 세존께서는 저녁 무렵 홀로 명상을 하시다가 일어나서 지는 햇빛 속에 등을 따뜻하게 하고 계셨다.554)

3. 마침 존자 아난다가 세존께서 계신 곳을 찾아갔다. 가까이 다가가서 세존께 인사를 드리고 세존의 두 손과 두 발을 만지며 이와 같이 말했다.

[아난다] "세존이시여, 아주 놀라운 일입니다. 세존이시여, 예전에 없었던 일입니다. 이제 세존께서는 안색은 청정하거나 고결하지 못하고, 사지는 이완되어 주름이 지고, 몸은 구부정해지고, 시각능력,

---

553) 늙음의 경[Jarāsutta] : SN. V. 216.
554) 붓다고싸는 주석서에서 '올바로 원만히 깨달은 부처님도 몸을 갖고 있기 때문에 날씨가 더울 때는 덥고 날씨가 추울 때는 춥다. 여기서는 추운 겨울의 경우이다. 그래서 커다란 옷을 걸치고 태양빛으로 등을 따뜻하게 하고 앉아계셨다. 그런데 어떻게 태양빛[日光]이 불광(佛光)을 부수고 들어올 수 있겠는가. 그것은 불가능하다. 그러면 무엇이 따뜻하게 하는가. 빛의 열기이다. 나무 아래 둥근 그늘 속에 앉아있는 자에게는 어떠한 태양빛도 몸에 닿지 않지만, 모든 방향에서 열기가 스며든다. 마치 불꽃의 화염에 둘러싸인 것과 같다. 이와 같이 태양빛이 불광을 부수고 안으로 들어오는 것은 불가능하지만 스승께서는 열기에 둘러싸여 앉아계신 것이라고 알아야 한다.'고 해설하고 있다.

청각능력, 후각능력, 미각능력, 감촉능력에서도 상당한 변화의 조짐이 보입니다.555)"

4. [세존] "그러하다. 아난다여, 젊음 속에서도 늙게 되어 있고, 건강 속에서도 병들게 되어 있고, 삶속에서도 죽게 되어 있다. 안색은 청정하거나 고결하지 못하고, 사지는 이완되어 주름이 지고, 몸은 구부정해지고, 시각능력, 청각능력, 후각능력, 미각능력, 감촉능력에서도 상당한 변화의 조짐이 보인다."

5. 세존께서는 이와 같이 말씀하셨다. 이처럼 말씀하시고 올바른 길로 잘 가신 님, 스승께서는 이와 같이 시로써 말씀하셨다.

6. [세존] 아, 가련한 늙음이여,
추한 모습을 드러내는 늙음이여
잠시 즐겁게 해주는 영상도
늙어감에 따라 산산이 부서진다.

7. 누군가 백세를 살더라도
그 또한 죽어야 하는 운명이다.
죽음은 아무 것도 가리지 않고
그 모든 것을 부수며 온다.

30. 보리수 아래서 부처님께서는 또한 무엇을 깨달으셨을까556)

1. 이와 같이 나는 들었다. 한 때 세존께서는 완전한 깨달음을 얻은 직후 우루벨라의 네란자라 강 언덕에 있는 아자빨라 보리수 아래에

---

555) 부처님은 아난다가 묘사한 신체적인 늙음의 현상에 대해 인정하고 있는데도, 붓다고싸는 주석서에서 '다른 사람에게는 그렇게 보이지 않았는데, 옆에서 모시는 아난다에게만 유독 그렇게 보였다'고 하면서 부처님의 신체적인 늙음의 현상을 인정하려 하지 않는다.
556) 하느님의 경[Brahmasutta] : SN. V. 232.

계셨다.

2. 그 때 세존께서 홀로 명상하시는데, 이와 같은 생각이 떠올랐다.
[세존] "다섯 가지 능력을 닦고 익히면, 불사에 뛰어들고 불사로 건너가고 불사를 궁극으로 한다. 다섯 가지는 무엇인가?
1) 믿음의 능력을 닦고 익히면, 불사에 뛰어들고 불사로 건너가고 불사를 궁극으로 한다.
2) 정진의 능력을 닦고 익히면, 불사에 뛰어들고 불사로 건너가고 불사를 궁극으로 한다.
3) 새김의 능력을 닦고 익히면, 불사에 뛰어들고 불사로 건너가고 불사를 궁극으로 한다.
4) 집중의 능력을 닦고 익히면, 불사에 뛰어들고 불사로 건너가고 불사를 궁극으로 한다.
5) 지혜의 능력을 닦고 익히면, 불사에 뛰어들고 불사로 건너가고 불사를 궁극으로 한다.

3. 마침 하느님 싸함빠띠가 세존의 생각을 마음으로 알아채고, 힘센 사람이 굽혀진 팔을 펴고 펴진 팔을 굽히는 듯한 사이에 하느님 세계에서 모습을 감추고 세존 앞에 나타났다.

4. 그리고 하느님 싸함빠띠는 웃옷을 한 쪽 어깨에 걸치고 세존을 향해 합장하고 세존께 이와 같이 이와 같이 말했다.
[하느님] "세상에 존경받는 님이시여, 그렇습니다. 올바른 길로 잘 가신 님이시여, 그렇습니다. 다섯 가지 능력을 닦고 익히면, 불사에 뛰어들고 불사로 건너가고 불사를 궁극으로 합니다. 다섯 가지는 무엇입니까? 믿음의 능력을 닦고 익히면, 불사에 뛰어들고 불사로 건너가고 불사를 궁극으로 하며, 익히면, 불사에 뛰어들고 불사로 건너가고 불사를 궁극으로 하며, 새김의 능력을 닦고 익히면, 불사

에 뛰어들고 불사로 건너가고 불사를 궁극으로 하며, 집중의 능력을 닦고 익히면, 불사에 뛰어들고 불사로 건너가고 불사를 궁극으로 하며, 지혜의 능력을 닦고 익히면, 불사에 뛰어들고 불사로 건너가고 불사를 궁극으로 합니다.

5. 세존이시여, 과거에 저는 올바로 원만히 깨달은 님이신 깟싸빠 밑에서 청정한 삶을 살았습니다. 그 때 저는 수행승 싸하까라고 알려졌습니다. 세존이시여, 그때 저는 이러한 다섯 가지 능력을 닦고 익혀서 감각적 쾌락에 대한 욕망을 버렸고, 몸이 파괴되고 죽은 뒤에 좋은 곳, 하느님 세계에 다시 태어났습니다. 그곳에서 저는 하느님 싸함빠띠, 하느님 싸함빠띠라고 알려졌습니다.

6. 세상에 존경받는 님이시여, 그렇습니다. 올바른 길로 잘 가신 님이시여, 그렇습니다. 다섯 가지 능력을 닦고 익히면, 불사에 뛰어들고 불사로 건너가고 불사를 궁극으로 한다는 사실을 저는 알고 또한 봅니다."

31. 어떠한 사람이 여래의 가르침에 최상의 예경을 표할까[557]

1. 이와 같이 나는 들었다. 한 때 세존께서는 라자가하 시의 깃자꾸따산에 있는 쑤까라카따[558]에 계셨다.

---

557) 쑤까라카따 경[Sūkarakhatasutta] : SN. V. 233.
558) 쑤까라카타에서 쑤까라는 수퇘지를 말한다. 붓다고싸는 그 이름에 관하여 주석서에서 "한 때에 깟싸빠 부처님 시대에 그 동굴이 땅속에서 성장하여 땅 사이에 생겨났다. 그런데 어느 날 한 수퇘지가 그 입구의 근처에서 흙을 팠다. 그래서 비가 오자 흙이 씻겨 내려지고 입구의 끝이 열렸다. 한 숲 속의 거주자가 보고 '옛날에 계행을 닦는 자가 사용한 장소임에 틀림없다. 내가 그곳을 조사하리라'라고 주변의 흙을 제거하고 동굴을 청소하고 울타리를 치고 문과 창문을 연결하고 그림으로 장식하여 잘 정리 정돈된 황금의 발우처럼 잘 닦여진 승방의 암자를 만들어 침대와 의자를 놓고 세존의 거처를 위해 기증했다. 그곳은 내려가서 올라가야만 했다."라고 설명하고 있다.

2. 그때 세존께서는 존자 싸리뿟따에게 이와 같이 말씀하셨다.

[세존] "싸리뿟따여, 어떤 공덕을 보기에 번뇌를 부순 수행승이 여래와 여래의 가르침을 향해 최상의 예경을 표하는가?"

[싸리뿟따] "세존이시여, 속박에서 벗어난 위없는 안온을 보기에 번뇌를 부순 수행승이 여래와 여래의 가르침을 향해 최상의 예경을559) 표합니다."

3. [세존] "싸리뿟따여, 훌륭하다. 싸리뿟따여, 훌륭하다. 속박에서 벗어난 위없는 안온을 보기에 번뇌를 부순 수행승이 여래와 여래의 가르침을 향해 최상의 예경을 표한다.

4. 싸리뿟따여, 번뇌를 부순 수행승이 여래와 여래의 가르침을 향해 최상의 예경을 표할 때, 그가 공덕이라고 보는 위없는 안온이란 무엇인가?"

5. [싸리뿟따] "세존이시여, 이 세상에 번뇌를 부순 수행승은 고요함으로 이끌고, 바른 깨달음으로 이끄는 믿음의 능력을 닦으며, 고요함으로 이끌고, 바른 깨달음으로 이끄는 정진의 능력을 닦으며, 고요함으로 이끌고, 바른 깨달음으로 이끄는 새김의 능력을 닦으며, 고요함으로 이끌고, 바른 깨달음으로 이끄는 집중의 능력을 닦으며, 고요함으로 이끌고, 바른 깨달음으로 이끄는 지혜의 능력을 닦습니다. 세존이시여, 번뇌를 부순 수행승이 여래와 여래의 가르침을 향해 최상의 예경을 표할 때, 이것이 그가 공덕이라고 보는 위없는 안온입니다."

6. [세존] "싸리뿟따여, 훌륭하다. 싸리뿟따여, 훌륭하다. 번뇌를 부순 수행승이 여래와 여래의 가르침을 향해 최상의 예경을 표할 때,

---

559) '오체투지'를 말한다.

그가 공덕이라고 보는 위없는 안온은 그와 같은 것이기 때문이다.

7. 싸리뿟따여, 번뇌를 부순 수행승이 여래와 여래의 가르침을 향해 표하는 최상의 예경은 어떠한 것인가?"

8. [싸리뿟따] "세존이시여, 이 세상에 번뇌를 부순 수행승은 스승을 존중하고 공경하고, 가르침을 존중하고 공경하고, 승가를 존중하고 공경하고, 배움을 존중하고 공경하고, 삼매를 존중하고 공경합니다. 세존이시여, 번뇌를 부순 수행승이 여래와 여래의 가르침을 향해 표하는 최상의 예경은 이러한 것입니다.

9. [세존] "싸리뿟따여, 훌륭하다. 싸리뿟따여, 훌륭하다. 번뇌를 부순 수행승이 여래와 여래의 가르침을 향해 표하는 최상의 예경은 그러한 것이기 때문이다."

32. 신통을 얻는 방법은 무엇이고, 그 목표는 무엇일까560)

1. 이와 같이 나는 들었다. 한 때 세존께서 싸밧티 시의 제따바나 숲에 있는 아나타삔디까 승원에 계셨다.

2. 그때 세존께서 '수행승들이여'라고 수행승들을 부르셨다. 수행승들은 '세존이시여'라고 세존께 대답했다. 세존께서는 이와 같이 말씀하셨다.

3. [세존] "수행승들이여, 네 가지 신통의 기초를 닦고 익히면, 그 고귀한 해탈로 인해서 그것을 행한 자는 올바른 괴로움의 소멸로 이끌어진다. 네 가지란 어떠한 것인가?

4. 수행승들이여, 이 세상에 수행승이 의욕에서 비롯된 집중과 정근

---

560) 거룩한 해탈의 경[Ariyaniyyānikasutta] : SN. V. 255.

에 의해 형성되는 신통의 기초를 닦고, 정진에서 비롯된 집중과 정근에 의해 형성되는 신통의 기초를 닦고, 마음에서 비롯된 집중과 정근에 의해 형성되는 신통의 기초를 닦고, 사유에서 비롯된 집중과 정근에 의해 형성되는 신통의 기초를 닦는다.

5. 수행승들이여, 이러한 네 가지 신통의 기초를 닦고 익히면, 그 고귀한 해탈로 인해서 그것을 행한 자는 올바른 괴로움의 소멸로 이끌어진다."

33. 부처님께서 드신 최후의 열반의 순간은 어떠했을까561)

1. 이와 같이 나는 들었다. 한 때 세존께서 베쌀리 시의 마하숲에 있는 꾸따가라쌀라에 계셨다.

2. 그때 세존께서는 아침 일찍 옷을 입고 발우와 가사를 들고 베쌀리로 탁발하러 들어갔다. 베쌀리에서 탁발을 하고 식사를 마친 뒤 탁발에서 돌아와 존자 아난다를 불렀다.
[세존] "아난다여, 좌구를 들고562) 대낮을 보내러 짜빨라 탑묘563)가 있는 곳을 찾아가자."
[아난다] "세존이시여, 그렇게 하겠습니다."
존자 아난다는 세존께 대답하고 좌구를 들고 세존의 뒤를 따라 나섰다.

3. 세존께서는 마침내 짜빨라 탑묘가 있는 곳을 찾아 가까이 다가가서 펴놓은 자리에 앉으셨다. 존자 아난다는 세존께 인사를 드리고

---

561) 탑묘 경[Cetiyasutta] : SN. V. 258; 이 경의 내용은 대반열반경과 우다나에도 포함되어 있다.
562) 붓다고싸에 따르면, '가죽조각'을 의미한다.
563) 예전에 야차 짜빨라가 살던 장소인데 나중에 과거불 신앙의 탑묘가 되었다.

한쪽으로 물러앉았다.

4. 한쪽으로 물러앉자 세존께서는 존자 아난다에게 이와 같이 말했다.

[세존] "아난다여, 베쌀리 시는 아름답다. 우데나564) 탑도 아름답다. 고따마까565) 탑도 아름답다. 쌋땀비566) 탑도 아름답다. 바후뿟따까567) 탑도 아름답다. 싸란다다568) 탑도 아름답다. 짜빨라 탑도 아름답다. 아난다여, 누구든지 네 가지 신통의 기초를 닦고 익히고 수레로 삼고 토대로 만들고 확립하고 구현시켜 훌륭하게 성취했다고 해보자. 아난다여, 그가 원한다면 한 우주기나 한 우주기 남짓 머물 수 있을 것이다.569) 아난다여, 여래는 네 가지 신통의 기초를 닦고 익히고 수레로 삼고 토대로 삼아 확립하고 쌓아나가고 잘 성취했다. 아난다여, 그가 원한다면 한 우주기나 한 우주기 남짓 머물

---

564) 베쌀리에 있고 야차 우데나가 살던 장소에 만들어진 탑묘이다. 신성한 나무가 있어 소원을 성취시켜준다고 믿던 곳이다. 여기에 부처님 당시 벌써 승원이 세워져 있었다.
565) 베쌀리 남쪽에 있는 탑으로 부처님은 몇 차례 이곳에 머물렀다. 이 탑은 고따마 붓다 이전에 고따마까라는 야차에게 받쳐진 것이다. 신성한 나무가 있어 소원을 성취시켜준다고 믿던 곳이다.
566) 베쌀리 서부에 있는 탑으로 '일곱망고탑'이란 뜻을 지니고 있는데, 까씨국의 왕인 끼끼의 일곱 공주가 라자가하를 떠나 그곳에서 정진했다. 자따까에 따르면, 그들은 이 지역에 케마, 우빨라반나, 빠따짜라, 고따미, 담마딘나, 마하마야, 비싸카로 태어났다. 부처님이 베쌀리를 방문한 후에는 부처님이 머무는 곳이 되었다.
567) 베쌀리 근교 북쪽의 탑으로 부처님 이전부터 있었다. 원래는 많은 가지를 갖고 있는 니그로다 나무가 있어서 이런 이름으로 불린 것이다. 많은 사람들이 그 나무의 신들을 향해 자식을 위한 기도를 했다. 그래서 그 탑이 지어졌다.
568) 부처님 이전부터 있던 탑으로 싸란다다라는 야차에게 받쳐진 것이다. 나중에 불교사원이 여기에 건립되었다.
569) 여기서 우주기[劫]란 우주가 생겨나서 없어지는 엄청난 기간을 암시하지만, 붓다고싸는 주석서에서 단지 '목숨이 붙어있는 기간, 곧 수명'을 뜻한다고 하였다. 즉 '특정한 시대에 인간이 완전히 채운 정상적인 수명'을 말한다. 위 문장에서 한 우주기를 '수명'이라고 해석한다면 '백세나 백세 남짓 머물 수 있을 것이다.'가 된다. 그러나 주석서에는 마하씨바 장로가 '부처님은 현겁 동안 머물 것이다.'라고 했다는 주장이 동시에 실려 있다. 그러나 니까야에서 결코 우주기가 수명이란 뜻으로 쓰인 적이 없다. 역자는 문맥상 다음 문장의 '광대한 징조'라는 말과 일치시키기 위해 그대로 우주기라고 표현한다.

수 있을 것이다."

5. 세존께서는 이와 같이 명백한 징조를 보이고, 명백한 암시를 보이셨지만, 존자 아난다는 그것을 꿰뚫어 볼 수가 없었다. 그래서 그는 세존께 '세존이시여, 세상에 존경받는 님께서는 한 우주기 동안 머무십시오. 많은 사람의 이익을 위해, 많은 사람의 안락을 위해, 세상을 불쌍히 여겨, 신들과 인간의 이익, 행복, 안락을 위해, 올바른 길로 잘 가신 님께서는 한 우주기 남짓 머무십시오.'라고 간청하지 않았다. 그는 마치 악마에 마음이 사로잡힌570) 것 같았다.

6. 두 번째에도 세존께서는 존자 아난다에게 이와 같이 말했다.
[세존] "아난다여, 베쌀리 시는 아름답다. 우데나 탑도 아름답다. 고따마까 탑도 아름답다. 쌋땀바 탑도 아름답다. 바후뿟따까 탑도 아름답다. 싸란다다 탑도 아름답다. 짜빨라 탑도 아름답다. 아난다여, 누구든지 네 가지 신통의 기초를 닦고 익히고 수레로 삼고 토대로 만들고 확립하고 구현시켜 훌륭하게 성취했다고 해보자. 아난다여, 그가 원한다면 한 우주기나 한 우주기 남짓 머물 수 있을 것이다. 아난다여, 여래는 네 가지 신통의 기초를 닦고 익히고 수레로 삼고 토대로 만들고 확립하고 구현시켜 훌륭하게 성취했다. 아난다여, 그가 원한다면 한 우주기나 한 우주기 남짓 머물 수 있을 것이다."

7. 세존께서는 이와 같이 명백한 징조를 보이고, 명백한 암시를 보이셨지만, 존자 아난다는 그것을 꿰뚫어 볼 수가 없었다. 그래서 그는 세존께 '세존이시여, 세상에 존경받는 님께서는 한 우주기 동안 머무십시오. 많은 사람의 이익을 위해, 많은 사람의 안락을 위해, 세상을 불쌍히 여겨, 신들과 인간의 이익, 행복, 안락을 위해, 올바른

---

570) 아난다는 '부처님께서 많은 사람의 이익을 위해 세상에 더 머무십시오.'라고 간청하지 않았다는 이유로 나중에 다른 승려들의 비난을 받는다.

길로 잘 가신 님께서는 한 우주기 남짓 머무십시오.'라고 간청하지 않았다. 마치 그는 악마에 마음이 사로잡힌 것 같았다.

8. 세 번째에도 세존께서는 존자 아난다에게 이와 같이 말했다.
[세존] "아난다여, 베쌀리 시는 아름답다. 우데나 탑도 아름답다. 고따마까 탑도 아름답다. 쌋땀바 탑도 아름답다. 바후뿟따까 탑도 아름답다. 싸란다다 탑도 아름답다. 짜빨라 탑도 아름답다. 아난다여, 누구든지 네 가지 신통의 기초를 닦고 익히고 수레로 삼고 토대로 만들고 확립하고 구현시켜 훌륭하게 성취했다고 해보자. 아난다여, 그가 원한다면 한 우주기나 한 우주기 남짓 머물 수 있을 것이다. 아난다여, 여래는 네 가지 신통의 기초를 닦고 익히고 수레로 삼고 토대로 만들고 확립하고 구현시켜 훌륭하게 성취했다. 아난다여, 그가 원한다면 한 우주기나 한 우주기 남짓 머물 수 있을 것이다."

9. 세존께서는 이와 같이 명백한 징조를 보이고, 명백한 암시를 보이셨지만, 존자 아난다는 그것을 꿰뚫어 볼 수가 없었다. 그래서 그는 세존께 '세존이시여, 세상에 존경받는 님께서는 한 우주기 동안 머무르십시오. 많은 사람의 이익을 위해, 많은 사람의 안락을 위해, 세상을 불쌍히 여겨, 신들과 인간의 이익, 행복, 안락을 위해, 올바른 길로 잘 가신 님께서는 한 우주기 남짓 머무십시오.'라고 간청하지 않았다. 마치 그는 악마에 마음이 사로잡힌 것 같았다.

10. 그러자 세존께서는 존자 아난다에게 말씀하셨다.
[세존] "아난다여, 괜찮다면 그만 가도 좋다.571)"
[아난다] "세존이시여, 알겠습니다."
아난다는 세존께 대답하고 자리에서 일어나 세존께 인사를 드리고

---

571) 원래는 '지금 그대가 무엇인가를 위하여 적당한 시간이라고 한다면, 그것을 행하라.'는 말이다. 떠나보냄의 정중한 표현, 부처님은 낮잠 때문에 아난다를 떠나보냈다.

세존의 오른쪽으로 돌아서 멀지 않은 곳에 나무 밑에 앉았다.

11. 이 때 아난다가 떠난 지 얼마 되지 않아 악마 빠삐만이 세존께서 계신 곳을 찾아 가까이 다가와서 이와 같이 말했다.

[빠삐만] "세존이시여, 세상에 존경받는 님께서는 지금 완전한 열반에 드십시오. 올바른 길로 잘 가신 님께서는 지금 완전한 열반에 드십시오. 세존이시여, 지금이 바로 완전한 열반에 드실 때입니다. 세존이시여, 세존께서는 '빠삐만이여, 나에게 유능하고, 숙련되고, 두려움이 없고, 속박에서 벗어나 안온을 성취하고, 많이 배우고, 가르침을 수호하고, 가르침에 따라 실천하고, 바른 방법으로 실천하고, 가르침에 맞게 행하며, 스승의 가르침을 배워서 그것을 설명하고, 교시하고, 시설하고, 확립하고, 개현하고, 분석하고, 명확하게 밝히며, 다른 사람들과의 논쟁을572) 합리적으로 논박할 수 있고, 효과적으로 가르침을 설할 수 있는573) 수행승 제자들이 생길 때까지 나는 열반에 들지 않겠다.'고 말한 바가 있습니다. 그런데, 세존이시여, 현재 세존의 수행승 제자들은 유능하고, 숙련되고, 두려움이 없고, 속박에서 벗어나 안온을 성취하고, 많이 배우고, 가르침을 수호하고, 가르침에 따라 실천하고, 바른 방법으로 실천하고, 가르침에 맞게 행하며, 스승의 가르침을 배워서 그것을 설명하고, 교시하고, 시설하고, 확립하고, 개현하고, 분석하고, 명확하게 밝히며, 다른 사람들과의 논쟁을 합리적으로 논박할 수 있고, 효과적으로 가르침을 설할 수 있습니다.

12. 그러므로 세존이시여, 세상에 존경받는 님께서는 지금 완전한

---

572) '다른 사람들과의 논쟁'은 이교도들과의 교리적인 논쟁을 뜻한다.
573) '신변(神變)'의, 또는 정리(正理)의 법'이라는 뜻인데, 붓다고싸에 따르면, '욕망에서 벗어나도록 만들고 가르침을 설한다.'의 뜻이다. 역자는 정리의 법이라는 뜻을 취해서 번역한다.

열반에 드십시오. 올바른 길로 잘 가신 님께서는 지금 완전한 열반에 드십시오. 세존이시여, 지금이 바로 완전한 열반에 드실 때입니다. 세존이시여, 그리고 세존께서는 '빠삐만이여, 나에게 유능하고, 숙련되고, 두려움이 없고, 속박에서 벗어나 안온을 성취하고, 많이 배우고, 가르침을 수호하고, 가르침에 따라 실천하고, 바른 방법으로 실천하고, 가르침에 맞게 행하며, 스승의 가르침을 배워서 그것을 설명하고, 교시하고, 시설하고, 확립하고, 개현하고, 분석하고, 명확하게 밝히며, 다른 사람들과의 논쟁을 합리적으로 논박할 수 있고, 효과적으로 가르침을 설할 수 있는 수행녀 제자들이 생길 때까지 나는 열반에 들지 않겠다.'고 말한 바가 있습니다. 그런데, 세존이시여, 현재 세존의 수행녀 제자들은 유능하고, 숙련되고, 두려움이 없고, 속박에서 벗어나 안온을 성취하고, 많이 배우고, 가르침을 수호하고, 가르침에 따라 실천하고, 바른 방법으로 실천하고, 가르침에 맞게 행하며, 스승의 가르침을 배워서 그것을 설명하고, 교시하고, 시설하고, 확립하고, 개현하고, 분석하고, 명확하게 밝히며, 다른 사람들과의 논쟁을 합리적으로 논박할 수 있고, 효과적으로 가르침을 설할 수 있습니다.

13. 그러므로 세존이시여, 세상에 존경받는 님께서는 지금 완전한 열반에 드십시오. 올바른 길로 잘 가신 님께서는 지금 완전한 열반에 드십시오. 세존이시여, 지금이 바로 완전한 열반에 드실 때입니다. 세존이시여, 그리고 세존께서는 '빠삐만이여, 나에게 유능하고, 숙련되고, 두려움이 없고, 속박에서 벗어나 안온을 성취하고, 많이 배우고, 가르침을 수호하고, 가르침에 따라 실천하고, 바른 방법으로 실천하고, 가르침에 맞게 행하며, 스승의 가르침을 배워서 그것을 설명하고, 교시하고, 시설하고, 확립하고, 개현하고, 분석하고,

명확하게 밝히며, 다른 사람들과의 논쟁을 합리적으로 논박할 수 있고, 효과적으로 가르침을 설할 수 있는 청신남 제자들과 청신녀 제자들이 생길 때까지 나는 열반에 들지 않겠다.'고 말한 바가 있습니다. 그런데, 세존이시여, 현재 세존의 청신남 제자들과 청신녀 제자들은 유능하고, 숙련되고, 두려움이 없고, 속박에서 벗어나 안온을 성취하고, 많이 배우고, 가르침을 수호하고, 가르침에 따라 실천하고, 바른 방법으로 실천하고, 가르침에 맞게 행하며, 스승의 가르침을 배워서 그것을 설명하고, 교시하고, 시설하고, 확립하고, 개현하고, 분석하고, 명확하게 밝히며, 다른 사람들과의 논쟁을 합리적으로 논박할 수 있고, 효과적으로 가르침을 설할 수 있습니다.

14. 그러므로 세존이시여, 세상에 존경받는 님께서는 지금 완전한 열반에 드십시오. 올바른 길로 잘 가신 님께서는 지금 완전한 열반에 드십시오. 세존이시여, 지금이 바로 완전한 열반에 드실 때입니다. 세존이시여, 그런데 세존께서는 '빠삐만이여, 이러한 내 청정한 삶이 성공적으로 번창하고, 확대되고, 대중화되고, 널리 전파되어, 신들과 인간들 사이에서 잘 선포될 때까지 나는 완전한 열반에 들지 않겠다.'라고 말씀을 하신 적이 있습니다. 세존이시여, 현재 세존의 청정한 삶은 성공적으로 번창하고, 확대되고, 대중화되고, 널리 전파되어, 신들과 인간들 사이에서 잘 선포되었습니다. 그러므로 세존이시여, 세상에 존경받는 님께서는 지금 완전한 열반에 드십시오. 올바른 길로 잘 가신 님께서는 지금 완전한 열반에 드십시오. 세존이시여, 지금이 바로 완전한 열반에 드실 때입니다."

15. 이와 같이 말하자 세존께서는 악마 빠삐만에게 이와 같이 말했다.

[세존] "빠삐만이여, 그대는 편히 쉬게. 오래지 않아 여래는 열반

에 들 것이다. 지금으로부터 삼 개월 후에 여래는 완전한 열반에 들겠다."

16. 그 때 세존께서는 깊이 새기고 분명히 알아차리며 짜빨라 탑묘에서 존재의 형성을 놓아 버렸다. 세존께서 존재의 형성을 놓아 버리자 대지가 진동하고 놀랍고 두려운 천둥이 하늘에 퍼져갔다.

17. 그러자 세존께서는 그러한 것의 의미를 바로 알고, 그때 이와 같이 영감에 찬 시를 읊으셨다.

[세존] "잴 수 있는 것과 잴 수 없는 것을 낳는574)
존재의 형성을575) 해탈하신 님은 놓아버렸다.
안으로 환희에 차서 삼매에 들었으니
갑옷같이 둘러싼 자아의 존재를 부숴버렸다."

34. 성취의욕도 욕망인데 의욕으로 욕망을 끊을 수가 있을까576)

1. 이와 같이 나는 들었다. 한 때 존자 아난다는 꼬쌈비시의 고씨따 승원에 계셨다.

2. 그런데 그때 바라문 운나바가 존자 아난다가 있는 곳을 찾아갔다. 가까이 다가가서 존자 아난다와 인사를 하고 안부를 주고 받은 뒤에 한쪽으로 물러앉았다. 한쪽으로 물러앉은 바라문 운나바는 존자

---

574) 붓다고싸의 주석서에서는 이 시구에 대한 여러 가지 해석의 가능성을 제시하고 있다. 그 중 2가지를 보면 다음과 같다. ① '뚤람'을 '잴 수 있는 것', '아뚤람'을 '잴 수 없는 것'으로 해석하면, 감각적 쾌락의 세계와 미세한 물질의 세계는 잴 수 있는 것이고, 비물질의 세계는 잴 수 없는 것이다. 또는 소수의 결과를 가져오는 것은 잴 수 있는 것이고, 다수의 결과를 가져오는 것은 잴 수 없는 것이다. ② '뚤람'을 '비교하는, 조사하는, 음미하는'의 뜻이고, '아뚤람'을 '비교할 수 없는 것', 즉 열반으로 해석하면, 윤회의 위험과 열반의 공덕을 비교하여 존재의 형성으로 이끄는 행위를 버린 것이 된다. 그러면 이 시구는 '비교할 수 있는 것과 비교할 수 없는 것을 견주어'라고 번역될 수 있다.
575) 붓다고싸에 따르면, '다시 태어남의 조건'을 의미한다.
576) 바라문의 경[Brāhmaṇasutta] : SN. V. 271.

아난다에게 이와 같이 말했다.

3. [운나바] "존자 아난다여, 무엇을 위해 수행자 고따마 아래서 청정한 삶을 영위합니까?"
[아난다] "바라문이여, 욕망을 버리기 위해 수행자 고따마 아래서 청정한 삶을 영위합니다."

4. [운나바] "존자 아난다여, 그 욕망을 버리기 위한 길이나 방도가 있습니까?"
[아난다] "바라문이여, 그 욕망을 버리기 위한 길이나 방도가 있습니다."

5. [운나바] "존자 아난다여, 그 욕망을 버리기 위한 어떠한 길이나 어떠한 방도가 있습니까?"
[아난다] "바라문이여, 이 세상에 수행승은 의욕에서 비롯된 집중과 정근에 의해 형성되는 신통의 기초를 닦고, 정진에서 비롯된 집중과 정근에 의해 형성되는 신통의 기초를 닦고, 마음에서 비롯된 집중과 정근에 의해 형성되는 신통의 기초를 닦고, 사유에서 비롯된 집중과 정근에 의해 형성되는 신통의 기초를 닦습니다. 바라문이여, 의욕을 끊기 위한 길은 이와 같고 방도는 이와 같습니다."

6. [운나바] "존자 아난다여, 그러한 경우라면, 그것은 끝이 없고, 끝낼 수가 없습니다. 욕망 자체로 욕망을 끊는 것은 불가능합니다."
[아난다] "바라문이여, 그렇다면 내가 이 문제에 대해 물어보겠습니다. 그대가 적당한 것을 답하십시오.

7. 바라문이여, 어떻게 생각합니까? 그대는 일찍이 '나는 공원에 가고 싶다.'라는 의욕이 있더라도, 이후 그 공원에 도착했을 때에는 그 때문에 생겨난 의욕이 없어집니까?

[운나바] "존자여, 그렇습니다."

[아난다] "바라문이여, 어떻게 생각합니까? 그대는 일찍이 '나는 공원에 가고 싶다.'라고 정진을 하더라도, 이후 그 공원에 도착했을 때에는 그 때문에 생겨난 정진이 없어집니까?"

[운나바] "존자여, 그렇습니다."

[아난다] "바라문이여, 어떻게 생각합니까? 그대는 일찍이 '나는 공원에 가고 싶다.'라는 마음이 있더라도, 이후 그 공원에 도착했을 때에는 그 때문에 생겨난 의욕이 없어집니까?"

[운나바] "존자여, 그렇습니다."

[아난다] "바라문이여, 어떻게 생각합니까? 그대는 일찍이 '나는 공원에 갈 것인가?'라고 사유하더라도, 이후 그 공원에 도착했을 때에는 그 때문에 생겨난 사유가 없어집니까?"

[운나바] "존자여, 그렇습니다."

8. [아난다] "바라문이여, 그와 똑같습니다. 어떤 수행승이 거룩한 님이고, 번뇌가 부서졌고, 청정한 삶을 살고, 해야 할 일을 해 마치고, 짐을 내려놓았고, 자신의 목표에 도달했고, 존재의 사슬을 완전히 끊어버리고, 궁극적인 깨달음을 통해 완전히 해탈했다면, 그에게 예전에 거룩한 지위를 성취하기 위한 의욕이 있었더라도 거룩한 님이 되면 그 때문에 생겨난 의욕은 소멸되며, 그에게 예전에 거룩한 지위를 성취하기 위한 정진이 있었더라도 거룩한 님이 되면 그 때문에 생겨난 정진은 소멸되며, 그에게 예전에 거룩한 지위를 성취하기 위한 마음이 있었더라도 거룩한 님이 되면 그 때문에 생겨난 마음은 소멸되며, 그에게 예전에 거룩한 지위를 성취하기 위한 사유가 있었더라도 거룩한 님이 되면, 그 때문에 생겨난 사유는 소멸됩니다.

9. 바라문이여, 어떻게 생각하십니까? 그와 같은 경우라면, 그것은 끝이 있습니까, 끝이 없습니까?"

[운나바] "존자 아난다여, 실로 그와 같은 경우라면, 그것은 끝이 있으며, 끝이 없는 것이 아닙니다."

10. 존자 아난다여, 훌륭하십니다. 존자 아난다여, 훌륭하십니다. 넘어진 것을 일으켜 세우듯, 가려진 것을 열어 보이듯, 어리석은 자에게 길을 가리켜주듯, 눈 있는 자는 형상을 보라고 어둠 속에 등불을 들어 올리듯, 존자 아난다께서는 이와 같이 여러 가지 방법으로 진리를 밝혀주셨습니다. 존자 아난다여, 그러므로 이제 세존께 귀의합니다. 또한 그 가르침에 귀의합니다. 또한 그 수행승의 모임에 귀의합니다. 존자 아난다께서는 저를 재가의 신자로 받아 주십시오. 오늘부터 목숨 바쳐 귀의합니다."

35. 네 가지 신통의 기초를 닦는 방법은 어떠한 것일까[577]

1. 이와 같이 나는 들었다. 한 때 세존께서 싸밧티 시의 제따바나 숲에 있는 아나타삔디까 승원에 계셨다.

2. 그 때 세존께서 '수행승들이여'라고 수행승들을 부르셨다. 수행승들은 '세존이시여'라고 세존께 대답했다. 세존께서는 이와 같이 말씀하셨다.

3. [세존] "수행승들이여, 네 가지 신통의 기초를 닦고 익히면 커다란 과보, 커다란 공덕이 있다. 수행승들이여, 네 가지 신통의 기초를 어떻게 닦고 익히면 커다란 과보, 커다란 공덕이 있는가?

---

577) 분별의 경[Vibhaṅgasutta] : SN. V. 276.

4. 수행승들이여, 이 세상에 수행승은
 1) 의욕에서 비롯된 집중과 정근에 의해 형성되는 신통의 기초를 닦되, '나의 의욕은 너무 나태하지도 않고, 너무 성급하지도 않을 것이며, 안으로 침체되지도 않고, 밖으로 산란되지도 않을 것이다.'라고 생각한다. 그는 앞과 같이 뒤에 관해, 뒤와 같이 앞에 관해, 아래와 같이 위에 관해, 위와 같이 아래에 관해, 낮과 같이 밤에 관해, 밤과 같이 낮에 관해, 이와 같이 전자와 후자를 지각한다. 이런 식으로 그는 열린 마음과 개방된 마음으로써 빛나는 마음을 닦는다.
 2) 정진에서 비롯된 집중과 정근에 의해 형성되는 신통의 기초를 닦되, '나의 정진은 너무 나태하지도 않고, 너무 성급하지도 않을 것이며, 안으로 침체되지도 않고, 밖으로 산란되지도 않을 것이다.'라고 생각한다. 그는 앞과 같이 뒤에 관해, 뒤와 같이 앞에 관해, 아래와 같이 위에 관해, 위와 같이 아래에 관해, 낮과 같이 밤에 관해, 밤과 같이 낮에 관해, 이와 같이 전자와 후자를 지각한다. 이런 식으로 그는 열린 마음과 개방된 마음으로써 빛나는 마음을 닦는다.
 3) 마음에서 비롯된 집중과 정근에 의해 형성되는 신통의 기초를 닦되, '나의 마음은 너무 나태하지도 않고, 너무 성급하지도 않을 것이며, 안으로 침체되지도 않고, 밖으로 산란되지도 않을 것이다.'라고 생각한다. 그는 앞과 같이 뒤에 관해, 뒤와 같이 앞에 관해, 아래와 같이 위에 관해, 위와 같이 아래에 관해, 낮과 같이 밤에 관해, 밤과 같이 낮에 관해, 이와 같이 전자와 후자를 지각한다. 이런 식으로 그는 열린 마음과 개방된 마음으로써 빛나는 마음을 닦는다.

4) 사유에서 비롯된 집중과 정근에 의해 형성되는 신통의 기초를 닦되, '나의 사유는 너무 나태하지도 않고, 너무 성급하지도 않을 것이며, 안으로 침체되지도 않고, 밖으로 산란되지도 않을 것이다.'라고 생각한다. 그는 앞과 같이 뒤에 관해, 뒤와 같이 앞에 관해, 아래와 같이 위에 관해, 위와 같이 아래에 관해, 낮과 같이 밤에 관해, 밤과 같이 낮에 관해, 이와 같이 전자와 후자를 지각한다. 이런 식으로 그는 열린 마음과 개방된 마음으로써 빛나는 마음을 닦는다.

5. 수행승들이여, 너무 나태한 의욕이란 어떠한 것인가? 수행승들이여, 그것은 권태에 의해 수반되고, 권태와 관련된 의욕이다. 이것을 너무 나태한 의욕이라고 한다.

6. 수행승들이여, 너무 성급한 의욕이란 어떠한 것인가? 수행승들이여, 그것은 흥분에 의해 수반되고, 흥분과 관련된 의욕이다. 이것을 너무 성급한 의욕이라고 한다.

7. 수행승들이여, 안으로 침체된 의욕이란 어떠한 것인가? 수행승들이여, 그것은 해태와 혼침에 의해 수반되고, 해태와 혼침과 관련된 의욕이다. 이것을 안으로 침체된 의욕이라고 부른다.

8. 수행승들이여, 밖으로 산란된 의욕이란 어떠한 것인가? 수행승들이여, 그것은 다섯 가지 감각적 쾌락에 대한 욕망을 따라 흩어지고 혼란되는 의욕이다. 이것을 밖으로 산란된 의욕이라고 한다.

9. 수행승들이여, 어떻게 수행승이 앞과 같이 뒤에 관해, 뒤와 같이 앞에 관해, 이와 같이 전자와 후자를 지각하는가? 수행승들이여, 여기 어떤 수행승이 전자와 후자에 대해 지각된 것을 잘 파악하고, 그것에 주의를 잘 기울이고, 잘 숙고하고, 지혜로써 통찰한다. 수행승

들이여, 앞과 같이 뒤에 관해, 뒤와 같이 앞에 관해, 이와 같이 전자와 후자에 관해 지각한다.

10. 수행승들이여, 어떻게 수행승은 아래와 같이 위를, 위와 같이 아래를 생각하며 지내는가? 수행승들이여, 이 세상에 수행승은 발바닥으로부터 위로, 머리카락 끝으로부터 아래로, 피부에 둘러싸여 있는 바로 이 몸을 '이 몸 안에는 머리카락, 솜털, 손톱, 이빨, 피부, 살, 근육, 뼈, 골수, 신장, 심장, 간장, 늑막, 비장, 폐, 창자, 장간막, 위장, 배설물, 뇌수, 담즙, 가래, 고름, 피, 땀, 지방, 눈물, 임파액, 침, 점액, 관절액, 오줌이 있다.'고 여러 가지 오물로 가득찬 것으로 관찰한다. 이와 같은 방식으로 수행승은 아래와 같이 위를, 위와 같이 아래를 생각하며 지낸다.

11. 수행승들이여, 어떻게 수행승이 밤과 같이 낮을, 낮과 같이 밤을 보내는가? 수행승들이여, 이 세상에 수행승이 어떠한 형태, 어떠한 특징, 어떠한 인상을 통해서 낮에 의욕에서 비롯된 집중과 정근에 의해 형성되는 신통의 기초를 닦았다면, 바로 그러한 형태, 그러한 특징, 그러한 인상을 통해서 밤에도 의욕에서 비롯된 집중과 정근에 의해 형성되는 신통의 기초를 닦으며, 어떠한 형태, 어떠한 특징, 어떠한 인상을 통해서 밤에 의욕에서 비롯된 집중과 정근에 의해 형성되는 신통의 기초를 닦았다면, 바로 그러한 형태, 그러한 특징, 그러한 인상을 통해서 낮에도 의욕에서 비롯된 집중과 정근에 의해 형성되는 신통의 기초를 닦는다. 수행승들이여, 이와 같이 수행승이 밤과 같이 낮을, 낮과 같이 밤을 보낸다.

12. 수행승들이여, 어떻게 수행승은 열린 마음과 개방된 마음으로써 빛나는 마음을 닦는가? 수행승들이여, 이 세상에 수행승은 빛에 대한 지각을 잘 파악하고, 낮 동안의 지각을 잘 확립한다.578) 수행승

들이여, 이와 같이 수행승이 열린 마음으로 개방된 마음으로 빛나는 마음을 닦는다.

13. 수행승들이여, 너무 나태한 정진이란 어떠한 것인가? 수행승들이여, 그것은 권태에 의해 수반되고, 권태와 관련된 정진이다. 이것을 너무 나태한 정진이라고 한다.

14. 수행승들이여, 너무 성급한 정진이란 어떠한 것인가? 수행승들이여, 그것은 흥분에 의해 수반되고, 흥분과 관련된 정진이다. 이것을 너무 성급한 정진이라고 한다.

15. 수행승들이여, 안으로 침체된 정진이란 어떠한 것인가? 수행승들이여, 그것은 해태와 혼침에 의해 수반되고, 해태와 혼침과 관련된 정진이다. 이것을 안으로 침체된 정진이라고 부른다.

16. 수행승들이여, 밖으로 산란된 정진이란 어떠한 것인가? 수행승들이여, 그것은 다섯 가지 감각적 쾌락에 대한 욕망을 따라 흩어지고 혼란되는 정진이다. 이것을 밖으로 산란된 정진이라고 한다.

17. 수행승들이여, 어떻게 수행승이 앞과 같이 뒤에 관해, 뒤와 같이 앞에 관해, 이와 같이 전자와 후자를 지각하는가? 수행승들이여, 여기 어떤 수행승이 전자와 후자에 대해 지각된 것을 잘 파악하고, 그것에 주의를 잘 기울이고, 잘 숙고하고, 지혜로써 통찰한다. 수행승들이여, 앞과 같이 뒤에 관해, 뒤와 같이 앞에 관해, 이와 같이 전자와 후자에 관해 지각한다.

---

578) 붓다고싸의 주석에 따르면, 한 수행승이 테라스에 앉아서 때때로 눈을 감고 때때로 눈을 뜨면서 빛에 대한 지각에 주의를 기울이고 앉아 있다. 빛이 그에게 나타날 때 그가 눈을 감건 뜨건 간에 동일한 빛의 지각이 나타난다. 낮이건 밤이건 빛으로 해태와 혼침을 몰아내고 명상 주제에 주의를 기울이면 빛에 관련하여 생겨난 지각이 잘 파악된다. 그에게는 이른 바 빛에 관한 지각이 생겨난 것이다.

18. 수행승들이여, 어떻게 수행승은 아래와 같이 위를, 위와 같이 아래를 생각하며 지내는가? 수행승들이여, 이 세상에 수행승은 발바닥으로부터 위로, 머리카락 끝으로부터 아래로, 피부에 둘러싸여 있는 바로 이 몸을 '이 몸 안에는 머리카락, 솜털, 손톱, 이빨, 피부, 살, 근육, 뼈, 골수, 신장, 심장, 간장, 늑막, 비장, 폐, 창자, 장간막, 위장, 배설물, 뇌수, 담즙, 가래, 고름, 피, 땀, 지방, 눈물, 임파액, 침, 점액, 관절액, 오줌이 있다.'고 여러 가지 오물로 가득찬 것으로 관찰한다. 이와 같은 방식으로 수행승은 아래와 같이 위를, 위와 같이 아래를 생각하며 지낸다.

19. 수행승들이여, 어떻게 수행승이 밤과 같이 낮을, 낮과 같이 밤을 보내는가? 수행승들이여, 이 세상에 수행승이 어떠한 형태, 어떠한 특징, 어떠한 인상을 통해서 낮에 정진에서 비롯된 집중과 정근에 의해 형성되는 신통의 기초를 닦았다면, 바로 그러한 형태, 그러한 특징, 그러한 인상을 통해서 밤에도 정진에서 비롯된 집중과 정근에 의해 형성되는 신통의 기초를 닦으며, 어떠한 형태, 어떠한 특징, 어떠한 인상을 통해서 밤에 정진에서 비롯된 집중과 정근에 의해 형성되는 신통의 기초를 닦았다면, 바로 그러한 형태, 그러한 특징, 그러한 인상을 통해서 낮에도 정진에서 비롯된 집중과 정근에 의해 형성되는 신통의 기초를 닦는다. 수행승들이여, 이와 같이 수행승은 밤과 같이 낮을, 낮과 같이 밤을 보낸다.

20. 수행승들이여, 어떻게 수행승은 열린 마음과 개방된 마음으로써 빛나는 마음을 닦는가? 수행승들이여, 이 세상에 수행승은 빛에 대한 지각을 잘 파악하고, 낮 동안의 지각을 잘 확립한다. 수행승들이여, 이와 같이 수행승이 열린 마음으로 개방된 마음으로 빛나는 마음을 닦는다.

21. 수행승들이여, 너무 나태한 마음이란 어떠한 것인가? 수행승들이여, 그것은 권태에 의해 수반되고, 권태와 관련된 마음이다. 이것을 너무 나태한 마음이라고 한다.

22. 수행승들이여, 너무 성급한 마음이란 어떠한 것인가? 수행승들이여, 그것은 흥분에 의해 수반되고, 흥분과 관련된 마음이다. 이것을 너무 성급한 마음이라고 한다.

23. 수행승들이여, 안으로 침체된 마음이란 어떠한 것인가? 수행승들이여, 그것은 해태와 혼침에 의해 수반되고, 해태와 혼침과 관련된 마음이다. 이것을 안으로 침체된 마음이라고 부른다.

24. 수행승들이여, 수행승들이여, 밖으로 산란된 마음이란 어떠한 것인가? 수행승들이여, 그것은 다섯 가지 감각적 쾌락에 대한 욕망을 따라 흐트러지고 혼란되는 마음이다. 이것을 밖으로 산란된 마음이라고 한다.

25. 수행승들이여, 어떻게 수행승이 앞과 같이 뒤에 관해, 뒤와 같이 앞에 관해, 이와 같이 전자와 후자를 지각하는가? 수행승들이여, 여기 어떤 수행승이 전자와 후자에 대해 지각된 것을 잘 파악하고, 그것에 주의를 잘 기울이고, 잘 숙고하고, 지혜로써 통찰한다. 수행승들이여, 앞과 같이 뒤에 관해, 뒤와 같이 앞에 관해, 이와 같이 전자와 후자에 관해 지각한다.

26. 수행승들이여, 어떻게 수행승은 아래와 같이 위를, 위와 같이 아래를 생각하며 지내는가? 수행승들이여, 이 세상에 수행승은 발바닥으로부터 위로, 머리카락 끝으로부터 아래로, 피부에 둘러싸여 있는 바로 이 몸을 '이 몸 안에는 머리카락, 솜털, 손톱, 이빨, 피부, 살, 근육, 뼈, 골수, 신장, 심장, 간장, 늑막, 비장, 폐, 창자, 장간막,

위장, 배설물, 뇌수, 담즙, 가래, 고름, 피, 땀, 지방, 눈물, 임파액, 침, 점액, 관절액, 오줌이 있다.'고 여러 가지 오물로 가득찬 것으로 관찰한다. 이와 같은 방식으로 수행승은 아래와 같이 위를, 위와 같이 아래를 생각하며 지낸다.

27. 수행승들이여, 어떻게 수행승이 밤과 같이 낮을, 낮과 같이 밤을 보내는가? 수행승들이여, 이 세상에 수행승이 어떠한 형태, 어떠한 특징, 어떠한 인상을 통해서 낮에 마음에서 비롯된 집중과 정근에 의해 형성되는 신통의 기초를 닦았다면, 바로 그러한 형태, 그러한 특징, 그러한 인상을 통해서 밤에도 마음에서 비롯된 집중과 정근에 의해 형성되는 신통의 기초를 닦으며, 어떠한 형태, 어떠한 특징, 어떠한 인상을 통해서 밤에 마음에서 비롯된 집중과 정근에 의해 형성되는 신통의 기초를 닦았다면, 바로 그러한 형태, 그러한 특징, 그러한 인상을 통해서 낮에도 마음에서 비롯된 집중과 정근에 의해 형성되는 신통의 기초를 닦는다. 수행승들이여, 이와 같이 수행승이 밤과 같이 낮을, 낮과 같이 밤을 보낸다.

28. 수행승들이여, 어떻게 수행승은 열린 마음과 개방된 마음으로써 빛나는 마음을 닦는가? 수행승들이여, 이 세상에 수행승은 빛에 대한 지각을 잘 파악하고, 낮 동안의 지각을 잘 확립한다. 수행승들이여, 이와 같이 수행승이 열린 마음으로 개방된 마음으로 빛나는 마음을 닦는다.

29. 수행승들이여, 너무 나태한 사유란 어떠한 것인가? 수행승들이여, 그것은 권태에 의해 수반되고, 권태와 관련된 사유이다. 이것을 너무 나태한 사유라고 한다.

30. 수행승들이여, 너무 성급한 사유란 어떠한 것인가? 수행승들이

여, 그것은 흥분에 의해 수반되고, 흥분과 관련된 사유이다. 이것을 너무 성급한 사유라고 한다.

31. 수행승들이여, 안으로 침체된 사유란 어떠한 것인가? 수행승들이여, 그것은 해태와 혼침에 의해 수반되고, 해태와 혼침과 관련된 사유이다. 이것을 안으로 침체된 사유라고 부른다.

32. 수행승들이여, 밖으로 산란된 사유이란 어떠한 것인가? 수행승들이여, 그것은 다섯 가지 감각적 쾌락에 대한 욕망을 따라 흩어지고 혼란되는 사유이다. 이것을 밖으로 산란된 사유라고 한다.

33. 수행승들이여, 어떻게 수행승이 앞과 같이 뒤에 관해, 뒤와 같이 앞에 관해, 이와 같이 전자와 후자를 지각하는가? 수행승들이여, 여기 어떤 수행승이 전자와 후자에 대해 지각된 것을 잘 파악하고, 그것에 주의를 잘 기울이고, 잘 숙고하고, 지혜로써 통찰한다. 수행승들이여, 앞과 같이 뒤에 관해, 뒤와 같이 앞에 관해, 이와 같이 전자와 후자에 관해 지각한다.

34. 수행승들이여, 어떻게 수행승은 아래와 같이 위를, 위와 같이 아래를 생각하며 지내는가? 수행승들이여, 이 세상에 수행승은 발바닥으로부터 위로, 머리카락 끝으로부터 아래로, 피부에 둘러싸여 있는 바로 이 몸을 '이 몸 안에는 머리카락, 솜털, 손톱, 이빨, 피부, 살, 근육, 뼈, 골수, 신장, 심장, 간장, 늑막, 비장, 폐, 창자, 장간막, 위장, 배설물, 뇌수, 담즙, 가래, 고름, 피, 땀, 지방, 눈물, 임파액, 침, 점액, 관절액, 오줌이 있다.'고 여러 가지 오물로 가득찬 것으로 관찰한다. 이와 같은 방식으로 수행승은 아래와 같이 위를, 위와 같이 아래를 생각하며 지낸다.

35. 수행승들이여, 어떻게 수행승이 밤과 같이 낮을, 낮과 같이 밤을

보내는가? 수행승들이여, 이 세상에 수행승이 어떠한 형태, 어떠한 특징, 어떠한 인상을 통해서 낮에 사유에서 비롯된 집중과 정근에 의해 형성되는 신통의 기초를 닦았다면, 바로 그러한 형태, 그러한 특징, 그러한 인상을 통해서 밤에도 사유에서 비롯된 집중과 정근에 의해 형성되는 신통의 기초를 닦으며, 어떠한 형태, 어떠한 특징, 어떠한 인상을 통해서 밤에 사유에서 비롯된 집중과 정근에 의해 형성되는 신통의 기초를 닦았다면, 바로 그러한 형태, 그러한 특징, 그러한 인상을 통해서 낮에도 사유에서 비롯된 집중과 정근에 의해 형성되는 신통의 기초를 닦는다. 수행승들이여, 이와 같이 수행승이 밤과 같이 낮을, 낮과 같이 밤을 보낸다.

36. 수행승들이여, 어떻게 수행승은 열린 마음과 개방된 마음으로써 빛나는 마음을 닦는가? 수행승들이여, 이 세상에 수행승은 빛에 대한 지각을 잘 파악하고, 낮 동안의 지각을 잘 확립한다. 수행승들이여, 이와 같이 수행승이 열린 마음으로 개방된 마음으로 빛나는 마음을 닦는다.

37. 수행승들이여, 네 가지 신통의 기초를 이와 같이 닦고 이와 같이 익히면 커다란 과보, 커다란 공덕이 있다.

1) 수행승이 이와 같이 네 가지 신통의 기초를 닦고 익히면 많은 다양한 종류의 신통을 나툰다. 그는 하나에서 여럿이 되고 여럿에서 하나가 되며, 나타나기도 하고 사라지기도 하며, 자유로운 공간처럼 장애 없이 담을 통과하고, 성벽을 통과하고, 산을 통과하며, 물속처럼 땅속으로 들어가고, 땅위에서처럼 물위에서도 빠지지 않고 걸으며, 날개 달린 새처럼 공중에서 앉은 채 날아다니며, 손으로 이처럼 큰 신비를 지니고 이처럼 큰 능력을 지닌 달과 해를 만지고 쓰다듬고, 하느님의 세계에 이르기까지 육신으로 영향

력을 미친다.
2) 수행승이 이와 같이 네 가지 신통의 기초를 닦고 익히면 청정해서 인간을 뛰어넘는 하늘 귀로 멀거나 가까운 하늘사람과 인간의 두 소리를 듣는다.
3) 수행승이 이와 같이 네 가지 신통의 기초를 닦고 익히면 나 자신의 마음으로 미루어 다른 뭇삶이나 다른 사람들의 마음을 안다. 그는 탐욕으로 가득 찬 마음을 탐욕으로 가득 찬 마음이라고 알고, 탐욕에서 벗어난 마음을 탐욕에서 벗어난 마음이라고 안다. 그는 분노로 가득 찬 마음을 분노로 가득 찬 마음이라고 알고, 분노에서 벗어난 마음을 분노에서 벗어나 마음이라고 안다. 그는 어리석음에 가득 찬 마음을 어리석음에 가득 찬 마음이라고 알고, 어리석음에서 벗어난 마음을 어리석음에서 벗어난 마음이라고 안다. 그는 통일된 마음을 통일된 마음이라고 알고, 흐트러진 마음을 흐트러진 마음이라고 안다. 그는 최상으로 노력하는 마음을 최상으로 노력하는 마음이라고 알고, 최상으로 노력하지 않는 마음을 최상으로 노력하지 않는 마음이라고 안다. 그는 보다 높은 목표를 지향하는 마음을 보다 높은 목표를 지향하는 마음이라고 알고, 보다 높은 목표를 지향하지 않는 마음을 보다 높은 목표를 지향하지 않는 마음이라고 안다. 그는 삼매에 든 마음을 삼매에 든 마음이라고 알고, 삼매에 들지 못한 마음을 삼매에 들지 못한 마음이라고 안다. 그는 해탈한 마음을 해탈한 마음이라고 알고, 해탈하지 못한 마음을 해탈하지 못한 마음이라고 안다.
4) 수행승이 이와 같이 네 가지 신통의 기초를 닦고 익히면 전생의 여러 가지 삶의 형태를 기억한다. 예를 들어 '한 번 태어나고 두 번 태어나고 세 번 태어나고 네 번 태어나고 다섯 번 태어나고

열 번 태어나고 스무 번 태어나고 서른 번 태어나고 마흔 번 태어나고 쉰 번 태어나고 백 번 태어나고 천 번 태어나고 십만 번 태어나고 수많은 세계 파괴의 겁을 지나고 수많은 세계 발생의 겁을 지나고 수많은 세계 파괴와 세계 발생의 겁을 지나면서, 당시에 나는 이러한 이름과 이러한 성을 지니고 이러한 용모를 지니고 이러한 음식을 먹고 이러한 괴로움과 즐거움을 맛보고 이러한 목숨을 지녔고, 나는 그 곳에서 죽은 뒤에 나는 다른 곳에 태어났는데, 거기서 나는 이러한 이름과 이러한 성을 지니고 이러한 용모를 지니고 이러한 음식을 먹고 이러한 괴로움과 즐거움을 맛보고 이러한 목숨을 지녔었다. 그 곳에서 죽은 뒤에 여기에 태어났다.'라고 이와 같이 나는 나의 전생의 여러 가지 삶의 형태를 구체적으로 상세히 기억한다.

5) 수행승이 이와 같이 네 가지 신통의 기초를 닦고 익히면 청정해서 인간을 뛰어넘는 하늘 눈으로 뭇삶을 본다. 그는 죽거나 다시 태어나거나 천하거나 귀하거나 아름답거나 추하거나 행복하거나 불행하거나 업보에 따라서 뭇삶을 본다. 예를 들어 '이 뭇삶들은 신체적으로 악행을 갖추고 언어적으로 악행을 갖추고 정신적으로 악행을 갖추었다. 그들은 고귀한 님들을 비난하고 잘못된 견해를 갖추고 잘못된 견해에 따른 행동을 갖추었다. 그래서 이들은 육체가 파괴된 뒤 죽어서 괴로운 곳, 나쁜 곳, 즐거움 없는 곳, 지옥에 태어났다. 그러나 이 뭇삶들은 신체적으로 선행을 갖추고 언어적으로 선행을 갖추고 정신적으로 선행을 갖추었다. 그들은 고귀한 님들을 비난하지 않고 올바른 견해를 지니고 올바른 견해에 따른 행동을 갖추었다. 그래서 이들은 육체가 파괴된 뒤 죽어서 좋은 곳, 하늘나라에 태어났다.'라고 이와 같이 그는 청정해서

인간을 뛰어넘는 하늘눈으로 뭇삶을 살펴보고 죽거나 다시 태어나거나 천하거나 귀하거나 아름답거나 추하거나 행복하거나 불행하거나 업보에 따라서 뭇삶들에 관하여 분명히 안다.
6) 수행승이 이러한 방식으로 네 가지 신통의 기초를 닦고 익히면, 그 수행승은 바로 현세에서 번뇌가 부수어져 번뇌 없이 마음에 의한 해탈, 지혜에 의한 해탈을 스스로 곧바른 앎으로 깨달아 성취한다.

36. 신통이란 무엇이고, 신통에 이르는 길은 어떠한 것일까?579)

1. 이와 같이 나는 들었다. 한 때 세존께서 싸밧티 시의 제따바나 숲에 있는 아나타삔디까 승원에 계셨다.

2. 그때 존자 아난다가 세존께서 계신 곳을 찾아갔다. 다가가서 세존께 인사를 드리고 한쪽으로 물러앉았다. 한쪽으로 물러앉은 존자 아난다는 세존께 이와 같이 말씀을 드렸다.

3. [아난다] "세존이시여, 신통이란 어떠한 것이며, 신통의 기초란 어떠한 것이며, 신통의 기초에 대한 수행이란 어떠한 것이며, 신통의 기초에 대한 수행으로 이끄는 길이란 어떠한 것입니까?"

4. [세존] "아난다여, 신통이란 어떠한 것인가? 아난다여, 이 세상에 수행승이 '하나에서 여럿이 되고 여럿에서 하나가 되고, 나타나기도 하고 사라지기도 하고, 자유로운 공간처럼 장애 없이 담을 통과하고 성벽을 통과하고 산을 통과하고, 물속처럼 땅속을 들어가고, 땅 위에서처럼 물 위에서도 빠지지 않고 걷고, 날개 달린 새처럼 공중에서 앉은 채 날아다니고, 그는 손으로 이처럼 큰 신통을 지니고 이처

---

579) 아난다 경①[Ānandasutta] : SN. V. 285.

럼 큰 능력을 지닌 달과 해를 만지고 쓰다듬고, 범천의 세계에 이르기까지 육신으로 영향력을 미친다.'라고 다양한 종류의 신통을 나툰다. 아난다여, 이것을 신통이라고 부른다.

5. 아난다여, 신통의 기초란 어떠한 것인가? 아난다여, 그것은 바로 신통을 얻고 신통을 획득하는데 도움이 되는 길이나 방도이다. 아난다여, 이것을 신통의 기초라고 부른다.

6. 아난다여, 신통의 기초에 대한 수행이란 어떠한 것인가? 아난다여, 이 세상 수행승이 의욕에서 비롯된 집중과 정근에 의해 형성되는 신통의 기초를 닦으며, 정진에서 비롯된 집중과 정근에 의해 형성되는 신통의 기초를 닦으며, 마음에서 비롯된 집중과 정근에 의해 형성되는 신통의 기초를 닦으며, 사유에서 비롯된 집중과 정근에 의해 형성되는 신통의 기초를 닦는다. 아난다여, 이것을 신통의 기초에 대한 수행이라고 부른다.

7. 아난다여, 신통의 기초에 대한 수행으로 이끄는 길이란 어떠한 것인가? 그것은 바로 여덟 가지 고귀한 길이다. 곧 올바른 견해, 올바른 사유, 올바른 언어, 올바른 행위, 올바른 생활, 올바른 정진, 올바른 새김, 올바른 집중이다. 아난다여, 이것이 신통의 기초에 대한 수행에 이르는 길이다."

37. 몸에 병이 들었을 때에 마음을 다잡는 방법은 무엇일까[580]

1. 이와 같이 나는 들었다. 한 때 존자 아누룻다는 싸밧티 시의 안다 숲에서 병이 들어 괴로워했는데, 목숨이 위태로운 병이었다.

2. 그때에 많은 수행승들이 존자 아누룻다가 있는 곳을 찾아갔다.

---

[580] 중병의 경[Bāḷhagilāyasutta] : SN. V. 302 ; 잡아함 20권 4-5(大正2. 141b, 잡540-550)

가까이 다가가서 존자 아누룻다에게 이와 같이 말했다.
[수행승들] "존자 아누룻다께서는 어떠한 수행을 하면서 지내셨기에 몸에 생겨난 고통의 느낌들이 마음을 사로잡지 못합니까?"

3. [아누룻다] "벗들이여, 네 가지 새김의 토대에 마음을 잘 정립하여 익히면, 몸에 생겨난 고통의 느낌들이 마음을 사로잡지 못합니다. 네 가지란 어떠한 것입니까?

4. 벗들이여, 여기 나는
1) 열심히 노력하고, 올바로 알아채고, 새김을 확립하고, 세상의 탐욕과 근심을 제거하면서, 몸에 대해 몸을 관찰합니다.
2) 열심히 노력하고, 올바로 알아채고, 새김을 확립하고, 세상의 탐욕과 근심을 제거하면서, 느낌에 대해 느낌을 관찰합니다.
3) 열심히 노력하고, 올바로 알아채고, 새김을 확립하고, 세상의 탐욕과 근심을 제거하면서, 마음에 대해 마음을 관찰합니다.
4) 열심히 노력하고, 올바로 알아채고, 새김을 확립하고, 세상의 탐욕과 근심을 제거하면서, 사실에 대해 사실을 관찰합니다.
벗들이여, 이와 같이 네 가지 새김의 토대에 마음을 잘 정립하여 익히면 몸에 고통의 느낌이 생겨나도 마음을 사로잡지 않습니다."

38. 네 가지 선정에 어떻게 들며 그것은 무엇을 지향할까[581]

1. 이와 같이 나는 들었다. 한 때 세존께서 싸밧티 시의 제따바나 숲에 있는 아나타삔디까 승원에 계셨다.

2. 그 때 세존께서 '수행승들이여'라고 수행승들을 부르셨다. 수행승들은 '세존이시여'라고 세존께 대답했다. 세존께서는 이와 같이 말

---

581) 동쪽으로의 경①[Paṭhamapācīnaninnasutta] : SN. V. 307.

쏨하셨다.

[세존] "수행승들이여, 네 가지 선정이 있다. 네 가지 선정이란 어떠한 것인가?

3. 수행승들이여, 이 세상에 수행승은
1) 감각적 쾌락의 욕망에서 떠나고, 건전하지 못한 상태에서 떠나서, 사유와 숙고를 갖추고, 멀리 여읨에서 생겨난 희열과 행복을 갖춘 첫 번째 선정에 든다.
2) 사유와 숙고를 멈춘 뒤, 내적인 고요와 마음의 통일을 갖추고, 사유와 숙고를 뛰어넘고, 삼매에서 생겨난 희열과 행복을 갖춘, 두 번째 선정에 든다.
3) 희열 또한 사라진 뒤, 평정하고, 새김이 있고, 분명히 알아차리고, 신체적으로 행복을 느끼며, 고귀한 님들이 '평정하고, 새김이 있고, 행복하게 산다.'라고 말하는 세 번째 선정에 든다.
4) 즐거움과 괴로움이 버려지고 기쁨과 근심도 사라진 뒤, 즐거움도 없고 괴로움도 없으며, 평정을 느끼고, 새김이 있고, 청정을 갖춘, 네 번째 선정에 든다.

4. 수행승들이여, 네 가지 선정은 이와 같다. 수행승들이여, 예를 들어 갠지스 강은 동쪽으로 향하고, 동쪽으로 나아가고, 동쪽으로 들어간다. 수행승들이여, 이와 같이 수행승은 네 가지 선정을 닦고, 네 가지 선정을 익히면, 열반으로 향하고, 열반으로 나아가고, 열반으로 들어간다. 수행승들이여, 어떻게 수행승이 네 가지 선정을 닦고, 네 가지 선정을 익히면, 열반으로 향하고, 열반으로 나아가고, 열반으로 들어가는가?

5. 수행승들이여, 이 세상에 수행승은
1) 감각적 쾌락의 욕망에서 떠나고, 건전하지 못한 상태에서 떠나서,

사유와 숙고를 갖추고, 멀리 여읨에서 생겨난 희열과 행복을 갖춘 첫 번째 선정에 든다.
2) 사유와 숙고를 멈춘 뒤, 내적인 고요와 마음의 통일을 갖추고, 사유와 숙고를 뛰어넘고, 삼매에서 생겨난 희열과 행복을 갖춘, 두 번째 선정에 든다.
3) 희열 또한 사라진 뒤, 평정하고, 새김이 있고, 분명히 알아차리고, 신체적으로 행복을 느끼며, 고귀한 님들이 '평정하고, 새김이 있고, 행복하게 산다.'라고 말하는 세 번째 선정에 든다.
4) 즐거움과 괴로움이 버려지고 기쁨과 근심도 사라진 뒤, 즐거움도 없고 괴로움도 없으며, 평정을 느끼고, 새김이 있고, 청정을 갖춘, 네 번째 선정에 든다.
6. 수행승들이여, 이와 같이 수행승이 네 가지 선정을 닦고 네 가지 선정을 익히면, 열반으로 향하고, 열반으로 나아가고, 열반으로 들어간다."

39. 호흡새김에 집중을 어떻게 닦을 것인가[582]

1. 이와 같이 나는 들었다. 한 때 세존께서 잇차낭갈라의 잇차낭갈라바나싼다[583]에 계셨다.

2. 그 때 세존께서 '수행승들이여'라고 수행승들을 부르셨다.
[세존] "수행승들이여, 나는 삼 개월 동안 홀로 머물며 명상하고자 한다. 한 사람이 발우에 음식을 나르는 것을 제외하고는 아무도 이곳에 접근해서는 안 된다."

---

582) 잇차낭갈라 경[Icchānaṅgalasutta] : SN. V. 325 ; 잡아함 29권 11(大正 2. 207a, 잡807) 참조.
583) 꼬쌀라국의 바라문 마을 잇차낭갈라에 있는 총림을 말한다.

[수행승들] "세존이시여, 그렇게 하겠습니다."

그 수행승들은 세존께 대답했다. 그리고 한 사람이 발우에 음식을 나르는 것을 제외하고는 아무도 이곳에 접근하지 않았다.

3. 그 후 세존께서는 삼 개월이 경과하여 홀로 머물며 닦던 명상에서 일어나 수행승들에게 알렸다.

[세존] "수행승들이여, 이교도의 유행자들이 그대들에게 '벗들이여, 수행승 고따마는 어떠한 수행을 닦으며 우안거584)의 기간을 지냈는가?'라고 질문한다고 하자. 이와 같은 질문을 받으면, 수행승들이여, 그대들은 그 이교도의 수행승들에게 '벗들이여, 세존께서는 호흡새김에 대한 집중을 닦으며 우안거의 기간을 지냈다.'라고 대답하라."

4. [세존] "수행승들이여, 나는 새김을 확립하여 숨을 들이쉬고, 새김을 확립하여 숨을 내쉰다.

1) 길게 숨을 들이 쉴 때는 나는 길게 숨을 들이쉰다고 분명히 알고, 길게 숨을 내 쉴 때는 나는 길게 숨을 내 쉰다고 분명히 안다.
2) 짧게 숨을 들이 쉴 때는 나는 짧게 숨을 들이쉰다고 분명히 알고, 짧게 숨을 내 쉴 때는 나는 짧게 숨을 내 쉰다고 분명히 안다.
3) 신체의 전신을 경험하면서 나는 숨을 들이쉰다고 분명히 알고, 신체의 전신을 경험하면서 나는 숨을 내 쉰다고 분명히 안다.
4) 신체의 형성을 그치면서 나는 숨을 들이쉰다고 분명히 알고 신체의 형성을 멈추면서 나는 숨을 내 쉰다고 분명히 안다.
5) 희열을 경험하면서 나는 숨을 들이쉰다고 분명히 알고 희열을 경험하면서 나는 숨을 내 쉰다고 분명히 안다.
6) 행복을 경험하면서 나는 숨을 들이쉰다고 분명히 알고 행복을 경

---

584) 비가 내리는 계절에 사원에서 머무는 것.

험하면서 나는 숨을 내 쉰다고 분명히 안다.

7) 마음의 형성을 경험하면서 나는 숨을 들이쉰다고 분명히 알고 마음의 형성을 경험하면서 나는 숨을 내 쉰다고 분명히 안다.

8) 마음의 형성을 그치면서 나는 숨을 들이쉰다고 분명히 알고 마음의 형성을 멈추면서 나는 숨을 내 쉰다고 분명히 안다.

9) 마음을 경험하면서 나는 숨을 들이쉰다고 분명히 알고 마음을 경험하면서 나는 숨을 내 쉰다고 분명히 안다.

10) 마음을 기쁘게 하면서 나는 숨을 들이쉰다고 분명히 알고 마음을 기쁘게 하면서 나는 숨을 내 쉰다고 분명히 안다.

11) 마음을 집중시키면서 나는 숨을 들이쉰다고 분명히 알고 마음을 집중시키면서 나는 숨을 내 쉰다고 분명히 안다.

12) 마음을 해탈시키면서 나는 숨을 들이쉰다고 분명히 알고 마음을 해탈시키면서 나는 숨을 내 쉰다고 분명히 안다.

13) 무상함을 관찰하면서 나는 숨을 들이쉰다고 분명히 알고 무상함을 관찰하면서 나는 숨을 내 쉰다고 분명히 안다.

14) 사라짐을 관찰하면서 나는 숨을 들이쉰다고 분명히 알고 사라짐을 관찰하면서 나는 숨을 내 쉰다고 분명히 안다.

15) 소멸함을 관찰하면서 나는 숨을 들이쉰다고 분명히 알고 소멸함을 관찰하면서 나는 숨을 내 쉰다고 분명히 안다.

16) 완전히 버림으로써 열반으로 끝나는 것을 관찰하면서 나는 숨을 들이쉰다고 분명히 알고 완전히 버림으로써 열반으로 끝나는 것을 관찰하면서 나는 숨을 내 쉰다고 분명히 안다.[585]

5. 수행승들이여, 누군가가 거룩한 삶, 청정한 삶, 여래의 삶에 대하

---

[585] 부처님의 호흡새김에 대한 가르침은 궁극적으로 무상을 관찰하고 욕망의 사라짐과 소멸, 완전한 버림을 관찰하여 거룩한 삶, 청정한 삶을 영위하기 위한 것이다. 이 점이 외도의 호흡법과 다른 점이다.

여 올바로 말할 수 있다면, 거룩한 삶, 청정한 삶, 여래의 삶은 곧 호흡새김에 대한 집중의 삶이라고 올바로 말해야 한다.

6. 수행승들이여, 수행승들이 아직 배우는 수행승으로서 목표에 도달하지 못하였더라도, 속박에서 벗어난 위없는 안온을 소망하면서 호흡새김에 대한 집중을 닦고 익히면, 그것은 그들을 번뇌의 부숨으로 이끈다. 수행승들이여, 그 수행승들이 번뇌를 부수고, 청정한 삶을 영위하고, 해야 할 일을 해 마치고, 짐을 내려놓고, 자신의 목표를 구현하고, 존재의 속박을 끊고, 올바른 지혜로 해탈한 거룩한 님이라고 하더라도, 호흡새김에 대한 집중을 닦고 익히면, 그것은 그들을 현세에서의 행복한 삶뿐만 아니라 올바른 새김과 알아차림으로 이끈다.

7. 수행승들이여, 누군가가 거룩한 삶, 청정한 삶, 여래의 삶에 대하여 올바로 말할 수 있다면, 거룩한 삶, 청정한 삶, 여래의 삶은 곧 호흡새김에 대한 집중의 삶이라고 올바로 말해야 한다."

40. 현세에서 행복하게 사는 길은 무엇일까[586]

1. 이와 같이 나는 들었다. 한 때 세존께서 많은 수행승의 무리와 함께 꼬쌀라 국의 바라문 마을 벨루드와라[587]에 도착하셨다.

2. 그 때 벨루드와라의 바라문 장자들은 이와 같이 '싸끼야 족의 아들인 수행자 고따마는 싸끼야 족에서 출가하여 꼬쌀라 국을 유행하면서 많은 수행승의 무리와 함께 벨루드와라에 도착했다. 그런데 그 세존이신 고따마에 대하여 '세존은 거룩한 님, 올바로 원만히 깨달

---

586) 벨루드와라 사람들의 경[Veḷudvāreyyā] : SN. V. 352 ; 잡아함 37권 22(大正 2. 273b, 잡 1044) 참조
587) 붓다고싸에 따르면, '마을 문의 입구에 대나무 숲'이 있었기 때문에 그처럼 불렸다.

은 님, 명지와 덕행을 갖추신 님, 올바른 길로 잘 가신 님, 세상을
이해하는 님, 가장 높은 자리에 오르신 님, 사람들을 길들이시는 님,
신들과 인간의 스승이신 님, 깨달은 님, 세상에 존귀한 님이다.'라는
훌륭한 소문이 떠돈다. 그는 신들의 세계, 악마들의 세계, 하느님들
의 세계, 성직자들과 수행자들, 그리고 왕들과 백성들과 그 후예들
의 세계에 대하여 스스로 곧바로 알고 깨달아 전법하고 있다. 그는
처음도 훌륭하고, 중간도 훌륭하고, 끝도 훌륭하고, 의미와 표현이
일치하는 가르침을 설하고, 완전히 원만하고 청정한 거룩한 삶을 드
러낸다. 이와 같이 거룩한 님을 친견하는 것은 얼마나 훌륭한 일인
가?'라고 들었다.

3. 이때에 벨루드와라의 바라문 장자들은 세존께서 계신 곳을 찾아
갔다. 가까이 다가가서 어떤 이들은 세존께 인사를 드리고 한 쪽으
로 물러앉았다. 어떤 이들은 세존과 인사를 하고 안부를 주고받은
뒤에 한 쪽으로 물러앉았다. 어떤 이들은 세존께 합장공경하고 한
쪽으로 물러앉았다. 어떤 이들은 세존께 이름을 대고 한 쪽으로 물
러앉았다. 어떤 이들은 말없이 한 쪽으로 물러앉았다.

4. 한 쪽으로 물러앉아서 그 벨루드와라의 바라문 장자들은 세존께
이와 같이 말했다.
[바라문들] "세존이신 고따마여, 저희들에게 이와 같은 욕망이 있
고, 이와 같은 의도가 있고, 이와 같은 소망이 있습니다. 저희들은
어린 아이들로 북적이는 집에서 살고 싶고, 까씨의 전단향을 사용
하고 싶습니다. 화환과 향과 크림으로 치장하고 싶고, 금과 은을 향
유하고 싶습니다. 몸이 파괴되어 죽은 뒤에 좋은 곳, 하늘나라에 태
어나고 싶습니다. 세존이신 고따마여, 저희들에게 이와 같은 욕망
이 있고, 이와 같은 의도가 있고, 이와 같은 소망이 있습니다. 그러

니 저희들이 어린아이들로 북적이는 집에서 살고, 까씨의 전단향을 사용하고, 화환과 향과 크림으로 치장하고, 금과 은을 향유하고, 몸이 파괴되어 죽은 뒤에 좋은 곳, 하늘나라에 태어날 수 있도록 가르침을 베풀어 주시기 바랍니다."

5. [세존] "장자들이여, 나는 그대들에게 적절한 법문을 하겠습니다. 듣고 잘 새기십시오. 내가 설하겠습니다."

[바라문들] "세존이시여, 그렇게 하겠습니다."

벨루드와라의 바라문 장자들은 세존께 대답했다. 세존께서는 이와 같이 말씀하셨다.

6. [세존] "장자들이여, 그대들에게 적절한 법문이란 어떠한 것입니까?

1) 장자들이여, 이 세상에 고귀한 제자는 '나는 삶을 원하고, 죽음을 싫어하고, 즐거움을 원하고, 괴로움을 싫어한다. 나는 삶을 원하고, 죽음을 싫어하고, 즐거움을 원하고, 괴로움을 싫어하므로, 누군가 나의 목숨을 빼앗는다면, 그것은 나에게 사랑스럽지 않고 마음에 들지 않을 것이다. 또한 다른 사람도 삶을 원하고, 죽음을 싫어하고, 즐거움을 원하고, 괴로움을 싫어하므로, 내가 남의 목숨을 빼앗는다면, 그것은 그에게 사랑스럽지 않고 마음에 들지 않을 것이다. 이와 같이 나에게 사랑스럽지 않고 마음에 들지 않는 일은 참으로 남에게도 사랑스럽지 않고 마음에 들지 않는 것이다. 그러므로 나에게 사랑스럽지 않고 마음에 들지 않는 일로써 어떻게 남에게 해를 끼칠 수 있겠는가?'라고 생각합니다. 이와 같이 생각하여 스스로 살아있는 생명을 죽이지 않고, 남에게 살아있는 생명을 죽이지 않도록 권하고, 살아있는 생명을 죽이지 않는 것을 찬탄합니다. 이와 같이 그의 신체적 행위는[588] 그러한

세 가지 관점에서 청정해집니다.589)

2) 장자들이여, 다시 고귀한 제자는 '내가 주지 않은 것을 누군가 훔치려는 의도로 빼앗는다면 그것은 나에게 사랑스럽지 않고 마음에 들지 않을 것이다. 또한 다른 사람이 주지 않은 것을 내가 훔치려는 의도로 빼앗는다면, 그것은 그에게 사랑스럽지 않고 마음에 들지 않을 것이다. 이와 같이 나에게 사랑스럽지 않고 마음에 들지 않는 일은 남에게도 사랑스럽지 않고 마음에 들지 않을 것이다. 그러므로 나에게 사랑스럽지 않고 마음에 들지 않는 일로써 어떻게 남에게 해를 끼칠 수 있는가?'라고 생각합니다. 그는 이와 같이 생각하여 주지 않은 것을 빼앗지 않고, 남에게 주지 않은 것을 빼앗지 않도록 권하고, 주지 않은 것을 빼앗지 않는 것을 찬탄합니다. 이와 같이 그의 신체적 행위는 그러한 세 가지 관점에서 청정해집니다.

3) 장자들이여, 다시 고귀한 제자는 '누군가가 나의 아내와 간통한다면 그것은 나에게 사랑스럽지 않고 마음에 들지 않을 것이다. 또한 다른 사람의 아내와 내가 간통한다면, 그것은 그에게 사랑스럽지 않고 마음에 들지 않을 것이다. 이와 같이 나에게 사랑스럽지 않고 마음에 들지 않는 일은 남에게도 사랑스럽지 않고 마음에 들지 않는 것이다. 그러므로 나에게 사랑스럽지 않고 마음에 들지 않는 일로써 어떻게 남에게 해를 끼칠 수 있겠는가?'라고 생각합니다. 이와 같이 생각하여 스스로 사랑을 나눔에 잘못을 범하지 않고, 남에게 사랑을 나눔에 잘못을 범하지 않도록 권하

---

588) 신체적인 형성이 아니라 신체적인 행위를 말한다.
589) 붓다고싸에 의하면, 세 가지 관점이란 '① 자신의 수용: 스스로 살아있는 생명을 죽이지 않고 ② 타인에게 권유: 남에게 살아있는 생명을 죽이지 않도록 권하고 ③ 진리에 대한 찬탄: 살아있는 생명을 죽이지 않는 것을 찬탄한다.'를 말한다.

고, 사랑을 나눔에 잘못을 범하지 않는 것을 찬탄합니다. 이와 같이 그의 신체적 행위는 그러한 세 가지 관점에서 청정해집니다.

4) 장자들이여, 다시 고귀한 제자는 '누군가가 거짓말로 나의 이익을 훼손한다면, 그것은 나에게 사랑스럽지 않고 마음에 들지 않을 것이다. 또한 다른 사람의 이익을 거짓말로 내가 훼손한다면, 그것은 그에게 사랑스럽지 않고 마음에 들지 않을 것이다. 이와 같이 나에게 사랑스럽지 않고 마음에 들지 않는 일은 남에게도 사랑스럽지 않고 마음에 들지 않을 것이다. 그러므로 나에게 사랑스럽지 않고 마음에 들지 않는 일로써 어떻게 남에게 해를 끼칠 수 있는가?'라고 생각합니다. 이와 같이 생각하여 스스로 어리석은 거짓말을 하지 않고, 남에게 어리석은 거짓말을 하지 않도록 권하고, 어리석은 거짓말을 하지 않는 것을 찬탄합니다. 이와 같이 그의 언어적 행위는 그러한 세 가지 관점에서 청정해집니다.

5) 장자들이여, 다시 고귀한 제자는 '누군가가 나를 중상함으로써 친구와 이간시킨다면, 그것은 나에게 사랑스럽지 않고 마음에 들지 않을 것이다. 또한 남을 중상함으로써 내가 친구와 이간시킨다면, 그것은 그에게 사랑스럽지 않고 마음에 들지 않을 것이다. 이와 같이 나에게 사랑스럽지 않고 마음에 들지 않는 일은 남에게도 사랑스럽지 않고 마음에 들지 않는 것이다. 그러므로 나에게 사랑스럽지 않고 마음에 들지 않는 일로써 어떻게 남에게 해를 끼칠 수 있겠는가?'라고 생각합니다. 이와 같이 생각하여 스스로 중상하지 않고, 남에게 중상하지 않도록 권하고, 중상하지 않는 것을 찬탄합니다. 이와 같이 그의 언어적 행위는 그러한 세 가지 관점에서 청정해집니다.

6) 장자들이여, 다시 고귀한 제자는 '누군가가 나를 욕지거리로 꾸

짖는다면, 그것은 나에게 사랑스럽지 않고 마음에 들지 않을 것이다. 또한 다른 사람을 내가 욕지거리로 꾸짖는다면, 그것은 그에게 사랑스럽지 않고 마음에 들지 않을 것이다. 이와 같이 나에게 사랑스럽지 않고 마음에 들지 않는 일은 남에게도 사랑스럽지 않고 마음에 들지 않는 것이다. 그러므로 나에게 사랑스럽지 않고 마음에 들지 않는 일로써 어떻게 남에게 해를 끼칠 수 있겠는가?'라고 생각합니다. 이와 같이 생각하여 스스로 욕지거리하지 않고, 남에게 욕지거리하지 않도록 권하고, 욕지거리하지 않는 것을 찬탄합니다. 이와 같이 그의 언어적 행위는 그러한 세 가지 관점에서 청정해집니다.

7) 장자들이여, 다시 고귀한 제자는 '누군가가 쓸데없는 말과 꾸며대는 말로 나를 혼란스럽게 한다면, 그것은 나에게 사랑스럽지 않고 마음에 들지 않을 것이다. 또한 다른 사람을 쓸데없는 말과 꾸며대는 말로 내가 혼란스럽게 한다면, 그것은 그에게 사랑스럽지 않고 마음에 들지 않을 것이다. 이와 같이 나에게 사랑스럽지 않고 마음에 들지 않는 일은 남에게도 사랑스럽지 않고 마음에 들지 않는 것이다. 그러므로 나에게 사랑스럽지 않고 마음에 들지 않는 일로써 어떻게 남에게 해를 끼칠 수 있겠는가?'라고 생각합니다. 이와 같이 생각하여 스스로 꾸며대는 말을 하지 않고, 남에게 꾸며대는 말을 하지 않도록 권하고, 꾸며대는 말을 하지 않는 것을 찬탄합니다. 이와 같이 그의 언어적 행위는 그러한 세 가지 관점에서 청정해집니다."

7. [세존]

1) "그는 부처님에 관하여 '세존께서는 거룩한 님, 올바로 원만히 깨달은 님, 명지와 덕행을 갖추신 님, 올바른 길로 잘 가신 님, 세상

을 이해하는 님, 가장 높은 자리에 오르신 님, 사람들을 길들이시는 님, 신들과 인간의 스승이신 님, 깨달은 님, 세상에 존귀한 님입니다.'라고 경험에 근거를 둔 청정한 믿음을 성취합니다.

2) 그는 가르침에 관하여 '세존께서 잘 설하신 가르침은 현세에 유익한 가르침이며, 시간을 초월하는 가르침이며, 와서 보라고 할 만한 가르침이며, 열반으로 이끄는 가르침이며, 슬기로운 님 이라면 누구나 알 수 있는 가르침입니다.'라고 경험에 근거를 둔 청정한 믿음을 성취합니다.

3) 그는 참모임에 관하여 '님의 가르침을 따르는 참사람의 모임은 훌륭하게 실천합니다. 님의 가르침을 따르는 참사람의 모임은 정직하게 실천합니다. 님의 가르침을 따르는 참사람의 모임은 현명하게 실천합니다. 님의 가르침을 따르는 참사람의 모임은 조화롭게 실천합니다. 이와 같이 님의 가르침을 따르는 참사람의 모임은 네 쌍으로 여덟이 되는 참사람들로 이루어졌으니, 공양받을 만하고, 대접받을 만하고, 선물받을만 하고, 존경받을 만하고, 세상에 가장 수승한 복밭입니다.'라고 경험에 근거를 둔 청정한 믿음을 성취합니다.

4) 그는 또한 파괴되지 않고, 균열지지 않고, 잡되지 않고, 더럽혀지지 않고, 자유롭고, 현자가 칭찬하고, 번뇌에 물들지 않고, 삼매로 이끄는, 고귀한 님들이 사랑하는 계행을 성취합니다."

8. 장자들이여, 고귀한 제자는 이러한 일곱 가지 바른 원리의 가르침과 네 가지 바람직한 기반을 갖추었으므로, 그가 원한다면 스스로 자신에 대해 '지옥은 부서졌고, 축생도 부수어졌고, 아귀도 부서졌고, 괴로운 곳이나 나쁜 곳이나 타락한 곳도 부수어 졌고, 나는 이제 진리의 흐름에 들어 타락할 수 없으며, 결정되어 올바른 깨달음으로

나아간다.'라고 설명할 수 있습니다.

9. 이처럼 말씀하시자 벨루드와라의 바라문 장자들은 세존께 이와 같이 말씀드렸다.

[바라문들] "세존이신 고따마여, 훌륭하십니다. 세존이신 고따마여, 훌륭하십니다. 넘어진 것을 일으켜 세우듯, 가려진 것을 열어 보이듯, 어리석은 자에게 길을 가리켜 주듯, 눈 있는 자는 형상을 보라고 어둠 속에 등불을 들어 올리듯, 세존께서는 이와 같이 여러 가지 방법으로 진리를 밝혀 주셨습니다. 세존이신 고따마여, 그러므로 이제 세존께 귀의합니다. 또한 그 가르침에 귀의합니다. 또한 그 수행승의 참모임에 귀의합니다. 세존이신 고따마께서는 저를 재가의 신자로 받아 주십시오. 오늘부터 목숨 바쳐 귀의합니다."

41. 세속의 재가신자를 부처님께서 어떻게 위로하셨을까[590]

1. 이와 같이 나는 들었다. 한 때 세존께서는 싸끼야 국의 까삘라밧투 시에 있는 니그로다 승원에 계셨다.

2. 그때 싸끼야 족의 마하나마[591]가 세존께서 계신 곳을 찾아갔다. 가까이 다가가서 세존과 인사를 하고 안부를 주고받은 뒤에 한쪽으로 물러앉았다. 한쪽으로 물러앉아 싸끼야 족의 마하나마는 세존께 이와 같이 말했다.

3. [마하나마] "세존이시여, 이 까삘라밧투 시는 번영하고 풍요로워 인구가 많고 사람이 붐비고 거리는 혼잡합니다. 세존이시여, 제가

---

590) 마하나마의 경①[Paṭhamamahānāmasutta] : SN. V. 369 ; 잡아함 33권 12(大正 2. 237 b, 잡930), 별역잡아함 8권24(大正 2. 432b) 증일아함 41권 1(大正 2. 744a) 참조.
591) 마하나마는 아난다의 형제나 이복형제로서 아난다 이전에 부처님의 '탁월한 시자'였고 단지 부처님을 친견한 것만으로 '흐름에 든 님'이 되었다.

세존이나 존경스러운 수행승들을 방문한 뒤에, 저녁 무렵 까뻴라밧투 시에 들어서면, 돌아다니는 코끼리와 마주치거나 돌아다니는 수레와 마주치거나 돌아다니는 사람과 마주칩니다. 세존이시여, 그러면 저는 세존에 대한 새김을 잊어버리고, 가르침에 대한 새김을 잊어버리고, 참모임에 대한 새김을 잊어버립니다. 세존이시여, 저는 '만약 이 순간에 내가 죽는다면 나의 운명과 나의 미래는 어떻게 될 것인가?'라는 생각이 듭니다."

4. [세존] "마하나마여, 두려워하지 말라. 마하나마여, 두려워하지 말라. 그대에게 악한 죽음이나 악한 임종은 없을 것이다. 마하나마여, 몸은 물질로 이루어지고 네 가지 위대한 존재로 구성되어 부모에게서 태어나 음식으로 부양되고, 무상하고, 파괴되고, 분쇄되고, 찢겨지고, 흩어지고 마는 것이다. 오랜 세월동안 믿음으로 마음을 닦고, 계행으로 마음을 닦고, 배움으로 마음을 닦고, 보시로 마음을 닦고, 지혜로 마음을 닦았다면, 이 몸을 까마귀들이 삼키고, 독수리들이 삼키고, 매들이 삼키고, 개들이 삼키고, 승냥이들이 삼키고, 여러 종류의 야생동물들이 삼킨다고 해도, 그 오랜 세월동안 믿음으로 닦여지고, 계행으로 닦여지고, 배움으로 닦여지고, 보시로 닦여지고, 지혜로 닦여진 마음은 상승하여 승화된다.592)

5. 마하나마여, 예를 들어 사람이 버터크림단지나 기름단지를 깊은 호수에 집어넣어 깨뜨리면, 그 단지의 파편이나 조각은 가라앉을지라도 그 버터크림이나 기름은 상승하여 승화된다. 마하나마여, 몸은 물질로 이루어지고 네 가지 위대한 존재로 구성되어 부모에게서 태어나 음식으로 부양되고, 무상하고, 파괴되고, 분쇄되고, 찢겨지고,

---

592) 여기서 상승하여 승화된다는 '상승하여 특수화된다.'라는 빠알리어를 해석한 것으로 보다 높은 단계의 다시 태어남에서 열반으로 이르는 것을 말한다.

흩어지고 마는 것이다. 오랜 세월동안 믿음으로 마음을 닦고, 계행
으로 마음을 닦고, 배움으로 마음을 닦고, 보시로 마음을 닦고, 지혜
로 마음을 닦았다면, 이 몸을 까마귀들이 삼키고, 독수리들이 삼키
고, 매들이 삼키고, 개들이 삼키고, 승냥이들이 삼키고, 여러 종류의
야생동물들이 삼킨다고 해도, 그 오랜 세월동안 믿음으로 닦여지고,
계행으로 닦여지고, 배움으로 닦여지고, 보시로 닦여지고, 지혜로
닦여진 마음은 상승하여 승화된다.

6. 마하나마여, 그대는 오랜 세월 동안 믿음으로 마음을 닦고, 계행
으로 마음을 닦고, 배움으로 마음을 닦고, 보시로 마음을 닦고, 지혜
로 마음을 닦았다. 마하나마여, 두려워하지 말라. 마하나마여, 두려
워하지 말라. 그대에게 악한 죽음이나 악한 임종은 없을 것이다."

42. 술 마시는 불자도 수기를 받을 수 있을까[593]

1. 이와 같이 나는 들었다. 한 때 세존께서는 싸끼야 족의 까삘라밧
투에 있는 니그로다 승원에 계셨다.

2. 그런데 그때 싸끼야 족의 싸라까니[594]가 죽었다. 세존께서는 그
가 진리의 흐름에 들어 타락하지 않고, 결정되어 올바른 깨달음으로
나아간다고 수기를 주셨다.

3. 그러자 많은 싸끼야 족들이 모여들어 그것에 대하여 못마땅해 하
고 화를 내고 불평했다.
　[싸끼야 족들] "지금 이곳에 흐름에 든 님의 경지에 이른 자가 있다

---

593) 싸라까니 경 ①[Paṭhamasarakānisutta] : SN. V. 375 : 잡아함 33권 18(大正 2. 239c,
　　 집936), 別譯잡아함 8권29(大正 2. 434b) 참조
594) 싸라까니는 싱할리본에 따른 이름이다. 빠알리성전협회본과 미얀마본에는 싸라나니로 등
　　 장한다. 그는 이 경에 유일하게 등장하는 인물이다.

니, 세존이시여, 아주 놀라운 일입니다. 세존이시여, 예전에 없었던 일입니다. 세존께서는 싸끼야 족의 싸라까니가 진리의 흐름에 들어 타락하지 않고 결정되어 올바른 깨달음으로 나아간다고 수기를 주셨습니다. 그러나 싸끼야 족의 싸라까니는 수행을 소홀히 하고 술을 마셨습니다.595)"

4. 그때 싸끼야 족의 마하나마가 세존께서 계신 곳을 찾아갔다. 가까이 다가가서 세존께 인사를 드리고 한쪽으로 물러앉았다. 한쪽으로 물러앉아 싸끼야 족의 마하나마는 세존께 이와 같이 말했다.

5. [마하나마] "세존이시여, 여기 싸끼야 족의 싸라까니가 죽자 세존께서는 그가 진리의 흐름에 들어 타락하지 않고 결정되어 올바른 깨달음으로 나아간다고 수기를 주셨습니다. 그러자 세존이시여, 많은 싸끼야 족들이 모여들어 그것에 대하여 '세존이시여, 아주 놀라운 일입니다. 세존이시여, 예전에 없었던 일입니다. 지금 이곳에 흐름에 든 님의 경지에 이를 수 없는 자가 있는데596) 세존께서는 그 싸끼야 족의 싸라까니에게 진리의 흐름에 들어 타락하지 않고 결정되어 올바른 깨달음으로 나아간다고 수기를 주셨습니다. 그러나 싸끼야 족의 싸라까니는 계행에 대한 공부를 소홀히 하고 술을 마셨습니다.'라고 못마땅해 하고 화를 내고 불평했습니다."

[세존] "마하나마여, 만약 오랜 세월 재가의 신자가 부처님에게 귀의하고 가르침에 귀의하고 참모임에 귀의했다면 어떻게 타락한 곳으로 갈 수 있겠는가?

---

595) '계율을 어겼는데 어떻게 흐름에 든 님이라고 할 수 있겠는가.'라는 뜻이다.
596) '지금 이곳에 흐름에 든 님의 경지에 이르지 못할 자가 있는데'라는 뜻이다. 그러나 싱할리본과 미얀마본에는 부정사(na)가 누락되어 있어 '지금 이곳에 흐름에 든 님의 경지에 이를 자가 있다니, 세존이시여, 아주 놀라운 일입니다. 세존이시여, 예전에 없었던 일입니다.'라고 번역할 수도 있다.

6. 마하나마여, 만약 어떤 사람이 누군가에 대해 '그는 오랜 세월 동안 부처님에게 귀의하고 가르침에 귀의하고 참모임에 귀의한 재가의 신자였다.'고 올바로 말한다면, 싸끼야 족의 싸라까니를 두고 '그는 부처님에게 귀의하고 가르침에 귀의하고 참모임에 귀의한 재가의 신자였다.'고 올바로 말할 수 있을 것이다. 마하나마여, 오랜 세월 싸끼야 족의 싸라까니가 부처님에게 귀의하고 가르침에 귀의하고 참모임에 귀의했는데 어떻게 타락한 곳으로 갈 수 있겠는가?

7. 마하나마여, 이 세상에 어떤 사람이
1) 부처님에 관하여 '세존께서는 거룩한 님, 올바로 원만히 깨달은 님, 명지와 덕행을 갖추신 님, 올바른 길로 잘 가신 님, 세상을 이해하는 님, 가장 높은 자리에 오르신 님, 사람들을 길들이시는 님, 신들과 인간의 스승이신 님, 깨달은 님, 세상에 존귀한 님입니다.'라고 경험에 근거를 둔 청정한 믿음을 성취하고,
2) 가르침에 관하여 '세존께서 잘 설하신 가르침은 현세에 유익한 가르침이며, 시간을 초월하는 가르침이며, 와서 보라고 할 만한 가르침이며, 열반으로 이끄는 가르침이며, 슬기로운 님 이라면 누구나 알 수 있는 가르침입니다.'라고 경험에 근거를 둔 청정한 믿음을 성취하고,
3) 참모임에 관하여 '님의 가르침을 따르는 참사람의 모임은 훌륭하게 실천합니다. 님의 가르침을 따르는 참사람의 모임은 정직하게 실천합니다. 님의 가르침을 따르는 참사람의 모임은 현명하게 실천합니다. 님의 가르침을 따르는 참사람의 모임은 조화롭게 실천합니다. 이와 같이 님의 가르침을 따르는 참사람의 모임은 네 쌍으로 여덟이 되는 참사람들로 이루어졌으니, 공양받을 만하고 대접받을 만하고 선물받을만 하고 존경받을 만하고

세상에 가장 수승한 복밭입니다.'라고 경험에 근거를 둔 청정한 믿음을 성취하고,

4) 또한 명쾌한 지혜, 곧바른 지혜로 해탈을 성취하여 번뇌를 부수고 번뇌 없는 마음에 의한 해탈과 지혜에 의한 해탈을 스스로 곧바로 알고 깨닫고 성취했다면,

마하나마여, 그 사람은 지옥에서 벗어났고 축생에서 벗어났고 아귀의 세계에서 벗어났고 괴로운 곳이나 나쁜 곳이나 타락한 곳에서 벗어난 것이다.

8. 마하나마여, 이 세상에 어떤 사람이
 1) 부처님에 관하여 '세존께서는 거룩한 님, 올바로 원만히 깨달은 님, 명지와 덕행을 갖추신 님, 올바른 길로 잘 가신 님, 세상을 이해하는 님, 가장 높은 자리에 오르신 님, 사람들을 길들이시는 님, 신들과 인간의 스승이신 님, 깨달은 님, 세상에 존귀한 님입니다.'라고 경험에 근거를 둔 청정한 믿음을 성취하고,
 2) 가르침에 관하여 '세존께서 잘 설하신 가르침은 현세에 유익한 가르침이며, 시간을 초월하는 가르침이며, 와서 보라고 할 만한 가르침이며, 열반으로 이끄는 가르침이며, 슬기로운 님 이라면 누구나 알 수 있는 가르침입니다.'라고 경험에 근거를 둔 청정한 믿음을 성취하고,
 3) 참모임에 관하여 '님의 가르침을 따르는 참사람의 모임은 훌륭하게 실천합니다. 님의 가르침을 따르는 참사람의 모임은 정직하게 실천합니다. 님의 가르침을 따르는 참사람의 모임은 현명하게 실천합니다. 님의 가르침을 따르는 참사람의 모임은 조화롭게 실천합니다. 이와 같이 님의 가르침을 따르는 참사람의 모임은 네 쌍으로 여덟이 되는 참사람들로 이루어졌으니, 공양받

을 만하고 대접받을 만하고 선물받을만 하고 존경받을 만하고 세상에 가장 수승한 복밭입니다.'라고 경험에 근거를 둔 청정한 믿음을 성취했지만,

4) 그러나 명쾌한 지혜, 민첩한 지혜로 해탈을 성취하지 못하여 번뇌를 부수지 못하고 번뇌 없는 마음에 의한 해탈과 지혜에 의한 해탈을 스스로 곧바로 알고 깨닫고 성취하지 못했다.

5) 그렇지만 그는 다섯 가지 낮은 단계의 결박을 끊어 버리고 화생하여 그곳에서 완전한 열반에 들어 저 세상에서 돌아오지 않는다면,

마하나마여, 그 사람도 지옥에서 벗어났고 축생에서 벗어났고 아귀의 세계에서 벗어났고 괴로운 곳이나 나쁜 곳이나 타락한 곳에서 벗어난 것이다.

9. 마하나마여, 이 세상에 어떤 사람이

1) 부처님에 관하여 '세존께서는 거룩한 님, 올바로 원만히 깨달은 님, 명지와 덕행을 갖추신 님, 올바른 길로 잘 가신 님, 세상을 이해하는 님, 가장 높은 자리에 오르신 님, 사람들을 길들이시는 님, 신들과 인간의 스승이신 님, 깨달은 님, 세상에 존귀한 님입니다.'라고 경험에 근거를 둔 청정한 믿음을 성취하고,

2) 가르침에 관하여 '세존께서 잘 설하신 가르침은 현세에 유익한 가르침이며, 시간을 초월하는 가르침이며, 와서 보라고 할 만한 가르침이며, 열반으로 이끄는 가르침이며, 슬기로운 님 이라면 누구나 알 수 있는 가르침입니다.'라고 경험에 근거를 둔 청정한 믿음을 성취하고,

3) 참모임에 관하여 '님의 가르침을 따르는 참사람의 모임은 훌륭하게 실천합니다. 님의 가르침을 따르는 참사람의 모임은 정직하게

실천합니다. 님의 가르침을 따르는 참사람의 모임은 현명하게 실천합니다. 님의 가르침을 따르는 참사람의 모임은 조화롭게 실천합니다. 이와 같이 님의 가르침을 따르는 참사람의 모임은 네 쌍으로 여덟이 되는 참사람들로 이루어졌으니, 공양받을 만하고 대접받을 만하고 선물받을만 하고 존경받을 만하고 세상에 가장 수승한 복밭입니다.'라고 경험에 근거를 둔 청정한 믿음을 성취했지만,

4) 그러나 그는 명쾌한 지혜, 민첩한 지혜로 해탈을 성취하지 못하여 번뇌를 부수지 못하고 번뇌 없는 마음에 의한 해탈과 지혜에 의한 해탈을 스스로 곧바로 알고 깨닫고 성취하지 못했다.

5) 그렇지만 그가 세 가지 결박을 끊어 버리고 탐욕과 분노와 어리석음을 줄여서 한 번 돌아오는 경지에 이르러 한 번 이 세상에 돌아와 괴로움을 종식시킨다면,

마하나마여, 그 사람도 지옥에서 벗어났고 축생에서 벗어났고 아귀의 세계에서 벗어났고 괴로운 곳이나 나쁜 곳이나 타락한 곳에서 벗어난 것이다.

10. 마하나마여, 이 세상에 어떤 사람이

1) 부처님에 관하여 '세존께서는 거룩한 님, 올바로 원만히 깨달은 님, 명지와 덕행을 갖추신 님, 올바른 길로 잘 가신 님, 세상을 이해하는 님, 가장 높은 자리에 오르신 님, 사람들을 길들이시는 님, 신들과 인간의 스승이신 님, 깨달은 님, 세상에 존귀한 님입니다.'라고 경험에 근거를 둔 청정한 믿음을 성취하고,

2) 가르침에 관하여 '세존께서 잘 설하신 가르침은 현세에 유익한 가르침이며, 시간을 초월하는 가르침이며, 와서 보라고 할 만한 가르침이며, 열반으로 이끄는 가르침이며, 슬기로운 님 이라면 누

구나 알 수 있는 가르침입니다.'라고 경험에 근거를 둔 청정한 믿음을 성취하고,

3) 참모임에 관하여 '님의 가르침을 따르는 참사람의 모임은 훌륭하게 실천합니다. 님의 가르침을 따르는 참사람의 모임은 정직하게 실천합니다. 님의 가르침을 따르는 참사람의 모임은 현명하게 실천합니다. 님의 가르침을 따르는 참사람의 모임은 조화롭게 실천합니다. 이와 같이 님의 가르침을 따르는 참사람의 모임은 네 쌍으로 여덟이 되는 참사람들로 이루어졌으니, 공양받을 만하고 대접받을 만하고 선물받을만 하고 존경받을 만하고 세상에 가장 수승한 복밭입니다.'라고 경험에 근거를 둔 청정한 믿음을 성취했지만,

4) 그러나 명쾌한 지혜, 민첩한 지혜로 해탈을 성취하지 못하여 번뇌를 부수지 못하고 번뇌 없는 마음에 의한 해탈과 지혜에 의한 해탈을 스스로 곧바로 알고 깨닫고 성취하지 못했다.

5) 그렇지만 그는 세 가지 결박을 끊어 버리고 진리의 흐름에 들어 타락하지 않고 올바른 깨달음으로 나아간다면,

마하나마여, 그 사람도 지옥에서 벗어났고 축생에서 벗어났고 아귀의 세계에서 벗어났고 괴로운 곳이나 나쁜 곳이나 타락한 곳에서 벗어난 것이다.

11. 마하나마여, 이 세상에 어떤 사람이

1) 부처님에 관하여 '세존께서는 거룩한 님, 올바로 원만히 깨달은 님, 명지와 덕행을 갖추신 님, 올바른 길로 잘 가신 님, 세상을 이해하는 님, 가장 높은 자리에 오르신 님, 사람들을 길들이시는 님, 신들과 인간의 스승이신 님, 깨달은 님, 세상에 존귀한 님입니다.' 라고 경험에 근거를 둔 청정한 믿음을 성취하고,

2) 가르침에 관하여 '세존께서 잘 설하신 가르침은 현세에 유익한 가르침이며, 시간을 초월하는 가르침이며, 와서 보라고 할 만한 가르침이며, 열반으로 이끄는 가르침이며, 슬기로운 님 이라면 누구나 알 수 있는 가르침입니다.'라고 경험에 근거를 둔 청정한 믿음을 성취하고,

3) 참모임에 관하여 '님의 가르침을 따르는 참사람의 모임은 훌륭하게 실천합니다. 님의 가르침을 따르는 참사람의 모임은 정직하게 실천합니다. 님의 가르침을 따르는 참사람의 모임은 현명하게 실천합니다. 님의 가르침을 따르는 참사람의 모임은 조화롭게 실천합니다. 이와 같이 님의 가르침을 따르는 참사람의 모임은 네 쌍으로 여덟이 되는 참사람들로 이루어졌으니, 공양받을 만하고, 대접받을 만하고, 선물받을만 하고, 존경받을 만하고, 세상에 가장 수승한 복밭입니다.'라고 경험에 근거를 둔 청정한 믿음을 성취했지만,

4) 그러나 명쾌한 지혜, 민첩한 지혜로 해탈을 성취하지 못하여 번뇌를 부수지 못하고 번뇌 없는 마음에 의한 해탈과 지혜에 의한 해탈을 스스로 곧바로 알고 깨닫고 성취하지 못했다.

5) 그렇지만 그가 믿음의 능력, 정진의 능력, 새김의 능력, 집중의 능력, 지혜의 능력 등이 있어서 여래가 설한 가르침을 지혜로써 적절하게 통찰하고 이해한다면,

마하나마여, 그 사람도 지옥에서 벗어났고 축생에서 벗어났고 아귀의 세계에서 벗어났고 괴로운 곳이나 나쁜 곳이나 타락한 곳에서 벗어난 것이다.

12. 마하나마여, 이 세상에 어떤 사람이
1) 부처님에 관하여 '세존께서는 거룩한 님, 올바로 원만히 깨달은

님, 명지와 덕행을 갖추신 님, 올바른 길로 잘 가신 님, 세상을 이해하는 님, 가장 높은 자리에 오르신 님, 사람들을 길들이시는 님, 신들과 인간의 스승이신 님, 깨달은 님, 세상에 존귀한 님입니다.'라고 경험에 근거를 둔 청정한 믿음을 성취하고,

2) 가르침에 관하여 '세존께서 잘 설하신 가르침은 현세에 유익한 가르침이며, 시간을 초월하는 가르침이며, 와서 보라고 할 만한 가르침이며, 열반으로 이끄는 가르침이며, 슬기로운 님 이라면 누구나 알 수 있는 가르침입니다.'라고 경험에 근거를 둔 청정한 믿음을 성취하고,

3) 참모임에 관하여 '님의 가르침을 따르는 참사람의 모임은 훌륭하게 실천합니다. 님의 가르침을 따르는 참사람의 모임은 정직하게 실천합니다. 님의 가르침을 따르는 참사람의 모임은 현명하게 실천합니다. 님의 가르침을 따르는 참사람의 모임은 조화롭게 실천합니다. 이와 같이 님의 가르침을 따르는 참사람의 모임은 네 쌍으로 여덟이 되는 참사람들로 이루어졌으니, 공양받을 만하고, 대접받을 만하고, 선물받을만 하고, 존경받을 만하고, 세상에 가장 수승한 복밭입니다.'라고 경험에 근거를 둔 청정한 믿음을 성취했지만,

4) 그러나 그는 명쾌한 지혜, 민첩한 지혜로 해탈을 성취하지 못하여 번뇌를 부수지 못하고 번뇌 없는 마음에 의한 해탈과 지혜에 의한 해탈을 스스로 곧바로 알고 깨닫고 성취하지 못했다.

5) 그렇지만 그는 믿음의 능력, 정진의 능력, 새김의 능력, 집중의 능력, 지혜의 능력과 같은 것들을 갖고 있어 단지 여래를 믿을 뿐이고, 사랑할 뿐이라고 하더라도,

마하나마여, 그 사람도 지옥에서 벗어났고, 축생에서 벗어났고, 아귀

의 세계에서 벗어났고, 괴로운 곳이나 나쁜 곳이나 타락한 곳에서 벗어난 것이다.

13. 마하나마여, 이 커다란 쌀라 나무597)가 잘 설해진 것과 잘못 설해진 것을 알 수 있다면, 나는 이 커다란 쌀라 나무도 진리의 흐름에 들어 타락하지 않고 올바른 깨달음으로 나아간다고 수기를 줄 것이다. 하물며 싸끼야 족의 싸라까니에 대해서는 말해 무엇 하겠는가? 마하나마여, 싸끼야 족의 싸라까니는 그가 죽을 때에 계행에 대한 공부를 성취했다.598)"

43. 부처님을 따르는 재가신도가 되려면 어떻게 해야 할까599)

1. 이와 같이 나는 들었다. 한 때 세존께서는 싸끼야 국의 까삘라밧투 시에 있는 니그로다 승원에 계셨다.

2. 그런데 그 때 싸끼야 족의 마하나마는 세존께서 계신 곳을 찾아갔다. 가까이 다가가서 세존과 인사를 하고 안부를 주고 받은 뒤 한 쪽으로 물러앉았다. 한 쪽으로 물러앉은 싸끼야 족의 마하나마는 세존께 이와 같이 말씀하셨다.

3. [마하나마] "세존이시여, 재가의 신자가 되려면 어떻게 해야 합니까?"

[세존] "마하나마여, 어떤 사람이 부처님에 귀의하고, 가르침에 귀

---

597) 붓다고싸에 따르면, '근처에 서있는 네그루의 커다란 쌀라나무를 지적하며 말했다.'
598) 붓다고싸는 주석서에서 '죽을 때에 삼학을 완성했다는 사실을 나타낸다.'고 기술하고 있다. 여기서 삼학이란 계율, 선정, 지혜에 대한 배움을 말한다. 죽을 때에 싸라까니는 평소에 술을 많이 마셔 계를 파했으나 죽을 때에는 계율에 대한 철저한 준수를 다짐해서 계율을 성취한 것을 의미한다.
599) 마하나마의 경[Mahānāmasutta] : SN. V. 395 : 잡아함 33권 9(大正 2. 236b, 집927), 별역잡아함 8권 21(大正 2. 431b) 참조.

의하고, 참모임에 귀의하게 될 때, 마하나마여, 그 사람은 재가의 신자가 된다."

4. [마하나마] "세존이시여, 재가의 신자가 계행을 성취하려면 어떻게 해야 합니까?"

[세존] "마하나마여, 재가의 신자는 살아있는 생명을 해치지 말고, 주지 않은 것을 빼앗지 말고, 사랑을 나눔에 잘못된 행동을 하지 않고, 어리석은 거짓말을 하지 않고, 곡주나 과일주 등 취기 있는 것에 취하지 말아야 한다. 마하나마여, 이렇게 재가의 신자는 계행을 성취한다."

5. [마하나마] "세존이시여, 재가의 신자가 믿음을 성취하려면 어떻게 해야 합니까?"

[세존] "마하나마여, 이 세상에 재가의 신자가 믿음이 있다면, '세존께서는 거룩한 님, 올바로 원만히 깨달은 님, 명지와 덕행을 갖추신 님, 올바른 길로 잘 가신 님, 세상을 이해하는 님, 가장 높은 자리에 오르신 님, 사람들을 길들이시는 님, 신들과 인간의 스승이신 님, 깨달은 님, 세상에 존귀한 님입니다.'라고 여래의 깨달음을 믿는다. 마하나마여, 이렇게 해서 재가의 신자는 믿음을 성취한다."

6. [마하나마] "세존이시여, 재가의 신자가 보시를 성취하려면 어떻게 해야 합니까?"

[세존] "마하나마여, 이 세상에 재가의 신자는 마음에서 인색함의 때를 제거하고, 관대하게 주고, 아낌없이 주고, 기부를 즐기고, 구걸에 응하고, 베풀고 나누는 것을 좋아하며 집에서 지낸다. 마하나마여, 이렇게 하여 재가의 신자는 보시를 성취한다."

7. [마하나마] "세존이시여, 재가의 신자가 지혜를 성취하려면 어떻

게 해야 합니까?"
[세존] "마하나마여, 이 세상에 재가의 신자가 현명하다면, 발생과 소멸에 대한 고귀하고 통찰력 있는 지혜를 갖추고, 완전한 괴로움의 소멸로 이끄는 지혜를 성취한다. 마하나마여, 이렇게 해서 재가의 신자는 지혜를 성취한다."

44. 세상을 뛰어넘는 가르침의 특징은 어떠한 것인가600)

1. 한 때 세존께서는 바라나씨 시의 이씨빠따나에 있는 미가다야 공원에 계셨다.

2. 그 때 재가신자 담마딘나601)가 오백 명의 재가신자와 함께 세존께서 계신 곳을 찾아갔다. 한 쪽으로 물러앉은 재가신자 담마딘나는 세존께 이와 같이 말했다.

3. [담마딘나] "세존이시여, 세존께서는 오랜 세월 동안 저희들에게 이익이 되고 행복이 될 수 있도록 저희들을 훈계하고 가르쳐 주십시오."

[세존] "담마딘나여, 그렇다면, 그대들은 '여래가 가르친 법문들은 깊고, 심오하여, 세상을 뛰어넘고, 공602)에 상응하는데, 우리는 때때로 그러한 법문들을 성취하겠다.'라고 수련해야 한다. 담마딘나여, 그대들은 이와 같은 방식으로 수련해야 한다."

---

600) 담마딘나의 경[Dhammadinnasutta] : SN. V. 406 : 잡아함 37권 11(大正 2. 170a, 잡1033) 참조
601) 붓다고싸에 따르면, 담마딘나는 재가신자 지도자 일곱 명 가운데 한 사람이었다. 부처님 당시에 재가신자 담마딘나. 재가신자 비싸카, 장자 욱가, 장자 쩟따, 핫타까 알라비까, 쭐라 아나타삔디까, 마하 아나타삔디까라는 이들 일곱 명의 재가의 지도자들은 오백 명의 재가신자들의 추종자들을 갖고 있었다.
602) 붓다고싸에 따르면, 공(空)은 열반을 뜻한다.

4. [담마딘나] "세존이시여, 저희들은 아이들이 북적대는 집에서 살고 까시국에서 나는 전단을 쓰고 화환과 향수와 크림을 사용하며 금과 은을 향유하고 있습니다. 그러한 저희들에게 여래가 가르치신 법문들은 깊고, 심오하고, 세상을 뛰어넘고, 공에 상응하는 것인데, 저희들이 때때로 그러한 법문들을 성취한다는 것은 쉬운 일이 아닙니다. 세존이시여, 저희들은 오계에 의존하고 있습니다. 저희들에게 다른 가르침을 베풀어 주십시오."

5. [세존] "담마딘나여, 그렇다면 이와 같이 그대들은 수련해야 한다.

1) '나는 부처님에 관하여 '세존께서는 거룩한 님, 올바로 원만히 깨달은 님, 명지와 덕행을 갖추신 님, 올바른 길로 잘 가신 님, 세상을 이해하는 님, 가장 높은 자리에 오르신 님, 사람들을 길들이시는 님, 신들과 인간의 스승이신 님, 깨달은 님, 세상에 존귀한 님입니다.'라고 경험에 근거를 둔 청정한 믿음을 성취하겠다.

2) 나는 가르침에 관하여 '세존께서 잘 설하신 가르침은 현세에 유익한 가르침이며, 시간을 초월하는 가르침이며, 와서 보라고 할 만한 가르침이며, 열반으로 이끄는 가르침이며, 슬기로운 님 이라면 누구나 알 수 있는 가르침입니다.'라고 경험에 근거를 둔 청정한 믿음을 성취하겠다.

3) 나는 참모임에 관하여 '님의 가르침을 따르는 참사람의 모임은 훌륭하게 실천합니다. 님의 가르침을 따르는 참사람의 모임은 정직하게 실천합니다. 님의 가르침을 따르는 참사람의 모임은 현명하게 실천합니다. 님의 가르침을 따르는 참사람의 모임은 조화롭게 실천합니다. 이와 같이 님의 가르침을 따르는 참사람의 모임은 네 쌍으로 여덟이 되는 참사람들로 이루어졌으니, 공양받을

만하고 대접받을 만하고 선물받을만 하고 존경받을 만하고 세상에 가장 수승한 복밭입니다.'라고 경험에 근거를 둔 청정한 믿음을 성취하겠다.

4) 나는 또한 파괴되지 않고, 균열지지 않고, 잡되지 않고, 더럽혀지지 않고, 자유롭고, 현자가 칭찬하고, 번뇌에 물들지 않고, 삼매로 이끄는, 고귀한 님들이 사랑하는 계행을 성취하겠다.'

담마딘나여, 그대들은 이와 같이 수련해야 한다."

[담마딘나] "세존이시여, 세존께서는 흐름에 들기 위한 네 가지 계행에 관해 설하셨습니다. 그 법은 저희들 가운데 있으며, 저희들은 그 법들 가운데 있습니다.

6. 세존이시여, 저희들은

1) 부처님에 관하여 '세존께서는 거룩한 님, 올바로 원만히 깨달은 님, 명지와 덕행을 갖추신 님, 올바른 길로 잘 가신 님, 세상을 이해하는 님, 가장 높은 자리에 오르신 님, 사람들을 길들이시는 님, 신들과 인간의 스승이신 님, 깨달은 님, 세상에 존귀한 님입니다.'라고 경험에 근거를 둔 청정한 믿음을 갖추고 있습니다.

2) 가르침에 관하여 '세존께서 잘 설하신 가르침은 현세에 유익한 가르침이며, 시간을 초월하는 가르침이며, 와서 보라고 할 만한 가르침이며, 열반으로 이끄는 가르침이며, 슬기로운 님 이라면 누구나 알 수 있는 가르침입니다.'라고 경험에 근거를 둔 청정한 믿음을 갖추고 있습니다.

3) 참모임에 관하여 '님의 가르침을 따르는 참사람의 모임은 훌륭하게 실천합니다. 님의 가르침을 따르는 참사람의 모임은 정직하게 실천합니다. 님의 가르침을 따르는 참사람의 모임은 현명하게 실천합니다. 님의 가르침을 따르는 참사람의 모임은 조화롭게 실천

합니다. 이와 같이 님의 가르침을 따르는 참사람의 모임은 네 쌍으로 여덟이 되는 참사람들로 이루어졌으니, 공양받을 만하고 대접받을 만하고 선물받을만 하고 존경받을 만하고 세상에 가장 수승한 복밭입니다.'라고 경험에 근거를 둔 청정한 믿음을 갖추고 있습니다.
4) 또한 파괴되지 않고, 균열지지 않고, 잡되지 않고, 더럽혀지지 않고, 자유롭고, 현자가 칭찬하고, 번뇌에 물들지 않고, 삼매로 이끄는, 고귀한 님들이 사랑하는 계행을 갖추고 있습니다."
7. [세존] "담마딘나여, 훌륭하다. 담마딘나여, 아주 훌륭하다. 그대는 흐름에 든 님의 경지를 선언한 것이다."

45. 재가신자의 해탈과 수행승의 해탈 사이에는 차이가 있을까[603]

1. 한 때 세존께서는 싸끼야 국의 까삘라밧투 시에 있는 니그로다 승원에 계셨다.
2. 그 때에 많은 수행승들이 세존께서 삼 개월 뒤에 옷이 완성되면 유행하러 나가실 것이라고 생각하면서 세존을 위하여 옷을 만들고 있었다.
3. 싸끼야 족의 마하나마는 많은 수행승들이 세존께서 삼 개월 뒤에 옷이 완성되면 유행하러 나가실 것이라고 생각하면서 세존을 위하여 옷을 만들고 있다는 소식을 들었다. 그래서 싸끼야 족의 마하나마는 세존께서 계신 곳을 찾아갔다. 가까이 다가가서 세존께 인사를 드리고 한 쪽으로 물러앉았다. 한 쪽으로 물러앉은 마하나마는 세존께 이와 같이 말했다.

---

603) 질병의 경[Gilānasutta] : SN. V. 408 ; 잡아함 41권 2(大正 2. 297c, 잡1122) 참조

4. [마하나마] "세존이시여, 많은 수행승들이 세존께서 삼 개월 뒤에 옷이 완성되면 유행하러 나가실 것이라고 생각하면서 세존을 위하여 옷을 만들고 있다는 소식을 들었습니다. 그런데 세존이시여, 저희들은 세존으로부터 '지혜로운 재가의 신자가 병이 들어 고통스러워하는데, 목숨이 위태로울 때 다른 지혜로운 재가의 신자가 그에게 어떤 가르침을 베풀어야 하는지'에 대하여 직접 듣고 직접 배운 바가 없습니다."

5. [세존] "마하나마여, 지혜로운 재가의 신자가 병이 들어 고통스러워하는데 중병이라면 다른 지혜로운 재가의 신자는 그에게 네 가지 안정법으로 위로해야 한다.

1) '존자여,604) 안심하십시오. 존자께서는 부처님에 관하여 '세존께서는 거룩한 님, 올바로 원만히 깨달은 님, 명지와 덕행을 갖추신 님, 올바른 길로 잘 가신 님, 세상을 이해하는 님, 가장 높은 자리에 오르신 님, 사람들을 길들이시는 님, 신들과 인간의 스승이신 님, 깨달은 님, 세상에 존귀한 님입니다.'라고 경험에 근거를 둔 청정한 믿음을 지니셨습니다.

2) 존자여, 안심하십시오. 존자께서는 가르침에 관하여 '세존께서 잘 설하신 가르침은 현세에 유익한 가르침이며, 시간을 초월하는 가르침이며, 와서 보라고 할 만한 가르침이며, 열반으로 이끄는 가르침이며, 슬기로운 님 이라면 누구나 알 수 있는 가르침입니다.' 라고 경험에 근거를 둔 청정한 믿음을 지니셨습니다.

3) 존자여, 안심하십시오. 존자께서는 참모임에 관하여 '님의 가르침을 따르는 참사람의 모임은 훌륭하게 실천합니다. 님의 가르침을

---

604) 여기서 일반적으로 수행승에 대한 존칭인 '아야쓰마'가 재가신자에 대하여 쓰였다. 간혹 있는 일이다.

따르는 참사람의 모임은 정직하게 실천합니다. 님의 가르침을 따르는 참사람의 모임은 현명하게 실천합니다. 님의 가르침을 따르는 참사람의 모임은 조화롭게 실천합니다. 이와 같이 님의 가르침을 따르는 참사람의 모임은 네 쌍으로 여덟이 되는 참사람들로 이루어졌으니, 공양받을 만하고 대접받을 만하고 선물받을만 하고 존경받을 만하고 세상에 가장 수승한 복밭입니다.'라고 경험에 근거를 둔 청정한 믿음을 지니셨습니다.

4) 존자여, 안심하십시오. 존자께서는 또한 파괴되지 않고, 균열지지 않고, 잡되지 않고, 더럽혀지지 않고, 자유롭고, 현자가 칭찬하고, 번뇌에 물들지 않고, 삼매로 이끄는, 고귀한 님들이 사랑하는 계행을 지니셨습니다.'

6. 마하나마여, 지혜로운 재가의 신자가 병이 들어 고통스러워할 때, 그것이 매우 중병이라면 다른 지혜로운 재가의 신자는 그에게 이러한 네 가지 안정법으로 위로하고 나서,

7. '존자는 부모가 보고 싶습니까?'라고 묻고, 그가 '나는 부모가 보고 싶습니다.'라고 말하면, '존자여, 존자는 죽음을 앞두고 있습니다. 존자가 부모를 보고 싶어 해도 죽을 것이며, 존자가 부모를 보고 싶어 하지 않아도 죽을 것입니다. 존자는 원컨대 부모를 보고 싶다는 생각을 끊으십시오.'라고 대답해야 할 것이다.

8. 만약 그가 '나는 부모를 보고 싶은 생각이 끊어졌다.'라고 말하면, '존자는 처자식이 보고 싶습니까?'라고 묻고, 그가 '나는 처자식이 보고 싶습니다.'라고 말하면, '존자여, 존자는 죽음을 앞두고 있습니다. 존자가 처자식을 보고 싶어 해도 죽을 것이며, 존자가 처자식을 보고 싶어 하지 않아도 죽을 것입니다. 존자는 원컨대 처자식을 보고 싶다는 생각을 끊으십시오.'라고 말해야 한다.

9. 만약 그가 '나는 처자식을 보고 싶은 생각이 끊어졌다.'라고 말하면, '존자는 인간의 다섯 가지 감각적 쾌락의 욕망을 경험하고 싶습니까?'라고 묻고, 그가 '나는 인간의 다섯 가지 감각적 쾌락의 욕망을 경험하고 싶다.'라고 말하면, '존자여, 인간의 감각적 쾌락보다도 하늘의 감각적 쾌락이 더욱 훌륭하고 더욱 미묘하니, 원컨대 존자는 인간의 감각적 쾌락에서 마음을 돌이켜 네 위대한 왕들의 하늘나라로605) 향하십시오.'라고 말해야 한다.

10. 만약 그가 '내 마음은 인간의 감각적 쾌락에서 벗어나 네 위대한 왕들의 하늘나라로 향했습니다.'라고 말하면, '존자여, 네 위대한 왕들의 하늘나라보다도 서른셋 신들의 하늘나라가606) 더욱 훌륭하고 더욱 미묘하니 원컨대 존자는 네 위대한 왕들의 하늘나라에서 마음을 돌이켜 서른셋 신들의 하늘나라로 향하십시오.'라고 말해야 한다.

11. 만약 그가 '내 마음은 네 위대한 왕들의 하늘나라에서 벗어나 서른셋 신들의 하늘나라로 향했습니다.'라고 말하면, '존자여, 서른셋 신들의 하늘나라보다도 축복 받는 신들의 하늘나라가607) 더욱 훌륭하고 더욱 미묘하니 원컨대 존자는 도리천의 하늘나라에서 마음을 돌이켜 축복 받는 신들의 하늘나라로 향하십시오.'라고 말해야 한다.

12. 만약 그가 '내 마음은 서른셋 신들의 하늘나라에서 벗어나 일으켜 축복 받는 신들의 하늘나라로 향했습니다.'라고 말하면, '존자여, 축복 받는 신들의 하늘나라보다도 만족을 아는 신들의 하늘나라

---

605) 한역에서의 사천왕을 말한다. 부록 불교의 세계관 참조
606) 한역에서의 삼십삼천 또는 도리천을 말한다. 부록 불교의 세계관 참조
607) 한역에서의 야마천을 말한다. 부록 불교의 세계관 참조

가608) 더욱 훌륭하고 더욱 미묘하니 원컨대 존자는 축복 받는 신들의 하늘나라에서 마음을 돌이켜 만족을 아는 신들의 하늘나라로 향하십시오.'라고 말해야 한다.

13. 만약 그가 '내 마음은 축복 받는 신들의 하늘나라에서 벗어나 만족을 아는 신들의 하늘나라로 향했습니다.'라고 말하면, '존자여, 만족을 아는 신들의 하늘나라보다도 창조하고 기뻐하는 신들의 하늘나라가609) 더욱 훌륭하고 더욱 미묘하니 원컨대 존자는 만족을 아는 신들의 하늘나라에서 마음을 돌이켜 창조하고 기뻐하는 신들의 하늘나라로 향하십시오.'라고 말해야 한다.

14. 만약 그가 '내 마음은 만족을 아는 신들의 하늘나라에서 벗어나 창조하고 기뻐하는 신들의 하늘나라로 향했습니다.'라고 말하면, '존자여, 창조하고 기뻐하는 신들의 하늘나라보다도 다른 신들이 만든 존재를 향유하는 신들의 하늘나라가610) 더욱 훌륭하고 더욱 미묘하니 원컨대 존자는 창조하고 기뻐하는 신들의 하늘나라에서 마음을 돌이켜 다른 신들이 만든 존재를 향유하는 신들의 하늘나라로 향하십시오.'라고 말해야 한다.

15. 만약 그가 '내 마음은 창조하고 기뻐하는 신들의 하늘나라에서 벗어나 다른 신들이 만든 존재를 향유하는 신들의 하늘나라로 향했습니다'라고 말하면, '존자여, 다른 신들이 만든 존재를 향유하는 신들의 하늘나라보다도 하느님의 하늘나라가 더욱 훌륭하고 더욱 미묘하니 원컨대 존자는 다른 신들이 만든 존재를 향유하는 신들의 하늘나라에서 마음을 돌이켜 하느님의 하늘나라로 향하십시오.'라

---

608) 한역에서의 도솔천(兜率天)을 말한다. 부록 불교의 세계관 참조
609) 한역에서의 화락천(化樂天)을 말한다. 부록 불교의 세계관 참조
610) 한역에서의 타화자재천(他化自在天)을 말한다. 부록 불교의 세계관 참조

고 말해야 한다.611)

16. 만약 그가 '내 마음은 다른 신들이 만든 존재를 향유하는 신들의 하늘나라에서 벗어나 하느님의 하늘나라로 향했습니다.'라고 말하면, '존자여, 하느님의 하늘나라도 무상하고 견고하지 못하고 실체가 없이 형성된 것이니 원컨대 존자는 하느님의 하늘나라에서도 마음을 돌이켜 존재무리의 소멸에612) 대하여 마음을 집중하십시오.'라고 말해야 한다.

17. 만약 그가 '내 마음은 하느님의 하늘나라에서도 벗어나 존재무리의 소멸에 대하여 마음을 집중하고 있습니다.'라고 말하면, 이와 같이 마음이 해탈된 재가의 신자와 백 안거를 보내며 마음이 해탈된 수행승 사이에는 해탈자의 해탈이라는 점에서 어떠한 차이도 없다고 나는 말한다.613)"

46. 지혜의 성장에 도움이 되는 네 가지 원리는 무엇일까614)

1. 이와 같이 나는 들었다. 한 때 세존께서 싸밧티 시의 제따바나 숲에 있는 아나타삔디까 승원에 계셨다.

2. 그 때 세존께서 '수행승들이여'라고 수행승들을 부르셨다. 수행승들은 '세존이시여'라고 세존께 대답했다. 세존께서는 이와 같이 말씀하셨다.

---

611) 다른 경전에서 싸리뿟따는 죽어가는 바라문에게 유사한 설법을 하는데 그를 하늘나라로 인도하는 것으로 끝난다. 부처님은 나중에 여기서 끝난 것에 대하여 꾸짖는다.
612) 존재의 무리는 곧 존재의 다발[五蘊]을 의미하므로 그것의 소멸은 열반을 말한다.
613) 야싸 장자는 출가하기 전에 아라한의 경지를 얻었으니 그가 경전 상 재가신자로서 아라한이었던 유일한 인물이었다. 일반적으로 재가신도는 출가한 날 아라한의 경지를 얻거나 죽을 때야 비로소 아라한의 경지를 얻는다.
614) 성장의 경[Vuddhisutta] : SN. V. 411.

3. [세존] "수행승들이여, 고귀한 제자가 네 가지 법을 닦고 익히면 지혜를 성장시키는 데 도움이 된다. 네 가지란 어떠한 것인가?
1) 참사람과 사귀고,
2) 올바른 가르침을 배우고,
3) 철저하게 주의를 기울이고,
4) 가르침을 여법하게 실천하는 것이다.

4. 수행승들이여, 고귀한 제자가 이러한 네 가지 법을 닦고 익히면 지혜를 성장시키는데 도움이 된다."

47. 위없는 깨달음을 전하는 초전법륜의 내용은 무엇인가?615)

1. 이와 같이 나는 들었다. 한 때 세존께서는 바라나씨 시의 이씨빠따나에 있는 미가다야 공원에 계셨다.

2. 그 때 세존께서는 다섯 명의 수행승들에게616) 말했다.
[세존] "수행승들이여, 출가자는 두 가지의 극단을 섬기지 않는다. 두 가지란 어떠한 것인가?

3. 감각적 쾌락의 욕망에 탐착을 일삼는 것은 저열하고617) 비속하고 배우지 못한 일반 사람의 소행으로 성현의 법이 아니며 무익한 것이다. 또한 스스로 고행을 일삼는 것도 괴로운 것이며, 성현의 법이

---

615) 가르침의 수레바퀴 경[Dhammacakkappavattanasutta] : SN. V. 420 : 잡아함 15권 15 (대정 2. 103c, 집379), 전법륜경(대정 2. 503) 삼전법륜경(大正 2. 504), 사분율32(大正 22. 788), 오분율15(大正 22. 104) 법온족론6(大正 26. 489b), 율장대품(Mahāvagga I. 6), Vin. I. 10, MN. no. 141, Vibh. 99-105. Vism. 498~510 참조.
616) 꼰당냐, 밥빠, 밧디야, 마하나마, 앗싸지의 오비구(五比丘)를 말한다.
617) 이 말에 대하여 붓다고싸는 주석서에서 '마을에 사는 자에 속하는' 것이라고 주석을 달았는데 구태여 그런 주석을 달 필요가 있을까. 그것은 붓다고싸의 승가제일주의를 반영한 것일 뿐이다.

아닌 것으로 무익한 것이다. 수행승들이여, 여래는 이 두 가지 극단을 떠나 중도를 깨달았다. 이것은 눈을 생기게 하고 앎을 생기게 하며 궁극적인 고요, 곧바른 앎, 올바른 깨달음, 열반으로618) 이끈다.

4. 수행승들이여, 여래는 이 두 가지 극단을 떠나 중도를 깨달았다. 이것은 눈을 생기게 하고 앎을 생기게 하며 궁극적인 고요, 곧바른 앎, 올바른 깨달음, 열반으로 이끈다. 그 중도란 어떠한 것인가? 그것은 바로 여덟 가지 고귀한 길이다. 곧 올바른 견해, 올바른 사유, 올바른 언어, 올바른 행위, 올바른 생활, 올바른 정진, 올바른 새김, 올바른 집중이다. 수행승들이여, 여래는 이 두 가지 극단을 떠나 중도를 깨달았다. 이것은 눈을 생기게 하고 앎을 생기게 하며 궁극적인 고요, 곧바른 앎, 올바른 깨달음, 열반으로 이끈다."

5. [세존]
1) "수행승들이여, 괴로움의 거룩한 진리란 이와 같다. 태어남도 괴로움이고, 늙는 것도 괴로움이고, 병드는 것도 괴로움이고, 죽는 것도 괴로움이고, 우울, 슬픔, 고통, 불쾌, 절망도 괴로움이다. 사랑하지 않는 사람과 만나는 것도 괴로움이고, 사랑하는 사람과 헤어지는 것도 괴로움이고, 원하는 것을 얻지 못하는 것도 괴로움이다. 줄여서 말하자면 다섯 가지 존재의 집착다발이 모두 괴로움이다.619)

2) 수행승들이여, 괴로움의 발생의 거룩한 진리란 이와 같다. 그것은 쾌락과 탐욕을 갖추고 여기저기에서 환희를 추구하며 미래의 존재를 일으키는 갈애인데, 그것은 곧 감각적 쾌락의 욕망에 대

---

618) 한역에서는 각각 적정, 승지, 등각, 열반이라고 번역한다.
619) 일반적으로 네 가지 거룩한 진리 가운데 첫 번째 괴로움의 진리에는 이 여덟 가지의 괴로움이 포함되어 있지 않지만 이 경전에는 포함되어 있다.

한 갈애, 존재에 대한 갈애, 비존재에 대한 갈애이다.
3) 수행승들이여, 괴로움의 소멸의 거룩한 진리란 이와 같다. 그것은 갈애를 남김없이 사라지게 하고 소멸시키고 포기하고 완전히 버려서 집착 없이 해탈하는 것이다.
4) 수행승들이여, 괴로움의 소멸에 이르는 거룩한 진리란 이와 같다. 그것은 바로 여덟 가지 고귀한 길이다. 곧 올바른 견해, 올바른 사유, 올바른 언어, 올바른 행위, 올바른 생활, 올바른 정진, 올바른 새김, 올바른 집중이다."

6. [세존]

1) "수행승들이여, '이것이 괴로움의 거룩한 진리이다.'라고 이와 같이 예전에 들어보지 못한 진리에 대하여 나에게 눈이 생겨나고, 앎이 생겨나고 지혜가 생겨나고, 명지가 생겨나고, 광명이 생겨났다.
2) 수행승들이여, '이 괴로움의 거룩한 진리는 상세히 알려져야 한다.'라고 이와 같이 예전에 들어보지 못한 진리에 대하여 나에게 눈이 생겨나고, 앎이 생겨나고 지혜가 생겨나고, 명지가 생겨나고, 광명이 생겨났다.
3) 수행승들이여, '이 괴로움의 거룩한 진리가 상세히 알려졌다.'라고 이와 같이 예전에 들어보지 못한 진리에 대하여 나에게 눈이 생겨나고, 앎이 생겨나고 지혜가 생겨나고, 명지가 생겨나고, 광명이 생겨났다.

7. [세존]

1) "수행승들이여, '이것이 괴로움의 발생의 거룩한 진리이다.'라고 이와 같이 예전에 들어보지 못한 진리에 대하여 나에게 눈이 생겨나고, 앎이 생겨나고 지혜가 생겨나고, 명지가 생겨나고, 광명

이 생겨났다.

2) 수행승들이여, '이 괴로움의 발생의 거룩한 진리는620) 제거되어야 한다.'라고 이와 같이 예전에 들어보지 못한 진리에 대하여 나에게 눈이 생겨나고, 앎이 생겨나고 지혜가 생겨나고, 명지가 생겨나고, 광명이 생겨났다.

3) 수행승들이여, '이 괴로움의 발생의 거룩한 진리가 제거되었다.'라고 이와 같이 예전에 들어보지 못한 진리에 대하여 나에게 눈이 생겨나고, 앎이 생겨나고 지혜가 생겨나고, 명지가 생겨나고, 광명이 생겨났다."

8. [세존]

1) "수행승들이여, '이것이 괴로움의 소멸의 거룩한 진리이다.'라고 이와 같이 예전에 들어보지 못한 진리에 대하여 나에게 눈이 생겨나고, 앎이 생겨나고 지혜가 생겨나고, 명지가 생겨나고, 광명이 생겨났다.

2) 수행승들이여, '이 괴로움의 소멸의 거룩한 진리는 깨달아져야 한다.'라고 이와 같이 예전에 들어보지 못한 진리에 대하여 나에게 눈이 생겨나고, 앎이 생겨나고 지혜가 생겨나고, 명지가 생겨나고, 광명이 생겨났다.

3) 수행승들이여, '이 괴로움의 소멸의 거룩한 진리가 깨달아졌다.'라고 이와 같이 예전에 들어보지 못한 진리에 대하여 나에게 눈이 생겨나고, 앎이 생겨나고 지혜가 생겨나고, 명지가 생겨나고, 광명이 생겨났다."

---

620) 괴로움의 발생에 대한 거룩한 진리는 제거되어야 한다는 것이 된다. 그러나 그 진정한 의미는 괴로움의 발생[원인]은 제거되어야 하는 것에 관한 진리를 뜻한다는 의미에서 진술된 것이다.

9. [세존]

1) "수행승들이여, '이것이 괴로움의 소멸에 이르는 길의 거룩한 진리이다.'라는 아직 들어보지 못한 법에 대하여 나에게 눈이 생겨나고 지식이 생겨나고 지혜가 생겨나고 명지가 생겨나고 광명이 생겨났다.

2) 수행승들이여, 그런데 바로 '이 괴로움의 소멸에 이르는 길의 거룩한 진리는 닦여져야 한다.'라는 아직 들어보지 못한 법에 대하여 나에게 눈이 생겨나고 지식이 생겨나고 지혜가 생겨나고 명지가 생겨나고 광명이 생겨났다.

3) 수행승들이여, 그리고 '이 괴로움의 소멸에 이르는 길이 닦여졌다.'라는 아직 들어보지 못한 법에 대하여 나에게 눈이 생겨나고 지식이 생겨나고 지혜가 생겨나고 명지가 생겨나고 광명이 생겨났다.

10. 수행승들이여, 이와 같이 네 가지 거룩한 진리에 대한 나의 앎과 봄이 세 번 굴려서 열두 가지 형태621)로서 있는 그대로 인식하여 완전히 청정해지지 않았다면, 수행승들이여, 나는 신들의 세계, 악마들의 세계, 하느님들의 세계, 성직자들과 수행자들, 그리고 왕들과 백성들과 그들의 후예들의 세계에서, 위없이 바르고 원만한 깨달음을 바르게 원만히 깨달았다고 선언하지 못했을 것이다. 그러나 수행승들이여, 이와 같이 네 가지 거룩한 진리에 대한 나의 앎과 봄이 세 번 굴려서 열두 가지 형태로써 있는 그대로 인식하여 완전

---

621) 한역으로는 삼전십이행상(三轉十二行相)이라고 한다. 위의 9번에서 12번까지의 인식의 형태를 말한다. ① 시전(示轉) : '이것은 괴로움이다.' 등의 네 가지 거룩한 진리를 나타내는 것, 진리에 대한 지식(saccañāna)이라고 한다. ② 권전(勸轉) : '괴로움은 알려져야 한다.' 등으로 네 가지 거룩한 진리의 수행을 권하는 것, 해야 할 일에 대한 지식(kiccañāna)이라고 한다. ③ 증전(證轉) : '괴로움을 스스로 알았다.' 등으로 네 가지 거룩한 진리를 증명하는 것, 한 일에 대한 지식(katañāna)이라고 한다.

히 청정해졌기 때문에 수행승들이여, 나는 신들의 세계, 악마들의 세계, 하느님들의 세계, 성직자들과 수행자들, 그리고 왕들과 백성들과 그들의 후예들의 세계에서, 위없이 바르고 원만한 깨달음을 바르게 원만히 깨달았다고 선언한 것이다. 또한 나에게 '나는 흔들림 없는 마음에 의한 해탈을 이루었다. 이것이 최후의 태어남이며, 이제 다시 태어남은 없다.'라는 앎과 봄이 생겨났다."

11. 세존께서 이와 같이 말씀하시자 다섯 명의 수행승들은 만족하여 세존의 말씀에 기뻐했다. 또한 그 가르침을 설할 때에 존자 꼰당냐에게는 '어떠한 것이든 생겨난 것은 모두 반드시 소멸하는 것이다.'라고 티 없이 깨끗한 진리의 눈이 생겨났다.

12. 세존께서 이와 같이 가르침의 수레바퀴를 굴리셨을 때

1) 땅 위의 신들은 '세존께서 바라나씨의 이씨빠따나에 있는 미가다야 공원에서 어떠한 수행자나 성직자나 신이나 악마나 하느님이나 세상의 어떤 사람도 퇴전시킬 수 없는, 위없는 가르침의 수레바퀴를 굴리셨다.'라고 소리쳤다.

2) 땅 위의 신들의 소리를 듣고, 네 위대한 왕들의 하늘나라에 사는 신들도 '세존께서 바라나씨의 이씨빠따나에 있는 미가다야 공원에서 어떠한 수행자나 성직자나 신이나 악마나 하느님이나 세상의 어떤 사람도 퇴전시킬 수 없는, 위없는 가르침의 수레바퀴를 굴리셨다.'라고 소리쳤다.

3) 네 위대한 왕들의 하늘나라에 사는 신들의 소리를 듣고, 서른 셋 신들의 하늘나라의 신들도 '세존께서 바라나씨의 이씨빠따나에 있는 미가다야 공원에서 어떠한 수행자나 성직자나 신이나 악마나 하느님이나 세상의 어떤 사람도 퇴전시킬 수 없는, 위없는 가르침의 수레바퀴를 굴리셨다.'라고 소리쳤다.

4) 서른 셋 신들의 하늘나라에 사는 신들의 소리를 듣고, 축복 받는 신들의 하늘나라의 신들도 '세존께서 바라나씨의 이씨빠따나에 있는 미가다야 공원에서 어떠한 수행자나 성직자나 신이나 악마나 하느님이나 세상의 어떤 사람도 퇴전시킬 수 없는, 위없는 가르침의 수레바퀴를 굴리셨다.'라고 소리쳤다.
5) 축복 받는 신들의 하늘나라에 사는 신들의 소리를 듣고, 만족을 아는 신들의 하늘나라의 신들도 '세존께서 바라나씨의 이씨빠따나에 있는 미가다야 공원에서 어떠한 수행자나 성직자나 신이나 악마나 하느님이나 세상의 어떤 사람도 퇴전시킬 수 없는, 위없는 가르침의 수레바퀴를 굴리셨다.'라고 소리쳤다.
6) 만족을 아는 신들의 하늘나라에 사는 신들의 소리를 듣고, 창조하고 기뻐하는 신들의 하늘나라의 신들도 '세존께서 바라나씨의 이씨빠따나에 있는 미가다야 공원에서 어떠한 수행자나 성직자나 신이나 악마나 하느님이나 세상의 어떤 사람도 퇴전시킬 수 없는, 위없는 가르침의 수레바퀴를 굴리셨다.'라고 소리쳤다.
7) 창조하고 기뻐하는 신들의 하늘나라에 사는 신들의 소리를 듣고, 다른 신들이 만든 존재를 향유하는 신들의 하늘나라의 신들도 '세존께서 바라나씨의 이씨빠따나에 있는 미가다야 공원에서 어떠한 수행자나 성직자나 신이나 악마나 하느님이나 세상의 어떤 사람도 퇴전시킬 수 없는, 위없는 가르침의 수레바퀴를 굴리셨다.'라고 소리쳤다.
8) 다른 신들이 만든 존재를 향유하는 신들의 하늘나라에 사는 신들의 소리를 듣고, 하느님 세계의 신들도 '세존께서 바라나씨의 이씨빠따나에 있는 미가다야 공원에서 어떠한 수행자나 성직자나 신이나 악마나 하느님이나 세상의 어떤 사람도 퇴전시킬 수 없는,

위없는 가르침의 수레바퀴를 굴리셨다.'라고 소리쳤다.

13. 이와 같이 그 찰나, 그 순간, 그 잠깐 사이에 하느님 세계까지 그 소리가 퍼졌다. 또한 이 일만 세계가622) 움직이고, 진동하고, 흔들렸다. 신들의 위력을 뛰어넘는 무량하고 광대한 빛이 세상에 나타났다.

14. 이때 세존께서는 감흥어린 말로 '꼰당냐가 참으로 알았구나! 꼰당냐가 참으로 알았구나!'라고 읊으셨다. 그래서 존자 꼰당냐는 알았다는 뜻의 앙냐 꼰당냐라는 이름을 갖게 되었다.623)

48. 괴로움을 보는 자는 괴로움의 소멸도 보는가.624)

1. 이와 같이 나는 들었다. 한 때 많은 장로 수행승들이 쩨띠625)국의 싸하자띠시626)에 있었다.

2. 그때 많은 장로 수행승들이 식사를 마친 뒤 탁발에서 돌아와 강당에 모여 앉아 이와 같이 대화를 나누었다.
[장로 수행승들] "벗들이여, 괴로움을 보는 자는 괴로움의 발생도 보고 괴로움의 소멸도 보고 괴로움의 소멸에 이르는 길도 봅니까?"

---

622) '십천세계(十千世界)'라는 뜻이다. 세계란 수미산을 중심으로 한 사대륙의 세계 또는 우주를 말한다.
623) 율장에 따르면, '꼰당냐가 승단의 입단을 요구하자 이렇게 승인되었다. 오라. 수행승이여, 가르침은 잘 설해졌다. 괴로움의 소멸을 위해 청정한 삶을 영위하라. 이것은 그 존자를 위한 구족계이다. 그러자 밥빠와 밧디야도 통찰을 얻었고 나중에 마하나마와 앗싸지도 통찰을 얻었다.'
624) 가밤빠띠 경[Gavampatisutta] : SN. V. 436.
625) 쩨띠는 부처님 당시의 16대국 가운데 하나로 옛성은 지금의 네팔로 추측되고 있고 새로운 식민지는 야무나강 근처에 있었다. 자따까에 따르면, 까씨 국에서 쩨띠국으로 여행할 때에 많은 도적이 출몰했다. 앙굿따라니까야에 따르면, 부처님은 싸하자띠시에 머물면서 쩨띠인들에게 설법했다.
626) 율장에 따르면, 갠지스 강변에 있어서 밧지족의 자손들이 베쌀리 시에서 배로 건너간 곳이다. 부처님이 쩨띠인들에게 설법한 도시인 싸히자띠를 말한다.

3. 이처럼 말하자 존자 가밤빠띠627)는 장로 수행승들에게 이와 같이 말했다.

[가밤빠띠] "벗들이여, 저는 그것에 대하여 '수행승들이여, 괴로움을 보는 자는 괴로움의 발생도 보고 괴로움의 소멸도 보고 괴로움의 소멸에 이르는 길도 본다. 괴로움의 발생을 보는 자는 괴로움도 보고 괴로움의 소멸도 보고 괴로움의 소멸에 이르는 길도 본다. 괴로움의 소멸을 보는 자는 괴로움도 보고 괴로움의 발생도 보고 괴로움의 소멸에 이르는 길도 본다. 괴로움의 소멸에 이르는 길을 보는 자는 괴로움도 보고 괴로움의 발생도 보고 괴로움의 소멸도 본다.'628)라고 세존께 직접 듣고 직접 배웠습니다."

49. 부처님께서 설한 가르침의 특징은 무엇일까629)

1. 한 때 세존께서는 꼬쌈비시의 씽싸빠630)숲에 계셨다.

2. 그때 세존께서는 적은 양의 씽싸빠631) 나뭇잎을 손에 집어 들고 수행승들에게 말했다.

[세존] "수행승들이여, 어떻게 생각하느냐? 내가 손으로 집어든 적은 양의 씽싸빠 나뭇잎과 저 위의 씽싸빠에 있는 나뭇잎과 비교하면 어느 것이 더욱 많겠는가?"

[수행승들] "세존이시여, 세존께서 손으로 집어든 적은 양의 씽싸

---

627) 가밤빠띠는 글자 그대로 '황소들의 우두머리'란 뜻이다. 베나레스의 상인의 아들로 일찍이 세존의 가르침을 따라 출가했다.
628) 이 문장은 학술적으로 유명한 것이지만 다른 니까야에서는 발견되지 않는다. 청정도론에서는 일찰나에 네 가지 거룩한 진리를 현관하는 것을 설명하기 위해 이 문장을 인용하고 있다.
629) 씽싸빠 경[Siṃsapasutta] : SN. V. 437 ; 잡아함 15권 40(大正 2. 108a, 잡404) 참조
630) '씽사빠숲'은 꼬쌈비와 쎄따비야의 두 곳에 있었다. 여기서는 꼬쌈비의 숲을 말한다.
631) 강하고 커다란 나무로 학명은 Dalbergia Sisu이다.

빠 나뭇잎보다 저 위의 씽싸빠에 있는 나뭇잎이 훨씬 많습니다."

3. [세존] "이와 같이, 수행승들이여, 깨달아 알았지만 그대들에게 설하지 않은 것이 훨씬 많고, 설한 것은 매우 적다.

4. 수행승들이여, 내가 설하지 않은 것은 무슨 까닭인가? 수행승들이여, 그것들은 이치에 맞지 않고, 청정한 삶에 적합하지 않고, 싫어하여 떠나기 위한 것이 아니고, 사라지기 위한 것이 아니고, 소멸하기 위한 것이 아니고, 그치기 위한 것도 아니고, 잘 알기 위한 것도 아니고, 올바로 깨닫기 위한 것도 아니고, 열반으로 이끄는 것도 아니다. 그러므로 내가 설하지 않았다.

5. 수행승들이여, 그러면 내가 설한 것은 무엇인가? 수행승들이여,
1) '이것은 괴로움이다.'라고 나는 설했다.
2) '이것은 괴로움의 발생이다.'라고 나는 설했다.
3) '이것은 괴로움의 소멸이다.'라고 나는 설했다.
4) '이것은 괴로움의 소멸에 이르는 길이다.'라고 나는 설했다.

6. 수행승들이여, 내가 그것을 설한 것은 무슨 까닭인가? 수행승들이여, 그것은 이치에 맞고, 청정한 삶에 적합하고, 싫어하여 떠나기 위한 것이고, 사라지기 위한 것이고, 소멸하기 위한 것이고, 그치기 위한 것이고, 잘 알기 위한 것이고, 올바로 깨닫기 위한 것이고, 열반으로 이끄는 것이다.

7. 그러므로 수행승들이여, '이것은 괴로움이다.'라고 알기 위해 노력해야 하고, '이것은 괴로움의 발생이다.'라고 알기 위해 노력해야 하고, '이것은 괴로움의 소멸이다.'라고 알기 위해 노력해야 하고, '이것은 괴로움의 소멸에 이르는 길이다.'라고 알기 위해 노력해야 한다."

50. 네 가지 거룩한 진리의 통찰에 전조가 되는 것은 무엇인가[632]

1. 한 때 세존께서는 꼬쌈비시의 씽사빠숲에 계셨다. 그 때 세존께서는 수행승들에게 말했다.

2. [세존] "수행승들이여, 태양이 떠오를 때에 선구가 되고, 전조가 되는 것은 여명이다. 이와 같이 수행승들이여, 네 가지 거룩한 진리를 있는 그대로 통찰하는 데 선구가 되고 전조가 되는 것은 올바른 견해이다.

3. 수행승들이여, 올바른 견해를 지닌 수행승은 당연히
  1) '이것이 괴로움이다.'라고 있는 그대로 분명히 알 것이고,
  2) '이것이 괴로움의 발생이다.'라고 있는 그대로 분명히 알 것이고,
  3) '이것이 괴로움의 소멸이다.'라고 있는 그대로 분명히 알 것이고,
  4) '이것이 괴로움의 소멸에 이르는 길이다.'라고 있는 그대로 분명히 알 것이다.

4. 그러므로 수행승들이여, '이것은 괴로움이다.'라고 알기 위해 노력해야 하고, '이것은 괴로움의 발생이다.'라고 알기 위해 노력해야 하고, '이것은 괴로움의 소멸이다.'라고 알기 위해 노력해야 하고, '이것은 괴로움의 소멸에 이르는 길이다.'라고 알기 위해 노력해야 한다."

---

632) 태양 비유의 경①[Paṭhamasuriyūpamasutta] : SN. V. 442 ; 잡아함 15권 30(大正 2. 106b, 잡394) 참조

51. 술을 마신다면, 그 이유는 무엇인가[633]

1. 이와 같이 나는 들었다. 한 때 세존께서 싸밧티 시의 제따바나 숲에 있는 아나타삔디까 승원에 계셨다.

2. 그때 세존께서 '수행승들이여'라고 수행승들을 부르셨다. 수행승들은 '세존이시여'라고 세존께 대답했다.

3. 그때 세존께서는 손톱 끝으로 흙먼지를 집어 들고 수행승들에게 말씀하셨다.

4. [세존] "수행승들이여, 그대들은 이것에 대하여 어떻게 생각하는가? 이 큰 대지의 양과 내가 손톱 끝에 집어든 이 흙먼지의 양은 어느 쪽이 더 많은가?"
[수행승들] "세존이시여, 이 큰 대지의 양이 훨씬 많고, 세존께서 손톱 끝에 집어든 흙먼지의 양은 매우 적습니다. 세존께서 손톱 끝에 집어든 흙먼지의 양은, 큰 대지의 양과 비교하면 수량에서도 견주지 못하고 비교할 수조차 없고, 일부에도 미치지 못합니다."

5. [세존] "이와 같이 수행승들이여, 곡주나 과일주 등 취기 있는 것을 마시지 않는[634] 뭇삶들은 매우 적고, 곡주나 과일주 등 취기 있는 것을 마시는 뭇삶들은 매우 많다. 그것은 무슨 까닭인가?

6. 수행승들이여, 그들은 네 가지 거룩한 진리를 보지 못했기 때문이다. 네 가지란 어떠한 것인가?
1) 괴로움의 거룩한 진리,
2) 괴로움의 발생의 거룩한 진리,

---

633) 곡주나 과일주의 경[Surāmerayasutta] : SN. V. 467.
634) 붓다고싸에 따르면, 곡주에는 맥주, 미주(米酒), 단술, 이스트술, 합주가 있는데, 그 가운데 단술은 발효된 야자의 즙으로 만든 조당과 같은 것이다. 그리고 과일주에는 화주(花酒), 과주(果酒) 등이 있었다.

3) 괴로움의 소멸의 거룩한 진리,

4) 괴로움의 소멸에 이르는 길의 거룩한 진리이다.

7. 그러므로 수행승들이여, '이것은 괴로움이다.'라고 알기 위해 노력해야 하고, '이것은 괴로움의 발생이다.'라고 알기 위해 노력해야 하고, '이것은 괴로움의 소멸이다.'라고 알기 위해 노력해야 하고, '이것은 괴로움의 소멸에 이르는 길이다.'라고 알기 위해 노력해야 한다."

52. 어머니를 섬기지 않는다면, 그 이유는 무엇인가[635]

1. 이와 같이 나는 들었다. 한 때 세존께서 싸밧티 시의 제따바나 숲에 있는 아나타삔디까 승원에 계셨다.

2. 그때 세존께서 '수행승들이여'라고 수행승들을 부르셨다. 수행승들은 '세존이시여'라고 세존께 대답했다.

3. 그때 세존께서는 손톱 끝으로 흙먼지를 집어 들고 수행승들에게 말씀하셨다.

4. [세존] "수행승들이여, 그대들은 이것에 대하여 어떻게 생각하는가? 이 큰 대지의 양과 내가 손톱 끝에 집어든 이 흙먼지의 양은 어느 쪽이 더 많은가?"

[수행승들] "세존이시여, 이 큰 대지의 양이 훨씬 많고, 세존께서 손톱 끝에 집어든 흙먼지의 양은 매우 적습니다. 세존께서 손톱 끝에 집어든 흙먼지의 양은, 큰 대지의 양과 비교하면 수량에서도 견주지 못하고 비교할 수조차 없고, 일부에도 미치지 못합니다."

---

635) 어머니를 섬김의 경[Matteyyasutta] : SN. V. 467.

5. [세존] "이와 같이 수행승들이여, 어머니를 섬기는 뭇삶은 매우 적고 어머니를 섬기지 않는 뭇삶들은 매우 많다. 그것은 무슨 까닭인가?

6. 수행승들이여, 네 가지 거룩한 진리를 보지 못했기 때문이다. 네 가지란 어떠한 것인가?
  1) 괴로움의 거룩한 진리,
  2) 괴로움의 발생의 거룩한 진리,
  3) 괴로움의 소멸의 거룩한 진리,
  4) 괴로움의 소멸에 이르는 길의 거룩한 진리이다.

7. 그러므로 수행승들이여, '이것은 괴로움이다.'라고 알기 위해 노력해야 하고, '이것은 괴로움의 발생이다.'라고 알기 위해 노력해야 하고, '이것은 괴로움의 소멸이다.'라고 알기 위해 노력해야 하고, '이것은 괴로움의 소멸에 이르는 길이다.'라고 알기 위해 노력해야 한다."

53. 아버지를 섬기지 않는다면, 그 이유는 무엇인가[636)

1. 이와 같이 나는 들었다. 한 때 세존께서 싸밧티 시의 제따바나 숲에 있는 아나타삔디까 승원에 계셨다.

2. 그때 세존께서 '수행승들이여'라고 수행승들을 부르셨다. 수행승들은 '세존이시여'라고 세존께 대답했다.

3. 그때 세존께서는 손톱 끝으로 흙먼지를 집어 들고 수행승들에게 말씀하셨다.

---

636) 아버지를 섬김의 경[Petteyyasutta] : SN. V. 467.

4. [세존] "수행승들이여, 그대들은 이것에 대하여 어떻게 생각하는가? 이 큰 대지의 양과 내가 손톱 끝에 집어든 이 흙먼지의 양은 어느 쪽이 더 많은가?"
[수행승들] "세존이시여, 이 큰 대지의 양이 훨씬 많고, 세존께서 손톱 끝에 집어든 흙먼지의 양은 매우 적습니다. 세존께서 손톱 끝에 집어든 흙먼지의 양은, 큰 대지의 양과 비교하면 수량에서도 견주지 못하고 비교할 수조차 없고, 일부에도 미치지 못합니다."

5. [세존] "이와 같이 수행승들이여, 아버지를 섬기는 뭇삶들은 매우 적고, 아버지를 섬기지 않는 뭇삶들은 매우 많다. 그것은 무슨 까닭인가?

6. 수행승들이여, 네 가지 거룩한 진리를 보지 못했기 때문이다. 네 가지란 어떠한 것인가?
1) 괴로움의 거룩한 진리,
2) 괴로움의 발생의 거룩한 진리,
3) 괴로움의 소멸의 거룩한 진리,
4) 괴로움의 소멸에 이르는 길의 거룩한 진리이다.

7. 그러므로 수행승들이여, '이것은 괴로움이다.'라고 알기 위해 노력해야 하고, '이것은 괴로움의 발생이다.'라고 알기 위해 노력해야 하고, '이것은 괴로움의 소멸이다.'라고 알기 위해 노력해야 하고, '이것은 괴로움의 소멸에 이르는 길이다.'라고 알기 위해 노력해야 한다."

54. 연장자를 존중하지 않는다면, 그 이유는 무엇인가[637]

1. 이와 같이 나는 들었다. 한 때 세존께서 싸밧티 시의 제따바나 숲에 있는 아나타삔디까 승원에 계셨다.

2. 그때 세존께서 '수행승들이여'라고 수행승들을 부르셨다. 수행승들은 '세존이시여'라고 세존께 대답했다.

3. 그때 세존께서는 손톱 끝으로 흙먼지를 집어 들고 수행승들에게 말씀하셨다.

4. [세존] "수행승들이여, 그대들은 이것에 대하여 어떻게 생각하는가? 이 큰 대지의 양과 내가 손톱 끝에 집어든 이 흙먼지의 양은 어느 쪽이 더 많은가?"

[수행승들] "세존이시여, 이 큰 대지의 양이 훨씬 많고, 세존께서 손톱 끝에 집어든 흙먼지의 양은 매우 적습니다. 세존께서 손톱 끝에 집어든 흙먼지의 양은, 큰 대지의 양과 비교하면 수량에서도 견주지 못하고 비교할 수조차 없고, 일부에도 미치지 못합니다."

5. [세존] "이와 같이 수행승들이여, 가문의 연장자를 존경하는 뭇삶들은 매우 적고, 가문의 연장자를 존중하지 않는 뭇삶들은 매우 많다. 그것은 무슨 까닭인가?

6. 수행승들이여, 네 가지 거룩한 진리를 보지 못했기 때문이다. 네 가지란 어떠한 것인가?
1) 괴로움의 거룩한 진리,
2) 괴로움의 발생의 거룩한 진리,
3) 괴로움의 소멸의 거룩한 진리,

---

637) 존경의 경[Apacāyikasutta] : SN. V. 468.

4) 괴로움의 소멸에 이르는 길의 거룩한 진리이다.

7. 그러므로 수행승들이여, '이것은 괴로움이다.'라고 알기 위해 노력해야 하고, '이것은 괴로움의 발생이다.'라고 알기 위해 노력해야 하고, '이것은 괴로움의 소멸이다.'라고 알기 위해 노력해야 하고, '이것은 괴로움의 소멸에 이르는 길이다.'라고 알기 위해 노력해야 한다."

55. 생명을 죽인다면, 그 이유는 무엇인가[638]

1. 이와 같이 나는 들었다. 한 때 세존께서 싸밧티 시의 제따바나 숲에 있는 아나타삔디까 승원에 계셨다.

2. 그때 세존께서 '수행승들이여'라고 수행승들을 부르셨다. 수행승들은 '세존이시여'라고 세존께 대답했다.

3. 그때 세존께서는 손톱 끝으로 흙먼지를 집어 들고 수행승들에게 말씀하셨다.

4. [세존] "수행승들이여, 그대들은 이것에 대하여 어떻게 생각하는가? 이 큰 대지의 양과 내가 손톱 끝에 집어든 이 흙먼지의 양은 어느 쪽이 더 많은가?"
[수행승들] "세존이시여, 이 큰 대지의 양이 훨씬 많고, 세존께서 손톱 끝에 집어든 흙먼지의 양은 매우 적습니다. 세존께서 손톱 끝에 집어든 흙먼지의 양은, 큰 대지의 양과 비교하면 수량에서도 견주지 못하고 비교할 수조차 없고, 일부에도 미치지 못합니다."

5. [세존] "이와 같이 수행승들이여, 살아있는 생명을 죽이는 것을

---

638) 살아있는 생명을 죽임에 대한 경[Pāṇātipātasuttaṃ] : SN. V. 468.

삼가는 뭇삶들은 매우 적고, 살아있는 생명을 죽이는 것을 삼가지 않는 뭇삶들은 매우 많다. 그것은 무슨 까닭인가?

6. 수행승들이여, 네 가지 거룩한 진리를 보지 못했기 때문이다. 네 가지란 어떠한 것인가?
1) 괴로움의 거룩한 진리,
2) 괴로움의 발생의 거룩한 진리,
3) 괴로움의 소멸의 거룩한 진리,
4) 괴로움의 소멸에 이르는 길의 거룩한 진리이다.

7. 그러므로 수행승들이여, '이것은 괴로움이다.'라고 알기 위해 노력해야 하고, '이것은 괴로움의 발생이다.'라고 알기 위해 노력해야 하고, '이것은 괴로움의 소멸이다.'라고 알기 위해 노력해야 하고, '이것은 괴로움의 소멸에 이르는 길이다.'라고 알기 위해 노력해야 한다."

56. 종자와 초목을 훼손하는 이유는 무엇일까639)

1. 이와 같이 나는 들었다. 한 때 세존께서 싸밧티 시의 제따바나 숲에 있는 아나타삔디까 승원에 계셨다.

2. 그때 세존께서 '수행승들이여'라고 수행승들을 부르셨다. 수행승들은 '세존이시여'라고 세존께 대답했다.

3. 그때 세존께서는 손톱 끝으로 흙먼지를 집어 들고 수행승들에게 말씀하셨다.

4. [세존] "수행승들이여, 그대들은 이것에 대하여 어떻게 생각하는

---

639) 종자의 경[Bijagāmasutta] : SN. V. 470.

가? 이 큰 대지의 양과 내가 손톱 끝에 집어든 이 흙먼지의 양은 어느 쪽이 더 많은가?"

[수행승들] "세존이시여, 이 큰 대지의 양이 훨씬 많고, 세존께서 손톱 끝에 집어든 흙먼지의 양은 매우 적습니다. 세존께서 손톱 끝에 집어든 흙먼지의 양은, 큰 대지의 양과 비교하면 수량에서도 견주지 못하고 비교할 수조차 없고, 일부에도 미치지 못합니다."

5. [세존] "이와 같이 수행승들이여, 종자와 초목의 훼손을640) 삼가는 뭇삶들은 매우 적고, 종자와 초목의 훼손을 삼가지 않는 뭇삶들은 매우 많다. 그것은 무슨 까닭인가?

6. 수행승들이여, 네 가지 거룩한 진리를 보지 못했기 때문이다. 네 가지란 어떠한 것인가?
1) 괴로움의 거룩한 진리,
2) 괴로움의 발생의 거룩한 진리,
3) 괴로움의 소멸의 거룩한 진리,
4) 괴로움의 소멸에 이르는 길의 거룩한 진리이다.

7. 그러므로 수행승들이여, '이것은 괴로움이다.'라고 알기 위해 노력해야 하고, '이것은 괴로움의 발생이다.'라고 알기 위해 노력해야 하고, '이것은 괴로움의 소멸이다.'라고 알기 위해 노력해야 하고, '이것은 괴로움의 소멸에 이르는 길이다.'라고 알기 위해 노력해야 한다."

---

640) 붓다고싸에 따르면, 종자에는 뿌리종자, 줄기종자, 가지종자, 마디종자, 열매종자의 다섯 가지가 있고 초목에는 '녹색의 풀과 나무'가 있다.

57. 향수를 뿌리고 크림으로 화장한다면, 그 이유는 무엇인가[641]

1. 이와 같이 나는 들었다. 한 때 세존께서 싸밧티 시의 제따바나 숲에 있는 아나타삔디까 승원에 계셨다.

2. 그때 세존께서 '수행승들이여'라고 수행승들을 부르셨다. 수행승들은 '세존이시여'라고 세존께 대답했다.

3. 그때 세존께서는 손톱 끝으로 흙먼지를 집어 들고 수행승들에게 말씀하셨다.

4. [세존] "수행승들이여, 그대들은 이것에 대하여 어떻게 생각하는가? 이 큰 대지의 양과 내가 손톱 끝에 집어든 이 흙먼지의 양은 어느 쪽이 더 많은가?"
[수행승들] "세존이시여, 이 큰 대지의 양이 훨씬 많고, 세존께서 손톱 끝에 집어든 흙먼지의 양은 매우 적습니다. 세존께서 손톱 끝에 집어든 흙먼지의 양은, 큰 대지의 양과 비교하면 수량에서도 견주지 못하고 비교할 수조차 없고, 일부에도 미치지 못합니다."

5. [세존] "이와 같이 수행승들이여, 화환을 걸치고, 향수를 뿌리고, 크림으로 치장하는 것을 삼가는 뭇삶들은 매우 적고, 화환을 걸치고, 향수를 뿌리고, 크림으로 화장하는 것을 삼가지 않는 뭇삶들은 매우 많다. 그것은 무슨 까닭인가?

6. 수행승들이여, 네 가지 거룩한 진리를 보지 못했기 때문이다. 네 가지란 어떠한 것인가?
1) 괴로움의 거룩한 진리,
2) 괴로움의 발생의 거룩한 진리,

---

641) 향과 크림의 경[Gandhavilepanasutta] : SN. V. 470.

3) 괴로움의 소멸의 거룩한 진리,

4) 괴로움의 소멸에 이르는 길의 거룩한 진리이다.

7. 그러므로 수행승들이여, '이것은 괴로움이다.'라고 알기 위해 노력해야 하고, '이것은 괴로움의 발생이다.'라고 알기 위해 노력해야 하고, '이것은 괴로움의 소멸이다.'라고 알기 위해 노력해야 하고, '이것은 괴로움의 소멸에 이르는 길이다.'라고 알기 위해 노력해야 한다."

58. 저울을 속인다면, 그 이유는 무엇인가642)

1. 이와 같이 나는 들었다. 한 때 세존께서 싸밧티 시의 제따바나 숲에 있는 아나타삔디까 승원에 계셨다.

2. 그때 세존께서 '수행승들이여'라고 수행승들을 부르셨다. 수행승들은 '세존이시여'라고 세존께 대답했다.

3. 그때 세존께서는 손톱 끝으로 흙먼지를 집어 들고 수행승들에게 말씀하셨다.

4. [세존] "수행승들이여, 그대들은 이것에 대하여 어떻게 생각하는가? 이 큰 대지의 양과 내가 손톱 끝에 집어든 이 흙먼지의 양은 어느 쪽이 더 많은가?"

[수행승들] "세존이시여, 이 큰 대지의 양이 훨씬 많고, 세존께서 손톱 끝에 집어든 흙먼지의 양은 매우 적습니다. 세존께서 손톱 끝에 집어든 흙먼지의 양은, 큰 대지의 양과 비교하면 수량에서도 견주지 못하고 비교할 수조차 없고, 일부에도 미치지 못합니다."

---

642) 저울속이기의 경[Tulākūṭādisuttāni] : SN. V. 473.

5. [세존] "이와 같이 수행승들이여, 저울을 속이거나 동전을 속이거나 됫박을 속이는 일을 삼가는 뭇삶들은 매우 적고, 저울을 속이거나 동전을 속이거나 됫박을 속이는 일을 삼가지 않는 뭇삶들은 매우 많다. 그것은 무슨 까닭인가?

6. 수행승들이여, 네 가지 거룩한 진리를 보지 못했기 때문이다. 네 가지란 어떠한 것인가?
 1) 괴로움의 거룩한 진리,
 2) 괴로움의 발생의 거룩한 진리,
 3) 괴로움의 소멸의 거룩한 진리,
 4) 괴로움의 소멸에 이르는 길의 거룩한 진리이다.

7. 그러므로 수행승들이여, '이것은 괴로움이다.'라고 알기 위해 노력해야 하고, '이것은 괴로움의 발생이다.'라고 알기 위해 노력해야 하고, '이것은 괴로움의 소멸이다.'라고 알기 위해 노력해야 하고, '이것은 괴로움의 소멸에 이르는 길이다.'라고 알기 위해 노력해야 한다."

59. 폭행을 일삼는다면, 그 이유는 무엇인가[643]

1. 이와 같이 나는 들었다. 한 때 세존께서 싸밧티 시의 제따바나 숲에 있는 아나타삔디까 승원에 계셨다.

2. 그때 세존께서 '수행승들이여'라고 수행승들을 부르셨다. 수행승들은 '세존이시여'라고 세존께 대답했다.

3. 그때 세존께서는 손톱 끝으로 흙먼지를 집어 들고 수행승들에게

---
643) 폭행의 경[Sāhasakārasuttāni] : SN. V. 473.

말씀하셨다.

4. [세존] "수행승들이여, 그대들은 이것에 대하여 어떻게 생각하는가? 이 큰 대지의 양과 내가 손톱 끝에 집어든 이 흙먼지의 양은 어느 쪽이 더 많은가?"

[수행승들] "세존이시여, 이 큰 대지의 양이 훨씬 많고, 세존께서 손톱 끝에 집어든 흙먼지의 양은 매우 적습니다. 세존께서 손톱 끝에 집어든 흙먼지의 양은, 큰 대지의 양과 비교하면 수량에서도 견주지 못하고 비교할 수조차 없고, 일부에도 미치지 못합니다."

5. [세존] "이와 같이 수행승들이여, 폭행하는 것을 삼가는 뭇삶들은 매우 적고 폭행하는 것을 삼가지 않는 뭇삶들은 매우 많다. 그것은 무슨 까닭인가?

6. 수행승들이여, 네 가지 거룩한 진리를 보지 못했기 때문이다. 네 가지란 어떠한 것인가?

1) 괴로움의 거룩한 진리,
2) 괴로움의 발생의 거룩한 진리,
3) 괴로움의 소멸의 거룩한 진리,
4) 괴로움의 소멸에 이르는 길의 거룩한 진리이다.

7. 그러므로 수행승들이여, '이것은 괴로움이다.'라고 알기 위해 노력해야 하고, '이것은 괴로움의 발생이다.'라고 알기 위해 노력해야 하고, '이것은 괴로움의 소멸이다.'라고 알기 위해 노력해야 하고, '이것은 괴로움의 소멸에 이르는 길이다.'라고 알기 위해 노력해야 한다."

60. 죽어서 축생이 되는 자가 많은 까닭은 무엇인가[644]

1. 이와 같이 나는 들었다. 한 때 세존께서 싸밧티 시의 제따바나 숲에 있는 아나타삔디까 승원에 계셨다.

2. 그때 세존께서 '수행승들이여'라고 수행승들을 부르셨다. 수행승들은 '세존이시여'라고 세존께 대답했다.

3. 그때 세존께서는 손톱 끝으로 흙먼지를 집어 들고 수행승들에게 말씀하셨다.

4. [세존] "수행승들이여, 그대들은 이것에 대하여 어떻게 생각하는가? 이 큰 대지의 양과 내가 손톱 끝에 집어든 이 흙먼지의 양은 어느 쪽이 더 많은가?"

[수행승들] "세존이시여, 이 큰 대지의 양이 훨씬 많고, 세존께서 손톱 끝에 집어든 흙먼지의 양은 매우 적습니다. 세존께서 손톱 끝에 집어든 흙먼지의 양은, 큰 대지의 양과 비교하면 수량에서도 견주지 못하고 비교할 수조차 없고, 일부에도 미치지 못합니다."

5. [세존] "이와 같이 수행승들이여, 인간으로 죽어서 인간 가운데 다시 태어나는 뭇삶들은 매우 적고 인간으로 죽어서 축생 가운데 다시 태어나는 뭇삶들은 매우 많다. 그것은 무슨 까닭인가?

6. 수행승들이여, 네 가지 거룩한 진리를 보지 못했기 때문이다. 네 가지란 어떠한 것인가?
1) 괴로움의 거룩한 진리,
2) 괴로움의 발생의 거룩한 진리,
3) 괴로움의 소멸의 거룩한 진리,

---

644) 인간의 죽음에 대한 경②[Dutiyamanussacutisutta] : SN. V. 474.

4) 괴로움의 소멸에 이르는 길의 거룩한 진리이다.

7. 그러므로 수행승들이여, '이것은 괴로움이다.'라고 알기 위해 노력해야 하고, '이것은 괴로움의 발생이다.'라고 알기 위해 노력해야 하고, '이것은 괴로움의 소멸이다.'라고 알기 위해 노력해야 하고, '이것은 괴로움의 소멸에 이르는 길이다.'라고 알기 위해 노력해야 한다."

오늘 부처님께 묻는다면

『쌍윳따니까야』 엔솔로지

부 록

참고문헌
빠알리어 한글표기법
불교의 세계관
주요번역술어
고유명사색인

참 고 문 헌

● 원전류 쌍윳따니까야

『Saṁyutta Nikāya』 ① Roman Script. ed. by L. Feer, 6vols(Ee1 : London : PTS, 1884~1904; Ee2 : 1998) ② Burmese Script. Chaṭṭhasaṅgāyana-edition, 3 vols. Ranggoon : Buddhasāsana Samiti, 1954.
『The Connected Discourse of the Buddha(A New Translation of the Saṁyuttanikāya)2vols.』 tr. by Bodhi Bhikkhu, (Boston : Wisdom Publication, 2000)
『The Book of the Kindered Sayings, 5vols.』 tr. by C. A. F. Rhys Davids & F. L. Woodward, (London : PTS, 1917~1930)
『Die in Gruppen geordnete Sammlung(Saṁyuttanikāya) aus dem Pāli-Kanon der Buddhisten. 2vols.』 übersetzt von W. Geiger. (Munich-Neubiberg. Oskar Schloss Verlag. 1925)
『Die Reden des Buddha-Gruppierte Sammlung aus dem Pāli-Kanon』 übersetzt von W. Geiger, Nyāponika Mahāthera, H. Hecker. (Herrnschrott. Verlag Beyerlein & Steinschulte 2003)
『On a Sanskrit Version of the Verahaccāni Sutta of the Saṁyuttanikāya』 by E. Waldschmidt. Nachrichiten der Akademie der Wissenschaften in Göttingen Philologisch-Historische Klasse. Göttingen : Vandenhoeck and Ruprecht, 1980.
『Nidāna Saṁyutta』 edited by Myanmar Pitaka Association, Yangon, 1992.
『相應部經典(南傳大藏經 第12-17卷)』 赤沼智善 外 譯 (大正新修大藏經刊行會 昭和12年)

● 원전류 비쌍윳따니까야

『Aṅguttara Nikāya』 ed. by R. Moms & E. Hardy, 5vols(London : PTS, 1885~1900) tr. by F. L. Woodward & E. M. Hare, 『The Book of the Gradual Sayings』 5vols(London : PTS, 1932~1936), übersetzt von Nyanatiloka. 『Die Lehrreden des Buddha aus Angereihten Sammlung : Aṅguttara Nikāya』 5vols (Braunschweig Aurum Verlag : 1993)
『Dhammapada』 ed. by S. Sumangala(London : PTS, 1914)
『Dīgha Nikāya』 ed. by T. W. Rhys Davids & J. E. Carpenter, 3vols(London : PTS, 1890~1911) tr. by T. W. & C. A. F. Rhys Davids, 『Dialogues of the Buddha』 3vols(London : PTS, 1899~1921)
『Divyāvadāna』 ed. by Cowell. E. B. and R. A. Neil. (London : PTS, 1914)
『The Gilgit Manuscript of Saṅghabhedavastu』 ed. Gnoli, R. Serie Orientale Roma, 49 2parts. (Rome : 1077-1978)
『Gāndhārī Dhammapada』 ed. by Brough. John(London : Oxford University, 1962)
『Itivuttaka』 ed. by E. Windish(London : PTS, 1889)
『The Jātakas or Stories of the Buddha's Former Births 6vols.』 ed. by Cowell. E. B.(London : PTS, 1969)

『Majjhima Nikāya』 ed. by V. Trenckner & R. Chalmers, 3vols(London : PTS, 1887~1901) tr. I. B. Horner, 『Middle Length Sayings』 3vols(London : PTS, 1954~1959), tr. by Bhikkhu Ñāṇamoli and Bhikkhu Bodhi 『The Middle Length Discourse of the Buddha』(Massachusetts : Wisdom Publication 1995)
『Manorathapūraṇī』 ed. by M. Walleser & H. Kopp, 5vols(London : PTS, 1924~1926)
『Mahāvastu』 ed. by Senart, E. 3 parts. (Paris 1882-1897); tr. by John, J. J., 3vols(London : Luzac, 1949~1956)
『Maha Pirit Pota(The Great Book of Protection)』 tr. by Lokuliyana, Lionel.(Colombo : Mrs. H. M. Gunasekera Trust, n.d)
『Mahāparinirvāṇasūtra』(Abhandlungen der Deutschen Akademie der Wissenschaften zu Berlin, Kalsse für Sprachen, Literatur, und Kunst) ed. and tr. by Waldschmidt, E.(Berlin : 1950-1951)
『Mahāsamājasūtra』 inclided in 『Central Asian Sūtra Fragments and their Relations to the Chinese Āgamas』 in Bechert 1980.
『Milindapañha』 ed. by V Trenckner(London : PTS, 1928) tr. by I. B. Horner, 『Milinda's Questions』 2vols(London : PTS, 1963~1964)
『Mūlasarvāstivādavinayavastu』 Part III of Gilgit Manuscript. ed. by Dutt, Nalinaksha.(Calcutta, Srinagar : 1939-1959)
『Niddesa I = Mahāniddesa I. II』 ed. by De La Vallée Poussin and E. J. Thomas (London : PTS, 1916, 1917)
『Niddesa II = Cullaniddesa』 ed. by W. Stede (London : PTS, 1918)
『On a Sanskrit Version of the Verahaccāni Sutta of the Saṁyuttanikāya』(Nachrichten der Akademie der Wissenschaften in Göttingen : Vandenhoeck and Ruprecht, 1980)
『Papañcasūdanī』 ed. by J. H. Woods, D. Kosambi & I. B. Horner, 5vols (London : PTS, 1922~1938)
『Paramatthajotikā I.(= The Khuddakapāṭha)』 ed. by Helmer Smith (London : PTS, 1978)
『Paramatthajotikā II.』 ed. by Helmer Smith vols. I. II. III(London : PTS, 1989)
『Sāratthappakāsinī : Saṁyuttanikāyaṭṭhakathā』 ed. by Woodward, F. L. 3vols.(London : PTS, 1977)
『Sumaṅgalavilāsini』 ed. by T. W. Rhys Davids, J. E. Carpenter & W. Stede, 3vols(London : PTS, 1886~1932)
『Suttanipāta』 Pali Text with Translation into English and notes by N. A. Jayawickrama Post-Graduate Institude of Pali & Buddhist Studies. University of Kelaniya, Srilanka. 2001.
『Thera-Theri-Gathā』 tr. by A. F. Rhys Davids, 『Psalms of the Early Buddhists』 2vols(London : PTS, 1903~1913); tr. by Norman. K. P. 『Elders' Verses I. II』(London : PTS, 1969~1971)
『Udāna』 ed. by Steinthal, P.(London : PTS, 1982) tr. by Masefield, P.(London : PTS, 1994)
『Udānavarga』 ed. by Bernhard, Franz, Sankrittexte aus den Turfanfunden, 10; Abhandlungen der Akademie der Wissenschaften in Göttingen, 54(Göttingen : Vandenhoeck and Ruprecht, 1965-1968)

『Śarīrārthagāthā of the Yogācārabhūmi』 in F. Enomoto, J-U Hartman, and Matsumura, Sanskrit Texte aus dem buddhistischen Kanaon : Neuentdeckung und Neuedition, 1. (Göttingen. 1989)
『Vimānavatthu』 ed. by Jayawickrama, N. A.(London : PTS, 1977)
『Visuddhimagga of Buddhaghosa』 ed. by Rhcys Davids, C. A. F.(London : PTS, 1975)
『Vibhaṅga』 tr. by Thittila, Ashin 『The Book of Analysis』(London : PTS, 1969)
『Upanisads』 ed. & tr. by S. Radhakrishnan, 『The Principal Upaniṣads』 2nd ed.(London : George Allen & Unwin, 1953) ; tr. by R. E. Hume, 『The Thirteen Principal Upaniṣads』 2nd ed.(London : Oxford University Press, 1934)
『長阿含經』 22권 大正新修大藏經 一卷
『中阿含經』 60권 大正新修大藏經 一卷
『雜阿含經』 50권 大正新修大藏經 二卷
『增一阿含經』 51권 大正新修大藏經 二卷
『別譯雜阿含經』 16권 大正新修大藏經 二卷

● 일반단행본(동서양서)

Bhikkhu Bodhi, 『The Noble Eightfold Path』(Kandy : Buddhist Publication Society, 1984)
Bhikkhu Bodhi, 『Transcendental Dependent Arising』(Kandy : Buddhist Publication Society, 1980)
Bunge, M., 『Causality and Modern Science』(New York : Dover Publications Inc., 1986)
Fahs, A., 『Grammatik des Pali』(Leipzig : Verlag Enzyklopädie, 1989)
Frauwallner, E., 『Die Philosophie des Buddhismus』(Berlin : Akademie Verlag, 1958)
Glasenapp, H. V., 『Pfad zur Erleuchtung(Das Kleine, das Grosse und das Diamant-Fahrzeug)』(Köln : Eugen Diederichs Verlag, 1956)
Goleman, D., 『The Buddha on Meditation and Higher States of Consciousness』 『The Wheel』 Publication no.189/190(Kandy : Buddhist Publication Society, 1980)
Hiriyanna, M., 『Outlines of Indian Philosophy』(London : George Allen &Unwin, 1932)
Hoffman, F. J., 『Rationality and Mind in Early Buddhism』(Delhi : Motilal Banarsidass, 1987)
Htoon, U. C., 『Buddhism and the Age of Science』 『The Wheel』 Publication no.36/37(Kandy : Buddhist Publication Society, 1981)
Jayatilleke, K. N., 『Early Buddhist Theory of Knowlege』(Delhi : Motilal Banarsidass, 1963)
Jayatilleke, K. N. etc, 『Buddhism and Science』 『The Wheel』 Publication no.3(Kandy : Buddhist Publication Society, 1980)
Johansson, R. E. A., 『The Dynamic Psychology of Early Buddhism』(London : Curzon Press Ltd., 1979)
Johansson, R. E. A., 『The Psychology of Nirvana』(London : George Allen & Unwin Ltd., 1969)
Kalupahana, D. J., 『Causality : The Central philosophy of Buddhism』(Honolulu : The University Press of Hawai, 1975)
Kalupahana, D. J., 『Buddhist Philosophy, A Historical Analysis』(Honolulu : The University

Press of Hawaii, 1976)
Karunaratne, W. S., 『The Theory of Causality in Early Buddhism』(Colombo : Indumati Karunaratne, 1988)
Kim, Jaegwon., 『Supervenience and Mind』(New York : Cambridge Press, 1933)
Kirfel, W., 『Die Kosmographie der Inder』(Bonn : Schroeder, 1920)
Knight, C. F. etc, 『Concept and Meaning』 『The Wheel』 Publication no.250(Kandy : Buddhist Publication Society, 1977)
Malalasekera, G. P. & Jayatilleke, K. N., 『Buddhism and Race Question』(Paris : UNESCO, 1958)
Macdonell, A. A., 『A Vedic Reader for Students』(Oxford : Oxford University Press, 1917)
Macy, J., 『Mutual Causality in Buddhism and General Systems Theory』(New York : State University of New York Press, 1992)
Murti, T. R. V., 『The Central Philosophy of Buddhism』(London : George Allen & Unwin Ltd., 1955)
Nyanoponika Thera, 『The Heart of Buddhist Meditation』(London : Rider, 1962)
Oldenberg, H., 『Buddha : sein Leben, seine Lehre, seine Gemeinde』(Stuttgart : Magnus Verlag, 1881)
Chakravarti, U., 『The Social Dimensions of Early Buddhism』(Oxford : Oxford University Press, 1987)
Nyanaponika, 『The Five Mental Hindrances and their Conquest』(Kandy : Buddhist Publication Society, 재연스님 옮김, 서울 : 고요한 소리, 1989)
Ñāṇananda Bhikkhu, 『Concept and Reality in Early Buddhist Thought』(Kandy : Buddhist Publication Society, 1971)
Pande, G. C., 『Studies in the Origins of Buddhism』(Allahabad : University of Allahabad, 1957)
Piyananda, D., 『The Concept of Mind in Early Buddhism』(Cathoric University of America, 1974)
Rahula, W. S., 『What the Buddha Taught』(London & Bedford : Gardon Fraser, 1978)
Sayādaw, Mahāsi, 『The Great Discourse on the Wheel of Dhamma』 tr. by U Ko Lay(Rangoon : Buddhasāsana Nuggaha Organization, 1981)
Sayādaw, Mahāsī, 『Pāticcāsamuppāda(A Discourse)』 tr. by U Aye Maung(Rangoon : Buddasāsana Nuggaha Organization, 1982)
Schumann, H. W., 『The Historical Buddha』 tr. by M. O'C Walshe Arkana(London : Penguin Group, 1989)
Stebbing, L. S., 『A Modern Introduction to Logic』(London : Metuen & Co, 1962)
Story, F., 『Dimensions of Buddhist Thought』 『The Wheel』 Publication no.212/213/214(Kandy : Buddhist Publication Society)
Varma, V. P., 『Early Buddhism and It's Origin』(Delhi : Munshiram Monoharlal, 1973)
Watanabe, F., 『Philosophy and Its Development in the Nikāyas and Abhidhamma』(Delhi : Motilal Banarsidass, 1983)
Wettimuny, R. G. de S., 『The Buddha's Teaching』(Colombo : M. D. Gunasena & Co. Ltd.,

1977)
Wettimuny, R. G. de S., 『The Buddha's Teaching and the Ambiguity of Existence』(Colombo : M. D. Gunasena & Co. Ltd., 1977)
Wijesekera, 『Knowledge & Conduct : Buddhist Contributions to Philosophy and Ethics』(Kandy : Buddhist Publication Society, 1977)
Wittgenstein, L., 『Philosophische Untersuchungen』 『Ludwig Wittgenstein Werkausgabe』 Band,I (Frankfurt am Main, 1984)
Winternitz, M., 『History of Indian Literature』 vol.2(Dheli : Motilal Banarsidass, 1963)
中村元, 『原始佛教の思想』上, 下(東京 : 春秋社, 昭和45)
中村元, 『原始佛教の生活倫理』(東京 : 春秋社, 昭和47)
和什哲郎, 『原始佛教の實踐哲學』(東京 : 岩波書店, 昭和15)
木村泰賢, 『原始佛教思想論』(東京 : 大法倫閣, 昭和43)
木村泰賢, 『印度六派哲學』『木村泰賢全集』第2卷(昭和43)
舟橋一哉, 『原始佛教思想の研究』(京都 : 法藏館, 昭和27)
水野弘元, 『原始佛教』(京都 : 平樂寺書店, 1956)

● 논문류(동서양)

Chatallian, G., 「Early Buddhism and the Nature of Philosophy」『Journal of Indian philosophy』 vol.11 no.2(1983)
Franke, R. O., 「Das einheitliche Thema des Dīghanikāya : Gotama Buddha ist ein Tathāgata」 「Die Verknüpfung der Dīghanikāya-Suttas untereinander」 「Majjhimanikāya und Suttanipāta, Die Zusammenhänge der Majjhimanikāyasuttas」 「Der einheitliche Grundgedanke des Majjhimanikāya : Die Erziehung gemass der Lehre(Dhamma-Vinaya)」 「Der Dogmatische Buddha nach dem Dīghanikāya」 「Die Buddhalehre in ihrer erreichbarältesten Gestalt im Dīghanikāya」 「Die Buddhlehre in ihrer erreichbarältesten Gestalt」 『Kleine Schliften』(Wiesbaden : Franz Steiner Verlag, 1978)
Fryba, M., 「Suññatā : Experience of Void in Buddhist Mind Training」 SJBS. vol.11(1988)
Geiger, W., 「Pāli Dhamma」 『Kleine Schriften』(Wiesbaden : Franz Steiner Verlag, 1973)
Gethin, R., 「The Five Khandhas : Their Treatment in the Nikāyas and Early Abhidhamma」 『Journal of Indian Philosophy』 vol.14 no.1(1986)
Heimann, B., 「The Significance of Prefixes in Sanskrit Philosophical Terminology」 RASM vol.25(1951)
Hoffman, E. J., 「Rationablity in Early Buddhist Four Fold Logic」『Journal of Indian Philosophy』 vol.10 no.4(1982)
Karunadasa, Y., 「Buddhist Doctrine of Anicca」『The Basic Facts of Existence』(Kandy : Buddhist Publication Society, 1981)
Premasiri, P. D., 「Early Buddhist Analysis of Varieties of Cognition」 SJBS vol.1(1981)
Wijesekera, O. H. de A., 「Vedic Gandharva and Pali Gandhabba」『Ceyron University Review』 vol.3 no.1(April, 1945)

● 사전류

Childers, R. C., 『A Dictionary of the Pali Language』(London : 1875)
Anderson, D., 『A Pāli Reader with Notes and Glossary』 2parts(London & Leipzig : Copenhagen, 1901-1907)
Rhys Davids, T. W. and Stede, W., 『Pali-English Dictionary』(London : PTS, 1921-1925)
Buddhadatta, A. P., 『Concise Pāli-English Dictionary』(Colombo : 1955)
Malalasekera, G. P., 『Dictionary of Pāli Proper Names』 vol.1, 2 (London : PTS, 1974)
雲井昭善, 『巴和小辭典』(京都 : 法藏館, 1961)
水野弘元, 『パーリ語辭典』(東京 : 春秋社, 1968, 二訂版 1981)
全在星, 『빠알리語辭典』(서울 : 한국불교대학 출판부, 1994)
Bothlingk, O. und Roth, R., 『Sanskrit-Wörterbuch』 7Bande(St. Petersburg : Kaiserischen Akademie der Wissenschaften, 1872-1875)
Monier Williams, M., 『A Sanskrit-English Dictionary』(Oxford, 1899)
Uhlenbeck, C. C., 『Etymologisches Wörterbuch des Alt-Indischen Sprache』(Osnabrück, 1973)
Edgerton, F., 『Buddhist Hybrid Sanskrit Grammar and Dictionary』 2vols(New Haven : Yale Univ., 1953)
V. S. Apte, 『The Practical Sanskrit-English Dictionary』(Poona : Prasad Prakshan, 1957)
鈴木學術財團, 『梵和大辭典』(東京 : 講談社, 1974, 增補改訂版 1979)
織田得能, 『佛敎大辭典』(東京 : 大藏出版株式會社, 1953)
耘虛龍夏, 『佛敎辭典』(서울 : 東國譯經院, 1961)
中村元, 『佛敎語大辭典』(東京 : 東京書籍, 1971)
弘法院 編輯部, 『佛敎學大辭典』(서울 : 弘法院, 1988)
Nyanatiloka, 『Buddhistisches Wörterbuch』(Konstanz : Christiani Konstanz, 1989)
『Encyclopadia of Buddhism』 ed. by Malalasekera, G. P.(Ceylon : The Government of Sri Lanka, 1970-)
『Oxford Latin Dictionary』 ed. by Glare(Oxford : The Clarendon Press, 1983)
『Handbuch Philosophischer Grundbegriffe』 herausgegeben von Hermann Krings usw.(München : Kösel Verlag, 1973)

빠알리어 한글표기법

빠알리어는 구전되어 오다가 각 나라 문자로 정착되었으므로 고유한 문자가 없다. 그러므로 일반적으로 빠알리성전협회(Pali Text Society)의 표기에 따라 영어 알파벳을 보완하여 사용한다. 빠알리어의 알파벳은 41개이며, 33개의 자음과 8개의 모음으로 되어 있다.

자음(子音)	폐쇄음(閉鎖音)				비음(鼻音)
	무성음(無聲音)		유성음(有聲音)		
	무기음	대기음	무기음	대기음	무기음
① 후음(喉音)	ka 까	kha 카	ga 가	gha 가	ṅa 나
② 구개음(口蓋音)	ca 짜	cha 차	ja 자	jha 자	ña 냐
③ 권설음(捲舌音)	ṭa 따	ṭha 타	ḍa 다	ḍha 다	ṇa 나
④ 치음(齒音)	ta 따	tha 타	da 다	dha 다	na 나
⑤ 순음(脣音)	pa 빠	pha 파	ba 바	bha 바	ma 마
⑥ 반모음(半母音)	ya 야, 이야 va 바, 와				
⑦ 유활음(流滑音)	ra 라 la ㄹ라 ḷa ㄹ라				
⑧ 마찰음(摩擦音)	sa 싸				
⑨ 기식음(氣息音)	ha 하				
⑩ 억제음(抑制音)	ṁ -ㅇ, -ㅁ, -ㄴ				

모음에는 단모음과 장모음이 있다. a, ā, i, ī, u, ū, e, o 모음의 발음은 영어와 같다. 단 단음은 영어나 우리말의 발음보다 짧고, 장음은 영어나 우리말보다 약간 길다. 단음에는 a, i, u가 있고, 장음에는 ā, ī, ū, e, o가 있다. 유의할 점은 e와 o는 장모음에 속하지만 종종 복자음 앞에서 짧게 발음된다 : metta, okkamati.

자음의 발음과 한글표기는 위의 도표와 같다.

ka는 '까'에 가깝게 발음되고, kha는 '카'에 가깝게 소리 나므로 그대로 표기한다. ga, gha는 하나는 무기음이고, 하나는 대기음이지만 우리말에는 구별이 없으므로 모두 '가'로 표기한다. 발음에서 특히 유의해야 할 것은 aṅ은 '앙'으로, añ은 '얀'으로, aṇ은 '안, 언'으로, an은 '안'으로, aṁ은 그 다음에 오는 소리가 ①, ②, ③, ④, ⑤일 경우에는 각각 aṅ, añ, aṇ, an, am으로 소리 나며, 모음일 경우에는 '암', 그 밖의 다른 소리일 경우에는 '앙'으로 소리 난다. 그리고 y와 v일 경우에는 일반적으로 영어처럼 발음되지만 그 앞에 자음이 올 경우와 모음이 올 경우 각각 발음이 달라진다. 예를 들어 aya는 '아야'로 tya는 '띠야'로 ava는 '아바'로 tva는 '뜨와'로 소리 난다. 또한 añña는 '안냐' 또는 '앙냐'로, yya는 '이야'로 소리 난다. 폐모음 ②, ③, ④가 묵음화되어 받침이 될 경우에는 ㅅ, ①은 ㄱ, ⑤는 ㅂ으로 표기한다.

글자의 사전적 순서는 위의 모음과 자음의 왼쪽부터 오른쪽으로의 순서와 일치한다. 단지 ṁ은 항상 모음과 결합하여 비모음에 소속되므로 해당 모음의 뒤에 배치된다.

이 책에서는 빠알리어나 범어를 자주 써왔던 관례에 따라 표기했으며 정확한 발음은 이 음성론을 참고하기 바란다.

불교의 세계관

불교의 세계관은 일반적으로 알려진 것처럼 단순히 신화적인 비합리성에 근거하는 것이 아니라 인간의 정신세계인 명상 수행의 차제에 대응하는 방식으로 합리적으로 조직되었다. 물론 고대 인도의 세계관을 반영하고 있는 것은 사실이지만 언어의 한계를 넘어선다면 보편적인 우주의 정신세계를 다루고 있다고 볼 수 있다.

여기서 세계의 존재[有 : bhavo]라고 하는 것은, 엄밀히 말하면 육도윤회하는 무상한 존재를 의미하며, 감각적 쾌락에 대한 욕망의 세계[欲界], 미세한 물질의 세계[色界], 비물질의 세계[無色界]라는 세 가지 세계의 존재가 언급되고 있다. 감각적 쾌락에 대한 욕망의 세계, 즉 감각적 쾌락에 사는 존재[欲有 : kāmabhava]는 지옥, 아귀, 축생, 수라, 인간과 하늘에 사는 거친 육체를 지닌 감각적 쾌락의 존재를 의미한다.

미세한 물질의 세계, 즉 색계에 사는 존재[色有 : rūpabhava]는 하느님 세계의 하느님의 권속인 신들의 하늘[梵衆天]에서 궁극적인 미세한 물질로 이루어진 신들의 하늘[有頂天]에 이르기까지 첫 번째 선정에서 네 번째 선정에 이르기까지 명상의 깊이를 조건으로 화생되는 세계를 말한다. 따라서 이들 세계는 첫 번째 선정의 하느님 세계의 신들[初禪天]에서부터 청정한 하느님 세계의 신들[Suddhāvāsa : 淨居天은 '돌아오지 않는 님[不還者]이 화생하는 하느님 세계]까지의 이름으로도 불린다. 초선천부터는 하느님 세계에 소속된다.

가장 높은 단계의 세계인 비물질의 세계, 즉 무색계에 사는 존재[無色有 : arūpabhava]에는 '무한한 공간의 하느님 세계의 신들'[空無邊處天], '무한한 의식의 하느님 세계의 신들'[識無邊處天], '아무 것도 없는 하느님 세계의 신들'[無所有處天], '지각하는 것도 아니고 지각하지 않는 것도 아닌 하느님 세계의 신들'[非想非非想處天]이 있다. '무한한 공간의 세계'에서 '지각하는 것도 아니고 지각하지 않는 것도 아닌 세계'에 이르기까지는 첫 번째 비물질계의 선정에서 네 번째의 비물질계의 선정에 이르기까지의 명상의 깊이를 조건으로 화현하는 비물질의 세계이다.

이들 하늘나라 하느님 세계 세계에 사는 존재들은 인간은 태생, 축생은 태생과 난생 등을 생성방식으로 택하고 있고 그 밖에는 마음에서 홀연히 생겨나는 화생(化生)이라는 생성방식을 택하고 있다. 그것들의 형성조건은 윤리적이고, 명상적인 경지의 성취 정도에 달려있다.

천상의 감각적 쾌락의 세계에 태어나려면 믿음과 보시와 지계와 같은 윤리적인 덕목을 지켜야 한다. 인간으로 태어나기 위해서는 오계에 대한 인식이 있어야 한다. 그리고 아수라는 분노에 의해서, 축생은 어리석음과 탐욕에 의해서, 아귀는 인색함과 집착에 의해서, 지옥은 잔인함과 살생을 저지르는 것에 의해서 태어난다.

미세한 물질의 세계에 속해 있는 존재들은 초선에서부터 사선에 이르기까지 명상의 깊이에 따라 차별적으로 하느님 세계인 범천계에 태어난다. 미세한 물질의 세계에 태어나는 최상층의 존재들은 돌아오지 않는 님[不還者]의 경지를 조건으로 한다. 물질이 소멸한 빗물질의 세계의 존재들은 '무한한 공간의 세계'에서 '지각하는 것도 아니고 지각하지 않는 것도 아닌 세계'에 이르기까지 무형상의 세계의 선정의 깊이에 따라 차별적으로 각각의 세계에 태어난다.

불교에서 여섯 갈래의 길[六道]는 천상계, 인간, 아수라, 축생, 아귀, 지옥을 말하는데, 이 때 하늘나라[天上界]는 감각적 쾌락의 욕망이 있는 하늘나라와 하느님 세계[梵天界]로 나뉘며, 하느님 세계는 다시 미세한 물질의 세계와 비물질의 세계로 나뉜다. 그리고 부처님은 이러한 육도윤회[六道輪廻]의 세계를 뛰어넘어 불생불멸하는 자이다. 여기

소개된 천상의 세계 즉 하늘의 세계에 대하여 이 책에서는 다음과 같이 번역한다.

1) 감각적 쾌락의 세계의 여섯 하늘나라
① 네 위대한 왕들의 하늘나라(cātummahārājikā devā : 四天王)
② 서른 셋 신들의 하늘나라(tāvatiṃsā devā : 三十三天)
③ 축복 받는 신들의 하늘나라(yāmā devā : 夜摩天)
④ 만족을 아는 신들의 하늘나라(tusitā devā : 兜率天)
⑤ 창조하고 기뻐하는 신들의 하늘나라(nimmānaratī devā : 化樂天)
⑥ 다른 신들이 만든 존재를 향유하는 신들의 하늘나라
   (paranimmitavasavattino devā : 他化自在天)

2) 첫 번째 선정의 세계의 세 하느님 세계
⑦ 하느님의 권속인 신들의 하느님 세계(brahmakāyikā devā : 梵衆天)
⑧ 하느님을 보좌하는 신들의 하느님 세계(Brahmapurohitā devā : 梵輔天)
⑨ 위대한 하느님 세계의 신들(Mahābrahma devā : 大梵天)

3) 두 번째 선정의 세계의 세 하느님 세계
⑩ 작게 빛나는 신들의 하느님 세계(Parittābhānā devā : 小光天)
⑪ 한량없이 빛나는 신들의 하느님 세계(Appamāṇābhānā devā : 무량광천)
⑫ 빛이 흐르는 신들의 하느님 세계(Ābhāssarānā devā : 極光天, 光音天)

4) 세 번째 선정의 세계의 세 하느님 세계
⑬ 작은 영광의 신들의 하느님 세계(Parittasubhānā devā : 小淨天)
⑭ 한량없는 영광의 신들의 하느님 세계
   (Appamāṇasubhānā devā : 無量淨天)
⑮ 영광으로 충만한 신들의 하느님 세계(Subhakiṇṇā devā : 遍淨天)

5) 네 번째 선정의 세계의 아홉 하느님 세계

⑯ 번뇌의 구름이 없는 신들의 하느님 세계(Anabhaka : 無雲天「大乘」)
⑰ 공덕이 생겨나는 신들의 하느님 세계(Puññappasava : 福生天「大乘」)
⑱ 위대한 경지로 얻은 신들의 하느님 세계(Vehapphalā devā : 廣果天)
⑲ 지각을 초월한 신들의 하느님 세계(Asaññasattā devā : 無想有情天)
  = 승리하는 신들의 하느님 세계'(Abhibhū : 勝者天)
⑳ 성공으로 타락하지 않는 신들의 하느님 세계(Avihā devā : 無煩天)
㉑ 괴롭힘이 없는 신들의 하느님 세계(Atappā devā : 無熱天)
㉒ 선정이 잘 이루어지는 신들의 하느님 세계(Sudassā devā : 善現天)
㉓ 관찰이 잘 이루어지는 신들의 하느님 세계(Sudassī devā : 善見天)
㉔ 궁극적인 미세한 물질로 이루어진 신들의 하느님 세계
  (Akaniṭṭhā devā : 色究竟天)

6) 비물질적 세계에서의 네 하느님 세계
㉕ 무한한 공간의 신들의 하느님 세계
  (Ākāsānañcāyatanūpagā devā : 空無邊處天)
㉖ 무한한 의식의 신들의 하느님 세계
  (Viññāṇañcāyatanūpagā devā : 識無邊處天)
㉗ 아무 것도 없는 신들의 하느님 세계
  (Ākiñcaññāyatanūpagā devā : 無所有處天)
㉘ 지각하는 것도 아니고 지각하지 않는 것도 아닌 신들의 하느님 세계
  (Nevasaññānāsaññāyatanūpagā devā : 非想非非想處天)

형성조건	생성방식	명 칭	분 류		
無形象	化生	nevasaññanāsaññāyatana(非想非非想處天) akiñcaññāyatana(無所有處天) viññāṇañcāyatana(識無邊處天) ākāsānañcāyatana(空無邊處天)	無色界	梵天	善
형상의 소멸					
不還者의 淸淨 (四禪)	化生	akaniṭṭha(有頂天) sudassin(善見天) sudassa(善現天) atappa(無熱天) aviha(無煩天)	色界	天上界	業
四禪	化生	asaññasatta(無想有情天)=abhibhū(勝者天) vehapphala(廣果天) puññappasava(福生天「大乘」) anabhaka(無雲天「大乘」)			
三禪	化生	appamāṇasubha(無量淨天) subhakiṇṇa(遍淨天) parittasubha(小淨天)				報
二禪	化生	ābhassara(極光天) appamāṇābha(無量光天) parittābha(小光天)			
初禪	化生	mahābrahmā(大梵天) brahmapurohita(梵輔天) brahmapārisajja(梵衆天)			
다섯 가지 장애(五障)의 소멸					
信 布施 持戒	化生	paranimmitavasavattī(他化自在天) nimmāṇarati(化樂天) tusita(兜率天) yāma(耶摩天) tāvatiṁsa(三十三天) cātumāhārājikā(四天王)	天上의欲界	欲界	界
五戒	胎生	manussa(人間)		인간아수라아귀축생지옥	
瞋恚	化生	asura(阿修羅)			惡
吝嗇 執著	化生	peta(餓鬼)			業
愚癡 貪欲	胎生 卵生	tiracchāna(畜生)			報
殘忍 殺害	化生	niraya(地獄)			界

주요번역술어

[ㄱ]

갈애(渴愛 : taṇhā)
감각적 쾌락(欲 : kāma)
감각적 쾌락에 대한 갈애(欲愛 : kāmataṇhā)
감각적 쾌락에 대한 욕망(欲貪 : kāmarāga)
감각적 쾌락에 대한 집착(愛取 : kām'upadhi)
감각적 쾌락의 거센 물결(欲流 : kām'ogha)
감각적 쾌락의 세계(欲界 : kāmaloka)
감촉(觸 : phoṭṭhabba)
강생(降生 : okkanti)
거룩한 님, 범천(梵天 : Brāhmaṇa)
거룩한 님, 아라한(阿羅漢 : Arahant)
거룩한 님의 경지를 얻은 사람(阿羅漢果 : arahattaphala)
거룩한 님의 경지를 향하는 사람(阿羅漢向 : arahattamagga)
거센 물결(暴流 : ogha)
거짓말을 하지 않음(不妄語 : musāvāda veramaṇī)
거칠거나 미세한 물질적 자양분(麁細博食 : kabaliṅkāro āhāro oḷāriko sukhumo)
겁(劫 : kalpa)
견해에 대한 통찰과 이해(見審諦忍 : diṭṭhinijjhānakhanti)
견해의 거센 물결(見流 : diṭṭh'ogha)
경장(經藏 : suttapiṭaka)
경지, 과보, 공덕(果 : phala)
고요한 몸(寂靜身 : santikāya)
고요함, 적정(寂靜 : santi)

공무변처천(空無邊處天 : Ākāsānañcāyatanūpagā devā)
곡주나 과일주 등 취하게 하는 것을 마시지 않음(不飮酒 : surāmerayamajjapamādaṭṭhānā veramaṇī)
관계에 대한 지식(類智 : anvaye ñāṇaṃ)
관찰이 잘 이루어지는 신들의 하느님 세계(善見天 : Sudassī devā)
광과천(廣果天 : Vehapphalā devā)
괴로운 곳, 괴로운 세계(苦處 : upāya)
괴로움에 대한 진리(苦聖諦 : dukkhaariyasaccāni)
괴로움의 소멸에 대한 진리(滅聖諦 : dukkhanirodhaariyasaccāni)
괴로움의 소멸에 이르는 진리(道聖諦 : dukkhanirodhagāminīpaṭipadāariyasaccāni)
괴로움의 원인에 대한 진리(集聖諦 : dukkhasamudayaariyasaccāni)
괴롭힘이 없는 신들의 하느님 세계(無熱天 : Atappā devā)
교만(慢 : māna)
근본적인 숙고·정신활동·주의를 기울임(如理作意 : yoniso masikāra)
기마부대(馬軍 : assakāya)
긴자까바쌋타(煉瓦堂, 繁耆迦精舍 : Giñjakāvasatha)
깃자꾸따산(靈鷲山 : Gijjhakūṭapabhata)
깔란다까니바빠 공원(栗鼠飼養園 : Kalandakanivāpa)

깨달은 님, 부처님(佛 : Buddha)
꿰뚫어보는 지혜(明達慧 : nibbedhikapañña)
공무변처(空無邊處天 : Ākāsānañcāyatana)
공무변처천(空無邊處天 : Ākāsānañcāyatan ūpagā devā)
궁극적인 미세한 물질로 이루어진 신들의 하느님 세계(色究竟天 : Akaniṭṭhā devā)
극광천(極光天 : Ābhāssaranā devā)
근본적인 숙고(如理作意 : yoniso masikāra)

[ㄴ]

나쁜 곳, 나쁜 세계(惡處 : duggati)
난생(卵生 : aṇḍaja)
다른 신들이 만든 존재를 향유하는 신들의 하늘나라(他化自在天 : paranimmitavasavattino devā)
냄새(香 : gandha)
넓은 지혜(廣慧 : puthupañña)
네 가지 마음새김의 토대(四念處 : cattaro satipaṭṭhānā)
네 가지 성스러운 진리(四聖諦 : cattāri ariya saccāni)
네 가지 신통력의 토대(四神足 또는 賜與 : cattāro iddhipādā)
네 가지 자양분(四食 : cāttāro āhārā)
네 가지 큰 존재(四大 : cattāro mahābhūtāni)
네 쌍으로 여덟이 되는 참 사람(四雙八輩 : cattāri purisayugāni aṭṭhapurisapugalā)
네 번째 선정(四禪 : catutthajjhāna)
네 위대한 왕의 하늘나라(cātummahārājikā devā : 四天王)
논장(論藏 : abhidhammapiṭaka)
누진통(漏盡通 : āsavakkhayaabhiññā)
느낌(受 : vedāna)
느낌에 대한 관찰(受隨觀 : vedanānupassanā)
느낌의 다발(受蘊 : vedanākkhandha)

늙고 죽음(老死 : jarāmaraṇa)
니그로다 승원(尼俱律園 : Nigrodhārāma)

[ㄷ]

다섯 가지 감각적 쾌락(五欲樂 : pañcakāma guṇa)
다섯 가지 계행, 오계(五戒 : pañcasīla)
다섯 가지 능력(五根 : pañca indriyāni)
다섯 가지 낮은 경지의 장애(五下分結 : orambhāgiyāni saṁyojjanāni)
다섯 가지 높은 경지의 장애(五上分結 : uddhambhāgiyāni saṁyojjanāni)
다섯 가지 장애(五障 : pañca nīvaraṇāni)
다섯 가지 존재의 다발(五蘊 : pañcakkhandha)
다섯 가지 존재의 집착다발(五取蘊 : pañca upādānakkhandā)
대범천(大梵天 : Mahābrahmā devā)
도리천(忉利天 : tāvatiṁsā)
도솔천(兜率天 : tusitā devā)
돌아오지 않는 경지를 얻은 사람(不還果 : anāgāmīphala)
돌아오지 않는 경지를 향하는 사람(不還向 : anāgāmīmagga)
두 번째 선정(二禪 : dutiyajjhāna)
따뽀다 온천 승원(Tapodārāma)

[ㄹ]

라자가하(王舍城 : Rājagaha)

[ㅁ]

마음(心 : citta)
마음에 대한 관찰(心隨觀 : cittānupassanā)
마음에 대한 배움(增上心學 : adhicittasikkha)
마음에 의한 해탈(心解脫 : cetovimutti)
마음의 분노, 마음의 저항(有對 : paṭigha)
마음의 통일, 한마음(心一境性 : ekaggacitta)

만족(欲 : ruci)
만족을 아는 신의 하늘나라(tusitā devā : 兜率天)
맛(味 : rasa)
멀리 여읨, 홀로 있음(遠離 : viveka)
명색(名色 : nāmarūpa)
명예를 주는 보시(yasadāyakaṁ)
명쾌한 지혜(疾慧 : hāsapañña)
몸에 대한 관찰(身隨觀 : kāyānupassanā)
무량광천(無量光天 : Appamāṇābhānā devā)
무량정천(Appamāṇasubhānā devā : 無量淨天)
무명, 무지, 진리를 모르는 것(無明 : avijjā)
무번천(無煩天 : Avihā devā)
무소유처(無所有處 : Ākiñcaññāyata devā)
무소유처천(無所有處天 : Ākiñcaññāyatanū pagā devā)
무열천(無熱天 : Atappā devā)
무지·무명의 거센 물결(無明流 : avijj'ogha)
무한한 공간의 세계(空無邊處 : ākāsānañcāyatana)
무한한 공간의 신들의 하느님 세계(Ākāsānañcāyatanūpagā devā : 空無邊處天)
무한한 의식의 세계(識無邊處 : viññāṇānañcāyatana)
무한한 의식의 신들의 하느님 세계(識無邊處天 : Viññāṇañcāyatanūpagā devā)
무형상에 대한 욕망(無色貪 : arūparāga)
무형상의 세계(無色界 : arūpaloka)
물질, 형상(色 : rūpa)
물질의 다발(色蘊 : rūpakkhandha)
뭇삶, 생명, 존재, 사람(衆生 : satta)
미가다야 공원(鹿野園 : Migadāya)
미가라마뚜 강당(鹿子母講堂 : Migāramatu)
미각(舌 : jihvā)
미각의 접촉(舌觸 : jihvāsamphassa)
미각의 접촉에서 생겨난 의식의 영역(舌觸識處 : jihvāsamphassaviññāṇāyatana)
미각의식(舌識 : jivhāviññāṇa)
규범과 금기에 대한 집착(戒禁取 : sīlabhatap arāmāsa)
믿음(信 : saddhā)

[ㅂ]

바라문, 성직자(婆羅門 : brāhmaṇa)
방지의 노력(律儀勤 : saṁvarappadhāna)
배움(聞 : anussava)
버림의 노력(斷勤 : pahānappadhāna)
번뇌(煩惱 : āsavā)
번뇌의 소멸(漏盡 : āsavakkhaya)
번뇌의 끊음에 관한 완전한 이해(斷遍知 : pahānapariññā)
범보천(梵輔天 : Brahmapurohitā devā)
범중천(梵衆天 : brahmakāyikā devā)
법, 현상, 성품, 사물, 사실, 가르침, 진리(法 : dhamma)
벨루바나 숲(竹林 : Veḷuvana)
보살(菩薩 : Bodhisatta)
부끄러움(愧 : otappa)
분노(瞋恚 : vyāpāda)
불사(不死 : amaraṁ)
비상비비상처(非想非非想處天 : Nevasaññānāsaññāyatana)
비상비비상처천(非想非非想處天 : Nevasaññānāsaññāyatanūpagā devā)
비존재(無 : natthi)
비존재에 대한 갈애(無有愛 : vibhavataṇhā)
빛이 흐르는 신들의 하느님 세계(極光天 : Ābhassaranā devā)
빠른 지혜(速慧 : javanapañña)
빠쎄나디(波斯匿王 : Pasenadi)
뿝바승원(東園 : Pubbārāma)

[ㅅ]

사라짐(離貪 : virāga)
사람, 참 사람(補特伽羅 : puggala)
사람을 잘 길들이시는 님(調御丈夫 : Purisad ammasārathī)
사랑을 나눔에 잘못을 범하지 않음(不邪婬 : kāmesu micchācārā veramaṇī)
사건, 사물, 사실, 현상(法 : dhamma)
사물에 대한 관찰(法隨觀 : dhammānupassanā)
사실에 대한 관찰(法隨觀 : dhammānupassanā)
사실에 대한 지식(法智 : dhamme ñāṇaṁ)
사실의 상태에 대한 지식(法住智 : dhammaṭṭ hitiñāṇaṁ)
사천왕(四天王 : cātummahārājikā devā)
사유(尋 : vitakka)
살아 있는 생명을 해치지 않음(不殺生戒 : pāṇātipātaveramaṇī)
삼십삼천(三十三天 : tāvatiṁsā)
삼장(三藏 : tripiṭaka, tipiṭaka)
삿된 길(邪道 : micchāpaṭipadā)
상태에 대한 숙고(行覺想 : ākāraparivitakka)
새김, 마음새김(念 :   sati)
색(色 : rūpa)
색구경천(色究竟天 : Akaniṭṭhā devā)
생물, 존재, 귀신(鬼神 : bhūta)
생성의 거센 물결(有流 :   bhav'ogha)
서른 셋 신들의 하늘나라(tāvatiṁsā devā : 三十三天)
선녀(仙女 : accharā)
선정(禪定 : dhyāna)
선정이 잘 이루어지는 신들의 하느님 세계(善現天 : Sudassā devā)
선견천(善見天 : Sudassī devā)
선현천(善現天 : Sudassā devā)
성냄(瞋 : dosa)
성공으로 타락하지 않는 신들의 하느님 세계(無煩天 : Avihā devā)
성취를 주는 보시(sampattidāyakaṁ)
세 가지 배움(三學 : tayo sikkhā)
세 번째 선정(三禪 : tatiyajjhāna)
세상을 아는 님(世間解 : Lokavidū)
세존, 세상에 존경받는 님(世尊 : bhagavant)
소광천(小光天 : Parittābhānā devā)
소정천(小淨天 : Parittasubhānā devā)
소리(聲 : sadda)
수태의식(結生識 : paṭisandhiviññāṇa)
수행승(比丘 : bhikkhu)
수행의 노력(修勤 : bhāvanāppadhāna)
수행자(沙門 : samaṇā)
수호의 노력(守護勤 : anurakkhaṇāppadhāna)
숙고(伺 : vicāra)
숙명통(宿命通 : pubbenivāsānussati)
스승(師 : satthā)
습생(濕生 : saṁsedaja)
승리자(勝者 : jina)
시각(眼 : cakkhu)
시각의 접촉(眼觸 : cakkhusamphassa)
시각의 접촉에서 생겨난 의식의 영역(眼觸識處 : cakkhusamphassaviññāṇāyatana)
시각의식(眼識 : cakkhuviññāṇa)
시간을 초월하는(akālika)
신족통(神足通 : iddhi)
실체가 있다는 견해(有身見 : sakkāyadiṭṭhi)
싫어하여 떠남(厭離 : nibbidā)
싸끼야 족의 성자, 석가모니(釋迦牟尼 : Sākyamuni)
싸밧티(舍衛城 : Sāvatthī)
쓸 데 없는 말을 하지 않음(不綺語 : samphappalāpā veramaṇī)

[ㅇ]

아나타삔디까 승원(給孤獨園 : Anāthapiṇḍik

주요번역술어 651

ārāma)
아나타삔디까(給孤獨 : Anāthapiṇḍika)
아무 것도 없는 세계(無所有處 : ākiṃcaññāyatana)
아무 것도 없는 신들의 하느님 세계(無所有處天 : Ākiñcaññāyatanūpagā devā)
아자따쌋뚜(Ajātasattu)
악마, 귀신(非人 : amanussā)
악하고 불건전한 상태 (不善法 : akusalā dhammā)
알려진 것에 대한 완전한 이해(知遍知 : ñātapariññā)
야차(夜叉 : yakkha)
야마천(yāmā devā : 夜摩天)
양자에 의한 해탈(俱分解脫 : ubhato bhāgavimuttā)
어리석음(痴 : moha)
언어적 형성(口行 : vacisaṃkhāra)
업, 행위(業 : kamma)
여덟 가지 고귀한 길(八正道 : ariyaaṭṭhaṅgikamagga)
여러 가지의 '해탈되었다.'는 지견(解脫知見 : vimittiññāṇadassanakkhandha)
여러 가지의 계율, 계율의 다발(戒蘊 : sīlakkhandha)
여러 가지의 삼매, 삼매의 다발(定蘊 : sāmadhikkhandha)
여러 가지의 지혜, 삼매의 다발(慧蘊 : paññakkhandha)
여러 가지의 해탈, 해탈의 다발(解脫蘊 : vimittikkhandha)
여리작의(如理作意 : yoniso manasikāra)
여섯 가지 감각능력(六根 : chaindriya)
여섯 가지 감각대상(六境 : chavisaya)
여섯 가지 의식(六識 : chaviññāṇa)
여섯 감역, 여섯 가지 감각영역(六入 : saḷāyatana)
연기(緣起 : paṭiccasamuppāda)
열반(涅槃 : nibbāna)
열여덟 가지 세계(十八界 : aṭṭhadasa dhātuyo)
영광으로 충만한 신들의 하느님 세계(遍淨天 : Subhakiṇṇā devā)
영원주의(常見 : sassatadiṭṭhi)
예리한 지혜(利慧 : tikkhapaññā)
오염된 번뇌에 대한 집착(煩惱取 : kiles'upadhi)
올바로 원만히 깨달은 님(正等覺者 : Sammāsambudha)
올바른 가르침(正法 : saddhamma)
올바른 견해(正見 : sammādiṭṭhi)
올바른 길(正道 : sammāpaṭipadā)
올바른 길로 잘 가신 님(善逝 : Sugata)
올바른 사유(正思惟 : sammasaṅkappa)
올바른 새김(正念 : sammāsati)
올바른 생활(正命 : sammāājīva)
올바른 언어(正言 : sammāvācā)
올바른 정진(正精進 : sammāvāyāma)
올바른 집중(正定 : sammāsamādhi)
올바른 행위(正業 : sammākammanta)
와서 보라고 할 만한(ehipassika)
완전한 이해(遍知 : pariññā)
완전히 버림, 포기(捨遣 : vossagga)
요정(accharā)
위대한 영웅(大雄 : mahāvira)
위대한 신들의 하느님 세계(大梵天 : Mahābrahmā devā)
위대한 경지로 얻은 신들의 하느님 세계(廣果天 : Vehapphalā devā)
위없이 높으신 님(無上師 : Anuttaro)
유령(pisācā)
신체적 형성(身行 : kāyasaṃkhāra)
윤리적 배움(增上戒學 : adhisīlasikkhā)
윤회(輪廻 : saṃsāra)

율장(律藏 : vinayapiṭaka)
의도의 자양분(意思食 : manosañcetanā āhāro)
의식(識 : viññāṇa)
의식의 다발(識蘊 : viññāṇakkhandha)
의식의 자양분(識食 : viññāṇa āhāro)
의심, 모든 일에 대한 의심(疑 : vicikicchā)
의지(欲 : chanda)
이간질하는 말을 하지 않음(不兩舌 : pisuṇāya vācāya veramaṇī)
이렇게 오신 님, 여래(如來 : Tathāgata)
이씨빠따나 승원(仙人墮處 : Isipatanārāma)
이치에 맞게 주의를 기울임, 이치에 맞는 정신활동(如理作意 : yoniso masikāra)
인간의 네 가지 자태(威儀路 : iriyāpathā)
인연법을 깨달은 자, 홀로 깨달은 자(辟支佛, 獨覺, 緣覺 : paccekabuddha)
일시적인 마음에 의한 해탈(samadhikā cetovi mutti)

[ㅈ]
자기정당화(掉擧 : uddhacca)
자따까(本生譚 : Jātaka)
자만하는 마음(慢 : māna)
자유(自由 : pamokkha)
자이나교도(尼乾陀徒 : niganṭhā)
작게 빛나는 신들의 하느님 세계(小光天 : Parittābhānā devā)
작은 영광의 신들의 하느님 세계(小淨天 : Parittasubhānā devā)
잘못된 견해(邪見 : diṭṭhi)
장미사과나무(閻浮樹 : jambu)
장애(對 : paṭigha)
재가신자, 청신사(淸信士, 居士, 優婆塞 : Upāsaka)
재가의 여신자, 청신녀(靑信女, 優婆夷 : Upāsikā)

전생(轉生 : abhinibbatti)
전지자(全知者 : sabbaññu)
접촉(觸 : phassa, samphassa)
접촉의 자양분(細觸食 : phasso āhāro)
정신(意 : mano)
정신의 접촉(意觸 : manosamphassa)
정신의 접촉에서 생겨난 의식의 영역(意觸識處 : manosamphassaviññāṇāyatana)
정신의식(意識 : manoviññāṇa)
정신적 형성(意行 : manosaṃkhāra)
정진(精進 : viriya)
제따바나 숲(祇陀林, 祇樹 : Jetavana)
제석천(帝釋天 : sakka)
조건적 생성(緣起 : paṭiccasamuppāda)
존재(有 : atthi, bhava)
존재에 대한 갈애(有愛 : bhavataṇhā)
존재의 다발들에 대한 집착(蘊取 : khandh'upadhi)
주어지지 않은 것을 빼앗지 않음(不偸盜 : adinnādānā veramaṇī)
죽음의 신, 야마의 세계(死神 : yama)
중도(中道 : majjhimapaṭipadā)
지각(想 : saññā)
지각과 느낌이 소멸하는 선정(想受滅定 : saññāvedayitanirodha)
지각의 다발(想蘊 : saññākkhanda)
지각하는 것도 아니고 지각하지 않는 것도 아닌 세계(非想非非想處 : nevasaññanāsaññāyatana)
지각하는 것도 아니고 지각하지 않는 것도 아닌 신들의 하느님 세계(非想非非想處天 : Nevasaññānāsaññāyatanūpagā devā)
지멸, 소멸(止滅 : nirodha)
지혜(慧 : paññā)
지혜에 대한 배움(增上慧學 : adhipaññasikkhā)
지혜에 의한 해탈(慧解脫 : paññāvimutti)

주요번역술어 653

지혜와 덕행을 갖춘 님(明行足 : Vijjācaraṇasampanna)
진리의 제왕(法王, Dammarāja)
집중(三昧 : samādhi)
집착(染著 : saṅgā, 取, 取著 : upadhi)

[ㅊ]
착하고 건전한 상태(善法 : kusaladhamma)
참사람(善人, 善男子, 正人, 正士, 善士 : sappurisa)
창피함(愧 : ottappa)
창조하고 기뻐하는 신의 하늘나라(化樂天 : nimmānaratī devā)
천안통(天眼通 : dibbacakkhu)
천이통(天耳通 : dibbasota)
첫 번째 선정(初禪 : paṭhamajjhāna)
청각(耳 : sota)
청각의 접촉(耳觸 : sotasamphassa)
청각의 접촉에서 생겨난 의식영역(耳觸識處 : sotasamphassaviññāṇāyatana)
청각의식(耳識 : sotaviññāṇa)
초월적 능력(神足通 : iddhi)
촉각(身 : kāya)
촉각의 접촉(身觸 : kāyasamphassa)
촉각의 접촉에서 생겨난 의식영역(身觸識處 : kāyasamphassaviññāṇāyatana)
촉각의식(身識 : kāyaviññāṇa)
추악한 말을 하지 않음(不惡口 : pharusāya vācāya veramaṇī)
축복의 신의 하늘나라(yāmā devā : 夜摩天)
집착(取著 : upādāna)

[ㅋ]
커다란 지혜(大慧 : mahāpaññā)

[ㅌ]
타락한 곳(無樂處, 墮處 : vinipāta)

타인의 마음을 꿰뚫어보는 능력(他心通 : parassa cetopariyañāṇa)
타화자재천(他化自在天 : paranimmitavasavattino devā)
탄생(誕生 : sañjāti)
탐구, 사유(思惟 : vimaṁsā)
탐구에 의한 완전한 앎(度遍知 : tīraṇapariññā)
탐욕(貪 : rāga)
태생(胎生 : jalābuja)
태어남(生 : jāti)

[ㅍ]
변정천(遍淨天 : Subhakiṇṇā devā)

[ㅎ]
하느님 세계에서 하느님을 보좌하는 신들의 하늘(梵輔天 : Brahmapurohitā devā)
하느님 세계의 하느님의 권속인 신들의 하늘(梵衆天 : brahmakāyikā devā)
하늘 귀(天耳通 : dibbasota)
하늘 눈(天眼通 : dibbacakkhu)
하늘사람(天人, 天神 : devatā)
하늘사람과 인간의 스승이신 님(天人師 : Satthā devamanussānaṁ)
하늘아들(神子 : devaputtā)
하늘의 딸(神女 : devadhītaro)
학인(學人 : sekhā)
한 번 돌아오는 경지를 얻은 사람(一來果 : sakadāgāmīphala)
한 번 돌아오는 경지를 향하는 사람(一來向 : sakadāgāmīmagga)
한량없이 빛나는 신들의 하느님 세계(無量光天 : Appamāṇābhānā devā)
한량없는 영광의 신들의 하느님 세계(Appamāṇasubhānā devā : 無量淨天)
해탈(解脫 : vimutti, nimokkha)

행복을 주는 보시(sukhadāyakaṁ)
행복한 곳(善趣 : sugati)
허무주의(斷見 : ucchedadiṭṭhi)
형상에 대한 욕망(色貪 : rūparāga)
형상에 대한 지각(色想 : rūpasaññā)
형상의 세계(色界 : rūpaloka)
형성(行 : saṅkhārā)
형성의 다발(行蘊 : saṅkhārakkhandha)
화냄(瞋 : dosa)
화락천(化樂天 : nimmānaratī devā)
화생(化生 : opapātika)
홀연히 생겨남(化生 : opapātika)
후각(鼻 : ghāna)
후각의 접촉(鼻觸 : ghānasamphassa)
후각의 접촉에서 생겨난 의식의 영역(鼻觸識處 : ghānasamphassaviññāṇāyatana)
후각의식(鼻識 : ghānaviññāṇa)
흐름에 든 경지를 얻은 사람(sottāpattiphala : 豫流果)
흐름에 든 경지를 향하는 사람(sottāpattimagga : 豫流向)

주요번역술어 655

[A]
abhidhammapiṭaka : 논장(論藏)
abhinibbatti : 전생(轉生)
accharā : 선녀(仙女)
accharā : 요정
adhicittasikkha : 마음에 대한 배움(增上心學)
adhipaññasikkhā : 지혜에 대한 배움(增上慧學)
adhisīlasikkhā : 계행에 대한 배움(增上戒學)
adinnādānā veramaṇī : 주어지지 않은 것을 빼앗지 않음(不偸盜)
Ajātasattu : 아자따쌋뚜
akusalā dhammā : 악하고 불건전한 법(不善法)
Akaniṭṭhā devā : 궁극적인 미세한 물질로 이루어진 신들의 하느님 세계(色究竟天)
akālika : 시간을 초월하는
amanussā : 악마, 귀신(非人)
amaraṁ : 불사(不死)
anāgāmimagga : 돌아오지 않는 경지를 향하는 사람(不還向)
anāgāmiphala : 돌아오지 않는 경지를 얻은 사람(不還果)
Anāthapiṇḍikārāma : 아나타삔디까 승원(給孤獨園)
Anāthapiṇḍika : 아나타삔디까(給孤獨)
anurakkhaṇappadhāna : 수호의 노력(守護勤)
anussava : 배움(聞)
Anuttaro : 위없이 높으신 님(無上師)
anvaye ñāṇaṁ : 관계에 대한 지식(類智)
aṇḍaja : 난생(卵生)
Appamāṇābhānā devā : 한량없이 빛나는 신들의 하느님 세계(無量光天)
Appamāṇasubhānā devā : 한량없는 영광의 신들의 하느님 세계(無量淨天)
Arahant : 거룩한 님, 아라한(阿羅漢)
arahattamagga : 거룩한 님의 경지를 향하는 사람(阿羅漢向)
arahattaphala : 거룩한 님의 경지를 얻은 사람(阿羅漢果)
ariyaaṭṭhaṅgikamagga : 여덟 가지 고귀한 길(八正道)
arūpaloka : 무형상의 세계(無色界)
arūparāga : 무형상에 대한 욕망(無色貪)
assakāya : 기마부대(馬軍)
Atappā devā : 괴롭힘이 없는 신들의 하느님 세계(無熱天)
atthi, bhava : 존재(有)
aṭṭhadasa dhātuyo : 열여덟 가지 세계(十八界)
avijj'ogha : 무지의 거센 물결(無明流)
avijjā : 무명(無明), 진리를 모르는 것
Avihā devā : 성공으로 타락하지 않는 신들의 하느님 세계(無煩天)
ākāraparivitakka : 상태에 대한 숙고(行覺想)
ākāsānañcāyatana : 무한한 공간의 세계(空無邊處)
Ākāsānañcāyatanūpagā devā : 무한한 공간의 신들의 하느님 세계(空無邊處天)
ākiṁcaññāyatana : 아무 것도 없는 세계(無所有處)
Ākiñcaññāyatanūpagā devā : 아무 것도 없는 신들의 하느님 세계(無所有處天)
āsavakkhaya : 번뇌의 소멸(漏盡通)
āsavā : 번뇌(煩惱)
Ābhāssarānā devā : 빛이 흐르는 신들의 하느님 세계(極光天)

[B]
Bhagavant : 세상에 존귀하신 님, 세존(世尊)
bhav'ogha : 생성의 거센 물결(有流)
bhavataṇhā : 존재에 대한 갈애(有愛)
bhāvanāppadhāna : 수행의 노력(修勤)
bhikkhu : 수행승(比丘)
bhūta : 생물, 존재, 귀신(鬼神)

Bodhisatta : 보살(菩薩)
Brahma : 거룩한 님, 범천(梵天), 하느님
brahmakāyikā devā : 하느님 세계의 하느님의 권속인 신들의 하늘(梵衆天)
Brahmapurohitā devā : 하느님 세계에서 하느님을 보좌하는 신들의 하늘(梵輔天)
brāhmaṇa : 바라문(婆羅門), 성직자
Buddha : 부처님, 깨달은 님(佛)

[C]
cakkhusamphassaviññāṇāyatana : 시각의 접촉에서 생겨난 의식의 영역(眼觸識處)
cakkhusamphassa : 시각의 접촉(眼觸)
cakkhuviññāṇa : 시각의식(眼識)
cakkhu : 시각(眼)
cattaro satipaṭṭhānā : 네 가지 마음새김의 토대(四念處)
cattāri ariyasaccāni : 네 가지 성스러운 진리(四聖諦)
cattāri purisayugāni aṭṭhapurisapugalā : 네 쌍으로 여덟이 되는 참 사람(四雙八輩)
cattāro iddhipādā : 네 가지 신통의 토대(四神足, 四如意足)
cattāro mahābhūtāni : 네 가지 큰 존재(四大)
catutthajjhāna : 네 번째 선정(四禪)
cāttāro āhārā : 네 가지 자양분(四食)
cātummahārājikā devā : 네 하늘나라 대왕의 신들의 하늘(四天王)
cetovimutti : 마음에 의한 해탈, 마음에 의한 해탈(心解脫)
chaindriya : 여섯 가지 감각능력(六根)
chavisaya : 여섯 가지 감각대상(六境)
chaviññāṇa : 여섯 가지 의식(六識)
chanda : 의지(欲)
citta : 마음(心)
cittānupassanā : 마음에 대한 관찰(心隨觀)

[D]
dammarāja : 진리의 제왕(法王)
devadhītaro : 하늘의 딸(神女)
devaputtā : 하늘아들(神子)
devatā : 하늘사람(天人, 天神)
dhammaṭṭhitiñāṇaṁ : 사실의 상태에 대한 지식(法住智)
dhamma : 법, 현상, 성품, 사물, 사실, 가르침, 진리(法)
dhamme ñāṇaṁ : 사실에 대한 지식(法智)
dhammānupassanā : 사실에 대한 관찰, 사물에 대한 관찰(法隨觀)
dhyāna : 선정(禪定)
dibbacakkhu : 하늘 눈(天眼通)
dibbasota : 하늘 귀(天耳通)
diṭṭhi : 견해. 잘못된 견해(邪見)
diṭṭhinijjhānakhanti : 견해에 대한 이해(見審諦忍)
diṭṭh'ogha : 견해의 거센 물결(見流)
dosa : 성냄, 화냄(瞋)
duggati : 나쁜 곳, 나쁜 세계(惡處)
dukkhaariyasaccāni : 괴로움에 대한 진리(苦聖諦)
dukkhanirodhaariyasaccāni : 괴로움의 소멸에 대한 진리(滅聖諦)
dukkhanirodhagāminīpaṭipadāariyasaccāni : 괴로움의 소멸에 이르는 진리(道聖諦)
dukkhasamudayaariyasaccāni : 괴로움의 원인에 대한 진리(集聖諦)
dutiyajjhāna : 두 번째 선정(二禪)

[E]
ehipassika : 와서 보라고 할 만한
ekaggacitta : 한마음, 마음의 통일(心一境性)

[G]

주요번역술어 657

gandha : 냄새(香)
ghāna : 후각(鼻)
ghānasamphassaviññāṇāyatana : 후각의 접촉에서 생겨난 의식의 영역(鼻觸識處)
ghānasamphassa : 후각의 접촉(鼻觸)
ghānaviññāṇa : 후각의식(鼻識)
Gijjhakūṭapabhata : 깃자꾸따산(靈鷲山)
Giñjakāvasatha : 긴자까바쌋타(煉瓦堂, 繁耆迦精舍)

[H]
hāsapaññā : 명쾌한 지혜(疾慧)

[I]
iddhi : 초월적 능력, 신족통(神足通)
iriyāpathā : 인간의 네 가지 자태(威儀路)
Isipatanārāma : 이씨빠따나 승원(仙人墮處)

[J]
jalābuja : 태생(胎生)
jambu : 장미사과나무(閻浮樹)
jarāmaraṇa : 늙고 죽음(老死)
javanapaññā : 빠른 지혜(速慧)
Jātaka : 자따까(本生譚)
jāti : 태어남(生)
Jetavana : 제따바나 숲(祇陀林, 祇樹)
jihvāsamphassaviññāṇāyatana : 미각의 접촉에서 생겨난 의식의 영역(舌觸識處)
jihvāsamphassa : 미각의 접촉(舌觸)
jihvā : 미각(舌)
jina : 승리자(勝者)
jivhāviññāṇa : 미각의식(舌識)

[K]
kabaliṅkāro āhāro oḷāriko sukhumo : 거칠거나 미세한 물질적 자양분(麤細搏食)
Kalandakanivāpa : 깔란다까니바빠 공원(栗鼠飼養園)

kalpa : 겁(劫)
kamma : 업, 행위(業)
kāma : 감각적 쾌락(欲)
kāmaloka : 감각적 쾌락의 세계(欲界)
kāmarāga : 감각적 쾌락에 대한 욕망(欲貪)
kāmataṇhā : 감각적 쾌락에 대한 갈애(欲愛)
kāmesu micchācārā veramaṇī : 사랑을 나눔에 잘못을 범하지 않음(不邪婬)
kām'ogha : 감각적 쾌락의 거센 물결(欲流)
kām'upadhi : 감각적 쾌락에 대한 집착(愛取)
kāya : 촉각(身)
kāyasamphassaviññāṇāyatana : 촉각의 접촉에서 생겨난 의식영역(身觸識處)
kāyasamphassa : 촉각의 접촉(身觸)
kāyasaṃkhāra : 육체적 형성(身行)
kāyaviññāṇa : 촉각의식(身識)
kāyānupassanā : 몸에 대한 관찰(身隨觀)
khandh'upadhi : 존재의 다발들에 대한 집착(蘊取)
kiles'upadhi : 오염된 번뇌에 대한 집착(煩惱取)

[L]
Lokavidū : 세상을 아는 님(世間解)

[M]
mahāpañña : 커다란 지혜(大慧)
Mahābrahmā devā : 위대한 신들의 하느님 세계. 위대한 하느님 세계의 신들(大梵天)
mahāvira : 위대한 영웅(大雄)
majjhimapaṭipadā : 중도(中道)
mano : 정신(意)
manosañcetanā āhāro : 의도의 자양분(意思食)
manosamphassaviññāṇāyatana : 정신의 접촉에서 생겨난 의식의 영역(意觸識處)
manosamphassa : 정신의 접촉(意觸)

manosaṃkhāra : 정신적 형성(意行)
manoviññāṇa : 정신의식(意識)
māna : 자만하는 마음, 교만(慢)
micchāpatipadā : 삿된 길(邪道)
Migadāya : 미가다야 공원(鹿野園)
Migāramatu : 미가라마뚜 강당(鹿子母講堂)
moha : 어리석음(痴)
musāvāda veramaṇī : 거짓말을 하지 않음(不妄語)

[N]

natthi : 비존재(無)
nāmarūpa : 명색(名色)
nevasaññanāsaññāyatana : 지각하는 것도 아니고 지각하지 않는 것도 아닌 세계(非想非非想處)
nibbedhikapañña : 꿰뚫어보는 지혜(明達慧)
nibbidā : 싫어하여 떠남(厭離)
nibbāna : 열반(涅槃)
nigaṇṭhā : 자이나교도(尼乾陀徒)
Nigrodhārāma : 니그로다 승원(尼俱律園)
nimmānaratī devā : 창조하고 기뻐하는 신의 하늘나라(化樂天)
nirodha : 지멸, 소멸(止滅)
Nevasaññānāsaññāyatana : 지각하는 것도 아니고 지각하지 않는 것도 아닌 세계(非想非非想處)
Nevasaññānāsaññāyatanūpagā devā : 지각하는 것도 아니고 지각하지 않는 것도 아닌 신들의 하느님 세계(非想非非想處天)
ñātapariñña : 알려진 것에 대한 완전한 이해(知遍知)

[O]

ogha : 거센 물결(暴流)
okkanti : 강생(降生)
opapātika : 홀연히 생겨남, 화생(化生·者)
orambhāgiyāni saṃyojjanāni : 다섯 가지 낮은 경지의 장애(五下分結)
ottappa : 창피함(愧)

[P]

paccekabuddha : 인연법을 깨달은 자, 홀로 깨달은 자(辟支佛, 獨覺, 緣覺)
pahānapariñña : 번뇌의 끊음에 관한 완전한 이해(斷遍知)
pahānappadhāna : 버림의 노력(斷勤)
pañca indriyāni : 다섯 가지 능력(五根)
pañca nīvaraṇāni : 다섯 가지 장애(五障)
pañca upādānakkhandā : 다섯 가지의 집착된 존재의 다발(五取蘊)
pañcakāmaguṇa : 다섯 가지 감각적 쾌락(五欲樂)
pañcakkhandha : 다섯 가지 존재의 다발(五蘊)
pañcasīla : 다섯 가지 계행, 오계(五戒)
paññā : 지혜(慧)
paññakkhandha : 여러 가지의 지혜(慧蘊)
paññāvimutti : 지혜에 의한 해탈(慧解脫)
pamokkha : 자유(自由)
paranimmitavasavattino devā : 다른 신들이 만든 존재를 향유하는 신의 하늘나라(他化自在天)
parassa cetopariyañāṇa : 타인의 마음을 꿰뚫어보는 능력(他心通)
pariñña : 완전한 이해(遍知)
Parittābhāna devā : 작게 빛나는 신들의 하느님 세계(小光天)
Parittasubhāna devā : 작은 영광의 신들의 하느님 세계(小淨天)
Pasenadi : 빠쎄나디(波斯匿王)
paṭhamajjhāna : 첫 번째 선정(初禪)

paṭiccasamuppāda : 조건적 생성, 연기(緣起)
paṭigha : 분노, 저항, 장애(對)
paṭisandhiviññāṇa : 수태의식(結生識)
pāṇātipātaveramaṇī : 살아 있는 생명을 해치지 않음(不殺生戒)
phala : 경지, 과보, 공덕(果)
pharusāya vācāya veramaṇī : 추악한 말을 하지 않음(不惡口)
phassa, samphassa : 접촉(觸)
phasso āhāro : 접촉의 자양분(細觸食)
phoṭṭhabba 감촉(觸)
pisuṇāya vācāya veramaṇī : 이간질하는 말을 하지 않음(不兩舌)
pisāca : 유령
pubbenivāsānussati : 숙명통(宿命通)
Pubbārāma : 뿝바승원(東園)
puggala : 참 사람, 사람(補特伽羅)
Purisadammasārathī : 사람을 잘 길들이시는 님(調御丈夫)
puthupañña : 넓은 지혜(廣慧)

[R]

rasa : 맛(味)
rāga : 탐욕(貪)
Rājagaha : 라자가하(王舍城)
ruci : 만족(欲)
rūpa : 물질, 형상(色)
rūpakkhandha : 물질의 다발(色蘊)
rūpaloka : 형상의 세계(色界)
rūparāga : 형상에 대한 욕망(色貪)
rūpasañña : 형상에 대한 지각(色想)

[S]

sabbaññu : 전지자(全知者)
sadda : 소리(聲)
saddhamma : 올바른 가르침(正法)
saddhā : 믿음(信)
sakadāgāmīmagga : 한 번 돌아오는 경지를 향하는 사람(一來向)
sakadāgāmīphala : 한 번 돌아오는 경지를 얻은 사람(一來果)
sakka : 제석천(帝釋天)
sakkāyadiṭṭhi : 실체가 있다는 견해(有身見)
saḷāyatana : 여섯 가지 감각영역, 여섯 감역(六入)
samadhikā cetovimutti : 일시적인 마음에 의한 해탈
samaṇā : 수행자(沙門)
samādhi : 집중(三昧)
sammāsaṅkappa : 올바른 사유(正思惟)
sammāājīva : 올바른 생활(正命)
sammādiṭṭhi : 올바른 견해(正見)
sammākammanta : 올바른 행위(正業)
sammāpaṭipadā : 올바른 길(正道)
sammāsamādhi : 올바른 집중(正定)
Sammāsambudha : 올바로 원만히 깨달은 님(正等覺者)
sammāsati : 올바른 마음새김(正念)
sammāvācā : 올바른 언어(正言)
sammāvāyāma : 올바른 정진(正精進)
sampattidāyakaṁ : 성취를 주는 보시
samphappalāpā veramaṇī : 쓸데없는 말을 하지 않음(不綺語)
saṁsāra : 윤회(輪廻)
saṁvarappadhāna : 방지의 노력(律儀勤)
saṁsedaja : 습생(濕生)
santi : 고요함, 적정(寂靜)
santikāya : 고요한 몸(寂靜身)
sañjāti : 탄생(誕生)
sañña : 지각(想)
saññākkhanda : 지각의 다발(想蘊)
saññāvedayitanirodha : 지각과 느낌이 소멸

하는 선정(想受滅定)
saṅgā : 집착(染著, 取, 取著)
saṅkhārā : 형성(行)
saṅkhārakkhandha : 형성의 다발(行蘊)
sappurisa : 참 사람(善人, 善男子, 正人, 正士, 善士)
sassatadiṭṭhi : 영원주의(常見)
sati : 마음새김(念)
satta : 뭇삶, 생명, 존재, 사람(衆生)
satthā : 스승(師)
Satthā devamanussānaṁ : 하늘사람과 인간의 스승이신 님(天人師)
Sākyamuni : 싸끼야 족의 성자, 석가모니(釋迦牟尼)
sāmadhikkhandha : 여러 가지의 삼매(定蘊)
Sāvatthī 싸밧티(舍衛城)
sekhā : 학인(學人)
sīlabhatapatāmāsa : 미신적 관습에 대한 집착(戒禁取)
sīlakkhandha : 여러 가지의 계율(戒蘊)
sota : 청각(耳)
sotasamphassaviññāṇāyatana : 청각의 접촉에서 생겨난 의식영역(耳觸識處)
sotasamphassa : 청각의 접촉(耳觸)
sotaviññāṇa : 청각의식(耳識)
sottāpattimagga : 흐름에 든 경지를 향하는 사람(豫流向)
sottāpattiphala : 흐름에 든 경지를 얻은 사람(豫流果)
Subhakiṇṇā devā : 영광으로 충만한 신들의 하느님 세계(遍淨天)
Sugata : 올바른 길로 잘 가신 님, 행복하신 분(善逝)
sugati : 행복한 곳(善趣)
sukhadāyakaṁ : 행복을 주는 보시
Sudassā devā : 선정이 잘 이루어지는 신들의 하느님 세계(善現天)
Sudassī devā : 관찰이 잘 이루어지는 신들의 하느님 세계(善見天)
surāmerayamajjapamādaṭṭhānā veramaṇī : 곡주나 과일주 등 취하게 하는 것을 마시지 않음(不飮酒)
suttapiṭaka : 경장(經藏)

[T]

taṇhā : 갈애(渴愛)
Tapodārāma : 따뽀다 온천 승원
Tathāgata : 이렇게 오신 님, 여래(如來)
tatiyajjhāna : 세 번째 선정(三禪)
tayo sikkhā : 세 가지 배움(三學)
tāvatiṁsā : 서른 셋 신들의 하늘나라, 도리천(忉利天), 삼십삼천(三十三天)
tikkhapaññā : 예리한 지혜(利慧)
tipiṭaka : 삼장(三藏)
tīraṇapariññā : 탐구에 의한 완전한 앎(度遍知)
tusita devā : 만족을 아는 신의 하늘나라(兜率天)

[U]

ubhato bhāgavimuttā : 양자에 의한 해탈(俱分解脫)
ucchedadiṭṭhi : 허무주의(斷見)
uddhacca : 자기정당화(掉擧惡作)
uddhaccakukkucca : 흥분과 회한(掉擧惡作)
uddhambhāgiyāni saṁyojjanāni : 다섯 가지 높은 경지의 장애(五上分結)
upadhi : 집착(取, 取著)
upādāna : 집착(取著)
upāsaka : 재가신자, 청신사(淸信士), 우바새(優婆塞)
upāsikā : 재가의 여신자, 청신녀(靑信女), 우바이(優婆夷)
upāya : 괴로운 곳, 괴로운 세계(苦處)

주요번역술어 661

[V]

vacisaṃkhāra : 언어적 형성(口行)
vedanākkhandha : 느낌의 다발(受蘊)
vedanānupassanā : 느낌에 대한 관찰(受隨觀)
vedāna : 느낌(受)
Veḷuvana : 벨루바나 숲(竹林)
vibhavataṇhā : 비존재에 대한 갈애(無有愛)
vicāra : 숙고(伺)
vicikicchā : 의심, 모든 일에 대한 의심(疑)
Vijjācaraṇasampanna : 지혜와 덕행을 갖춘 님(明行足)
vimaṃsā : 탐구(思惟)
vimittikkhandha : 여러 가지의 해탈(解脫蘊)
vimittiññāṇadassanakkhandha : 여러 가지의 '해탈되었다.'는 지견(解脫知見)
vimutti, nimokkha : 해탈(解脫)
vinayapiṭaka : 율장(律藏)
vinipāta : 비참한 곳, 비참한 세계(無樂處, 墮處)
viññāṇa āhāro : 의식의 자양분(識食)
viññāṇakkhandha : 의식의 다발(識蘊)
viññāṇa : 의식(識)
viññāṇānañcāyatana : 무한한 의식의 세계(識無邊處)
Viññāṇañcāyatanūpagā devā : 무한한 의식의 신들의 하느님 세계(識無邊處天)
virāga : 사라짐(離貪)
viriya : 정진(精進)
vitakka : 사유(尋)
viveka : 멀리 여읨, 홀로 있음
Vehapphalā devā : 위대한 경지로 얻은 신들의 하느님 세계(廣果天)
vossagga : 완전히 버림, 포기(捨遺)
vyāpāda : 분노(瞋恚)

[Y]

yakkha : 야차(夜叉)
yama : 죽음의 신, 야마의 세계(死神)
yasadāyakaṃ : 명예를 주는 보시
yāmā devā : 축복의 신의 하늘나라(夜摩天)
yoniso masikāra : 이치에 맞게 정신을 씀(如理作意), 이치에 맞는 정신활동, 근본적인 숙고

고유명사색인

(ㄱ)

가밤빠띠 ……………………………… 615
가야 …………………………………… 80
갠지스 ………………………… 373, 508, 575
고닷따 ………………………………… 409
고따마 …………………………… 146, 579
고따마까 ……………………………… 551
고쌀라 ………………………………… 465
고씨따 …………………………… 264, 364, 557
고행자 ………………………………… 68
구나발다라 …………………………… 106
깃자꿋따 ………………………… 79, 506, 547
까마부 ………………………………… 413
까삘라밧투 …… 376, 586, 588, 597, 597, 602
까씨 바라드와자 ………………… 66, 69
깔란다까니바빠 공원 58, 61, 64, 98, 145, 259,
    277, 423, 437, 495
깜마싸담마 …………………… 129, 137
깟싸빠 ………… 98, 183, 418, 465, 502, 547
깟싸빠까 ……………………………… 259
깟짜나 ………………………………… 329
깟짜야나 ……………………………… 467
깟짜야나 곳따 ………………………… 96
께싸깜발린 …………………………… 467
꼬삼비 ………………………………… 364
꼬쌀라 ………………… 35, 39, 40, 73, 511, 579
꼬쌈비 ………………… 264, 373, 557, 616, 618
꼴리야 ………………………………… 440
꼿띠따 ………………………………… 357

꾸따가라쌀라 ………………… 225, 253, 550
꾸루 ……………………………… 129, 137
꾹꾸따 ………………………………… 482

(ㄴ)

나가라까 ……………………………… 473
나꿀라삐따 …………………………… 203
난다 …………………………………… 194
날라가마까 …………………………… 527
날란다 ……………………………… 426, 429
냐띠까 ………………………………… 163
네 가지 거룩한 진리 ………………… 68
네란자라 ……………………………… 539
니간타 …………………………… 429, 431
니간타 나따뿟따 ……… 429, 430, 431, 466
니그로다 ………… 586, 588, 597, 597, 602

(ㄷ)

다끼나기리 …………………………… 66
다난자니 ……………………………… 58
담마딘나 ……………………………… 599
닷싸까 ………………………………… 264
데바다하 ………………… 210, 341, 345, 349
데바닷따 ……………………………… 186
데싸까 …………………………… 533, 535
땅끼따만짜 …………………………… 80
또데이야 ……………………………… 337
띳싸 …………………………………… 196

(ㄹ)

고유명사색인 663

라다 275
라자가하 58, 61, 64, 79, 98, 145, 173, 183, 259, 277, 290, 423, 437, 495, 547
로힛짜 329
릿차비 225

(ㅁ)

마가다 66, 404, 527
마낫닷다 70
마니쭐라까 438
마하 깟싸빠 183
마하 목갈라나 378
마하 쭌다 495
마하 깟짜나 329
마하 꼿티따 357
마하나마 586, 597, 602
마하숲 225, 253, 550
마할리 225
막카라까따 329
막칼리 고쌀라 465
말룽끼야뿟따 312
말리까 40
맛치까싼다 405, 409, 413, 418
메다까달리까 534
목갈라나 378, 531
몰리야 팍구나 89
뭇삶의경 493
미가다야 공원 45, 203, 357, 599, 608
미가라마뚜 35, 544
미가빠타까 406
믿음 67

(ㅂ)

바다리까 264
바라나씨 45, 357, 599, 608
바라드와자 59, 61, 64, 73

바싸바 84
바후뿟따까 551
박가 203
밧다 482
밧지 530
밧차곳따 464
방기싸 75, 76, 78
베라핫짜니 337
베빠쩻띠 82, 84, 392
베싸깔라 숲 203
베쌀리 225, 253, 510, 524, 550
벨랏티뿟따 466
벨루드와라 579
벨루바가마까 524
벨루바나 숲 58, 61, 64, 98, 145, 173, 179, 183, 197, 259, 277, 423, 437, 495
빠꾸다 깟짜야나 467
빠딸리뿟따 482
빠딸리야 440
빠바 174
빠바리깜바바나 숲 426, 429
빠삐만 46, 47, 48, 50, 52
빠쎄나디 35, 39, 40
뿌라나 깟사빠 226, 502, 465
뿐나 305
뿝바승원 35, 544

(ㅅ)

산자야 벨랏티뿟따 466
승가제파 106
신심 67
싸끼야 210, 341, 345, 349, 376, 438, 473, 579, 586, 588, 588, 597
싸뚤라빠 29, 33
싸라까니 588
싸란다다 551

싸리뿟따 192, 211, 237, 238, 244, 277, 279, 290, 357, 404, 404, 527, 531, 548
싸밧티 25, 26, 32, 35, 39, 40, 48, 50, 70, 75, 77, 82, 89, 93, 96, 104, 107, 115, 117, 124, 125, 132, 161, 162, 165, 167, 168, 171, 172, 176, 185, 186, 187, 188, 191, 192, 194, 195, 217, 219, 220, 221, 224, 230, 237, 273, 274, 279, 285, 287, 288, 292, 297, 300, 303, 305, 312, 326, 351, 353, 368, 385, 390, 394, 399, 401, 402, 421, 464, 475, 476, 477, 481, 483, 488, 493, 496, 506, 507, 514, 516, 519, 527, 537, 539, 541, 542, 544, 549, 560, 572, 573, 574, 607, 619, 620, 621, 623, 624, 625, 627, 628, 629, 631
싸한짜니까 ····················· 615
싸함빠띠 ············· 55, 540, 546, 546, 546
싹까 ·························· 597, 602
쌀라 ······························· 511, 597
쌉뻬쏜디까 ························· 290
쌋다 ··································· 67
쌋땀바 ································ 551
쎌라 ··································· 51
쏘마 ··································· 48
쑤까라카따 ··························· 547
쑤나빠란따까 ························ 308
쑤라다 ································ 230
쑤브라흐만 ···························· 33
쑤씨마 ································ 146
쑤찌무키 ····························· 277
쑤쩰로마 ······························ 80
쑴바 ·························· 533, 535
쑹쑤마라기리 ························ 203
씨따숲 ································ 290
씽싸빠 ································ 616
씽싸빠숲 ························ 616, 618

(ㅇ)

아나타삔디까 25, 26, 29, 32, 39, 40, 48, 50, 75, 75, 77, 82, 89, 93, 96, 104, 107, 115, 117, 124, 125, 132, 161, 162, 165, 167, 168, 171, 172, 177, 185, 186, 187, 188, 191, 192, 194, 195, 217, 219, 220, 221, 224, 230, 237, 273, 274, 279, 285, 287, 288, 292, 297, 300, 303, 305, 312, 326, 351, 353, 368, 385, 390, 394, 399, 401, 402, 421, 464, 475, 476, 477, 481, 483, 488, 493, 496, 506, 507, 514, 516, 519, 527, 537, 539, 541, 542, 549, 560, 572, 574, 607, 619, 620, 621, 623, 624, 625, 627, 628, 629, 631
아난다 67, 75, 75, 129, 138, 193, 364, 473, 482, 557
아누라다 ····························· 253
아누룻다 ····························· 573
아반띠 ······························ 329
아쑤린다까 ··························· 64
아씨반다까뿟따 ············ 426, 429, 429
아자빨라니그로다 ········ 53, 539, 545
아지따 꼐싸깜발린 ···················· 467
아젤라 ······························ 418
아젤라 깟싸빠 ······················ 418
아젤라깟싸빠 ························ 98
악꼬싸까 바라드와자 ················· 61
악마의 경 ···························· 274
악마의 올가미에 대한 경 ② ········· 45
안다숲 ·························· 279, 573
암바따까바나 숲 ········ 405, 409, 413, 418
암바숲 ······························ 337
암바빨리숲 ·························· 510
앗싸지 ······························ 259
야마까 ························· 237, 244
에까날라 ······························ 66
엘라갈라 ····························· 211

고유명사색인 665

요리사의 경 ······································· 519
우다인 ································· 337, 364
우데나 ··· 551
우루벨라 ······················ 53, 539, 545
우빠바나 ····························· 115, 292
우빠쎄나 ··· 290
우빠짤라 ··· 50
욱까쩰라 ··· 530
운나바 ··· 557
웃다까라마뿟따 ····························· 326
웃따라 ··· 440
이씨빠따나 ················ 45, 68, 599, 608
잇차낭갈라 ····································· 576
잇차낭갈라 바나싼다 ····················· 576

(ㅈ)

잠부카다까 ····································· 404
잡아함경 ··· 105
제따바나 숲 26, 29, 32, 39, 40, 48, 50, 75, 77,
   82, 89, 93, 96, 104, 107, 115, 117, 124, 125,
   132, 161, 162, 165, 167, 168, 171, 172, 176,
   185, 186, 187, 188, 191, 192, 194, 195, 217,
   219, 220, 221, 224, 230, 237, 273, 274, 279,
   279, 285, 287, 288, 292, 297, 300, 303, 305,
   312, 326, 351, 353, 368, 385, 390, 394, 399,
   401, 402, 421, 464, 475, 476, 477, 481, 483,
   488, 493, 496, 506, 507, 514, 516, 519, 527,
   537, 539, 541, 542, 549, 560, 572, 574, 607,
   619, 620, 621, 623, 624, 625, 627, 628, 629,
   631
제석천 ···································· 83, 84
질병의 경 ······························ 599, 602
짜빨라 ···································· 550, 551
짠다 ··· 421
쩨띠 ··· 615
쭌다 ··· 495, 527

쩻따 ····························· 406, 409, 413, 418

(ㅊ)

창피함 ··· 67
초전법륜경 ······································· 68

(ㅋ)

케마까 ··· 264

(ㅍ)

팍구나 ····································· 89, 303

빠알리대장경 구성

빠알리삼장	주석서
Vinaya Piṭaka(律藏)	Samantapāsādikā(善見律毘婆沙疏)
	Kaṅkhāvitaraṇī(on Pātimokkha)
	（解疑疏:戒本에 대한 것）
Sutta Piṭaka(經藏);	
Dīgha Nikāya(長部阿含)	Sumaṅgalavilāsinī(妙吉祥讚)
Majjhima Nikāya(長部阿含)	Papañcasūdanī(滅戲論疏)
Saṁyutta Nikāya(相應阿含)	Sāratthappakāsinī(要義解疏)
Aṅguttara Nikāya(增部阿含)	Manorathapūraṇī(如意成就)
Khuddaka Nikāya(小部阿含);	
Khuddakapāṭha(小誦經)	Paramatthajotikā(I)(勝義明疏)
Dhammapada(法句經)	Dhamapadaṭṭhakathā(法句義釋)
Udāna(自說經)	Paramatthadīpanī(I)(勝義燈疏)
Itivuttaka(如是語經)	Paramatthadīpanī(II)(勝義燈疏)
Suttanipāta(經集)	Paramatthajotikā(II)(勝義明疏)
Vimānavatthu(天宮事)	Paramatthadīpanī(III)(勝義燈疏)
Petavatthu(餓鬼事)	Paramatthadīpanī(IV)(勝義燈疏)
Theragāthā(長老偈)	Paramatthadīpanī(V)(勝義燈疏)
Therīgāthā(長老尼偈)	
Jātaka(本生經)	Jātakaṭṭhavaṇṇanā(本生經讚)
Niddesa(義釋)	Saddhammapajotikā(妙法解疏)
Paṭisambhidāmagga(無碍解道)	Saddhammappakāsinī(妙法明釋)
Apadāna(譬喩經)	Visuddhajanavilāsinī(淨人贊疏)
Buddhavaṁsa(佛種姓經)	Madhuratthavilāsinī(如蜜義讚)
Cariyāpiṭaka(所行藏)	Paramatthadīpanī(VII)(勝義燈疏)
Abhidhamma Piṭaka(論藏);	
Dhammasaṅgaṇi(法集論)	Aṭṭhasālinī(勝義論疏)
Vibhaṅga(分別論)	Sammohavinodani(除迷妄疏)
Dhātukathā(界論)	Pañcappakaraṇatthakathā(五論義疏)
Puggalapaññatti(人施設論)	Pañcappakaraṇatthakathā(五論義疏)
Kathavatthu(論事)	Pañcappakaraṇatthakathā(五論義疏)
Yamaka(雙論)	Pañcappakaraṇatthakathā(五論義疏)
Tika-paṭṭhāna(發趣論)	Pañcappakaraṇatthakathā(五論義疏)
Duka-paṭṭhāna(發趣論)	Pañcappakaraṇatthakathā(五論義疏)

한국빠알리성전협회
Korea Pali Text Society
Founded 1997 by Cheon, Jae Seong

한국빠알리성전협회는 빠알리성전협회의 한국대표인 전재성 박사가 빠알리성전, 즉 불교의 근본경전인 빠알리삼장의 대장경을 우리말로 옮겨 널리 알리기 위한 목적으로, 당시 빠알리성전협회 회장인 리챠드 곰브리지 박사의 승인을 맡아 1997년 설립하였습니다. 그 구체적 사업으로써 빠알리성전을 우리말로 옮기는 한편, 부처님께서 사용하신 빠알리어의 이해를 돕기 위하여, 사전, 문법서를 발간하였으며, 기타 연구서, 잡지, 팸플릿, 등을 출판하고 있습니다. 부처님의 가르침을 빠알리어에서 직접 우리말로 옮겨 보급함으로써 부처님의 가르침이 누구에게나 쉽게 다가가고, 명료하게 이해될 수 있도록 더욱 노력할 것입니다. 한국빠알리성전협회는 부처님의 가르침이 널리 퍼짐으로써, 이 세상이 지혜와 자비가 가득한 사회로 나아가게 되기를 바랍니다.

한국빠알리성전협회 120-090 서울 서대문구 모래내로430 #102-102(성원@)
TEL : 2631-1381, FAX : 735-8832
전자우편   kpts@naver.com

빠알리성전협회
Pali Text Society

세계빠알리성전협회는 1881년 리스 데이비드 박사가 '빠알리성전의 연구를 촉진시키고 발전시키기 위해' 영국의 옥스퍼드에 만든 협회로 한 세기가 넘도록 동남아 각국에 보관되어 있는 빠알리 성전을 로마자로 표기하고, 교열 출판한 뒤에 영어로 옮기고 있습니다. 또한 사전, 색인, 문법서, 연구서, 잡지 등의 보조서적을 출판하여 부처님 말씀의 세계적인 전파에 불멸의 공헌을 하고 있습니다.

President : Dr. R. M. L. Gethinn, Pali Text Society
73 Lime Walk Headington Oxford Ox3 7AD, England

빠알리성전 간행에 힘을 보태 주십시오

이 세상에 꽃비가 되어 흩날리는 모든 공덕의 근원은 역사적인 부처님께서 몸소 실천하신 자비의 한걸음 한걸음 속에 있습니다. 한국빠알리성전협회는 부처님의 가르침을 생생한 원음으로 만나고자 원하는 분들을 위하여 부처님말씀을 살아있는 오늘의 우리말로 번역 보급하고 있습니다. 불교를 알고자 하는 분이나 좀 더 깊은 수행을 원하는 분에게 우리말 빠알리대장경은 세상에 대한 앎과 봄의 지혜를 열어줄 것입니다. 한국빠알리성전협회에 내시는 후원금이나 회비 그리고 책판매수익금은 모두 빠알리성전의 우리말 번역과 출판, 보급을 위해 쓰입니다. 작은 물방울이 모여서 바다를 이루듯, 작은 정성이 모여 역경불사가 원만히 성취되도록 많은 격려와 성원을 부탁드립니다.

신한은행 110-005-106360　국민은행 752-21-0363-543　　예금주 : 전재성
우리은행 1002-403-195868　농　협 023-02-417420

발간사를 헌정하실 명예발간인을 초빙합니다.

빠알리성전협회에서는 경전은 기본적으로 천권 단위로 출간을 합니다. 새로 번역되는 경전의 출간뿐만 아니라 이미 역출하여 발간된 경전도 지속적으로 재간하여 가르침의 혈맥이 법계에 끊이지 않고 전파되도록 개인이나 가족단위로 기부금을 받고 있습니다. 본협회에서는 한 번에 천권 단위의 경전을 출간할 때에 필요한 최소한의 출판비를 전액 기부하시는 분에게는 그 경전의 명예 발간인으로 초대하여 발간사를 헌정하는 전통을 갖고 있습니다. 이미 출간된 많은 경전이 오 년 내지 칠 년이 지나 재출간을 기다리고 있습니다. 명예발간인은 역경된 빠알리성전의 출간뿐만 아니라 재출간이나 개정본출간에도 발간사를 헌정할 수 있습니다. 또한 명예발간인은 본협회발행의 경전들 가운데 어떤 특정한 경전을 지정하여 출간비를 보시할 수도 있습니다. 단, 그럴 경우 경전에 따라서 재출간되기까지 상당한 시일이 소요될 수 있습니다.